Mit Unterstützung der
Stiftung
Landesbank Baden-Württemberg

Augsburger Rechtsstudien

Herausgegeben im Auftrag der
Juristischen Fakultät der Universität Augsburg von

Professor Dr. Wilfried Bottke
Professor Dr. Thomas M. J. Möllers
Professor Dr. Reiner Schmidt

Band 44

Thomas Daniel Würtenberger

Art. 72 II GG: Eine berechenbare Kompetenzausübungsregel?

Nomos

Die Deutsche Bibliothek – CIP-Einheitsaufnahme

Die Deutsche Bibliothek verzeichnet diese Publikation in
der Deutschen Nationalbibliografie; detaillierte bibliografische
Daten sind im Internet über http://dnb.ddb.de abrufbar.

Zugl.: Augsburg, Univ., Diss., 2005

ISBN 3-8329-1533-8

1. Auflage 2005
© Nomos Verlagsgesellschaft, Baden-Baden 2005. Printed in Germany. Alle Rechte,
auch die des Nachdrucks von Auszügen, der fotomechanischen Wiedergabe und der
Übersetzung, vorbehalten. Gedruckt auf alterungsbeständigem Papier.

Vorwort

Die vorliegende Arbeit wurde an der juristischen Fakultät der Universität Augsburg im Wintersemester 2004 als Dissertation angenommen. Literatur und Rechtsprechung konnten bis Ende Januar 2005 berücksichtigt werden.

Mein herzlicher Dank gilt allen denen, die zum Entstehen der Arbeit beigetragen und mich unterstützt haben. An erster Stelle möchte ich meinem Doktorvater Professor Dr. Christoph Vedder für die Betreuung des Promotionsvorhabens danken, insbesondere für die wissenschaftlichen Freiräume, die er mir gewährt hat sowie für sein ausführliches Gutachten. Professor Dr. Reiner Schmidt danke ich vielmals für die äußerst zügige Erstellung des Zweitgutachtens.

Dafür, dass sie die Mühe des Korrekturlesens auf sich genommen haben und für ihre Anregungen, danke ich insbesondere Christoph Sperlich sowie wiss. Mit. Christian Hanft.

Mein ganz besonderer Dank gilt meinen Eltern für ihre liebevolle und bedingungslose Unterstützung auf meinem bisherigen Lebensweg. Ihnen ist diese Arbeit gewidmet.

Thomas Würtenberger

Inhaltsverzeichnis

Abkürzungsverzeichnis 13

Einleitung 17

Erster Teil 20

Grundlagen 20

I. Zur Rolle der Verteilung der Gesetzgebungskompetenzen im Bundesstaat 20
   1. Die fast flächendeckende Erweiterung und die extensive Ausübung der konkurrierenden Gesetzgebungskompetenz durch den Bund 21
      a) Konkurrierende Gesetzgebungskompetenz (Art. 72, 74 GG) 21
      b) Ausdehnung des Kompetenzkataloges der konkurrierenden Gesetzgebung 23
      c) Die extensive Ausübung der konkurrierenden Gesetzgebungskompetenz 24
      d) Reformbestrebungen 24
   2. Die Erweiterung und die extensive Ausübung der Rahmenkompetenz durch den Bund 25
      a) Rahmengesetzgebungskompetenz (Art. 75 GG) 25
      b) Ausdehnung der Rahmengesetzgebungskompetenz 25
      c) Die extensive Ausübung der Rahmengesetzgebungskompetenz 26
      d) Reformbestrebungen 27
   3. Die Entwertung der Länderkompetenzen durch die Sperrklausel des Art. 72 I GG und durch die Auslegung der Kompetenzausübungsregel des Art. 72 II GG a.F. 28
      a) Sperrwirkung des Art. 72 I GG 29
      b) Die Erforderlichkeitsklausel des Art. 72 II GG bei der konkurrierenden Gesetzgebungskompetenz 31
      c) Die Erforderlichkeitsklausel des Art. 72 II GG bei der Rahmengesetzgebung 32
   4. Kompetenzverlust der Länder durch die fortschreitende Europäisierung 33

5. Zwischenbilanz: Die Kompetenzverlagerung im Spiegel der
politischen Entwicklung ... 34
   a) Der Zug zur sozialstaatlichen Egalisierung ... 35
   b) Europäisierung und Globalisierung
      als Rahmenbedingungen ... 37
   c) Entflechtung als notwendige Folge ... 37
II. Die konkurrierenden Föderalismusmodelle ... 38
  1. Kooperativer und kompetitiver Föderalismus ... 38
  2. Demokratischer Gewinn durch föderale Dezentralisation ... 40
  3. Ökonomischer Mehrwert durch föderale Dezentralisation ... 41
  4. Auswirkungen auf Art. 72 II GG und Zukunftsperspektiven ... 43
III. Anforderungen an die Auslegung von Kompetenzbestimmungen ... 45

Zweiter Teil ... 50

Der Weg von der alten zu der neuen Fassung des Art. 72 II GG ... 50

I. Politischer Gestaltungsspielraum des Bundesgesetzgebers nach
Art. 72 II GG in seiner alten Fassung ... 50
  1. Die Rechtsprechung des Bundesverfassungsgericht zu
Art. 72 II GG a.F. ... 50
  2. Diskussion in der Literatur ... 53
  3. Fazit ... 59
II. Die Neuregelung des Art. 72 II GG im Jahr 1994 ... 61
  1. Die Motive des verfassungsändernden Gesetzgebers ... 62
   a) Die eingesetzten Verfassungsreformkommissionen ... 62
      aa) Enquête-Kommission „Verfassungsreform" ... 62
      bb) Die Kommission „Verfassungsreform"
des Bundesrates ... 63
      cc) Die Gemeinsame Verfassungskommission von
Bundesrat und Bundestag ... 64
   b) Die Motive des verfassungsändernden Gesetzgebers ... 65
   c) Fazit ... 68
  2. Die Diskussion in der Literatur ... 69
   a) Die Justitiabilität der Erforderlichkeitsklausel ... 69
      aa) Die Argumentation *Neumeyers* ... 69
      bb) Die Argumentation *Rybaks* und *Hofmanns* ... 71
      cc) Die Befürworter einer Justitiabilitätsprüfung des
Bundesverfassungsgerichts ... 73
   b) Die Konkretisierung der Erforderlichkeitsklausel ... 74
   c) Fazit ... 74
III. Die neue Rechtsprechung des Bundesverfassungsgerichts:
Der Weg von der Bedürfnis- zur Erforderlichkeitsklausel ... 74

1.	Urteil zum Altenpflegegesetz	74
	a) Pflegeberufe im Blickfeld des Art. 74 I Nr. 19 GG	75
	b) Die Auslegung des Art. 72 II GG im Altenpflegeurteil	76
	c) Fazit	81
2.	Urteil zum Gesetz zur Bekämpfung gefährlicher Hunde	82
3.	Urteil zum Ladenschlussgesetz	85
4.	Urteil zur Juniorprofessur	87
5.	Urteil zu den Studiengebühren	93
6.	Die Bewertung der neuen Rechtsprechung im juristischen Schrifttum	94
	a) Die Konkretisierung durch die Rechtsfigur der Prognoseentscheidung	95
	b) Die Darlegungslast des Bundes	98
	c) Das rechtsdogmatische Verständnis der „Erforderlichkeit" i.S.d. Art. 72 II GG	100
	d) Die konkretisierenden Leitsätze im Blickfeld des Schrifttums	103
	e) Die kritische Bewertung der Subsumtion des Gerichts in der Altenpflegeentscheidung	104
	f) Entscheidung zum BgefHundG	105
IV.	Zusammenfassung des Zweiten Teils	106

Dritter Teil 109

Die Berechenbarkeit der Kompetenzausübungsregel des Art. 72 II GG 109

A. Die rechtsdogmatische Funktion des Erforderlichkeitskriteriums 109

I.	Das Subsidiaritätsprinzip im Lichte des Art. 72 II GG	109
1.	Das Subsidiaritätsprinzip als Gestaltungsprinzip bundesstaatlicher Ordnung	110
	a) Entwicklung des Subsidiaritätsprinzips	110
	b) Subsidiaritätsprinzip und Sozialstaatsprinzip	111
2.	Das Subsidiaritätsprinzip: Ein verfassungsrechtliches Prinzip?	112
3.	Das Fehlen eines klaren Maßstabes	116
4.	Anwendung auf Art. 72 II GG?	118
II.	Das Verhältnismäßigkeitsprinzip im Lichte des Art. 72 II GG	118
1.	Prinzip ohne klaren Maßstab?	119
2.	Das Verhältnismäßigkeitsprinzip als Korrektiv im Bund-Länder-Verhältnis	120
3.	Kompetenzschranken in der Rechtsprechung des Bundesverfassungsgerichts	127
III.	Zwischenergebnis	129

IV. Gegenüberstellung anderer korrespondierender
    Kompetenzausübungsschranken 132
    1. Das Subsidiaritätsprinzip der EG (Art. 5 II EG) 132
        a) Entstehungsgeschichte des europarechtlichen
           Subsidiaritätsprinzips 133
        b) Inhalt und Konkretisierung 134
        c) „Amsterdamer Protokoll über die Anwendung der
           Grundsätze der Subsidiarität und der
           Verhältnismäßigkeit" und weitere Prüfraster 137
        d) Justitiabilität des Subsidiaritätsprinzips 142
    2. Art. 5 II EG und das Verständnis der Erforderlichkeit i.S.d.
       Art. 72 II GG 146
        a) Korrespondenz zwischen Art. 72 II GG und Art. 5 II EV 146
        b) Anwendung auf die deutsche Rechtslage 149
        c) Konsequenzen aus dem Unterschied zwischen
           Effizienzkriterium und Optimierungsgebot für das
           dogmatische Verständnis von „Erforderlichkeit"
           im Rahmen des Art. 72 II GG 152
    3. Art. 28 II 1 GG 157
        a) Korrespondenz zwischen Art. 28 II 1 GG und Art. 72 II GG 157
        b) Anwendung des Verhältnismäßigkeitsgrundsatzes
           im Bereich der kommunalen Selbstverwaltung 160
            aa) Der „Rastede"-Beschluss des
                Bundesverfassungsgerichts vom 23. November 1988 162
            bb) Der Stand im Schrifttum 164
        c) Schlussfolgerungen 167
    V. Prinzip der zielgerichteten Effizienz 168

B. Konkrete Auslegungskriterien für Art. 72 II GG 171

    I. Konkretisierung der Auslegungskriterien des Art. 72 II GG 171
    1. Das „Erfordernis der Herstellung gleichwertiger
       Lebensverhältnisse im Bundesgebiet" 171
        a) Wortlaut und Systematik 171
        b) Vergleich mit der alten Fassung und dem Willen des
           verfassungsändernden Gesetzgebers 173
        c) Das Verständnis in der Literatur 174
        d) Rechtsprechung des Bundesverfassungsgerichts 177
        e) Weitere Präzisierungen 178
            aa) Die Grundbereiche der „Lebensverhältnisse" 180
            bb) Das Mindestmaß der „Lebensverhältnisse" 181
                aaa) Das Mindestmaß aus verfassungsrechtlicher Sicht 181
                bbb) Das Mindestmaß aus europarechtlicher Sicht 182
                ccc) Das Mindestmaß aus einfachgesetzlicher Sicht 185

Inhaltsverzeichnis

2. Die „Wahrung der Rechts- oder Wirtschaftseinheit im gesamtstaatlichen Interesse"	190
a) Wortlaut und Systematik	190
b) Vergleich mit der alten Fassung und der Wille des verfassungsändernden Gesetzgebers	192
c) Das Verständnis in der Literatur	192
d) Die Rechtsprechung des Bundesverfassungsgerichts	200
aa) Die allgemeinen Ausführungen	200
bb) Die Subsumtion des Gerichts	202
e) Weitere Präzisierungen	203
aa) Wahrung der Rechtseinheit	203
aaa) Justitielle Regelungen	204
bbb) Freizügigkeit wahrende Regelungen	205
ccc) Rechtssicherheit wahrende Regelungen	207
bb) Wahrung der Wirtschaftseinheit	213
aaa) Im Bereich der Berufsbildung	213
bbb) Im Bereich des sonstigen Wirtschaftsrechts	214
II. Schutzpflicht des Bundes	220

Vierter Teil   222

Die Auswirkungen des neuen Verständnisses des Art. 72 II GG auf eine Revitalisierung des Föderalismus   222

I. Effektive Selbstkoordination der Landesgesetzgeber als Kompetenzschranke	222
1. Grundsätzliche Zulässigkeit der Selbstkoordination	223
2. Selbstkoordination als Kompetenzschranke	224
a) Wortlautargument	224
b) Verfahrenstechnische Bedenken	224
c) Verfassungsrechtliche Bedenken	225
d) Intergouvernementale Zusammenarbeit der EU-Mitgliedstaaten	227
3. Fazit	228
II. Länderkompetenz zur Umsetzung von EG-Richtlinien	229
1. Kompetenz zur Umsetzung von EG-Richtlinien	230
a) Die Problematik der „doppelten Rahmenkonstellation" im Bereich der Rahmengesetzgebung	232
b) Die Problematik der Umsetzung von EG-Richtlinien im Bereich der konkurrierenden Gesetzgebung	234
aa) Bundeskompetenz aus dem Grundsatz der Gemeinschaftstreue (Art. 10 EG)	235

bb) Die Aussenverantwortung des Bundes als
    Kompetenzquelle 241
c) Die Problematik der unterschiedlichen Zielrichtung 244
2. Umsetzungskompetenz unter den Voraussetzungen des
   Art. 72 II GG 245
   a) Die Voraussetzungen des Art. 72 II GG 245
   b) Schlussfolgerungen 247
   c) Modell eines „Musterumsetzungsgesetz" 250
III. Art. 72 II GG und die Mitwirkung der Länder durch den
     Bundesrat in Angelegenheiten der Europäischen Union 250
IV. Exkurs: Auswirkungen auf die Rechtsprechung des EuGH ... 251
V. Auswirkungen auf die fakultative Zugriffsmöglichkeit nach
   Art. 87 III 1, 2 GG 252
VI. Die Änderungskompetenz des Bundes (Art. 125a II GG) 257
VII. Auswirkungen auf die Gesetzgebungskompetenzen 261
     1. Das Personenstandswesen (Art. 74 I Nr. 2 GG)
        nach dem Bundesverfassungsgerichtsurteil zum
        Lebenspartnerschaftsgesetz 262
     2. Der Ladenschluss und das Recht der
        Wirtschaft (Art. 74 I Nr. 11 GG) 264
     3. Strafrecht (Art. 74 I Nr. 1 GG) 267
     4. Steuergesetzgebung (Art. 105 II GG) 268
     5. Ermächtigungen an die Bundesländer zur Schaffung von
        Ausnahmen 271
     6. Weitere Gesetzgebungskompetenzen 272
        a) Versammlungsgesetz (Art. 74 I Nr. 3 GG) 272
        b) Jagdwesen (Art. 75 I Nr. 3 GG) 273
        c) Kinder- und Jugendhilfe (Art. 74 I Nr. 7 GG) 273
        d) Lärmbekämpfung (Art. 74 I Nr. 24 GG) 275
        e) Weitere Gesetzgebungskompetenzen 275
     7. Schlussbemerkung 276

Fünfter Teil 277

Zusammenfassung der Ergebnisse 277

Literaturverzeichnis 285

Abkürzungsverzeichnis

a.A.	anderer Ansicht
a. F.	alte Fassung
ABl.	Amtsblatt der Europäischen Gemeinschaft
Abs.	Absatz
AfP	Zeitschrift für Medien- und Kommunikationsrecht
AG	Amtsgericht
AltPflG	Gesetz über die Berufe in der Altenpflege
AöR	Archiv des öffentlichen Rechts
Art.	Artikel
BauGB	Baugesetzbuch
BayVBl.	Bayerische Verwaltungsblätter
Bek.	Bekanntmachung
BGB	Bürgerliches Gesetzbuch
BGBl.	Bundesgesetzblatt
BgefHundG	Bundesgesetz zur Bekämpfung gefährlicher Hunde
BjagdG	Bundesjagdgesetz
BNatSchG	Bundesnaturschutzgesetz
BR	Bundesrat
BRRG	Beamtenrechtsrahmengesetz
BSHG	Bundessozialhilfegesetz
BT	Bundestag
BVerfG	Bundesverfassungsgericht
BVerfGG	Bundesverfassungsgerichtsgesetz
BVerfGE	Entscheidungen des Bundesverfassungsgerichts
BVerwGE	Entscheidungen des Bundesverwaltungsgerichts
BW	Baden-Württemberg
ders.	derselbe
dies.	dieselbe(n)
DÖV	Die Öffentliche Verwaltung
Drs.	Drucksache
DV	Die Verwaltung
DVBl.	Deutsches Verwaltungsblatt
EAGFL	Europäischer Ausrichtungs- und Garantiefonds für die Landwirtschaft
EFRE	Europäischer Fond für regionale Entwicklung

EG	Europäische Gemeinschaft
EG	Vertrag zur Gründung der Europäischen Gemeinschaft vom 25. März 1957 in seiner durch den Amsterdamer Vertrag vom 2. Oktober 1997 geänderten Fassung (davor: EGV)
EGV	Vertrag zur Gründung der Europäischen Gemeinschaft
EinigungsV	Einigungsvertrag
ESF	Europäischer Sozialfonds
EU	Europäische Union
EU	Vertrag über die Europäische Union vom 7. Februar 1992 in seiner durch den Amsterdamer Vertrag vom 2. Oktober 1997 geänderten Fassung (davor: EUV)
EuGH	Europäischer Gerichtshof
EuGRZ	Europäische Grundrechte-Zeitschrift
EuR	Europarecht
EUV	Vertrag über die Europäische Union
EUZBLG	Gesetz über die Zusammenarbeit von Bund und Ländern in Angelegenheiten der Europäischen Union
EuZW	Europäische Zeitschrift für Wirtschaftsrecht
EWG	Europäische Wirtschaftsgemeinschaft
f., ff.	folgende
FG	Festgabe
FIAF	Finanzierungsinstrument für die Ausrichtung der Fischerei
Fn.	Fußnote
FS	Festschrift
GBl.	Gesetzesblatt
gem.	gemäß
GewArch	Gewerbearchiv
GG	Grundgesetz für die Bundesrepublik Deutschland vom 23. Mai 1949
GKV	Gemeinsame Verfassungskommission
GRWG	Gesetz über die Gemeinschaftsaufgabe „Verbesserung der regionalen Wirtschaftsstruktur"
GVG	Gerichtsverfassungsgesetz
HdbVerfR	Handbuch des Verfassungsrechts
HStR	Handbuch des Staatsrechts
HGB	Handelsgesetzbuch
HRG	Hochschulrahmengesetz
HRGÄndG	Gesetz zur Änderung des Hochschulrahmen-

	gesetzes
Hrsg.	Herausgeber
i.S.v.	im Sinne von
JA	Juristische Arbeitsblätter
JURA	Juristische Ausbildung
JuS	Juristische Schulung
JZ	Juristenzeitung
KJHG	Gesetz zur Neuordnung des Kinder- und Jugendhilferechts
KMK	Kultusministerkonferenz
krit.	kritisch
LadSchlG	Ladenschlussgesetz
LPartDisBG	Gesetz zur Beendigung der Diskriminierung gleichgeschlechtlicher Gemeinschaften
LPartErgG	Lebenspartnerschaftsergänzungsgesetz
m.w.Nachw.	mit weiteren Nachweisen
MdB	Mitglied des Bundestages
MRRG	Melderechtsrahmengesetz
n. F.	neue Fassung
NdsStGH	Niedersächsischer Staatsgerichtshof
NuR	Natur und Recht
NUTS	Nomenclature des Unités territoriales statistiques
NJ	Neue Justiz
NJW	Neue Juristische Wochenschrift
NRW	Nordrhein-Westfalen
NVwZ	Neue Zeitschrift für Verwaltungsrecht
NWVBl.	Nordrhein-Westfälische Verwaltungsblätter
NWVerfGH	Verfassungsgerichtshof für das Land Nordrhein-Westfalen
NZS	Neue Zeitschrift für Sozialrecht
OLG	Oberlandesgericht
OVG	Oberverwaltungsgericht
PAuswG	Personalausweisgesetz
RdJB	Recht der Jugend und des Bildungswesens
Rn.	Randnummer
ROG	Raumordnungsgesetz
Rs.	Rechtssache
RStV	Rundfunkstaatsvertrag
RV	Reichsverfassung von 1871
SGB	Sozialgesetzbuch
Slg.	Sammlung der Rechtsprechung des Europäischen Gerichtshof
SÖR	Schriften zum öffentlichen Recht

StabG	Stabilitätsgesetz
StGH	Staatsgerichtshof für das Deutsche Reich
StGB	Strafgesetzbuch
StPO	Strafprozessordnung
TPG	Transplantationsgesetz
u.a.	und andere
u.a.	unter anderem
UEICLJ	Ukrainian-European International And Comparative Law Journal
Urt.	Urteil
VBlBW	Verwaltungsblätter für Baden-Württemberg
verb.	verbundene
VerwArch	Verwaltungsarchiv
vgl.	vergleiche
Vorb.	Vorbemerkung
VVDStRL	Veröffentlichungen der Vereinigung der Deutschen Staatsrechtslehrer
VwGO	Verwaltungsgerichtsordnung
WHG	Wasserhaushaltsgesetz
WRV	Reichsverfassung der Weimarer Republik vom 11. August 1919
z.B.	zum Beispiel
ZfA	Zeitschrift für Arbeitsrecht
ZG	Zeitschrift für Gesetzgebung
zit.	zitiert
ZParl	Zeitschrift für Parlamentsfragen
ZPO	Zivilprozessordnung
ZRP	Zeitschrift für Rechtspolitik

Einleitung

Die Bundesrepublik Deutschland befindet sich in einer Grundsatzdebatte ihrer föderalen Staatsstruktur. Der vom Grundgesetz verfasste Föderalismus soll seine Sinn- und Legitimationskrise überwinden, in welche er im Laufe der Zeit geraten ist. Verfassungsrechtswissenschaft wie Verfassungspolitik werden seit den 70er Jahren des 20. Jahrhunderts von einer Föderalismusdiskussion beherrscht, die jüngst die Schicksalsfrage aufgeworfen hat, ob das deutsche föderale System im Sinne einer Good Governance den politischen Herausforderungen unserer Zeit überhaupt noch gerecht werden kann. Bundestag und Bundesrat hatten als vorläufigen Höhepunkt Mitte Oktober 2003 zur Modernisierung der bundesstaatlichen Ordnung eine gemeinsame Kommission eingesetzt, die Vorschläge mit dem Ziel erarbeiten sollte, die Handlungs- und Entscheidungsfähigkeit von Bund und Ländern zu verbessern, die politischen Verantwortlichkeiten deutlicher zuzuordnen und die Zweckmäßigkeit und Effizienz der Erfüllung öffentlicher Aufgaben zu steigern.[1]

Das Bundesverfassungsgericht hat durch eine viel beachtete judikative Kehrtwende bereits neue und zukunftsweisende Akzente gesetzt. In seinem Urteil vom 24. Oktober 2002 zum Altenpflegegesetz äußerte es sich erstmalig nach der Verfassungsreform 1994 zu dem neugefassten Art. 72 II GG, dem im Kompetenzgefüge eine entscheidende Rolle beigemessen wird.[2] Diese Entscheidung zeigt, dass auch ohne neuerliche strukturelle Veränderungen der Verfassung eine Stärkung der Länderkompetenzen möglich ist. Seine Aussagen zu der Kompetenzausübungsregel des Art. 72 II GG wiederholte und bekräftigte das Gericht in nunmehr drei weiteren, kurz aufeinander folgenden Entscheidungen: dem Urteil zum Gesetz zur Bekämpfung gefährlicher Hunde vom 16. März 2004, dem Urteil zum Ladenschlussgesetz vom 9. Juni 2004 sowie dem Urteil zur Juniorprofessur vom 27. Juli 2004 und zu dem Studiengebührenverbot vom 26. Januar 2005.

Das Bundesverfassungsgericht geht davon aus, dass ein von verfassungsgerichtlicher Kontrolle freier gesetzgeberischer Beurteilungsspielraum hinsichtlich der Voraussetzungen des Art. 72 II GG nicht mehr bestehe. Darüber hinaus präzisiert das Gericht die „Zieltrias" des Art. 72 II GG:

> „Das Erfordernis der „Herstellung gleichwertiger Lebensverhältnisse" ist nicht schon dann erfüllt, wenn es nur um das Inkraftsetzen bundeseinheitlicher Regelungen geht. Das bundesstaatliche Rechtsgut gleichwertiger Lebensverhältnisse ist vielmehr erst dann bedroht und der Bund erst dann zum Eingreifen ermächtigt, wenn sich die Lebensverhältnisse in den Ländern der Bundesrepublik in erheblicher, das bundesstaatliche Sozialgefüge beeinträchtigender Weise auseinander entwickelt haben oder sich eine derartige Entwicklung konkret abzeichnet.
>
> Die „Wahrung der Rechts- oder Wirtschaftseinheit" betrifft unmittelbar institutionelle Voraus-

---

1 BT-Drs. 15/1685; BR-Drs. 750/03.
2 BVerfGE 106, 62 – „Altenpflegegesetz", Urteil vom 24.10.2002.

setzungen des Bundesstaats und erst mittelbar die Lebensverhältnisse der Bürger. Eine Gesetzesvielfalt auf Länderebene erfüllt die Voraussetzungen des Art. 72 II GG erst dann, wenn sie eine Rechtszersplitterung mit problematischen Folgen darstellt, die im Interesse sowohl des Bundes als auch der Länder nicht hingenommen werden kann.

Die „Wahrung der Wirtschaftseinheit" liegt im gesamtstaatlichen Interesse, wenn es um die Erhaltung der Funktionsfähigkeit des Wirtschaftsraums der Bundesrepublik durch bundeseinheitliche Rechtssetzung geht. Der Erlass von Bundesgesetzen zur Wahrung der Wirtschaftseinheit steht dann im gesamtstaatlichen, also im gemeinsamen Interesse von Bund und Ländern, wenn Landesregelungen oder das Untätigbleiben der Länder erhebliche Nachteile für die Gesamtwirtschaft mit sich bringen."[3]

Auch wenn die Kommission zur Modernisierung der bundesstaatlichen Ordnung durch ihr Scheitern Ende 2004 hinter den in sie gesetzten Erwartungen zurückgeblieben ist, kann nach der neuen Rechtsprechung des Bundesverfassungsgerichts bereits die geltende Verfassungslage zu einer deutlichen Stärkung der Gesetzgebungskompetenzen der Länder führen. Dies erfordert, die jahrzehntelang bedeutungslos gebliebene Vorschrift des Art. 72 II GG in ein neues Licht zu rücken.

Die jüngste Rechtsprechung des Bundesverfassungsgerichts bietet hierfür wegweisende Ansätze. Es bleibt jedoch nach den neue Maßstäbe setzenden Entscheidungen immer noch ein hohes Maß an Unbestimmtheit. Werden doch in den vorgenannten Leitsätzen die Voraussetzungen des Art. 72 II GG durch Begriffe und Kriterien konkretisiert, die ihrerseits noch recht unbestimmt bleiben und daher weiter zu konkretisieren sind. Auch ist die kritische Frage zu stellen, ob die Maßstabsbildung, wie sie vom Bundesverfassungsgericht vorgenommen wurde, überzeugen kann und erschöpfend ist.

Die vorliegende Untersuchung geht der Frage nach, ob sich in Anlehnung an die jüngste Rechtsprechung und über diese hinaus Kriterien entwickeln lassen, die einer funktionsgerechten Abgrenzung der Gesetzgebungskompetenzen von Bund und Ländern dienen und zudem die Kompetenzausübungsregel des Art. 72 II GG für den Einzelfall berechenbar werden lassen. Nur bei einer Rechtssicherheit schaffenden Interpretation kann die Neufassung des Art. 72 II GG ihrer gewünschten Funktion der Neuordnung des föderalen Kompetenzgefüges ausreichend gerecht werden. Erkenntnisziel ist damit, weiterführende Kriterien zu entwickeln, die der Auslegung des Art. 72 II GG zu Grunde gelegt werden können, um die Gesetzgebungskompetenzen von Bund und Ländern klar abzugrenzen. Der Weg zu diesen Kriterien ist vielfältig. Wegweisend können u.a. der politische Wille des verfassungsändernden Gesetzgebers, vergleichbare Kompetenzen abschichtende Bestimmungen des Grundgesetzes, vergleichbare Problemlösungsansätze im Europarecht, neuere Ansätze in der politischen Ökonomie und nicht zuletzt der Perspektivenwechsel zum Konkurrenzföderalismus sein. Auf diese Ansätze zurückgreifend soll versucht werden, Gesichtspunkte und Begriffe bzw. Kriterien zu entwickeln, die als Trabanten der Begrifflichkeit[4] des Art. 72 II GG diese weiter erhellen können.

---

3 BVerfGE 106, 62 (Leitsätze) – „Altenpflegegesetz", Urteil vom 24.10.2002.
4 Zu diesem Ansatz: *Lerche*, FS 50 Jahre BVerfG I, S. 333 ff., 343.

Einleitung

Bevor dieser Weg der Kriteriendiskussion beschritten wird, gilt es den Stand der staatsrechtlichen Diskussion und der verfassungsgerichtlichen Rechtsprechung zu Art. 72 II GG zu entwickeln. Im ersten Teil werden einige grundlegende Fragen zur Entwicklung von Bundesstat und Gesetzgebungskompetenzen behandelt. Im zweiten Teil wird daran anschließend zunächst der Weg von der alten zu der neuen Fassung des Art. 72 II GG nachgezeichnet: die äußerst begrenzt justitiable Rechtsprechung des Bundesverfassungsgerichts zu Art. 72 II GG a.f., die Kritik im Schrifttum sowie die Neuregelung durch den verfassungsändernden Gesetzgeber. Im Anschluss daran werden die Urteile des Bundesverfassungsgerichts zu Art. 72 II GG n.F. sowie die Bewertung dieser Urteile in der Literatur dargestellt.

Im dritten Teil wird auf die rechtsdogmatische Funktion des Erforderlichkeitskriterium eingegangen und es werden dem Anliegen der Arbeit entsprechend konkrete Auslegungskriterien für die „Zieltrias des Art. 72 II GG entwickelt. Vor dem Hintergrund der zunehmenden Europäisierung der deutschen Rechtsordnung liegt es immer wieder nahe, die Parallelnormen aus der Europäischen Rechtsordnung vergleichend heranzuziehen. Denn die Ergebnisse, die in der Europäischen Rechtsordnung weitgehend konsentriert sind, können durchaus hilfreich bei der Suche nach Auslegungskriterien für die deutsche Verfassungsnorm des Art. 72 II GG sein.

Abschließend werden in einem vierten Teil die wesentlichen Auswirkungen eines durch das neue Verständnis des Art. 72 II GG revitalisierten Föderalismus aufgezeigt.

Erster Teil

Grundlagen

I. Zur Rolle der Verteilung der Gesetzgebungskompetenzen im Bundesstaat

Eine Konkretisierung der „Zieltrias" des Art. 72 II GG erfordert zunächst, die Stellung dieser Verfassungsnorm im Kompetenzgefüge des Grundgesetzes zu veranschaulichen. Da Art. 72 II GG einer neuen Abgrenzung der Legislativkompetenzen dienen soll, ist auf die Entwicklung einzugehen, der Einhalt und Umkehr geboten werden soll, nämlich auf den kontinuierlichen Prozess der legislativen Kompetenzverschiebung hin zum Bundesgesetzgeber. Denn dies ist jene „Verfassungsrealität", auf deren Hintergrund der neugefasste Art. 72 II GG seine steuernde und limitierende Funktion entfalten soll.

Die Bundesrepublik Deutschland ist ein Bundesstaat. Dies ergibt sich grundsätzlich aus dem in Art. 20 I GG niedergelegten und der Verfassungsänderung gem. Art. 79 III GG entzogenen Bundesstaatsprinzip.[5] Die Bundesstaatlichkeit folgt aber auch aus anderen Verfassungsbestimmungen.[6] Innerhalb des Bundesstaates wird die Staatsgewalt zwischen dem Bund als Gesamtstaat sowie den sechzehn Bundesländern[7] aufgeteilt. Im Folgenden wird die Verteilung der Gesetzgebungskompetenzen dargestellt, welcher insbesondere der VII. Abschnitt des Grundgesetzes[8] gewidmet ist. Veranschaulicht wird, welcher Ebene, also Bund oder Ländern, nach dem Grundgesetz die Legislativkompetenzen zustehen und wie diese Zuständigkeitsverteilung in der Verfassungswirklichkeit praktiziert wird.

Art. 70 I GG stellt die Vorgabe auf, dass die Länder das Recht zur Gesetzgebung haben, soweit das Grundgesetz nicht dem Bund Gesetzgebungsbefugnisse verleiht. Hierin ist eine lex specialis-Regelung für den Bereich der Gesetzgebungskompetenzen zu der allgemeinen Kompetenzabgrenzungsnorm des Art. 30 GG zu erblicken. Diese Ausnahmezuständigkeit des Bundes stellt eine – zumindest unter normativem Aspekt – „Grundregel unserer bundesstaatlichen Verfassung"[9] dar. Bei unbefange-

---

5 *Ipsen*, Staatsrecht I, Rn. 524.
6 Vor allem aus Art. 28 I GG, der Homogenitätsklausel; Art. 29, 118, 118 a GG, den Neugliederungsvorschriften; Art. 30 GG, der Kompetenzklausel; Art. 31 GG, der Kollisionsklausel sowie aus Art. 50 GG, der die Mitwirkung der Länder an der Willensbildung des Bundes durch den Bundesrat regelt; *Pieroth*, in: J/P, GG, Art. 20, Rn. 16.
7 Kritisch gegenüber dem Terminus „Bundesländer", welcher eine nicht ohne weiteres gegebene Vorrangstellung des Bundes impliziert, und daher die begriffliche Formulierung „Länder" bevorzugend, *Broß*, in: von Münch/Kunig, GG, Vorb. Art. 83-87, Rn. 2.
8 Art. 70 – 82 GG, „Gesetzgebung des Bundes".
9 BVerfGE 16, 64 (78 f.) – „Einwohnersteuerordnung", Beschluss vom 7.5.1963.

nem Lesen der verfassungsrechtlichen Legislativkompetenznormen entsteht der Eindruck, die Länder seien vorwiegend zum Gesetzeserlass zuständig. Der Bund hingegen werde lediglich in genau bezeichneten Ausnahmefällen tätig. Bei genauerem Hinsehen bestätigt sich in der Staatspraxis diese Annahme einer mehrheitlichen Zuständigkeit der Länder jedoch nicht. Denn in der Praxis übt der Bundesgesetzgeber in fast umfassender Weise die Kompetenzen aus.[10] Den Ländern verbleiben nur vereinzelte Kompetenztitel. Nachfolgend sollen die Gründe hierfür dargestellt und dabei die außerordentliche Bedeutung der Neufassung des Art. 72 II GG für das föderale System verdeutlicht werden.

1. Die fast flächendeckende Erweiterung und die extensive Ausübung der konkurrierenden Gesetzgebungskompetenz durch den Bund

Die stetige kompetenzielle Zunahme auf Seiten des Bundes kann auf die Ausdehnung ebenso wie auf die extensive Ausübung der konkurrierenden Gesetzgebung gem. Art. 72, 74 GG zurückgeführt werden. Allein der Katalog der konkurrierenden Gesetzgebungskompetenz nach Art. 74 I GG enthält heute 26 unterschiedliche Gesetzgebungstitel, die dem Bund in vielen Bereichen ein legislatives Vorgehen erlauben.

a) Konkurrierende Gesetzgebungskompetenz (Art. 72, 74 GG)

Die Art. 70 – 75 GG regeln primär die Verteilung der Legislativkompetenzen. Vereinzelt und in unsystematischer Weise festgeschrieben finden sich auch an anderen Stellen im Grundgesetz Gesetzgebungskompetenzen des Bundes. Um Konflikte zu vermeiden, hat das Grundgesetz die Kompetenzen lückenlos zwischen dem Bund und den Ländern verteilt.[11] Doppelzuständigkeiten von Bund und Ländern kennt die Verfassung grundsätzlich nicht. Diese wären mit der Ordnungs- und Abgrenzungsfunktion einer bundesstaatlichen Verfassung prinzipiell nicht vereinbar.[12] Die konkurrierende Gesetzgebung muss man ebenfalls unter diesem Aspekt verstehen: eine echte Konkurrenz, welche eine Doppelzuständigkeit nach sich ziehen würde, besteht nicht; auch die konkurrierende Gesetzgebung teilt vielmehr die Kompetenzen abschließend auf, wie im Folgenden dargelegt wird.

Art. 70 II GG bestimmt, dass die Abgrenzung der Zuständigkeit zwischen Bund und Ländern sich nach den Vorschriften des Grundgesetzes über die ausschließliche und die konkurrierende Gesetzgebung bemisst. Nach deutscher Tradition werden zur

---

10 *Schmitt-Glaeser*, AöR 107 (1982), 337 ff., 356.
11 *Rinck*, FS Müller, S. 289 ff., 290.
12 *Kloepfer/Bröcker*, DÖV 2001, 1 ff., 3.

Erster Teil: Grundlagen

Abgrenzung die Gesetzgebungsbefugnisse enumerativ aufgezählt.[13] Zu den geschriebenen Kompetenzkatalogen zählen die ausschließliche, die konkurrierende sowie die Rahmengesetzgebung. Letztere wird in Art. 70 II GG nur nicht angeführt, weil sie nach nicht unbestrittener Ansicht lediglich als ein Unterfall der konkurrierenden Gesetzgebung gilt.[14] Nicht unerwähnt bleiben sollen die Grundsatzgesetzgebung[15] sowie die vom Bundesverfassungsgericht entwickelte Gesetzgebungskompetenz im Hinblick auf das Maßstäbegesetz[16]. Neben den im Grundgesetz normierten Gesetzgebungskompetenzen finden sich ungeschriebene Kompetenzen. Als solche sind die in der Literatur entwickelten und durch das Bundesverfassungsgericht anerkannten Kompetenzen kraft Sachzusammenhangs, die Annexkompetenzen sowie die Kompetenzen aus der Natur der Sache zu nennen.[17] Ausnahmslos fallen diese in den Regelungsbereich des Bundes.

Eingangs wurde erwähnt, dass es eine Konkurrenz- und Konfliktsituation innerhalb der Kompetenzgebiete zu vermeiden gilt. Jede bundesstaatliche Verfassung muss grundsätzlich die Kompetenzen präzise fixieren. Im Bereich der konkurrierenden Gesetzgebung wird durch die Konfliktregel des Art. 72 I GG in der geforderten Art und Weise abgegrenzt; Art. 31 GG als allgemeine Normenkollisionsregel soll nach überwiegender Ansicht nur herangezogen werden, wenn ein bereits erlassenes Landesgesetz durch ein späteres Bundesgesetz „gebrochen" werden soll.[18] Nach Art. 72 I GG haben die Länder in dem Bereich der konkurrierenden Gesetzgebung die Legislativkompetenz, solange und soweit der Bund nicht durch Gesetz von seiner

---

13 Vgl. Art. 4 RV, Art. 6 ff. WRV; *Ipsen*, Staatsrecht I, Rn. 535.
14 *Ipsen*, Staatsrecht I, Rn. 569 m.w.Nachw.; vgl. hierzu allerdings BVerfG, 2 BvF 2/02, „Juniorprofessur - Urteil vom 27.7.2004, Rn. 80: „Bei der Rahmengesetzgebung nach Art. 75 GG handelt es sich neben der ausschließlichen und der konkurrierenden Gesetzgebungskompetenz um eine dritte selbstständige Art der Bundesgesetzgebung.".
15 Die Verfassung kennt diese für die Erfüllung von Gemeinschaftsaufgaben (Art. 91a II 2 GG), für das Haushaltsrecht, für eine konjunkturgerechte Haushaltswirtschaft und für eine mehrjährige Finanzplanung (Art. 109 III GG) sowie für die Staatsleistungen an die Religionsgesellschaften (Art. 140 GG i.V.m. Art. 138 I 2 WRV).
16 Diese enthält verfassungskonkretisierende allgemeine Maßstäbe für die Verteilung des Umsatzsteueraufkommens, für den Finanzausgleich unter den Ländern sowie für die Gewährung von Bundesergänzungszuweisungen. Vom Bundesverfassungsgericht in seinem Urteil zum Länderfinanzausgleich vom 11.11.1999 (BVerfGE 101, 158) gefordert wurde das Maßstäbegesetz vom 9.9.2001 (BGBl. I, S. 2302) erlassen. Es stößt in Teilen der Literatur auf dogmatische und praktische Bedenken. Teilweise wird hierin eine neue Kategorie der Gesetzgebung gesehen (*Weiß*, ZG 2001, 210 ff., 220 ff., 225). Näher liegt, in dem Gesetz lediglich eine „gewisse Ähnlichkeit mit dem Rahmengesetz und dem Grundsätzegesetz" zu erblicken; näher hierzu *Maurer*, Staatsrecht, § 17, Rn. 42 a ff.
17 In diesen Bereichen ist bekanntlich vieles umstritten; vgl. zuletzt die jüngste Rechtsprechung des Bundesverfassungsgerichts, die die Kompetenz kraft Sachzusammenhangs und die Annexkompetenz in einem Atemzug nennt; BVerfGE 98, 265 (299) – „Bayerisches Schwangerenhilfeergänzungsgesetz", Urteil vom 27.10.1998. Die Begründung dieser ungeschriebenen, ursprünglich nicht vorgesehenen, ausschließlichen Regelungskompetenzen des Bundes führte allerdings nur zu geringen, kaum beachtlichen Kompetenzverschiebungen zu Lasten der Länder. Daher muss auch nicht näher auf sie eingegangen werden.
18 Vgl. *Pieroth*, in: J/P, GG, Art. 31, Rn. 3, Art. 71, Rn. 2.

Gesetzgebungszuständigkeit Gebrauch gemacht hat. Die Gegenstände der konkurrierenden Gesetzgebung finden sich enumerativ in dem Kompetenzkatalog des Art. 74 I GG. Weitere Gegenstände der konkurrierenden Gesetzgebung enthalten beispielshalber die Art. 74a, 105 II, 115c GG. Ein gemeinsamer Nenner, unter den man die mannigfaltigen Materien des Katalogs fassen könnte, lässt sich nicht ausmachen. Man kann den Kompetenzkatalog dahin zusammenfassen, dass große Teile der Wirtschaft, der Arbeit, der Fürsorge sowie der Rechtspflege vom Bundesgesetzgeber geregelt werden.[19] Vor allem die großen sowie für das politische Leben wichtigen Gesetzeskodifikationen fallen hierunter, wie zum Beispiel das Bürgerliche Gesetzbuch, das Handelsgesetzbuch, das Aktiengesetz, das Atomgesetz, das Bundesimmissionsschutzgesetz, das Sozialgesetzbuch, das Baugesetzbuch, das Strafgesetzbuch sowie weite Teile des Prozessrechts.

b) Ausdehnung des Kompetenzkataloges der konkurrierenden Gesetzgebung

Die Gesetzgebungsbefugnisse des Bundes sind ständig *in die Breite* erweitert worden. Dies gilt insbesondere für den Katalog der konkurrierenden Gesetzgebung. Art. 74 GG umfasste am 23. Mai 1949 lediglich 23 Kompetenztitel. Im Laufe der Jahre wurde er allerdings unaufhörlich ausgedehnt und diente als Einfallstor für den Bund, sich immer mehr Befugnisse übertragen zu lassen. Der Bund erhielt die Regelungskompetenz für nahezu alle neuen Staatsaufgaben. Hierzu zählen vor allem die Probleme, die aufgrund technischen Fortschritts einer Gesetzgebung unterworfen werden mussten, mit denen der Verfassungsgeber jedoch bei Erlass des Grundgesetzes nicht rechnen konnte. Diese wurden allesamt in den Katalog der konkurrierenden Gesetzgebung aufgenommen. Zu nennen sind etwa das gesamte Atomrecht, die Regelung der Ausbildungsbeihilfen, die Abfallbeseitigung, die Luftreinhaltung oder die Lärmbekämpfung.[20] Hinzukommt aus jüngerer Zeit die Grundgesetznovelle von 1994, welche die Gesetzgebungskompetenzen für die künstliche Befruchtung beim Menschen, Gentechnik und Transplantation dem Bund zuordnete.[21] Dieser Prozess der kontinuierlichen Ausdehnung der Kompetenzkataloge im Wege zahlreicher Grundgesetzänderungen, vor allem des Kataloges der konkurrierenden Gesetzgebung[22], hatte zur Folge, dass den Ländern eine kraftvolle Ausübung von gesetzgebe-

---

19 *Umbach/Clemens*, in: Umbach/Clemens, GG, Art. 74, Rn. 8.
20 Art. 74 I Nr. 11a GG; Art. 74 I Nr. 13 GG; Art. 74 I Nr. 24 GG; vgl. hierzu *Schmitt-Glaeser*, AöR 107 (1982), 337 ff., 357; *Maunz*, in: M/D, GG, Art. 74, Rn. 1 f.; *Rinck*, FS Müller, S. 289 ff., 299.
21 Art. 74 I Nr. 26 GG; Gesetz zur Änderung des Grundgesetzes vom 27.10.1994, BGBl. I, S. 3146 ff.
22 Eine kurze Zusammenfassung der Kompetenzverlagerung seit 1954 bietet *Brenner*, DÖV 1992, 903 ff., 906; eine umfassende Darstellung aller Verfassungsänderungen im Kompetenzkatalog des Art. 74 I GG liefern *Bauer/Jestaedt*, Das Grundgesetz im Wortlaut, S. 278 ff.

rischer Tätigkeit unmöglich ist. Festhalten lässt sich, dass die Verfassung selbst die Grundregel des Art. 70 GG faktisch zur Ausnahme verkommen lässt.[23]

c) Die extensive Ausübung der konkurrierenden Gesetzgebungskompetenz

Die Kompetenzen der konkurrierenden Gesetzgebung sind ferner *in die Tiefe* durch den Bund fast umfassend ausgeschöpft worden. So hat der Bund bis auf das Gebiet der Staatshaftung (Art. 74 I Nr. 25 GG) alle Materien der konkurrierenden Gesetzgebungskompetenz nahezu erschöpfend geregelt.[24] Für die Länder trat damit die Sperrwirkung des Art. 72 I GG ein.[25] Sie sind nicht mehr zur Regelung der Materien der konkurrierenden Gesetzgebung befugt.

d) Reformbestrebungen

Die Reformbestrebungen zielen dieser Entwicklung entgegensteuernd darauf, die Gesetzgebungskompetenzen entweder neu zu verteilen oder deren Ausübung neu, d.h. limitierend zu regeln. Im Bereich der konkurrierenden Gesetzgebungskompetenzen sollen Zuständigkeiten an die Länder übertragen werden. Es finden sich für eine solche Reform der Kompetenzordnung zahlreiche Kommissionsvorschläge, Landtagsbeschlüsse, Ergebnisse von Arbeitsgruppen sowie Stellungnahmen der Regierungen. An dieser Stelle kann dabei lediglich auf die aktuellen Ansätze eingegangen werden. Für ältere Vorschläge wird auf die Abhandlung von *Münch* und *Zinterer* verwiesen, die in ihrer „Synopse verschiedener Reformansätze zur Stärkung der Länder 1985 – 2000"[26] die Reformvorschläge wie folgt zusammenfassen: Im Bereich der konkurrierenden Gesetzgebung werden die meisten Umverteilungen im Kompetenzbereich „Bildung, Ausbildung und Wissenschaft", in Teilbereichen auch im Bereich der „Wirtschafts- und Sozialordnung" sowie im Rahmen von Legislativkompetenzen mit stark regionalem Bezug[27] vorgeschlagen.

In der aktuellen Diskussion fordern die Länder eine Rückverlagerung des Notariatswesens, des Versammlungsrechts, der öffentliche Fürsorge in Teilbereichen, der außerschulischen beruflichen Bildung, der Kompetenz zur Förderung der wissenschaftlichen Forschung, der Kompetenz zur Förderung der land- und forstwirtschaftlichen Erzeugung, des Wohnungswesens, der Regelungskompetenz im Bereich der Heilberufe sowie der Umweltgesetzgebung in dem Teilbereich der Lärmbekämp-

---

23 So schon *Katzenstein*, DÖV 1958, 593 ff., 594.
24 Vgl. zu den einzelnen Gegenständen der konkurrierenden Gesetzgebung und deren nahezu erschöpfenden Regelungen durch den Bund *Pieroth*, in: J/P, GG, Art. 74, Rn. 2 ff.
25 Vgl. hierzu *1.Teil, I.3.a.*
26 *Münch/Zinterer*, ZParl 2000, 657 ff., 662 ff.
27 Grundstücksverkehr, Bodenrecht und Wohnungswesen.

fung.[28] Die Bundesregierung übt naturgemäß Zurückhaltung. Sie deutet lediglich eine mögliche Rückverlagerung in Teilbereichen des Notariatswesen (Art. 74 I Nr. 1 GG) sowie der lokalen Freizeitlärmbekämpfung (Art. 74 I Nr. 24 GG) an.[29]

2. Die Erweiterung und die extensive Ausübung der Rahmenkompetenz durch den Bund

a) Rahmengesetzgebungskompetenz (Art. 75 GG)

Nach Art. 75 I 1 GG hat der Bund das Recht, Rahmenvorschriften für die Gesetzgebung der Länder zu erlassen. Darunter fallen solche Regelungen, die lediglich allgemeine Grundsätze und Richtlinien enthalten und durch die Landesgesetzgeber ausgefüllt werden können und nach Art. 75 III GG werden müssen. Eine unmittelbare Wirkung gegenüber den Bürgern tritt grundsätzlich erst durch die Ausfüllungsgesetze der Länder ein.[30] Nur in Ausnahmefällen dürfen Rahmenvorschriften in Einzelheiten gehende oder unmittelbar geltende Regelungen enthalten gem. Art. 75 II GG n.F.

b) Ausdehnung der Rahmengesetzgebungskompetenz

Auch die Rahmengesetzgebungskompetenz ist zugunsten des Bundes *in die Breite* ausgedehnt worden. So wurde das Recht des Bundes in das Grundgesetz aufgenommen, Rahmenvorschriften für die Gesetzgebung der Länder über die allgemeinen Grundsätze des Hochschulwesens[31] zu erlassen.

---

28 Art. 74 I Nr. 1 GG; Art. 74 I Nr. 2 GG; Art. 74 I Nr. 7 GG; Art. 74 I Nr. 11 GG; Art. 74 I Nr. 13 GG; Art. 74 I Nr. 17; Art. 74 I Nr. 18; Art. 74 I Nr. 19; Art. 74 I Nr. 24; vgl. hierzu „Modernisierung der bundesstaatlichen Ordnung – Leitlinien für die Verhandlungen mit dem Bund", Vorschläge der Ministerpräsidentenkonferenz, abgedruckt in Hrbek/Eppler, Deutschland vor der Föderalismus-Reform, S. 26 ff.; ähnlich auch „Reform des Föderalismus – Stärkung der Landesparlamente", Bericht der bayerischen Enquête-Kommission, Drs. 14/8660, S. 7; Bertelsmann-Kommission „Verfassungspolitik & Regierungsfähigkeit", S. 26 ff.; vgl. schließlich auch „Föderalismusreform", Positionspapier der Ministerpräsidenten, Kommissionsdrucksache 0045.
29 Art. 74 I Nr. 1 GG; Art. 74 I Nr. 24 GG; vgl. „Modernisierung der bundesstaatlichen Ordnung, Position des Bundes", S. 3, www.bmj.bund.de/media/archive/251.pdf.
30 *Maurer*, Staatsrecht, § 17, Rn. 36.
31 Art. 75 I 1 Nr. 1a GG; eingefügt durch das 22. Gesetz zur Änderung des Grundgesetzes vom 12.5.1969, BGBl. I, S. 363.

c) Die extensive Ausübung der Rahmengesetzgebungskompetenz

Die Länder haben im Bereich der Rahmengesetzgebungskompetenz des Bundes erhebliche Einbußen erleiden müssen. Der Bund hat seine Rahmenkompetenz nahezu erschöpfend ausgeübt.[32] Ferner äußerte sich das Bundesverfassungsgericht schon im vierten Band der Entscheidungssammlung wegweisend zu den Voraussetzungen der Inanspruchnahme der Rahmenkompetenz. Die Rahmengesetzgebung könne nicht von der gleichen Intensität sein, wie Art. 74 GG sie für den Bereich der konkurrierenden Gesetzgebung zulässt.[33] Dieses Postulat hinderte weder den Bundesgesetzgeber noch das Bundesverfassungsgericht daran, die Rahmengesetzgebungskompetenz in erdenklich weitem Umfang zu Lasten der Länder *in die Tiefe* auszuschöpfen. Das Gericht führte zwar aus, dass bei Erlass von Rahmengesetzen durch den Bund den Ländern im Hinblick auf das zu ordnende Sachgebiet noch ein Regelungsspielraum verbleiben müsse. Dieser Regelungsspielraum müsse von *substantiellem Gewicht* sein. Rahmenvorschriften des Bundes müssen zumindest in ihrer Gesamtheit durch Landesgesetzgebung ausfüllungsfähig und ausfüllungsbedürftig sein.[34] In Konkretisierung dieser sehr weichen Formulierung vertrat das Gericht jedoch die Ansicht, dass Rahmengesetze auch Einzelheiten regeln können: Der Bundesgesetzgeber könne innerhalb der gesamten Regelung einer Materie der Rahmengesetzgebung einzelne abschließende Bestimmungen vorsehen, wenn nur das Ganze durch die Landesgesetzgebung „ausfüllungsfähig und ausfüllungsbedürftig" bleibe.[35] Diese Definition ohne präzise Grenzziehung führte in der Staatspraxis dazu, dass der Bundesgesetzgeber diverse, oftmals unbedeutende Einzelfragen den Ländern überließ, die grundlegenden, wesentlichen Einzelfragen aber in Eigenregie regelte.[36]

Diese sehr weitreichende Zugriffsmöglichkeit des Bundes war ausschlaggebend für den neuen Art. 75 II GG. Hierdurch werden die Anforderungen an die Rahmengesetzgebung präzisiert.[37] Nach der Neufassung des Art. 75 II GG dürfen Rahmenvorschriften auch in Einzelheiten gehende oder unmittelbar geltende Regelungen enthalten. Diese grundsätzliche Zulässigkeit wird aber durch den Hinweis auf die „Ausnahmefälle" beschränkt. Begrifflich liegt ein Rahmen nur vor, wenn ein Raum zum Ausfüllen durch den Landesgesetzgeber verbleibt. Nach Ansicht des Bundesverfassungsgerichts ist die Rahmengesetzgebung auf eine Kooperation von Bund

---

32 Vgl. das Beamtenrechtsrahmengesetz (BRRG) zu Art. 75 I Nr. 1 GG, das Hochschulrahmengesetz (HRG) zu Art. 75 I Nr. 1 a GG, das Bundesjagdgesetz (BJagdG) und das Bundesnaturschutzgesetz (BNatSchG) zu Art. 75 I Nr. 3 GG, das Raumordnungsgesetz (ROG) und das Wasserhaushaltsgesetz (WHG) zu Art. 75 I Nr. 4 GG sowie schließlich das Personalausweisgesetz (PAuswG) und das Melderechtsrahmengesetz (MRRG) zu Art. 75 I Nr. 5 GG).
33 BVerfGE 4, 115 ff. (127) – „Besoldungsgesetz NRW", Urteil vom 1.12.1954.
34 BVerfGE 4, 115 ff. (129) – „Besoldungsgesetz NRW", Urteil vom 1.12.1954.
35 BVerfGE 25, 142 (152) – „Anrechnung von Renten", Beschluss vom 21.1.1969 unter Verweis auf BVerfGE 4, 115 (129) – „Besoldungsgesetz NRW", Urteil vom 1.12.1954.
36 *Bullinger*, DÖV 1970, 761 ff., 764 f.
37 *Degenhart*, Staatsrecht I, § 2 II 3, Rn. 147.

und Ländern, auf eine „kooperative Gesetzgebung" angelegt.[38] Vorgeben darf der Bundesgesetzgeber nur den „planmäßigen Torso"[39], d.h. lediglich Vorschriften mit einem normativen Spielraum für den Landesgesetzgeber. Ein „Ausnahmefall" liegt nach dem Bundesverfassungsgericht nur vor, wenn „die Rahmenvorschriften ohne die in Einzelheiten gehenden oder unmittelbar geltenden Regelungen verständigerweise nicht erlassen werden könnten, diese also schlechthin unerlässlich sind".[40]

Durch die Neufassung ist die früher vertretene Auffassung, Rahmengesetze könnten für Teilbereiche eine partielle Vollregelung treffen, weitestgehend überholt.[41] Die neue Sachlage lässt sich mit den Worten *Isensees* als die normierte Maxime eines „umgekehrten Wesentlichkeitsvorbehaltes" auf den Punkt bringen. Dem Bund stehe es nicht zu, alles Wesentliche innerhalb eines Sachbereichs selbst zu bestimmen. Die Länder müssen selbst noch wesentliche Regelungen treffen können.[42]

In diesem Zusammenhang stellt sich die Frage, ob die teilweise sehr detaillierten Regelungen in Rahmengesetzen[43] noch zulässig sind. Auch nach der Verfassungsreform ist der Streit um die Regelungskompetenzen des Bundes im Bereich der Rahmengesetzgebung augenscheinlich immer noch nicht ausgeräumt. Trotz der Neufassung der einschlägigen Grundgesetzartikel blieb der Bund offensichtlich bei seiner alten Praxis, die die Kompetenz der Länder zur eigenständigen Ausfüllung von Rahmengesetzen auf ein verfassungswidriges Minimum reduzierte.

d) Reformbestrebungen

Trotz der unlängst erfolgten Verschärfung der Anforderungen an die Ausübung der Rahmengesetzgebung ist die Rahmenkompetenz in den jüngsten Reformbestrebungen wiederholt auf den Prüfstand geraten. Im Interesse einer Erweiterung des Gesetzgebungsspielraums der Landesparlamente wird vorgeschlagen, Einzelfallregelungen in keinem Fall mehr zuzulassen[44] bzw. die Rahmenkompetenz in eine Grundsatzgesetzgebung umzuwandeln. Danach dürfe der Bund lediglich allgemeine, leitende Grundsätze aufstellen darf und es stehe im Ermessen der Länder, von den

---

38 BVerfG, 2 BvF 2/02, „Juniorprofessur" - Urteil vom 27.7.2004, Rn. 81.
39 *Isensee*, FS Badura, S. 689 ff., 692.
40 BVerfG, 2 BvF 2/02, „Juniorprofessur" - Urteil vom 27.7.2004, Rn. 94.
41 *Maurer*, Staatsrecht, § 17, Rn. 36.
42 *Isensee*, FS Badura, S. 689 ff., 694 f.
43 Insbesondere im Beamtenrechtsrahmengesetz, neugefasst durch Bek. v. 31.3.1999 (BGBl. I, S. 654), zuletzt geändert durch Art. 8 des Gesetzes v. 21.8.2002 (BGBl. I, S. 3322); vgl. hierzu *Meyer*, Kommissionsdrucksache 0013, S. 4, 14 oder das Verbot von Studiengebühren im Hochschulrahmengesetz, eingeführt durch das Sechste Gesetz zur Änderung des Hochschulrahmengesetzes (6. HRGÄndG) vom 8.8.2002, BGBl. I, S. 3138 ff.; siehe hierzu nunmehr BVerfG, 2 BvF 1/03, „Studiengebühren" - Urteil vom 26.1.2005.
44 „Bekenntnis zum Föderalismus und zur Subsidiarität - Landesparlamente stärken!", Lübecker Erklärung der deutschen Landesparlamente, S. 4, www.landtag-niedersachsen.de/homepage/luebecker-erklaerung.pdf.

bundesrechtlich vorgegebenen Grundsätzen Gebrauch zu machen[45]. Die einzelnen Bundeskompetenzen in diesem Bereich sollen ebenfalls gekürzt werden. Insbesondere die allgemeinen Grundsätze des Hochschulwesens, die allgemeinen Rechtsverhältnisse der Presse sowie das Jagdwesen sollen in die konkurrierende Kompetenz mit Zugriffsrecht der Länder oder in die alleinige Gesetzgebungskompetenz der Länder überführt werden.[46] Aufgrund des erheblichen Verflechtungspotenzials sowie aus Praktikabilitätsgründen bei der Umsetzung von EG-Richtlinien wird schließlich vorgeschlagen, die Rahmengesetzgebungskompetenz gänzlich abzuschaffen.[47]

3. Die Entwertung der Länderkompetenzen durch die Sperrklausel des Art. 72 I GG und durch die Auslegung der Kompetenzausübungsregel des Art. 72 II GG a.F.

Fragt man, weshalb die flächendeckende Ausübung der Kompetenzausübungsregeln durch den Bund zur Abwertung der Legislativkompetenzen der Länder geführt hat, so ist der Blick auf die mit den Kompetenztiteln verbundenen Rechtsfolgen und auf das mit Kompetenzausübungsregeln verbundene Programm der Kompetenzverteilung zu richten. Denn im Rahmen der Gesetzgebungskompetenzen wird unterschieden zwischen den Kompetenztiteln, die dem Bund bzw. den Ländern den Erlass eines Gesetzes ermöglichen, und den Voraussetzungen der Kompetenzausübung. Die Kompetenztitel im Bereich der konkurrierenden und Rahmengesetzgebung allein sagen noch nichts darüber aus, ob der Bund im konkreten Bereich ein Gesetz erlassen darf. Für die Kompetenzausübung müssen zudem die *verfassungsrechtlichen Schranken* bei Erlass eines Gesetzes beachtet werden.

In einem föderalen Staat sind klare Regelungen der rechtlichen Konsequenzen der Kompetenzausübung (vgl. Art. 72 I GG) erforderlich. Ebenso sind klare Grenzen der Kompetenzausübung unerlässlich, um einen hinreichenden Schutz für die nachge-

---

45 „Reform des Föderalismus – Stärkung der Landesparlamente", Bericht der bayerischen Enquête-Kommission, Drs. 14/8660, S. 7; Bertelsmann-Kommission „Verfassungspolitik & Regierungsfähigkeit", S. 22 f.; kritisch hierzu: *Benz*, Kommissionsdrucksache 71 –neu– c, S. 2 ff.
46 Art. 75 I Nr. 1a GG; Art. 75 I Nr. 2 GG; Art. 75 I Nr. 3 GG; vgl. hierzu „Reform des Föderalismus – Stärkung der Landesparlamente", Bericht der bayerischen Enquête-Kommission, Drs. 14/8660, S. 7; „Modernisierung der bundesstaatlichen Ordnung – Leitlinien für die Verhandlungen mit dem Bund", Vorschläge der Ministerpräsidentenkonferenz, abgedruckt in Hrbek/Eppler, Deutschland vor der Föderalismus-Reform, S. 26 ff.
47 „Modernisierung der bundesstaatlichen Ordnung – Leitlinien für die Verhandlungen mit dem Bund", Vorschläge der Ministerpräsidentenkonferenz, abgedruckt in Hrbek/Eppler, Deutschland vor der Föderalismus-Reform, S. 26 ff.; „Modernisierung der bundesstaatlichen Ordnung, Position des Bundes", S. 2, www.bmj.bund.de/media/archive/251.pdf. Diesem Vorschlag wird aller Voraussicht nach auch die Föderalismuskommission folgen; vgl. die Aussage des Vorsitzenden *Müntefering*, Stenografischer Bericht, S. 163.

ordneten Ebenen zu gewährleisten. Dem dient insbesondere die Kompetenzausübungsregel[48] des Art. 72 II GG.

a) Sperrwirkung des Art. 72 I GG

Besitzt der Bund einen Kompetenztitel nach Art. 74 I GG und liegen die Voraussetzungen der Erforderlichkeitsklausel nach Art. 72 II GG[49] vor, dann entfaltet das Gesetz Sperrwirkung gem. Art. 72 I GG. Dies hat zur Folge, dass ein von der unzuständigen Seite erlassenes Gesetz verfassungswidrig und nichtig ist.[50] Unterschieden wird zwischen zeitlicher („solange") und sachlicher („soweit") Sperrwirkung.[51]

Unter *zeitlicher* Sperrwirkung versteht man, dass ab dem Zeitraum, in welchem der Bund gesetzgeberisch tätig geworden ist, ein Handeln der Länder nicht mehr möglich ist.[52] Hatten die Länder nach Art. 72 I GG a.F. die Befugnis zur Gesetzgebung, solange und soweit der Bund von seinem Gesetzgebungsrecht keinen Gebrauch macht, so wurde dieses Recht zur Gesetzgebung durch das Änderungsgesetz vom 27. Oktober 1994[53] verstärkt. In der neuen Fassung kommt die Formulierung „durch Gesetz" hinzu. Das Kriterium des Gebrauchmachens erscheint im Perfekt. Ziel der Neufassung war eine zeitliche Abschwächung und gleichzeitig eine inhaltliche Präzisierung der Sperrwirkung.[54] Es soll für den Eintritt der zeitlichen Sperrwirkung nicht mehr die Einleitung des Gesetzgebungsverfahrens[55], sondern erst der Abschluss des Verfahrens und zwar der Zeitpunkt der Verkündung des Gesetzes relevant sein.[56] Die zeitliche Sperrwirkung endet mit der Aufhebung des Bundesgesetzes.[57]

---

48 Zur missverständlichen Bezeichnung des Art. 72 II GG als „Kompetenzverteilungsregel" durch das Bundesverfassungsgericht in der Altenpflegeentscheidung, BVerfGE 106, 62 (135), vgl. *Calliess*, EuGRZ 2003, 181 ff., 190.
49 Siehe allgemein zu der Erforderlichkeitsklausel im Anschluss, *1. Teil, I.3.b.*
50 *Heintzen*, in: D/V/G, BK, Art. 70, Rn. 55.
51 *Ipsen*, Staatsrecht I, Rn. 545 ff.
52 *Ipsen*, Staatsrecht I, Rn. 545.
53 Gesetz zur Änderung des Grundgesetzes vom 27.10.1994, BGBl. I, S. 3146 ff.; die neue Fassung trat am 15.11.1994 in Kraft.
54 *Degenhart*, in: Sachs, GG, Art. 72, Rn. 18; zu der Sperrwirkung einer Verordnungsermächtigung in einem Bundesgesetz vgl. *Rybak/Hofmann*, NVwZ 1995, 230 ff., 230 f.; *Kuttenkeuler*, Die Verankerung des Subsidiaritätsprinzips im GG, S. 199 f.
55 So war nach der alten, im Präsens gehaltenen Formulierung eine Vorverlagerung der Sperrwirkung auf die Einleitung des Gesetzgebungsverfahrens, etwa auf den Beginn der parlamentarischen Beratungen möglich: „Art. 72 Abs. 1 GG knüpft an das *Gebrauchmachen* an und verlangt nicht, dass der Bund von seinem Gesetzgebungsrecht *Gebrauch gemacht* haben muss. Wäre erst der letztgenannte Zeitpunkt maßgebend, könnten sich Bund und Länder innerhalb einer gewissen Zeitspanne gleichzeitig derselben Materie gesetzgeberisch annehmen – ein schwer erträglicher Zustand.", BVerfGE 34, 9 (29) - „Besoldungsvereinheitlichung", Urteil vom 26.7.1972.
56 *Degenhart*, in: Sachs, GG, Art. 72, Rn. 18.
57 *Maurer*, Staatsrecht, § 17, Rn. 33.

Erster Teil: Grundlagen

In unserem Zusammenhang von größerer Bedeutung als die zeitliche ist die *sachliche* Sperrwirkung. Diese bedeutet, dass die Länder nicht mehr zuständig sind, soweit die konkrete Materie durch den Bund geregelt worden ist. Wenn eine abschließende Bundesregelung eines Bereichs gegeben ist, dann ist den Ländern ein Handeln verwehrt. Regelt der Bund die Materie nicht erschöpfend, so bleiben die Länder zum Erlass von Gesetzen in den noch nicht geregelten Punkten befugt.[58] Ob der Bundesgesetzgeber eine Materie erschöpfend oder nicht erschöpfend geregelt hat, ist oftmals schwierig abzugrenzen. Beantworten lässt sich die Frage nach ständiger Rechtsprechung des Bundesverfassungsgerichts regelmäßig nur mittels einer Gesamtwürdigung des betreffenden Normenkomplexes.[59] Die Abgrenzung wird teilweise dadurch erleichtert, dass der Bundesgesetzgeber ausdrücklich Vorbehalte zugunsten der Länder regelt oder das Gesetz Hinweise enthält, dass landesrechtliche Regelungen unberührt bleiben sollen. In weiten Teilen erschöpfend sind etwa die gerichtlichen Verfahrensordnungen, das Bürgerliche Gesetzbuch und das Strafgesetzbuch.[60]

Die alte ebenso wie die neue Fassung der Sperrklausel führt zu einer starken Position des Bundes im Rahmen der konkurrierenden Gesetzgebung. In der Novellierung der zeitlichen Grenze und der inhaltlichen Präzisierung der Sperrklausel kann eine geringfügige Begrenzung der Position des Bundes und damit ein Teilerfolg bei der Verwirklichung der Stärkung der Länder erblickt werden. Festzuhalten bleibt, dass allein vom Bund bestimmt wird, in welchem Umfang seine Gesetzgebung das Gesetzgebungsrecht der Länder sperrt.

Die Sperrklausel des Art. 72 I GG ist damit Quelle der umfassenden Ausschöpfung seiner Legislativkompetenzen durch den Bund und wird deswegen zu einem der Hauptansatzpunkte der jüngsten Reformvorschläge gewählt. Neben die konkurrierende Gesetzgebung soll eine *Vorranggesetzgebung* treten, die es den Ländern ermöglicht, bundesgesetzliche Regelungen durch Landesrecht zu ersetzen oder zu ergänzen, so dass in festgelegten Rechtsbereichen Bundesrecht nur solange und soweit gilt, wie die Länder von ihrer Gesetzgebungsbefugnis keinen Gebrauch machen.[61] Dem Bund wird in anderen Vorschlägen ein befristetes Einspruchsrecht

---

58 *Maurer*, Staatsrecht, § 17, Rn. 33.
59 BVerfGE 1, 283 (296) – „Badisches / Bremisches Ladenschlussgesetz", Urteil vom 20.5.1952; BVerfGE 7, 342 (347) – „Länderurlaubsgesetze", Beschluss vom 22.4.1958; BVerfGE 49, 343 (358) – „Kommunalabgabe", Beschluss vom 12.10.1978; BVerfGE 67, 299 (324) – „Laternengarage", Beschluss vom 9.10.1984; aus der jüngeren Rechtsprechung: BVerfGE 102, 99 (114) – „Abfallgesetz NRW", Beschluss vom 29.3.2000.
60 *Degenhart*, in: Sachs, GG, Art. 72, Rn. 20.
61 Vgl. „Bekenntnis zum Föderalismus und zur Subsidiarität - Landesparlamente stärken!", Lübecker Erklärung der deutschen Landesparlamente, S. 3, www.landtag-niedersachsen.de/homepage/luebecker-erklaerung.pdf; „Reform des Föderalismus – Stärkung der Landesparlamente", Bericht der bayerischen Enquête-Kommission, Drs. 14/8660, S. 6 f.; vgl. ebenfalls „Modernisierung der bundesstaatlichen Ordnung – Leitlinien für die Verhandlungen mit dem Bund", Vorschläge der Ministerpräsidentenkonferenz, abgedruckt in Hrbek/Eppler, Deutschland vor der Föderalismus-Reform, S. 26 ff. („eigenständiges Zugriffsrecht der Länder"); siehe zum Ganzen auch *Jochum*, ZRP 2002, 255 ff.

gegen das Landesgesetz eingeräumt.[62] Diese Variante geht zurück auf ein im Rahmen der Enquête-Kommission „Verfassungsreform" 1976 ergangenes Sondervotum *Heinsens*.[63] Ein eigenständiges Zugriffsrecht erlaubt u.a. ein experimentelles Vorgehen einiger Länder. Sollten sich die Landesgesetze bewähren kann der Bund gesetzgeberisch „nachziehen".[64] Neben diesem erheblichen Innovationspotenzial wird eine beträchtliche Gefahr darin gesehen, dass es zu einem unsystematischen Durcheinander von Länder- und Bundesgesetzen kommen kann, verbunden mit weitreichender Rechtsunsicherheit für den Bürger.[65]

b) Die Erforderlichkeitsklausel des Art. 72 II GG bei der konkurrierenden Gesetzgebungskompetenz

Art. 72 II GG, der eine Kompetenz als solche voraussetzt und nicht erst begründet, regelt das „Wie" des Tätigwerdens des Bundesgesetzgebers.[66] Er wurde durch das 42. Gesetz zur Änderung des Grundgesetzes vom 27. Oktober 1994 mit Wirkung vom 15. November 1994 neu gefasst.[67] Für den Bereich der konkurrierenden Gesetzgebung ordnet der Verfassungsartikel an, unter welchen qualifizierten Voraussetzungen das Gesetzgebungsrecht des Bundes der Kompetenz der Länder vorgeht.[68] Danach hat der Bund dann das Gesetzgebungsrecht, wenn und soweit die *Herstellung gleichwertiger Lebensverhältnisse im Bundesgebiet* oder die *Wahrung der Rechts- oder Wirtschaftseinheit im gesamtstaatlichen Interesse* eine bundesgesetzliche Regelung erforderlich macht. Die aus dieser sehr allgemein bleibenden Umschreibung folgenden Ungewissheiten, insbesondere die Konkretisierung der Erforderlichkeitsklausel, sind Thema der vorliegenden Schrift und werden im Weiteren ausführlich zu behandeln sein.

Die Rechtsprechung des Bundesverfassungsgerichts zu Art. 72 II GG a.F. führte zu den oben nachgezeichneten weitreichenden Kompetenzverlusten der Länder.[69] Die Kompetenzausübungsregel des Art. 72 II GG a.F. spielte bei der Entwertung der Position der Länder im Bereich der Gesetzgebung eine ganz entscheidende Rolle. Daher erscheint Art. 72 II GG als Nahtstelle bei der Abgrenzung der Gesetzge-

---

62 Vgl. Bertelsmann-Kommission „Verfassungspolitik & Regierungsfähigkeit", S. 24 (Zugriffsrecht der Länder, Einspruchsmöglichkeit des Bundes innerhalb von drei Monaten).
63 Abschlussbericht der Enquête-Kommission „Verfassungsreform", BT-Drs. 7/5924, S. 137.
64 Siehe hierzu auch *1.Teil, II.3*.
65 Vgl. *Möstl*, ZG 2003, 297 ff., 304; *Hillgruber*, JZ 2004, 837, 840 ff. Der Bund räumt daher nur die Möglichkeit einzelner „Öffnungsklauseln in Bundesgesetzen zugunsten abweichender Landesregelungen ein; vgl. „Modernisierung der bundesstaatlichen Ordnung, Position des Bundes", S. 2, www.bmj.bund.de/media/archive/251.pdf.
66 *Isensee*, FS Badura, S. 689 ff., 709.
67 BGBl. I, S. 3146 ff.
68 *Rengeling*, in: HStR IV, § 100, Rn. 122.
69 Siehe hierzu *2.Teil, I.1*.

bungskompetenz zwischen Bund und Ländern. Als Kritikpunkt wurde geltend gemacht, dass Art. 72 II GG a.f. eines der Haupteinfallstore für die Auszehrung der Länderkompetenzen sei, welches geschlossen werden müsse. Der verfassungsändernde Gesetzgeber wollte schlagwortartig zusammengefasst mit der Neuformulierung des Art. 72 II GG die Voraussetzungen für die Inanspruchnahme der konkurrierenden Gesetzgebungskompetenz zugunsten der Landesgesetzgebung „konzentrieren, sie verschärfen und präzisieren, mit dem Ziel, die als unzureichend empfundene Justitiabilität der Bedürfnisklausel zu verbessern".[70] Die Verfassungsänderung stellte nur das vorübergehende Ende einer seit den 70er Jahren des 20. Jahrhunderts andauernden Verfassungsreformdiskussion dar. In der aktuellen Diskussion wird im Gegensatz zu dieser Neubestimmung der Grenzlinien die Abschaffung des eben erst geänderten Art. 72 II GG angeregt.[71]

c) Die Erforderlichkeitsklausel des Art. 72 II GG bei der Rahmengesetzgebung

Für die Ausübung der Rahmengesetzgebung bestimmt Art. 75 I 1 GG, dass der Bund sein Gesetzgebungsrecht nur unter den Voraussetzungen des Art. 72 II GG innehat.[72] Die Erforderlichkeit i.S.d. Art. 72 II GG ist bei der konkurrierenden wie bei der Rahmengesetzgebung nach grundsätzlich identischen Kriterien zu beurteilen. Dabei ist zu berücksichtigen, dass im letztgenannten Fall zumindest keine strengeren Kriterien angelegt werden dürfen, da ein geringfügigerer Eingriff in das Recht der Länder zur Gesetzgebung erfolgt.[73] Allerdings dürfen nach Ansicht des Bundesverfassungsgerichts auch keine geringeren Anforderungen als bei der konkurrierenden Gesetzgebung angelegt werden.[74]

---

70 Abschlussbericht der GKV, BT-Drs. 12/6000, S. 33.
71 Vgl. *Meyer*, Kommissionsdrucksache 0013, S. 13, 23; *Scharpf*, Kommissionsdrucksache 0014, S. 5.
72 Art. 72 II i.V.m. Art. 75 I GG wird in der Literatur einerseits als Schranke, nämlich als eine Regelung des „Wie" der Kompetenzausübung angesehen (*Isensee*, FS Badura, S. 689 ff., 697, 708; unklar bleibt hingegen die Formulierung auf S. 710, wonach „der Subsidiaritätsvorbehalt des Art. 72 II GG sich auf das Ob der Rahmengesetzgebung wie auf deren Umfang bezieht"), andererseits wird der Prüfung der Erforderlichkeit nach Art. 72 II GG im Hinblick auf die Rahmengesetzgebung eine Regelung des Kompetenztitels selbst zugeschrieben, also eine Frage des „Ob" der Kompetenzausübung (*Kunig*, in: von Münch/Kunig, GG, Art. 75, Rn. 41). Ebenso unklar im Schrifttum ist die Bestimmung des Art. 75 II GG, der wiederum einesteils als Direktion des „Wie" einer bundesgesetzlichen Regelung (*Kunig*, in: von Münch/Kunig, GG, Art. 75, Rn. 41), demgegenüber auch als Bestimmung des „Ob" einer Regelung des Bundesgesetzgebers angesehen wird (*Isensee*, FS Badura, S. 689 ff., 697). Dem Wortlaut der Norm folgend scheint es vorzugswürdig, Art. 72 II i.V.m. Art. 75 I GG („unter den Voraussetzungen") in der Tat als Bestimmung des Kompetenztitels und nicht als bloße Schranke zu qualifizieren. Dagegen deutet die Terminologie des Art. 75 II GG („nur in Ausnahmefällen") auf eine Schrankenregelung hin.
73 *Degenhart*, in: Sachs, GG, Art. 75, Rn. 10.
74 BVerfG, 2 BvF 2/02, „Juniorprofessur" - Urteil vom 27.7.2004, Rn. 96.

Ob der Bundesgesetzgeber in Einzelheiten oder unmittelbar geltende Regelungen erlassen darf, regelt die Erforderlichkeitsklausel nicht.[75] Dies bleibt dem Art. 75 II GG vorbehalten. Die praktische Bedeutung des Verweises auf Art. 72 II GG wird deshalb bisweilen als gering eingestuft. Ins Detail gehende bundesgesetzliche Regelungen und damit eine substantielle Entwertung von Landeskompetenzen würden vielfach bereits an der Hürde des Art. 75 I bzw. II GG scheitern. Die Regelung des Art. 75 GG erscheint in ihrem Anwendungsbereich weitergehend als die Erforderlichkeitsklausel des Art. 72 II GG. Beispielsweise können lediglich die *allgemeinen* Grundsätze des Hochschulwesens geregelt werden, worin bereits eine spezielle Schranke der Hochschulkompetenz gesehen wird.[76] Dass Art. 72 II GG gleichwohl auch der Rahmenkompetenz Grenzen ziehen kann, hat jedoch die Entscheidung des Bundesverfassungsgerichts zur Juniorprofessur gezeigt.[77]

4. Kompetenzverlust der Länder durch die fortschreitende Europäisierung

Schließlich haben die Länder zahlreiche Gesetzgebungskompetenzen im Zuge der Übertragung von Hoheitsrechten auf die Europäische Union verloren. Obwohl der Bund ebenfalls Hoheitsrechte übertragen hat, war der Kompetenzverlust der Länder angesichts ihrer ohnehin nur geringen Gesetzgebungskompetenzen überproportional. Insbesondere entzog man den Länder Kompetenzen im Rahmen des Bildungswesens und der Kultur[78], daneben zunehmend auch in anderen Rechtsgebieten, wie dem Rundfunk- oder in Randbereichen auch im Beamtenrecht.[79]

Ein Ausgleich wird durch die Einräumung von Mitbestimmungsrechten auf der Ebene der europäischen Gesetzgebung versucht. Hier werden die Länder in fortschreitendem Maße auf ihre Mitwirkung über den Bundesrat verwiesen. Art. 23 IV – VII GG garantiert ihnen verfassungsrechtlich ein Mitwirkungsrecht am Erlass von Rechtsnormen der Europäischen Gemeinschaft bei Angelegenheiten, die innerstaatlich Ländersache wären.[80] Auf europäischer Ebene wurde zudem der Ausschuss der Regionen eingerichtet, dem jedoch nur eine beratende Funktion zukommt[81], so dass er Kompetenzverluste der Länder kaum anzugleichen vermag.

Durch diese Mechanismen der Mitwirkung bzw. Mitberatung wurden die kompetenziellen Verluste der Länder nicht hinreichend korrigiert. Aktuelle Reformbestrebungen beschäftigen sich daher vornehmlich auch mit dem Verhältnis der Europäi-

---

75 Vgl. *Kunig*, in: von Münch/Kunig, GG, Art. 75, Rn. 6; BVerfG, 2 BvF 2/02, „Juniorprofessur" - Urteil vom 27.7.2004, Rn. 92.
76 *Isensee*, FS Badura, S. 689 ff., 702 ff., 710; zu der praktischen Bedeutung vgl. allerdings BVerfG, 2 BvF 2/02, „Juniorprofessur" - Urteil vom 27.7.2004, Rn. 95 ff.
77 Siehe BVerfG, 2 BvF 2/02, „Juniorprofessur" - Urteil vom 27.7.2004.
78 *Isensee*, FS 50 Jahre BVerfG II, S. 719 ff., 752.
79 Einen ausführlichen Überblick bietet *Reich*, EuGRZ 2001, 1 ff.
80 *Calliess*, DÖV 1997, 889 ff., 890.
81 Art. 7 II, 263 ff. EG; vgl. zu der schwachen Stellung des „Ausschuss der Regionen" *Obermüller*, in: vG/S, EUV/EGV, Vorbem. zu den Art. 263-265 EG, Rn. 26 ff.

schen Union zu den einzelnen Ebenen im föderalistischen Bundesstaat. Dabei sollen insbesondere die Mitwirkungsrechte der Landtage gestärkt werden[82], was allerdings allenfalls die demokratische Bilanz verbessern, aber Kompetenzverluste nicht ausgleichen kann.

5. Zwischenbilanz: Die Kompetenzverlagerung im Spiegel der politischen Entwicklung

Realistisch betrachtet bleibt den Ländern nur noch ein letzter Rest von kaum ernst zu nehmenden Gesetzgebungskompetenzen[83], welche sie trotz allem immer noch gegen den Bundesgesetzgeber verteidigen müssen.[84] Zur ausschließlichen Gesetzgebungskompetenz der Länder gehören letztlich nur das Landesstaatsrecht[85], das Kommunalrecht[86] sowie die Organisation bzw. Regelung der eigenen Landesverwaltung, das allgemeine Polizei- und Ordnungsrecht, daneben auch wegen des Überwiegens polizeilicher Aspekte das Bauordnungsrecht, das Kulturwesen, dabei insbesondere der Bildungsbereich[87] einschließlich der Zuständigkeit für das Presse- und Rundfunkwesen.[88]

Die geschilderte und als reformbedürftig angesehene Kompetenzverlagerung zum Bund war, was nicht verkannt werden darf, durch die politische Entwicklung im Nachkriegs-Deutschland und fast bis zum Ende des 20. Jahrhunderts nahe gelegt. Dies bedeutet: Das Grundgesetz hatte bislang all das ermöglicht, was auf der großen Linie der politischen Entwicklung lag und auf breiten gesellschaftlichen Konsens gestoßen ist.

---

82 Vgl. hierzu *Spreen*, ZRP 2004, 47 ff.; „Modernisierung der bundesstaatlichen Ordnung – Leitlinien für die Verhandlungen mit dem Bund", Vorschläge der Ministerpräsidentenkonferenz, abgedruckt in Hrbek/Eppler, Deutschland vor der Föderalismus-Reform, S. 26 ff.; „Bekenntnis zum Föderalismus und zur Subsidiarität - Landesparlamente stärken!", Lübecker Erklärung der deutschen Landesparlamente. S. 4 f., www.landtag-niedersachsen.de/homepage/luebecker-erklaerung.pdf (eigene Mitwirkungsbefugnisse der Landesparlamente in Angelegenheiten der EU, mehr Geltung des europäischen Subsidiaritätsprinzip nach Art. 5 EG, Klagerecht der Länder vor dem EuGH); „Reform des Föderalismus – Stärkung der Landesparlamente", Bericht der bayerischen Enquête-Kommission, Drs. 14/8660, S. 13 ff. (insbesondere wird eine verfassungsändernde Zweidrittelmehrheit für die Übertragung von Landesgesetzgebungskompetenzen vom Bund auf die EU sowie ein Zustimmungserfordernis der Mehrheit der Landtage gefordert).
83 „Residualkompetenz" der Länder, *Pieroth,* in: J/P, GG, Art. 70, Rn. 1.
84 Vgl. etwa die Diskussion über das Hochschulrahmengesetz (siehe hierzu *1.Teil, I.2.c*) oder die durch die PISA-Studie hervorgerufene Diskussion über eine bundeseinheitliche Schulpolitik, welche die Kulturhoheit der Länder tangieren würde.
85 Die eigenverantwortliche Gestaltung der Landesverfassungsordnung.
86 Insbesondere die Gemeinde- und Kreisordnung.
87 Hierzu zählen das Schul- und Erziehungswesen, außerschulische Jugendbildung, Theater, Museen und Denkmalschutz.
88 Eine ausführliche Darstellung bietet *Heintzen*, in: D/V/K, BK, Art. 70, Rn. 77 ff.

a) Der Zug zur sozialstaatlichen Egalisierung

Die Überantwortung von Gesetzgebungskompetenzen an den Bund wurde maßgeblich durch den Wandel zur Wohlstandsgesellschaft beeinflusst. Die Bürger sind in der modernen Industriegesellschaft nicht mehr in dem Maße bereit, substanzielle Unterschiede im Hinblick auf ihre Lebensverhältnisse hinzunehmen, wie dies früher wohl der Fall war.[89] Die Forderung, das Sozialstaatsprinzip nachhaltig umzusetzen, bewirkte eine Umschichtung der Legislativkompetenzen in Richtung Bundesgesetzgeber verbunden mit einem „Egalisierungssog"[90]. Die Länder, dem Verlangen ihrer Bürger nach einer Egalisierung der Lebensverhältnisse folgend, waren politisch nicht gewillt, gravierende soziale Differenzen zu akzeptieren und verzichteten demzufolge teilweise ohne nennenswerten Widerstand auf grundlegende Befugnisse im Rahmen der diesbezüglichen Legislativkompetenzen.

Verdeutlichen lässt sich diese allgemeine Entwicklungstendenz durch die Tatsache, dass es einer Zweidrittelmehrheit sowohl im Bundestag als auch im Bundesrat bedarf, die verfassungsrechtlichen Kompetenztitel zu ändern nach Art. 79 II GG, den Ländern also immer die Möglichkeit offen stand, den Prozess durch ein Veto im Bundesrat aufzuhalten. Den Ländern kam es jedoch mehr darauf an, ihre Stellung im Bundesrat zu stärken und sich auf diesem unitarisierenden Wege an der Bundesgesetzgebung zu beteiligen.[91]

Schließlich befand sich der Bund jahrzehntelang in der Lage, den Staat wirtschafts- und strukturpolitisch nachhaltig zu steuern, so dass der Entwicklung zu einer Egalisierung der Lebensverhältnisse auf hohem Niveau keine tatsächlichen Hindernisse in den Weg gelegt wurden. Der lange Zeit ausbleibende Problemdruck, wie er sich in der derzeitigen politischen Lage stellt, ließ Kritik an der zunehmenden Egalisierung durch Unitarisierung rasch verstummen.

Zuletzt erlangte die sozialstaatliche Egalisierung besondere Bedeutung im Rahmen der deutschen Wiedervereinigung. Die Bundesrepublik sah sich vor die Aufgabe gestellt, das erhebliche soziale Gefälle zwischen West und Ost auszugleichen. Zweifelsohne konnte diese Aufgabe nur über bundeseinheitliche Regelungen erfüllt werden. Die Bürger der neuen Bundesländer durften nicht im Stich gelassen werden. Nach fast fünfzehn Jahren greift jedoch das Programm einer sozialstaatlichen Egalisierung auch hier nicht mehr in dem Maße, dass es ausnahmslos eine bundeseinheitliche Regelung rechtfertigen könnte. Eine Politik der sozialen Angleichung durch finanzielle Transferleistungen stößt auf unüberbrückbare haushaltsrechtliche und finanzwirtschaftliche Grenzen. Zudem gibt es erhebliche Unterschiede zwischen den Regionen der alten Bundesländer, die zugleich auch identitätsbindend sind; Vergleichbares muss auch für die neuen Bundesländer gelten. Dass bei aller Unter-

---

89 *Rinck*, FS Müller, S. 289 ff., 299.
90 *Schenke*, JuS 1989, 698 ff., 698.
91 Länderkommission „Verfassungsreform", in: Schlussbericht der Enquête-Kommission „Verfassungsreform", BT-Drs. 7/5924, S. 7 f.

schiedlichkeit im Einzelnen ein Mindestmaß an sozialstaatlicher Egalität zu gewährleisten ist, aber wohl auch erreicht ist, bleibt davon unberührt.

Im Hinblick darauf, dass der Zenit der Wohlstandsgesellschaft vielleicht nicht nur vorübergehend überschritten ist, sind die Forderungen nach mehr Gesetzgebungsmacht der Länder bei der Entwicklung differenzierender Lösungen sehr berechtigt. Es gilt gerade in sozialen Bereichen, neue und ungewohnte Probleme und Herausforderungen zu meistern. Die Ergebnisse, die man sich vom Bundesgesetzgeber erhoffte, können im Hinblick auf eine Verwirklichung sozialstaatlicher Egalität zunehmend weniger erreicht werden. Das Sozialstaatsprinzip lässt sich nicht mehr dahin verstehen, dass im gesamten Bundesgebiet ein äquivalenter Höchststandard erreicht werden muss, sondern dass (lediglich) ein Mindeststandard zu bewahren ist. Diese Folge beruht unter anderem auf dem stetig ansteigenden Haushaltdefizit des Bundes, insbesondere hervorgerufen durch den erstarkenden europäischen Konkurrenzdruck und die zunehmende Arbeitslosigkeit, sowie auf demographischen Entwicklungen, die es nicht mehr erlauben, die Sozialstandards stetig auf höchstem Niveau zu erhalten. Aufgabe des Bundes kann es daher nur noch sein, einen Mindeststandard zu wahren bzw. eventuell in manchen Bereichen herzustellen. Aufgabe der Länder im Legislativbereich wird es zunehmend ebenfalls sein, den unerlässlichen Mindeststandard aus eigener Kraft durch regionales Krisenmanagement zu erhalten und entsprechend auszubauen.

Kann der Bund nicht mehr in Allzuständigkeit handeln, so rückt folgerichtig mehr und mehr das Subsidiaritätsprinzip in den Mittelpunkt.[92] Gerade in diesem „Zickzackkurs" liegen Inbegriff und Stärke des Föderalismus. Föderalismus kann nicht gleichgesetzt werden mit dem konstanten Machtzuwachs auf einer Seite, vielmehr liegt ihm ein flexibles Kompetenzverteilungsschema zugrunde. Ging die Tendenz in den letzten fünfzig Jahren dahin, dem Bund mehr und mehr Kompetenzen zuzuweisen, so muss sich zukünftig aufgrund der geänderten sozialen, demographischen und wirtschaftlichen Grundvoraussetzungen ein Wechsel einstellen, verbunden mit einer Übertragung von Kompetenzen an die Länder. Steht man diesem Prozess bislang in Teilen der Öffentlichkeit noch zurückhaltend gegenüber, so wird man künftig den Föderalismus revitalisieren müssen, damit Staat und Gesellschaft die Herausforderungen der Zukunft bewältigen können.[93] In der Zukunft wird sich wohl auch das Bild in der Bevölkerung von Aufgaben und Regelungsmöglichkeiten des Staates, vorgegeben durch die reale Lage, zwangsläufig ändern, spätestens dann, wenn politische Meinungsführer in Grundsatzreden und die Massenmedien die Erforderlichkeit der Kehrtwende erkannt haben und diese propagieren.

---

92 *Peters*, Elemente einer Theorie der Verfassung Europas, S. 154.
93 Zur Revitalisierung des Föderalismus vgl. unten *4. Teil.*

b) Europäisierung und Globalisierung als Rahmenbedingungen

Verstärkt wird die Tendenz der Kompetenzanhäufung beim Bundesgesetzgeber durch die fortschreitende Europäisierung und Globalisierung und eine damit einhergehende zunehmende Verflechtung auf politischer, wirtschaftlicher und auch kultureller Ebene. Dieser Prozess ist als der große Zug der Zeit zu akzeptieren, birgt aber erhebliche Gefahren. So muss einem drohenden Identitätsverlust der regionalen Ebenen vorgebeugt werden. Auch die Länder scheinen zunehmend ihre gebietsspezifischen Eigenheiten zu verlieren.[94] Die Verstärkung der Länderposition kann damit als eine Form des notwendigen Ausgleichs gegenüber der fortschreitenden Globalisierung gesehen werden.[95] Um solchem Identitätsverlust entgegenzuwirken, ist daher verstärkt eine Rückkehr zu den „kleineren Einheiten", z.B. den Ländern, mit neuen Formen politischer Gestaltung zu fordern.

c) Entflechtung als notwendige Folge

Zusammenfassend lässt sich festhalten, dass in weiten Teilen eine „sachliche Unitarisierung"[96] eingetreten ist. *Hesse* brachte frühzeitig zum Ausdruck, dass „das staatliche Leben weithin durch Formen der Verständigung gleichgeordneter Faktoren bestimmt (wird), die einer freiheitlichen Gesamtordnung sehr viel gemäßer" seien als „Anordnungen der Zentrale und damit Formen straffer Über- und Unterordnung"[97]. Die Aushandlung politischer Kompromisse erfolgt nach den Mechanismen des kooperativen Föderalismus und damit unitarisch. Die Gesetzgebung ist weitgehend zur Angelegenheit des Zentralstaates geworden. Praktische Folge dieser Kompetenzverschiebungen ist, dass zum einen der Bundesrat, in dem die Länder bei der Gesetzgebung des Bundes mitwirken gem. Art. 50 GG, aufgewertet wird und zum anderen die Gewichte innerhalb der Länder von den Parlamenten als Legislativorganen hin zu den Exekutivorganen verrückt werden.[98] Leidtragende sind die Landesparlamente, wohingegen die Landesregierungen ihren Kompetenzverlust durch ein Mitwirkungsrecht an der Bundesgesetzgebung über den Bundesrat in begrenztem Maße ausgleichen können.

Die bloße Mitwirkung auf der gleichen Ebene und damit die Verlagerung hin zu einer einzigen agierenden Ebene beinhalten beträchtliche Blockademöglichkeiten, die zur Reformunfähigkeit des politischen Systems führen können. Dies ist vor al-

---

94 Die regionale Gastronomie wird zunehmend durch eine standardisierte internationale Küche ersetzt, die Mode wird zumindest europaweit weitestgehend vereinheitlicht, die Unterhaltungsmusik entspricht sich mehr und mehr, um nur einige Beispiele zu nennen.
95 *Mayntz*, AöR 115 (1990), 232 ff., 233.
96 *Hesse*, Grundzüge des Verfassungsrechts, Rn. 221; *Ossenbühl*, DVBl. 1989, 1230 ff., 1234.
97 *Hesse*, Der unitarische Bundesstaat, S. 21.
98 *Isensee*, FS 50 Jahre BVerfG II, S. 719 ff., 725; *Hesse*, Grundzüge des Verfassungsrechts, Rn. 221.

lem der Fall, wenn die auf der Bundesebene in der Opposition befindliche Partei im Bundesrat die Mehrheit hält. Dann werden Gesetzesvorhaben aufgrund parteipolitischer Gegensätze im Bundesrat zu Fall gebracht, was den Erlass essentiell erforderlicher Reformgesetze erheblich hemmt. Abgeholfen werden kann diesem Missstand auf zweierlei Wegen. Einerseits wäre es denkbar, die Zustimmungsbedürftigkeit von Gesetzen einzuschränken, was eine noch weitergehendere Kompetenzverschiebung hin zum Bund zur Folge hätte und daher abzulehnen ist. Andererseits kann man sich damit behelfen, die Gesetzgebungsbefugnisse in weiten Teilen zurück auf die Länder zu verlagern. Dies würde das „Blockadepotential" im Bund unterbinden.[99]

Der Überblick zeigt, dass im Laufe der Entwicklung der Bundesrepublik Deutschland eine Situation eingetreten ist, die den Föderalismus in seiner Basis gefährdet. Gerade dem Art. 72 II GG wird eine tragende Rolle dabei zugeschrieben, diese Gefahr durch eine Begrenzung der Kompetenzausübung des Bundes zu bannen, so dass dessen Konkretisierung von außerordentlicher Bedeutung ist.

II. Die konkurrierenden Föderalismusmodelle

Wandlungen im Verfassungsrecht werden vielfach von politikwissenschaftlichen oder staatstheoretischen Neuorientierungen begleitet. Die Neufassung des Art. 72 II GG spiegelt in diesem Sinne eine gewisse Kehrtwende in jenen Föderalismustheorien wieder, nach deren Ansätzen bislang das Grundgesetz ausgelegt und fortentwickelt wurde. Diese Kehrtwende ist ihrerseits jener theoretische Bezugsrahmen, der Impulse für die Auslegung des Art. 72 II GG zu geben vermag.

1. Kooperativer und kompetitiver Föderalismus

Die Föderalismusdiskussion, in deren Rahmen Art. 72 II GG eine Hauptrolle spielt, befasst sich mit zwei widerstreitenden Föderalismusmodellen, dem kooperativen und dem kompetitiven Föderalismus.[100]

Was zunächst das Anliegen des kooperativen Föderalismus betrifft: *Hesse* kennzeichnet in prägnanter Formulierung „als politisches Grundprinzip" des Föderalismus „die freie Einung von differenzierten, grundsätzlich gleichberechtigten, in der Regel regionalen politischen Gesamtheiten, die auf diese Weise zu gemeinschaftli-

---

99 *Kube*, ZRP 2004, 52 ff., 54.
100 Die Terminologie ist überaus uneinheitlich; vgl. nur *Calliess*, DÖV 1997, 889 ff. („kooperativer und kompetitiver Föderalismus"); „Föderalismusreform", Positionspapier der Ministerpräsidenten, Kommissionsdrucksache 0045, S. 2 („Gestaltungsföderalismus und Beteiligungsföderalismus"); *Schmidt-Jortzig*, DÖV 1998, 746 ff., 749 („Wettbewerbsföderalismus"); *Schwanengel*, DÖV 2004, 553 ff., 558 („Beteiligungsföderalismus"); *Koch*, NuR 2004, 277 ff., 281 („Verwaltungsföderalismus"); *Würtenberger*, Rechtstheorie, Beiheft 16, 355 ff., 357 („paktierender Föderalismus").

chem Zusammenwirken verbunden werden sollen"[101]. In diesem Sinne ist der kooperative Föderalismus durch das gemeinschaftliche Zusammenwirken von Bund und Ländern sowie der Länder untereinander geprägt. Die Kooperation wurde seit 1949 zunehmend intensiviert, indem sich die politischen Ebenen mehr und mehr miteinander verflochten haben. Lediglich beispielhaft sei auf die Ende der 60er Jahre des 20. Jahrhunderts neu eingeführten Art. 91a und b GG verwiesen. Die Gründe für diese Entwicklung decken sich mit denen, die zu der kompetenziellen Stärkung des Bundesgesetzgebers geführt haben; zu nennen ist vor allem die Entwicklung zu einer egalitären Wohlstandgesellschaft.[102] Hat man den Machtverlust der Länder durch die Kooperation bei der Bundesgesetzgebung in Form von Mitbestimmungsrechten im Bundesrat aufzuhalten versucht, so zeigt sich hierin die Tendenz zu der in der Politikwissenschaft beschriebenen konkordanzdemokratischen Politikgestaltung in der Bundesrepublik. Der kooperative Föderalismus führte in der Staatspraxis der letzten Jahrzehnte zu einer zentralistischen, aber kooperativen Gesetzgebung.

Demgegenüber zeichnet sich der kompetitive Föderalismus durch einen Wettbewerb zwischen den Ländern untereinander sowie zwischen den Ländern und dem Bund aus. Der Begriff ist nicht vollauf geeignet, dieses Föderalismusmodell zu beschreiben. Aus dem englischen „competition" abgeleitet, impliziert er einen Wettkampf mehrerer Rivalen. Die Formulierung passt danach mehr zu einem sportlichen Wettkampf, bei welchem ein Sieger ermittelt werden soll, als zu dem Bund-Länder-Verhältnis. Weder die Länder untereinander noch der Bund und die Länder stehen sich in einem „Wettkampf" gegenüber, bei welchem letztendlich ein Sieger hervortritt. Vielmehr soll der für das staatliche Wohl der Bürger „optimale Weg" gefunden werden. Man sollte daher vorzugsweise von einem „solidarischen Wettbewerbsföderalismus" oder einem „Effektivitätsföderalismus" sprechen. Zwecks deutlicher begrifflicher Abgrenzung zu dem kooperativen Föderalismus wird dennoch an der Terminologie „kooperativ vs. kompetitiv" festgehalten.

Kompetitiver und kooperativer Föderalismus lassen sich schließlich nicht als zwei antagonistische Positionen charakterisieren. Sinngemäß beruhen beide Föderalismusmodelle auf der gleichen Grundlage, denn sie setzen eine Kompetenzverteilung voraus.[103] Lediglich das Mass der Kompetenzverteilung wird durch die Modelle bestimmt. Der Kooperationsföderalismus lässt sich daher nie durch den Wettbewerbsföderalismus gänzlich verdrängen, aber auch der Wettbewerbsföderalismus kann ohne Kooperation zwischen den Ländern untereinander oder zwischen Bund und Ländern nicht auskommen.

---

101 *Hesse*, Grundzüge, § 7 I, Rn. 219.
102 Vgl. *Calliess*, DÖV 1997, 889 ff., 890; siehe auch oben *1.Teil, I.5.a.*
103 Vgl. *Isensee*, FS 50 Jahre BVerfG II, S. 719 ff., 740.

2. Demokratischer Gewinn durch föderale Dezentralisation

Als Hauptprobleme des kooperativen Föderalismus werden die mangelnde Transparenz politischer Entscheidungen sowie die erschwerte Rückführung der politischen Verantwortung auf die handelnde Stelle angeführt. *Huber* spricht plastisch von einer „organisierten Verantwortungslosigkeit".[104] Die Mitbestimmungsrechte der Länder im Bundesrat können nicht die entzogenen Gesetzgebungskompetenzen ersetzen. Der Ausgleich des Machtverlusts der Länder durch eine Mitwirkung an der Bundesgesetzgebung führt vor allem zu einer Entmachtung der demokratisch legitimierten Länderparlamente.[105] Die Landtagswahlen degenerieren zu inhaltlosen Ritualen bzw. zu Auseinandersetzungen um die Bundespolitik, weil mit ihnen kein politisch-inhaltlicher Gestaltungsspielraum verbunden ist.[106] Die Rede ist von einer neuen Form des „Exekutivföderalismus"; denn die Zunahme der Bundesgesetzgebungskompetenzen ging einher mit einer Stärkung des Einflusses des Bundesrates im Gesetzgebungsverfahren und damit der Länderexekutiven. Die Zustimmungspflichtigkeit politisch wichtiger Bundesgesetze führt oftmals zu einer Vetooption des Bundesrates. Wenn die Opposition im Bundesrat in der Mehrheit ist, besteht die Möglichkeit einer Blockadepolitik, welche dringende Reformen lähmen kann.[107]

Durch die Verflechtung der politischen Ebenen wird es für die Bürger immer schwieriger, die politisch Verantwortlichen auszumachen. Weiterhin werden die finanziell schwachen Länder durch die kooperativen Hilfen, etwa in Form des Länderfinanzausgleichs, von den wahlberechtigten Bürgern unabhängiger, wenn sie Misserfolge in ihrer Wirtschafts- und Strukturpolitik nicht mehr vor diesen rechtfertigen müssen. Die demokratische Rückkoppelungsfunktion nimmt immer weiter ab, je mehr die Länderparlamente bzw. Landesregierungen ihre Politik nicht mehr demokratisch legitimieren müssen, weil sie Hilfe von außen in Anspruch nehmen können.

Eine Entflechtung der Verkopplungen würde zu einer Verbesserung der demokratischen Bilanz führen. Die unmittelbar demokratisch legitimierten Länderparlamente erhalten den ihnen zustehenden Rang zurück. Der Gesetzgebungsprozess wird für den Bürger transparent. Die Länder werden, wenn politische Entscheidungen auch mit Rücksicht auf die Akzeptanz durch die Bürger zu erfolgen haben, in die erforderliche Abhängigkeit zu diesen zurückgeführt. Das stetig ansteigende Demokratiedefizit kann somit gemindert werden.

---

104 *Huber*, Kommissionsdrucksache 0008, S. 3.
105 *Schmidt-Jortzig*, DÖV 1998, 746 ff., 748 m.w.Nachw.; *Isensee*, AöR 115 (1990), 248 ff., 257.
106 *Huber*, Klarere Verantwortungsteilung, S. 33 ff.; *Würtenberger*, Rechtstheorie, Beiheft 16, 355 ff., 363.
107 Vgl. hierzu auch schon oben *1.Teil, I.5.c.*

3. Ökonomischer Mehrwert durch föderale Dezentralisation

Föderale Dezentralisation führt zu einem deutlichen ökonomischen Mehrwert. Dieser beruht vor allem auf den verbesserten Innovationschancen und auf der Optimierung ökonomischer Alternativen: Der ökonomische Mehrwert, welcher durch eine Verlagerung der Gesetzgebung auf die kleinere Einheit erzielt werden soll, kommt darin zum Ausdruck, dass „gesteigerte Lern-, Problembewältigungs- und Konfliktverarbeitungskapazitäten" geschaffen werden.[108] Der kompetitive Föderalismus verlagert schwierige Aufgaben, die oftmals riskante Experimente darstellen, von der Zentrale auf Subsysteme. Damit mindert er das Risiko des Fehlschlags, begrenzt die Konflikte, erleichtere so Experimente und steigere damit Innovationschancen.[109] Durch das Experimentieren mit mehreren konkurrierenden Problemlösungen wird sich regelmäßig die Lösung durchsetzen, die sich als effektivste bewährt hat. Hierin ist eine unschätzbare Innovationschance enthalten, die bei einer Kooperationslösung in dieser Form niemals erreicht werden kann. Das Konzept des „trial and error" wurde in den USA etwa bewusst eingesetzt, um positiven Nutzen aus den Erfahrungen zu ziehen, aber auch um Fehler auf Bundesebene zu vermeiden.[110]

Von erheblicher Bedeutung ist der Wettbewerb der Bundesländer um die Spitzenplätze im Hochschulranking, in der Optimierung der regionalen Infrastruktur, um Spitzenleistungen im Schulwesen, bei der Bekämpfung von Arbeitslosigkeit etc. In den Staatsministerien bzw. Staatskanzleien der Bundesländer findet mittlerweile ein „benchmarking" statt, in dem die eigenen Schwachstellen analysiert, eine kompetitive Politikentwicklung auf den Weg gebracht und eine Optimierung der Landespolitik angestrebt wird.[111] Ein solcher Wettbewerbsföderalismus würde durch eine Stärkung der Landeskompetenzen weiter gefördert werden können.

Nicht zuletzt führt föderale Dezentralisation zu positiver ökonomischer Entwicklung, was nach den bereits genannten positiven Effekten nicht überrascht. Neueren Studien zufolge erzielen dezentral organisierte Staaten mit starker lokaler und regionaler Selbstverwaltung eher eine Verbesserung ihrer ökonomischen Bilanz als zentralistische Staaten.[112]

Die Sachnähe spielt zudem eine entscheidende Rolle. Der zentralistische Gesetzgeber vermag überregionale oder bundesweite Probleme zumeist effektiver zu bewältigen. Gilt es allerdings, räumlich begrenzte, regionale oder örtliche Probleme zu beheben, so erscheint es sinnvoll, den Sachnächsten damit zu befassen. Jener hat aufgrund der örtlichen Nähe zu der Aufgabe eine umfassendere Kenntnis des Sachverhalts. Damit stehen ihm weitreichende Problemlösungsalternativen offen. Dar-

---

108 *Isensee*, in: HStR IV, § 98, Rn. 302.
109 *Isensee*, FS Badura, S. 689 ff., 719.
110 Vgl. *Frowein*, FS Lerche, S. 401 ff., 409; vgl. aus ökonomischer Sicht *Böttger*, Ansätze für eine ökonomische Analyse des Subsidiaritätsprinzips, S. 69.
111 Vgl. zum Bundesländer-Benchmarking auch *Berthold/Fricke/Drews/Vehrkamp*, Die Bundesländer im Standortwettbewerb 2003; *Blancke/Hedrich/Schmid*, WiP, Working Paper Nr. 26.
112 Vgl. *Apolte*, Ökonomische Konstitution eines föderalen Systems, S. 170 ff.; *Rosenbaum*, RFAP Nr. 88 (1998), 507 ff.; *Blandinieres*, UEICLJ 2 (2001), 179 ff.

über hinaus zentrieren sich soziale oder ökonomische Probleme teilweise in manchen Regionen, so etwa die Arbeitslosigkeit in Teilen Ostdeutschlands. Ein räumlich spezifischer Ansatz der Problemlösung kann hier ökonomisch effizienter genutzt werden. So kann beispielsweise eine regionalspezifische Wirtschaftsförderung oder Schaffung von Arbeitsplätzen effektiv nur vor Ort durchgeführt werden.[113]

Diese Überlegungen sollten Anlass sein, das Verhältnis von kooperativem und Wettbewerbsföderalismus neu zu bestimmen:

Der durch den kooperativen Föderalismus beeinflusste Länderfinanzausgleich gefährdet die nötigen kompetitiven Elemente im Föderalismus. Es besteht auf der einen Seite die Gefahr, dass sich die leistungsfähigeren Länder auf ihrem erreichten hohen Standard ausruhen. Sie werden nicht zu Innovationen angetrieben, da ein Wettbewerb, der den erforderlichen Druck erzeugt, gelähmt wird. Der Anreiz bleibt auf der Strecke.[114] Motivationsabbau wird zu Lasten von Eigenverantwortung gefördert.[115] Auf der anderen Seite wird der Wille zur Selbsthilfe der schwächeren Länder abgeschwächt. Jene berufen sich vermehrt auf die Ausgleichspflicht der stärkeren Länder, wodurch sie finanziell abgesichert werden. Dem wohnt die Gefahr inne, insbesondere finanzielle Entscheidungen ohne Rücksicht auf die eigene Leistungsfähigkeit zu treffen. Dies führt zu weniger interregionalem Wettbewerb, einer geringeren Produktivitätssteigerung sowie einem stagnierenden ökonomischen Fortschritt.[116] Die durch den kompetitiven Föderalismus befürwortete finanzielle Entflechtung würde einen ökonomischen Mehrwert zur Folge haben.[117]

Gegen einen vom Wettbewerb getragenen Föderalismus wird eingewandt, dass Wettbewerb regelmäßig gleiche Stärke und Gewichtigkeit voraussetze. Das föderale System mit seinen heterogenen Bundesländern im Hinblick auf Einwohnerzahl, Gebietsgröße und Wirtschaftskraft entspreche einer solchen Chancengleichheit im

---

113 *Mayntz*, AöR 115 (1990), 232 ff., 239.
114 *Papier*, 50 Jahre Herrenchiemseer Verfassungskonvent, S. 341 ff., 351.
115 *Leonardy*, ZParl 1999, 135 ff., 152.
116 *Fischer-Menshausen*, Probleme des Finanzausgleichs I, S. 135 ff., 148.
117 Der Antrag der Länder Baden-Württemberg, Bayern und Hessen in dem letzten großen Verfahren zum Länderfinanzausgleich vor dem Bundesverfassungsgericht hat mit Recht deutlich darauf abgestellt, dass das Bundesstaatsprinzip den Wettbewerbsföderalismus erfordert: „Mit einer gewissen historischen Berechtigung könne die Bewahrung der historischen Individualität der verschiedenen Länder und der regionalen Pluralität Deutschlands als wichtiges Ziel der bundesstaatlichen Ordnung gelten. Voraussetzung ist allerdings ein Maß an Finanzautonomie, das auch durch die Ausgestaltung des Finanzausgleichs erhalten bleiben müsse. Die vom Bundesstaatsprinzip intendierte bessere Aufgabenerfüllung durch dezentrales und sachnäheres Entscheiden sowie das vom Bundesstaatsprinzip gesicherte Maß an Wettbewerb zwischen den einzelnen Ländern setzten den Erhalt der finanziellen Grundlagen eines solchen begrenzten Wettbewerbs voraus. Eine völlige Einebnung der Finanzkraftunterschiede, wie sie vom geltenden Finanzausgleichsgesetz bewirkt werde, widerspreche diesem Grundgedanken. Eine wesentliche Legitimationsgrundlage des Föderalismus liege in der innovationsfördernden Funktion des politischen Wettbewerbs der Länder untereinander und gegenüber dem Bund. Dieses dem Bundesstaatsprinzip zu entnehmende Gebot des föderalen Wettbewerbs bestimme auch die finanzverfassungsrechtlich vorgegebene Verteilung der Finanzmittel auf die Länder."; BVerfGE 101, 158 (198) – „Länderfinanzausgleich 1999", Urteil vom 11.11.1999.

Wettbewerb nicht. Abhilfe könne nur geschaffen werden, indem das Bundesgebiet neu strukturiert und in gleichstarke Länder aufgeteilt werde, eine schon seit langem erhobene Forderung, deren Problematik hier nur angedeutet werden kann.[118] Der kompetitive Föderalismus führe schließlich in seinen wirtschaftlichen und sozialen Auswirkungen zu verstärkter Chancenungleichheit innerhalb der Bevölkerung, verbunden mit einem Wanderungsprozess der Bevölkerung.[119]

Die Heterogenität der Bundesländer steht einem Modell des kompetitiven Föderalismus jedoch nicht von vornherein entgegen. Dies zeigt die Tatsache, dass im Bereich der Residualkompetenzen der Länder die „schwächeren" Länder durchaus in der Lage sind, eigene politische Modelle zu entwickeln und durchzusetzen. Ein Wanderungsprozess der Bevölkerung bzw. Chancenungleicheit innerhalb der Bevölkerung beruhen ebenfalls nicht allein auf dem Modell eines kompetitiven Föderalismus. Momentan zeigt sich etwa ein Wanderungsprozess von Ost- nach Westdeutschland. Durch ein Modell des kompetitiven Föderalismus wären die betroffenen Bundesländer besser als bislang fähig, sowohl diesem Wanderungsprozess als auch sich verstärkender Chancenungleichheit gezielt entgegenzuwirken.

4. Auswirkungen auf Art. 72 II GG und Zukunftsperspektiven

Die unterschiedlichen Föderalismusmodelle wirken sich unterschiedlich auf Justitiabilität und Konkretisierung des Art. 72 II GG aus. Das durch den kooperativen Föderalismus hervorgerufene Demokratiedefizit, das Bedürfnis nach klarerer Verantwortung für politische Entscheidungen sowie die Vorteile eines kompetitiven Föderalismus sollten dazu veranlassen, der Abgrenzung der Gesetzgebungskompetenzen eine neue Richtung zu weisen. Grundsätzlich steht dem die Souveränität des Gesetzgebers bei politischen Entscheidungen entgegen, hier also die des Bundesgesetzgebers, seine Gesetzgebungskompetenzen eigenverantwortlich auszuüben. Der rechtsstaatliche Grundsatz der Gewaltenteilung verlangt zudem nach justitieller Zurückhaltung gegenüber demokratisch legitimierten Entscheidungen des Gesetzgebers, also auch gegenüber seiner Entscheidung, seine Gesetzgebungskompetenz auszuüben. Das „Legitimationspotential" der Judikative steigert sich hingegen in dem Maße, in dem die politische Verantwortung und demokratische Legitimation des Gesetzgebers schwinden. Die Entmachtung der Landesparlamente mit den skizzierten negativen Folgen in der demokratischen Bilanz erlaubt daher eine stärkere Justiabilität des Art. 72 II GG, die für einen Abbau des Demokratiedefizits förderlich wäre.[120]

Die praktische Umsetzung hängt allerdings von den Ländern ab. Diese müssen den Willen zeigen, die ihnen zustehenden Kompetenzen tatkräftig auszuüben. Wenn

---

118 Vgl. *Papier*, 50 Jahre Herrenchiemseer Verfassungskonvent, S. 341 ff., 351 ff.; *Hesse*, Grundzüge, § 7 I, Rn. 234.
119 *Schneider*, NJW 1998, 3757 ff., 3758.
120 *Calliess*, DÖV 1997, 889 ff., 897 f.

die Länder sich nicht auf die von der Verfassung zu ihrem Schutz vorgegebene Ordnung berufen, erlangt jede Reform nur geringfügige Wirksamkeit. Beispielsweise wurde 1994 die konkurrierende Gesetzgebungskompetenz zur „Regelungen zur Transplantation von Organen und Geweben" in das Grundgesetz aufgenommen.[121] Die Länder hatten in der Folge einen Musterentwurf erarbeitet, in Rheinland-Pfalz ist 1994 gar ein eigenes Transplantationsgesetz vom Landtag beschlossen und vom Ministerpräsidenten unterzeichnet worden, in Kraft getreten ist es hingegen nie.[122] Der Bund zog die Kompetenz an sich und erließ 1997 das Transplantationsgesetz[123]. Zu Recht kann man sich fragen, ob eine bundeseinheitliche Regelung im Sinne des Art. 72 II GG für diesen Sachbereich erforderlich ist.[124] So sollte es fernerhin nicht geschehen, dass, wie im Fall Bayerns in Bezug auf das Kampfhundegesetz des Bundes, ein auf der Kompetenzwidrigkeit des Gesetzes beruhender Widerspruch ausblieb, nur weil man sich mit dem materiellen Inhalt zufrieden zeigte.[125]

Das Bundesverfassungsgericht weist den richtigen Weg. Die bayerische Staatsregierung trug in der Altenpflegeentscheidung vor, dass die erforderlichen Reformen nur darum nicht durchgeführt worden seien, weil man davon ausging, der Bund werde eine Regelung treffen. Dem entgegnete das Gericht, dass es die falsche Reaktion wäre, wenn die Länder nur wegen Plänen des Bundes Zurückhaltung bei den erforderlichen Reformen geübt haben sollten. Eine Beeinträchtigung des gesamtstaatlichen Interesses an der Wahrung der Wirtschaftseinheit hätte durchaus durch Lösungen seitens der Länder vermieden werden können, die dem Bundesgesetzgeber zuvorkommen. Nur dies hätte eventuell eine Bundesregelung entbehrlich gemacht.[126] Die Länder müssen den Mut an den Tag legen, die durch die Verfassung und das Bundesverfassungsgericht als ihr Interpret vorgegebenen Möglichkeiten politischer Gestaltung aufzugreifen und durchzusetzen. Ansätze hierzu sind vorhanden. So beantragten die Länder Bayern, Baden-Württemberg und Hessen, den Entwurf eines Gesetzes zur Umsetzung des Art. 125a II GG in den Bundestag einzubringen.[127] Fernerhin leiten einzelne Länder verstärkt, insbesondere unter Berufung auf Art. 72 II GG, abstrakte Normenkontrollen gegen Bundesgesetze ein.[128] Alle Länder müssen künftig notfalls auch unter Inanspruchnahme verfassungsgerichtlichen Rechtsschutzes zeigen, dass sie bereit sind, jene Politikbereiche verantwortungsvoll auszufüllen, die ihnen das Grundgesetz zugewiesen hat. Ein Handeln ge-

---

121 Art. 74 I Nr. 26 GG.
122 *Deutsch*, NJW 1998, 777 ff., 777.
123 Gesetz über die Spende, Entnahme und Übertragung von Organen (Transplantationsgesetz – TPG) vom 5.11.1997, BGBl. I, S. 2631 ff.
124 *Papier*, 50 Jahre Herrenchiemseer Verfassungskonvent, S. 341 ff., 348 f.
125 Siehe hierzu *2.Teil, III.2*.
126 BVerfGE 106, 62 (161) – „Altenpflegegesetz", Urteil vom 24.10.2002; kritisch zu einer nicht „spezifisch konkurrenzföderativen" Argumentation des BVerfG allerdings *Bauer*, Liber Amicorum für P. Häberle, S. 645 ff., 672.
127 Entwurf eines Gesetzes zur Umsetzung des Artikels 125a Abs. 2 des Grundgesetzes, BR-Drs. 77/98, BT-Drs. 14/2442. Das Gesetzgebungsverfahren wurde (leider) wegen der Diskontinuität nicht fortgeführt.
128 Vgl. die Urteile des Bundesverfassungsgerichts, *2.Teil, III.1, III.4*.

treu dem Motto „Wo kein Kläger, da kein Richter!" darf für sie nicht vorrangig sein. Es muss der vom Bundesverfassungsgericht aufgestellte Grundsatz gelten, „dass weder der Bund noch die Länder über ihre im Grundgesetz festgelegten Kompetenzen verfügen können; Kompetenzverschiebungen zwischen Bund und Ländern sind auch mit Zustimmung der Beteiligten nicht zulässig"[129]. Danach obliegt es den Ländern als Pflicht, bei Kompetenzüberschreitungen des Bundes tätig zu werden. Sie dürfen nicht stillschweigend auf eigene Kompetenzen verzichten, wenn ihnen die Vorgaben des Bundes genehm erscheinen. Aufgabe der Kompetenznormen ist es nicht, politische Spielräume zwischen Bund und Ländern zu schaffen, sondern eine staatsorganisationsrechtliche Abgrenzung vorzunehmen.

Der Mut der Länder wird indes durch Finanzierungsängste gedämpft.[130] Auf der einen Seite wollen die Länder, dass Kompetenzen rückverlagert werden, auf der anderen Seite müssen sie nach Art. 104a I GG die Ausgaben, die sich aus der Wahrnehmung ihrer Aufgaben ergeben, tragen. Diesen Konflikt gilt es zuvörderst zu bewältigen und lässt sich aus keiner Föderalismusreform ausblenden. Damit wird ein weiteres Feld geöffnet, die Umstrukturierung der Finanzverfassung, etwa durch eine Neuordnung des Finanzausgleichs oder durch eine grundlegende Reform der Finanzströme, die den Ländern eine breitere steuerliche Autonomie zugestehen soll. Diese Problematik ist nicht Thema der vorliegenden Untersuchung und soll nur angedeutet bleiben. Hervorgehoben werden muss, dass den Ländern ohne Zweifel eine ausreichende Finanzausstattung zukommen muss; andernfalls bleiben alle Reformüberlegungen zu einer Neuverteilung der Gesetzgebungskompetenzen vollkommen zwecklos, grenzen vielmehr an einen untauglichen Versuch der Länder, gegen einen übermächtigen Goliath anzukämpfen.

III. Anforderungen an die Auslegung von Kompetenzbestimmungen

In der nachfolgenden Untersuchung des Art. 72 II GG wird ein Schwergewicht auf den Wortlaut sowie den Willen des verfassungsändernden Gesetzgebers gelegt. Vorab soll geklärt werden, welches Gewicht diesen Auslegungskriterien zukommt. Dazu müssen die Anforderungen an die Auslegung von Kompetenzbestimmungen herausgearbeitet werden. Damit ist nur ein Teil des umfänglichen und kontrovers diskutierten Problemfeldes „Verfassungsauslegung" zu behandeln. Die besonderen Fragen der Grundrechtsauslegung bzw. der Konkretisierung der Grundrechte durch die Rechtsprechung des Bundesverfassungsgerichts brauchen nicht geklärt zu werden. Eines aber verdient festgehalten zu werden: Während bei der Grundrechtsauslegung ein relativ weiter Interpretations- und Konkretisierungsspielraum weitgehend konsentiert ist, spielen bei der Auslegung von Kompetenzbestimmungen die klassischen Auslegungsmethoden die entscheidende Rolle.

---

129 BVerfGE 63, 1 (39), „Schornsteinfegergesetz" – Beschluss vom 12.1.1983.
130 *Selmer*, FS 50 Jahre BVerfG I, S. 563 ff., 585.

Der klassische Auslegungskanon besteht aus der am Wortlaut orientierten, der historischen, der systematischen sowie der teleologischen Auslegung.[131] Im Verfassungsrecht folgt das Bundesverfassungsgericht diesen herkömmlichen Auslegungsmethoden.[132] Bei den Kompetenznormen sind einige Besonderheiten gleichwohl hervorzuheben[133], was an dieser Stelle nicht weiter vertieft werden muss. Eine vieldiskutierte Frage im Rahmen der Auslegung von Verfassungsbestimmungen und vor allem von Kompetenznormen ist, ob sich ein politischer, sozialer oder ökonomischer Wandel berücksichtigen lässt. Dabei stößt man auf ein grundlegendes Problem der Hermeneutik, die Frage, ob dem „Willen des Gesetzgebers", hier des Verfassungsgesetzgebers bzw. des verfassungsändernden Gesetzgebers, oder dem objektivierten „Willen des Gesetzes", hier des Grundgesetzes, die entscheidende Rolle beigemessen werden muss.[134]

Im österreichischen Verfassungsrecht gilt etwa das Versteinerungsprinzip, nach dem unbestimmte Verfassungsbegriffe grundsätzlich nach ihrer Entstehungsgeschichte ausgelegt werden. Nach der Rechtsprechung des österreichischen Verfassungsgerichtshofes sind Begriffe, die in der Verfassung nicht näher bestimmt sind, in dem Sinne zu verstehen, der ihnen nach dem Stand der Systematik der Rechtsordnung zum Zeitpunkt des Wirksamwerdens der den entsprechenden Begriff enthaltenden Verfassungsnormen zugekommen ist. Speziell bei der Auslegung von Kompetenzbestimmungen greift dieser Grundsatz.[135] Die strenge historische Auslegungsmethode führt jedoch nicht zu einem strikten Einfrieren von Kompetenzinhalten. Ansonsten wäre die Tür zu jeglicher Entwicklungsmöglichkeit verschlossen. Versteinert wird nur das Regelungssystem eines Kompetenztypus als solches, nicht das gesamte Rechtsgebiet. Neuregelungen sind möglich, sofern sie in ihrer Systematik unter den versteinerten Kompetenzgrund fallen.[136]

Dem Willen des Verfassungsgebers bzw. dem Willen des verfassungsändernden Gesetzgebers kann entgegen diesem beachtlichen Ansatz bei der Auslegung von Kompetenznormen nicht die alleinige Bedeutung zukommen. Nur der subjektive Wille kann nicht die Verfassungsauslegung bestimmen. Denn die Verfassung muss als eine offene Verfassung verstanden werden. Sie muss offen für neue Entwicklungen bleiben. Bei der Auslegung ist daher auch die objektive Situation, der „Wille des Gesetzes", zu berücksichtigen. Ein Mittelweg wird im deutschen Verfassungsrecht durch die „Wahrung des Begriffskerns" erreicht. Danach muss der Kern des

---

131 Vgl. BVerfGE 11, 126 (130) – „Reichsabgabenordnung", Beschluss vom 17.5.1960.
132 Vgl. *Degenhart,* Staatsrecht I, Einführung, Rn. 5 f.; *Starck,* in: HStR VII, § 164; vgl. weiter *Stern,* Staatsrecht I, § 4 III 1, S. 125 f., 127, der die herkömmlichen Auslegungsregeln allerdings „verfeinert" und in die grammatische, logische, systematische, historische, genetische, komparative und teleologische Interpretation unterteilt.
133 Allgemein zu deren Auslegung: *Maunz,* in: M/D, GG, Art. 73, Rn. 17; *Degenhart,* in: Sachs, GG, Art. 72, Rn. 46; *Stern,* Staatsrecht II, § 37 II 4, S. 607; *Rengeling,* in: HStR IV, § 100, Rn. 28; vgl. zuletzt BVerfGE 109, 190 (212) – „Nachträgliche Sicherungsverwahrung", Urteil vom 10.2.2004.
134 *Stern,* Staatsrecht I, § 4 III 1, S. 124.
135 Vgl. *Adamovich/Funk/Holzinger,* Österreichisches Staatsrecht, Band 1, 03.026 m.w.Nachw.
136 *Adamovich/Funk/Holzinger,* Österreichisches Staatsrecht, Band 1, 19.094.

ursprünglichen Sinns gewahrt bleiben, mit dem die Kompetenznorm in die Verfassung aufgenommen worden ist.[137] Das Bundesverfassungsgericht geht von einer „strikten Interpretation" der Kompetenzbestimmungen aus.[138] Bei diesen ist ein gewisses Maß an Festigkeit und Berechenbarkeit außerordentlich wichtig. Sie bilden einen Dreh- und Angelpunkt zwischen der Verfassung als fortdauernder Grundordnung und der momentanen politischen Machtausübung. Die Kompetenznormen müssen die Prozesse politischer Willensbildung und Machtausübung in klarer und fester Weise ordnen. Nach *Isensee* sollen sie dazu dienen, einen Gegendruck zu der politischen Ausübung ihrer selbst aufzubauen.[139] Potentielle Kompetenzüberschneidungen sind zu vermeiden.[140]

Der Wortlaut ist aufgrund seiner Offenheit und Weite oftmals nicht aussagekräftig. Er verhindert nur eine unzulässige Überdehnung und ist selten wirklich weiterführend.[141] Das gebotene Maß an Festigkeit und Berechenbarkeit erfordert vielmehr, auf einige spezielle Argumentationsweisen zurückzugreifen bzw. die allgemeinen Auslegungskriterien stellenweise anders zu gewichten. Die Merkmale des „Traditionellen" und „Herkömmlichen" sind nach Ansicht des Bundesverfassungsgerichts bei der Auslegung von Kompetenznormen von wesentlicher Bedeutung. Es wird eine Linie zu den Vorläufern der Weimarer Verfassung und zu der Reichsverfassung von 1871 gezogen. Auch „Entstehungsgeschichte und Staatspraxis gewinnen für die Auslegung besonderes Gewicht"[142]. Nur so kann erreicht werden, dass die Kompetenzbestimmungen nicht durch die gerade vorherrschenden politischen Kräfte nach ihrem Willen ausgeformt werden. Anknüpfend an die grundsätzlichen Überlegungen müssen allerdings auch die Kompetenznormen dem Wandel der Zeit offen stehen, soll eine Versteinerung verhindert werden. Dieser Gefahr einer allzu statischen, traditionelle Kompetenzgehalte zu einseitig festlegenden Auslegung ist sich das Bundesverfassungsgericht durchaus bewusst und variiert dementsprechend.

Das Gericht folgt dann vorwiegend der historischen Auslegungsmethode, wenn die Normenkomplexe entwicklungsmäßig und ordnungspolitisch zeitlich vor der Verfassung abgeschlossen worden sind, z.B. im Falle des Bürgerlichen Rechts und

---

137 *Maunz*, in: M/D, GG, Art. 73, Rn. 16; *Rengeling*, in: HStR IV, § 100, Rn. 35 f.; ähnlich *Degenhart*, Staatsrecht I, § 2 II 2, Rn. 125 f. („klassische Elemente müssen im Prinzip gewahrt bleiben").
138 Vgl. BVerfGE 12, 205 (228 f.) – „Deutschland Fernsehen GmbH", Urteil vom 28.2.1961; BVerfGE 15, 1 (17) – „Bundeswasserstraßen", Urteil vom 30.10.1962; BVerfGE 26, 281 (297 f.) – „Gebührenpflicht", Beschluss vom 9.7.1969; BVerfGE 42, 20 (28) – „Hamburgisches Wegegesetz", Beschluss vom 10.3.1976; BVerfGE 61, 149 (174) – „Staatshaftungsgesetz", Urteil vom 19.10.1982.
139 *Isensee*, FS 50 Jahre BVerfG II, S. 719 ff., 741.
140 *Kloepfer/Bröcker*, DÖV 2001, 1 ff., 3.
141 *Rozek*, in: vM/K/S, GG, Art. 70 I, Rn. 48.
142 Vgl. BVerfGE 33, 125 (152 f.) – „Facharzt", Beschluss vom 9.5.1972; BVerfGE 42, 20 (29) – „Hamburgisches Wegegesetz", Beschluss vom 10.3.1976; BVerfGE 61, 149 (175) – „Staatshaftungsgesetz", Urteil vom 19.10.1982; vgl. zuletzt BVerfGE 106, 62 (105) – „Altenpflegegesetz", Urteil vom 24.10.2002; BVerfGE 109, 190 (213) – „Nachträgliche Sicherungsverwahrung", Urteil vom 10.2.2004 m.w.Nachw.

des Strafrechts, Art. 74 I Nr. 1 GG. Wenn der Kompetenzbereich einem Wandel unterliegt, etwa durch technische oder soziale Entwicklungen bedingt, dann neigt das Gericht zu einer „offeneren Auslegung", wie etwa beim Postwesen und der Telekommunikation, Art. 73 Nr. 7 GG, oder im Bereich des Arbeitsrechts und der Sozialversicherung, Art. 74 I Nr. 12 GG.[143] In seinem Urteil zur „Deutschland Fernsehen GmbH" spricht das Bundesverfassungsgericht beispielsweise von den „herkömmlichen" Dienstzweigen der Post im Gegensatz zu dem „neuen" Aufgabenbereich des ehemaligen Fernmeldewesens.[144] Die Kompetenzfelder können schließlich in faktisch-deskriptive[145] oder normativ-rezeptive Kompetenztitel[146] unterteilt werden. Bei letztgenannten normativ-rezeptiven Kompetenztiteln überwiegt das historische Moment bei der Auslegung, bei den faktisch-deskriptiven Kompetenztiteln nur dann, wenn ein rechtlicher Regelungsbereich schon immer einem tatsächlichen Lebensbereich zugeordnet war.[147] Der systematischen Auslegungsmethode kommt schließlich ebenfalls im Rahmen der Auslegung von Kompetenzbestimmungen eine spezielle Bedeutung zu. Der Aspekt der „Einheit der Verfassung" gewinnt hier besondere Bedeutung.[148]

Die vorliegende Untersuchung befasst sich allerdings nicht mit einzelnen Kompetenztiteln, sondern mit der Kompetenzausübungsregelung des Art. 72 II GG. In seinem Altenpflegeurteil stellte das Bundesverfassungsgericht zunächst klar, dass es für die Eingrenzung der Bundesgesetzgebung auf die Kompetenztitel der Art. 73 ff. GG seit langem betont habe, diese Begrenzung bedürfe einer „strikten" Interpretation. In vergleichbarer Weise müssen nunmehr auch die Voraussetzungen der Kompetenzausübungsregel des Art. 72 II GG gerichtlich kontrollierbar sein.[149] Sodann folgen auf sieben Seiten (!) Ausführungen zu der Entstehungsgeschichte.[150] Für diese Vorgehensweise streitet methodisch, dass bei neu erlassenen Gesetzen oder bei neu verabschiedeten Verfassungsänderungen vom Demokratieprinzip gefordert wird, den Willen des (verfassungsändernden) Gesetzgebers besonders sorgfältig zu beachten. Die anderen Auslegungsgesichtspunkte, insbesondere der Wortlaut, stehen in ihrer Bedeutung dem historischen bzw. entstehungsgeschichtlichen Ansatzpunkt nicht gleich. Das Bundesverfassungsgericht traf diesem Ansatz folgend zur Auslegung des Art. 72 II GG folgende, beispielhafte Ausführungen:

---

143 *Scholz*, Bundesverfassungsgericht und Grundgesetz II, S. 252 ff., 265 f. mit Verweis auf die einschlägige Bundesverfassungsgerichtsrechtsprechung.
144 BVerfGE 12, 205 (226) – „Deutschland Fernsehen GmbH", Urteil vom 28.2.1961.
145 Durch die Benennung des zu regelnden Lebensbereichs, z.B. Luftverkehr, Art. 73 Nr. 6; Erzeugung und Nutzung der Kernenergie zu friedlichen Zwecken, Art. 74 I Nr. 11 a GG.
146 Aufnahme eines vorgefundenen Normbereichs, z.B. Urheber- und Verlagsrecht, Art. 73 Nr. 9 GG; bürgerliches Recht und Strafrecht, Art. 74 I Nr. 1 GG.
147 Vgl. *Degenhart*, in: Sachs, GG, Art. 70, Rn. 44 ff.; *Rozek*, in: vM/K/S, GG, Art. 70 I, Rn. 50; nunmehr auch BVerfGE 109, 190 (218) – „Nachträgliche Sicherungsverwahrung", Urteil vom 10.2.2004.
148 *Rozek*, in: vM/K/S, GG, Art. 70 I, Rn. 51; vgl. BVerfGE 109, 190 (215 ff.) – „Nachträgliche Sicherungsverwahrung", Urteil vom 10.2.2004 („Gedanken des Sachzusammenhangs").
149 BVerfGE 106, 62 (136) – „Altenpflegegesetz", Urteil vom 24.10.2002.
150 BVerfGE 106, 62 (136-142) – „Altenpflegegesetz", Urteil vom 24.10.2002.

„Der *Wille*[151] des verfassungsändernden Gesetzgebers ging dahin, die Erforderlichkeitsklausel des Art. 72 Abs. 2 GG justitiabel zu machen; dem Bundesgesetzgeber sollte kein Beurteilungsspielraum belassen werden. Die in Teilen der Literatur vertretene Auffassung, dass der Bundesgesetzgeber nach wie vor einen solchen Spielraum habe (…), steht in klarem Widerspruch zum gesetzgeberischen Willen. Grundlegend veränderte Bedingungen, die eine Abweichung von dem eindeutigen Ergebnis der historischen Interpretation nahe legen könnten, sind schon deshalb nicht zu erkennen, weil die Vorschrift des Art. 72 Abs. 2 GG erst seit kurzer Zeit in Kraft ist. Liegt der Sinn der Norm im Schutz der Länder vor einer weiteren Auszehrung ihrer Gesetzgebungskompetenzen, so ist dieser Schutz nur dann wirkungsvoll, wenn die Erforderlichkeitsklausel als gerichtlich kontrollierbare Beschränkung verstanden wird. (…) Zur Überprüfung der in Art. 72 Abs. 2 GG enthaltenen Kriterien ist in Art. 93 Abs. 1 Nr. 2a GG ein eigenständiges verfassungsgerichtliches Verfahren eingeführt worden.[152] Da in diesem Verfahren eine Kontrolle nur am Maßstab des Art. 72 Abs. 2 GG erfolgen kann, liefe die Vorschrift leer, verstünde man die Gesetzbegriffe in Art. 72 Abs. 2 GG als nicht justitiabel. In Art. 72 Abs. 2 GG n.F. ist der in Art. 72 Abs. 2 GG a.F. enthaltene Textteil „soweit ein Bedürfnis nach bundesgesetzlicher Regelung besteht, weil", der als Anknüpfungspunkt für mangelnde Justitiabilität gedient hatte, gestrichen und durch das Erforderlichkeitskriterium ersetzt worden. Die Distanz zur früheren Rechtsprechung des Bundesverfassungsgerichts wird damit auch im Wortlaut deutlich. Dem Wortlaut der Vorschrift lässt sich kein Vorrang des Bundesgesetzgebers gegenüber Ländern bei der Interpretation der Norm oder der Kompetenzausübung entnehmen, im Gegenteil: Das grundsätzlich gegebene Gesetzgebungsrecht der Länder (vgl. Art. 70 Abs. 1 GG) darf nur unter bestimmten tatbestandlichen Voraussetzungen eingeschränkt werden."[153]

Für die weitere Untersuchung folgt hieraus, dass ebenso wie die Kompetenznormen im Allgemeinen die Voraussetzungen des Art. 72 II GG „strikt" interpretiert werden müssen. Bei der anschließenden Betrachtung der Kompetenzausübungsregelung des Art. 72 II GG muss, um dem offensichtlichen Willen des verfassungsändernden Gesetzgebers Rechnung zu tragen, der historischen Interpretation besonderes Gewicht zugemessen werden. Die Entwicklung konkreter Auslegungskriterien für die „Zieltrias" des Art. 72 II GG[154] orientiert sich demzufolge auch am methodischen Vorgehen des Bundesverfassungsgerichts.

---

151 Hervorhebungen nicht im Original.
152 *Systematische* Auslegung, Anm. d. Verf.
153 BVerfGE 106, 62 (142 f.) – „Altenpflegegesetz", Urteil vom 24.10.2002.
154 Siehe hierzu *3.Teil, B.*

Zweiter Teil

Der Weg von der alten zu der neuen Fassung des Art. 72 II GG

Zunächst werden in der gebotenen Kürze[155] die vieldiskutierte Problematik des Art. 72 II GG a.F. sowie der beschwerliche Weg hin zu seiner Neufassung verfolgt. Vor diesem Hintergrund lassen sich die Rechtsprechung des Bundesverfassungsgerichts zu Art. 72 II GG n.F. und die daran anknüpfenden Folgeprobleme deutlicher erschließen. Nach einem Überblick über die alte Rechtsprechung des Bundesverfassungsgerichts sowie über den damaligen Meinungsstand im Schrifttum werden die Entstehungsgeschichte des Art. 72 II GG n.F. sowie die Diskussion dargestellt, welche sich angesichts der Verfassungsänderung entwickelte. Das Hauptaugenmerk gilt danach der neuen Rechtsprechung zu Art. 72 II GG n.F. und der daran anknüpfenden Diskussion in der Literatur. Die Entwicklung lässt sich in folgende Zeitphasen einteilen, welche sich an konkreten Daten festmachen lassen: Die erste Phase endete am 15. November 1994 mit Inkrafttreten der Verfassungsänderungen durch das 42. Gesetz zur Änderung des Grundgesetzes, die zweite Phase endete mit dem Altenpflegeurteil des Bundesverfassungsgerichts vom 24. Oktober 2002.

I. Politischer Gestaltungsspielraum des Bundesgesetzgebers nach Art. 72 II GG in seiner alten Fassung

1. Die Rechtsprechung des Bundesverfassungsgericht zu Art. 72 II GG a.F.

Das Bundesverfassungsgericht hat Art. 72 II GG a.F. als äußerst begrenzt justitiabel verstanden. In den ersten beiden einschlägigen Entscheidungen stellte es klar, dass ihm die Problematik der Justitiabilität durchaus bewusst sei, auch im Hinblick auf die ganz herrschende Meinung in der Literatur zu dem vergleichbaren Art. 9 WRV, die von der Nichtjustitiabilität ausging. Es hielt sich aber zurück bei der Frage, ob für eine bundesgesetzliche Regelung ein Bedürfnis im Sinne des Art. 72 II GG a.F. anzuerkennen sei, weil dies im gegebenen Fall nicht entscheidungserheblich war. Gleichwohl erwähnte das Gericht bereits die Prämisse des Ermessensmissbrauchs, welche die Rechtsprechung im Folgenden bestimmen sollte.[156]

---

155 Für einen ausführlichen Überblick siehe insbesondere *Neumeyer*, Der Weg zur neuen Erforderlichkeitsklausel für die konkurrierende Gesetzgebung des Bundes, S. 82 ff.; *Knorr*, Die Justitiabilität der Erforderlichkeitsklausel i.S.d. Art. 72 II GG, S. 25 ff.
156 BVerfGE 1, 264 (272 f.) – „Bezirksschornsteinfeger", Urteil vom 30.04.1952; BVerfGE 1, 283 (293) – „Badisches / Bremisches Ladenschlussgesetz", Urteil vom 20.5.1952.

Zweiter Teil: Der Weg von der alten zu der neuen Fassung des Art. 72 II GG

In den anschließenden Urteilen stellte das Bundesverfassungsgericht heraus, das die Frage, ob ein Bedürfnis nach bundesgesetzlicher Regelung bestehe, nach pflichtgemäßem Ermessen vom Bundesgesetzgeber zu entscheiden sei. Ihrer Natur nach sei diese Frage der Nachprüfung durch das Bundesverfassungsgericht grundsätzlich entzogen. Die Voraussetzungen für die Ausübung der konkurrierenden Gesetzgebungskompetenz durch den Bund nach Art. 72 II GG seien im Gegensatz zu Art. 9 WRV im Einzelnen bezeichnet. Hierdurch werde die Ermessensfreiheit des Bundesgesetzgebers zwar eingeengt. Die Entscheidung der Bedürfnisfrage bleibe jedoch ihrem Charakter nach eine echte Ermessensentscheidung.[157] Unbeantwortet ließ das Gericht die Frage, inwieweit diese Ermessensentscheidung gerichtlich nachprüfbar wäre, falls der Bundesgesetzgeber die seinem Ermessen gesetzten Grenzen verkannt oder das ihm eingeräumte Ermessen missbraucht habe.

Wenig später präzisierte das Bundesverfassungsgericht unter Hinweis auf seine frühere Rechtsprechung, dass es bei der Frage, ob die Voraussetzungen des Art. 72 II GG a.F. gegeben seien, höchstens prüfen könne, ob der Gesetzgeber sein Ermessen missbraucht habe.[158] Hierin konnte man möglicherweise einen bedächtigen ersten Schritt in Richtung einer Konkretisierung der Kompetenzausübungsschranke erkennen. Das Bundesverfassungsgericht prüfte in der Folgezeit summarisch die Frage eines Ermessensmissbrauchs, lehnte diesen aber erwartungsgemäß ab.[159] Damit wurde früh deutlich, dass das Gericht nur eine letzte Mißbrauchsschranke als Grenze des bundesgesetzgeberischen Ermessens zulassen wollte.

Nach dieser vorsichtigen Auslotung des Problembereichs ergingen die als Leitentscheidungen zu Art. 72 II GG a.F. bezeichneten Urteile vom 29. November 1961 betreffs zweier Verfassungsbeschwerden zum Ladenschlussgesetz. Dieses regelte einen Sachverhalt, der dem Kompetenzkatalog der konkurrierenden Gesetzgebung zuzurechnen war, nämlich dem Gewerberecht nach Art. 74 Nr. 11 GG sowie dem Recht des Arbeitsschutzes nach Art. 74 Nr. 12 GG. Dem Bundesgesetzgeber oblag es, bei Erlass des Ladenschlussgesetzes das Bedürfnis zum Erlass einer bundesgesetzlichen Regelung gemäß Art. 72 II GG a.F. zu beachten. Das Bundesverfassungsgericht erkannte in beiden Urteilen, dass das Ladenschlussgesetz nicht gegen Art. 72 II GG a.F. verstoße. Das Gericht stellte heraus, dass die Einschätzung, ob ein Bedürfnis zur Bundesgesetzgebung bestehe, demjenigen zustehe, dem es obliege zu handeln, und damit dem Bundesgesetzgeber. Bekräftigt wurde die zuvor angedeutete Ansicht, dass in der Einschätzung des Bundesgesetzgebers eine *politische Vorentscheidung* liege, die das Bundesverfassungsgericht grundsätzlich zu respektieren habe. Aufgabe des Bundesgesetzgebers sei es eben, Lebensverhältnisse, insbesondere auf dem Gebiet der Wirtschaft, gestaltend zu ordnen.

Zu dieser Einordnung als politische Ermessensentscheidung kam eine weitere folgenträchtige Wertung: Das Gericht legte den Art. 72 II Nr. 3 GG a.F. im weitestgehenden Sinne aus. Der Bundesgesetzgeber solle nicht darauf beschränkt sein,

---
157 BVerfGE 2, 213 (224 f.) – „Straffreiheitsgesetz", Beschluss vom 22.4.1953.
158 BVerfGE 4, 115 (127 f.) – „Besoldungsgesetz NRW", Urteil vom 1.12.1954.
159 BVerfGE 10, 234 (245 f.) – „Platow-Amnestie", Beschluss vom 15.12.1959.

einer bestehenden Einheitlichkeit der Lebensverhältnisse mit bundeseinheitlicher Gesetzgebung lediglich zu folgen. Es könne ihm darüber hinaus nicht versagt sein, auf das ihm erwünscht erscheinende Maß an Einheitlichkeit im Sozialleben hinzustreben. Das Gericht legte seiner Entscheidung zwar zugrunde, dass die Begriffe „Wahrung der Rechts- oder Wirtschaftseinheit" und „Wahrung der Einheitlichkeit der Lebensverhältnisse", wie sie in Art. 72 II Nr. 3 GG a.F. enthalten waren, als „Rechtsbegriffe" zu verstehen seien. Es stellte sodann aber fest, dass diese so unbestimmt seien, dass ihre Konkretisierung darüber entscheide, ob zu ihrer Erreichung ein Bundesgesetz erforderlich sei.[160]

Hervorzuheben ist die unklare Terminologie des Gerichts im Hinblick auf die Rechtsnatur der Bedürfnisklauseln. Zum einen formulierte das Gericht, dass Art. 72 II GG a.F. *Rechtsbegriffe* enthalte, die so unbestimmt seien, dass ihre Konkretisierung darüber entscheide, ob zu ihrer Erreichung ein Bundesgesetz erforderlich sei. Zum anderen wurde eine viertel Seite später festgestellt, dass der Bundesgesetzgeber seinen *Ermessensbereich* nicht überschritten habe.[161] Ungeklärt blieb damit, ob es sich bei den Begriffen, die ein Bedürfnis begründen, um unbestimmte Rechtsbegriffe oder um Begriffe mit einem weiten Ermessensspielraum handele. Dies sollte sich auch in der weiteren Rechtsprechung zu Art. 72 II GG a.F. nicht ändern. Das Gericht wiederholte zum einen, dass die Rechtsbegriffe so unbestimmt seien, dass sie nur einen beschränkten Prüfungsumfang zuließen[162], andererseits sprach es immer wieder von der Überwachung des Ermessensmissbrauchs, stellte also auf eine Ermessensentscheidung ab[163]. Dabei bestätigte das Gericht seinen grundsätzlich beschränkten Prüfungsumfang. Überprüfbar sei nur eine Überschreitung des Ermessensbereichs des Bundesgesetzgebers[164], welche „eindeutig und evident"[165] sein müsse.

Zusammenfassend lässt sich festhalten, dass das Bundesverfassungsgericht Art. 72 II GG a.F. in stetiger Rechtsprechung als einen im wesentlichen politischen Ermessenstatbestand angesehen hat. Dieser war nur insoweit justitiabel, als geprüft werden konnte, ob der Gesetzgeber sein Ermessen missbraucht oder eindeutig und

---

160 BVerfGE 13, 230 (233) – „Ladenschlussgesetz", Urteil vom 29.11.1961.
161 BVerfGE 13, 230 (234) – „Ladenschlussgesetz", Urteil vom 29.11.1961.
162 Vgl. BVerfGE 39, 96 (114 f.) – „Städtebauförderungsgesetz", Urteil vom 4.3.1975.
163 Vgl. BVerfGE 26, 338 (382) – „Eisenbahnkreuzungsgesetz", Beschluss vom 15.7.1969; BVerfGE 78, 249 (270) – „Fehlbelegungsabgabe", Beschluss vom 8.6.1988; BVerfGE 65, 1 (63) – „Volkszählung", Urteil vom 15.12.1983.
164 BVerfGE 26, 338 (382) – „Eisenbahnkreuzungsgesetz", Beschluss vom 15.7.1969 unter Hinweis auf BVerfGE 4, 115 (127 f.); 13, 230 (233 f.); BVerfGE 33, 224 (229) – „Bauordnung", Beschluss vom 30.5.1972 unter Hinweis auf BVerfGE 2, 213 (224 f.); BVerfGE 65, 1 (63) – „Volkszählung", Urteil vom 15.12.1983 unter Hinweis auf die stetige Rechtsprechung und BVerfGE 33, 224 (229); BVerfGE 67, 299 (327) – „Laternengarage", Beschluss vom 9.10.1984 unter Hinweis auf BVerfGE 26, 338 (382 f.); BVerfGE 78, 249 (270) – „Fehlbelegungsabgabe", Beschluss vom 8.6.1988 unter Hinweis und BVerfGE 26, 338 (382 f.).
165 BVerfGE 34, 9 (39) - „Besoldungsvereinheitlichung", Urteil vom 26.7.1972 unter Hinweis auf BVerfGE 1, 264 (272 f.); 2, 213 (224 f.); 10, 234 (245); 26, 338 (382 f.).

evident überschritten hatte. Durchgehend folgte das Gericht der Auffassung, die Bedürfnisklauseln würden durch die politischen Vorentscheidungen des Bundesgesetzgebers ausgefüllt werden, die es als Judikativorgan grundsätzlich zu respektieren habe. Es erging keine einzige Entscheidung des Bundesverfassungsgerichts, in der das Gericht eine Grenzüberschreitung des eingeräumten Ermessens festgestellt und ein Gesetz wegen Verstoßes gegen Art. 72 II GG a.F. für verfassungswidrig erklärt hätte.[166]

Weiterhin lief die Rechtsprechung im Ergebnis darauf hinaus, das Bedürfnis nach bundesgesetzlicher Regelung mit dem Bedürfnis nach bundeseinheitlicher Regelung gleichzusetzen. Das Gericht ging davon aus, dass ein Bedürfnis immer dann vorliege, wenn einer der Bedürfnisgründe einschlägig erscheinen konnte. Es wurde ferner nicht gefordert, dass das Gesetz der Wahrung i.S.d. Bewahrung einer bereits bestehenden Rechts- oder Wirtschaftseinheit diente, vielmehr wurde als ausreichend gesehen, dass das Gesetz die Herstellung dieser Einheit bezwecke.[167] Dabei wurde dem Gesetzgeber zugestanden, auf das ihm erwünscht erscheinende Maß an Einheitlichkeit im Sozialleben hinzustreben.

Art. 72 II GG a.F. als eine Vorschrift, die die Regelungsbefugnis des Bundes im Bereich der konkurrierenden Gesetzgebungsmaterien an materielle Voraussetzungen binden sollte, ist damit in der Staatspraxis wirkungslos geblieben. Die Rechtsprechung des Bundesverfassungsgerichts zu Art. 72 II GG a.F. wirkte sich auf das Bund-Länder-Verhältnis durchschlagend aus. Der Bund hat die Judikatur geradezu als Aufforderung empfunden, möglichst lückenlos bundesgesetzliche Regelungen zu erlassen.[168] Logische Konsequenz war, dass die Länder auf dem Gebiet der Gesetzgebung ins Abseits geraten sind, einhergehend mit einer unentwegten Schwächung der Länderstaatlichkeit. Dies fand in der Literatur vereinzelt Zustimmung, führte aber in erster Linie zu vehementer Kritik.[169]

2. Diskussion in der Literatur

Schon die Weimarer Reichsverfassung kannte in Art. 9 eine „Bedarfsgesetzgebung" des Reichs.[170] In der Literatur ging man überwiegend davon aus, dass der Gesetzgeber nur in gewissenhaftem Ermessen über das Vorliegen der Voraussetzungen entscheiden konnte. Dies war allerdings nicht justitiabel: „Eine Nachprüfung seiner

---

166 *Schmehl*, DÖV 1996, 724 ff., 724.
167 *Maunz*, in: M/D, GG, Art. 72, Rn. 23.
168 *Scheuner*, DÖV 1966, 513 ff., 517.
169 Für eine erschöpfendere Darstellung wird auf die zu dieser Thematik ergangenen Abhandlungen verwiesen; vgl. *Neumeyer*, Der Weg zur neuen Erforderlichkeitsklausel für die konkurrierende Gesetzgebung des Bundes, S. 110 ff.; *Knorr*, Die Justitiabilität der Erforderlichkeitsklausel i.S.d. Art. 72 II GG, S. 29 ff.
170 „Soweit ein Bedürfnis für den Erlass einheitlicher Vorschriften vorhanden ist, hat das Reich die Gesetzgebung über: (1.) die Wohlfahrtspflege; (2.) den Schutz der öffentlichen Ordnung und Sicherheit."

Entscheidung durch die zur Anwendung des Gesetzes berufenen Instanzen, insbesondere die Gerichte, findet nicht statt."[171] Der Staatsgerichtshof für das Deutsche Reich (StGH) konnte nicht angerufen werden, da es sich nicht um eine Rechts- sondern um eine Ermessensfrage handelte.[172]

Daran anknüpfend traf die Rechtsprechung des Bundesverfassungsgerichts zu Art. 72 II a.F. teilweise auf Zustimmung in der Literatur. *Zinn* führte frühzeitig an, dass der Bundesgesetzgeber nach pflichtgemäßem Ermessen zu entscheiden habe, ob ein Bedürfnis nach bundesgesetzlicher Regelung bestehe. Seiner Auffassung nach gehe es im Rahmen des Art. 72 II GG a.F. nicht um eine Rechtsfrage, sondern um eine Frage des politischen Ermessens. Eine gerichtliche Kontrolle müsse zwangsläufig verneint werden. Im Einklang mit dem Bundesverfassungsgericht war er der Ansicht, dass eine gerichtliche Nachprüfung unzulässig oder nur unter dem Gesichtspunkt des Ermessensmissbrauchs möglich sei.[173] *Majer* bestätigte diese Ansicht in einem grundlegenden Aufsatz, der sich dem Willen des Verfassungsgebers zuwandte. Danach sei die vom Bundesverfassungsgericht praktizierte Nichtjustitiabilität vom verfassungsgebenden Gesetzgeber gewollt gewesen. Die Intention der Mehrheit im Hauptausschuss des Parlamentarischen Rates sei gewesen, eine Formulierung zu finden, die abstrakt genug sei, dem Bundesverfassungsgericht ein Eingreifen zu verwehren. Gründe für eine solche abstrakte Formulierung seien in der soeben angesprochenen staatsrechtlichen Theorie und Praxis in der Weimarer Republik zu finden. Diese habe gezeigt, wie schwer es fällt, die Frage des Ermessens nachzuprüfen und auf das rein Rechtliche zu beschränken, stand doch schon damals die grundsätzliche, die staatsrechtliche Diskussion dominierende Frage des Zwiespalts von Rechtsstreitigkeiten und politischen Streitigkeiten im Raum.[174] Art. 72 II GG a.F. sei dem Verfassungsgeber ferner durch die Siegermächte nur aufgedrängt worden, um auf diesem Wege eine Stärkung des Föderalismus zu erreichen und so den Zentralstaat schwach zu halten.[175] Die Rechtsprechung des Bundesverfassungsgerichts liege damit auf der Linie des Willens des Verfassungsgebers.

Das Bundesverfassungsgericht fand sich in seiner Rechtsprechung schließlich durch das Argument bestätigt, es dürfe sich nicht an die Stelle des demokratisch legitimierten Gesetzgebers setzen, wenn es das Ergebnis dessen Bedürfnisprüfung nach Art. 72 II GG a.F. kontrolliere. Das Bundesverfassungsgericht solle gerade nicht in die Rolle eines politischen Schiedsrichters zwischen Bund und Ländern gedrängt werden, sondern Kontrollinstanz bleiben. Diese Ansicht hat vor allem unter dem Schlagwort des Grundsatzes der gerichtlichen Selbstbeschränkung, des „judicial self-restraint", Einzug in die Literatur gefunden.[176] Gegen eine derartige Argu-

---

171 *Anschütz*, Die Verfassung des Deutschen Reichs, Art. 9, Anm. 1 m.w.Nachw.
172 *Anschütz*, Die Verfassung des Deutschen Reichs, Art. 9, Anm. 1 m.w.Nachw.
173 *Zinn*, AöR 75 (1949), 291 ff., 298.
174 *Majer*, EuGRZ 1980, 98 ff., 106; kritisch zu der „Nichtjustitiabilitätsvorstellung" des Parlamentarischen Rates *Kenntner*, Justitiabler Föderalismus, S. 137 f.
175 *Calliess*, DÖV 1997, 889 ff., 895.
176 Das Bundesverfassungsgericht versteht hierunter „den Verzicht, Politik zu treiben, d.h. in den von der Verfassung geschaffenen und begrenzten Raum freier politischer Gestaltung

mentationslinie wird eingewandt, es sei zwar richtig, dass eine gerichtliche Überprüfung des Ermessens des Gesetzgebers in Konflikt mit den Grundsätzen der Gewaltenteilung geraten könne, dies allerdings nicht die entscheidende Frage sei. Vielmehr gehe es im Rahmen des Art. 72 II GG a.F. nicht um die nicht vollständig überprüfbare Ermessensausübung, sondern um die Frage, ob überhaupt die verfassungsrechtlichen Voraussetzungen für ein Tätigwerden des Gesetzgebers vorliegen. Aus dem Grunde müsse differenziert werden zwischen Ermessensvoraussetzungen und Ermessensentscheidungen im Rahmen der Entschließungsfreiheit des Gesetzgebers. Erstgenannte könnten einer strengeren Kontrolle unterzogen werden.[177] *Hanebeck* führt demgemäß aus, dass die Kontrolldichte nicht den politischen Spielraum tangiere, sondern die Frage betreffe, welches Parlament entscheiden dürfe. Die politisch-gestalterische Verantwortung einer Entscheidung verbleibe unabhängig von der Justitiabilität und Kontrolldichte bei dem jeweils zuständigen Parlament.[178]

Die überwiegende Meinung in der Literatur lehnte die Rechtsprechung des Bundesverfassungsgerichts apodiktisch ab. Man kann die Kritik in drei Argumentationsstränge aufteilen, die im Grunde genommen auf dem gleichen, alles überspannenden Grundgedanken basieren: dem im Bundesstaatsprinzip nach Art. 20 I GG verankerten Schutz des föderalistischen Systems der Bundesrepublik Deutschland. Zum einen versuchte man, ausgehend von der Einteilung in unbestimmten Rechtsbegriff und Ermessensentscheidung eine Lösung zu finden. Weiterhin stellte man auf den Zweck der Norm ab und darauf, ob die Folgen der Rechtsprechung diesem entsprachen. Schließlich versuchte man, Parallelen zur Rechtsprechung des Bundesverfassungsgerichts in anderen vergleichbaren Bereichen fruchtbar zu machen.

An erstgenanntem Punkt ansetzend wurde eine Antwort auf die Frage gesucht, ob es sich bei der Kontrolle der Bedürfnisprüfung um eine Ermessenskontrolle oder um die Kontrolle der Anwendung eines unbestimmten Rechtsbegriffs handele. *Achterberg* entwickelte diesen Ansatz anhand eines Vergleichs mit der überkommenen Verwaltungsrechtsdogmatik zur gerichtlichen Überprüfbarkeit von unbestimmten Rechtsbegriffen. In Anlehnung an die seit den 60er Jahren des 20. Jahrhunderts geläufigen verwaltungsrechtlichen Argumentationslinien betrachtete er die Qualifikationsmerkmale in Art. 72 II GG a.F. als unbestimmte Rechtsbegriffe, deren ge-

---

einzugreifen. Er zielt also darauf ab, den von der Verfassung für die anderen Verfassungsorgane garantierten Raum freier politischer Gestaltung offenzuhalten.", BVerfGE 36, 1 (14 f.)
— „Grundlagenvertrag", Urteil vom 31.7.1973; vgl. zu dem „judicial self-restraint" *Stern*, NWVBl. 1994, 241 ff.; *Achterberg*, DÖV 1977, 649 ff.; *Schlaich/Korioth*, Das Bundesverfassungsgericht, Rn. 505 jeweils m.w.Nachw. In der Altenpflegeentscheidung lehnt das Gericht den Grundsatz der richterlichen Selbstbeschränkung für den Bereich der Kompetenzkontrolle allerdings deutlich ab: „Ihrer Stellung im System des Grundgesetzes, ihrem Sinn und dem Willen des Verfassungsgebers kann die Norm (Art. 72 II GG, Anm. d. Verf.) nur dann gerecht werden, wenn ihre Voraussetzungen nicht subjektiv von demjenigen bestimmt werden dürfen, dessen Kompetenz beschränkt werden soll.", BVerfGE 106, 62 (135 f.)
— „Altenpflegegesetz", Urteil vom 24.10.2002.
177 *Merten*, Die Subsidiarität Europas, S. 77 ff., 95; vgl. hierzu auch *Knorr*, Die Justitiabilität der Erforderlichkeitsklausel i.S.d. Art. 72 II GG, S. 49 ff.
178 *Hanebeck*, ZParl 2003, 745 ff., 748.

richtliche Kontrolle möglich und erforderlich sei. Unbestimmte Rechtsbegriffe auszulegen sei zweifelsohne Aufgabe der Rechtsprechung.[179] Allerdings ist gegen einen derartigen Ansatz anzuführen, dass es von zweitrangiger Bedeutung ist, ob das Bundesverfassungsgericht die Bedürfnisklauseln des Art. 72 II GG a.f. als Ermessens- oder unbestimmte Gesetzesbegriffe qualifiziert. Ausschlaggebend ist, dass das Gericht der Auffassung war, diese Bedürfnisklauseln würden durch die politischen Vorentscheidungen des Bundesgesetzgebers ausgefüllt, die grundsätzlich zu respektieren seien.[180] Zweck einer gerichtlichen Kontrolle bleibt unter dieser Prämisse bei *Achterberg*, das Verhältnis zwischen Bund und Ländern so zu regeln, dass beide Staatsebenen möglichst wenig angetastet werden. Somit verknüpft er seine Forderung nach Justitiabilität mit jenen Zweckmäßigkeitsgesichtspunkten, die hinter Art. 72 II GG a.F. stehen und die Funktion dieser Regelung bestimmen. Er sieht korrespondierend zu dem Recht des Bundesgesetzgebers, Kompetenzthemen aufzugreifen, eine Pflicht desselben, die dafür bestehenden Voraussetzungen zu beachten und sein Vorgehen kontrollieren zu lassen. Eine Überordnung des Bundes gegenüber den Ländern dürfe nur ausnahmsweise erfolgen. Ansonsten bestehe die Gefahr, die Staatsgewalt der Länder und mithin ihre Staatsqualität verkümmern zu lassen. Eine Primärzuständigkeit des Bundes solle nur ausnahmsweise aus verfassungsrechtlichen Gründen zugelassen werden.[181]

In der Literatur wurden Zweck und Funktion des Art. 72 II GG a.F. mit Recht darin gesehen, den Ländern eigenständige Gestaltungsspielräume zu bewahren. Unzweifelhaft wollte das Grundgesetz in Art. 72 II a.F. rechtliche Grenzen für überhand nehmende bundesgesetzliche Regelungen aufstellen, um die Eigenstaatlichkeit der Länder im Staatsgefüge zu bewahren.[182] Jene ursprüngliche Funktion des Art. 72 II GG a.F. ist durch die Rechtsprechung des Bundesverfassungsgerichts weitgehend konterkariert worden. Der darin zum Ausdruck kommende Unitarismus ließ sich weder verfassungsimmanent noch durch die angebliche politische Natur der Bedürfnisklausel legitimieren.[183] Eine bundesweite Uniformität der Lebensverhältnisse spricht dem Föderalismus gerade die Funktion einer Wettbewerbsordnung ab, die den Ländern ein fortlaufendes Konkurrieren um die besten gesetzlichen Lösungen und organisatorischen Gestaltungsmöglichkeiten insoweit gebietet, wie es mit dem Funktionieren des bundesstaatlichen Gesamtsystems vereinbar ist.[184]

Insbesondere *Maunz*[185] war - als einer der schärfsten Kritiker der damaligen Situation - der Ansicht, dass die Frage, ob der Bundesgesetzgeber im Verhältnis zum Landesgesetzgeber zuständig sei, Gesetze zu erlassen, eine vom Bundesverfassungsgericht nachzuprüfende Rechtsfrage bleiben sollte. Folge eines Untätigbleibens

---

179 *Achterberg*, DVBl. 1967, 213 ff.; so auch *Maunz*, in: M/D, GG, Art. 72, Rn. 19.
180 *Krüger*, BayVBl. 1984, 545 ff., 545.
181 *Achterberg*, DVBl. 1967, 213 ff., 219 f.
182 *Maunz*, in: M/D, GG, Art. 72, Rn. 19.
183 *Ipsen*, Staatsrecht I, Rn. 564.
184 *Krüger*, BayVBl. 1984, 545 ff., 549.
185 *Maunz*, in: M/D, GG, Art. 72, Rn. 18.

wäre, dass der Bundesgesetzgeber dann nicht nur über das „Ob" und „Wie" einer gesetzlichen Regelung, sondern auch über die prinzipielle Zulässigkeit seines Tätigwerdens entscheiden würde. Ohne Zweifel sei es der Wille des Verfassungsgebers, in Art. 72 II GG a.f. einen rechtlichen Schutzwall für die Länder vor einem übermächtigen Bundesgesetzgeber aufzubauen.[186] Gerade dieser Schutzzweck würde untergraben, wenn es lediglich im Ermessen des Bundesgesetzgebers stünde, ob er die verfassungsrechtlich auferlegten Schranken überschreite, ohne dann wie auch immer geartete Konsequenzen befürchten zu müssen. Das Ermessen wird dann nicht, wie sonst bei der Trennung von Rechts- und Ermessensfrage, auf der Rechtsfolgenseite, sondern auf der Tatbestandsseite der anzuwendenden Norm eingeräumt. Gerade bei Kompetenznormen sieht *Maunz* hier aus rechtsstaatlicher Sicht grundsätzliche Bedenken angebracht.[187]

Stern präzisierte diese Überlegungen dahingehend, dass eine uneingeschränkte Verwirklichung der Wahrung der „Einheitlichkeit der Lebensverhältnisse", mit einer Grundidee des Föderalismus in Widerspruch geraten müsse, „nämlich mit der dem Föderativsystem innewohnenden Pluralität und regionalen Individualität". Er sah demzufolge die Gesetzgebung des Bundes – soweit dieser die Bedürfnisklausel zu beachten habe – immer dann als bundesstaatswidrig und damit zugleich verfassungswidrig an, wenn sie nicht aus Gründen des gesamtstaatlichen Wohls erfolge. Andernfalls würde der Bundesstaat sich zu einer bloßen Abart des gegliederten Einheitsstaates wandeln.[188] Folglich sah er in seinem Sondervotum, das dem Schlussbericht der Enquête-Kommission „Verfassungsreform" beigefügt war, das Bundesverfassungsgericht als „logische" Instanz für Streitigkeiten im Bereich der föderativen Ordnung an. Die bisherige Rechtsprechung gewähre den Ländern nicht einen dem Grundgesetz adäquaten Schutz. Das Grundgesetz sei aber bei Ausgestaltung der föderativen Ordnung von einer umfassenden Jurisdiktion in diesem Bereich ausgegangen.[189] Gehört der substantielle Schutz der Landesgesetzgebung zu den Essentialia der Bundesstaatlichkeit, formuliert dieses Schutzprinzip nach *Scholz* eine interpretatorisch verbindliche Richtlinie für die Handhabung der Art. 70 ff. GG insgesamt. Die Bedürfnisklausel des Art. 72 II GG a.F. konkretisiere die zentralen Aspekte eines verfassungsgemäßen Schutzes der Landesgesetzgebung. Der Schutz der Landesgesetzgebung sei nur dann wirksam gewährleistet, wenn in antizipierter Wirksamkeits- und Effizienzkontrolle ein „materiell" begründetes Bedürfnis für ein Tätigwerden des Bundes nachgewiesen werden könne.[190]

Neben der Nichtjustitiabilität wurden die Folgen der äußerst extensiven Auslegung des Art. 72 II Nr. 3 GG a.F., daneben aber auch dessen mangelnde begriffliche

---

186 So auch *Krüger*, BayVBl. 1984, 545 ff., 545; *Stern*, Staatsrecht I, § 19 III 3, S. 678 f.; *Achterberg*, DVBl. 1967, 213 ff., 219 f.
187 *Maunz*, in: M/D, GG, Art. 72, Rn. 19.
188 *Stern*, Staatsrecht II, § 47 III 5 a, S. 1167 f.
189 Siehe Art. 93 I Nr. 2, 4, Art. 84 IV Nr. 2, Art. 126 GG; *Stern*, Sondervotum zu Abschnitt 5.4. „Sicherung der Bedürfnisklausel, BT-Drs. 7/5924, S. 138 f., 139.
190 *Scholz*, Bundesverfassungsgericht und Grundgesetz II, S. 252 ff., 270 f.

Schärfe kritisiert. *Maunz* bemerkte zu Recht, dass Art. 72 II Nr. 3 GG a.F. so weit gefasst sei, dass jedes vernünftige Bundesgesetz über die in Art. 74 GG angeführten Gegenstände darunter falle. Lediglich wenn aus dem Gesetz selbst, aus seinem Inhalt und seiner Zweckrichtung, hervorgehe, dass es der Rechts- und Wirtschaftseinheit nicht dienen wolle oder nicht dienen könne, würde das Gesetz an Art. 72 II Nr. 3 GG a.F. scheitern. Gehe aber aus ihm selbst hervor, dass es eine einheitliche rechtliche Regelung über den geregelten Gegenstand bringe, so diene es der Rechtseinheit im Bundesgebiet. Damit sei ein Bedürfnis für eine bundesgesetzliche Regelung gegeben. Eine solche Interpretation stelle geradezu eine „Tautologie in der Terminologie des Grundgesetzes" dar.[191]

Entgegen dem Telos des Art. 72 II GG, aber durchaus in Einklang mit dessen Wortlaut hat der Bund in Art. 72 II GG a.F. zuweilen geradezu eine Weisung gesehen, tätig zu werden im Sinne eines „Verfassungsauftrags" zur Förderung der Einheitlichkeit der Lebensverhältnisse im gesamten Bundesgebiet.[192] Kaum konnte man sich einen diametraleren Unterschied zwischen Normzweck und Normwirkungen vorstellen. Die Interpretation vor allem des Art. 72 II Nr. 3 GG a.F. hat sich geradezu zu einem „Motor der Vereinheitlichung"[193] formiert.

Ein Vergleich mit parallel gelagerten Gerichtsentscheidungen kann schließlich die an sich gegebenen Möglichkeiten des Bundesverfassungsgerichts zur Überprüfung der Bedürfnisklausel untermauern. Sieht das Gericht sich in anderen Feldern berufen, politische Ermessensentscheidungen einer intensiven Kontrolle zu unterziehen, so wurde dies als Argument für die Justitiabilität der Bedürfnisklausel herangezogen. Vor allem die Rechtsprechung des Bundesverfassungsgerichts im Hinblick auf das Verhältnis Staat – Bürger wurde vergleichend herangezogen. Hier wird durch die Verhältnismäßigkeitskontrolle der nichtjustitiable Bereich gesetzgeberischen Ermessens stark eingeschränkt, während das Gericht ihn im Verhältnis Bund – Land im Rahmen des Art. 72 II GG a.F. in inkonsequenter Weise erweiterte.[194] *Lerche* verwies darauf, dass das Bundesverfassungsgericht „genauso Hüter des Landesbereichs gegenüber Zugriffen des Bundes (und umgekehrt) wie Hüter des Individualbereichs gegenüber Zugriffen des Staates ist". Er erkannte aber auch, dass „Erforderlichkeit" im Rahmen der Verhältnismäßigkeitsprüfung und das „Bedürfnis" nach Art. 72 II GG a.F. sich nicht auf der gleichen Verfassungsstufe befinden.[195]

---

191 *Maunz*, in: M/D, GG, Art. 72, Rn. 23.
192 *Scheuner*, DÖV 1966, 513 ff., 517.
193 *Stern*, Staatsrecht II, § 37 II 3, S. 597.
194 *Maunz*, in: M/D, GG, Art. 72, Rn. 19.
195 *Lerche*, BayVBl. 1958, 231 ff., 234 f.; so auch *Bothe*, in: D/H-R/S/S, GG, Art. 72, Rn. 12: „Diese Rechtsprechung (des Bundesverfassungsgerichts) stand in einem merkwürdigen Widerspruch zu der im Übrigen zu konstatierenden Tendenz des BVerfG (man mochte sie begrüßen oder nicht), die Beziehungen zwischen den Akteuren des politischen Systems als rechtlich geordnet und damit gerichtlich nachprüfbar anzusehen. Sie ist auch schwer vereinbar mit der Neigung des BVerfG, bei Gesetzen, die Grundrechte tangieren, die Erforderlichkeit der gesetzlichen Regelung (Verhältnismäßigkeitsprinzip!) durchaus zu überprüfen, gelegentlich sogar mit negativem Ergebnis (...), wenn auch unter Anerkennung gewisser Gestaltungsfreiheit für den Gesetzgeber."

Andere staatsorganisationsrechtliche Sachbereiche lassen sich anfügen, in denen das Bundesverfassungsgericht über die bloße Missbrauchskontrolle hinausgehend eine nachhaltigere Kontrolloption beanspruchte, wie beispielsweise bei der Beurteilung, ob eine „Störung des gesamtwirtschaftlichen Gleichgewichts" nach Art. 115 I 2 GG vorliegt. Hier vertrat das Gericht die Auffassung, dass die Beurteilungen und Einschätzung frei von Willkür sein müssten. Damit lag es auf der Linie der Rechtsprechung zu Art. 72 II GG. Darüber hinaus müssten sie aber aufgrund der vorliegenden wirtschaftlichen Daten und vor dem Hintergrund der Aussagen der gesetzlich verankerten Organe der finanz- und wirtschaftspolitischen Meinungs- und Willensbildung und der Auffassung in Volkswirtschaftslehre und Finanzwissenschaft „nachvollziehbar und vertretbar erscheinen".[196]

3. Fazit

Durch die Rechtsprechung des Bundesverfassungsgerichts sowie durch die dadurch ermöglichte umfassende Bundesgesetzgebung wurden die Länderkompetenzen ausgehöhlt. Man könnte sogar der Ansicht sein, dass sie bis in eine gefährliche Nähe zu dem durch Art. 79 III GG garantierten Kernbereich geschrumpft sind. Art. 79 III GG erfordert, dass die Qualität der Bundesländer als eigenständige Staaten erhalten wird. Dies ist nur dann der Fall, wenn ein Kern eigener Aufgaben als „Hausgut" unentziehbar den Ländern zusteht. Es darf nicht lediglich eine leere Hülse von Eigenstaatlichkeit übrig bleiben.[197] Die Garantie der Gliederung des Bundes in Länder (Art. 79 III, 1. Var. GG), der Mitwirkung der Länder an der Gesetzgebung (Art. 79 III, 2. Var. GG) oder der Bundesstaatlichkeit (Art. 79 III, 3. Var. GG) ist dementsprechend auch als Garantie der Ausübung eigener Gesetzgebungskompetenzen der Länder zu verstehen.[198] Sollen die Länder Zentren politischer Entscheidungsgewalt bleiben, müssen sie ein Mindestmaß an Legislativkompetenzen besitzen. Ob bzw. wann an die Schranke des Art. 79 III GG herangetreten wird, lässt sich zwar nur

---

196 BVerfGE 79, 311 (344) – „Bundeshaushaltsplan", Urteil vom 18.4.1989; vgl hierzu unten *3.Teil, B.I.2.e.bb.bbb.*
197 BVerfGE 34, 9 (19 f.), „Hessisches Landesgesetz zur Besoldungsanpassung" – Urteil vom 26.7.1972; so auch die ganz herrschende Meinung in der Literatur, vgl. hierzu m.w.Nachw. *Hesse*, AöR 98 (1973), 1 ff., 17.
198 Welche Variante man heranzieht, dient lediglich dogmatischer Genauigkeit. Letztendlich gelangen alle Ansichten zu demselben Ergebnis, da der Schutz autonomer Ländergesetzgebung entweder unter Art. 79 III, 1. Var. GG („Gliederung des Bundes in Länder") oder unter den Schutz der Bundesstaatlichkeit (Art. 79 III, 3. Var. GG) fallen soll. Für Art. 79 III, 1. Var. GG streiten: *Maunz/Dürig*, in: M/D, GG, Art. 79, Rn. 37 (ein „nennenswerter Bestand" muss den Ländern verbleiben); *Degenhart*, Staatsrecht I, § 10, Rn. 693; Abschlussbericht der Enquête-Kommission „Verfassungsreform", BT-Drs. 7/5924, S. 123; für Art. 79 III 2. Var. GG: *Stern*, Staatsrecht I, § 5 IV 5, S. 169; *Hesse*, AöR 98 (1973), 1 ff., 16 ff. m.w.Nachw. („Kompetenzen zu eigener, richtungweisender und nicht nur lückenfüllender oder sonst wie untergeordneter Gesetzgebung"); *Lücke*, in: Sachs, GG, Art. 79, Rn. 26 ff.; für Art. 79 III, 3. Var. GG: *Dreier*, in: Dreier, GG, Art. 79 III, Rn. 18.

schwer bestimmen, aufgrund der kompetenziellen Übermacht des Bundesgesetzgebers dürfte die Schranke jedoch nach wiederholt vertretener Ansicht „zwischenzeitlich annähernd erreicht sein".[199]

Neben den Gefahren für die Länder lässt sich ein bislang unterschätztes Risiko für die Bundesgesetzgebung erkennen, das der Bundesgesetzgeber im Laufe der Jahre mit der zunehmenden Kompetenzfülle heraufbeschworen hat. Die Vielfalt neuer und komplexer Aufgaben führt zu einer Überlastung des Bundestages, was in der Literatur nur selten angemerkt wird.[200] Auch als Folge der Überforderung werden im Prozess der politischen Entscheidungsfindung vermehrt demokratisch nicht legitimierte Beratungsgremien eingesetzt[201] sowie große, privatwirtschaftliche Unternehmungsberatungen engagiert. Auf diese Weise werden außerhalb des Gesetzgebungsverfahrens im Bundestag Reformziele entwickelt und in der (Medien-)Öffentlichkeit diskutiert. Dem Bundestag fällt nur noch die Aufgabe zu, jenes als Gesetz zu verabschieden, was im öffentlichen Diskurs auf eine gewisse Akzeptanz gestoßen ist. Diese Entparlamentarisierung des Prozesses politischer Willensbildung ist eine nicht zu unterschätzende Gefahr für das demokratische System.[202] Eine Beschränkung des Umfangs der Gesetzgebung des Bundes, worauf Art. 72 II GG abzielt, kann möglicherweise der Entparlamentarisierung des politischen Prozesses entgegenwirken.

Trotz aller berechtigten Kritik an der Rechtsprechung des Bundesverfassungsgerichts muss festgehalten werden, dass von der Literatur keine tragfähige und handhabbare Lösung des Kompetenzkonflikts formuliert werden konnte, die auf einen breiten Konsens zu stoßen vermochte. Nur *Scholz* hat ansatzweise gezeigt, wie eine verfassungsgerichtliche Kontrolle der Bedürfnisklausel aussehen könnte, indem er anknüpfend an die Rechtsprechung versuchte, die Voraussetzungen eines Ermessensmissbrauchs zu konkretisieren. Er forderte eine „funktionsgerechte Kompetenzinterpretation", die den politischen Ermessensspielraum ausreichend würdigt, allerdings auch folgenorientiert danach fragt, ob nicht auch eine Landesgesetzgebung den Voraussetzungen des Art. 72 II GG a.F. genügen könne.

> „Wenn der Bund das Bedürfnis zur eigenen Gesetzgebung nach Art. 72 II Nr. 1 GG a.F. bejaht, so muss seine Gesetzgebung den hypothetischen Rechtsfolgentest der mangelnden Wirksamkeit oder Effizienz einer vergleichbaren Landesgesetzgebung bestehen („Allein-Effizienz" der Bundesgesetzgebung). Wenn der Bund das Bedürfnis für die eigene Regelung nach Art. 72 II Nr. 2 GG a.F. reklamiert, so muss seine Gesetzgebung den wiederum hypothetischen Rechtsfolgentest der gegebenenfalls die Interessen anderer Länder oder der Bundesgesamtheit

---

199 *Degenhart,* Staatsrecht I, § 10, Rn. 693; *Isensee,* in: HStR IV, § 98, Rn. 275; *Huber,* Klarere Verantwortungsteilung, S. 15; kritisch zu Art. 79 III GG als Schranke *Rubel,* in: Umbach/Clemens, GG, Art. 79, Rn. 34; zu den Schwierigkeiten einer Bestimmung vgl. *Hesse,* AöR 98 (1973), 1 ff., 17 f.
200 Vgl. aber z.B. *Starck,* JZ 1999, 473 ff., 479 f.
201 Vgl. die Hartz-, Rürup-, Herzog- oder Süssmuth-Kommission, den Nationalen Ethikrat, den Rat für Nachhaltige Entwicklung oder den Innovationsrat.
202 Vgl. *Ruffert,* DVBl. 2002, 1145 ff.; *Meister,* Aus Politik und Zeitgeschichte, B14/2004, 31 ff.; *Bittner/Nejahr,* „Die Berater-Republik", in: Die Zeit, Dossier v. 5.2.2004.

beeinträchtigenden Landesgesetzgebung bestehen (fehlende Interessenbeeinträchtigung allein bei bundesrechtlicher Regelung). Wenn der Bund schließlich auf das Bedürfnis zur bundeseinheitlichen Regelung gemäß Art. 72 II Nr. 3 GG a.F. erkennt, so muss sich seine Gesetzgebung dem Rechtsfolgentest tatsächlich erreichter oder gewahrter Rechts- oder Wirtschaftseinheit bzw. dem hypothetischen Negativtest stellen, dass andernfalls das Erfordernis von Rechts- oder Wirtschaftseinheit verletzt würde."[203]

Mit diesem plausiblen „Prüfungsschema" plädiert *Scholz* für eine Änderung der Rechtsprechung des Bundesverfassungsgerichts: Die Tatbestandselemente des Art. 72 II GG a.F. seien justitiabel, der Bundesgesetzgeber müsse gegebenenfalls auch einer verfassungsgerichtlichen ex-ante-Kontrolle unterworfen werden können, damit Art. 72 II GG a.F. wieder die Funktion erhalte, die ihm im System der bundesstaatlichen Ordnung zukomme.[204] Von diesem beachtlichen Ansatz abgesehen ließ die Literatur jedoch weitgehend eine Konkretisierung der Kompetenzausübungsregel vermissen, was sich auch darauf zurückführen lässt, dass die ablehnende Bundesverfassungsgerichtsrechtsprechung die Literatur nicht eben ermutigte, ein konkretes Prüfungsschema zu konzipieren.[205] Hier bewahrheitet sich der bisweilen erhobene Vorwurf, die deutsche Staatsrechtslehre orientiere sich allzu stark an der Rechtsprechung des Bundesverfassungsgerichts und entwickle keine eigenständige, fundierte und weiterführende dogmatische Ansätze. Gleichwohl bleibt es der Verdienst der Literatur – was zugleich auch die zusammenfassende Darstellung in dieser Arbeit legitimiert –, sozusagen als Stachel im Fleisch der verfassungsgerichtlichen Rechtsprechung eine wohl fundierte, kritische Position formuliert zu haben, auf der die Neuregelung des Art. 72 II GG aufbauen konnte.

II. Die Neuregelung des Art. 72 II GG im Jahr 1994

Ungeachtet der vehementen Kritik der Literatur bleibt festzuhalten, dass das Bundesverfassungsgericht eine Rechtsprechung entwickelt hatte, die im Bereich der Kompetenzausübung als fest verankert hinzunehmen war. Die Auslegung der Bedürfnisklausel als ein nahezu nicht justitiabler Ermessensbegriff galt als unumstößlicher Bestandteil des Verfassungsrichterrechts, welcher nur durch eine Verfassungsänderung zu beseitigen war. Diese Vorgabe war erklärtes Ziel der Neufassung des Art. 72 II GG durch das 42. Gesetz zur Änderung des Grundgesetzes vom 27. Oktober 1994.[206]

---

203 *Scholz*, Bundesverfassungsgericht und Grundgesetz II, S. 252 ff., 263 f.
204 *Scholz*, Bundesverfassungsgericht und Grundgesetz II, S. 271.
205 Auf die Konkretisierungen *Grusons*, Inhalt und Justitiabilität des Art. 72 Abs. 2 des Grundgesetzes, zu Art. 72 II GG a.F. wird an späterer Stelle (siehe hierzu insbesondere *3.Teil, B.I.2.d.aa*) noch eingegangen.
206 BGBl. I, S. 3146 ff.

1. Die Motive des verfassungsändernden Gesetzgebers

Einleitend wurde auf die besondere Bedeutung des Willens des verfassungsändernden Gesetzgebers bei der Auslegung von Kompetenzbestimmungen hingewiesen.[207] Für das Verständnis der Neufassung des Art. 72 II GG ist es daher unerlässlich, die Motive des verfassungsändernden Gesetzgebers herauszuarbeiten. Dies braucht nur im Überblick zu geschehen, kann doch auch hier auf vorliegende Untersuchungen verwiesen werden.[208] Nachfolgend soll zunächst ein zeitlicher Überblick über die Arbeit der einzelnen Verfassungskommissionen bis zu der abschließenden Grundgesetzänderung gegeben werden. Daran anknüpfend werden unter Bezugnahme auf die Abschlußberichte die Motive des verfassungsändernden Gesetzgebers dargelegt, der sich vornehmlich an der Arbeit der Kommissionen orientierte.

a) Die eingesetzten Verfassungsreformkommissionen

aa) Enquête-Kommission „Verfassungsreform"

Ende der 60er Jahre des 20. Jahrhunderts war das Grundgesetz in eine erste ernste Legitimationskrise geraten. Zur Modernisierung des Grundgesetzes bildete man eine durch Bundestagsbeschluss vom 8. Oktober 1970 eingesetzte „Enquête-Kommission für Fragen der Verfassungsreform". Sie war beauftragt, zu prüfen, „ob und inwieweit es erforderlich ist, das Grundgesetz den gegenwärtigen und voraussehbaren zukünftigen Erfordernissen – unter Wahrung seiner Grundprinzipien – anzupassen".[209] Die Auflösung des 6. Deutschen Bundestags am 22. September 1972 beendete die Arbeit dieser Kommission. Am 22. Februar 1973 nahm die vom 7. Deutschen Bundestag neu eingesetzte Enquête-Kommission „Verfassungsreform" ihre Arbeit wieder auf. Sie bestand aus 21 Mitgliedern, jeweils zu einem Drittel aus Abgeordneten des Deutschen Bundestages, von der Länderseite benannten Persönlichkeiten und Sachverständigen. Ein Schlussbericht wurde am 9. Dezember 1976 vorgelegt. Die Arbeit der Enquête-Kommission „Verfassungsreform" war allerdings nicht von Erfolg gekrönt. Es wurden lediglich vereinzelte Vorschläge umgesetzt, wie beispielsweise die Verankerung des Petitionsausschusses in Art. 45c GG.[210] Die empfohlene weitgehende Grundgesetzreform blieb aus. Zu den nicht umgesetzten

---

207 Siehe unter *1.Teil, III.*
208 *Kenntner*, Justitiabler Föderalismus, S. 138 ff.; *Knorr*, Die Justitiabilität der Erforderlichkeitsklausel i.S.d. Art. 72 II GG, S. 87 ff.; *Müller*, Auswirkungen der Grundgesetzrevision, S. 21 ff.; *Neumeyer*, Der Weg zur neuen Erforderlichkeitsklausel für die konkurrierende Gesetzgebung des Bundes, S. 131 ff.; *Schmalenbach*, Föderalismus und Unitarismus in der BRD, S. 86 ff.
209 Zwischenbericht der „Enquête-Kommission für Fragen der Verfassungsreform", BT-Drs. 6/3829, S. 11.
210 Vgl. *Rohn/Sannwald*, ZRP 1994, 65 ff., 66, Fn. 4.

Vorschlägen gehörte auch eine Neufassung des Art. 72 II GG und die Ergänzung um einen weiteren Absatz.[211] Dieser Vorschlag zu Art. 72 GG war ein erster beachtlicher Versuch, die konkurrierende Gesetzgebung des Bundes zu limitieren. Insbesondere die Erforderlichkeitsklausel des Art. 72 III GG hätte wohl für das Bundesverfassungsgericht Anlass sein können, die volle Ausschöpfung der Kompetenz zur konkurrierenden Gesetzgebung zu begrenzen.

bb) Die Kommission „Verfassungsreform" des Bundesrates

Erst die deutsche Wiedervereinigung löste ca. fünfzehn Jahre später abermals eine neuerliche breite Diskussion möglicher Verfassungsänderungen aus. Besorgt über die zentralistische Entwicklung und zunehmende Aushöhlung der Kompetenzen der Länder fassten die Ministerpräsidenten der Länder unter Bezugnahme auf den Vorschlag der Enquête-Kommission „Verfassungsreform" am 5. Juli 1990 einen „Gemeinsamen Beschluss"[212], der die Eckpunkte der Bundesländer für eine Neuordnung des Föderalismus im vereinten Deutschland formulieren sollte. Ziel dieses Beschlusses war eine Stärkung der Gesetzgebungsmacht unter anderem durch die Errichtung höherer Schranken für den Bund bei der konkurrierenden Gesetzgebung. Art. 5 des EinigungsV[213] nahm explizit Bezug auf den „Gemeinsamen Beschluss". Dies unterstreicht die Bedeutung, die man dem Anliegen zumaß.[214]

Daraufhin bildete der Bundesrat mit Beschluss vom 1. März 1991 eine eigene hochkarätig zusammengesetzte Kommission „Verfassungsreform" mit 32 Mitgliedern, nämlich den jeweiligen Ministerpräsidenten und je einem von den Landesregierungen benanntem weiteren Regierungsmitglied. Am 14. Mai 1992 wurde ein Abschlussbericht unter der Überschrift „Stärkung des Föderalismus in Deutschland

211 „(2) Der Bund ist in diesem Bereich zur Gesetzgebung befugt, wenn und soweit die für die Herstellung gleichwertiger Lebensverhältnisse im Bundesgebiet erforderliche Rechtseinheit, die Wirtschaftseinheit oder die geordnete Entwicklung des Bundesgebietes nur durch eine bundesgesetzliche Regelung zu erreichen ist. (3) Bundesgesetze nach Abs. 2 sind auf diejenigen Regelungen zu beschränken, die erforderlich sind, die dort genannten Ziele zu erreichen; das Weitere ist der Landesgesetzgebung zu überlassen."; Abschlussbericht der Enquête-Kommission „Verfassungsreform", BT-Drs. 7/5924, S. 123, 259 f.
212 Abgedruckt in: ZParl 1990, 461 ff.
213 Artikel 5 EinigungsV lautet: „Künftige Verfassungsänderungen - Die Regierungen der beiden Vertragsparteien empfehlen den gesetzgebenden Körperschaften des vereinten Deutschlands, sich innerhalb von zwei Jahren mit den im Zusammenhang mit der deutschen Einigung aufgeworfenen Fragen zur Änderung oder Ergänzung des Grundgesetzes zu befassen, insbesondere in Bezug auf das Verhältnis zwischen Bund und Ländern entsprechend dem Gemeinsamen Beschluss der Ministerpräsidenten vom 5. Juli 1990".
214 Allerdings stieß gerade diese Bezugnahme auf Kritik in der Literatur, da eine offizielle Veröffentlichung nicht vorlag, sondern sie lediglich in der Zeitschrift für Parlamentsfragen abgedruckt worden war. Dies könnte darauf beruhen, dass die Bezugnahme lediglich aufgrund individueller Initiative erfolgte und nicht einmal allen Parlamentariern bekannt war, siehe hierzu *Maurer*, Staatsrecht, § 5, Rn. 28.

und Europa sowie weitere Vorschläge zur Änderung des Grundgesetzes" vorgelegt.[215]

Vorgeschlagen wurde eine neue Form der Verfahrenssicherung, nämlich ein verfahrensrechtliches Feststellungserfordernis verfassungsrechtlich zu normieren, angenähert dem Verfahren bei Zustimmungsgesetzen. Dabei sollte sich das Zustimmungserfordernis lediglich auf die ebenfalls empfohlene neue Bedürfnisklausel des Art. 72 II 1 GG beziehen.[216] Ein Vergleich liegt nahe zu der Regelung des neuen Art. 74 II GG, der für Staatshaftungsgesetze des Bundes nach Art. 74 I Nr. 25 GG eine Zustimmung des Bundesrates vorsieht.[217] Der Bericht der Kommission „Verfassungsreform" des Bundesrates floss in die Beratungen der Gemeinsamen Verfassungskommission von Bundesrat und Bundestag mit ein.[218]

cc) Die Gemeinsame Verfassungskommission von Bundesrat und Bundestag

Nur eine Zusammenarbeit zwischen Bundesrat und Bundestag konnte jedoch die geforderten weitreichenden Reformen politisch und rechtlich umsetzen. Daher wurde aufgrund der Forderungen aus dem Einigungsvertrag am 16. Januar 1992 die Gemeinsame Verfassungskommission (GKV) von Bundesrat und Bundestag ins Leben gerufen, die sich aus je 32 Mitgliedern des Bundestages und des Bundesrates zusammensetzte. Ein Abschlußbericht wurde am 5. November 1993 vorgelegt. Die Empfehlungen der GKV waren die maßgebliche Grundlage aller späteren Reformüberlegungen zu einer Rückgewinnung legislativer Kompetenzen der Länder im Bereich der konkurrierenden Gesetzgebung.[219]

---

215 Die Empfehlung zu Art. 72 II GG lautete: „(2) Der Bund ist in diesem Bereiche zu Gesetzgebung befugt, wenn und soweit nach einer im Gesetz gesondert zu treffenden Feststellung die für die Herstellung gleicher Lebensverhältnisse im Bundesgebiet erforderliche Rechtseinheit, die Wirtschaftseinheit oder die soziale Einheit nur durch eine bundesgesetzliche Regelung zu erreichen ist. Bundesgesetze nach Satz 1 sind auf diejenigen Regelungen zu beschränken, die erforderlich sind, um die dort genannten Ziele zu erreichen. Die Feststellung nach Satz 1 bedarf der Zustimmung des Bundesrates."; BR-Drs. 360/92, S. 10.
216 BR-Drs. 360/92, S. 11.
217 Vgl. ebenso Art. 74a GG für Bundesgesetze im Rahmen der Besoldung und Versorgung im öffentlichen Dienst.
218 Abschlussbericht der GKV, BT-Drs. 12/6000, S. 6.
219 Der Abschlussbericht enthielt folgende Fassung des Art. 72 II GG: „(2) Der Bund hat in diesem Bereich das Gesetzgebungsrecht, wenn und soweit die Herstellung gleichwertiger Lebensverhältnisse im Bundesgebiet oder die Wahrung der Rechtseinheit im gesamtstaatlichen Interesse eine bundesgesetzliche Regelung erforderlich macht."; Abschlussbericht der GKV, BT-Drs. 12/6000, S. 16.

Zweiter Teil: Der Weg von der alten zu der neuen Fassung des Art. 72 II GG

b) Die Motive des verfassungsändernden Gesetzgebers

Nach den zahlreichen Empfehlungen erreichte man das Ziel der Verfassungsänderung des Art. 72 GG durch das 42. Gesetz zur Änderung des Grundgesetzes, verkündet am 3. November 1994 und in Kraft getreten am 15. November 1994. Ein Vergleich zwischen der alten und der neuen Fassung des Art. 72 II GG zeigt, dass an der ursprünglichen Gliederung teilweise festgehalten wurde:

Art. 72 GG a.F.	Art. 72 GG n.F.
(1) Im Bereich der konkurrierenden Gesetzgebung haben die Länder die Befugnis zur Gesetzgebung, solange und soweit der Bund von seinem Gesetzgebungsrechte keinen Gebrauch macht.	(1) Im Bereich der konkurrierenden Gesetzgebung haben die Länder die Befugnis zur Gesetzgebung, solange und soweit der Bund von seiner Gesetzgebungszuständigkeit nicht durch Gesetz Gebrauch gemacht hat.
(2) Der Bund hat in diesem Bereiche das Gesetzgebungsrecht, soweit ein Bedürfnis nach bundesgesetzlicher Regelung besteht,	(2) Der Bund hat in diesem Bereich das Gesetzgebungsrecht, wenn und soweit die Herstellung gleichwertiger Lebensverhältnisse im Bundesgebiet oder die Wahrung der Rechts- oder Wirtschaftseinheit im gesamtstaatlichen Interesse eine bundesgesetzliche Regelung erforderlich macht.
1.) weil eine Angelegenheit durch die Gesetzgebung einzelner Länder nicht wirksam geregelt werden kann oder	
2.) die Regelung einer Angelegenheit durch ein Landesgesetz die Interessen anderer Länder oder der Gesamtheit beeinträchtigen könnte oder	(3) Durch Bundesgesetz kann bestimmt werden, dass eine bundesgesetzliche Regelung, für die eine Erforderlichkeit im Sinne des Absatzes 2 nicht mehr besteht, durch Landesrecht ersetzt werden kann.
3.) die Wahrung der Rechts- oder Wirtschaftseinheit, insbesondere die Wahrung der Einheitlichkeit der Lebensverhältnisse über das Gebiet eines Landes hinaus sie erfordert.	

Auf den ersten Blick besteht zwischen Art. 72 II Nr. 3 GG a.F. und Art. 72 II GG n.F. eine strukturelle Ähnlichkeit. Dennoch ergeben sich grundlegende inhaltliche Unterschiede. Die Nummern 1 und 2 des Art. 72 II GG a.F. sind gestrichen worden. Die „Lebensverhältnisse" treten nunmehr als eigene qualifizierte Zielvorgabe hervor. Es müssen „gleichwertige Lebensverhältnisse im Bundesgebiet hergestellt" werden und nicht „einheitliche Lebensverhältnisse über das Gebiet eines Landes hinaus gewahrt" werden. Die „Wahrung der Rechts- oder Wirtschaftseinheit" muss im „gesamtstaatlichen Interesse" erfolgen. Die „Bedürfnisklausel" wurde durch eine „Erforderlichkeitsklausel" ersetzt.[220]

Die Divergenzen zwischen der alten und der neuen Rechtslage, welche einer Verfassungsänderung nachfolgen, mussten ebenfalls gelöst werden. Man wollte nicht nur die zukünftige Ausübung der konkurrierenden Gesetzgebungskompetenzen beschränken, sondern auch in der Vergangenheit ausgeübte Kompetenzen für die Länder wiedereröffnen, falls die Voraussetzungen des Art. 72 II GG nicht mehr vorliegen. Nach Art. 125a II 1 GG gilt nach alter Verfassungslage erlassenes Recht als Bundesrecht fort. Schlugen die Länder vor, dass ihnen eine eigene Ergänzungs- und Ersetzungsbefugnis zukomme, erschien dies dem Bund als zu weitgehend. Man einigte sich, um Konflikte zu vermeiden, auf die abgeschwächte Rückholklausel des Art. 125a II 2 GG, die es dem Bund überlässt, zu bestimmen, wann die Länder eine Regelung durch eigene Gesetze ersetzen können.[221] Art. 72 III GG stellt den Erlass einer Rückholklausel in das Ermessen des Bundes für Regelungen, die nach der neuen Rechtslage erlassen worden sind und deren Erforderlichkeit weggefallen ist.

Die Empfehlungen der GKV wurden zunächst durch eine Gesetzesinitiative des Bundesrates nahezu wortgleich, vor allem identisch im Hinblick auf den Wortlaut und inhaltlich übereinstimmend hinsichtlich der Begründung der Änderung des Art. 72 GG eingebracht. Auch die Fraktionen der CDU/CSU, SPD und FDP brachten einen in Begründung und Inhalt wörtlich mit der vom Bundesrat vorgeschlagenen Initiative übereinstimmenden, interfraktionellen Gesetzesvorschlag ein.[222]

Die Begründung zu der Änderung von Art. 72 II GG lautete wie folgt: „Die Bedürfnisklausel des bisherigen Artikels 72 Abs. 2 GG ist durch die Rechtsprechung des Bundesverfassungsgerichts zu einem rein politischen Ermessenstatbestand reduziert worden. Der Schutzzweck der Bedürfnisklausel ist dadurch geschwächt. Die Voraussetzungen für die Inanspruchnahme der konkurrierenden Gesetzgebungskompetenz sollen konzentriert, verschärft und präzisiert werden mit dem Ziel, die als unzureichend empfundene Justiziabilität der Bedürfnisklausel durch das Bundesverfassungsgericht zu verbessern. Ergänzt wird diese Lösung durch die Einführung einer neuen verfassungsgerichtlichen Verfahrensart in Artikel 93 Abs. 1 Nr. 2a des Grundgesetzes. Die Voraussetzungen für die Inanspruchnahme der konkurrierenden Bundesgesetzgebungskompetenz werden künftig auf zwei Alternativen reduziert, die Anlass und Umfang der Regelung begrenzen („wenn und soweit"). Die erste bezieht sich auf die Herstellung gleichwertiger Lebensverhältnisse im

---

220 Die einzelnen Formulierungen waren in der GKV bis zuletzt umstritten. Dabei spielten auch die möglichen Auswirkungen auf die Finanzverfassung (Art. 105 II, 106 III GG) eine Rolle. Im Hinblick auf die „Gleichwertigkeit" herrschte etwa Unstimmigkeit. Es wurde vorgeschlagen, den Begriff der „Einheitlichkeit" beizubehalten; vgl. den Änderungsantrag Brandenburgs vom 15.10.1992, Abschlussbericht der GKV, BT-Drs. 12/6000, S. 33.
221 Abschlussbericht der GKV, BT-Drs. 12/6000, S. 34.
222 Abschlussbericht der GKV, BT-Drs. 12/6000, S. 16, 33 f.; Gesetzesantrag des Landes Rheinlad-Pfalz, BR-Drs. 886/93, S. 2, 16 f.; Gesetzesentwurf der Fraktionen der CDU/CSU, SPD und FDP, BT-Drs. 12/6633, S. 2, 8 f. Diese Identität kann man wohl nur darauf zurückführen, dass es als „Ehrensache" galt, die Umsetzung der Empfehlungen der Kommission des Bundesrates und Bundestages nicht nur ersterem zu überlassen, sondern ein gemeinsames Vorgehen an den Tag zu legen; *Pestalozza*, in: vM/K/P, GG, Art. 72, Rn. 160.

Bundesgebiet. Die zweite Alternative modifiziert den Wortlaut des Art. 72 Abs. 2 Nr. 3 des Grundgesetzes (alt) daher auch dahin, dass die Wahrung der Rechtseinheit nicht per se, sondern nur dann, wenn sie im gesamtstaatlichen Interesse eine bundesgesetzliche Regelung erforderlich macht, eine entsprechende Bundeskompetenz begründet. Die Neufassung der Bedürfnisklausel bezieht sich ausschließlich auf die Voraussetzungen der Inanspruchnahme der konkurrierenden Gesetzgebungsbefugnisse des Bundes. Eine Einschränkung der Hilfeleistungspflichten der im Bundesstaat bestehenden Solidargemeinschaft von Bund und Ländern, insbesondere der Anstrengungen für den Aufbau der ostdeutschen Länder, kann daraus nicht abgeleitet werden."[223]

Die Bundesregierung schloss sich diesem selten zutage tretenden parteienübergreifenden Konsens nicht an. Sie äußerte sich bei Vorlage des Bundesratsentwurfs an den Bundestag in einer äußerst kritischen Stellungnahme zu den geplanten neuen Art. 72, 125a GG. Die Änderungen des Art. 72 II GG würden zu „erheblichen Rechtsunsicherheiten und praktischen Schwierigkeiten" führen. „Erhebliche Gefahren für die Handlungsfähigkeit des Gesamtstaates und die Wettbewerbsfähigkeit des Wirtschaftsstandortes Deutschland" wurden prophezeit. Die Bundesregierung stimmte zwar dem Anliegen zu, dass eine grundsätzliche Justitiabilität erforderlich sei. Es wurde aber gefordert, dass der Politik ein angemessener Gestaltungsspielraum verbleiben müsse, damit er neuen und wechselnden Anforderungen, Entwicklungen und Anschauungen Rechnung tragen könne. Zugleich müssten Regelungen zur Kompetenzabgrenzung hinreichend klar konturierte und berechenbare tatbestandliche Voraussetzungen normieren, damit das Verfassungsgericht bei Kompetenzkonflikten in seiner Rolle als Gericht das Recht auslegend den Streit entscheiden kann und nicht zu politischer Dezision genötigt werde.[224] Mit Recht verwies die Bundesregierung darauf, dass Art. 72 II GG präzise konkretisiert werden muss, um eine Justitiabilität zu ermöglichen. Allerdings vertrat sie allzu vorschnell die Auffassung, dass die besagte Verfassungsnorm nachprüfbare Maßstäbe und Kriterien nicht enthalte.[225]

Nachdem der Bundestag die Gesetzesinitiativen an seinen Rechtsausschuss überwiesen hatte, brachte dieser, getragen durch die Koalitionsmehrheit, seine Bedenken – in der Sache aber auch die Bedenken der Bundesregierung – gegen die Verfassungsänderung des Art. 72 GG vor. Die Koalitionsfraktionen beschlossen daraufhin, Art. 1 Nr. 5 des Änderungsgesetzes, der sich auf Art. 72 GG bezog, ersatzlos zu streichen.[226] Geleitet von den Bedenken des Rechtsauschusses begann der Bundestag, den Gesetzesvorschlag in Einzelteile zu „zerlegen". Bedenkt man, dass gerade die Bundestagsmitglieder in der GKV die Änderungen vorangetrieben hatten und der Bundestag den Entwurf einheitlich eingebracht hatte[227], dann stellte dieses Vorgehen ein widersprüchliches Verhalten dar.

---

223 Gesetzesentwurf der Fraktionen der CDU/CSU, SPD und F.D.P., BT-Drs. 12/6633, S. 2, 8 f.
224 Stellungnahme der Bundesregierung, BT-Drs. 12/7109, S. 14.
225 Stellungnahme der Bundesregierung, BT-Drs. 12/7109, S. 15.
226 Beschlussempfehlung und Bericht des Rechtsausschusses, BT-Drs. 12/8165, S. 31 f.
227 BR-Drs. 742/94, 743/94, 744/94.

Die nunmehr unterbreiteten Vorschläge stießen auf heftige Empörung bei den Ländern, die über den Bundesrat geschlossen ihre Einwände geltend machten. Sie forderten die Rückkehr zu den alten Vorschlägen der GKV, die das absolute Minimum einer Reform darstellten. Folglich lehnte der Bundesrat den Gesetzesvorschlag ab und rief den Vermittlungsausschuss an. Den Ernst der Lage erkennend, fand man im Vermittlungsausschuss schnell eine für beide Seiten akzeptable Lösung, welche die Kommissionsempfehlungen hinreichend berücksichtigte. In der Folgezeit verabschiedeten Bundestag und Bundesrat mit großer Mehrheit die vorgeschlagenen Änderungen. Im Ergebnis wurden die Vorschläge der GKV, insbesondere auch im Hinblick auf Art. 72 GG, mit nur minimalen Unterschieden verabschiedet und verkündet. Wenn man nach den Motiven des verfassungsändernden Gesetzgebers forscht, kann man daher zu Recht auf die Vorschläge der GKV abstellen.

Lediglich die vorgeschlagene Formulierung „Rechtseinheit" wurde in „Rechts- oder Wirtschaftseinheit" geändert.[228] Zurückführen lässt sich dies auf Bedenken hinsichtlich des Zusammenhangs zwischen „Wirtschaftseinheit" und beruflicher Bildung. Anschaulich wird dies in der Protokollerklärung der SPD vom 15. Juni 1994, die aufgrund ihrer Bedeutung für die vorliegende Untersuchung wörtlich wiedergegeben werden soll: „Die Neufassung des Artikels 72 des Grundgesetzes lässt die sachlichen Regelungskompetenzen des Bundes für das Recht der beruflichen Bildung unberührt. Die Fraktion der SPD sieht in einer qualitativ hochstehenden, durch bundeseinheitliche Vorgaben insbesondere für die Ausbildungsstrukturen, die Ausbildungsinhalte und das Prüfungswesen gesicherten beruflichen Bildung einen wichtigen Faktor der Leistungsfähigkeit der deutschen Wirtschaft sowie der beruflichen Flexibilität und Mobilität der Arbeitnehmerinnen und Arbeitnehmer. Die Voraussetzungen einer bundesgesetzlichen Regelung der beruflichen Bildung durch Gesetz werden auch künftig vorliegen, weil dies zur Wahrung der Rechts- oder Wirtschaftseinheit im gesamtstaatlichen Interesse erforderlich ist."[229]

c) Fazit

Es lässt sich zusammenfassend feststellen, dass der historische Wille des verfassungsändernden Gesetzgebers, eine Kehrtwende der Judikatur des Bundesverfassungsgerichts herbeizuführen, deutlich zum Vorschein tritt. Es war immer Hauptanliegen, die ausgezehrten Länderkompetenzen zu erneuern und somit den Föderalismus zu stärken. All jenen, die auch in der Folgezeit die Ansicht vertraten, eine Stärkung der Länder zu Lasten des Bundes könne nicht gewollt sein, kann der erklärte Wille des verfassungsändernden Gesetzgebers entgegengehalten werden, dem

---

228 Vgl. Beschlussempfehlung des Vermittlungsausschusses, BT-Drs. 12/8423, S. 4; BR-Drs. 834/94.
229 Vgl. Beschlussempfehlung und Bericht des Rechtsauschusses, BT-Drs. 12/8165, S. 31 f.; s. hierzu m.w.Nachw. *Müller*, RdJB 1994, 467 ff., 468.

aufgrund des kurzen zeitlichen Abstandes zu der Reform ganz besondere, nahezu ausschlaggebende Bedeutung zuzumessen ist.

2. Die Diskussion in der Literatur

Die Neufassung konnte nicht garantieren, dass das Bundesverfassungsgericht die geforderte Wächterfunktion über die Einhaltung der Erforderlichkeitsklausel auch tatsächlich wahrnimmt. Es entwickelte sich in der Literatur erneut eine Diskussion, ob und wie das Gericht die in der „Zieltrias" des Art. 72 II GG normierten Voraussetzungen für ein Gesetzgebungsrecht des Bundes justitiabel gestalten wird, obwohl dieser Streit mit der Verfassungsänderung sowie dem an einer Stärkung der Länderkompetenzen orientierten Willen des verfassungsändernden Gesetzgebers zunächst als geklärt erschien. Die Diskussion soll lediglich in ihren groben Linien dargestellt werden; denn durch die neue Rechtsprechung des Bundesverfassungsgerichts hat sie sich in Teilbereichen erledigt.[230]

a) Die Justitiabilität der Erforderlichkeitsklausel

Die Prognosen über die Justitiabilität der Neuregelung fielen unterschiedlich aus. Ein Teil der Literatur sah in der Neuregelung keinen Anlass zur Neuorientierung der Rechtsprechung des Bundesverfassungsgerichts. Die Neufassung des Art. 72 II GG wurde als ein Akt „symbolischer" Gesetzgebung verstanden[231]: lediglich als ein „Appell" an die Länder ihre verfassungsrechtlich garantierten Kompetenzrechte einzufordern, an den Bund, die Notwendigkeit eines Bundesgesetzes zu überdenken und auch an das Bundesverfassungsgericht, wachsamer zu sein.[232] Vorschnell wurde geurteilt, Art. 72 II GG verfehle in der Praxis seinen Zweck, die Länder zu stärken, so dass eine noch zielgerechtere Formulierung zugunsten der Länder gefunden werden müsse.[233]

aa) Die Argumentation *Neumeyers*

Insbesondere *Neumeyer* vertrat die Auffassung, das Bundesverfassungsgericht werde bei seiner Jurisdiktion der Nichtjustitiabilität verbleiben. Dies führte er auf die noch immer gegebene Unbestimmtheit der Voraussetzungen des Art. 72 II GG zurück. Die damit einhergehende Rechtsunsicherheit könnte „destabilisierende Aus-

---

230 Vgl. hierzu ausführlich *Kenntner*, Justitiabler Föderalismus, S. 163 ff.
231 *Bothe*, in: D/H-R/S/S, GG, Art. 72, Rn. 15.
232 *Selmer*, FS 50 Jahre BVerfG I, S. 563 ff., 583.
233 *Scholz*, DVBl. 2000, 1377 ff., 1383.

wirkungen auf die Volkswirtschaft" haben.[234] Durch eine Justitiabilität würde nach Meinung *Neumeyers* ferner die Legitimität und Autorität des Bundesverfassungsgerichts untergraben, weil das Gericht ungewollt in den politischen Streit zwischen Bund und Ländern hineingezogen werde. Dies gelte insbesondere im Hinblick auf die Antragsberechtigung der Landesparlamente, soweit diese der Opposition auf Bundesebene zuzuordnen seien.[235]

Dem muss entgegengehalten werden, dass das Bundesverfassungsgericht dann nicht in einem politischen Streit zu politischen Entscheidungen veranlasst wird, wenn es den Kompetenzbestimmungen klare verfassungsrechtliche Maßstäbe entnehmen kann. Schafft es das Gericht, konkrete Maßstäbe für Art. 72 II GG aufzustellen, so verringert sich zudem auch die Rechtsunsicherheit. Der Bundesgesetzgeber kann sich darauf einrichten, dass ein im Widerspruch zu Art. 72 II GG erlassenes Gesetz keinen Bestand vor dem Bundesverfassungsgericht haben und in der Folge aufgehoben wird. Die vorliegende Untersuchung verfolgt das hier angesprochene Anliegen, die in der jüngsten Rechtsprechung des Bundesverfassungsgerichts ansatzweise aufgestellten Kriterien weiter zu konkretisieren, um mit klaren Prüfungsmaßstäben die zu Recht geforderte Rechtssicherheit zu schaffen.

Auf einer anderen Ebene lag das Argument *Neumeyers*, das Bundesverfassungsgericht werde durch die Justitiabilität des Art. 72 II GG n.F. verfahrensmäßig überfordert. Die sachgerechte Auseinandersetzung mit den Gesetzesmaterialien, mit den erforderlichen Prognosen etc. wäre dem Gericht nahezu unmöglich.[236] Das Gericht müsste Anhörungen anberaumen, die eigentlich in den Bereich des Bundestages bzw. der Ausschüsse fallen.[237] Diese Effektivitätsargumente klingen zwar plausibel, ihnen darf bei der Diskussion der verfassungsgerichtlichen Kontrollkompetenz gleichwohl nicht das ausschlaggebende Gewicht beigemessen werden. Andernfalls

---

234 *Neumeyer*, Der Weg zur neuen Erforderlichkeitsklausel für die konkurrierende Gesetzgebung des Bundes, S. 160 ff.; *ders.*, FS Kriele, S. 543 ff., 565 ff.; vgl. auch *Oeter*, in: vM/K/S, GG, Art. 72 II, Rn. 112; *Stehr*, Gesetzgebungskompetenzen im Bundesstaat, S. 65 ff., 94; *Knorr*, Die Justitiabilität der Erforderlichkeitsklausel i.S.d. Art. 72 II GG, S. 187 ff., 206 ff., 211 ff., beschränkt ebenfalls die gerichtliche Kontrolle der „Herstellung gleichwertiger Lebensverhältnisse" auf eine bloße Evidenzkontrolle wegen der Unbestimmtheit der verwendeten Begriffe. Die „Wahrung der Rechts- oder Wirtschaftseinheit" hingegen erlaube eine weitergehende Kontrolle durch den Bundesgesetzgeber. Die Einschätzung und Bewertung der entscheidungserheblichen Tatsachen könne das Gericht aber in beiden Fällen nur auf evidente Fehler hin überprüfen. Ein grundlegender Unterschied zu der alten Rechtsprechung werde demnach nicht erreicht. Vgl. weiterhin *Müller*, RdJB 1994, 467 ff., 487.
235 *Neumeyer*, Der Weg zur neuen Erforderlichkeitsklausel für die konkurrierende Gesetzgebung des Bundes, S. 158, 165 ff. Dieses Argument liegt allerdings neben der Sache. *Neumeyer* verkennt, dass die Gefahr einer Antragstellung durch die Landesparlamente, die sich mehrheitlich aus Mitgliedern der Oppositionspartei auf Bundesebene zusammensetzen, in der Sache auch schon vorher bestand. Landesregierungen, die ja von der parlamentarischen Mehrheit in ihrem Land gestellt werden, stand schon seit eh und je das Verfahren der abstrakten Normenkontrolle nach Art. 93 I Nr. 2 GG zu.
236 *Neumeyer*, Der Weg zur neuen Erforderlichkeitsklausel für die konkurrierende Gesetzgebung des Bundes, S. 167 f.; *ders.*, FS Kriele, S. 543 ff., 566 ff.
237 *Leonardy*, ZParl 1999, 135 ff., 154.

würden verfassungsrechtliche Grundentscheidungen im Bereich der Kompetenzverteilung womöglich leer laufen. Insbesondere im Hinblick auf das Bundesverfassungsgericht muss zudem beachtet werden, dass eine Gefahr der Überlastung des Gerichts nicht durch föderale Kompetenzstreitigkeiten hervorgerufen wird. Eine in der Tat bestehende kritische Situation wird durch die exzessive, den Sinn und Zweck oftmals verkennende Ausnutzung der Verfassungsbeschwerde verursacht.[238] In den Jahren 1951 – 2002 hat das Gericht lediglich 24 Bund-Länder-Streitigkeiten nach Art. 93 I Nr. 3 GG, 89 Abstrakte Normenkontrollen nach Art. 93 I Nr. 2 GG sowie 1.119 Konkrete Normenkontrollen nach Art. 100 I GG erledigt. Demgegenüber steht die exorbitant hohe Anzahl an Verfassungsbeschwerden, die mit 117.460 Erledigungen bei weitem das Gros ausmachen.[239] Da das Gericht innerhalb der Begründetheit von Verfassungsbeschwerden mögliche Grundrechtsverletzungen allerdings vollumfänglich, incidenter auch die Verfassungsmäßigkeit eines Gesetzes prüft, können diese Zahlen keine verbindliche Auskunft darüber geben, inwieweit das Gericht in diesem Zusammenhang auch föderale Kompetenzzuweisungen prüft. Trotz allem lässt sich konstatieren, dass andere Faktoren als Kompetenzstreitigkeiten zu einer möglichen Überforderung des Bundesverfassungsgerichts führen.

In diesem Zusammenhang streitet ein weiterer Aspekt gegen die Überforderungsthese *Neumeyers*: Den Bund trifft bei dem Verfahren nach Art. 72 II GG eine Darlegungslast.[240] Wenn er ihr nachkommt, hat das Gericht Materialien zur Hand, die eine Untersuchung der Kompetenzfrage ohne eine weitere tief greifende Aufklärungslast ermöglicht.

bb) Die Argumentation *Rybaks* und *Hofmanns*

Grundlegende Bedenken wurden nicht zuletzt im Hinblick auf den politischen Ermessensspielraum des Bundesgesetzgebers erhoben. *Rybak* und *Hofmann* waren der Ansicht, dieser bestehe fort und verhindere eine vollumfängliche Überprüfung. Die Begriffe „gleichwertige Lebensverhältnisse" und „gesamtstaatliches Interesse" seien unbestimmte Rechtsbegriffe, die eine Bewertung politisch gestaltenden Inhalts erforderten und mangels juristischer Präzision nicht vollinhaltlich überprüfbar seien. Man könne ihnen weder einen feststehenden oder dauerhaft festlegbaren Inhalt entnehmen, noch könnten aus ihnen konkrete Prüfungsmaßstäbe abgeleitet werden. Wolle man den Bundesgesetzgeber nicht entgegen der Grundregel des Art. 72 I GG

---

238 *Neumeyer* stützt seine Ansicht auf eine Äußerung *Böckenfördes* („Nicht erst in der Ferne droht dem Gericht ein Kollaps von innen her, er steht vielmehr im Sinne einer unmittelbar drohenden Gefahr konkret bevor.", ZRP 1996, 281 ff., 282), welche dieser aber gerade im Zusammenhang mit der Belastung des Gerichts durch die hohe Zahl von Verfassungsbeschwerden getroffen hat; vgl. *Neumeyer*, Der Weg zur neuen Erforderlichkeitsklausel für die konkurrierende Gesetzgebung des Bundes, S. 167; *ders.*, FS Kriele, S. 543 ff., 567.
239 *Schlaich/Korioth*, Das Bundesverfassungsgericht, Rn. 78.
240 Vgl. hierzu *2.Teil, III.6.b* sowie etwa BVerfG, 2 BvF 2/02, „Juniorprofessur" - Urteil vom 27.7.2004, Rn. 131 ff.

weitestgehend aus dem Bereich der konkurrierenden Gesetzgebung ausschließen, so müsse man ihm einen jeglicher gerichtlicher Kontrolle entzogenen Spielraum gewährleisten. Ein derart weitgehender Ausschluss des Bundes aus dem Bereich der konkurrierenden Gesetzgebung war nach Meinung der Autoren gerade nicht gewollt.[241] Zur weiteren Begründung wurde der systematische Zusammenhang mit Art. 72 III GG und der Übergangsvorschrift des Art. 125a II GG herangezogen. Falls die Erforderlichkeit einer bundesgesetzlichen Regelung i.S.d. Art. 72 II GG nicht mehr besteht, *können* die Gesetzgebungsrechte auf den Landesgesetzgeber rückübertragen werden. Diese „Kann-Regelung" soll im Umkehrschluss den politischen Ermessensspielraum auch im Rahmen des Art. 72 II GG bei der Gesetzgebung begründen.[242]

Die Autoren kommen zum Ergebnis, dass dem Bund weiterhin ein politischer Ermessensspielraum zusteht. Dieser soll jedoch nicht unbeschränkt sein. Infolge der Konzentrierung, Präzisierung und Verschärfung der Voraussetzungen des Art. 72 II GG ist der Bundesgesetzgeber bei der Beurteilung der Voraussetzungen dieser Norm nicht mehr so frei, wie er es nach der bisherigen Rechtslage war.[243]

Diese Argumentation berücksichtigt nicht hinreichend den klaren Willen des verfassungsändernden Gesetzgebers. Dieser wurde besonders deutlich in folgender Formulierung: „Da zwei Mitglieder der Gemeinsamen Verfassungskommission darauf hingewiesen haben, was immer wir hier täten, könne das Bundesverfassungsgericht per Federstrich wieder aufheben, liegt mir doch daran, festzustellen, dass die Gemeinsame Verfassungskommission Änderungen des Grundgesetzes deswegen zur Annahme empfiehlt, weil sie die Absicht hat, die in den fünfziger Jahren begründete Rechtsprechung des Bundesverfassungsgerichts durch den Verfassungsgeber zu ändern."[244] Diese Erklärung fand allgemeine Zustimmung in der GKV. Im Übrigen hat das Bundesverfassungsgericht in der Altenpflegeentscheidung die Ansicht *Rybaks* und *Hofmanns* aufgenommen, aber verworfen. weil sie in klarem Widerspruch zum Willen des verfassungsändernden Gesetzgebers stehe.[245]

Der auf systematische Argumente gestützte Einwand kann ebenfalls nicht überzeugen. Auch Art. 72 III GG, wonach durch Bundesgesetz bestimmt werden kann, dass eine bundesgesetzliche Regelung, für die eine Erforderlichkeit im Sinne des Art. 72 II GG nicht mehr besteht, durch Landesrecht ersetzt werden kann, verfolgt gerade den Zweck, die Länderkompetenzen durch eine „Rückholgesetzgebung" zu stärken. Eine gegen die Länder gerichtete Argumentation anhand des Art. 72 III GG würde dem Sinn und Zweck des Verfassungsartikels diametral zuwiderlaufen und ist abzulehnen. Zudem wird mit Recht bemerkt, dass Art. 72 III GG und Art. 125a II

---

241 *Rybak/Hofmann,* NVwZ 1995, 230 ff., 231; vgl. auch *Degenhart,* in: Sachs, GG, Art. 72, Rn. 14.
242 *Rybak/Hofmann,* NVwZ 1995, 230 ff., 231.
243 *Rybak/Hofmann,* NVwZ 1995, 230 ff., 231; vgl. auch *Sannwald,* NJW 1994, 3313 ff., 3316; *Diederichsen,* in: S/V, Kompendium Öffentliches Wirtschaftsrecht, § 3, Rn. 10.
244 *Voscherau,* Vorsitzender der Gemeinsamen Verfassungskommission, Protokoll der 11. Sitzung, Bonn, 15.10.1992; abgedruckt in: Zur Sache 2/96, Band 1, S. 543 ff., 561.
245 BVerfGE 106, 62 (142) – „Altenpflegegesetz", Urteil vom 24.10.2002.

GG im Gegensatz zu Art. 72 II GG vollkommen andere Fälle regeln: einerseits ist ein Bundesgesetz schon vorhanden, andererseits soll es erst geschaffen werden.[246]

cc) Die Befürworter einer Justitiabilitätsprüfung des Bundesverfassungsgerichts

Ein anderer und durchaus gewichtiger Teil der Literatur ging von der Justitiabilität des neu gefassten Art. 72 II GG aus. Dem neuen Leitbegriff der „Erforderlichkeit" wurde eine eigenständige Bedeutung zugemessen. Die ausdifferenzierte Auslegung dieses Begriffs in anderen Anwendungsgebieten sollte die verfassungsgerichtliche Überprüfungsmöglichkeit des Art. 72 II GG zur Folge haben. Hierfür wurden die Ziele des verfassungsändernden Gesetzgebers sowie die Einführung einer Normenkontrolle gem. Art. 93 I Nr. 2a GG für die Kompetenzkontrolle ins Feld geführt.[247]

Gegen letztgenanntes Argument, die Einführung eines besonderen Verfahrens bewirke eine Veränderung, wurde freilich eingewandt, das Bundesverfassungsgericht habe schon zuvor eine Überprüfung durchgeführt, wenn auch nur in oben dargestelltem Umfang.[248] Die Einführung einer Normenkontrolle sei daher nicht aussagekräftig. Insbesondere gebe auch diese nicht den konkreten Prüfungsumfang vor. Vielmehr bewege man sich in einem „Zirkelschluss", wenn man von einer prozessualen Norm auf materielle Entscheidungsmaßstäbe abstellt.[249] Dem entspricht der Grundsatz, dass vom Prozessrecht nicht auf materiell-rechtliche Maßstäbe geschlossen werden darf. Dem kann man zwar grundsätzlich zustimmen. Die eingeführte Normenkontrolle dient jedoch zumindest als Indiz für die gebotene Justitiabilität.

Letztlich wurde die „Maastricht"-Entscheidung des Bundesverfassungsgerichts fruchtbar gemacht, in welcher das Gericht aussprach, der EuGH habe das gemeinschaftsrechtliche Subsidiaritätsprinzip zu überwachen.[250] Aufgrund der Affinität dieses europarechtlichen Prinzips mit Art. 72 II GG, auf welche an späterer Stelle noch ausführlich einzugehen sein wird[251], wäre es widersprüchlich, Art. 72 II GG als eine besondere Form der Konkretisierung des Subsidiaritätsprinzips[252] nicht zu überwachen, obwohl man ein Handeln des EuGH auf gemeinschaftsrechtlicher Ebene einfordert.[253]

---

246 *Schmehl*, DÖV 1996, 724 ff., 727.
247 Vgl. *Sturm*, in: Sachs, GG, Art. 93, Rn. 50; *Voßkuhle*, in: vM/K/S, GG, Art. 93 I Nr. 2a, Rn. 128; *Bothe*, in: D/H-R/S/S, GG, Art. 72, Rn. 12; *Kunig*, in: von Münch/Kunig, GG, Art. 72, Rn. 24; *Engels*, Chancengleichheit und Bundesstaatsprinzip, S. 101; *Hendler*, DÖV 1993, 292 ff., 296; *Umbach/Clemens*, in: Umbach/Clemens, GG, Art. 72, Rn. 23; vgl. zu dem Charakter des Verfahrens nach Art. 93 I Nr. 2a GG *Renck*, JuS 2004, 770 ff. m.w.Nachw.
248 Siehe oben *2.Teil, I.1.*
249 Vgl. *Oeter*, in: vM/K/S, GG, Art. 72 II, Rn. 90; *Neumeyer*, Der Weg zur neuen Erforderlichkeitsklausel für die konkurrierende Gesetzgebung des Bundes, S. 158, 161.
250 BVerfGE 89, 155 (211) – „Maastricht-Entscheidung", Urteil vom 12.10.1993.
251 Siehe hierzu *3.Teil, A.IV.1.*
252 Vgl. hierzu *3.Teil, A.I.*
253 *Kenntner*, VBlBW 1999, 289 ff., 294; *Isensee*, FS 50 Jahre BVerfG II, S. 719 ff., 746; *Schmalenbach*, Föderalismus und Unitarismus in der BRD, S. 107 f.

b) Die Konkretisierung der Erforderlichkeitsklausel

Schließlich war, was Thematik dieser Arbeit ist, die Konkretisierung der „Zieltrias" des Art. 72 II GG umstritten. Diese Frage wird an späterer Stelle ausführlich behandelt. Dabei wird auch auf den Stand der Literatur nach der Verfassungsänderung und vor dem Altenpflegeurteil einzugehen sein.[254]

c) Fazit

Der Streit um die Justitiabilität des Art. 72 II GG ist durch die Verfassungsreform nicht nur wiederaufgeflammt, sondern hat sich zu einem Feuer entfacht. Die Föderalismusdebatte ist aktueller denn je. Bedingt wird dies durch die immer deutlicher zum Ausdruck kommenden politischen Verflechtungen der Ebenen, einhergehend mit einer zunehmenden politischen Handlungsunfähigkeit des Gesamtstaates. Der Bundesrat wird in verfassungsrechtlich (noch) legitimer Weise mitunter zur Blockade der Politik von Bundesregierung und Bundestag genutzt.[255] Man muss sich zu Recht[256] die Frage stellen, ob angesichts dieser allgemein als negativ empfundenen Entwicklung bei Art. 72 II GG das Argument des politischen Ermessensspielraums noch haltbar ist. Darf es als „Totschlagsargument" jeglicher verfassungsgerichtlicher Kontrolle entgegengehalten werden, wenn es um die Realisierung des großen Ziels geht, die Gesetzgebung zum Teil wieder an die Länder zurückfallen zu lassen, damit politische Verantwortung sachgerecht ausgeübt werden kann? Das Bundesverfassungsgericht tritt bei der Neuabgrenzung von Gesetzgebungskompetenzen notgedrungen als Streitschlichter auf den Plan. Damit dieser Streit anhand verfassungsrechtlicher Maßstäbe entschieden werden kann, musste seitens des Bundesverfassungsgerichts die maßstabsbildende Kraft von Art. 72 II GG auf den Begriff gebracht werden.

III. Die neue Rechtsprechung des Bundesverfassungsgerichts: Der Weg von der Bedürfnis- zur Erforderlichkeitsklausel

1. Urteil zum Altenpflegegesetz

In jüngster Rechtsprechung hat das Bundesverfassungsgericht begonnen, dem neugefassten Art. 72 II GG präzise Konturen zu verleihen. Die Bayerische Staatsre-

---

254 Siehe *3.Teil, B.*
255 Vgl. etwa den Streit um das Zuwanderungsgesetz; BVerfGE 106, 310 – „Zuwanderungsgesetz", Urteil vom 18.12.2002; ebenfalls hierzu *Schenke*, NJW 2002, 1318 ff., 1324; *Becker*, NVwZ 2002, 569 ff.
256 Vgl. *Haug*, DÖV 2004, 190 ff., 195.

gierung hat wie so oft durch ein verfassungsgerichtliches Verfahren auf die Klärung von Kompetenzfragen gedrungen. Sie hatte eine abstrakte Normenkontrolle gem. Art. 93 I Nr. 2 und Nr. 2a GG gegen das „Gesetz über Berufe in der Altenpflege sowie zur Änderung des Krankenpflegegesetzes" vom 17. November 2000[257] eingeleitet, da sie das in Art. 1 des Gesetzes enthaltene „Gesetz über die Berufe in der Altenpflege (AltPflG)" wegen fehlender Gesetzgebungskompetenz des Bundes für mit Art. 70 GG, hilfsweise für mit Art. 72 II GG unvereinbar hielt. Das AltPflG regelt den Beruf der Altenpflege bundeseinheitlich. Es sieht eine gesetzlich geregelte Ausbildung sowie eine entsprechende Prüfung vor und regelt das Ausbildungsverhältnis sowie dessen Finanzierung. Darüber hinaus enthielt es Bestimmungen zum Altenpflegehelferberuf, welcher dem Landesrecht zur Ausgestaltung überlassen bleibt.

a) Pflegeberufe im Blickfeld des Art. 74 I Nr. 19 GG

Zunächst äußerte sich das Gericht zu der gesetzlichen wie tatsächlichen Lage der Altenpflege in Deutschland. Herausgestellt wurde, dass danach 17 zum Teil deutlich divergente Ausbildungsregelungen vorhanden waren. Ferner wurde auf den erheblichen Bedarf an Altenpflegekräften hingewiesen. Dieser werde insbesondere hervorgerufen durch eine ansteigende Lebenserwartung einhergehend mit einem erhöhten Pflegebedarf. Diesen Anforderungen würden die verschiedenen Altenpflegeeinrichtungen nur bedingt gerecht. Sowohl rückgängige Ausbildungszahlen als auch mangelhafte Qualität führten zu erheblichen Missständen.[258]

Die daran anknüpfenden Aussagen des Urteils zu einzelnen Kompetenztiteln sollen wegen ihrer fehlenden Relevanz für die vorliegende Untersuchung nur gestreift werden. Das Gericht hatte vor der Prüfung der Kompetenzausübungsregel des Art. 72 II GG zu entscheiden, ob die Berufe in der Altenpflege „andere Heilberufe" sind sowie ob das AltPflG die „Zulassung" zu anderen Heilberufen i.S.d. Art. 74 I Nr. 19 GG regelt. Im Ergebnis bejahte das Bundesverfassungsgericht eine Bundeskompetenz hinsichtlich des Altenpflegeberufs aus Art. 74 I Nr. 19, Nr. 12, Nr. 7 GG. Der Altenpflegehelfer kann hingegen nicht unter diesen Kompetenztitel subsumiert werden.[259]

---

257 BGBl I, S. 1513 ff.
258 BVerfGE 106, 62 (67-85) – „Altenpflegegesetz", Urteil vom 24.10.2002. Der Wille des Bundesgesetzgebers war es daher auch, die Attraktivität der Altenpflegeausbildung durch ein einheitliches Ausbildungsniveau zu erhöhen sowie durch eine einheitliche Regelung den Fachkräftemangel zu kompensieren; vgl. BT-Drs. 14/1578, S. 11 f.
259 Bei der Klärung der Kompetenzfrage stellte das Gericht auf die Entstehungsgeschichte des Art. 74 I Nr. 19 GG ab, welche bestätigt wird durch Wortlaut, Systematik sowie insbesondere ihren Telos. Sinn und Zweck des AltPflG überprüfte das Gericht anhand der durch § 3 AltPflG vorgegebenen Ausbildungsziele, welche auf einen klaren heilkundlichen Schwerpunkt hinführen, verbunden mit gleichgewichtigen sozial-pflegerischen Aspekten, zusammengeführt zu einem „ganzheitlichen Pflegeverständnis". Die Staatspraxis verdeutliche in

b) Die Auslegung des Art. 72 II GG im Altenpflegeurteil

Seine elementare Bedeutung erlangt das einstimmig ergangene Urteil durch die Ausführungen zu Art. 72 II GG.[260] In den Leitsätzen formulierte das Gericht zu vorliegender Problematik die in der Einleitung zitierten, maßstabsbildenden Grundsätze.

Die vor Erlass des Altenpflegeurteils bestehende erhebliche Rechtsunsicherheit im Bereich der „Zieltrias" des Art. 72 II GG wird durch das Vorbringen der Antragsteller und das Erwidern der Bundesregierung deutlich. Die bayerische Staatsregierung ging in ihrem Antrag von der fehlenden Erforderlichkeit einer bundesgesetzlichen Regelung aus: Das Gesetz diene nicht der „Herstellung gleichwertiger Lebensverhältnisse", lasse es doch zahlreiche Ausnahmeregelungen zugunsten der Länder zu. Der „Gleichwertigkeit" sei durch eine Vereinbarung der Länder aus den Jahren 1984/85 hinreichend genüge getan. Auch die „Wahrung der Rechts- bzw. Wirtschaftseinheit" könne nicht ins Feld geführt werden, beträfen die Zulassungsregelungen zum Heilberuf doch primär nicht-wirtschaftliche Sachverhalte. Schließlich würde nicht Vorhandenes gewahrt, sondern Neues geschaffen und damit dem Art. 72 II GG n.F. widersprochen. Die „Erforderlichkeit" wurde ebenfalls angezweifelt. Ein Reformbedarf hätte man zwar erkannt, die nötige Reform sei aber bislang nur deshalb unterblieben, weil man berechtigterweise davon ausging, der Bund werde sich dieser Reform annehmen, so wie er dies oftmals angekündigt habe.[261] Darüber hinaus führte man an, der Bund sei seiner Darlegungslast nicht hinreichend nachgekommen.[262]

Die Bundesregierung hingegen lehnte mangels hinreichend klarer Maßstäbe eine Justitiabilität des Art. 72 II GG ab bzw. beschränkte diese auf die hergebrachte wirkungslose Evidenzkontrolle.[263] Eine Darlegungslast des Bundes stehe nicht mit der Verfassung im Einklang. Dennoch sei der Bund ihr hinreichend nachgekommen. Daneben genüge das Gesetz den qualifizierten Voraussetzungen des Art. 72 II GG.

---

anderen vergleichbaren „Heilberufen" mit heilkundlichen Schwerpunkten das hier gewonnene Ergebnis einer konkurrierenden Bundeskompetenz (z.B. der Logopäde, die Hebamme oder der Rettungsassistent). Gerade dem Altenpflegeberuf wohne in der Praxis ein äquivalentes Gefahrenpotenzial für die Gesundheit alter Menschen inne, welches eine Kompetenz nach Art. 74 I Nr. 19 GG rechtfertige. Demgegenüber gewähre die Verfassung dem Bund keine Kompetenz hinsichtlich des lediglich assistierenden Altenpflegehelfers, welchem keine heilende Tätigkeit zukomme. Ein kompetenzbegründender Sachzusammenhang scheide aus. Die Bestimmungen bezüglich des Altenpflegers regelten im Gegensatz zu denen des Altenpflegehelfers auch eine Berufszulassung i.S.d. Art. 74 I Nr. 19 GG und nicht Fragen des Schul- und Ausbildungsrechts, welches kompetenziell betrachtet allein Ländersache darstelle. BVerfGE 106, 62 (105 ff.) – „Altenpflegegesetz", Urteil vom 24.10.2002.

260 BVerfGE 106, 62 (135-165) – „Altenpflegegesetz", Urteil vom 24.10.2002.
261 Vorwegnehmend sei bemerkt, dass das Gericht jenen Argumentationstopos apodiktisch ablehnte: Wenn die Länder nur wegen der Pläne des Bundes Zurückhaltung bei den erforderlichen Reformen geübt haben sollten, wäre dies die falsche Reaktion gewesen, vgl. BVerfGE 106, 62 (161) – „Altenpflegegesetz", Urteil vom 24.10.2002.
262 BVerfGE 106, 62 (94 ff.) – „Altenpflegegesetz", Urteil vom 24.10.2002.
263 BVerfGE 106, 62 (100 ff.) – „Altenpflegegesetz", Urteil vom 24.10.2002.

Die „Herstellung gleichwertiger Lebensverhältnisse im Bundesgebiet" umfasse eine ausreichende Pflege für jedermann. Die „Rechtseinheit" werde hierdurch gesichert. Das „gesamtstaatliche Interesse" bestimme der Bund. Es bleibe bewahrt, weil die Pflege alter Menschen eine länderübergreifend gleichbedeutende Tätigkeit darstelle und das Gesetz die Freizügigkeit der Altenpfleger über die Ländergrenzen hinaus fördere. Das Kriterium der „Erforderlichkeit" sei, auch wenn man es wie im Rahmen der Verhältnismäßigkeitskontrolle verstehe, eingehalten. Länderreglungen können realistisch betrachtet niemals ein „milderes Mittel" darstellen.

Das Bundesverfassungsgericht verdeutlichte zunächst die grundlegende Bedeutung der Kompetenzausübungsregelung des Art. 72 II GG. Schließlich folgerte es, dass ein von verfassungsgerichtlicher Kontrolle freier gesetzgeberischer Beurteilungsspielraum hinsichtlich der Voraussetzungen des Art. 72 II GG nicht bestehe. Eine klare Absage erteilte das Gericht der in der Literatur vertretenen Ansicht, der Entstehungsgeschichte des Art. 72 II GG a.F. sei im Hinblick auf die Erwägungen des parlamentarischen Rates[264] bei dem neugefassten Art. 72 II GG noch Relevanz beizumessen.[265] Daran anknüpfend stellte das Bundesverfassungsgericht die Entstehungsgeschichte des Art. 72 II GG n.F. minuziös dar.[266] Danach müsse von nun an, bedingt durch den Willen des verfassungsändernden Gesetzgebers, durch den Sinn der Norm und durch den geänderten Wortlaut, eine gerichtliche Kontrolle erfolgen, um der Norm zu der eingeforderten Wirkungskraft zu verhelfen.[267]

Nach jenen einleitenden Bemerkungen wandte sich das Gericht den besonderen Voraussetzungen der Verfassungsnorm zu und prüfte in einem ersten Schritt, ob eine Regelung zum Schutz der in Art. 72 II GG genannten Rechtsgüter zulässig ist. Das Gericht äußerte sich zunächst zu den „gleichwertigen Lebensverhältnissen". Im Gegensatz zu den „einheitlichen Lebensverhältnissen" der alten Fassung wird das Niveau deutlich abgesenkt. Eine Verbesserung der Lebensverhältnisse allein reiche nicht aus, ein Tätigwerden des Bundesgesetzgebers zu rechtfertigen. Eine Bundesregelung sei erst dann erforderlich, wenn sich die Lebensverhältnisse in den Ländern in erheblicher, das bundesstaatliche Sozialgefüge beeinträchtigender Weise auseinander entwickelt haben oder sich eine derartige Entwicklung konkret abzeichne.

Das Gericht erläuterte ferner den Begriff der „Wahrung der Rechts- oder Wirtschaftseinheit". Auf die „Wahrung der Rechtseinheit" Bezug nehmend sprach es aus, dass unterschiedliche Rechtslagen für die Bürger notwendige Folge der bundesstaatlichen Ordnung seien. Die Art. 74 f. GG implizierten prinzipiell eine Rechts-

---

264 *Neumeyer*, Der Weg zur neuen Erforderlichkeitsklausel für die konkurrierende Gesetzgebung des Bundes, S. 157, 170; vgl. hierzu schon *Majer*, EuGRZ 1980, 98 ff., 106; siehe oben *2.Teil, I.2.*
265 BVerfGE 106, 62 (136) – „Altenpflegegesetz", Urteil vom 24.10.2002.
266 BVerfGE 106, 62 (137-142) – „Altenpflegegesetz", Urteil vom 24.10.2002; vgl. hierzu auch *2.Teil, II.*
267 Wiederum unter expliziter Absage an *Neumeyer*, Der Weg zur neuen Erforderlichkeitsklausel für die konkurrierende Gesetzgebung des Bundes, S. 155 ff., *Rybak/Hofmann*, NVwZ 1995, 230 ff., 231 sowie *Degenhart*, in: Sachs, GG, 2. Aufl., Art. 72, Rn. 11; vgl. BVerfGE 106, 62 (142 f.) – „Altenpflegegesetz", Urteil vom 24.10.2002.

vielfalt. Hierin liege kein Verstoß gegen den allgemeinen Gleichheitssatz. Unterschiedliche rechtliche Länderregelungen könnten nicht ohne weiteres ein gesamtstaatliches Regelungsinteresse begründen. Die unterschiedlichen landesrechtlichen Regelungen müssten vielmehr eine Rechtszersplitterung mit problematischen Folgen darstellen, die im Interesse des Bundes als auch der Länder nicht hingenommen werden könnte.[268] Den Leitsatz zur Rechtseinheit näher präzisierend führte das Gericht konkrete Beispiele an, in denen eine unzumutbare Rechtszersplitterung eintritt: Unterschiedliche Personenstandsregelungen[269] in den Ländern würden verhindern, dass die Eheschließung oder die Scheidung in Deutschland gleichermaßen rechtlich anerkannt und behandelt werden würden. Unterschiedliche Regelungen für das Gerichtsverfassungsrecht würden das Vertrauen Einzelner oder überregional agierender Unternehmen darauf, in allen Ländern in gleicher Weise Rechtsschutz zu erlangen, zerstören. Ein unterschiedliches Verfahrensrecht würde schließlich die Rechtswege zu den Bundesgerichten erschweren.[270] Allgemein formulierte das Gericht im Hinblick auf eine unzumutbare Rechtszersplitterung, dass einheitliche Rechtsregeln in den Bereichen der konkurrierenden bzw. Rahmengesetzgebung erforderlich werden, wenn die unterschiedliche rechtliche Behandlung desselben Lebenssachverhalts erhebliche Rechtsunsicherheiten für den länderübergreifenden Rechtsverkehr erzeugen könne. Um dieser Bedrohung von Rechtssicherheit und Freizügigkeit im Bundesstaat entgegen zu wirken, könne der Bund eine bundesgesetzlich einheitliche Lösung wählen, ohne dazu verpflichtet zu sein.[271]

Zuletzt befasste sich das Gericht mit der „Wahrung der Wirtschaftseinheit", welche nicht lediglich auf den Begriff des „Rechts der Wirtschaft" i.S.d. Art. 74 I Nr. 11 GG reduziert werden dürfe, sondern allen Kompetenztiteln bei etwaigem wirtschaftlichem Bezug zugrunde liege. Dem Gericht kam es vor allem auf den terminologisch vorgegebenen Kontext der „Rechts- und Wirtschaftseinheit" an. Es stellte klar, dass die Schaffung der „Wirtschaftseinheit" zwar mehr voraussetzt als die Schaffung der „Rechtseinheit". Die Anwendungsbereiche tangieren sich jedoch aufgrund des mittelbaren wirtschaftlichen Bezugs der Sachmaterien der Art. 74 f. GG häufig. Die Wirtschaftseinheit könne daher typischerweise durch einheitliche rechtliche Regelungen hergestellt werden. Mit Blick auf die zu entscheidende Rechtsfrage befasste sich die Entscheidung über die Anwendungsbereiche mit mittelbar wirtschaftlichem Bezug hinaus mit dem Beispiel der beruflichen Ausbildung: „Zur Schaffung eines einheitlichen Wirtschaftsgebiets und damit zur Wahrung der Wirtschaftseinheit ist ein Bundesgesetz jedenfalls dann erforderlich, wenn es die Einheitlichkeit der beruflichen Ausbildung sicherstellen oder wenn es für die gleiche Zugangsmöglichkeit zu Berufen oder Gewerben in allen Ländern sorgen muss, unabhängig davon, wo die Berufsgruppe selbst kompetenziell einzuordnen ist." Die Länder könnten zwar Be-

---

268 BVerfGE 106, 62 (145) – „Altenpflegegesetz", Urteil vom 24.10.2002.
269 Hier steht das Urteil im Widerspruch zu der Rechtsprechung des 1. Senats, siehe hierzu 4.Teil, VI.1.
270 BVerfGE 106, 62 (145 f.) – „Altenpflegegesetz", Urteil vom 24.10.2002.
271 BVerfGE 106, 62 (146) – „Altenpflegegesetz", Urteil vom 24.10.2002.

rufsausbildungsregeln selbst regeln, ohne die Interessen der anderen Länder zu beeinträchtigen. Unterschiedliche Ausbildungs- und Zulassungsvoraussetzungen könnten aber im deutschen Wirtschaftsgebiet störende Grenzen aufrichten, eine Ballung oder Ausdünnung des Nachwuchses in bestimmten Regionen bewirken sowie das Niveau der Ausbildung beeinträchtigen und damit erhebliche Nachteile für die Chancen des Nachwuchses sowie für die Berufssituation im Gesamtstaat begründen.[272]

Nach der materiellen Prüfung der Zielvorgaben ging das Gericht auf den *Umfang* der gerichtlichen Kontrolle ein.[273] Hier geht es um die der Kompetenzausübung zugrunde liegenden Erforderlichkeitsentscheidungen. Das Gericht differenziert zwischen zwei Prüfungsschritten: Der Frage, ob eine Regelung des Bundesgesetzgebers zum Schutz der in Art. 72 II GG genannten Rechtsgüter zulässig ist („wenn erforderlich"), folgt in einem zweiten Schritt die Prüfung des Ausmaßes der Eingriffsbefugnis („soweit erforderlich"). Als Grundsatz wird hervorgehoben, dass im Kompetenzgefüge des Grundgesetzes bei gleicher Eignung von Regelungen zur Erfüllung der grundgesetzlichen Zielvorgaben grundsätzlich den Ländern der Vorrang gebührt, was ein deutliches Bekenntnis zu einer Neugestaltung der föderalen Ordnung darstellt. Dem trage Art. 72 II GG mit dem Kriterium der Erforderlichkeit bundesgesetzlicher Regelung Rechnung. Der Bund sei damit „auf den geringst möglichen Eingriff in das Gesetzgebungsrecht der Länder" verwiesen.[274] Im Hinblick auf das Ausmaß der Eingriffsbefugnis sei die bundesgesetzliche Regelung nur soweit „erforderlich", als ohne sie die vom Gesetzgeber für sein Tätigwerden im konkret zu regelnden Bereich in Anspruch genommene Zielvorgabe des Art. 72 II GG nicht oder nicht hinlänglich erreicht werden könne. „Dabei muss dem Gesetzgeber eine Prärogative für Konzept und Ausgestaltung des Gesetzes verbleiben. Wenn er ein Konzept gewählt hat, das sowohl die Hürde des Art. 74 Abs. 1 GG genommen hat als auch zum Schutz der Rechtsgüter des Art. 72 Abs. 2 GG nach Ziel und Wirkung erforderlich ist, können Teile des Konzepts nur dann als zu regelungsintensiv herausgenommen werden, wenn das Gesamtkonzept, und damit die Wirkung des Gesetzes, ohne sie nicht gefährdet wird."[275]

Anschließend äußerte sich das Gericht zu der Frage, ob selbstkoordinierte Landesregelungen die Erforderlichkeit ausschließen. Eine Kompetenz des Bundes bestehe nicht, wenn Landesregelungen zum Schutze der in Art. 72 II GG genannten gesamtstaatlichen Rechtsgüter ausreichten. Es genüge allerdings nicht jede theoretische Handlungsmöglichkeit der Länder. Die bloße Möglichkeit gleich lautender Ländergesetze schließe eine Bundeskompetenz nicht aus. Art. 72 II GG wolle nicht bundeseinheitliche Bundes- von bundeseinheitlicher Ländergesetzgebung abgren-

---

272 BVerfGE 106, 62 (147) – „Altenpflegegesetz", Urteil vom 24.10.2002.
273 BVerfGE 106, 62 (148 ff.) – „Altenpflegegesetz", Urteil vom 24.10.2002.
274 BVerfGE 106, 62 (149) – „Altenpflegegesetz", Urteil vom 24.10.2002.
275 BVerfGE 106, 62 (149) – „Altenpflegegesetz", Urteil vom 24.10.2002.

zen. „Sinn der föderalen Verfassungssystematik ist es, den Ländern eigenständige Kompetenzräume für partikulardifferenzierte Regelungen zu eröffnen."[276] Das Gericht ging schließlich auf die Probleme prognostischer Entscheidungen bezüglich zukünftiger Entwicklungen ein. Die Ungewissheit der künftigen Entwicklung könne keinen kontrollfreien Raum erzeugen. Auch Prognoseentscheidungen müssten auf nachvollziehbarem Tatsachenmaterial beruhen, welches das Gericht überprüfen könne. Ein Prognosespielraum scheide aus, wenn Unsicherheiten der Prognose durch gesicherte empirische Daten und verlässliche Erfahrungssätze ausgeräumt werden könnten. Ein Prognosespielraum bestehe damit dann, wenn die Unsicherheiten nicht durch die empirischen Daten und Erfahrungssätze ausgeräumt werden könnten. Schließlich umfasse der Prognosespielraum auch die Möglichkeit von Fehlprognosen. Diese könnten nie vollkommen ausgeschlossen werden.[277] Ermitteln lasse sich der Spielraum lediglich mittels einer Gesamtbetrachtung, „die sowohl sachbereichsbezogen ist als auch die zu schützenden Interessen berücksichtigt und dabei das Ausmaß der Objektivierbarkeit und Rationalisierbarkeit der dem Gesetz zu Grunde liegenden Erwartungen nicht außer Acht lässt".[278]

Die Kontrolle einer Prognoseentscheidung konkretisiert das Gericht dann wie folgt: „Der Prognose müssen Sachverhaltsannahmen zu Grunde liegen, die sorgfältig ermittelt sind oder sich jedenfalls im Rahmen der gerichtlichen Prüfung bestätigen lassen (...). Die Prognose muss sich methodisch auf ein angemessenes Prognoseverfahren stützen lassen, und dieses muss konsequent verfolgt worden sein (im Sinne der „Verlässlichkeit" der Prognosen). Das Prognoseergebnis ist daraufhin zu kontrollieren, ob die die prognostische Einschätzung tragenden Gesichtspunkte mit hinreichender Deutlichkeit offen gelegt worden sind oder ihre Offenlegung jedenfalls im Normenkontrollverfahren möglich ist und ob in die Prognose keine sachfremden Erwägungen eingeflossen sind."[279] Die „hinreichend deutliche Offenlegung" der prognostischen Einschätzung bürdet dem Gesetzgeber eine besondere Darlegungslast[280] auf. Danach obliegt es dem Bundesgesetzgeber, das für die Einschätzung der Lage erforderliche Tatsachenmaterial sorgfältig zu ermitteln. Erst wenn das Material fundierte Einschätzungen der gegenwärtigen Situation und der künftigen Entwicklung zulasse, dürfe der Bund von seiner konkurrierenden Gesetzgebungskompetenz Gebrauch machen.[281]

Nach jenen ausführlichen und maßstabsbildenden Ausführungen zum neuen Art. 72 II GG befasst sich das Gericht mit dem konkreten Fall. Systematisch vorgehend befasste das Gericht sich zunächst mit „Herstellung gleichwertiger Lebensverhältnisse" hinsichtlich des Altenpflegegesetzes. Berufen sich sowohl Bundesregierung

---

276 BVerfGE 106, 62 (150) – „Altenpflegegesetz", Urteil vom 24.10.2002.
277 BVerfGE 106, 62 (151) – „Altenpflegegesetz", Urteil vom 24.10.2002.
278 BVerfGE 106, 62 (152) – „Altenpflegegesetz", Urteil vom 24.10.2002.
279 BVerfGE 106, 62 (152 f.) – „Altenpflegegesetz", Urteil vom 24.10.2002.
280 Zur Diskussion der Darlegungslast vgl. oben unter *2. Teil, II.2.b*.
281 So für das Erfordernis der „Herstellung gleichwertiger Lebensverhältnisse" BVerfGE 106, 62 (144) – „Altenpflegegesetz", Urteil vom 24.10.2002.

als auch die zugezogenen Sachverständigen primär auf jene Zielvorgabe, so stellte das Gericht anknüpfend an vorstehende Ausführungen konsequent fest, dass diese Hürde hoch gesteckt und daher keine die Gleichwertigkeit in Frage stellende Auseinanderentwicklung der Lebensverhältnisse zu erkennen sei.[282] Die „Wahrung der Rechtseinheit" rechtfertigt ebenfalls nicht das bundesgesetzliche Vorgehen[283], so dass das Bundesverfassungsgericht zu dem letzten Prüfungspunkt gelangte, der „Wahrung der Wirtschaftseinheit". Diese Vorgabe sah das Gericht als erfüllt an. Es stelle den Willen des Bundesgesetzgebers dar, bundesweit auf äquivalentem Niveau professionell geschulte Fachkräfte heranzubilden. Dieses Ziel entspreche dem Konzept des verfassungsändernden Gesetzgebers, den Bereich der bundeseinheitlichen beruflichen Bildung nicht anzutasten.[284] Existierten auf Länderebene keine einheitlichen Ausbildungsstandards, so führe dies arbeitsmarktpolitisch zu nicht hinnehmbaren negativen Effekten. Grundsätzlich lässt sich damit festhalten, dass der Bundesgesetzgeber immer dann tätig werden darf, wenn die Wirtschaftseinheit durch Vereinheitlichung der Berufsbildung gewahrt werden soll.[285]

c) Fazit

Das Bundesverfassungsgericht hat in seinem Urteil trotz Erfolglosigkeit der Antragsteller in der Sache die von der Verfassungsänderung geforderte Wende eingeleitet. Kann man dem Gericht möglicherweise vorhalten, zu ausführlich etwa auf das Verfahren der Verfassungsänderung eingegangen zu sein, so wird darin nur ersichtlich, dass dem Willen des verfassungsändernden Gesetzgebers strikt gefolgt werden sollte. In dem Urteil kommt der subjektiv-historischen Auslegungsmethode die grundlegende Bedeutung zu. Ein derartiger, selten anzutreffender Gehorsam des Bundesverfassungsgerichts gegenüber dem verfassungsändernden Gesetzgeber lässt sich durch zweierlei begründen. Zum einen enthielt das Änderungsgesetz eine ungewöhnlich geradlinige und unmissverständliche Aufforderung an das Gericht, seinem Überwachungsauftrag nachzukommen. Zum anderen erkannte das Gericht die Konfliktsituation, in die es sich unabwendbar begibt, wenn es die Gesetzgebungskompetenzen von Bund und Ländern entflechten soll und dabei politisch äußerst bedeutsame Entscheidungen zu treffen hat. Demgemäß lässt sich die ausführliche Auseinandersetzung mit dem Willen des verfassungsändernden Gesetzgebers auch als Rückendeckung gegenüber dem Vorwurf eines Bruchs des Gewaltenteilungsgrundsatzes werten.

In der Sache werden die qualifizierten Voraussetzungen des Art. 72 II GG enger gezogen, als man es sich von Seiten des Bundes vor dem Urteil erhoffte. Lediglich durch die „Wahrung der Wirtschaftseinheit" erscheint wiederum die bekannte „Ein-

---

282 BVerfGE 106, 62 (153 ff.) – „Altenpflegegesetz", Urteil vom 24.10.2002.
283 BVerfGE 106, 62 (155 f.) – „Altenpflegegesetz", Urteil vom 24.10.2002.
284 Vgl. Beschlussempfehlung und Bericht des Rechtsausschusses, BT-Drs. 12/8165, S. 31 f.
285 BVerfGE 106, 62 (156 ff.) – „Altenpflegegesetz", Urteil vom 24.10.2002.

fallstür" für den Bund ein Stück weit geöffnet worden zu sein. Allerdings darf dem Gericht in diesem Punkt kein Vorwurf gemacht werden. Auch hier richtete man sich lediglich nach den Vorgaben aus dem Verfahren der Verfassungsänderung. Es wurde dargelegt, dass der verfassungsändernde Gesetzgeber jenes letzte Kriterium nur eingeführt hat, um den Befürchtungen hinsichtlich einer Uneinheitlichkeit der Ausbildungsstrukturen, der Ausbildungsinhalte und des Prüfungswesens und damit der Sorge um eine gesicherte berufliche Bildung gerecht zu werden.[286] So betrachtet erscheint die Subsumtion des Gerichts gut nachvollziehbar.

2. Urteil zum Gesetz zur Bekämpfung gefährlicher Hunde

In seinem Urteil zum Bundesgesetz zur Bekämpfung gefährlicher Hunde (BgefHundG)[287] vom 16. März 2004 bestätigte das Bundesverfassungsgericht seine neue Rechtsprechung. Dem Urteil lag eine Verfassungsbeschwerde gegen das BgefHundG zugrunde, welche sich gegen die in dem Gesetz enthaltenen Einfuhrbestimmungen und Züchtungsverbote sowie gegen eine neue Strafvorschrift richtete, den in das Strafgesetzbuch eingefügten § 143 StGB[288]. Dieser regelt den unerlaubten Umgang mit gefährlichen Hunden. Gerügt wurden neben Eingriffen in Art. 12 I, 14 I und 3 I GG die fehlende Gesetzgebungskompetenz des Bundes.

Fehlte es dem Bund bei dem Zuchtverbot an der Kompetenz als solcher[289], scheiterte die Strafnorm des § 143 I StGB an der Kompetenzausübungsregel des Art. 72 II GG. Zwar kann sich der Bundesgesetzgeber für diese Regelung auf die Regelungszuständigkeit für das Strafrecht nach Art. 74 I Nr. 1 GG berufen. Voraussetzung der Inanspruchnahme dieser Befugnis ist aber, dass nicht gegen die Vorgaben des Art. 72 II GG verstoßen wird. Das Gericht stellt unter Verweis auf seine Rechtsprechung zum AltPflG klar, dass die Voraussetzungen des Art. 72 II GG nicht erfüllt seien, weil die Strafnorm weder für die Herstellung gleichwertiger Lebensverhältnisse im Bundesgebiet noch zur Wahrung der Rechts- oder Wirtschaftseinheit

---

286 Siehe hierzu *2.Teil, II.1.b.*
287 Vom 12.4.2001; BGBl I, S. 530 ff.
288 § 143 StGB lautet:
(1) Wer einem durch landesrechtliche Vorschriften erlassenen Verbot, einen gefährlichen Hund zu züchten oder Handel mit ihm zu treiben, zuwiderhandelt, wird mit Freiheitsstrafe bis zu zwei Jahren oder mit Geldstrafe bestraft.
(2) Ebenso wird bestraft, wer ohne die erforderliche Genehmigung oder entgegen einer vollziehbaren Untersagung einen gefährlichen Hund hält.
(3) Gegenstände, auf die sich die Straftat bezieht, können eingezogen werden.
289 In seinen Schlussfolgerungen kam das Gericht zu der Überzeugung, dass das Züchtverbot von Hunden nicht in die Gesetzgebungskompetenz des Bundes falle. Es ist nicht Ziel der Regelung, Schmerzen, Leiden und Schäden bei Tieren zu vermeiden, sondern in erster Linie der Lebens- und Gesundheitsschutz der Menschen. Die Bundeskompetenz des Tierschutzes aus Art. 74 I Nr. 20 GG durfte demzufolge nicht herangezogen werden. BVerfG, 1 BvR 1778/01, „Kampfhundegesetz" – Urteil vom 16.3.2004, Rn. 101 ff.

im gesamtstaatlichen Interesse erforderlich sei.²⁹⁰ Dabei wiederholte das Bundesverfassungsgericht, dass ihm bei der Frage, ob die Voraussetzungen des Art. 72 II GG gegeben sind, eine gerichtliche Kontrollmöglichkeit zustehe und insoweit kein von verfassungsgerichtlicher Kontrolle freier gesetzgeberischer Beurteilungsspielraum bestehe.²⁹¹

Die gerichtliche Prüfung fiel hingegen nicht derart detailliert aus, wie in der Altenpflegeentscheidung. Das Gericht stellte zunächst darauf ab, dass die Zielsetzung des Gesetzes ungeklärt sei. Seiner Ansicht nach konnte die Aufklärung der konkreten Zielsetzung aber dahinstehen, weil die bundesgesetzliche Regelung des § 143 I StGB für die Erreichung keines der in Art. 72 II GG erwähnten Ziele erforderlich sei.²⁹² Eine bundeseinheitliche Regelung sei schon deshalb nicht erreichbar, weil die Länderregelungen, auf die § 143 I StGB verweist, größtenteils heterogen ausgestaltet sind.²⁹³ Dies habe zur Folge, dass ein Verhalten in einem Bundesland strafbar, in einem anderen nicht strafbar ist. Der einheitliche Rahmen konnte damit lediglich für die Rechtsfolgen geschaffen werden. Im Hinblick auf die Tatbestände bestand Uneinheitlichkeit.

Hervorgehoben werden soll schließlich, dass Art. 125a II 1 GG diese Prüfung an den Maßstäben des Art. 72 II GG nicht verhinderte. Das Strafgesetzbuch gilt zwar gemäß Art. 125a II 1 GG als Bundesrecht fort, so dass die Anwendung des Art. 72 II GG auf nicht grundlegende Korrekturen des Strafgesetzbuches an sich ausscheidet. Allerdings handelt es sich bei § 143 I StGB „inhaltlich um eine erstmals geschaffene bundesgesetzliche Neuregelung". Jedenfalls bei derartigen Vorschriften sei Art. 72 II GG als Schranke für die Ausübung der Bundeskompetenz zu beachten.²⁹⁴ Diese Änderungskompetenz des Bundesgesetzgebers spielt insbesondere in dem nachfolgend zu erörternden Urteil eine entscheidende Rolle. Hierauf wird an späterer Stelle noch einzugehen sein.²⁹⁵

Zum Vortrag der Verfahrensbeteiligten bleibt anzumerken, dass die Bundesregierung davon ausging, dass die Regelung im Sinne des Art. 72 II GG erforderlich sei. Weitaus erstaunlicher erscheint, dass die Bayerische Staatskanzlei – trat sie doch in der Altenpflegeentscheidung noch als couragierter Verfechter der Länderrechte auf – im Wesentlichen die Beurteilung der Bundesregierung teilte.²⁹⁶ Auch in der Stellungnahme des Bundesrates zu der Regierungsbegründung des Gesetzes findet sich keinerlei Kritik an der strafrechtlichen Regelung. Vielmehr wurde die Strafbewehrung des landesrechtlichen Haltungsverbotes unter generalpräventiven Gesichtspunkten begrüßt.²⁹⁷ Dieses mit Blick auf Art. 72 II GG wenig konsequente Verhal-

---

290 BVerfG, 1 BvR 1778/01, „Kampfhundegesetz" – Urteil vom 16.3.2004, Rn. 113, 115, 117.
291 BVerfG, 1 BvR 1778/01, „Kampfhundegesetz" – Urteil vom 16.3.2004, Rn. 116 unter Verweis auf BVerfGE 106, 62 (135 ff.).
292 BVerfG, 1 BvR 1778/01, „Kampfhundegesetz" – Urteil vom 16.3.2004, Rn. 118.
293 BVerfG, 1 BvR 1778/01, „Kampfhundegesetz" – Urteil vom 16.3.2004, Rn. 119 f.
294 BVerfG, 1 BvR 1778/01, „Kampfhundegesetz" – Urteil vom 16.3.2004, Rn. 116.
295 Siehe insbesondere *4.Teil, V.*
296 Vgl. BVerfG, 1 BvR 1778/01, „Kampfhundegesetz" – Urteil vom 16.3.2004, Rn. 40 f.
297 BT-Drucks. 14/4451, S. 16.

ten der „Landesseite" mag mit der Tatsache zusammenhängen, dass sich Kompetenzstreitigkeiten nur dann ergeben, wenn an der Regelung der Sachmaterie ein besonderes politisches Interesse besteht.[298] Dies war bei dem BgefHundG offenbar nicht der Fall, so dass die Zustimmung Bayerns sowie die Zurückhaltung des Bundesrates (nur aus diesem Grund) verständlich erscheinen.

Das Urteil bestätigt zwar die Rechtsprechung des Bundesverfassungsgerichts zur Justitiabilität der Erforderlichkeitsklausel, kann in der Argumentation zur Sache aber nicht weiterführen, da es bei § 143 I StGB völlig offensichtlich war, dass der Bund die Anforderungen des Art. 72 II GG missachtet hat.[299] Es erscheint geradezu ungereimt, eine einheitliche Regelung dadurch herzustellen, dass uneinheitliche Regelungen in den Ländern unter Strafe gestellt werden und damit die Uneinheitlichkeit durch die hinzutretende Strafdrohung noch vertieft wird.

In einer Richtervorlage des OLG Hamburg gewinnt das revidierte Verständnis der Erforderlichkeitsklausel des Art. 72 II GG erneut praktische Bedeutung. Das Gericht hat dem Bundesverfassungsgericht gem. Art. 100 I GG die Frage zur Entscheidung vorgelegt, ob § 143 II StGB mit dem Grundgesetz vereinbar ist. In dem Verfahren vor dem OLG Hamburg wird einem Angeklagten zur Last gelegt, seit Inkrafttreten des § 143 II StGB einen gefährlichen Hund i.S.v. § 1 I der Hamburgischen Verordnung zum Schutz vor gefährlichen Hunden und über das Halten von Hunden vom 18.07.2000[300] ohne Genehmigung gehalten zu haben. Hegten sowohl das AG Hamburg als auch das LG Hamburg keine Zweifel an der Verfassungskonformität des § 143 II StGB, so hält das OLG Hamburg die Norm wegen fehlender Gesetzgebungskompetenz des Bundes für verfassungswidrig. Dabei beruft es sich auf die Ausführungen des Bundesverfassungsgerichts zur fehlenden Regelungszuständigkeit des Bundesgesetzgebers hinsichtlich § 143 I StGB. Nach Ansicht des Gerichts setzt § 143 II StGB einen landesrechtlichen Genehmigungsvorbehalt oder eine vollziehbare Untersagungsverfügung voraus und knüpft damit an die landesrechtlichen Hundeverordnungen an. Hierdurch werden wiederum die bestehenden landesrechtlichen Unterschiede in die Strafnorm getragen. Ferner verweist das Gericht auf die nicht einheitliche Regelung des Begriffs des „gefährlichen Hundes" durch 15 in Landesregelungen enthaltene ungleiche Rasselisten sowie auf die unterschiedlichen Voraussetzungen der Gefährlichkeit. Die Unterschiede werden verstärkt durch abweichende Regelungsstrategien, die in manchen Bundesländern ein Halten gefährlicher Hunde unter bestimmten Voraussetzungen durchaus erlauben. Schließlich führt es aus, dass der Bundesgesetzgeber mit § 143 II StGB keine Bundeseinheitlichkeit erreicht habe, sondern die Divergenzen des Landesrechts auf die bundesrechtliche Ebene des Strafrechts erstreckt und damit die bestehende Uneinheitlichkeit noch verstärkt habe. Daraus wird der Schluss gezogen, dass der Bundesgesetzgeber die Strafnorm nicht erlassen durfte, da die Voraussetzungen des Art. 72 II GG nicht

---

298 *Isensee*, FS 50 Jahre BVerfG II, S. 719 ff., 727.
299 So schon *von Coelln*, NJW 2001, 2834 ff., 2836.
300 HmbGVBl S. 152.

vorlagen.[301] In der Tat steht zu erwarten, dass das Bundesverfassungsgericht an seine Rechtsprechung zu § 143 I StGB anknüpft und den § 143 II StGB als kompetenzwidrig verwirft.

3. Urteil zum Ladenschlussgesetz

In dem Urteil zum Ladenschlussgesetz (LadSchlG)[302] vom 9. Juni 2004 äußerte sich das Bundesverfassungsgericht ein zweites Mal grundsätzlich zu der Kompetenzausübungsregel des Art. 72 II GG. Dem Urteil lag die Verfassungsbeschwerde einer Warenhauskette zugrunde, der das Betreiben außerhalb der gesetzlichen Ladenöffnungszeiten gem. §§ 3 I, 10 I LadSchlG untersagt worden war. Von der Beschwerdeführerin wurde neben Grundrechtsverstößen auch vorgetragen, dass eine bundesgesetzliche Regelung gem. Art. 72 II GG nicht mehr erforderlich sei. In der 1990 größer gewordenen Bundesrepublik Deutschland erscheine es angesichts der Unterschiede der Lebensgewohnheiten sowie der sehr unterschiedlich gehandhabten Ausnahmeregelungen zum LadSchlG nicht zwingend, dass das LadSchlG gemäß Art. 72 II GG zur Wahrung eines bundeseinheitlichen Arbeitsschutzes und gleicher Wirtschaftsbedingungen immer noch erforderlich sei. Die unterschiedlichen Feiertagsgesetze der Länder führten ebenfalls zu unterschiedlichen faktischen Ladenöffnungszeiten, ohne dass die „gleichwertigen Lebensverhältnisse" oder die „Rechts- oder Wirtschaftseinheit" gefährdet oder in Frage gestellt würden.[303]

Das Bundesverfassungsgericht kam zu dem Ergebnis, die Verfassungsbeschwerde sei unbegründet. Im Rahmen der Prüfung der Berufsfreiheit sah sich das Gericht veranlasst, aufgrund des Vorbehalts des Gesetzes auch die Kompetenz des Bundes zum Erlass des LadSchlG zu prüfen. Es führte aus, dass die Regelung der Ladenschlusszeiten Gegenstand der konkurrierenden Gesetzgebung gemäß Art. 74 I Nr. 11 GG (Handel) und Art. 74 I Nr. 12 GG (Arbeitsschutz) sei. Somit finde Art. 72 II GG grundsätzlich Anwendung. Die durch das Bundesverfassungsgericht konkretisierten Anforderungen an das Gesetzgebungsrecht des Bundes seien allerdings für die Änderung des Ladenschlussgesetzes nicht erfüllt. Es finden sich in den Gesetzesmaterialien zur Novellierung des LadSchlG im Jahre 1996 keine Darlegungen zum Vorliegen der Voraussetzungen des Art. 72 II GG. Es sei auch nicht ersichtlich, dass die Erhaltung der Funktionsfähigkeit des deutschen Wirtschaftsraums oder die Vermeidung der Rechtszersplitterung eine bundesstaatliche Rechtsetzung über die Ladenöffnungszeiten erfordere. Der Gesetzgeber habe durch weitreichende Ermächtigungen an die Bundesländer zur Schaffung von Ausnahmen gezeigt, dass er einheit-

---

301 OLG Hamburg, Vorlagebeschluss vom 05.05.2004, Az. III/21/04; nach *Tröndle/Fischer*, StGB, § 143, ist nach dem Urteil des BVerfG vom 16.3.2004 der ganze § 143 StGB verfassungswidrig und nichtig.
302 Vom 28. November 1956 (BGBl I, S. 875) in der Fassung des Gesetzes vom 30. Juli 1996 (BGBl I, S. 1186).
303 BVerfG, 1 BvR 636/02, „Ladenschlussgesetz" – Urteil vom 9.6.2004, Rn. 71 f.

liche rechtliche Regelungen für das gesamte Bundesgebiet nicht für geboten erachte. Diese Ausnahmemöglichkeiten seien mit der erneuten Novellierung im Jahre 2003 sogar noch erweitert worden.[304]
Letztlich war der Bund dennoch befugt, das Ladenschlussgesetz gemäß Art. 125a II 1 GG zu ändern. Die Länder dürfen geltendes Bundesrecht, wenn bei Inkrafttreten der Neufassung des Art. 72 II GG die Erforderlichkeit nicht gegeben war, nur ersetzen, wenn der Bund sie dazu ermächtigt gem. Art. 125a II 2 GG. Nach Ansicht des Gerichts folgt im Umkehrschluss, dass es damit den Ländern ohne Ermächtigung versagt ist, einzelne Vorschriften zu ändern. Dass eine Änderungskompetenz des Bundes fortbesteht, obgleich die Voraussetzungen des Art. 72 II GG nicht mehr vorliegen, wird mit dem (mutmaßlichen) Willen des verfassungsändernden Gesetzgebers begründet. Ihm könne nicht unterstellt werden, eine Versteinerung herbeizuführen, welche dem Bund keinerlei Änderungen mehr erlaubt, so dass Änderungen erst möglich werden, wenn die Länder zur Regelung der Sachmaterie ermächtigt werden.

Zur Frage der Änderungskompetenz entwickelte das Bundesverfassungsgericht einen bedeutsamen Grundsatz: Die Änderungskompetenz des Bundes sei, wenn die Voraussetzungen des Art. 72 II GG nicht erfüllt sind, „eng auszulegen" und an die „Beibehaltung der wesentlichen Elemente der in dem fortgeltenden Bundesgesetz enthaltenen Regelung geknüpft. Zu einer grundlegenden Neukonzeption wären dagegen nur die Länder befugt, allerdings erst nach einer Freigabe durch Bundesgesetz."[305] Durch die Beschränkung des Bundesgesetzgebers auf „nicht grundlegende Änderungen" und damit durch eine „enge Auslegung" der Änderungskompetenz stärkte das Bundesverfassungsgericht wiederum unter Bezugnahme auf die Zielsetzung des verfassungsändernden Gesetzgebers die Position der Länder. Die in der Altenpflegeentscheidung begonnene Beschränkung der Kompetenzen des Bundesgesetzgebers wird konsequent weitergeführt.

Von erheblicher Bedeutung ist ein weiterer vom Bundesverfassungsgericht entwickelter Grundsatz: Wenn eine Neuregelung sachlich geboten oder politisch gewollt ist, der Bund sie aber wegen des Zwangs zu einer grundlegenden Neukonzeption nicht vornehmen darf, er sie aber auch nicht den Ländern überlassen will, reduziert der Grundsatz des bundes- und länderfreundlichen Verhaltens das Ermessen des Bundesgesetzgebers „beim Fehlen der Voraussetzungen des Art. 72 II GG dahingehend, dass er die Länder zur Neuregelung zu ermächtigen hat".[306] Die Länder können diesen sich aus der Ermessensreduzierung ergebenden Anspruch im Wege eines Bund-Länder-Streits gem. Art. 93 I Nr. 3 GG gerichtet auf Erlass der freigebenden Norm geltend machen. Auch eine abstrakte Normenkontrolle gem.

---

304 BVerfG, 1 BvR 636/02, „Ladenschlussgesetz" – Urteil vom 9.6.2004, Rn. 101 f. unter Bezugnahme auf BVerfGE 106, 62 (135 ff.) – „Altenpflegegesetz", Urteil vom 24.10.2002.
305 BVerfG, 1 BvR 636/02, „Ladenschlussgesetz" – Urteil vom 9.6.2004, Rn. 111.
306 BVerfG, 1 BvR 636/02, „Ladenschlussgesetz" – Urteil vom 9.6.2004, Rn. 112; vgl. allgemein zu der Anwendung der Lehre von der Ermessensbindung im Staatsorganisationsrecht 4.Teil, II.1.a.

Art. 93 I Nr. 2 GG bzw. Art. 93 I Nr. 2a GG wäre denkbar. Es steht zu erwarten, dass die Länder in Zukunft von dieser neuen Möglichkeit, die ihnen zustehenden Gesetzgebungskompetenzen wiedergewinnen zu können, verstärkt Gebrauch machen werden.

Schließlich verpflichtet das Gericht den Bundesgesetzgeber mit deutlichen Worten, sein Konzept einer bundeseinheitlichen Regelung zu überprüfen. Durch die Möglichkeiten zu unterschiedlichen lokalen und regionalen Regelungen habe der Bundesgesetzgeber selbst zum Ausdruck gebracht, dass er nur einen begrenzten Bedarf nach einer bundeseinheitlichen Regelung sieht. Der Gesetzgeber werde daher zu prüfen haben, ob eine Freigabe an den Landesgesetzgeber i.S.v. Art. 125a II 2 GG angezeigt sei.[307]

Im Urteil zum LadSchlG bekräftigte das Bundesverfassungsgericht nicht nur seine neue Rechtsprechung, sondern zeigte erstmalig Wege, wie die Länder die Rückübertragung von Kompetenzen erstreiten können. Die Auffassung, das Ladenschlussgesetz sei nicht mit Art. 72 II GG vereinbar, weil weder die Erhaltung der Funktionsfähigkeit des deutschen Wirtschaftsraums noch die Vermeidung der Rechtszersplitterung ein Bundesgesetz erfordert, ist überzeugend begründet. Nach dem zweiten bestätigenden Urteil des Gerichts kann bereits von einer gefestigten Rechtsprechung bei der Auslegung des Art. 72 II GG ausgegangen werden. Gleichwohl erscheint das Bedürfnis nach einer genaueren Konkretisierung der Voraussetzungen des Art. 72 II GG umso notwendiger. Auch die „Darlegungslast in den Gesetzesmaterialien zum Vorliegen der qualifizierten Voraussetzungen" sowie der entscheidende Gesichtspunkt der „weitreichenden Ermächtigungen an die Bundesländer zur Schaffung von Ausnahmen" bedürfen weiterer Präzisierung. Das Urteil klärt zudem nicht, wann eine „grundlegende Neukonzeption" vorliegt, welche lediglich die Länder vornehmen können. Hierauf wird noch näher einzugehen sein.[308]

4. Urteil zur Juniorprofessur

Besondere Aufmerksamkeit[309] erregte das Urteil des Bundesverfassungsgerichts vom 27. Juli 2004 zum Fünften Gesetz zur Änderung des Hochschulrahmengesetzes und anderer Vorschriften (5. HRGÄndG)[310]. Die Erforderlichkeitsklausel des Art. 72 II GG spielte auch in der dritten für die Auslegung des Art. 72 II GG bedeut-

---

307 BVerfG, 1 BvR 636/02, „Ladenschlussgesetz" – Urteil vom 9.6.2004, Rn. 154.
308 Siehe hierzu 4.Teil, V.
309 Vgl. nur die Leitartikel vom 28.7.2004 in der FAZ, „Hochschulnovelle zur Juniorprofessur verfassungswidrig", Titelseite; sowie weiterhin die Artikel „Klarheit über die Zuständigkeiten", S.2; „Den Ländern muss ein eigener Raum bleiben"; S. 2, „Projekte her!", S. 29; in der SZ, „Schwere Niederlage der Bundesregierung – Karlsruhe kippt die Juniorprofessur", Titelseite; „Plädoyer für Juniorprofessur", S. 5, sowie der Frankfurter Rundschau, „Karlsruhe kippt Hochschul-Gesetz", Titelseite; „Buhlmans Grenzen", S. 3; „Auf dem Sonderweg", S. 3.
310 Vom 16.2.2002; BGBl. I, S. 693.

samen Entscheidung eine tragende Rolle. Die Freistaaten Thüringen, Bayern und Sachsen hatten sich in einem Normenkontrollantrag gegen das 5. HRGÄndG gewandt. Dieses sah im Schwerpunkt vor, den Qualifikationsweg zum Hochschullehrer durch die Einführung einer neuen Personalkategorie, der Juniorprofessur, zu verkürzen. Das Habilitationsverfahren sollte entfallen. Allein die Juniorprofessur sollte zu einer Lebenszeitprofessur führen können. Die Gesetzesbegründung zur Erforderlichkeit berief sich in knappen Ausführungen auf die Funktionsfähigkeit des deutschen Hochschulsystems, die der Staat gewährleisten müsse. Demzufolge seien die neuen Regelungen zur Personalstruktur der Hochschulen und vor allem der Juniorprofessur als Voraussetzung einer Lebenszeitprofessur[311] für die Herstellung gleichwertiger Lebensverhältnisse und zur Wahrung der Rechtseinheit geboten.[312]

Das Bundesverfassungsgericht erklärte das 5. HRGÄndG für mit Art. 70, 75 i.V.m. Art. 72 II GG unvereinbar und daher nichtig. Aus dem Rahmencharakter folge schon, dass eine Bundeskompetenz inhaltlich begrenzter als im Bereich der konkurrierenden Gesetzgebung sein müsse. Art. 75 GG sei auf „kooperative Gesetzgebung von Bund und Ländern" angelegt. Bis in die Einzelheiten gehende Regelungen des Bundesgesetzgebers dürften nicht erfolgen. Rahmenvorschriften müssten ausfüllungsfähig und ausfüllungsbedürftig sein. Der ergänzenden Gesetzgebung der Länder müssten *substantielle* Freiräume bleiben.[313]

Art. 75 II GG n.F. soll nach dem Willen des verfassungsändernden Gesetzgebers die Befugnis des Bundesgesetzgebers zu erschöpfenden Teilregelungen beschränken. Durch die Neufassung unterliege die Rahmengesetzgebung daher verschärften Anforderungen. Einerseits treffe den Bundesgesetzgeber formell ein erhöhter Rechtfertigungszwang, andererseits müssten quantitative und qualitative Kriterien herangezogen werden, um die Zulässigkeit eines Ausnahmefalls zu bestimmen. Das in Art. 75 II GG statuierte Regel-Ausnahme-Verhältnis beschränkt schon in quantitativer Hinsicht detaillierte Vollregelungen. In qualitativer Hinsicht muss ein starkes und legitimes Interesse für eine bundesrechtliche Regelung bestehen. Dabei muss dem verfassungsändernden Gesetzgeber Rechnung getragen werden, der die kompetenziellen Regelungsmöglichkeiten der Länder spürbar stärken wollte. Nur wenn „die Rahmenvorschriften ohne die in Einzelheiten gehenden oder unmittelbar geltenden Regelungen verständigerweise nicht erlassen werden könnten, diese also *schlechthin unerlässlich*[314] sind", ist den Anforderungen des Art. 75 II GG genügt.[315]

Die Prüfung, ob ein „Ausnahmefall" nach Art. 75 II GG vorliegt, unterscheidet sich aber von der Prüfung, ob ein Rahmengesetz i.S.d. Art. 72 II GG erforderlich ist. Die Erforderlichkeit muss daher als eine weitere Begrenzung der Rahmengesetzge-

---

311 §§ 37, 42 bis 45, 47 bis 53, 56 und 74 HRG n.F.
312 BVerfG, 2 BvF 2/02, „Juniorprofessur" - Urteil vom 27.7.2004, Rn. 9; vgl. auch den Entwurf eines Fünften Gesetzes zur Änderung des Hochschulrahmengesetzes und anderer Vorschriften (5. HRGÄndG), BT-Drs. 14/6853, S. 21.
313 BVerfG, 2 BvF 2/02, „Juniorprofessur" - Urteil vom 27.7.2004, Rn. 79 ff.
314 Hervorhebung nicht im Original.
315 BVerfG, 2 BvF 2/02, „Juniorprofessur" - Urteil vom 27.7.2004, Rn. 87 ff.

bungskompetenz getrennt geklärt werden.[316] Das Bundesverfassungsgericht beruft sich hier ausnahmslos und ausführlich auf das Altenpflegeurteil. Es wiederholt, dass Art. 72 II GG eine Gesetzgebungskompetenz des Bundes von einem Erforderlichkeitskriterium abhängig macht, das der verfassungsgerichtlichen Kontrolle unterliegt. Die Erforderlichkeitsklausel orientiert sich an drei möglichen Zielen als Voraussetzung zulässiger Bundesgesetzgebung, die bereits in der Altenpflegeentscheidung näher entfaltet wurden und keine weitere Präzisierung erfahren.

Auch bei den Kriterien der Prognoseentscheidung folgte das Bundesverfassungsgericht seinen maßstabsbildenden Ausführungen aus der Altenpflegeentscheidung: Dem Gesetzgeber stehe bei der Frage, ob die qualifizierten Voraussetzungen des Art. 72 II GG vorliegen, eine Einschätzungsprärogative zu. Dieser Entscheidungsspielraum des Gesetzgebers, der sachbereichsbezogen im Wege einer Gesamtbetrachtung zu ermitteln ist, könne verfassungsgerichtlich auf seine methodischen Grundlagen und seine Schlüssigkeit überprüft werden. Denn der Prognose müssten Sachverhaltsannahmen zu Grunde liegen, die sorgfältig ermittelt sind oder sich im Rahmen der gerichtlichen Prüfung bestätigen lassen. Die Prognose müsse sich methodisch auf ein angemessenes Prognoseverfahren stützen lassen, das um der „Verlässlichkeit" der Prognose willen konsequent verfolgt werden muss. Das Prognoseergebnis sei daraufhin zu kontrollieren, ob die die prognostische Einschätzung tragenden Gesichtspunkte mit hinreichender Deutlichkeit offen gelegt worden sind oder ihre Offenlegung jedenfalls im Normenkontrollverfahren möglich sei und ob in die Prognose keine sachfremden Erwägungen eingeflossen seien.[317]

Anhand dieser Maßstäbe prüfte das Bundesverfassungsgericht das 5. HRGÄndG und stellte fest, dass es den Anforderungen des Grundgesetzes an ein Rahmengesetz aus Art. 75 I 1 Nr. 1a, II, Art. 72 II GG nicht gerecht werde. Die Bestimmungen über die Juniorprofessur, die den Schwerpunkt des Gesetzesvorhabens bilden, enthalten detaillierte Regelungen mit lediglich marginalen Regelungsmöglichkeiten der Landesgesetzgeber. Die Habilitation als Zugangsvoraussetzung für das Amt des Universitätsprofessors soll verdrängt und unterbunden werden. Den Landesgesetzgebern wird die Juniorprofessur damit aufgezwungen. Alternative Konzepte der Personalstruktur sollen vermieden werden, um keinen Wettbewerb zwischen Habilitation und Juniorprofessur herbeizuführen, in dem Letztgenannte sich mit an Sicherheit grenzender Wahrscheinlichkeit nur zum Teil durchsetzen würde. Die Vorschriften würden damit ihrem Rahmencharakter nicht gerecht.[318] Von einer Regelung der „allgemeinen" Grundsätze des Hochschulwesens i.S.v. Art. 75 I 1 Nr. 1a GG könne nicht ausgegangen werden.[319] Auch der Ausnahmetatbestand des Art. 75 II GG könne nicht rechtfertigend herangezogen werden. Der Bund habe im Gesetzgebungsverfahren nicht hinreichend dargelegt, dass die Einführung der Juniorprofessur unter

---

316 BVerfG, 2 BvF 2/02, „Juniorprofessur" - Urteil vom 27.7.2004, Rn. 92.
317 BVerfG, 2 BvF 2/02, „Juniorprofessur" - Urteil vom 27.7.2004, Rn. 102 unter Bezugnahme auf BVerfGE 106, 62 (150 ff.) – „Altenpflegegesetz", Urteil vom 24.10.2002.
318 BVerfG, 2 BvF 2/02, „Juniorprofessur" - Urteil vom 27.7.2004, Rn. 114 ff.
319 BVerfG, 2 BvF 2/02, „Juniorprofessur" - Urteil vom 27.7.2004, Rn. 124.

gleichzeitiger faktischer Abschaffung der Habilitation den einzig möglichen Weg für eine Reform der deutschen Universitäten darstelle. Es konnte nicht dargelegt werden, dass die in Einzelheiten gehenden Regelungen über die Juniorprofessur „schlechthin unerlässlich" seien.[320]

Schließlich prüfte das Gericht die Erforderlichkeit i.S.v. Art. 72 II GG der Regelungen über die Juniorprofessur. Es stellte heraus, dass das gesetzgeberische Ziel des Bundes, den Qualifizierungsweg für den wissenschaftlichen Nachwuchs zu verkürzen und dessen Selbstständigkeit zu fördern, keiner der Vorgaben gerecht wird. Erforderlich i.S.d. Art. 72 II GG sei ein Bundesgesetz dann, wenn durch unterschiedliches Recht in den Ländern eine Gefährdungslage entstehe. Die „gleichwertigen Lebensverhältnisse" (Art. 72 II, 1. Var. GG) entwickeln sich aber nicht in einer unerträglichen Weise auseinander, wenn die Laufbahn des Hochschullehrers unterschiedlich geregelt wird. Zur „Wahrung der Rechtseinheit" (Art. 72 II, 2. Var. GG) seien die genannten Vorschriften ebenso wenig erforderlich. Eine Rechtsunsicherheit, verursacht durch Rechtszersplitterung im Hochschul- und Hochschuldienstrecht, stehe nicht zu befürchten. Die personelle Mobilität der Wissenschaftler an deutschen Hochschulen bleibe ebenfalls gewährleistet.[321] Schließlich sei auch die „Wahrung der Wirtschaftseinheit" (Art. 72 II, 3. Var. GG) nicht einschlägig. Alleiniges Ziel der Regelung sei die Konkurrenzfähigkeit des Wissenschaftsstandorts und nicht die des Wirtschaftsstandortes Deutschland zu garantieren.[322] Erhebliche Wettbewerbsnachteile seien nicht durch den Bundesgesetzgeber dargelegt, aber auch nicht ersichtlich. Es sei insbesondere nicht nachgewiesen worden, dass sich Mängel bei der Qualifizierung des wissenschaftlichen Nachwuchses ausschließlich durch die bundesweite Einführung der Juniorprofessur beheben ließen und die Wirtschaftseinheit nur auf diese Weise gewahrt werden konnte.[323]

Letztlich musste wie in dem Urteil zum LadSchlG auf Art. 125a II GG eingegangen werden. Auch aus dieser Regelung folgt keine Gesetzgebungsbefugnis des Bundes für eine grundlegende Umgestaltung der Personalstruktur. Der zweite Senat bestätigte die Rechtsprechung des ersten Senats zu Art. 125a GG.[324] Die Regelungen über die Juniorprofessur stellten eine *grundlegende Neukonzeption* der Personalstruktur im Hochschulwesen dar. Eine neue Personalkategorie wurde im Bereich der wissenschaftlichen Lehre und Forschung geschaffen und zudem der Qualifizierungsweg zur Professur in elementarer Weise umgestaltet. Außerdem wurde die

---

320 BVerfG, 2 BvF 2/02, „Juniorprofessur" - Urteil vom 27.7.2004, Rn. 125 f.
321 BVerfG, 2 BvF 2/02, „Juniorprofessur" - Urteil vom 27.7.2004, Rn. 128.
322 Siehe zu der pauschalen Gesetzesbegründung, die lediglich auf Art. 72 II, 1., 2. Var. GG verweist, den Entwurf eines Fünften Gesetzes zur Änderung des Hochschulrahmengesetzes und anderer Vorschriften (5. HRGÄndG), BT-Drs. 14/6853, S. 21.
323 BVerfG, 2 BvF 2/02, „Juniorprofessur" - Urteil vom 27.7.2004, Rn. 129 ff.
324 „Der Bundesgesetzgeber ist über Art. 125a Abs. 2 Satz 1 GG allerdings nur zur Modifikation einzelner Regelungen befugt. Die Änderungskompetenz des Bundes ist eng auszulegen und an die Beibehaltung der wesentlichen Elemente der in der fortbestehenden Bundesgesetz enthaltenen Regelung geknüpft. Eine grundlegende Neukonzeption ist dem Bund verwehrt"; BVerfG, 2 BvF 2/02, „Juniorprofessur" - Urteil vom 27.7.2004, Rn. 137. Vgl. zu der Rechtsprechung des ersten Senats *2.Teil, III.3.*

Habilitation durch die Neuregelung als Zugangsvoraussetzung für das Amt des Universitätsprofessors verdrängt.[325]

Im Senat war diese Entscheidung nicht unumstritten. Lediglich mit einer Mehrheit von fünf zu drei Stimmen befand das Gericht, dass dem Bundesgesetzgeber die Rahmenkompetenz gefehlt habe. In einem Sondervotum kritisierten die Richterinnen *Osterloh* und *Lübbe-Wolff* sowie der Richter *Gerhardt* die enge Auffassung der Senatsmehrheit scharf, „die dem Bund praktisch jede Möglichkeit zu neuer politischer Gestaltung der betreffenden Gesetzgebungsmaterien verschließt".[326]

In ihrer abweichenden Meinung kritisierte die Senatsminderheit insbesondere die Subsumtion unter Art. 72 II GG. Die Senatsmehrheit gehe von einem „grundlegenden Missverständnis" aus, wenn sie die Regelung im Wesentlichen daran scheitern lasse, dass „kein Missstand belegt worden sei, der nur durch die (bundesweite) Einführung der Juniorprofessur unter gleichzeitiger faktischer Abschaffung der Habilitation behoben werden könne". Ein solches Verständnis trage die Gefahr in sich, dass das Bundesverfassungsgericht bei der Prüfung der Bundeskompetenz zur Entscheidung von Sachfragen politischer Natur genötigt werde, für deren Beurteilung keine verfassungsrechtlichen Maßstäbe vorhanden seien.[327] Die Prüfung der Voraussetzungen des Art. 72 II GG könne ohne „Kriterien, die Gesetzgebungsorgane oder das Bundesverfassungsgericht einigermaßen verlässlich leiten", zum „Vehikel für die Durchsetzung politischer Anliegen" werden und zu einem „wesentlichen Verlust an Klarheit und Rechtssicherheit in der Abgrenzung der Kompetenzen von Bundes- und Landesgesetzgeber" führen.[328] Schon der Wortlaut des Art. 72 II GG, „*eine* bundesgesetzliche Regelung", lege nahe, dass es lediglich darauf ankomme, ob eine Materie vom Bund geregelt werden dürfe, nicht welche inhaltliche Lösung der Bund wähle. Andernfalls werde eine Verlagerung materiellrechtlicher Fragen auf die Kompetenzebene bewirkt, der Maßstab der verfassungsgerichtlichen Kontrolle verschoben und die verfassungsrechtliche Kompetenzprüfung für einen bislang weder auf kompetenzieller noch auch materiellrechtlicher Ebene zugelassenen Einfluss politischer Präferenzen geöffnet, was zu nicht hinnehmbaren Unsicherheiten über die Reichweite der Gesetzgebungskompetenz des Bundes führe.[329] Die Frage, ob eine Regelung *gerade mit dem vom Gesetzgeber gewählten Inhalt* erforderlich sei, sei bei Gesetzen, die in Grundrechte eingreifen, eine Teilfrage der materiellrechtlichen Frage nach der Verhältnismäßigkeit der Regelung. Dabei sei der Gesetzgeber in der Bestimmung der Ziele, an denen die Erforderlichkeit gemessen werde, grundsätzlich frei. Das Bundesverfassungsgericht habe bei der Prüfung der

---

325 BVerfG, 2 BvF 2/02, „Juniorprofessur" - Urteil vom 27.7.2004, Rn. 138 f. Folge der Überschreitung der Rahmenkompetenz des Bundes ist die Gesamtnichtigkeit des Gesetzes, da eine geltungserhaltende Aufteilung aufgrund der Bedeutung der Neuordnung der Personalstruktur für die Neuregelung des Hochschulrahmenrechts nicht möglich ist (Rn. 140 ff.).
326 BVerfG, 2 BvF 2/02, „Juniorprofessur" - Urteil vom 27.7.2004, Rn. 154 ff.
327 BVerfG, 2 BvF 2/02, „Juniorprofessur" - Urteil vom 27.7.2004, Rn. 163.
328 BVerfG, 2 BvF 2/02, „Juniorprofessur" - Urteil vom 27.7.2004, Rn. 168.
329 BVerfG, 2 BvF 2/02, „Juniorprofessur" - Urteil vom 27.7.2004, Rn. 165 f.

Erforderlichkeit einen Einschätzungsspielraum des Gesetzgebers zu respektieren.[330] Durch die Ausdehnung der Prüfung der Erforderlichkeit des Regelungsgegenstandes, hier die Voraussetzungen des Zugangs zum Professorenberuf, auf die Erforderlichkeit des Regelungsinhalts, hier die Juniorprofessur statt der Habilitation, werde die Erforderlichkeitsprüfung auf den Gesetzesinhalt erstreckt und auf die Kompetenzebene verschoben. Damit werde auch die inhaltliche Gesetzesgestaltung an die in Art. 72 II GG genannten Zielgrößen der Erforderlichkeit gebunden. Dem Gesetzgeber werde so die Freiheit der politischen Zielwahl genommen. Denn die Senatsmehrheit verlagere die inhaltsbezogene Erforderlichkeitsprüfung auf ein Feld vor, auf dem nach der Entscheidung des Senats zum Altenpflegegesetz ein Beurteilungsspielraum des Gesetzgebers nicht anzuerkennen sei.[331] Ausschlaggebend dürfe es daher nicht sein, ob die Kategorie der Juniorprofessur als solche erforderlich sei. Es könne lediglich die allgemeine Frage gestellt werden, ob eine bundeseinheitliche Regelung der Zugangsvoraussetzungen zum Amt des Professors erforderlich sei. Nach der Senatsminderheit ist das 5. HRGÄndG jedenfalls zur „Wahrung der Wirtschaftseinheit im gesamtstaatlichen Interesse" erforderlich, weil andernfalls erhebliche Nachteile für die Berufssituation im Gesamtstaat entstünden. Denn die Gleichheit der Zugangsmöglichkeiten wie die Funktionsfähigkeit der Hochschulen als Orte der Ausbildung für andere hoch qualifizierte Berufe würden durch länderspezifische Zugangsregelungen in Frage gestellt.[332]

In dem „historischen"[333] Urteil zur Juniorprofessur wird die Kehrtwende des Bundesverfassungsgerichts am Deutlichsten: der Bundesgesetzgeber musste erstmals eine entscheidende und weitreichende Niederlage erleiden. Nunmehr kann – insbesondere aufgrund der ausführlichen, wörtlichen Übernahme der maßstabsbildenden Konkretisierungen des Art. 72 II GG aus der Altenpflegeentscheidung – ohne jeglichen Zweifel eine stetige Rechtsprechung zu Art. 72 II GG angenommen werden. Gleichwohl lässt die massive Kritik durch das Sondervotum das Bedürfnis nach einer weiteren, genauen Konkretisierung der verfassungsrechtlichen Maßstäbe unerlässlich erscheinen.

---

330 BVerfG, 2 BvF 2/02, „Juniorprofessur" - Urteil vom 27.7.2004, Rn. 167 unter Berufung auf BVerfGE 104, 337 (347 f.) – „Schächturteil", Urteil vom 15.1.2002.

331 BVerfG, 2 BvF 2/02, „Juniorprofessur" - Urteil vom 27.7.2004, Rn. 167. Dieser Auffassung folgt *Wrase*, NJ 2004, 156 ff., 156 f., der bei dem Verbot von Studiengebühren im Hochschulrahmengesetz ebenfalls zwischen Regelungsgegenstand (Studiengebühren) und Regelungsintensität (Verbot von Studiengebühren) trennt. Seiner Ansicht nach ist für die Regelung der Studiengebühren ein bundeseinheitliches Gesetz zur „Herstellung gleichwertiger Lebensverhältnisse" erforderlich (Art. 72 II, 1. Var. GG); a.A. allerdings BVerfG, 2 BvF 1/03, „Studiengebühren" - Urteil vom 26.1.2005.

332 BVerfG, 2 BvF 2/02, „Juniorprofessur" - Urteil vom 27.7.2004, Rn. 169 unter Berufung auf BVerfGE 106, 62 (143 ff., 147) – „Altenpflegegesetz", Urteil vom 24.10.2002.

333 So bezeichnete Bayerns Ministerpräsident *Stoiber* das Urteil; vgl. „Schwere Niederlage der Bundesregierung – Karlsruhe kippt die Juniorprofessur", SZ v. 28.7.2004, Titelseite.

5. Urteil zu den Studiengebühren

Zuletzt äußerte sich das Bundesverfassungsgericht in dem Urteil vom 26. Januar 2005 zum Sechsten Gesetz zur Änderung des Hochschulrahmengesetzes (6. HRGÄndG)[334], in dem der Erforderlichkeitsklausel des Art. 72 II GG wiederum die tragende Rolle zukam. Durch das 6. HRGÄndG sollte insbesondere der Grundsatz der Gebührenfreiheit des Hochschulstudiums in das Hochschulrahmengesetz aufgenommen werden. Das Bundesverfassungsgericht erklärte diese Regelung für mit Art. 70, Art. 75 I 1 GG i.V.m. Art. 72 II GG unvereinbar und nichtig. Dabei wurde an die bisherige Rechtsprechung angeknüpft. Auch war bereits im Vorfeld der Entscheidung damit gerechnet worden, dass das Verbot zur Erhebung von Studiengebühren, folgt das Bundesverfassungsgericht den von ihm zu Art. 72 II GG entwickelten Grundsätzen, verfassungswidrig sei.[335] Die Entscheidung erschöpft sich denn auch eher in Subsumtion, als dass ihr weitere maßstabsbildende Bedeutung zukäme. Eine knappe Zusammenfassung der Argumentation kann daher genügen:

Ein Studiengebührenverbot sei nicht erforderlich zur „Herstellung gleichwertiger Lebensverhältnisse": Die Einwohner von Ländern mit Studiengebühren würden nicht unzumutbar benachteiligt. Hierzu seien die in der Diskussion stehenden Studiengebühren (noch) zu gering. Ferner würde eine Vielzahl anderer Faktoren neben finanziellen Erwägungen die Entscheidung über ein Hochschulstudium beeinflussen, die nicht ausreichend berücksichtigt worden seien. Eine in Einzelfällen auftretende überdurchschnittliche Belastung Studierender könne nicht schon das Eingreifen des Bundesgesetzgebers rechtfertigen. Durch die Erhebung von Studiengebühren werde ferner nicht die Freizügigkeit der Studierenden in unerträglichem Maße eingeschränkt. Schließlich könnten die befürchteten Kapazitätsengpässe an einzelnen gebührenfreien Hochschulen mit Zulassungsbeschränkungen aufgefangen werden.[336]

Das Gesetz sei auch nicht zur „Wahrung der Wirtschaftseinheit" i.S.v. Art. 72 II, 3. Var. GG erforderlich. Es zeichnen sich weder für die Gesamtwirtschaft nachteilige Entwicklungen durch die Erhebung von Studiengebühren ab noch soll die Einheitlichkeit der beruflichen Ausbildung sichergestellt werden. Nicht hinreichend dargelegt wurde, dass Studiengebühren „im deutschen Wirtschaftsgebiet störende Grenzen aufrichten, eine Ballung oder Ausdünnung in bestimmten Regionen bewirken, das Niveau der Ausbildung beeinträchtigen und damit erhebliche Nachteile für die Chancen des Nachwuchses sowie die Berufssituation im Gesamtstaat begründen".[337]

---

334 Vom 8.8.2002; BGBl. I, S. 3138.
335 Vgl. etwa „Unternehmen Selbstbeteiligung", FAZ v. 23.8.2004, S. 4; „Unionsländer planen Kredite für Studenten", Stuttgarter Zeitung v. 13.9.2004, S. 2; „Vorbereitung für Studentenkredite laufen an", FTD v. 10.1.2005, S. 11.
336 BVerfG, 2 BvF 1/03, „Studiengebühren" - Urteil vom 26.1.2005, Rn. 71 ff. unter Berufung auf BVerfGE 106, 62 (143 ff.) – „Altenpflegegesetz", Urteil vom 24.10.2002.
337 BVerfG, 2 BvF 1/03, „Studiengebühren" - Urteil vom 26.1.2005, Rn. 80 ff. unter Berufung auf BVerfGE 106, 62 (146 f.) – „Altenpflegegesetz", Urteil vom 24.10.2002.

Schließlich sei das 6. HRGÄndG nicht zur „Wahrung der Rechtseinheit" i.S.v. Art. 72 II, 2. Var. GG erforderlich. Es würden weder die Rechtssicherheit noch die Freizügigkeit berührt. Insbesondere führe die Erhebung von Studiengebühren nicht zu einer Rechtszersplitterung im Hinblick auf das Recht der Ausbildungsförderung.[338]

Auch die weiteren Regelungen im 6. HRGÄndG, wie die Verpflichtung zur Bildung von Studierendenschaften an Hochschulen, sind nicht nach Art. 72 II GG erforderlich. Das bundesstaatliche Sozialgefüge werde nicht dadurch tangiert, dass eine bundesweit institutionalisierte Interessenvertretung fehle. Die „Wahrung der Rechts- oder Wirtschaftseinheit" komme erst recht nicht in Betracht.[339]

6. Die Bewertung der neuen Rechtsprechung im juristischen Schrifttum

In der juristischen Literatur erregte die Altenpflegeentscheidung erhebliches Aufsehen.[340] Auch die Folgeentscheidungen zum BgefHundG, zum LadSchlG sowie zu den Änderungsgesetzen zum Hochschulrahmengesetz blieben nicht unbeachtet. Zeigte sich größtenteils eine positive Resonanz[341] auf die Urteile, so lassen sich auch kritische Töne vernehmen. Die Begleitung dieser Rechtsprechung durch das Schrifttum soll in folgenden sechs Schritten zusammenfassend dargestellt werden: Zunächst wird die juristische Diskussion unter den Gesichtspunkten (a) der Konkretisierung durch die Rechtsfigur der Prognoseentscheidung, (b) der Darlegungslast des Bundes, (c) des dogmatischen Verständnisses der „Erforderlichkeit" i.S.d. Art. 72 II GG, (d) der konkretisierenden Leitsätze im Blickfeld des Schrifttums sowie (e) der kritischen Bewertung der Subsumtion des Gerichts dargestellt. Daran anschließend wird (f) auf die Entscheidungen zum BgefHundG eingegangen.

---

338 BVerfG, 2 BvF 1/03, „Studiengebühren" - Urteil vom 26.1.2005, Rn. 83 ff. unter Berufung auf BVerfGE 106, 62 (145 f.) – „Altenpflegegesetz", Urteil vom 24.10.2002.
339 BVerfG, 2 BvF 1/03, „Studiengebühren" - Urteil vom 26.1.2005, Rn. 86 ff. unter Berufung auf BVerfGE 106, 62 (146 f.) – „Altenpflegegesetz", Urteil vom 24.10.2002.
340 *Brenner*, JuS 2003, 852 ff.; *Calliess*, EuGRZ 2003, 181 ff.; *Depenheuer*, ZG 2003, 177 ff.; *Fassbender*, JZ 2003, 332 ff.; *Hanebeck*, ZParl 2003, 745 ff.; *Jochum*, NJW 2003, 28 ff.; *Kenntner*, NVwZ 2003, 821 ff.; *ders.*, DVBl. 2003, 259 ff.; *Pechstein/Weber*, JURA 2003, 82 ff.; *Sachs*, JuS 2003, 394 ff.; *Stelkens*, GewArch 2003, 187 ff.; *Winkler*, JA 2003, 284 ff.
341 Z.B.: „Sieg im Kampf um die föderalen Strukturen der Bundesrepublik", *Jochum*, NJW 2003, 28 ff., 28; „Meilenstein in der Geschichte des Föderalismus", *Kenntner*, NVwZ 2003, 821 ff., 821; „Die AltPflG-Entscheidung ist ein Markenstein in der Geschichte des Föderalismus und ihre Bedeutung reicht weit über die Bundesrepublik Deutschland hinaus.", *ders.*, DVBl. 2003, 259 ff., 259; „Das Urteil: Ein Sieg in der Niederlage", *Calliess*, EuGRZ 2003, 181 ff., 190.

a) Die Konkretisierung durch die Rechtsfigur der Prognoseentscheidung

Die verfassungsgerichtliche Kontrolle von legislativen Prognoseentscheidungen erregte Aufsehen in der Literatur. Insbesondere *Jochum* sieht den wesentlichen Kern der Entscheidung darin, dass ein eigenständiger gesetzgeberischer Prognose- und Beurteilungsspielraum abgelehnt werde. Sie verweist mit Recht auf das bekannte Phänomen, dass eine Prognose der künftigen Entwicklung, wie sie nun vom Gesetzgeber verlangt wird, sehr fehleranfällig ist und oft einer ex-post-Kontrolle nicht standhält, dennoch aber Grenzen für eine sachgerechte Fundierung der Prognose vorgegeben werden müssen. Diese entwickelt das Bundesverfassungsgericht nach Ansicht der Autorin in den oben zitierten Passagen[342] in nachvollziehbarer Weise. Somit hat sich in ihren Augen „das entscheidungstheoretische Phänomen der Prognoseentscheidung zur eigenständigen Rechtsfigur mit einer spezifischen Fehlerquellenlehre emanzipiert".[343]

Fassbender und *Hanebeck* stellen mit gänzlich anderer Akzentsetzung auf die Prognoseentscheidung des Bundesverfassungsgerichts ab. Die maßstabsbildenden Kriterien für diese Prognoseentscheidung bezeichnen sie als „sibyllinisch" bzw. es „verlieren sich die Ausführungen des Gerichts im Ungefähren", wenn es ausführt: „Die Bemessung eines Einschätzungsspielraums bei Prognosen muss auf die empirischen und normativen Voraussetzungen achten, unter denen die Gesetzgebung stattfindet. Es kann keine einheitliche, die vielfältigen Konstellationen nivellierende Antwort geben, sondern nur differenzierte Lösungen. Welcher Maßstab im konkreten Fall angemessen ist, richtet sich insbesondere nach den Besonderheiten des Sachverhalts und der Schwierigkeit der Prognose, wobei auch hier eine trennscharfe Abgrenzung kaum möglich ist."[344] *Fassbender* gesteht aber auch zu, dass das Gericht im Nachfolgenden durchaus versuchte, Kriterien aufzustellen, mit denen sich die Dunkelheit erhellen lässt und nach denen eine Kontrolle vollzogen werden kann.[345]

Andere Autoren befassen sich mit dem Kontrollmaßstab, dem die Prognoseentscheidungen des Gesetzgebers unterliegen. *Kenntner* will hierbei nicht einmal einen „Spielraum" des Gesetzgebers bei Prognoseentscheidungen erkennen, überprüft das Bundesverfassungsgericht doch gerade die den prognostischen Urteilen zugrunde liegenden Tatsachenfeststellungen und damit die Prognosegrundlagen.[346] *Sachs* verdeutlicht demgegenüber nicht zu Unrecht eine Diskrepanz in der leitenden Aussage, eine umfassende verfassungsgerichtliche Kontrolle von Prognoseentscheidungen sei von nun an in Angriff genommen, und der relativierenden Aussage des Ge-

---

342 BVerfGE 106, 62 (152 f.) – „Altenpflegegesetz", Urteil vom 24.10.2002; siehe *2. Teil, III.1.b*.
343 *Jochum*, NJW 2003, 28 ff., 29; zustimmend *Calliess*, EuGRZ 2003, 181 ff., 193.
344 BVerfGE 106, 62 (152) – „Altenpflegegesetz", Urteil vom 24.10.2002.
345 *Fassbender*, JZ 2003, 332 ff., 334 ff.; *Hanebeck*, ZParl 2003, 745 ff., 751; *ders.*, Der demokratische Bundesstaat des Grundgesetzes, S. 321.
346 *Kenntner*, DVBl. 2003, 259 ff., 261.

richts zu dem Kontrollmaßstab bei Prognoseentscheidungen: Die Negation eines von verfassungsgerichtlicher Kontrolle freien gesetzgeberischen Beurteilungsspielraums hinsichtlich der Voraussetzungen des Art. 72 II GG sei jedenfalls dann deutlich zu relativieren, wenn die Bewertung der einschlägigen Kriterien auch von prognostischen Einschätzungen abhänge.[347] Ähnlich diagnostiziert *Depenheuer*, dass die Rechtsfigur der Prognoseentscheidung eine mögliche „Hintertür" zu der ehemaligen Nichtjustitiabilität offen lässt.[348] *Calliess* betont schließlich die Ansätze des Schrifttums, denen das Gericht augenscheinlich gefolgt sei. Insbesondere weist er auf seine eigene Abhandlung zu der Überprüfung von Prognoseentscheidungen im Bereich des Art. 72 II GG hin.[349] In der Tat bezieht sich das Bundesverfassungsgericht ungewöhnlich deutlich auf Ansätze, die im Schrifttum u.a. von *Tettinger* und *Breuer*[350] in anderem Kontext entwickelt wurden.

Das Gericht hatte sich bereits grundlegend zu der Rechtsfigur der Prognoseentscheidung in der im Altenpflegeurteil zitierten Entscheidung zum Mitbestimmungsgesetz[351] geäußert. Hier stellte es einerseits klar, dass der Gesetzgeber befugt sein muss, in Situationen der Ungewissheit Prognoseentscheidungen auch von großer Tragweite zu treffen. Andererseits könne ein Prognosespielraum des Gesetzgebers nicht zu einem Rückzug des Bundesverfassungsgerichts in Sachen Justitiabilität führen. Prognosen enthalten ein Wahrscheinlichkeitsurteil, dessen Grundlagen ausgewiesen werden können und müssen. Diese wiederum seien einer Beurteilung nicht entzogen. Im einzelnen hänge die Einschätzungsprärogative des Gesetzgebers von Faktoren verschiedener Art ab, insbesondere von der Eigenart des in Rede stehenden Sachbereichs, den Möglichkeiten, sich ein hinreichend sicheres Urteil zu bilden und der Bedeutung der auf dem Spiel stehenden Rechtsgüter. Demgemäß hat die Rechtsprechung des Bundesverfassungsgerichts bei der Beurteilung von Prognosen des Gesetzgebers differenzierte Maßstäbe zugrunde gelegt, „die von einer Evidenzkontrolle über eine Vertretbarkeitskontrolle bis hin zu einer intensivierten inhaltlichen Kontrolle reichen".[352] In die Literatur ging diese Prüfung als Drei-Stufen-Lehre (Evidenz, Vertretbarkeit, Intensität) zur Abstufung der Kontrolldichte des Bundesverfassungsgerichts gegenüber dem Gesetzgeber ein. Gleichwohl hat das Gericht die Drei-Stufen-Lehre nicht immer ausdrücklich seinen späteren Entscheidungen zugrunde gelegt. Fernerhin sind die Stufen so unscharf, dass damit nicht jedweder Einzelfall generalisiert und gelöst werden kann.[353] Nur die Tendenz des Bundesverfassungsgericht wird deutlich, dass es in „besonders gewichtigen Fällen besonders

---

347 *Sachs*, JuS 2003, 394 ff., 398.
348 *Depenheuer*, ZG 2003, 177 ff., 182.
349 *Calliess*, EuGRZ 2003, 181 ff., 192, Fn. 46.
350 *Tettinger*, DVBl. 1982, 421 ff., 427; *Breuer*, Der Staat 1977, 21 ff., 39 ff.; vgl. auch *Calliess*, DÖV 1997, 889 ff., 898 f., der sich ebenfalls auf die Ausführungen *Breuers* und *Tettingers* bezieht.
351 BVerfGE 50, 290 – „Mitbestimmungsgesetz 1976", Urteil vom 1.März 1979.
352 BVerfGE 50, 290 (332 f.) – „Mitbestimmungsgesetz 1976", Urteil vom 1.März 1979.
353 Vgl. *Ossenbühl*, FS 50 Jahre BVerfG I, S. 33 ff., 53.

intensiv prüft".[354] Die „Wertigkeit" und „Stärke" eines Grundrechts gibt ebenso wie etwa auch die Gewichtigkeit des Ziels der gesetzlichen Regelung (im Grundrechtsbereich insbesondere die Gefahrenabwehr) die Intensität der Prüfung vor.[355]
In der Altenpflegeentscheidung erfolgte eine im Sinne der Drei-Stufen-Lehre relativ intensive Prüfung des Prognosespielraums. Das Gericht hat für Art. 72 II GG spezielle Kriterien für die Überprüfung einer Prognoseentscheidung entwickelt. Für Art. 72 II GG kann festgehalten werden, dass trotz der Kehrtwende in der Rechtsprechung Prognoseentscheidungen des Bundesgesetzgebers zwar weitgehend, aber doch nicht vollständig überprüft werden. Erfolgt im Hinblick auf die Analyse der tatsächlichen Voraussetzungen der Prognoseentscheidungen eine intensive Kontrolle, so wird dem Gesetzgeber im Hinblick auf Wertungen und Folgerungen nach wie vor ein allerdings nicht unbegrenzter Beurteilungsspielraum zugebilligt.[356]

Das Bundesverfassungsgericht greift dabei vor allem eine von *Breuer* entwickelte Unterscheidung auf. Er unterscheidet zwischen *immanenten Schranken* und *externen Grenzen* der Prognosefreiheit. Immanent werde der Gesetzgeber dadurch beschränkt, dass „wirklich" eine unsichere Tatsache erforderlich ist und eine nachvollziehbare Verwertung der empirischen Daten und Erfahrungssätze erfolgen muss. Hier wird vorwiegend auf die prozeduralen Aspekte, also auf ein sachgerechtes Prognoseverfahren abgestellt. Die externen Grenzen hingegen berücksichtigen demgegenüber den materiellen Gehalt des Bereichs, in dem die Prognoseentscheidung erfolgt.[357]

Ziel der vorliegenden Arbeit ist es nicht, sich in der Diskussion von Prognosefragen zu verlieren[358], sondern den materiellen Gehalt des Art. 72 II GG herauszuarbeiten. Es geht also vorliegend nicht um eine Präzision der Verfahrensvoraussetzungen bei der Ermittlung und Verwertung empirischer Daten und Erfahrungssätze. Die zu treffende Prognoseentscheidung orientiert sich zwar an bestimmten Kriterien, die dem Prognosespielraum des Gesetzgebers gewisse Prüfsteine vorgeben. Diese der Prognoseentscheidung vorausliegenden Kriterien schaffen sowohl die geforderte Möglichkeit einer verfassungsgerichtlichen Kontrolle als auch Rechtssicherheit für die beteiligten Gesetzgeber, die sich ihrer Kompetenz im Einzelfall gewiss sein können, wenn sie diese ausüben. Die Prognoseentscheidung und die Konkretisierung des Art. 72 II GG hängen damit zwar einerseits untrennbar zusammen, andererseits

---

354 Vgl. ausführlich zu der Kontrolldichte bei Prognoseentscheidungen *Schlaich/Korioth*, Das Bundesverfassungsgericht, Rn. 532 ff.
355 *Ossenbühl*, Bundesverfassungsgericht und Grundgesetz I, S. 458 ff., 506 ff.
356 Vgl. auch *Tettinger*, DVBl. 1982, 421 ff., 427.
357 *Breuer*, Der Staat 1977, 21 ff., 41; vgl. auch *Tettinger*, DVBl. 1982, 421 ff., 427, der ebenfalls zwischen den allgemeinen prozeduralen Aspekten einerseits und der konkreten Norm und ihrer Einbettung in das betreffende Normensystem andererseits differenziert; so auch *Calliess*, DÖV 1997, 889 ff., 898 ff.
358 Schon gar nicht soll der Frage nachgegangen werden, wie sich Prognoseentscheidungen auf der ersten Ebene der Prognoseentscheidung, bei der Frage nach den tatsächlichen Auswirkungen eines Gesetzes, überprüfen lassen. Aber auch die zweite Ebene der Prognoseentscheidung, die Frage, ob sich die Vorgaben des Art. 72 II GG durch das zu prüfende Gesetz erreichen lassen, soll nicht behandelt werden.

betreffen sie unterschiedliche Fragestellungen. Es können vor allem und dies ist entscheidend keine substantiellen Schlüsse aus der „Rechtsfigur" der Prognoseentscheidung für die vorliegende Fragestellung der Berechenbarkeit des Art. 72 II GG entnommen werden. Für diese Untersuchung sind die Kontrollmaßstäbe der Prognoseentscheidung damit von sekundärer Bedeutung. Denn sie treffen keine Aussage über die Prüfungskriterien mit denen die Voraussetzungen des Art. 72 II GG zu klären sind, welche die wahre Grundlage der Justitiabilität darstellen.

b) Die Darlegungslast des Bundes

Schon vor Erlass des Altenpflegeurteils wurde vielfach vertreten, die Länderkompetenzen würden gestärkt, wenn man dem Bund die Darlegungspflicht für das Vorliegen der „Erforderlichkeit" auferlegt. So könne man einen unkontrollierten Ermessensspielraum vermeiden und den Bund zu einer sachlich begründeten Ausübung seines politischen Gestaltungsspielraums zwingen. Es müsse erkennbar sein, dass sich der Gesetzgeber „im konkreten Fall ernsthaft und kritisch" mit der Frage der Erforderlichkeit auseinandergesetzt habe.[359] Im Sinne einer Art von Beweislastumkehr sollte die sachgerechte Erfüllung der Darlegungslast bereits für eine Inanspruchnahme der Gesetzgebungskompetenz ausreichen.[360]

Die Darlegungslast des Bundesgesetzgebers ist eng verbunden mit den Überprüfungsmöglichkeiten von Prognoseentscheidungen. Bei ihr geht es um formelle Anforderungen, die die Voraussetzungen für die Justitiabilität schaffen sollen.[361] *Isensee* definiert diese als „die Pflicht des Bundesgesetzgebers, seine Einschätzung der

---

359 Vgl. *Neumeyer*, Der Weg zur neuen Erforderlichkeitsklausel für die konkurrierende Gesetzgebung des Bundes, S. 155 f.; *Calliess*, DÖV 1997, 889 ff., 899 („Darlegungs- bzw. Begründungspflicht"); *Sannwald*, in: Schmidt-Bleibtreu/Klein, GG, Art. 72, Rn. 79 („Begründungspflicht und Darlegungslast"); *Degenhart*, in: Sachs, GG, Art. 72, Rn. 15 („erhöhte Darlegungslast"); *Rybak/Hofmann*, NVwZ 1995, 230 ff., 231 („verschärfte Begründungs- und Darlegungslasten"); *Kröger/Moos*, BayVBl. 1997, 705 ff., 707 („gewisse Begründungspflicht und die Beweislast"); *Würtenberger*, Rechtstheorie, Beiheft 20, 199 ff., 210 („Argumentationslast"); ausführlich zu einer „Beweislast" des Bundes *Kenntner*, Justitiabler Föderalismus, S. 25 ff. Siehe insbesondere auch § 43 der neuen Gemeinsamen Geschäftsordnung der Bundesministerien (GGO) v. 26.7.2000, der u.a. auch eine Begründungspflicht bei Gesetzentwürfen im Bereich der konkurrierenden Gesetzgebung vorsieht.
360 Eingewandt wurde mit Recht, derartige Kategorien der Beweis- und Begründungslast aus dem Parteiprozess könnten nicht ohne weiteres auf verfassungsgerichtliche Verfahren übertragen werden, da das Bundesverfassungsgericht dem Grundsatz der Amtsermittlung (§ 26 BVerfGG) folge und nicht auf das Vorbringen der Prozessparteien angewiesen sei; vgl. *Bothe*, in: D/H-R/S/S, GG, Art. 72, Rn. 16; *Schmehl*, DÖV 1996, 724 ff., 729; *Degenhart*, in: Sachs, GG, Art. 72, Fn. 71; *Hund*, in: Umbach/Clemens, BVerfGG, Vor. §§ 17 ff., Rn. 31. Im Übrigen verkenne eine Argumentation, die auf eine Art von Beweisführungslast bzw. von Beweislastumkehr abhebt, dass die Kompetenzfrage eine Rechtsfrage darstelle. Nur Tatsachenfragen seien hingegen dem Beweis zugänglich. Vgl. *Schmehl*, DÖV 1996, 724 ff., 729.
361 Vgl. BVerfGE 79, 311 (344) – „Bundeshaushaltsplan", Urteil vom 18.4.1989; *Kenntner*, DVBl. 2003, 259 ff., 261.

realen und rechtlichen Voraussetzungen des Gesetzes ausdrücklich darzulegen und die Erforderlichkeit der Inanspruchnahme der Rahmenkompetenz zu begründen".[362] Nach Ansicht des Bundesverfassungsgerichts sind die vom Gesetzgeber benannten Umstände und Gründe ohne jedwede Beschränkung auf ihre Vollständigkeit und Richtigkeit zu überprüfen. Dies gilt auch für Tatsachenfeststellungen auf Grund von Prognoseentscheidungen. Es könne hier wie bei der Beurteilung gegenwärtiger oder vergangener Sachverhalte überprüft werden, ob der Gesetzgeber seine Entscheidung auf möglichst vollständige Ermittlungen gestützt oder ob er relevante Tatsachen übersehen habe. Das Prognoseergebnis sei daraufhin zu kontrollieren, „ob die die prognostische Einschätzung tragenden Gesichtspunkte mit hinreichender Deutlichkeit offen gelegt worden sind oder ihre Offenlegung jedenfalls im Normenkontrollverfahren möglich sei und ob in die Prognose keine sachfremden Erwägungen eingeflossen seien".[363]

Darüber hinaus wird vielfach darauf abgestellt, den Bundesgesetzgeber treffe die Argumentationspflicht bzw. Darlegungslast im Hinblick auf die Erforderlichkeit einer bundeseinheitlichen Regelung. So ließ das Gericht etwa in der Entscheidung zum LadSchlG die Erforderlichkeit auch daran scheitern, dass sich in den Gesetzesmaterialien zur Novellierung des LadSchlG im Jahre 1996 keine „Darlegungen" zum Vorliegen der Voraussetzungen des Art. 72 II GG finden.[364]

Dem Bundesgesetzgeber wird also eine weitreichende Begründungspflicht aufgebürdet.[365] Die Begründungslast soll die höchstrichterliche Kontrolle ermöglichen, ohne in den Einschätzungsspielraum, der dem Gesetzgeber zusteht, einzugreifen und damit das Gewaltenteilungsprinzip zu missachten.[366] In der Darlegungslast sieht man denn auch eine „weit wirksamere Hemmschwelle" des Gesetzgebers, als sie durch bloße Justitiabilität erreicht werden kann.[367] Gehört die sorgfältige Erfüllung der Darlegungslast erst zur politischen Kultur bzw. Staatspraxis, wird bereits dieses Verfahrens- und Argumentationserfordernis erheblich zum Schutz der Gesetzgebungskompetenzen der Länder beitragen. Eine grundlegende Neuerung ist in der Darlegungslast freilich nicht zu erkennen, ist doch eine gerichtlich überprüfbare Darlegungslast des Gesetzgebers etwa aus dem Haushaltsrecht hinreichend bekannt.[368]

Eine Darlegungs- und Begründungspflicht macht nur Sinn, wenn die materiellen Kriterien der Begründung vorgegeben sind.[369] Die Statuierung einer Begründungs-

---

362 *Isensee*, FS Badura, S. 689 ff., 716.
363 BVerfGE 106, 62 (150 ff.) – „Altenpflegegesetz", Urteil vom 24.10.2002.
364 BVerfG, 1 BvR 636/02, „Ladenschlussgesetz" – Urteil vom 9.6.2004, Rn. 102; vgl. ausführlich zur Darlegungslast des Bundes im „Ladenschlussgesetz" – Urteil: *Poschmann*, NVwZ 2004, 1318 ff. (1319); vgl. weiterhin BVerfG, 2 BvF 2/02, „Juniorprofessur" - Urteil vom 27.7.2004, Rn. 131 ff.
365 *Depenheuer*, ZG 2003, 177 ff., 188 f.; vgl. hierzu auch 2.Teil, II.2.b.
366 Für Art. 75 II GG *Isensee*, FS Badura, S. 689 ff., 700.
367 *Steinberger*, VVDStRL 50 (1990), 9 ff., 22, Fn. 40.
368 BVerfGE 79, 311 (344 ff.) – „Bundeshaushaltsplan", Urteil vom 18.4.1989.
369 *Kröger/Moos*, BayVBl. 1997, 705 ff., 707.

pflicht als solche ist wünschenswert, bleibt hingegen ohne Präzisierung wertlos. Bereits mit Blick auf die Rechtsfigur der Prognoseentscheidung wurde festgestellt, dass sich ihr keine Kriterien für die anzuwendenden Prüfungskriterien, die in dieser Arbeit entwickelt werden sollen, entnehmen lassen. Dies gilt ebenso für die Darlegungslast. Eine solche Pflicht ist ohne einen konkreten Maßstab leer laufend und bedeutungslos. Ziel der vorliegenden Arbeit ist nicht, derartigen formalen Voraussetzungen nachzugehen, sondern jene materiellen Kriterien zu entwickeln, an denen sich sodann erst die Begründungs- und Darlegungslast zu orientieren hat.

Verfehlt wäre es darüber hinaus, der Kompetenzausübungsschranke des Art. 72 II GG lediglich die Rolle einer Beweislastregel zuzuschreiben, würde dies doch sowohl dem Wortlaut, als auch dem Willen des verfassungsändernden Gesetzgebers diametral zuwiderlaufen. Dem liegt der Gedanke zugrunde, dass durch das Aufstellen einer bloßen prozeduralen Pflicht nicht die Klärung der verfassungsrechtlichen Kompetenzfragen umgangen werden darf.[370] Bei der Gesamtwürdigung seiner Rechtsprechung misst das Bundesverfassungsgericht der Darlegungslast nur sekundäre Bedeutung zu, begründete doch die Bundesregierung das AltPflG mit der „Herstellung gleichwertiger Lebensverhältnisse im Bundesgebiet", stellt das Gericht hingegen primär auf die „Wahrung der Wirtschaftseinheit" ab.[371]

c) Das rechtsdogmatische Verständnis der „Erforderlichkeit" i.S.d. Art. 72 II GG

In materiell-rechtlicher Sicht eröffnet sich ein noch ungelöstes Problemfeld durch die wenig präzisen Ausführungen des Gerichts zu dem Begriff der „Erforderlichkeit". Insbesondere *Calliess* setzt sich hiermit dezidiert auseinander. Er sieht hierin eine Prüfung des Art. 72 II GG am Prinzip der Verhältnismäßigkeit. Zugleich stellt er fest, dass die „Erforderlichkeit" „als offensichtlich ungeliebtes Prüfungsmerkmal unsystematisch durch die Gesamtprüfung des Art. 72 Abs. 2 GG geistert" und damit eine „dogmatische Untiefe" darstellt.[372] Auch die Bundesregierung geht wohl von einem am Verhältnismäßigkeitsprinzip orientierten Verständnis der „Erforderlichkeit" aus.[373] Die überwiegende Ansicht in der Literatur folgt diesem Verständnis, ohne eine genauere Prüfung des Urteils vorzunehmen.

So wollen etwa *Pechstein/Weber* die nunmehr in Art. 72 II GG enthaltene „Erforderlichkeit" einer bundesgesetzlichen Regelung als „eine Voraussetzung des aus dem Rechtsstaatsprinzip hergeleiteten Verhältnismäßigkeitsprinzips" begreifen. Ohne weitere Begründung verweisen sie auf das Altenpflegeurteil, in welchem das Bundesverfassungsgericht dies „ausdrücklich anerkannt und seinen entsprechenden

---

370 Vgl. *Broß*, in: von Münch/Kunig, GG, Vorb. Art. 83-87, Rn. 6.
371 BVerfGE 106, 62 (101, 153 ff.) – „Altenpflegegesetz", Urteil vom 24.10.2002.
372 *Calliess*, EuGRZ 2003, 181 ff., 188, 191, 196.
373 Vgl. zum Vortrag der Bundesregierung: BVerfGE 106, 62 (102) – „Altenpflegegesetz", Urteil vom 24.10.2002.

Kontrollanspruch bekräftigt" hat.[374] *Depenheuer* postuliert ebenfalls, dass das Gericht die „Erforderlichkeit" im Sinne des Verständnisses von „Erforderlichkeit" im Rahmen einer Verhältnismäßigkeitsprüfung verstehe.[375] *Kenntner* geht sogar ohne weiteres von der Anwendung des Übermaßverbotes aus und begründet damit ein subjektives Recht der Länder.[376] Unklar bleibt jedoch, an welcher Stelle das Bundesverfassungsgericht „ausdrücklich" von der Anwendung des Verhältnismäßigkeitsprinzips ausgeht; denn das Verhältnismäßigkeitsprinzip wird vom Gericht mit keinem Wort erwähnt. An anderer Stelle äußert sich *Kenntner* dann auch deutlich zurückhaltender. Die neue Rechtsprechung führe dazu, dass die Bundesgesetzgebung im Bereich des Art. 72 II GG einer echten Erforderlichkeitskontrolle unterzogen werde, die den Kriterien der bekannten Verhältnismäßigkeitsprüfung „sehr nahe" komme. „Eine rechtsdogmatische Einordnung nimmt die Entscheidung des BVerfG selbst nicht vor."[377]

Calliess stimmt den Ausführungen des Bundesverfassungsgerichts sowohl im Hinblick auf die zwei verschiedenen Prüfungsschritte[378] als auch hinsichtlich des Verweises auf den geringst möglichen Eingriff in das Gesetzgebungsrecht der Länder zu. Gerade in letztgenanntem Kontext will der Autor den Weg zu einer Verhältnismäßigkeitsprüfung eröffnet sehen, „die sich – in abgewandelter Form – an den drei Stufen der grundrechtlichen Verhältnismäßigkeitsprüfung hätte orientieren können". Die daran anknüpfenden Aussagen des Gerichts sind jedoch nach Ansicht *Calliess* unklar und wenig sinnvoll. Das Gericht konnte sich seiner Meinung nach offensichtlich nicht entschließen, eine Verhältnismäßigkeitsprüfung durchzuführen, so dass es lediglich eine dogmatisch wenig aussagekräftige Definition der Erforderlichkeit anbiete, wenn es ausspricht, dass eine bundesgesetzliche Regelung nur dann erforderlich sei, wenn die für ein Tätigwerden des Bundesgesetzgebers im konkret zu regelnden Bereich in Anspruch genommene Zielvorgabe des Art. 72 II GG *nicht oder nicht hinlänglich erreicht* werden könne. Dem Gesetzgeber aber insoweit eine Prärogative für Konzept und Ausgestaltung des Gesetzes verbleiben müsse. Sowie nur unter engen Voraussetzungen einzelne Teile des Konzepts als zu regelungsintensiv herausgenommen werden könnten.[379] In der Formulierung des Gerichts: „Eine Bundeskompetenz besteht nicht, wenn landesrechtliche Regelungen zum Schutz der in Art. 72 Abs. 2 GG genannten gesamtstaatlichen Rechtsgüter ausreichen", will *Calliess* gleichwohl die zweite Stufe der Verhältnismäßigkeitsprüfung, die Frage nach einem gleich wirksamen Mittel verorten.[380] Abschließend stellt er fest, dass das Bundesverfassungsgericht abgesehen von diesen Unklarheiten bei der Definition auch das Merkmal der Erforderlichkeit nicht sinnvoll in die Prüfung der Vorgaben

---

374 *Pechstein/Weber*, JURA 2003, 82 ff., 85.
375 *Depenheuer*, ZG 2003, 177 ff., 186, so auch *Winkler*, JA 2004, 631 ff., 634.
376 *Kenntner*, NVwZ 2003, 821 ff., 823.
377 *Kenntner*, DVBl. 2003, 259 ff., 260, 262; zurückhaltend auch *Schwanengel*, DÖV 2004, 553 ff., 556.
378 „Wenn ... erforderlich" und „soweit ... erforderlich".
379 *Calliess*, EuGRZ 2003, 181 ff., 193.
380 *Calliess*, EuGRZ 2003, 181 ff., 193; so auch *Isensee*, FS Badura, S. 689 ff., 711.

des Art. 72 II GG einbaue. Dies sei die „logische Folge", wenn es das Gericht mit Blick auf die Erforderlichkeit „schlicht und einfach an einem überzeugenden Prüfungskonzept fehlen lässt".[381] Diese kritischen Anmerkungen und dogmatischen Vorbehalte zum Anlass nehmend empfiehlt *Calliess* in Anlehnung an das Maastricht-Urteil des Bundesverfassungsgerichts sowie den neugefassten Text des Art. 72 II GG, das Verhältnismäßigkeitsprinzip auch im Bund-Länder-Verhältnis mit altbekannten, leicht modifizierten Maßstäben anzuwenden:

- Geeignetheit („Ist das Bundesgesetz überhaupt geeignet, die mit ihm verfolgten Ziele effektiv zu erreichen?")
- Erforderlichkeit („Kann dieses Ziel nicht gleich wirksam durch inhaltlich ähnliche Ländergesetze erreicht werden?")
- Angemessenheit („Abwägung zwischen dem Gewinn einer bundesrechtlichen Regelung und dem Verlust der landesrechtlichen Kompetenz").[382]

Neben *Calliess* meint auch *Heusch*, das Bundesverfassungsgericht wende das Verhältnismäßigkeitsprinzip im Rahmen des Art. 72 II GG an. Dabei beruft er sich auf die Terminologie des Gerichts sowie auf den ausdrücklichen Wortlaut des Art. 72 II GG. Die bundesgesetzliche Regelung müsse sich daher an den Kriterien der Eignung und Erforderlichkeit messen lassen. Denn die zentrale Aussage in der Altenpflegeentscheidung laute, dass im Kompetenzgefüge des Grundgesetzes bei gleicher Eignung von Regelungen zur Erfüllung der grundgesetzlichen Zielvorgaben grundsätzlich den Ländern der Vorrang gebühre. Art. 72 II GG trage dem mit dem Kriterium der Erforderlichkeit bundesgesetzlicher Regelung Rechnung und verweise den Bund auf den *geringstmöglichen Eingriff* in das Gesetzgebungsrecht der Länder.[383]

Der Wortlaut der Norm und die Formulierungen des Gerichts deuten in der Tat auf eine Übernahme des Verhältnismäßigkeitsprinzips in das Staatsorganisationsrecht hin. Allerdings bleiben jene Ansichten, welche lediglich den Wortlaut untersuchen, auf halbem Wege stehen. Dies muss insbesondere dann gelten, wenn lediglich Textausschnitte herangezogen werden, nicht aber der Zusammenhang in den Blick gelangt. Wenn *Calliess* zu Recht anmerkt, dass die Formulierungen in der Gesamtprüfung des Art. 72 II GG unsystematisch und nebulös wirken, so kann es nicht ausreichen, eklektisch einzelne Passagen zu zitieren. Es bleibt festzuhalten, dass sich im Hinblick auf das gerichtliche Verständnis der „Erforderlichkeit" ein besonderes rechtsdogmatisches Problem stellt, welches im nachfolgenden Kapitel ausführlich zu untersuchen sein wird. Dabei wird sich zeigen, ob die Entscheidung tatsächlich einen „kaum auflösbaren Widerspruch zu der bisher eingenommenen Position"[384]

---

381 *Calliess*, EuGRZ 2003, 181 ff., 193.
382 *Calliess*, EuGRZ 2003, 181 ff., 194; vgl. auch *Bauer*, Liber Amicorum für P. Häberle, S. 645 ff., 672.
383 *Heusch*, Der Grundsatz der Verhältnismäßigkeit im Staatsorganisationsrecht, S. 140.
384 *Heusch*, Der Grundsatz der Verhältnismäßigkeit im Staatsorganisationsrecht, S. 23.

des Bundesverfassungsgerichts, die eine Anwendung des Verhältnismäßigkeitsprinzips im Staatsorganisationsrecht apodiktisch ablehnt, darstellt.

d) Die konkretisierenden Leitsätze im Blickfeld des Schrifttums

Schließlich finden sich in den Urteilsbesprechungen umfängliche Stellungnahmen zu den gerichtlich vorgenommenen, maßstabsbildenden Konkretisierungen der in der „Zieltrias" des Art. 72 II GG verwandten Begriffe. Hier herrscht in der Sache (weitestgehend) Einigkeit. *Calliess* erkennt die Auslegung aller Tatbestandsmerkmale, auch der „Wahrung der Wirtschaftseinheit", als restriktiv und überzeugend an.[385] *Kenntner* sieht ebenfalls ohne weitere Differenzierungen in den Ausführungen des Gerichts eine „Bissigkeit" der Erforderlichkeitsklausel, „die der Ursprungsfassung in fast fünf Jahrzehnten Geltungsdauer niemals zukam".[386] Nach *Huber* wird sich durch die neuen Anforderungen „der Zuwachs an bundesgesetzlichen Regelungen in Zukunft in engen Grenzen halten".[387]

Überwiegend wird in den Urteilsbesprechungen lediglich die restriktive Auslegung der ersten beiden Tatbestandsmerkmale, der „Herstellung gleichwertiger Lebensverhältnisse" sowie der „Wahrung der Rechtseinheit" befürwortet, andererseits die weite Auslegung der „Wahrung der Wirtschaftseinheit" gerügt. So hebt etwa *Sachs* die rigiden Voraussetzungen der ersten beiden gerichtlichen Qualifikationen hervor[388], aber auch die großzügige Auslegung des dritten Ziels.[389] *Brenner* erkennt unter einem anderen Aspekt „Licht und Schatten" in den Äußerungen des Gerichts. Wenngleich es dem Gericht gelingt, Art. 72 II GG ansatzweise zu konkretisieren, so seien diese Konturen immer noch sehr abstrakt. Die Messlatte sei sowohl bei der „Gleichwertigkeit der Lebensverhältnisse" als auch bei der „Wahrung der Rechtseinheit" unüberbrückbar hoch gelegt. Letzteres Kriterium beanstandet der Autor als „vage und wenig praxisgerecht". Die „Wahrung der Wirtschaftseinheit" stehe dem zumindest bezüglich der Vagheit nicht nach, darüber hinaus fehle seiner Ansicht nach die Entwicklung jeglicher Konturen. Im Einzelfall könne das Bundesverfassungsgericht einen Fall nach Belieben entscheiden.[390] Dem folgt auch *Hanebeck*: Deutlich werde eine bereits im Urteil aktivierte Öffnungsklausel für den Bundesgesetzgeber durch die weite Interpretation des Tatbestandsmerkmals „Wahrung der Wirtschaftseinheit im gesamtstaatlichen Interesse". Hinsichtlich der Konkretisierung der drei möglichen Ziele, zu deren Erreichen ein Bundesgesetz erforderlich sein

---

385 *Calliess*, EuGRZ 2003, 181 ff., 191 f., 193; *Zypries*, ZRP 2003, 265 ff., 267, sieht „erhebliche zusätzliche Schranken für die Ausübung der Bundeskompetenz" durch die Konkretisierung der Tatbestandsmerkmale.
386 *Kenntner*, DVBl. 2003, 259 ff., 261 f.
387 *Huber*, Deutschland in der Föderalismusfalle?, S. 24.
388 Vgl. ebenfalls *Depenheuer*, ZG 2003, 177 ff., 183.
389 *Sachs*, JuS 2003, 394 ff., 397; so auch *Isensee*, FS Badura, S. 689 ff., 723.
390 *Brenner*, JuS 2003, 852 ff., 853 f.

muss, werde letzteres sichtlich weiter gefasst als die anderen beiden.[391] *Depenheuer* tadelt schließlich auch die Erteilung eines „Blankoschecks" an den Bundesgesetzgeber für den Bereich der beruflichen Bildung im Rahmen der „Wahrung der Wirtschaftseinheit". Sieht das Gericht hier ein Bundesgesetz immer als erforderlich an, „wenn es die Einheitlichkeit der beruflichen Ausbildung sicherstellen oder wenn es für gleiche Zugangsmöglichkeiten zu Berufen oder Gewerben in allen Ländern sorgen muss"[392], so könne dies nicht überzeugen. „Wieso soll durch eine Rechtsvielfalt im Bereich der beruflichen Ausbildung in jedem Falle die Funktionsfähigkeit des bundesrepublikanischen Wirtschaftsraums in Frage gestellt oder erhebliche Nachteile für die Gesamtwirtschaft zu befürchten sein?"[393] Eine Antwort kann vorweg schon gegeben werden: das Gericht richtete sich nach dem Willen des verfassungsändernden Gesetzgebers. Dessen Verständnis der „Wirtschaftseinheit" war es gerade, die bundeseinheitliche Ausbildung zu sichern. Er sah eine große Gefahr darin, Berufsausbildungsregeln länderunterschiedlich auszugestalten. Diese Motive des verfassungsändernden Gesetzgebers mussten die Schranke in den Entscheidungen des Bundesverfassungsgerichts ausnahmsweise herunterschrauben. Diesen Ausnahmecharakter für die einheitliche Regelung der beruflichen Ausbildung zeigt beispielsweise auch *Kenntner* auf.[394]

Weiterhin lässt sich in der Literatur die Tendenz erkennen, einerseits die Entscheidung zwar grundsätzlich zu befürworten, andererseits jedoch diese lediglich als einen ersten Schritt in Richtung weiterer Konkretisierungen in Form verfassungsrichterrechtlich entwickelter materiell-rechtlicher Vorgaben anzusehen. *Sachs* bringt zum Ausdruck, die ausgesprochene Justitiabilität sei mit dem diffizilen Folgeproblem verbunden, „den in Zukunft justitiablen Inhalt der noch wenig aussagekräftigen neuen verfassungsrechtlichen Formulierung mit subsumtionsfähigen begrifflichen Inhalten zu füllen". Einen rechtsschöpferischen Akt sieht er in dem Postulat der Leitsätze, die von nun an bei der Lösung jedes legislativen Kompetenzkonflikts im Rahmen der konkurrierenden Gesetzgebung zugrunde gelegt werden müssen. Damit zeichnet sich das zweite Problemfeld dieser Arbeit ab, welches das Bundesverfassungsgerichtsurteil noch nicht zur Genüge erschlossen hat, nämlich das Bestimmen weiterer Auslegungskriterien anhand der gerichtlichen Vorgaben.

e) Die kritische Bewertung der Subsumtion des Gerichts in der Altenpflegeentscheidung

In der Literatur wird überwiegend, wie gezeigt, die Maßstabsbildung begrüßt, zugleich aber die Subsumtion des Gerichts kritisiert. *Brenner* beanstandet das ge-

---

391 *Hanebeck*, ZParl 2003, 745 ff., 750 f.
392 BVerfGE 106, 62 (147) – „Altenpflegegesetz", Urteil vom 24.10.2002.
393 *Depenheuer*, ZG 2003, 177 ff., 185.
394 *Kenntner*, NVwZ 2003, 821 ff., 823; *ders.*, DVBl. 2003, 259 ff., 261; so auch *Hufen*, RdJB 2003, 58 ff., 61.

richtliche Verständnis, die „Wahrung der Wirtschaftseinheit" erfordere im Hinblick auf die Mobilität und Flexibilität der Altenpfleger ein Bundesgesetz. Er akzeptiert nicht die zuvor explizit postulierten „erheblichen Nachteile für die Gesamtwirtschaft", hält es vielmehr für möglich, dass das Gericht auf diesem Wege zu seiner alten Interpretation zurückkehre.[395] *Hanebeck* hält ebenfalls dem Gericht einen schlecht begründeten Nachweis einer Regelung zur „Wahrung der Wirtschaftseinheit" vor. Die Gründe der Verbesserung der beruflichen Mobilität sowie der Rahmenbedingungen für die Ausübung des Berufs seien „so weit und pauschal", dass kaum ein Fall denkbar sei, in dem sie nicht herangezogen werden könnten. Denn jede Unterschiedlichkeit in den rechtlichen Ordnungen der Länder hätte Auswirkungen auf die Mobilität im Bundesgebiet.[396]

Gewiss erscheint die Subsumtion des Gerichts „gekünstelt". Es muss aber aller Kritik ungeachtet festgehalten werden, dass das Gericht den Vorgaben des verfassungsändernden Gesetzgebers folgte, wenn es die Berufsausbildungsregeln des AltPflG unter die dritte Zielvorgabe des Art. 72 II GG subsumierte. Das Gericht ging dann zu Recht nicht mehr weiter auf die „erheblichen Nachteile für die Gesamtwirtschaft" ein. Die Anforderungen an dieses Kriterium bleiben in der Tat weiterhin unbestimmt.

f) Entscheidung zum BgefHundG

Die Entscheidung zum BgefHundG[397] fand nur geringe, aber doch kritische Resonanz in der Literatur.[398] *Pestalozza* kritisiert die von ihm als „Divergenz-Theorie" bezeichnete Auffassung des Bundesverfassungsgerichts[399], nach der das bundesrechtliche Strafrecht nur dann ohne Verstoß gegen Art. 72 II GG auf landesrechtliche Verbote verweisen kann, wenn diese im Grundsätzlichen übereinstimmen. Hier werde nicht ersichtlich, wie weit eine Divergenz reichen und worin sie bestehen muss, um die „Erforderlichkeit" abzulehnen. Es bleibe offen, unter welchen Voraus-

---

395 *Brenner*, JuS 2003, 852 ff., 854 f.; vgl. auch *Jochum*, NJW 2003, 28 ff., 29 f.
396 *Hanebeck*, ZParl 2003, 745 ff., 751.
397 BVerfG, 1 BvR 1778/01, „Kampfhundegesetz" – Urteil vom 16.3.2004.
398 *Möstl*, JURA 2005, 48 ff., 54 f., stellt zu Recht fest, dass die Entscheidung zum BgefHundG der Technik von bundesrechtlichen „Blankettstrafnormen" zukünftig entgegensteht. Entgegen *Möstl* geht dies jedoch nicht zu Lasten der Länder. Die Gefahr, dass hierdurch bundesrechtliche Vollregelungen gefördert werden, ist unbegründet. Denn jede bundesrechtliche Vollregelung müsste die hohe Hürde der „Zieltrias" des Art. 72 II GG überwinden, vgl. zu deren Voraussetzungen 3. *Teil, B*. Eine bundesrechtliche Vollregelung im Kampfhundegesetz wäre daher nicht schon zur Gewährleistung einer bundesweiten Mobilität bzw. eines bundesweiten Handels mit Hunden erforderlich i.S.d. Art. 72 II GG (so aber *Möstl*, JURA 2005, 48 ff., 55).
399 „Grundsätzlich ist der Verweis des bundesrechtlichen Strafrechts auf landesrechtliche Verbote zwar denkbar. Art. 72 Abs. 2 GG setzt jedoch voraus, dass diese Verbote im Wesentlichen übereinstimmen. Das ist hier nicht der Fall.", BVerfG, 1 BvR 1778/01, „Kampfhundegesetz" – Urteil vom 16.3.2004, Rn. 119.

setzungen die Verbote „im Wesentlichen" übereinstimmen. Außerdem reicht es seiner Meinung nach nicht aus, dass die Verbote „im Wesentlichen" übereinstimmen, um eine bundeseinheitliche Regelung zu rechtfertigen. Es muss vielmehr eine klare Subsumtion unter Art. 72 II GG erfolgen, andernfalls droht eine Aushöhlung der Norm. Aufgrund der dynamischen Verweisung können die Übereinstimmungen „im Wesentlichen" von Zeit zu Zeit eine „Erforderlichkeit" begründen oder ihr im Wege stehen. Entscheidende Frage muss schließlich bleiben, ob es „erforderlich" i.S.d. Art. 72 II GG erscheint, den „hunderechtlichen" Verstoß ins Kriminelle zu heben.[400]

Gewiss erscheinen die Ausführungen des Bundesverfassungsgerichts zur Ausübungsschranke des Kompetenztitels unklar. Allerdings war die fehlende Erforderlichkeit einer Bundesregelung bei § 143 I StGB in den Augen des Bundesverfassungsgerichts offensichtlich. Dies zeigen die knappen und wenig in die Tiefe gehenden Ausführungen zu den einzelnen Vorgaben des Art. 72 II GG. Die augenscheinlich missglückte Regelung des Bundesgesetzgebers rechtfertigt damit die schwammige „Divergenz-Theorie". Ein Rückschritt zu der alten „Bedürfnis"-Klausel ist nicht zu befürchten. Denn es ist nicht davon auszugehen, dass das Gericht *nur* eine Übereinstimmung „im Wesentlichen" prüfen wollte. Zu einer dezidierten Prüfung der einzelnen Voraussetzungen war das Gericht nicht gezwungen, da die Norm schon an der ersten Hürde der „Erforderlichkeit" scheiterte.

Das von *Pestalozza* angesprochene Problem der „dynamischen Verweisung" besteht in der Tat. Sollten sich die Ländergesetze wirklich so weit annähern, dass sie „im Wesentlichen" übereinstimmen, könnte eine Bundesregelung in der Tat unter den weiteren Voraussetzungen des Art. 72 II GG „erforderlich" sein. Der Bundesgesetzgeber könnte unter diesen Voraussetzungen also eine neue Regelung erlassen. Die Länder wären dann aufgrund des Grundsatzes des bundesfreundlichen Verhaltens in seiner Ausprägung durch das Gebot der Widerspruchsfreiheit der Rechtsordnung[401] möglicherweise angehalten, ihre Gesetze nicht wieder insoweit abzuändern, dass eine „Erforderlichkeit" wieder verneint werden müsste: Eine Frage, die sich sicherlich unterschiedlich beantworten lässt.

IV. Zusammenfassung des Zweiten Teils

Wird sich die „neue Rechtsprechung nachhaltig auf die Inanspruchnahme der konkurrierenden Gesetzgebung durch den Bund auswirken"[402], so besteht dennoch

---

400 *Pestalozza*, NJW 2004, 1840 ff., 1842 f.
401 Siehe hierzu *3.Teil, A.II.3.*
402 So die Bundesjustizministerin *Zypries*, ZRP 2003, 265 ff., 267. Nach *Kirchhof* wird die neue Rechtsprechung des Bundesverfassungsgerichts „das Gewicht der Kompetenzen erheblich zugunsten der Länder verschieben, wenn sie zur ständigen Rechtsprechung erwächst", Kommissionsdrucksache 71 –neu– e, S. 2.

(noch) keine völlig gesicherte Rechtslage nach lediglich vier Entscheidungen.[403] *Fassbender* deutet das Altenpflegeurteil als eine „Absichtserklärung aus Karlsruhe", welche sich künftig bewähren muss. Jedenfalls sei dem Gesetzgeber signalisiert worden, seine Kompetenzen nunmehr sorgfältiger auszuüben.[404] Die Versuche einer Konkretisierung der „Zieltrias" des Art. 72 II GG durch das Gericht befinden sich auf dem richtigen Weg, es fehlen aber noch umfänglich detaillierte Vorgaben. So erscheint die durch das Bundesverfassungsgericht geschaffene Lage noch als vage.

Zu Recht wird die Gefahr erkannt, durch eine fehlende Konkretisierungsmöglichkeit der Verfassungsnorm einen von verfassungsgerichtlicher Kontrolle freien gesetzgeberischen Beurteilungsspielraums durch die „Hintertür"[405] zu erreichen, wenn insbesondere die Voraussetzungen des Art. 72 II, 3. Var. GG äußerst weit erscheinen. Gerade daher darf man an diesem Punkt nicht stehen bleiben und resignierend feststellen, dass „derartige, mehr oder minder vage formulierten Subsidiaritätsklauseln dem politischen Gestaltungswillen des (Rahmen-)Gesetzgebers kaum ernsthaft Schranken setzen"[406]. Eine Norm ist immer nur in dem Ausmaß bestimmt, in welchem man sie tatsächlich bestimmen will. Das Bundesverfassungsgericht hat den Willen gezeigt, die Voraussetzungen des Art. 72 II GG tatbestandlich näher zu bestimmen. Der Weg ist daher vorgegeben. Nur durch eine präzise Bestimmung kann eine im Staatsorganisationsrecht gebotene und dem Rechtsstaatsprinzip angemessene rechtssichere Lage geschaffen werden. Der Bund und die Länder müssen wissen, wann und wie sie im Rahmen der Gesetzgebung tätig werden dürfen. Unter der alten Rechtslage hatte die Rechtsprechung des Bundesverfassungsgerichts eine rechtssichere Lage geschaffen. Der Bund konnte immer dann tätig werden, wenn er es für geboten hielt. Wenngleich diese Lage im Hinblick auf das Bundesstaatsprinzip äußerst bedenklich war und auf heftige Kritik in der Literatur stieß, muss man ihr zugute halten, dass die beiden potentiellen Gesetzgeber immer wussten, wann sie tätig werden konnten: der Bundesgesetzgeber immer, die Länder (fast) nie. Die neue Regelung des Art. 72 II GG schafft nach den ersten Entscheidungen des Bundesverfassungsgerichts noch nicht vollends eine vergleichbare Gewissheit. Es herrscht Unsicherheit, unter welchen Voraussetzungen wer und in welchem Umfang zur Gesetzgebung berufen ist. Diese Unsicherheit birgt die latente – wenn auch teilweise überbewertete – Gefahr, den Prozess der Gesetzgebung zu lähmen und damit die Handlungsfähigkeit der Bundesrepublik Deutschland sowie die Wettbewerbsfähigkeit des Wirtschaftsstandortes Deutschland zu gefährden. Primäres Ziel muss es sein, die bestehenden Unsicherheiten schnellstmöglich zu beseitigen. Entgegen in der Literatur zum Teil vertretener Ansicht ist das Schaffen der gebotenen präzise

---

403 Vgl. *Bauer*, in: HStR I 2003, § 14, Rn. 113; *Scholz* in seiner ersten schriftlichen Stellungnahme in der Föderalismuskommission, Kommissionsdrucksache 0005, S. 5.
404 *Fassbender*, JZ 2003, 332 ff., 337.
405 *Depenheuer*, ZG 2003, 177 ff., 182.
406 *Kaltenborn*, AöR 128 (2003), 412 ff., 424 f., 441; vgl. auch *Hanebeck*, ZParl 2003, 745 ff., 752, Der demokratische Bundesstaat des Grundgesetzes, S. 353, der „wenig Hoffnung auf eine verfassungsgerichtliche Durchsetzung" des Willens des verfassungsändernden Gesetzgebers sieht.

bestimmten Verfassungsrechtslage durchaus über eine weitere Konkretisierung des Art. 72 II GG möglich. Dem weiteren Verlauf der Untersuchung sind demzufolge die Ziele vorgegeben. Zunächst soll Klarheit über das Verständnis der Erforderlichkeit aus der Sicht des Bundesverfassungsgerichts geschaffen werden. Anschließend wird versucht, die Leitsätze des Gerichts hinsichtlich der Konkretisierungen der „Zieltrias" des Art. 72 II GG weiter zu präzisieren.

Dritter Teil

Die Berechenbarkeit der Kompetenzausübungsregel des Art. 72 II GG

A. Die rechtsdogmatische Funktion des Erforderlichkeitskriteriums

Eine Analyse der rechtsdogmatischen Konturen der „Erforderlichkeit" i.S.d. Art. 72 II GG verlangt einen grundlegenden Ansatz. Wird die Erforderlichkeitsklausel nicht nur in Verbindung gebracht mit dem Verhältnismäßigkeitsprinzip, sondern auch mit dem Subsidiaritätsprinzip als den beiden möglichen Bezugspunkten für rechtsdogmatische Konkretisierungen, so müssen beide Prinzipien erläutert werden. Daran anknüpfend werden Parallelen zu anderen Kompetenzabgrenzungsregeln gezogen, dem europäischen Subsidiaritätsprinzip gem. Art. 5 II EG sowie der kommunalen Selbstverwaltungsgarantie gem. Art. 28 II GG. Schließlich soll die Frage nach dem dogmatischen Verständnis des Erforderlichkeitskriteriums beantwortet werden.

I. Das Subsidiaritätsprinzip im Lichte des Art. 72 II GG

Das Subsidiaritätsprinzip wird regelmäßig in Verbindung mit der Erforderlichkeitsklausel des Art. 72 II GG gebracht. Die „Erforderlichkeit" i.S.d. Art. 72 II GG wird etwa als „Konkretisierung des für bundesstaatliche Systeme konstitutiven Subsidiaritätsprinzips"[407] gesehen. Nach *Isensee* gilt die Direktive der Kompetenzausübung in Art. 72 II GG als Prototyp einer positivrechtlichen Umsetzung des Subsidiaritätsprinzips.[408] *Jarass* erkennt in Art. 72 II GG „eine Art Subsidiaritätsprinzip"[409], *Kuttenkeuler* gar die „idealtypische Umsetzung des Subsidiaritätsprinzips"[410]. Nach *Kipp* soll Art. 72 II GG Grundsätze enthalten, „die in klassischer Weise das dem

---

407 *Oeter*, in: vM/K/S, GG, Art. 72 II, Rn. 89. Der Verweis *Oeters* auf *Calliess*, DÖV 1997, 889 ff., 895 f., vermag hingegen nicht zu überzeugen, erwähnt dieser doch mit keinem Wort in der angegebenen Textstelle das Subsidiaritätsprinzip. *Calliess* distanziert sich zudem von dieser Bezugnahme auf das Subsidiaritätsprinzip, EuGRZ 2003, 181 ff., 188, Fn. 85, 194, Fn. 160. Vgl. auch *Kröger/Moos*, BayVBl. 1997, 705 ff., 710 ff.; *Sannwald*, in: Schmidt-Bleibtreu/Klein, GG, Art. 72, Rn. 42.
408 *Isensee*, Subsidiaritätsprinzip und Verfassungsrecht (2001), S. 358; ders., Rechtstheorie, Beiheft 20, 129 ff., 154; vgl. auch BVerfG, 2 BvF 2/02, „Juniorprofessur" - Urteil vom 27.7.2004, Rn. 30 („Subsidiaritätsregulativ des Art. 72 Abs. 2 GG").
409 *Jarass*, NVwZ 1996, 1041 ff., 1042.
410 *Kuttenkeuler*, Die Verankerung des Subsidiaritätsprinzips im GG, S. 67, 77, 112.

bundesstaatlichen Aufbau kongruente Prinzip der Subsidiarität zum Ausdruck bringen".[411]

1. Das Subsidiaritätsprinzip als Gestaltungsprinzip bundesstaatlicher Ordnung

a) Entwicklung des Subsidiaritätsprinzips

Dem Lateinischen entnommen, bedeutet „subsidiär" soviel wie unterstützend und aushilfsmäßig tätig werden.[412] Der Gedanke des Subsidiaritätsprinzips als Gestaltungsprinzip soll nach mitunter vertretener Ansicht außergewöhnlich alt sein, etwa „so alt wie die christliche Sozialphilosophie bzw. das abendländische Rechtsdenken"[413]. *Höffe* sieht seinen Ursprung gar in der Sozialphilosophie des Platon und des Aristoteles.[414] Wieder Andere sehen den Grundgedanken des Subsidiaritätsprinzips als Gestaltungsprinzip mit *Althusius* verbunden.[415] Im staatstheoretischen Liberalismus wurde damit begonnen, dem Prinzip klare Strukturen zu geben.[416] Der Gedanke der Subsidiarität wurde entwickelt, um dem Einzelnen ein Optimum an Persönlichkeitsentfaltung zu bieten.[417] Nach *Jellinek* könne und müsse der Staat nur tätig werden, wenn die „freie individuelle oder genossenschaftliche Tat unvermögend ist", den vorgesetzten Zweck zu erreichen. Ferner solle die nichtregulierte und genossenschaftliche Tat nur insoweit zurücktreten oder ausgeschlossen werden, sofern der Staat mit seinen Mitteln das betreffende Interesse in besserer Weise zu fördern vermag.[418] *Jellinek* stellte damit auf zwei Seiten ab, einerseits das Unvermögen der kleineren Einheit, andererseits die bessere Leistungsfähigkeit der höherrangigen Einheit, eine Grundaussage, die sich knapp hundert Jahre später wieder in Art. 5 II EG findet, der das Subsidiaritätsprinzip auf europäischer Ebene konstituiert.

Der moderne Subsidiaritätsbegriff entwickelte sich vornehmlich in der katholischen Soziallehre des 19. Jahrhunderts. *Papst Pius XI.* formulierte in der Enzyklika „Quadragesimo anno" vom 15. Mai 1931 das Prinzip als ein gesellschaftliches Ordnungsprinzip, das sich gegen die damaligen autoritären Tendenzen richten sollte.[419]

---

411 Schon für Art. 72 II GG a.F. *Kipp*, DÖV 1956, 555 ff., 561.
412 Subsidere = Daruntersitzen; subsidium = Hilfeleistung, Reservetruppe. Man bezeichnete mit dem „subsidium" die dritte Reihe in der Schlachtordnung der Legionäre, also jene Kämpfer, die erst dann eingriffen, wenn die Soldaten vor ihnen nicht mehr ausreichten. Vgl. *Calliess*, Subsidiaritäts- und Solidaritätsprinzip in der Europäischen Union, S. 25; *Kuttenkeuler*, Die Verankerung des Subsidiaritätsprinzips im GG, S. 26 m.w.Nachw.
413 *Marcic*, Vom Gesetzesstaat zum Richterstaat, S. 431.
414 *Höffe*, Subsidiarität: Idee und Wirklichkeit, S. 49 ff., 56 ff.
415 Vgl. *Würtenberger*, Rechtstheorie, Beiheft 16, 355 ff., *ders.*, Jahrbuch zur Staats- und Verwaltungswissenschaft, Band 7 (1994), S. 65 ff., 65 m.w.Nachw.
416 *Isensee*, Subsidiaritätsprinzip und Verfassungsrecht (2001), S. 44 ff.; *Kuttenkeuler*, Die Verankerung des Subsidiaritätsprinzips im GG, S. 39 ff.
417 *Zippelius*, Allgemeine Staatslehre, § 17 I 3, S. 131 f.
418 *Jellinek*, Allgemeine Staatslehre, S. 259, 263.
419 *Papst Pius XI.*, Enzyklika Quadragesimo anno (1931), Rn. 79 f., abgedruckt in: Die Subsidi-

Diese Formulierung erweckte das Subsidiaritätsprinzip nach beinahe einhellig vertretener Ansicht zu neuem Leben und machte es zu einem Anknüpfungspunkt für sozialwissenschaftliche, soziologische und andere sozial-orientierte Fragestellungen[420], auch für die Rechtswissenschaft.

Subsidiarität bezeichnet ein Prinzip, wonach jede gesellschaftliche und staatliche Tätigkeit ihrem Wesen nach subsidiär ist, die höheren gesellschaftlichen bzw. staatlichen Gruppen nur dann helfend tätig werden und Funktionen der kleineren Gruppen an sich ziehen dürfen, wenn deren Kräfte nicht ausreichen, die ihnen obliegenden Aufgaben wahrzunehmen. Ausgangspunkt muss immer sein, dass ein Konkurrenzverhältnis besteht, die konkurrierenden Ebenen also die Aufgaben theoretisch wahrnehmen können.[421]

b) Subsidiaritätsprinzip und Sozialstaatsprinzip

Das Subsidiaritätsprinzip tritt regelmäßig in Konflikt mit dem Sozialstaatsprinzip. So formulierte schon das Allgemeine Landrecht für die Preußischen Staaten von 1794 in § 1 II 19: „Dem Staat kommt es zu, für die Ernährung und Verpflegung derjenigen Bürger zu sorgen, die sich ihren Unterhalt nicht selbst verschaffen, und denselben auch von anderen Privatpersonen, welche nach besonderen Gesetzen dazu verpflichtet sind, nicht erhalten können." Wirkt das Sozialstaatsprinzip primär auf Vereinheitlichung hin[422], indem es als Ziel setzt, die Lebensbedingungen stetig zu verbessern und einen hohen Lebensstandard breiten Bevölkerungskreisen zukommen zu lassen, so will das Subsidiaritätsprinzip die Unterschiedlichkeiten respektieren, um eine optimale Problemlösung zu gewährleisten. Nach *Isensee* „überrollt der unitarische Sozialstaat die föderativen Differenzierungen in den Gesetzgebungs- wie Finanzierungskompetenzen".[423] Dieses Konkurrenzverhältnis wurde in Deutschland lange Zeit dahingehend verstanden, dass das Subsidiaritätsprinzip dann zurücktritt, wenn die Sozialstaatlichkeit es gebietet. Man kann von einer Konsumtion des Subsidiaritätsprinzips zugunsten einer sozialstaatlichen Vereinheitlichung sprechen. Wo die jeweilige sachadäquate Grenze dieser Konsumtion liegt, kann sich nur nach der zeitlichen Situation bestimmen. Dies bedeutet nicht, dass die Grenze sich konstant

---

arität Europas, 273 f.; vgl. hierzu *Pieper*, Subsidiarität, S. 33 ff.
420 *Marcic*, Vom Gesetzesstaat zum Richterstaat, S. 431.
421 Im politischen Bereich sollen Entscheidungen möglichst bürgernah getroffen werden, um der „bürokratischen Entfremdung" (*Zippelius*, Allgemeine Staatslehre, § 17 I 3, S. 132) vorzubeugen. An der Bildungspolitik lässt sich dies veranschaulichen: Der Schüler wählt im familiären Umfeld (unterste Ebene) aus dem Bildungsangebot aus, der Schulklasse bleibt die Gestaltung ihres Zusammenlebens überlassen, das Lehrerkollegium teilt den Stundenplan ein, die Gemeinde befindet unabhängig über Schulbauten, das Land hat die Kulturhoheit und legt die curricula fest, dem Bund (oberste Ebene) steht lediglich die Rahmengesetzgebung im Hochschulbereich zu (vgl. Bsp. nach http://www.infobitte.de).
422 *Calliess*, DÖV 1997, 889 ff., 890.
423 *Isensee*, in: HStR IV, § 98, Rn. 251.

zu sozialstaatlicher Unitarisierung verschiebt bzw. der soziale Standard immer höher geschraubt wird, wenngleich dieses Ziel zum Teil als Idealzustand propagiert wird. Vielmehr kann die momentane staatliche Situation die Grenze nach unten korrigieren, wenn die wirtschaftliche Lage es nicht anders zulässt.[424] Wenn damit dann eine (wieder) stärkere Beachtung des Subsidiaritätsprinzips korrespondiert, so kann man das Prinzip durchaus als dynamisches Prinzip verstehen, welches dem Wandel der Zeit geöffnet ist.[425]

2. Das Subsidiaritätsprinzip: Ein verfassungsrechtliches Prinzip?

Ob dem Subsidiaritätsprinzip Verfassungsrang zukommt, ist seit jeher umstritten. Ziel der vorliegenden Untersuchung ist es nicht, dieser nahezu unüberschaubar behandelten Grundsatzfrage[426] ein weiteres Mal nachzugehen. Die verschiedenen Positionen sollen lediglich knapp dargestellt werden. Dabei soll das Verhältnis des Art. 72 II GG zu dem Subsidiaritätsprinzip besonders hervorgehoben werden.

Das Bundesverfassungsgericht ließ es dahinstehen, ob dem Subsidiaritätsprinzip Verfassungsrang zukommt.[427] Das Bundesverwaltungsgericht lehnte es ausdrücklich ab, einen allgemeinen Verfassungsgrundsatz aus der Tatsache abzuleiten, dass es den Grundsatz der Subsidiarität in bestimmten einzelnen Rechtsgebieten anerkannte.[428] Die Ansichten in der Literatur gehen auseinander. Legt man zunächst den Willen des Verfassungsgebers zugrunde, dann soll dem Prinzip kein Verfassungsrang zukommen, da im Verfassungskonvent von Herrenchiemsee eine Aufnahme dieses Prinzips in das Grundgesetz abgelehnt worden ist.[429] Eingewandt wird, dass

---

424 Als Beispiel für das Verschieben der Grenze aus jüngster Zeit kann die „Riester-Rente" genannt werden. Diese ist eine private Altersvorsorge auf freiwilliger Basis. Während des Arbeitslebens zahlt man Beiträge in eine private Rentenversicherung, einen Banksparplan oder einen Fonds, als Anreiz erhält man staatliche Zulagen und Steuerfreibeträge. Der Versicherer garantiert Rückzahlungen mindestens in Höhe der eingezahlten Beiträge sowie eine wechselnde Mindestverzinsung; siehe hierzu unter: www.riester-rente.net.
425 Vgl. *Moersch*, Leistungsfähigkeit und Grenzen des Subsidiaritätsprinzips, S. 81 f. Auch die Bürger, vor allem im Osten Deutschlands, fordern eine Stärkung des Subsidiaritätsprinzips i.S. einer Verlagerung der Entscheidungsgewalt vom Bundestag auf die Regionalebene und zum Bürger, vgl. den Kurzbericht der repräsentativen, mit 356.000 Teilnehmern im Jahr 2002 weltweit größten gesellschaftspolitischen Online-Umfrage „Perspektive-Deutschland 2002", S. 3 f., 12 ff., 15, www.perspektive-deutschland.de.
426 Vgl. *Zuck*, Subsidiaritätsprinzip und Grundgesetz, S. 50 ff.; *Isensee*, Subsidiaritätsprinzip und Verfassungsrecht (2001), S. 106 ff.; sowie aus jüngerer Zeit *Moersch*, Leistungsfähigkeit und Grenzen des Subsidiaritätsprinzips, S. 87 ff.; *Kuttenkeuler*, Die Verankerung des Subsidiaritätsprinzips im GG, S. 229 ff.; *Sarcevic*, ZG 2000, 328 ff.; *Pieper*, Subsidiarität, S. 75 ff., 83 ff.
427 BVerfGE 58, 233 (253) – „Tariffähigkeit einer Arbeitnehmerkoalition", Beschluss vom 20.10.1981.
428 BVerwGE 23, 304 (306) – „Arbeitskammer", Urteil vom 25.2.1966.
429 *Herzog*, Der Staat 1963, 399 ff., 412; vgl. hierzu insbesondere *Isensee*, Subsidiaritätsprinzip und Verfassungsrecht (2001), S. 143 ff.

diese Argumentation durch die Aufnahme des Subsidiaritätsprinzips in Art. 23 I 1 GG[430] überholt sei, in dem das Prinzip seine ausdrückliche verfassungsrechtliche Erwähnung für den Bereich der Europäischen Integration findet.[431] Art. 23 I 1 GG sieht vor, dass die Bundesrepublik Deutschland zur Verwirklichung eines vereinten Europas bei der Entwicklung der Europäischen Union mitwirkt, die demokratischen, rechtsstaatlichen, sozialen und föderativen Grundsätzen und auch dem Grundsatz der Subsidiarität verpflichtet ist. Das Subsidiaritätsprinzip nach Art. 23 I 1 GG dient dabei auch dem Zweck, die Eigenständigkeit der Länder zu bewahren und die gemeindliche Selbstverwaltungsgarantie zu schützen, vor allem durch eine Präventivkontrolle des deutschen Vertreters im Rat, der an die Verfassung gebunden ist, sowie in beschränktem Umfang durch die deutschen Vertreter im Ausschuss der Regionen.[432] Das Prinzip soll vor allem die fortschreitende Übertragung von Hoheitsrechten an die Europäische Union begrenzen.[433] Demzufolge finden sich Stimmen in der Literatur, vorzugsweise geleitet durch die Konstituierung des Prinzips in Art. 23 I 1 GG, die in dem Subsidiaritätsprinzip sehr wohl einen Verfassungsgrundsatz sehen. Denn wenn das Subsidiaritätsprinzip die supranationale föderale Ordnung gestalten solle, müsse es konsequenterweise auch für die nationale föderale Ordnung gelten; anders formuliert: Die Verfassungsprinzipien, die für die europäische Verfassungsordnung gelten sollen, sollten auch im nationalen Bereich von Bedeutung sein.

Teilweise wird das Subsidiaritätsprinzip als wesentliches Ordnungsprinzip jeder föderalen Verfassung aufgefasst.[434] Das Subsidiaritätsprinzip bildet folglich den Kern des Bundesstaatsprinzips.[435] *Oppermann* bemerkt wohl mit Recht, dass „der Subsidiaritätsgedanke der deutschen Verfassung nunmehr (nach seiner Aufnahme in Art. 23 I 1 GG) erkennbar als ein ungeschriebenes Strukturprinzip zugrunde liegt".[436] Nach *Kuttenkeuler* soll dies zumindest für die verfassungsrechtlichen Kompetenznormen gelten.[437]

Die Regelung in Art. 23 I 1 GG ist allerdings nicht Konsequenz eines im deutschen Verfassungsrecht enthaltenen innerstaatlichen Subsidiaritätsgrundsatzes, son-

---

430 Die Verfassungsnorm ist mit der Ratifizierung des Vertrages über die Europäische Union durch Art. 1 Nr. 1 des 38. Änderungsgesetzes vom 21.12.1992 (BGBl. I, S. 2086 ff.) in das Grundgesetz gelangt, um die verfassungsrechtliche Ermächtigung zur deutschen Beteiligung an der Europäischen Union zu begrenzen. Der früher die Integrationsgewalt vergebende Art. 24 I GG wurde hierfür als zu „mager" angesehen; vgl. *Streinz*, in: Sachs, GG, Art. 23, Rn. 2; *Jarass*, in: J/P, GG, Art. 23, Rn. 1.
431 *Oppermann*, Subsidiarität: Idee und Wirklichkeit, S. 215 ff., 223; vgl. hierzu auch *Knorr*, Die Justitiabilität der Erforderlichkeitsklausel i.S.d. Art. 72 II GG, S. 167 ff.; *Kuttenkeuler*, Die Verankerung des Subsidiaritätsprinzips im GG, S. 231 f.
432 *Streinz*, in: Sachs, GG, Art. 23, Rn. 37 f.
433 *Heyde*, in: Umbach/Clemens, GG, Art. 23, Rn. 41.
434 *Schmidhuber/Hitzler*, NVwZ 1992, 720 ff., 721.
435 *Oeter*, Integration und Subsidiarität im deutschen Bundesstaatsrecht, S. 568.
436 *Oppermann*, Subsidiarität: Idee und Wirklichkeit, S. 215 ff., 218.
437 *Kuttenkeuler*, Die Verankerung des Subsidiaritätsprinzips im GG, S. 164, 169 f., 231 f. m.w.Nachw.

dern stellt die Voraussetzungen für die Mitwirkung Deutschlands an der Fortentwicklung der Europäischen Union auf. Es verpflichtet die nationalen Verfassungsorgane, sich für die Anwendung des europarechtlichen Subsidiaritätsprinzips einzusetzen. Dies ist die Zielrichtung des Subsidiaritätsprinzips in Art. 23 I 1 GG, nicht aber die Gestaltung des vom Grundgesetz verfassten politischen Systems. Indem die Verfassungsnorm in ihren Absätzen 2 bis 7 das Zusammenspiel von Bund und Ländern in Angelegenheiten der Europäischen Union regelt, impliziert sie gerade, dass die Bundesrepublik innerstaatlich in den Bund und die Länder geordnet ist.[438] Sie gründet lediglich auf dem durch das Grundgesetz ausgestalteten Subsidiaritätsprinzip, konstituiert dieses jedoch nicht.

Das Subsidiaritätsprinzip kommt allerdings an vielen vereinzelten Stellen des Verfassungsgefüges zum Ausdruck. Das Grundgesetz garantiert beispielsweise die verschiedenen Ebenen, zwischen denen das Prinzip einen Ausgleich bewerkstelligen soll. Hier können das Individuum, die Familie, die Gemeinden und Gemeindeverbände, die Länder sowie der Bund genannt werden.[439] Die „verbindliche Festlegung einer Rangfolge" der Ebenen als Wesensmerkmal des Subsidiaritätsprinzips fehlt allerdings weitgehend im Grundgesetz.[440] Denn für die verfassungsrechtliche Anerkennung des Subsidiaritätsprinzips kann nicht entscheidend sein, dass verschiedene Ebenen persönlicher Entfaltung oder politischer Einheiten durch die Verfassung garantiert werden. Eine Verfassung, welche nicht zwischen solchen unterschiedlichen Ebenen differenziert, sei es auch nur zwischen der übergeordneten Ebene Staat und der untergeordneten Ebene Bürger, ist undenkbar. Das Subsidiaritätsprinzip würde jedweder Verfassung sachlogisch zugrunde liegen, was wiederum zu einem Zirkelschluss hinsichtlich der Anerkennung als verfassungsrechtliches Prinzip führen würde. Ebenso lässt sich argumentieren, dass durch die – abgesehen von Art. 23 I 1 GG – fehlende explizite Normierung im Verfassungstext dem Prinzip kein Verfassungsrang zukommt.

Schließlich finden sich in der Literatur unzählige, mehr oder weniger „schwammige" Formulierungen, die der verfassungsrechtlichen Anerkennung des Subsidiaritätsprinzips verhalten gegenüberstehen. *Merten* sieht beispielsweise in dem Grundsatz der Subsidiarität ein „tragendes Element deutscher Staatlichkeit".[441] Er legt dar, dass sich das Subsidiaritätsprinzip vor allem in Art. 11 II GG, wonach eine Beschränkung der Freizügigkeit lediglich aufgrund Fehlens einer ausreichenden Lebensgrundlage möglich ist, niederschlägt. Auch der Verhältnismäßigkeitsgrundsatz, der ebenfalls auf Freiheitsschutz zielt, stellt seiner Ansicht nach eine besondere

---

438 *Rozek*, in: vM/K/S, GG, Art. 70 I, Rn. 9.
439 Art. 1 ff. GG, insbesondere in Art. 2 I GG; Art. 6 I GG; Art. 28 II GG; Art. 20 I, 79 III GG usw.; Art. 20 I GG usw.; vgl. hierzu *Herzog*, Der Staat 1963, 399 ff., 411 f.; *Maunz/Zippelius*, Staatsrecht, § 11 III 5, S. 69; für eine umfassende Übersicht *Moersch*, Leistungsfähigkeit und Grenzen des Subsidiaritätsprinzips, S. 89 ff., Fn. 17 ff.
440 Vgl. m.w.Nachw. *Knorr*, Die Justitiabilität der Erforderlichkeitsklausel i.S.d. Art. 72 II GG, S. 163 f.
441 *Merten*, Die Subsidiarität Europas, S. 77 ff., 86.

Ausprägung des Subsidiaritätsprinzips dar.[442] Nach Ansicht von *Maunz* soll das Subsidiaritätsprinzip dem Grundgesetz zumindest „mittelbar zugrunde liegen".[443] Nach *Degenhart* stellt das Subsidiaritätsprinzip allerdings keinen über die normierten Verfassungsprinzipien hinausgehenden Grundsatz auf.[444] Hiergegen spreche vor allem, dass ansonsten jede legislative bzw. administrative Tätigkeit in einem Verfassungsprozess im Hinblick auf das Subsidiaritätsprinzip überprüft werden müsse, wenn man dieses als Verfassungsprinzip anerkennt. Vielmehr solle das Prinzip den Staat nur veranlassen, Aufgaben von sich aus vernünftigerweise abzugeben.[445] Schließlich wird das Subsidiaritätsprinzip nur als Teil des Bundesstaatsprinzips verstanden. Es ist gekoppelt mit dem Föderalismus und erzeugt so die Primärzuständigkeit der kleineren Einheit.[446] Eine eigenständige Rolle kommt ihm dabei aber nicht zu. *Hesse* hebt dabei mit Recht hervor, dass Föderalismus und Subsidiaritätsprinzip „nicht notwendig im Zusammenhang" stehen.[447]

Der knappe Ausschnitt aus einer großen Zahl von Literaturansichten zeigt die erhebliche Unbestimmtheit des Subsidiaritätsprinzips als verfassungsrechtlichem Prinzip. Es drängt sich das Bild auf, dass ein jeder an der Diskussion Beteiligter versucht, aus dem „Dickicht des Subsidiaritätswaldes" einen eigenständigen, möglichst grundlegenden Beitrag zur Auseinandersetzung herauszuarbeiten, um auf diese Weise dem Prinzip Konturen zu geben. Nur selten decken sich die Ansichten. Die unzähligen Erklärungsversuche führen vielmehr, entgegen den ursprünglichen Absichten, zu einer weitgehenden Unbestimmtheit. Sucht man nach den Gründen, so erscheint es daher so schwierig, das Subsidiaritätsprinzip präzise einzuordnen, weil es nicht nur als ein staatsorganisationsrechtliches, rein juristisches Prinzip aufgefasst wird, sondern darüber hinaus als sozialethisches und rechtspolitisches Prinzip verstanden wird. Sowohl ethische, politische als auch juristische Argumente für das Treffen von Entscheidungen, die auf mehreren miteinander konkurrierenden Ebenen angesiedelt werden können, können sich auf das Prinzip beziehen, wollen sie die Zuständigkeit der einen oder der anderen Ebene begründen. Nicht zuletzt ist das Subsidiaritätsprinzip ideologisch belastet. Der Ursprung des Subsidiaritätsprinzips wird überaus (um nicht zu sagen „zu") oft in der katholischen Soziallehre gesehen. Wohl auch wegen dieser Wurzel zögert man, dem Prinzip Verfassungsrang anzuerkennen, um nicht dem Vorwurf ausgesetzt zu sein, die Verfassung mit ideologischen Gesichtspunkten aufzuladen.[448] Dem Ideologievorwurf können aber auch jene ausgesetzt sein, die das Subsidiaritätsprinzip als Grundlage einer liberalen Theorie von Staat und Gesellschaft betrachten.

---

442 *Merten*, Die Subsidiarität Europas, S. 77 ff., 90.
443 *Maunz*, Staatsrecht (22. Aufl.), § 9 II 6, S. 70; so auch *Dürig*, in: M/D, GG, Art. 1, Rn. 54.
444 *Degenhart,* Staatsrecht I, § 2 I 3, Rn. 107.
445 *Herzog*, Allgemeine Staatslehre, S. 149 f.
446 *Stern*, Staatsrecht I, § 19 II 4, S. 661.
447 *Hesse*, Grundzüge, § 7 I, Rn. 219.
448 *Scholz*, Das Wesen und die Entwicklung der gemeindlichen öffentlichen Einrichtungen, S. 48.

Will man das Subsidiaritätsprinzip verfassungsrechtlich einordnen, so steht es zumindest dem Bundesstaatsprinzip und dem Demokratieprinzip näher als dem Rechtsstaatsprinzip und dem Sozialstaatsprinzip. Es tritt regelmäßig in Konflikt mit den letztgenannten Verfassungsprinzipien, wenn es diese zu schützen gilt. Das Subsidiaritätsprinzip dient hier oftmals als Argumentationsquelle für die Ausbalancierung zwischen den Verfassungsprinzipien. Es dient dazu, eine Ausgewogenheit zwischen dem Bundesstaats- und Demokratieprinzip einerseits und dem Rechtsstaats- und Sozialstaatsprinzip andererseits herzustellen. Auch bei dieser Sichtweise, die das Subsidiaritätsprinzip als bloßes Auslegungsprinzip fruchtbar macht, bleibt festzuhalten, dass ihm kein Verfassungsrang zukommt, wenngleich damit nicht seine „bedeutsame Rolle"[449] in Frage gestellt werden soll. Nichtsdestotrotz steht es als Argumentationsprinzip in untrennbarem Zusammenhang zu einzelnen Verfassungsprinzipien.[450]

3. Das Fehlen eines klaren Maßstabes

Dem Subsidiaritätsprinzip liegt die Aussage zugrunde, dass die höheren staatlichen Ebenen nur dann tätig werden und Funktionen der niederrangigen Ebenen an sich ziehen dürfen, wenn deren Kräfte nicht ausreichen, diese Funktionen wahrzunehmen. Auf die notwendige Existenz eines Konkurrenzverhältnisses wurde bereits hingewiesen.[451] So benennt *Isensee* die möglichen formalen Voraussetzungen des Subsidiaritätsprinzips in Form einer Trias. Es findet Anwendung, wenn die sozialen Einheiten „im hierarchischen Über/Unterordnungsverhältnis zueinander stehen, einen gemeinsamen Aufgabenkreis (konkurrierende Kompetenz) haben und auf ein gemeinsames Ziel – das bonum commune – bezogen sind".[452] Auch *Moersch* versucht, über das „Gemeinwohlkonzept" eine Konkretisierung[453] des Subsidiaritätsprinzips zu erreichen. Er erkennt allerdings, dass es weder der Rechtsprechung noch der Literatur gelungen ist, dem Gemeinwohlgedanken einen fassbaren, materiellrechtlichen Kern zu entnehmen, welcher die erforderliche Konkretisierungsleistung hinreichend erfüllen könnte.[454] Eine solche Konkretisierung des Subsidiaritätsprinzips durch eine weitere Leerformel führt jedoch nicht weiter, sondern erhöht die Unbestimmtheit um eine weitere Stufe. Auch die von *Würtenberger* entwickelten

---

449 *Kluth*, in: Wolff/Bachof/Stober, Verwaltungsrecht III, § 97 II 1, Rn. 19.
450 Ähnlich *von Münch*, Staatsrecht I, Rn. 993, der von „engen Bezügen zu den freiheitssichernden Grundrechten, zum Demokratie- und Rechtsstaatsprinzip" spricht.
451 Vgl. unter *3.Teil, I.1.a*.
452 *Isensee*, Subsidiaritätsprinzip und Verfassungsrecht (2001), S. 71.
453 *Moersch*, Leistungsfähigkeit und Grenzen des Subsidiaritätsprinzips, S. 198 ff., 199 f., 203, spricht von der „Orientierungsfunktion" bzw. „Orientierungsleistung" des „Gemeinwohls", der das Subsidiaritätsprinzip zu seiner praktischen Umsetzung als Kompetenzzuweisungsmaxime bedarf.
454 *Moersch*, Leistungsfähigkeit und Grenzen des Subsidiaritätsprinzips, S. 207 f.

sechs „Subprinzipien" des Subsidiaritätsprinzips[455] bieten noch keine hinreichende Bestimmtheit. Einer rechtsdogmatischen Konturierung des Subsidiaritätsprinzips müssen weitere Konkretisierungen und Prüfungsmaßstäbe nachfolgen, um es rechtlich fassbar zu gestalten.

Als (verfassungs-)rechtliches Organisationsprinzip könnte man das Subsidiaritätsprinzip dahin formulieren, dass von zwei in Konkurrenz zueinander stehenden Ebenen die untere Ebene dann tätig werden soll, wenn die höherrangige Ebene nicht „besser" zur Erfüllung im Stande ist. Das Subsidiaritätsprinzip als „Kompetenzordnungsmaxime" hängt damit von dem Verständnis der „optimalen" Erfüllung ab. Nur die bestmögliche Erfüllung einer Aufgabe kann die „bessere" Erfüllung dieser Aufgabe bestimmen. Eine solche Formel ist freilich äußerst dehnbar und lässt sich fast beliebig mit gegenläufigen Maßstäben auffüllen. Zur Konkretisierung schlägt etwa *Moersch* vor, die optimale Lösung einer Gemeinschaftsaufgabe in der Herstellung „größtmöglicher Vereinheitlichung" zu sehen. Dies leitet er als staatliches Ziel aus dem Streben des Staates nach demokratischer Gleichheit, Rechtsgleichheit und sozialer Gleichheit her. Folge wäre eine Uminterpretation des Subsidiaritätsprinzips zu einem unitarisch zentralistisch wirkenden Steuerungsgrundsatz, verbunden mit einer Hochzonung der Kompetenzen[456], was für sich genommen schon fragwürdig erscheint. Auch aus anderen Gründen erscheint die Ansicht *Moerschs* als nicht zutreffend. Er führt zur Begründung des staatlichen Egalitätsstrebens die zahlreichen Verlagerungen der Gesetzgebungskompetenzen hin zum Bund an.[457] In der Tat war der Zweck dieser Kompetenzverschiebung die Herstellung eines gewissen Grades von Rechtseinheit und Egalität. Einleitend wurde aber bereits herausgearbeitet, dass diese Tendenz nunmehr fragwürdig und gegenläufig ist.[458] Dem Kompetenzverlust der Länder soll nach Ansicht aller Verfassungsorgane entgegengewirkt werden. Die Grundrechtsrechtsprechung des Bundesverfassungsgerichts führt zwar zu einer Vereinheitlichungstendenz.[459] Gleichwohl fordert man in der aktuellen Diskussion auch im Bereich der Grundrechtsverwirklichung eine Kompetenzverlagerung hin zu den Ländern. So soll insbesondere das Versammlungsrecht den Ländern übertragen werden, bietet doch die im Grundsätzlichen einheitliche Rechtsprechung des Bundesverfassungsgerichts hinreichend Gewähr für eine ordnungsgemäße Regelung durch die Länder.[460] Die „zentrale Bedeutung des Strebens nach maximaler Gleichheit auf nahezu allen Gebieten des staatlichen und gesellschaftlichen Lebens"[461] ist

---

455 Demokratische Dezentralisation; Optimierung der Freiheit in einer demokratischen dezentralen Staatsorganisation; gewaltenteilige Freiheit; sachgerechte Aufgabenerfüllung; Sicherung kultureller, sprachlicher und ethnischer Vielfalt; Wettbewerb; *Würtenberger*, Rechtstheorie, Beiheft 20, 199 ff., 203 ff.
456 *Moersch*, Leistungsfähigkeit und Grenzen des Subsidiaritätsprinzips, S. 180 ff., 188 ff.
457 *Moersch*, Leistungsfähigkeit und Grenzen des Subsidiaritätsprinzips, S. 191.
458 Vgl. oben *1. Teil, I.6.a.*
459 *Moersch*, Leistungsfähigkeit und Grenzen des Subsidiaritätsprinzips, S. 192.
460 Vgl. hierzu *4.Teil, VI.6.a.*
461 *Moersch*, Leistungsfähigkeit und Grenzen des Subsidiaritätsprinzips, S. 196.

demnach nicht ersichtlich. Die Konkretisierung des Subsidiaritätsprinzips über den Gleichheitsgedanken bleibt zu einseitig und schlägt fehl.

4. Anwendung auf Art. 72 II GG?

Wie die Frage nach der Rechtsnatur des Subsidiaritätsprinzips bleibt die Frage nach einem allgemeingültigen Maßstab unbeantwortet. Es bleibt ungewiss, ob dem Subsidiaritätsprinzip allgemeine Strukturen zu entnehmen sind oder ob es lediglich eine „Leerformel, die ein jeder nach seinen Bedürfnissen füllen kann"[462], darstellt. Die Literatur erscheint, was die Entwicklung allgemeiner Strukturen betrifft, eher dürftig im Vergleich zu den vielfältigen Vorschlägen zu dessen verfassungsrechtlicher Positionierung. Nur wenige haben versucht, dem Subsidiaritätsprinzip klare Konturen zu geben. Ein handhabbares Prüfungsschemata des Prinzips wurde freilich nicht entwickelt, ist aber aufgrund des allgemeinen Charakters des Subsidiaritätsprinzips auch nicht denkbar. Aus dem Subsidiaritätsprinzip lassen sich für die Auslegung einer konkreten Verfassungsnorm aufgrund seines hohen Abstraktionsniveaus nicht ohne weiteres Ergebnisse ableiten.[463] Kommt dem Prinzip einerseits nach vorherrschender Ansicht kein Verfassungsrang zu und lassen sich ihm andererseits keine wirklich konkreten Maßstäbe entnehmen, so führt es die vorliegende Untersuchung nicht weiter. Zu Recht lässt sich formulieren, dass ein Prinzip wie das Subsidiaritätsprinzip lediglich eine „Argumentationshilfe" bzw. ein „Sachgerechtigkeitskriterium unter vielen darstellt, die ein hohes Maß an Einschätzungsunsicherheit in sich tragen und daher kaum jemals zu einer wirklich zweifelsfreien Zuordnung werden führen können"[464]. Somit können aus der sicherlich zutreffenden Ansicht, Art. 72 II GG bringe das Subsidiaritätsprinzip zum Ausdruck, keine fassbaren Konsequenzen für eine Konkretisierung der Verfassungsnorm sowie ebenso wenig für eine Antwort auf die Frage nach der dogmatischen Natur der „Erforderlichkeit" gezogen werden.

II. Das Verhältnismäßigkeitsprinzip im Lichte des Art. 72 II GG

Über die grundsätzliche Anwendung des Verhältnismäßigkeitsprinzips im Staatsorganisationsrecht besteht noch immer Ungewissheit. Diese gilt es auszuräumen, will man das Prinzip im Rahmen der Kompetenzausübungsregel des Art. 72 II GG anwenden. Schon die am Wortlaut orientierte Verfassungsauslegung macht die folgenden Ausführungen erforderlich, deutet die Formulierung der *Erforderlich*keitsklausel auf den ersten Blick zu Recht auf eine Verbindung mit dem Verhältnismäßigkeitsprinzip hin. Ferner wurde schon im Rahmen der Analyse der Urteilsanmer-

---

462 *Isensee*, Subsidiaritätsprinzip und Verfassungsrecht (2001), S. 334.
463 *Oppermann*, Subsidiarität: Idee und Wirklichkeit, S. 215 ff., 218.
464 *Möstl*, ZG 2003, 297 ff., 300.

Dritter Teil: Die rechtsdogmatische Funktion des Erforderlichkeitskriteriums

kungen zur Altenpflegeentscheidung festgestellt, dass die Entscheidung in diesem Punkt umstritten ist. Erkannte *Pestalozza* frühzeitig die Gefahr, dass die neue Wortwahl zu „unnötigen Abgrenzungsmühen" führen könnte, so stellen sich diese nunmehr in der Tat.[465] Wie bei der Untersuchung des Subsidiaritätsprinzips würde eine umfassende Auseinandersetzung mit der Anwendung des Verhältnismäßigkeitsprinzips im Staatsorganisationsrecht den vorgegebenen Rahmen überschreiten, so dass primär nur auf die konkreten Bezüge zu Art. 72 II GG eingegangen wird.[466]

1. Prinzip ohne klaren Maßstab?

Dem Verhältnismäßigkeitsprinzip liegt ein von *Lerche*[467] maßgeblich gestaltetes, höchstrichterlich praktiziertes Prüfungsschema zugrunde, das in zwei Ebenen geteilt ist. Zunächst muss der angestrebte Zweck einer staatlichen Maßnahme und dessen rechtliche Legitimität herausgearbeitet werden. Innerhalb einer zweiten Ebene finden sich die drei Unterebenen der Geeignetheit, der zumindest terminologisch in Art. 72 II GG genannten Erforderlichkeit sowie der Angemessenheit der Maßnahme. Auf die uneinheitliche Begrifflichkeit im Schrifttum soll lediglich hingewiesen werden.[468] Diese in der Literatur konsentierten und allgemein anerkannten Kriterien können als Konkretisierungen des Verhältnismäßigkeitsprinzips angesehen werden.[469]

Geeignet ist eine Maßnahme dann, wenn der Zweck damit überhaupt erreicht werden kann, wenn also der gewünschte Erfolg mit der Hilfe der Maßnahme gefördert werden kann.[470] Das Bundesverfassungsgericht stellt dabei lediglich auf die „prinzipielle" Eignung ab.[471] Es räumt somit dem Gesetzgeber einen Ermessensspielraum ein. Geprüft wird demnach die Zielkonformität und Zwecktauglichkeit der Maßnahme.[472]

Erforderlich ist eine Maßnahme, wenn kein milderes Mittel, das gleich wirksam ist, in Betracht zu ziehen ist, wenn der Handelnde „nicht ein anderes, gleich wirksames, aber das Grundrecht nicht oder doch weniger stark einschränkendes Mittel hätte wählen können".[473] Dieser Prüfungspunkt setzt einen wertenden Vergleich

---

465 *Pestalozza*, in: vM/K/P, GG, Art. 72 Abs. 2, Rn. 373.
466 Eine umfassende Untersuchung aus jüngster Zeit bietet *Heusch*, Der Grundsatz der Verhältnismäßigkeit im Staatsorganisationsrecht.
467 *Lerche*, Übermass und Verfassungsrecht.
468 Allgemein zu den terminologischen Differenzen *Grabitz*, AöR 98 (1973), 568 ff., 570 f.
469 *Stern*, Staatsrecht III/2, § 84 II 1, S. 776.
470 Vgl. etwa BVerfGE 90, 145 (172) – „Recht auf Rausch", Beschluss vom 9.3.1994; BVerfGE 92, 262 (273) – „Gesamtvollstreckungsordnung", Beschluss vom 26.4.1995.
471 BVerfGE 94, 268 (285) – „Gesetz über befristete Arbeitsverträge", Beschluss vom 24.4.1996; vgl. auch „objektiv untauglich", BVerfGE 16, 147 (181) – „Güterfernverkehr", Urteil vom 22.5.1963; „objektiv ungeeignet", BVerfGE 17, 306 (317) – „Mitfahrerzentralen", Beschluss vom 7. April 1964.
472 Statt vieler *Stern*, Staatsrecht I, § 20 IV 7, S. 866.
473 Vgl. etwa BVerfGE 90, 145 (172) – „Recht auf Rausch", Beschluss vom 9.3.1994

mehrerer geeigneter Maßnahmen voraus.[474] Das alternative Mittel muss allerdings offenkundig gleichermaßen geeignet sein. Folglich wird dem Gesetzgeber hier ebenfalls ein gewisser Entscheidungsspielraum eingeräumt.[475]

Schließlich findet im Rahmen der *Angemessenheit* eine Abwägung statt zwischen dem Rechtsgut, das durch den verfolgten Zweck geschützt wird, und den Rechtsgütern, die dahinter zurücktreten müssen. Zweck und Mittel sind dabei in Relation zu setzen.[476]

Dem Verhältnismäßigkeitsprinzip fehlt allerdings ein konkreter Maßstab, welcher im Einzelfall immer eine einzig richtige oder gar optimale Lösung darreicht. Es handelt sich vielmehr um einen „Grundsatz"[477], welcher der Ausfüllung im konkreten Einzelfall bedarf[478] und nur die Leitlinien einer Prüfung vorgibt. Auch *Lerche* betont knapp vier Jahrzehnte nach Erscheinen seiner Habilitationsschrift, dem „Meilenstein" in der Entwicklung des Verhältnismäßigkeitsprinzips, dass die Frage nach einsehbaren Maßstäben nach wie vor aktuell bleibt.[479]

2. Das Verhältnismäßigkeitsprinzip als Korrektiv im Bund-Länder-Verhältnis

Das Verhältnismäßigkeitsprinzip wurde entwickelt, um staatliche Eingriffe in Grundrechte der Bürger zu kontrollieren.[480] Sein ältester Anwendungsbereich liegt demzufolge im Polizeirecht.[481] Damit zeigt sich die Divergenz zu vorliegender Untersuchung: Nicht um das Verhältnis zwischen Bürger und Staat geht es, wie es der Grundrechtsprüfung immanent zugrunde liegt, sondern das Verhältnis der beiden Gewalten des föderalistischen Staates – des Bundes und der Länder – zueinander wird betrachtet. Daher stellt sich die Frage, ob das Verhältnismäßigkeitsprinzip im Rahmen staatsorganisationsrechtlicher Beziehungen überhaupt zur Anwendung gelangen kann. Nur wenn sich diese grundsätzliche Frage bejahen lässt, kann in einem weiteren Schritt versucht werden, hieraus Schlüsse für die Interpretation des Art. 72 II GG zu entnehmen.

Der Grundsatz der Verhältnismäßigkeit hat nach herrschender, auch vom Bundesverfassungsgericht vertretener Ansicht, Verfassungsrang.[482] „Er ergibt sich aus dem Rechtsstaatsprinzip, im Grunde bereits aus dem Wesen der Grundrechte selbst,

---

m.w.Nachw.
474 *Ipsen*, Staatsrecht II, Rn. 178.
475 *Stern*, Staatsrecht I, § 20 IV 7, S. 866.
476 *Stern*, Staatsrecht I, § 20 IV 7, S. 866.
477 *Heusch*, Der Grundsatz der Verhältnismäßigkeit im Staatsorganisationsrecht, S. 44.
478 BVerfGE 92, 277 (327) – „Strafverfolgung ehemaliger Stasi-Mitarbeiter", Beschluss vom 15.5.1995.
479 *Lerche*, Übermass und Verfassungsrecht (1999), Einleitung, S. VIII.
480 *Maurer*, Staatsrecht, § 8, Rn. 55.
481 *Stern*, Staatsrecht I, § 20 IV 7, S. 863.
482 Für einen umfassenden Überblick des Streitstandes *Heusch*, Der Grundsatz der Verhältnismäßigkeit im Staatsorganisationsrecht, S. 47 ff.

die als Ausdruck des allgemeinen Freiheitsanspruchs des Bürgers gegenüber dem Staat von der öffentlichen Gewalt jeweils nur so weit beschränkt werden dürfen, als es zum Schutz öffentlicher Interessen unerlässlich ist".[483] Als Ausgangspunkt bleibt damit festzuhalten, dass das Verhältnismäßigkeitsprinzip in engem Zusammenhang mit den Grundrechten gesehen werden muss,[484] es ebenfalls aber auch im Rechtsstaatsprinzip wurzelt. Die Heranziehung des Rechtsstaatsprinzips könnte es erlauben, die Maßstäbe des Verhältnismäßigkeitsprinzips auf das Bund-Länder-Verhältnis zu übertragen.

Nach (noch) fester Ansicht des Bundesverfassungsgerichts sind allerdings „aus dem Rechtsstaatsprinzip abgeleitete Kautelen für Einwirkungen des Staates in den Rechtskreis des Einzelnen im kompetenzrechtlichen Bund-Länder-Verhältnis nicht anwendbar. Dies gilt insbesondere für den Grundsatz der Verhältnismäßigkeit; ihm kommt eine die individuelle Rechts- und Freiheitssphäre verteidigende Funktion zu. Das damit verbundene Denken in den Kategorien von Freiraum und Eingriff kann weder speziell auf die von einem Konkurrenzverhältnis zwischen Bund und Land bestimmte Sachkompetenz des Landes noch allgemein auf Kompetenzabgrenzungen übertragen werden".[485] Im Rahmen der Kompetenzordnung und vor allem der Kompetenzverteilung zwischen Bund und Ländern soll ein solches Denken nicht möglich sein, da es hier um feste und eindeutige Grenzziehungen geht. So darf eine Kompetenz z.B. nicht mit der Argumentation begründet werden, dass in einem Sachbereich eine festgelegte Kompetenz für eine bestimmte Materie vorliegt, für die zu regelnde andere Materie, die im Vergleich zu erstgenannter nicht so weit in die Rechte der gewaltunterworfenen Bürger eingreift, es dann keiner ausdrücklichen Kompetenzgrundlage mehr bedarf. Im Kompetenzbereich ist der Schluss, wenn eine tief in Grundrechte eingreifende Regelung kompetenzgemäß erlassen werden kann, gilt dies auch für weniger tief greifende Regelungen, nicht zulässig. Beispielsweise rechtfertigt die verfassungsrechtlich geregelte Kompetenz zur Steuererhebung nicht die Belastung der Besserverdiener durch eine unverzinsliche, rückzahlbare Abgabe.[486] Eine solche strikte Ablehnung des Verhältnismäßigkeitsgrundsatzes bzw. klare und abschließende Kompetenzvorschriften sollen auch dem Schutz des Bürgers dienen, indem sie Rechtssicherheit erzeugen.[487] Es wird darauf einzugehen sein, welche anderen rechtlichen Grenzen der Kompetenzausübung das Bundesverfassungsgericht statt des Verhältnismäßigkeitsgrundsatzes entwickelte. Festzuhalten bleibt, dass das Gericht zum einen dem Verhältnismäßigkeitsprinzip im Bereich des Grundrechtsschutzes Verfassungsrang zumisst, zum anderen aber seine Geltung in

---

483 BVerfGE 19, 342 (348 f.) – „Haftverschonung", Urteil vom 15.12.1965.
484 *Stern*, Staatsrecht I, § 20 IV 7, S. 865.
485 BVerfGE 81, 310 (338) – „Kalkar", Urteil vom 22.5.1990; vgl. auch BVerfGE 79, 311 (341 ff.) – „Bundeshaushaltsplan", Urteil vom 18.4.1989.
486 BVerfGE 67, 256 (289) – „Zwangsabgabe", Urteil vom 6.11.1984.
487 BVerfGE 67, 256 (290) – „Zwangsabgabe", Urteil vom 6.11.1984; vgl. zum materiellrechtlichen Gehalt der Kompetenzbestimmungen des Grundgesetzes den gleichnamigen Aufsatz von *Bleckmann*, DÖV 1983, 129 ff.

einem maßgeblichen Bereich der Staatsorganisation, und zwar im Kompetenzkonflikt zwischen Bund und Ländern, ausschließt.

In der „Maastricht" – Entscheidung entwickelte das Bundesverfassungsgerichts im Widerspruch hierzu, dass das Verhältnismäßigkeitsprinzip „im Rahmen eines Staatenverbundes, der eben nicht eine staatlich organisierte Einheit ist, die Regelungsintensität von Gemeinschaftsmaßnahmen auch im Dienste der Verpflichtung des Art. F I EUV (heute: Art. 6 I EU) beschränken und so die nationale Identität der Mitgliedstaaten und damit die Aufgaben und Befugnisse ihrer Parlamente gegen ein Übermaß europäischer Regelungen wahren kann"[488]. Im Verhältnis der Europäischen Union zu ihren Mitgliedstaaten, in welchem es letztlich auch um Kompetenzabgrenzung geht, will das Gericht damit doch das Verhältnismäßigkeitsprinzip zur Anwendung bringen. Zweifellos liegt hierin auf den ersten Blick ein Widerspruch in der Entwicklung von Verfassungsrichterrecht, der nicht ohne weiteres aufgelöst werden kann. Allerdings weist das Gericht darauf hin, dass die Europäische Gemeinschaft „eben nicht eine staatlich organisierte Einheit" ist, was aber noch nicht erklärt, warum im supranationalen Bereich Kompetenzabgrenzungen durch das Verhältnismäßigkeitsprinzip erfolgen können.

In der Literatur ist die apodiktische Ablehnung der Geltung des Verhältnismäßigkeitsprinzips im Staatsorganisationsrecht zum Teil auf Ablehnung gestoßen. Hier wird durchaus ein Vergleich zwischen den beiden Interessenlagen Staat – Bürger sowie Bund – Länder für möglich gehalten. *Stettner* sieht beispielsweise in der Aufteilung der Legislativkompetenzen zwischen ausschließlicher, konkurrierender, Rahmen- und Grundsatzgesetzgebungskompetenz eine Abstufung, die auf das Verhältnismäßigkeitsprinzip zurückführt.[489] Gerade die deutliche Hervorhebung der „Erforderlichkeit" in dem neugefassten Art. 72 II GG könne ferner nur den Schluss zulassen, das Verhältnismäßigkeitsprinzip im Staatsorganisationsrecht zu verankern, allerdings nach dessen Wortlaut ohne die Prüfung der Verhältnismäßigkeit im engeren Sinne. Es sei *kaum denkbar*, dass der verfassungsändernde Gesetzgeber den Begriff der Erforderlichkeit in einem anderen Sinne verwendet haben sollte.[490] *Stettners* Berufung auf den verfassungsändernden Gesetzgeber erscheint allerdings verfehlt. Weder die Verfassungskommissionen noch der verfassungsändernde Gesetzgeber setzten sich ausdrücklich mit dem Verständnis der „Erforderlichkeit" im Sinne des Verhältnismäßigkeitsprinzips auseinander. Davon abgesehen erscheint es fragwürdig, die Begründung des verfassungsändernden Gesetzgebers zu Art. 72 II GG ihrerseits teleologisch interpretieren zu wollen, wie es bei *Stettner* anklingt. Die Verfassung selbst bzw. Gesetze im Allgemeinen sind mit den hergebrachten Auslegungsmethoden zu interpretieren. Die Gesetzesbegründungen hingegen dienen zwar als eine Auslegungshilfe, wenn der Wille des Gesetzgebers hinterfragt wird. Die

---

488 BVerfGE 89, 155 (212) – „Maastricht-Entscheidung", Urteil vom 12.10.1993.
489 *Stettner*, in: Dreier, GG, Art. 70, Rn. 38.
490 *Stettner*, in: Dreier, GG, Art. 72, Rn. 16 f.; das Wortlautargument bemühen ebenfalls *Kenntner*, Justitiabler Föderalismus, S. 175 f.; *Reichert*, NVwZ 1998, 17 ff., 18; vgl. weiterhin *Stober*, Allgemeines Wirtschaftsverwaltungsrecht, S. 130.

Auslegungsmethoden sind aber auf den Text der Gesetzesbegründung selbst nicht anwendbar.

Bei näherer Betrachtung lassen sich in der Tat aus der Textänderungsgeschichte keine Argumente dafür herleiten, dass mit dem Terminus des Erforderlichen eine Anknüpfung an das Verhältnismäßigkeitsprinzip gesucht worden wäre. Die entsprechende Terminologie fand sich schon in Art. 72 II Nr. 3 GG a.f.[491] Zu der alten Fassung finden sich in der Literatur kaum Überlegungen zu einer Anwendung des Verhältnismäßigkeitsprinzips,[492] an die man bei der Verfassungsänderung hätte anknüpfen können. Dies legt trotz des neuen, restriktiven Verständnisses des Art. 72 II GG eine lediglich terminologische Übernahme nahe, welche nicht sogleich eine Mitregelung des Verhältnismäßigkeitsprinzips impliziert.

In seiner breit angelegten Promotion zum Verhältnismäßigkeitsprinzip im Staatsorganisationsrecht entwickelt *Heusch* den Gedanken, das dem Verhältnismäßigkeitsprinzip „logisch" zugrunde liegende Eingriffsdenken auch im Bereich der konkurrierenden Gesetzgebung zur Anwendung gelangen zu lassen. Denn auch hier wird ein verfassungsunmittelbar definierter Bereich – und zwar der Bereich der Gesetzgebungskompetenzen der Länder – beschränkt. Auf eine subjektive Rechtsposition der Länder als Voraussetzung für einen Eingriff soll es dabei nicht ankommen. Hieraus zieht er den Schluss, dass der Anwendungsbereich für den Verhältnismäßigkeitsgrundsatz zumindest in seinen Teilbereichen der Eignung und Erforderlichkeit eröffnet ist.[493] Damit steht er in Widerspruch etwa zu *Ipsen*, der als „einzige (maßgebliche) Prämisse für die Anwendung des Übermaßverbots die mögliche Beeinträchtigung subjektiver Rechtspositionen"[494] voraussetzt. *Kenntner* gelangt trotz dieser Bedenken ebenso wie *Heusch* zu einer Anwendung des Verhältnismäßigkeitsprinzips mit dem fragwürdigen Ansatz[495], dass im Rahmen des Bund-Länder-Verhältnisses die Kompetenzbestimmungen den Ländern subjektive Rechtspositionen gewähren.[496]

Zu dem grundsätzlichen Bedenken gegen eine Subjektivierung von Kompetenzbestimmungen tritt hinzu, dass das Verhältnismäßigkeitsprinzip in der Grundrechts-

---

491 „Der Bund hat in diesem Bereich das Gesetzgebungsrecht, soweit ein Bedürfnis nach bundesgesetzlicher Regelung besteht, weil die Wahrung der Rechts- oder Wirtschaftseinheit, insbesondere die Wahrung der Einheitlichkeit der Lebensverhältnisse über das Gebiet eines Landes hinaus sie *erfordert*".
492 Vgl. allerdings *Krüger*, BayVBl. 1984, 545 ff., 549.
493 *Heusch*, Der Grundsatz der Verhältnismäßigkeit im Staatsorganisationsrecht, S. 140; so auch *Isensee*, FS Badura, S. 689 ff., 711 f.
494 *Ipsen*, Schutzbereich der Selbstverwaltungsgarantie und Einwirkungsmöglichkeiten des Gesetzgebers, ZG 1994, 194 ff., 209; *Kenntner*, Justitiabler Föderalismus, S. 53.
495 Insbesondere überzeugt nicht die These *Kenntners*, Justitiabler Föderalismus, S. 46 f., dass die Einräumung der Zuständigkeit gerade auch den Ausschluss anderer zum Gegenstand hat, sich somit auch im Staatsorganisationsrecht die Grundstruktur eines subjektiven Rechts wieder findet, und zwar die Befugnis, von einem anderen ein Tun oder Unterlassen zu verlangen (vgl. § 194 I BGB). Hier wird verkannt, dass zwischen subjektiven öffentlichen Rechten und staatsorganisatorischen Kompetenzen von der überkommenen Staatsrechtslehre klar getrennt wird.
496 *Kenntner*, Justitiabler Föderalismus, S. 55 f.

dogmatik zwar klare Konturen, etwa die „je-desto-Formel", gewonnen hat, aber dennoch gewichtigen Bedenken begegnet, wenn bei seiner Anwendung der Gestaltungsspielraum des Gesetzgebers nicht hinreichend geachtet wird oder wenn die Gewichtungen bei Abwägungsentscheidungen einen nicht immer vermeidbaren individuell wertenden Charakter annehmen. Diese hier nur angedeutete Kritik am Verhältnismäßigkeitsprinzip greift mit aller Schärfe bei seiner Übertragung auf das Staatsorganisationsrecht. Die Frage nach der Geeignetheit oder der Erforderlichkeit einer bundesgesetzlichen Regelung lässt sich bloß an Hand des Verhältnismäßigkeitsprinzips nicht beantworten. Im Vordergrund müssen vielmehr Erwägungen stehen, die sich an dem vom Grundgesetz gesetzten Programm der Kompetenzverteilung zwischen Bund und Ländern orientieren. Dies ist der Rahmen, innerhalb dessen die Kompetenzen im Bereich der konkurrierenden und der Rahmengesetzgebung abzugrenzen sind.

Für eine Anwendung des Verhältnismäßigkeitsprinzips im deutschen Staatsorganisationsrecht wird schließlich entgegen diesen Bedenken Art. 5 III EG herangezogen, der im Bereich der Kompetenzverteilung zwischen der Gemeinschaft und den Mitgliedstaaten ausdrücklich auf die Schranke des Verhältnismäßigkeitsprinzips abstellt.[497] Zu Recht stellt sich die Frage, ob man diese Anordnung aus dem Europarecht in die deutsche Rechtsordnung übernehmen kann, geht doch auch das Bundesverfassungsgericht in seiner „Maastricht" – Entscheidung von einer Anwendung des Verhältnismäßigkeitsprinzips bei der Kompetenzverteilung zwischen der Europäischen Union zu ihren Mitgliedstaaten aus. Eine entsprechende Anwendung des Art. 5 III EG wird zum Teil aufgrund der Unterschiede in der Struktur zwischen den beiden Rechtsordnungen abgelehnt.[498] Diese Streitfrage wird im Rahmen eines Vergleichs des europäischen Subsidiaritätsprinzips mit Art. 72 II GG näher zu untersuchen sein. Davon abgesehen findet Art. 5 III EG bereits aus systematischen Gründen keine entsprechende Anwendung im Rahmen von Art. 72 II GG. Denn es herrscht weitgehend Einigkeit darüber, dass Art. 5 II EG die korrespondierende Norm zu Art. 72 II GG darstellt.[499] Das in Art. 5 III EG normierte Verhältnismäßigkeitsprinzip wäre daher im Umkehrschluss bei Art. 72 II GG nicht anwendbar. Dieses lediglich systematische Argument ist im weiteren Verlauf der Untersuchung durch eine teleologische Auslegung im Rahmen einer Gegenüberstellung der beiden Normen noch zu verifizieren.[500]

Die wohl überwiegende Ansicht in der Literatur lässt das Verhältnismäßigkeitsprinzip im bundesstaatlichen Bereich nicht zur Anwendung gelangen. Dabei wird der Ansicht des Bundesverfassungsgerichts gefolgt, nach der das Verhältnismäßig-

---

497 Vgl. *Isensee*, FS Badura, S. 689 ff., 712; *Stettner*, in: Dreier, GG, Art. 70, Rn. 38, will sogar in Art. 5 II *und* III EG für die Anwendung auch im Bund-Länder-Verhältnis fruchtbar machen; *Calliess*, DÖV 1997, 889 ff., 896; *Heusch*, Der Grundsatz der Verhältnismäßigkeit im Staatsorganisationsrecht, S. 140; *Kenntner*, Justitiabler Föderalismus, S. 56.
498 Vgl. *Rozek*, in: vM/K/S, GG, Art. 70 I, Rn. 21.
499 Vgl. *Frowein*, FS Lerche, S. 401 ff., 406.
500 Siehe hierzu *3.Teil, IV.1.; IV.2.*

keitsprinzip auf das Verhältnis zwischen Staat und gewaltunterworfenem Bürger zugeschnitten ist, nicht aber auf das durch Kompetenzrecht geprägte Bundesstaatsverhältnis, auf welches das Denken in den Kategorien von „Freiheit und Eingriff" nicht passt.[501] Bei letzterem geht es gerade um eine feste und eindeutige verfassungsrechtliche Grenzziehung.[502] Die Kompetenznormen der Verfassung, insbesondere Art. 72 II GG, enthalten spezifische Voraussetzungen, die es zu beachten und zu konkretisieren gilt. Eine Heranziehung des allgemeinen Verhältnismäßigkeitsgrundsatzes scheidet aus, will und muss man die auf klare Grenzziehungen angelegte Verfassungsstruktur wahren.[503]

Schließlich werden im Schrifttum zunehmend auch vermittelnde Ansichten entwickelt. Man setzt bei der Frage an, wem im Rahmen der festgelegten konkurrierenden Legislativkompetenzen die Kompetenz zusteht, dem Bund oder den Ländern. Zu den Bestimmungen, die dazu dienen, die Länder vor einer grenzenlosen Kompetenzausübung durch den Bund zu schützen, zählt der Art. 72 II GG. Das Verhältnismäßigkeitsprinzip gelangt zwar nicht zur Anwendung, wenn neue ungeschriebene Kompetenzen begründet werden, aber dann wenn die Eigenständigkeit der Länder durch verfassungsrechtliche Bestimmungen bewahrt werden soll.[504] *Calliess* vertritt für diesen Bereich die Ansicht, dass „sich die gesamte Prüfung am Verhältnismäßigkeitsprinzip auszurichten" habe. Die bereits erörterte Gefahr einer uneingeschränkten Übertragung aus dem Verhältnis Staat-Bürger berücksichtigend will er „die Kriterien des grundrechtlichen Verhältnismäßigkeitsgrundsatzes in analoger Anwendung und etwas abgewandelter Form" auf Art. 72 II GG übertragen.[505] Bei einer derartigen Übertragung drängt sich allerdings die Frage auf, was durch eine solche dreifache Abstufung[506] von dem Verhältnismäßigkeitsprinzip überhaupt noch übrig bleibt oder ob es nicht ratsamer wäre, die auch von *Calliess* geforderte Abwägung, die zweifellos erfolgen muss, nicht anders zu bezeichnen.

Dies führt zu einer Reihe von Stellungnahmen, die das Verhältnismäßigkeitsprinzip zwar nicht direkt, aber doch in einer freilich sehr verwaschenen Weise der Idee nach im Staatsorganisationsrecht anwenden wollen. So möchten etwa *Kröger/Moos* Parallelen in der Auflösung des Spannungsverhältnisses einerseits zwischen dem

---

501 Vgl. z.B. *Broß*, in: von Münch/Kunig, GG, Vorb. Art. 83-87, Rn. 6, *Degenhart*, in: Sachs, GG, Art. 70, Rn. 58; *ders.*, in: Sachs, GG, Art. 72, Rn. 10; *ders.*, Staatsrecht, § 3 VI 2, Rn. 404; *Diederichsen*, in: S/V, Kompendium Öffentliches Wirtschaftsrecht, § 3, Rn. 9; *Rozek*, in: vM/K/S, GG, Art. 70 I, Rn. 21; *Ossenbühl*, FS Lerche, S. 151 ff., 162; *Schulze-Fielitz*, in: Dreier, GG, Art. 20, Rn. 176; *Kloepfer/Bröcker*, DÖV 2001, 1 ff., 5; *Kuttenkeuler*, Die Verankerung des Subsidiaritätsprinzips im GG, S. 209; *Beaucamp*, JA 1998, 53 ff., 55; *Stehr*, Gesetzgebungskompetenzen im Bundesstaat, S. 69 ff.; *Behmenburg*, Kompetenzverteilung bei der Berufsausbildung, S. 168; *ders.*, RdJB 2003, 165 ff., 174; *Würtenberger*, Jahrbuch zur Staats- und Verwaltungswissenschaft, Band 7 (1994), S. 65 ff., 72 m.w.Nachw.
502 *Heintzen*, in: D/V/K, BK, Art. 70, Rn. 61.
503 *Knorr*, Die Justitiabilität der Erforderlichkeitsklausel i.S.d. Art. 72 II GG, S. 158 f.
504 *Isensee*, in: HStR IV, § 98, Rn. 118.
505 *Calliess*, DÖV 1997, 889 ff., 895 f.
506 Lediglich eine Anwendung der „Kriterien", diese nur analog sowie fernerhin bloß in abgewandelter Form.

Staat und dem Bürger, andererseits zwischen dem Bund und den Ländern erkennen. „Das Kriterium der Erforderlichkeit übernimmt hier wie dort eine Schrankenfunktion." Sie betonen aber mit Recht, dass im Rahmen des Bund-Länder-Verhältnisses keine subjektiven Rechte der Länder betroffen sein können, die eine direkte Anwendung des Verhältnismäßigkeitsprinzips rechtfertigen würden. Dennoch wollen sie den „ihm innewohnenden Gedanken des Interventionsminimums"[507] übernehmen. *Oeter* schließlich geht davon aus, dass sich das Verhältnismäßigkeitsprinzip nicht „unbesehen auf den Kontext des Art. 72 GG übertragen lässt". Seiner Ansicht nach soll die „Grundstruktur der Erforderlichkeitskontrolle im Ansatz die gleiche bleiben".[508] *Kunig* lehnt die Anwendung des Verhältnismäßigkeitsprinzips ebenfalls zunächst grundsätzlich ab, da der Bund sein Verhalten nicht derart rechtfertigen muss wie einen Grundrechtseingriff. Allerdings will er dennoch mit Blick auf die Justitiabilität von Prognoseentscheidungen an die Maßstäbe der Erforderlichkeitsprüfung des Verhältnismäßigkeitsprinzips anknüpfen.[509]

Zusammenfassend sei festgestellt, dass weder eine Übernahme des Verhältnismäßigkeitsprinzips in das Staatsorganisationsrecht noch eine analoge oder auch nur sinngemäße Übertragung zu überzeugen vermag. Die Befürworter eines Transfers wenden überwiegend die ersten beiden Stufen der Verhältnismäßigkeitsprüfung an. Dies sollte den aufmerksamen Betrachter stutzig machen. Man muss sich fragen, was bleibt, wenn man der Verhältnismäßigkeitsprüfung versagt, ihre dritte und entscheidende Stufe zu beschreiten. Diejenigen Befürworter der Anwendung des Verhältnismäßigkeitsprinzips, die sich ausführlich mit der Problematik auseinandersetzen, halten sich überwiegend mit dessen direkter Heranziehung zurück. Es entsteht der Eindruck, dass mit der Befürwortung des Verhältnismäßigkeitsprinzips die gewünschte Justitiabilität durch das Bundesverfassungsgericht forciert werden sollte, auch wenn man dabei dogmatische Einbussen billigend in Kauf nahm. Eine „analoge" (*Calliess*) Anwendung hilft allerdings ebenso wenig weiter wie die Heranziehung des „ihm innewohnenden Gedanken des Interventionsminimums" (*Kröger/Moos*) oder der „Grundstruktur der Erforderlichkeitskontrolle" (*Oeter*), will man die gewünschte Rechtssicherheit durch ein präzises rechtsdogmatisches Verständnis der „Erforderlichkeit" i.S.d. Art. 72 II GG erreichen. Vorzugswürdig ist es daher, ein anderes, neues Abgrenzungsprinzip zu entwickeln, bevor man dogmatisch unsauber mit einem „verstümmelten" Verhältnismäßigkeitsprinzip hantiert, nur um die zu Recht erwünschte Justitiabilität zu erreichen.

---

507 *Kröger/Moos*, BayVBl. 1997, 705 ff., 710; so auch *Pechstein/Weber*, JURA 2003, 82 ff., 85.
508 *Oeter*, in: vM/K/S, GG, Art. 72 II, Rn. 109.
509 *Kunig*, in: von Münch/Kunig, GG, Art. 72, Rn. 28 f.; *Winkler*, JA 2004, 631 ff., 634, will den neuen Maßstab der gerichtlichen Kontrolle angesichts des Wortlauts des Art. 72 II GG an die Erforderlichkeit i.R.d. Verhältnismäßigkeitsprüfung „*anlehnen*".

Dritter Teil: Die rechtsdogmatische Funktion des Erforderlichkeitskriteriums

3. Kompetenzschranken in der Rechtsprechung des Bundesverfassungsgerichts

Lehnte das Bundesverfassungsgericht das Verhältnismäßigkeitsprinzip im Staatsorganisationsrecht bislang kategorisch ab, so stellt sich die Frage, auf welcher Basis es ihm gleichwohl gelingt, allgemeine Schranken für die Gesetzgebungsbefugnis im Bundesstaat zu begründen.

Hier wurde bereits frühzeitig auf den ungeschriebenen Verfassungsgrundsatz der Bundestreue abgestellt. Falls die Auswirkungen einer gesetzlichen Regelung nicht auf den Raum eines Landes begrenzt bleiben sollten, so müsse der Landesgesetzgeber Rücksicht auf die Interessen des Bundes und der übrigen Länder nehmen.[510] Diese wechselseitige Pflicht des Bundes und der Länder zu bundesfreundlichem Verhalten kann sowohl die Gesetzgebungskompetenzen des Bundes als auch der Länder begrenzen. Sie beherrschte auch die Rechtsprechung des Gerichts, als es daran ging, dem Bund rechtsstaatliche Grenzen der Kompetenzausübung zu ziehen.[511] Der Grundsatz der Bundestreue sollte die Egoismen des Bundes und der Länder in Grenzen halten und dort eingreifen, wo deren Interessen so auseinander fallen, dass der eine Teil Schaden nimmt, wenn der andere Teil seine Maßnahmen ausschließlich nach seinem Interesse treffen würde.[512] Allerdings begrenzt das Bundesverfassungsgericht regelmäßig dessen Prüfung aufgrund des „gewissermaßen „offenen" Normcharakters des Grundsatzes des bundesfreundlichen Verhaltens"[513] auf eine bloße Evidenzkontrolle in Form einer Mißbrauchsschranke, lediglich auf eine Prüfung der „Einhaltung äußerster Grenzen"[514].

Im Rahmen des Art. 105 GG entwickelte die jüngere Rechtsprechung des Bundesverfassungsgerichts auch in Ausformung des Prinzips der Bundestreue das „Gebot der Widerspruchsfreiheit der Rechtsordnung". Danach ist die Ausübung der Steuergesetzgebungskompetenz auch mit dem Ziel der Lenkung in einem anderweitigen Sachbereich nur zulässig, „wenn dadurch die Rechtsordnung nicht widersprüchlich wird"[515]. Der Steuergesetzgeber kann zwar neben dem Finanzzweck auch Lenkungsziele im Bereich der Sachkompetenz der Landesgesetzgeber verfolgen. Das Steuergesetz des Bundes (oder der Länder), das derartige Lenkungsziele verfolgt, ist aber verfassungswidrig, wenn es Regelungen des Sachgesetzgebers, also in unserem Zusammenhang landesrechtliche Regelungen, wesentlich behindert. Es darf also durch ein Nebeneinander von Steuergesetz mit Zahlungspflichten und Ländergesetz mit Verhaltenspflichten nicht die Situation entstehen, dass der Steuergesetzgeber Zahlungspflichten begründet, die den Pflichtigen zur Vermeidung des steuer-

---

510 BVerfGE 4, 115 (140) – „Besoldungsgesetz NRW", Urteil vom 1.12.1954.
511 BVerfGE 61, 149 (205) – „Staatshaftungsgesetz", Urteil vom 19.10.1982.
512 BVerfGE 43, 291 (348) – „Numerus-clausus", Urteil vom 8.2.1977 m. w. Nachw.; BVerfGE 98,106 (118) – „Verpackungsteuer", Urteil vom 16.12.1997.
513 Jestaedt, in: HStR II 2004, § 29, Rn. 77.
514 BVerfGE 4, 115 (141) – „Besoldungsgesetz NRW", Urteil vom 1.12.1954; vgl. auch BVerfGE 81, 310 (337) – „Kalkar", Urteil vom 22.5.1990 m.w.Nachw.; BVerfGE 104, 249 (270) – „Kernkraftwerk Biblis", Urteil vom 19.2.2002.
515 BVerfGE 98,106 (118) – „Verpackungsteuer", Urteil vom 16.12.1997.

belasteten Tatbestandes veranlassen, obwohl dies von dem Sachgesetzgeber nicht so gewollt ist. Somit ist der die Gesetzgebungskompetenz limitierende Topos der Widerspruchsfreiheit der Rechtsordnung speziell für die Steuergesetzgebung eingeführt worden. Eine Verallgemeinerungsfähigkeit in Bezug auf andere Kompetenzen sollte damit eigentlich ausscheiden.[516]

Dennoch hat das Bundesverfassungsgericht im Kielwasser seiner Rechtsprechung aus dem Bereich des Steuerrechts den Grundsatz von der Widerspruchsfreiheit der Rechtsordnung auf andere Bereiche ausgedehnt. Es hatte über die Frage zu entscheiden, ob die Regelung des Bundes zum Schwangerschaftsabbruch im Rahmen der konkurrierenden Gesetzgebung abschließenden Charakter hatte oder das Bayerische Schwangerschaftskonfliktgesetz darüber hinausgehende Regelungen treffen durfte. Nach Ansicht des Gerichts verpflichte die bundesstaatliche Kompetenzordnung alle rechtsetzenden Organe, ihre Regelungen so aufeinander abzustimmen, dass die Rechtsordnung nicht aufgrund unterschiedlicher Anordnungen „widersprüchlich" werde. So dürften konzeptionelle Entscheidungen eines zuständigen Bundesgesetzgebers durch Einzelentscheidungen eines Landesgesetzgebers, die auf Spezialzuständigkeiten gründeten, nicht verfälscht werden. „Die Verpflichtungen einerseits zur Beachtung der bundesstaatlichen Kompetenzgrenzen und andererseits zur Ausübung der Kompetenz in wechselseitiger bundesstaatlicher Rücksichtnahme werden durch das Rechtsstaatsprinzip in ihrem Inhalt illustriert und in ihrem Anwendungsbereich erweitert. Beide setzen damit zugleich der Kompetenzausübung Schranken."[517]

In der Literatur stieß die Schranke der Widerspruchsfreiheit der Rechtsordnung größtenteils auf Kritik, da sie eine verwirrende und unnötige Ergänzung des Rechtsstaatsprinzips und der Bundestreue darstelle[518], die lediglich zu „Rechtsunsicherheit und –unklarheit"[519] führe. *Brüning* geht sogar soweit, in der neuen Rechtsprechung Konsequenzen zu erkennen, „die das gesamte Gefüge der bundesstaatlichen Rechtsordnung ins Wanken bringen".[520] Vor allem die Verallgemeinerung dieses Prinzips über das Steuerrecht mit seiner spezifischen Konstellation des Aufeinandertreffens von Sachgesetzgebungskompetenz und Steuergesetzgebungshoheit hinaus, wo eine solche Abgrenzung durchaus Sinn machen konnte, wird in Frage gestellt.[521]

Für die Problematik des Art. 72 II GG kann diese Rechtsprechung des Bundesverfassungsgerichts nicht ohne weiteres übernommen werden. Denn die Abgrenzung zwischen den Kompetenzen des Steuergesetzgebers und des Sachgesetzgebers betrifft lediglich eine nicht verallgemeinerungsfähige Detailfrage und die Entschei-

---

516 *Kloepfer/Bröcker*, DÖV 2001, 1 ff., 10 f.; *Lege*, JURA 1999, 125 ff., 128; so auch das Minderheitenvotum von *Papier/Graßhof/Haas* in: BVerfGE 98, 265 (329 ff., 349) – „Bayerisches Schwangerenhilfeergänzungsgesetz", Urteil vom 27.10.1998.
517 BVerfGE 98, 265 (301) – „Bayerisches Schwangerschaftskonfliktgesetz", Urteil vom 27.10.1998.
518 *Heintzen*, in: D/V/K, BK, Art. 70, Rn. 62.
519 *Lege*, JURA 1999, 125 ff., 128.
520 *Brüning*, NVwZ 2002, 33 ff., 35.
521 *Rozek*, in: vM/K/S, GG, Art. 70 I, Rn. 21.

dung vom Bayerische Schwangerschaftskonfliktgesetz befasst sich nicht mit der von Art. 72 II GG gestellten Erforderlichkeitsfrage. In diesem Zusammenhang stellt *Isensee* fest, dass es sich bei der Einschränkung durch die Bundestreue um Fragen des „Ob" der Ausübung der Kompetenzen, bei Art. 72 II GG hingegen um Fragen des „Wie" dreht. Dieser Unterschied soll sich auch in der einerseits gegebenen, andererseits fehlenden Justitiabilitätprüfung durch das Gericht bei Art. 72 II GG a.f. zeigen.[522] So dient der Grundsatz der Bundestreue der Abgrenzung von Kompetenzen. Art. 72 II GG regelt die Ausübung der an sich gegebenen Kompetenz.

Diese Ansicht überzeugt allerdings schon aufgrund der Unstimmigkeiten in der Literatur über den Charakter des Art. 72 II GG nicht. So wird dieser teilweise ebenfalls als eine Regelung des „Ob" der Kompetenzausübung angesehen.[523] Festhalten lässt sich jedoch, dass die vom Bundesverfassungsgericht zur Kompetenzbegrenzung entwickelte Bundestreue auf der einen Seite und Art. 72 II GG zur Schranke der Kompetenzausübung auf der anderen Seite einander ähnlich sind.

Zusammenfassend ist eine Neigung des Gerichts zu erblicken, die grundgesetzliche Kompetenzordnung durch andere Verfassungsgrundsätze – wie insbesondere das Rechtsstaatsprinzip – zu konkretisieren.[524] In dem neuen Topos von der Widerspruchsfreiheit der Rechtsordnung wird die Tendenz sichtbar, dass das Bundesverfassungsgericht den Gesetzgeber stärker überwachen will.[525] Auch wenn man die Rechtsprechung, insbesondere das oben dargestellte Verpackungssteuerurteil des Bundesverfassungsgericht, nicht unmittelbar für die Konkretisierung der Kompetenzausübungsregel des Art. 72 II GG heranziehen kann, so ist doch beachtlich, dass das Gericht die Kontrolldichte im Bund-Länder-Verhältnis auch ohne die Anwendung des Verhältnismäßigkeitsprinzips zu erhöhen und damit eine Kompetenzausübungsschranke zu konkretisieren vermochte[526], mag man auch der Kritik an der Rechtsprechung zur Widerspruchsfreiheit der Rechtsordnung im Grundsatz zustimmen. Das Gericht zeigt, dass das Verhältnismäßigkeitsprinzip nicht die einzige denkbare dogmatische Schranke im Staatsorganisationsrecht darstellen muss. Der verzweifelte Rückgriff auf ein „verstümmeltes" Verhältnismäßigkeitsprinzip ist daher nicht zwingend geboten.

III. Zwischenergebnis

Sowohl hinsichtlich des Subsidiaritätsprinzips als auch des Verhältnismäßigkeitsprinzips herrscht immer noch ein heftiger Streit um ihre Anwendbarkeit sowie um ihre Konkretisierungsmöglichkeiten im Staatsorganisationsrecht. Weder die Diskussion des einen noch des anderen Prinzips kann allerdings Hauptthema dieser Arbeit

---

522 *Isensee*, FS Badura, S. 689 ff., 708.
523 Vgl. hierzu *1.Teil, 1.3.c.*
524 *Rozek*, in: vM/K/S, GG, Art. 70 I, Rn. 21.
525 *Brüning*, NVwZ 2002, 33 ff., 36.
526 *Brüning*, NVwZ 2002, 33 ff., 35.

sein, da hiervon keine weitere Präzisierung in der Argumentation zu Art. 72 II GG zu erwarten ist.

Den Prinzipien ist der Versuch gemeinsam, eine Abwägung zu ermöglichen, ohne diese Abwägung an präzisen Vorgaben zu orientieren. So wird als „zentrale Ähnlichkeit" beider Prinzipien benannt: „Hinter beiden steht als Leitgedanke: So wenig Staat wie möglich."[527] Für unseren Zusammenhang müsste man als Leitidee formulieren: „So wenig zentralstaatliche Gesetzgebungskompetenz wie möglich!" Über diese Leitidee mag man Konsens erzielen; der Streit, wie diese Leitidee zu konkretisieren ist, ist damit noch nicht geklärt.

Diese fehlende Präzision soll allerdings nicht als eine Grundsatzkritik an beiden Prinzipien missverstanden werden. Denn es ist unerlässlich, einen Streitgegenstand, in immer enger werdenden Argumentationslinien zu umkreisen, um zu einer Lösung zu gelangen. Sowohl das Verhältnis- als auch das Subsidiaritätsprinzip ermöglichen durchaus Argumentationshilfen, befinden sich dabei aber immer noch auf einer weiten Umlaufbahn.

Die grundsätzliche Brauchbarkeit der Prinzipien im Verfassungsrecht zeigt sich in besonderer Weise daran, dass sie von Deutschland aus zunehmend in andere Rechtsordnungen „exportiert" werden.[528] So hat der EuGH seine Rechtsprechung mit Nachdruck am Verhältnismäßigkeitsprinzip orientiert.[529] Darüber hinaus haben beide Prinzipien aufgrund der Normierung in Art. 5 II, III EG inzwischen ihre primärrechtliche Vertrags- und damit Verfassungsgrundlage erhalten. Auch in der Charta der Grundrechte der Europäischen Union ist das Verhältnismäßigkeitsprinzip in Art. 52 I normiert. Durch das Gemeinschaftsrecht beeinflusst konnten sich schließlich auch Frankreich sowie England nicht gegenüber dem Verhältnismäßigkeitsgrundsatz verschließen. Während der Grundsatz in Frankreich in Ansätzen schon früher bekannt war, kannte die britische Rechtsordnung ihn bis in jüngste Zeit noch nicht, wendet ihn jedoch zunehmend in der verwaltungsgerichtlichen Rechtsprechung an.[530] Auch in anderen Mitgliedstaaten der Europäischen Union bildet

---

527 *Isensee*, Subsidiaritätsprinzip und Verfassungsrecht (2001), S. 88; vgl. auch *Calliess*, Subsidiaritäts- und Solidaritätsprinzip in der Europäischen Union, S. 120.
528 Für das Subsidiaritätsprinzip vgl. m.w.Nachw. *Schima*, Das Subsidiaritätsprinzip im Europäischen Gemeinschaftsrecht, S. 4; vgl. auch *Isensee*, Subsidiaritätsprinzip und Verfassungsrecht (2001), S. 35.
529 Vgl. EuGH, Urteil vom 13.12.1979 - Rs. 44/79, Liselotte Hauer/Land Rheinland Pfalz, Slg. 1979, S. 3727, Rn. 23; EuGH, Urteil vom 18.9.1986 – Rs. 116/82, Kommission/Bundesrepublik Deutschland, Slg. 1986, 2519, Rn. 21; „Es ist daran zu erinnern, dass der Grundsatz der Verhältnismäßigkeit nach der Rechtsprechung des Gerichtshofs verlangt, dass die durch die Rechtsakte der Gemeinschaftsorgane auferlegten Maßnahmen zur Erreichung des verfolgten Ziels geeignet sind und nicht die Grenze des dazu Erforderlichen überschreiten." Ausführlich zur Anerkennung und Übernahme des Verhältnismäßigkeitsgrundsatzes in das Gemeinschaftsrecht *Heinsohn*, Der öffentlichrechtliche Grundsatz der Verhältnismäßigkeit , S. 77 ff.
530 *Schwarze*, EuR 1997, 419 ff., 426.

sich inzwischen eine Verhältnismäßigkeitsprüfung heraus, obgleich dies nicht immer augenfällig zum Vorschein tritt.[531]

Gehört das Verhältnismäßigkeitsprinzip mittlerweile zu den Grundprinzipien eines gemeineuropäischen Verfassungsrechts, so mag nahe liegen, es ebenso wie das Subsidiaritätsprinzip wenigstens in *struktureller* Hinsicht im Staatsorganisationsrecht anzuwenden. Ziel der Prinzipien ist es, allgemeine Abwägungsregeln zu entwickeln, die angewendet auf den konkreten Fall mit Abwägungskriterien ausgefüllt werden müssen.[532] Sie können damit eine Handreichung für das Vorgehen sowohl bei dem Auffinden als auch bei dem Abwägen der Sachargumente sein. Es lässt sich zweifelsohne sagen, dass auch im Rahmen des Art. 72 II GG eine derartige Abwägung zwischen den Interessen des Bundes und der Länder stattfinden muss. Ob man diese nun als Verhältnismäßigkeitsabwägung oder als Ausgestaltung des Subsidiaritätsprinzips oder etwa als Abwägung im Rahmen der Bundestreue[533] verstehen will, kann noch dahinstehen.[534] So ist man nicht gezwungen, das Verhältnismäßigkeitsprinzip einem staatsorganisationsrechtlichen „Paradigmenwechsel"[535] zu unterziehen. Unter diesem Aspekt lässt sich auch die uneinheitliche Rechtsprechung des Bundesverfassungsgerichts in seiner „Maastricht" – Entscheidung erklären. Hier sollte die unerlässliche Abwägung zwischen den Interessen der Mitgliedstaaten und den Gemeinschaftsinteressen als gemeinschaftsrechtliches Prinzip bezeichnet werden, wobei zugegebenermaßen die Formulierung in Anlehnung an das Verhältnismäßigkeitsprinzip unglücklich erscheint. Vorzugswürdig wäre es auch hier wie ansonsten in der Rechtsprechung von föderaler Treue, auf europäische Ebene also von Gemeinschaftstreue (Art. 10 EG), zu sprechen und eine Abwägung anhand dieses Kriteriums vorzunehmen.

Steht bei Art. 72 II GG das Verhältnis des Bundes zu den Ländern im Vordergrund, so kommt in erster Linie das Subsidiaritätsprinzip als Korrektiv zur Anwendung, wenn man den Abwägungsgrundsatz des Vorrangs der kleineren gegenüber der größeren Einheit bemühen will. Entscheidender ist im Endeffekt allerdings, die konkreten Abwägungskriterien herauszuarbeiten. Es kann zwar nicht als grundlegend falsch angesehen werden, wenn man im Rahmen der Prüfung des Art. 72 II GG Kriterien aus der Verhältnismäßigkeitsprüfung einfließen lässt. Es ist aber dogmatisch ungenau, sich auf die Maßstäbe der Verhältnismäßigkeitsprüfung zu berufen

---

531 Siehe zur Anerkennung des Verhältnismäßigkeitsprinzips in England und Frankreich sowie in weiteren Mitgliedstaaten *Heinsohn*, Der öffentlichrechtliche Grundsatz der Verhältnismäßigkeit, S. 101 f., 129 ff.
532 Vgl. für das Subsidiaritätsprinzip *Zippelius*, Allgemeine Staatslehre, § 17 I 3, S. 133, der dem Prinzip die Rolle eines „Schlüsselbegriffs" zuweist.
533 So lässt sich bei *Degenhart,* Staatsrecht, § 3 VI 2, Rn. 404, erkennen, dass im Bund-Länder-Verhältnis das Gebot der Bundestreue zu einer dem Verhältnismäßigkeitsprinzip angenäherten, vergleichbaren Abwägung führt.
534 Einen ähnlichen Ansatz verfolgen auch *Kröger/Moos*, BayVBl. 1997, 705 ff., 709 ff., die sowohl eine „Orientierung an dem Erforderlichkeitsbegriff des Verhältnismäßigkeitsprinzips wie auch des Subsidiaritätsprinzips" als möglich erachten für eine Nachprüfung der Erforderlichkeitsklausel.
535 *Aulehner*, DVBl. 1997, 982 ff., 987.

Dritter Teil: Die rechtsdogmatische Funktion des Erforderlichkeitskriteriums

und diese dann lediglich „analog", „unvollkommen" oder „verstümmelt" heranzuziehen. Bei einem Rückgriff auf das Verhältnismäßigkeitsprinzip müsste man sich nicht zuletzt die Frage stellen, warum das Bundesverfassungsgericht nach der vormals apodiktischen Absage an die Anwendung des Verhältnismäßigkeitsprinzips im Staatsorganisationsrecht die in der Literatur behauptete Kehrtwende nicht ausdrücklicher hervorgehoben hat. Um die Antwort auf diese Frage vorwegzunehmen: Es bedurfte dieser Kehrtwende nicht, weil Art. 72 II GG einer eigenen Rationalität der Kompetenzverteilung folgt, die sich jenseits der geläufigen Bahn des Verhältnismäßigkeitsdiskurses bewegt. Dies soll in den folgenden Abschnitten entwickelt werden.

IV. Gegenüberstellung anderer korrespondierender Kompetenzausübungsschranken

Für das dogmatische Verständnis der „Erforderlichkeit" kann der Blick auf andere Kompetenzausübungsschranken hilfreich sein. Deren Diskussion kann unter Umständen Lösungsansätze für die Konkretisierung dieses Begriffs in Art. 72 II GG bieten. Dargestellt werden im Folgenden das im Europarecht geltende Subsidiaritätsprinzip (Art. 5 II EG) sowie Art. 28 II 1 GG, die kommunale Selbstverwaltungsgarantie.

1. Das Subsidiaritätsprinzip der EG (Art. 5 II EG)

Das Subsidiaritätsprinzip ist im Vertrag über die Europäische Union (EU)[536] geregelt. Erwähnt wird das Prinzip in der Präambel, welche keine Rechtsnorm darstellt. Der völkerrechtliche Charakter des Vertrages erlaubt lediglich, ihm Bedeutung für die Auslegung des EU-Vertrages zuzumessen.[537] Weiterhin findet sich das Prinzip in Art. 2 II EU, welcher auf Art. 5 II des Vertrages zur Gründung der Europäischen Gemeinschaft (EG)[538] verweist.

---

536 Vertrag über die Europäische Union vom 7.2.1992 (BGBl. II, S. 1253) zuletzt geändert durch den Vertrag von Nizza vom 26.2.2001 (BGBl. II, S. 1667) und die Akte zum Beitrittsvertrag vom 16.4.2003 (BGBl. II, S. 1410).
537 Vgl. Art. 31 II WVK. Frankreich, Luxemburg, Irland und Portugal haben die WVK nicht unterzeichnet; die darin vorgesehenen Auslegungsregeln gelten allerdings auch für den EU-Vertrag, da weitgehend Völkergewohnheitsrecht kodifiziert worden ist, vgl. *Pechstein*, in: Streinz, EUV/EGV, Präambel, Rn. 12 f., Art. 1 EUV, Rn. 6.
538 Vertrag zur Gründung der Europäischen Gemeinschaft vom 25.3.1957 (BGBl. II, S. 766) i.d.F. des Vertrages über die Europäische Union vom 7.2.1992 (BGBl. II, S. 1253/1256) zuletzt geändert durch den Vertrag von Nizza vom 26.2.2001 (BGBl. II, S. 1667) und die Akte zum Beitrittsvertrag vom 16.4.2003 (BGBl. II, S. 1410).

a) Entstehungsgeschichte des europarechtlichen Subsidiaritätsprinzips

Durch die Sorge der Mitgliedstaaten angetrieben, eine Europäische Union, welche Gesetzgebungskompetenzen immer intensiver an sich zieht, nehme ihnen weitgehend die eigenen Regelungsbefugnisse, entstand früh die Forderung nach Verankerung des Subsidiaritätsprinzips im gemeinschaftlichen Primärrecht.[539] Diese Sorge beherrschte neben den Mitgliedstaaten der Europäischen Union vor allem die deutschen Bundesländer. Diese forderten und fordern einen weiteren Ausbau des Subsidiaritätsprinzips im europäischen Rechtsraum. Motiv ist hierbei auch die Erfahrung mit dem deutschen Föderalismus. Denn obwohl durch die „föderalistischen Ebenen" Bund, Länder sowie Kommunen das Subsidiaritätsprinzip in Deutschland organisatorisch an sich abgesichert ist, wird dennoch die sich über Jahrzehnte erstreckende Tendenz zu einer Zentralisierung sehr kritisch gesehen. Die Auszehrung von Länder- und kommunalen Kompetenzen durch den Prozess der Europäisierung der Rechtsordnung sehen Länder und Kommunen mit Recht als einen weiteren föderalismusfeindlichen Zentralisierungsschub an und setzten sich mit Nachdruck für die europarechtliche Normierung des Subsidiaritätsprinzips ein.[540]

Auf europäischer Ebene wurde das allgemeine Subsidiaritätsprinzip erstmals im Maastrichter Vertrag, unterzeichnet am 7. Februar 1992, verankert.[541] Nach Art. 3 b II EGV konnte die Gemeinschaft in den Bereichen, die nicht in ihre ausschließliche Zuständigkeit fallen, nach dem Subsidiaritätsprinzip nur tätig werden, sofern und soweit die Ziele der in Betracht gezogenen Maßnahmen auf Ebene der Mitgliedstaaten nicht ausreichend und daher wegen ihres Umfanges oder ihrer Wirkung besser auf Gemeinschaftsebene erreicht werden können. Das Prinzip ermangelte allerdings noch jeglicher Konkretisierung. Der Europäische Rat in Lissabon beschloss daher im Juli 1992 zur näheren Konkretisierung, dass die Kommission sich verpflichtet, künftig bei Legislativvorschlägen die Notwendigkeit der Maßnahmen auf dem Hintergrund des Subsidiaritätsprinzips zu prüfen. Zudem beschloss man, dass Rat und Kommission dem Europäischen Rat in Edinburgh im Dezember 1992 Vorschläge zur Anwendung des Subsidiaritätsprinzips vorlegen sollten. Das Dokument von Edinburgh vom 12. Dezember 1992 kann als wegweisender Schritt betrachtet werden. Es konkretisiert das Subsidiaritätsprinzip durch Leitlinien in Form eines "Gesamtkonzept für die Anwendung des Subsidiaritätsprinzips und des Arti-

---

539 Die Ausdehnung der Gemeinschaftskompetenzen lässt sich insbesondere zurückführen auf die gemeinschaftsfreundliche Auslegung der Kompetenzen durch den EuGH, aber auch auf Vertragsänderungen durch die Mitgliedstaaten selbst; vgl. hierzu ausführlich *Vedder*, Kompetenzverteilung zwischen der EU und den Mitgliedstaaten, S. 9 ff., 10 ff.
540 Vgl. *Knemeyer*, DVBl. 1990, 449 ff., 450 ff.; *Vedder*, Kompetenzverteilung zwischen der EU und den Mitgliedstaaten, S. 9 ff., 15.
541 Die erste, nur punktuelle vertragliche Festschreibung fand sich in der Einheitlichen Europäischen Akte (EEA) für den Bereich des Umweltrechts (Art. 130 r IV 1 EWGV in der Fassung von 1987). Danach konnte die Gemeinschaft im Bereich der Umwelt insoweit tätig werden, als die in Art. 130 r I EWGV genannten Ziele besser auf Gemeinschaftsebene erreicht werden konnten als auf der Ebene der einzelnen Mitgliedstaaten.

kels 3 b des Vertrages über die Europäische Union durch den Rat".[542] In der Folgezeit schlossen am 25. Oktober 1993 das Europäische Parlament, die Europäische Kommission und der Rat eine „Interinstitutionelle Vereinbarung zwischen dem Rat, der Kommission und dem Europäischen Parlament über das Verfahren zur Anwendung des Subsidiaritätsprinzips".[543] Hier wurde der Versuch einer näheren Konkretisierung unternommen, indem man in knapper Form den inzwischen erreichten Konsens auf europäischer Ebene auflistete.

Im Vertrag von Amsterdam, unterzeichnet am 2. Oktober 1997, erfolgte eine Umnummerierung der Vorschriften des EG ohne inhaltliche Veränderung der einschlägigen Vorschrift.[544] Konkretisiert wurde das Subsidiaritätsprinzip weiterhin durch das „Protokoll über die Anwendung der Grundsätze der Subsidiarität und der Verhältnismäßigkeit"[545], welches dem EG-Vertrag beigefügt wurde. Dieses Protokoll zu dem Amsterdamer Vertrag ist gem. Art. 311 EG integraler Bestandteil des Vertrages; es zählt demzufolge zum Primärrecht.

b) Inhalt und Konkretisierung

Das Subsidiaritätsprinzip bindet die Gemeinschaft im Rahmen der Rechtsetzung, also den Rat, das Parlament und die Kommission. Zu seinen Zielen gehört, Entscheidungen möglichst offen und bürgernah zu treffen.[546] Der Inhalt und damit eine Konkretisierung des Subsidiaritätsprinzips für das Gemeinschaftsrecht folgt aus Art. 5 II EG, wonach zunächst der Anwendungsbereich eröffnet sein muss, die Ziele der in Betracht gezogenen Maßnahme auf Ebene der Mitgliedstaaten nicht ausreichend und daher schließlich wegen ihres Umfangs oder ihrer Wirkung besser auf Gemeinschaftsebene erreicht werden können.

Findet Art. 5 II EG auf „Maßnahmen" Anwendung, so fallen hierunter regelmäßig gesetzgeberische Aufgaben.[547] Die Maßnahme darf nicht in die ausschließliche Zuständigkeit der Gemeinschaft fallen, für die das Subsidiaritätsprinzip nicht gilt. In diesem Fall entstehen keine Kompetenzkonflikte, wie ein Kompetenzkonflikt im Rahmen der ausschließlichen Gesetzgebungszuständigkeit des Bundes (Art. 71, 73 GG) ebenfalls nicht entstehen kann. Nicht abschließend geklärt ist, welche Materien unter die ausschließliche Gemeinschaftszuständigkeit fallen. Denn ein dem deutschen Recht vergleichbarer Kompetenzkatalog fehlt auf europäischer Ebene und ausdrückliche Normierungen von Kompetenztypen sind nicht ersichtlich.[548] Als Grundregel lässt sich festhalten, dass die Gemeinschaft nur vereinzelt ausschließli-

---

542 Abgedruckt in: *Merten*, Die Subsidiarität Europas, S. 138 ff.
543 Bulletin EG 1993/10, S. 125 f.; auch abgedruckt in: EuGRZ 1993, 603 f.
544 *Lienbacher*, in: Schwarze, EU-Kommentar, Art. 5, Rn. 3.
545 EG ABl. 1997/C 340/105; abgedruckt in: Sartorius II, Nr. 151, Protokoll Nr. 30.
546 Vgl. Präambel des EU-Vertrags, 12. Erwägungsgrund; Art. 1 II EU.
547 *Calliess,* in: Calliess/Ruffert, EUV/EGV, Art. 5, Rn. 34.
548 *Streinz*, in: Streinz, EUV/EGV, Art. 5 EGV, Rn. 12.

Dritter Teil: Die rechtsdogmatische Funktion des Erforderlichkeitskriteriums

che Gesetzgebungskompetenzen besitzt, regelmäßig jedoch von konkurrierenden sowie parallelen[549] Kompetenzen ausgegangen werden muss.[550] Zu den ausschließlichen Kompetenzen zählen folgende Politikbereiche: der freie Warenverkehr, die Gemeinsame Agrarpolitik, die gemeinsame Handelspolitik und die Gemeinsame Verkehrspolitik, die Wettbewerbs- und Beihilfepolitik sowie die Währungspolitik. Diese Bereiche müssen als die „Eckpfeiler der Wirtschaftsverfassung der EG" notwendig der zentralen Ebene der EG zugeordnet werden.[551]

Die Gemeinschaft darf nach dem europarechtlichen Subsidiaritätsprinzip nur tätig werden, wenn das Effizienzkriterium und das Erforderlichkeitskriterium kumulativ erfüllt sind.[552] Es werden damit in Art. 5 II EG zwei Abgrenzungsmechanismen benutzt, ein negativer und ein positiver.[553] Die EG wird erst dann tätig, soweit die Ziele „der in Betracht gezogenen Maßnahme auf Ebene der Mitgliedstaaten nicht ausreichend erreicht werden können" (Negativkriterium bzw. Effizienzkriterium) und „daher wegen ihres Umfangs oder ihrer Wirkung besser auf EG-Ebene erreicht werden können" (Positivkriterium bzw. Erforderlichkeitskriterium). Verständlicher erscheint allerdings, von Effizienzkriterium und Optimierungsgebot zu sprechen, da dem Erforderlichkeitskriterium wiederum die terminologische Nähe zum Verhältnismäßigkeitsprinzip anhaftet. Wie im deutschen Recht finden sich auch hier Begriffe, die inhaltlich in hohem Maße ausfüllungsbedürftig sind.

In der Literatur wurde anfangs vertreten, dem Effizienzkriterium komme keine eigenständige Bedeutung in Form eines Kompetenzausübungsverbotes zu.[554] Es sei nur darauf abzustellen, ob eine Maßnahme gemeinschaftsrechtlich mit besserem Erfolg getroffen werden könne.[555] Diese Ansicht kann lediglich als eine Reminiszenz an den alten Artikel 130r IV 1 EWGV verstanden werden, ist mittlerweile allerdings überholt. Die Gemeinschaft darf daher nicht schon dann tätig werden, wenn sie ein Ziel „besser" erreichen kann. Solange die Ziele auf mitgliedstaatlicher Ebene zwar schlechter, aber noch ausreichend erreicht werden können, darf die Gemeinschaft nicht handeln.[556] Diese ergänzende Formulierung, die der Gemein-

---

549 Sowohl die Gemeinschaft als auch die Mitgliedstaaten dürfen handeln.
550 *Pechstein/Koenig*, Die Europäische Union, Rn. 157 f.; ausführlich zu den konkurrierenden Kompetenzen der EG *Vedder*, Kompetenzverteilung zwischen der EU und den Mitgliedstaaten, S. 9 ff., 18 f.
551 Eingehend hierzu *Vedder*, Kompetenzverteilung zwischen der EU und den Mitgliedstaaten, S. 9 ff., 17 f.; *Calliess*, EuZW 1995, 693 ff.; vgl. weiterhin *Streinz*, Europarecht, Rn. 129; *Calliess*, in: Calliess/Ruffert, EUV/EGV, Art. 5, Rn. 26; *Everling*, FS Stern, S. 1227 ff., Fn. 7 f. m.w.Nachw.; *Böttger*, Ansätze für eine ökonomische Analyse des Subsidiaritätsprinzips, S. 24 ff.
552 *Lienbacher*, in: Schwarze, EU-Kommentar, Art. 5, Rn. 17; die Terminologie ist nicht einheitlich: so bezeichnet etwa *Kahl*, AöR 118 (1993), 414 ff., 428 ff., in einem frühen Aufsatz das Negativkriterium als „Erforderlichkeitselement", das Positivkriterium als das „Effizienzelement"; *von Borries*, EuR 1994, 263 ff., 277, spricht von „mitgliedstaatlicher Unzulänglichkeit" und dem „gemeinschaftlichen Mehrwert".
553 *Streinz*, in: Streinz, EUV/EGV, Art. 5 EGV, Rn. 36.
554 *Schnabel*, BayVBl. 1993, 393 ff., 394.
555 Vgl. *Schink*, DÖV 1992, 385 ff., 387.
556 *Merten*, Die Subsidiarität Europas, S. 77 ff., 80 f.

schaft ein Tätigwerden erschwert, war in dem Entwurf zu dem Vertrag von Maastricht noch nicht enthalten.[557] Auf diese Präzision kam es den Mitgliedstaaten verständlicherweise besonders an.

Die Kommission hat zwei spezielle Tests entwickelt, um die Kriterien zu überprüfen, den „komparativen Effizienztest" und den „Mehrwerttest".[558] Im Rahmen des „komparativen Effizienztests" werden die tatsächlichen und finanziellen Mittel untersucht, die nötig werden, um die Ziele (nationale, regionale oder kommunale Gesetzgebung, Verhaltenskodex, Vereinbarung zwischen Sozialpartnern, usw.) zu erreichen (Prüfung, ob die Ziele der in Betracht gezogenen Maßnahme auf Ebene der Mitgliedstaaten nicht ausreichend erreicht werden können; Effizienzkriterium). Die Überforderung nur einzelner Mitgliedstaaten darf dabei keine Rolle spielen.[559] Die Ziele der Europäischen Gemeinschaft sind vielmehr auf das gesamte Gebiet gerichtet. Reicht eine „Überforderung nicht notwendig aller Mitgliedstaaten"[560] aus, muss beim komparativen Effizienztest ein Mittelmaß gefunden werden, das wohl bei einem Viertel der Mitgliedstaaten liegt, wenn diese zumindest ein Viertel aller Unionsbürger in sich vereinen. Wenn einige Mitgliedstaaten sich weigern, trotz potentieller Handlungsfähigkeit tätig zu werden, dann steht der Handlungsmöglichkeit der Gemeinschaft grundsätzlich nichts im Wege, da es nicht in der Hand einzelner Mitgliedstaaten liegen darf, die Realisierung der Ziele der Gemeinschaft zu lähmen.[561] Unerheblich ist auf welcher Ebene die Maßnahme durch die Mitgliedstaaten durchgesetzt werden kann.[562]

Der Wortlaut „nicht ausreichend erreicht werden können" bringt schließlich zum Ausdruck, dass nicht eine bestehende Lage ausschlaggebend ist. Auch eine Prognoseentscheidung der Gemeinschaft hinsichtlich der Möglichkeiten und Fähigkeiten der Mitgliedstaaten kann ein gemeinschaftliches Handeln ermöglichen.[563] Allerdings muss die Gemeinschaft, bevor sie von ihrem eigenen Recht Gebrauch macht, die Mitgliedstaaten in dem hierfür vorgesehenen Verfahren zur Vertragseinhaltung anhalten.[564] Erst danach darf die Gemeinschaft tätig werden.

Dem „komparativen Effizienztest" folgt der von der Kommission als „Mehrwerttest" bezeichnete zweite Prüfungsschritt. Nach der Effizienzanalyse der mitglied-

---

557 *Calliess*, in: Calliess/Ruffert, EUV/EGV, Art. 5, Rn. 3.
558 Siehe „Mitteilung der Kommission an den Rat und an das Europäische Parlament betr. das Subsidiaritätsprinzip", abgedruckt in: Merten, Die Subsidiarität Europas, 112 ff., 122; vgl auch *Langguth*, in: L/B, EUV/EGV, Art. 5, Rn. 34; *Calliess*, in: Calliess/Ruffert, EUV/EGV, Art. 5, Rn. 36 („Test der vergleichenden Effizienz").
559 Vgl. *Langguth*, in: L/B, EUV/EGV, Art. 5, Rn. 32; a.A. *Zuleeg*, in: vG/S, EUV/EGV, Art. 5 EG, Rn. 31 m.w.Nachw. („Ist auch nur ein Mitgliedstaat dazu (Erreichung des gesetzten Ziels) nicht imstande, ist die erste Bedingung erfüllt.").
560 *Calliess*, EuZW 1996, 751 ff., 757; widersprüchlich aber *ders.*, in: Calliess/Ruffert, EUV//EGV, Art. 5, Rn. 40 („in zwei oder mehr Mitgliedstaaten muss das objektive Leistungspotenzial (…) tatsächlich unzureichend sein").
561 *Langguth*, in: L/B, EUV/EGV, Art. 5, Rn. 31 f.
562 *Langguth*, in: L/B, EUV/EGV, Art. 5, Rn. 33.
563 *Merten*, Die Subsidiarität Europas, S. 77 ff., 80.
564 *Merten*, Die Subsidiarität Europas, S. 77 ff., 80.

staatlichen Ebene muss die Effizienz einer bestimmten Maßnahme auf europäischer Ebene nach dem Umfang, den grenzübergreifenden Problemen, den Kosten der Untätigkeit, der kritischen Masse usw. untersucht werden. Es ist zu prüfen, ob das Regelungsbedürfnis gerade aus der Sicht der Zielsetzung der Europäischen Gemeinschaft besteht.[565] Dabei muss die Bewertung der Effektivität des jeweiligen zur Verwirklichung der Ziele der Art. 2, 3 und 4 EG geplanten Gemeinschaftshandelns im Hinblick auf die Größenordnung und den grenzüberschreitenden Charakter eines Problems sowie die Folgen eines – mit Rücksicht auf die Beeinträchtigung der Kompetenz der Mitgliedstaaten zu erwägenden – Verzichts auf gemeinschaftliche Maßnahmen positiv ergeben, dass gemeinschaftliche Maßnahmen wegen ihrer breiteren und allgemeineren Wirkung dem angestrebten Ziel näher kommen als ein individuelles Handeln der Mitgliedstaaten.

c) „Amsterdamer Protokoll über die Anwendung der Grundsätze der Subsidiarität und der Verhältnismäßigkeit" und weitere Prüfraster

Der „komparative Effizienztest" und der „Mehrwerttest" bedürfen weiterer Rahmensetzungen, um praktikabel zu sein und ihre limitierende Funktion zu entfalten. Im „Amsterdamer Protokoll über die Anwendung der Grundsätze der Subsidiarität und der Verhältnismäßigkeit" werden in Ziffer 5 folgende Leitlinien zur Konkretisierungen der Voraussetzungen des Art. 5 II EG aufgestellt:
 (1.) Der betreffende Bereich weist *transnationale*[566] Aspekte auf, die durch Maßnahmen der Mitgliedstaaten *nicht ausreichend* geregelt werden können,
 (2.) Alleinige Maßnahmen der Mitgliedstaaten oder das Fehlen von Gemeinschaftsmaßnahmen würden gegen die Anforderungen des Vertrages (beispielsweise Erfordernis der Korrektur von Wettbewerbsverzerrungen, der Vermeidung verschleierter Handelsbeschränkungen oder der Stärkung des wirtschaftlichen und sozialen Zusammenhalts) verstoßen oder auf sonstige Weise die Interessen der Mitgliedstaaten *erheblich beeinträchtigen*,
 (3.) Maßnahmen auf Gemeinschaftsebene würden wegen ihres Umfangs oder ihrer Wirkungen im Vergleich zu Maßnahmen auf der Ebene der Mitgliedstaaten *deutliche Vorteile* mit sich bringen.[567]
 Daneben werden in formeller Hinsicht Begründungspflichten für jeden Vorschlag gemeinschaftlicher Rechtsvorschriften sowie Verfahrensvorschriften festgelegt.[568]

---

565 Prüfung, ob die Ziele wegen ihres Umfangs oder ihrer Wirkung besser auf EG-Ebene erreicht werden können; Optimierungsgebot.
566 Hervorhebungen nicht im Original.
567 So nahezu wortgleich schon das "Gesamtkonzept für die Anwendung des Subsidiaritätsprinzips und des Artikels 3 b des Vertrages über die Europäische Union durch den Rat"; abgedruckt in: *Merten,* Die Subsidiarität Europas, S. 138 ff.
568 Vgl. Ziffer 4, 9-12 des Protokolls. Ähnlich auch schon die Nr. 22 ff. der „Interinstitutionellen Vereinbarung zwischen dem Europäischen Parlament, dem Rat und der Kommission über das Verfahren zur Anwendung des Subsidiaritätsprinzips"; Bulletin EG 1993/10, S. 125

Dritter Teil: Die rechtsdogmatische Funktion des Erforderlichkeitskriteriums

Die Kommission folgt der ihr in Ziffer 9, 4. Gedankenstrich des Protokolls auferlegten Pflicht, einen Subsidiaritätsbericht vorzulegen, nunmehr schon zum elften Mal, indem sie den jährlichen Bericht „Eine bessere Rechtsetzung" vorlegt. Allerdings sind die Ausführungen zu der Einhaltung des Subsidiaritätsprinzips floskelhaft und wiederholen sich.[569] Ein Vorwurf mangelnder Erfüllung der sich aus dem Protokoll ergebenden Verpflichtungen kann allerdings nicht erhoben werden; denn es fehlen in den Prüfrastern die materiellen Kriterien für eine detaillierte Subsidiaritätsprüfung. Solange solche nicht vorgegeben werden, muss und kann wohl auch die Kommission keine konkrete Prüfung durchführen. Bundesregierung und Bundesrat haben ebenfalls ein „Gemeinsames Prüfraster für die Subsidiaritätsprüfung" entwickelt, welches für eine Konkretisierung allerdings ebenfalls nicht weiterführend ist; denn es orientiert sich weitgehend an den Floskeln des „Amsterdamer Protokolls".[570]

Trotz dieser Ansätze bleibt festzuhalten, dass die bezeichneten Prüfraster durchgehend nur zu einer unwesentlich präziseren Konkretisierung des Subsidiaritätsprinzips führen. In der Literatur erkannte man diese Defizite und versuchte vereinzelt, eigene Prüfraster zu entwickeln.[571] *Schuppert* etwa, der das Subsidiaritätsprinzip wegen der finalen Struktur der EG-Kompetenznormen grundsätzlich mit Skepsis betrachtet, stellt unter Berufung auf *Saladin* spezifisch entwickelte, „politisch-ethische" Abgrenzungskriterien für die „Aufgaben-Ausscheidung zwischen Staaten und Staatengemeinschaften" auf. Danach sollen vier Kriterien ausschlaggebend sein: die Vertrautheit, die Betroffenheit, die zwischenstaatliche Gerechtigkeit und die Integrationskraft. Zunächst soll jene politische Ebene eine Aufgabe wahrnehmen, die der Aufgabe am nächsten steht, weil sie mit den lokalen oder regionalen Besonderheiten besonders vertraut ist. Fernerhin soll die wahrnehmende Ebene nur tätig werden, wenn sie von der Aufgabe betroffen ist. Wenn schließlich aus Gleichbehandlungsgründen eine Maßnahme nur auf der höheren Ebene „gerecht" ist, dann muss sie dort erfolgen. Endlich sind den einzelnen Ebenen die Aufgaben zu belassen, ohne deren Erfüllung sie ihre Integrationswirkung verlieren.[572]

Ein weiterführender ökonomischer Ansatz zur Konkretisierung des Subsidiaritätsprinzips wird von *Böttger* gewählt. Zunächst stellt er fest, dass ein möglichst konkreter Bewertungstest erfolgen muss und nicht nur Floskeln, unbestimmte Begriffe und abstrakte pauschale Erwägungen vorgebracht werden dürfen. Daran an-

---

f.; auch abgedruckt in: EuGRZ 1993, 603 f.
569 Vgl. hierzu Bericht der Kommission an den Europäischen Rat - Eine bessere Rechtsetzung 1999, Dok. KOM (99) 562; Bericht 2000, Dok. KOM (00) 772; Bericht 2001, Dok. KOM (01) 728; vgl. auch *Pieper*, Rechtstheorie, Beiheft 20, 445 ff., 453 m.w.Nachw.
570 „Gemeinsames Prüfraster für die Subsidiaritätsprüfung", abgedruckt in: *Calliess*, Subsidiaritäts- und Solidaritätsprinzip in der Europäischen Union, S. 403 ff.
571 Vgl. etwa *Koenig/Lorz*, JZ 2003, S. 167 ff., 169 ff., *Calliess*, EuGRZ 2003, 181 ff., 194 ff.; eine Zusammenstellung einiger Auffassungen sowie Konkretisierungsvorschläge findet sich bei *Böttger*, Ansätze für eine ökonomische Analyse des Subsidiaritätsprinzips, S. 28 ff., 49 ff. m.w.Nachw.; vgl. auch *Schuppert*, Staatswissenschaft, S. 326 ff. m.w.Nachw., der ökonomische, rechtlich verbindliche, organisationstheoretische oder die für ihn ausschlaggebenden politisch-ethischen Konkretisierungsmerkmale nennt.
572 *Schuppert*, Staatswissenschaft, S. 328.

knüpfend entwickelt er eine inhaltliche Konkretisierung nach dem Ansatz der Neuen Institutionenökonomik, die mittlerweile auch in der Rechtswissenschaft auf breitere Resonanz gestoßen ist.[573] Diese ökonomische Analyse kann man wegen ihrer mittlerweile erreichten Allgemeingültigkeit über die Analyse von Märkten hinaus auch zur Analyse staatlicher Funktionen, insbesondere zur Analyse des Subsidiaritätsprinzips des Art. 5 II EG, anwenden.[574] Der Neuen Institutionenökonomik[575] liegen als zentrale Annahmen die Ressourcenknappheit[576], das Eigennutztheorem[577], die beschränkte Rationalität[578] und der methodologische Individualismus[579] zugrunde. Die Resourcenknappheit erfordert Wahlentscheidungen der Akteure, die diese egoistisch-nutzenmaximierend auf Grundlage beschränkter Rationalität treffen. Veränderungen von Institutionen beeinflussen den Handlungsrahmen und damit zugleich das Verhalten der Akteure, so dass die Auswirkungen der Veränderung von Institutionen erfasst werden können. Wenn es nach dem methodologischen Individualismus schließlich nur individuelles Handeln geben kann, der Aufbau und die Veränderung von Institutionen damit auf individuelles Handeln zurückzuführen ist, stellt sich die grundlegende Frage nach der Legitimation der Institutionen. *Böttger* stellt dabei auf den weiterführenden Ansatz des normativen Individualismus ab. Legitimation erlangen die Institutionen danach durch einen „Gesellschaftsvertrag", welcher die Rahmenregeln festlegt und der den strikten Konsens aller erfordert, der wiederum nur erreicht werden kann, wenn sich der Einzelne jeweils Vorteile von einer Zustimmung verspricht.[580] Diesen Ansatz fortführend stellt *Böttger* in Anlehnung an *Picot* die Ausformungen der Neuen Institutionenökonomik in Form des Property-Rights-Ansatzes[581] sowie der Transaktionskostentheorie[582] als Konkretisierungen des Subsidiaritätsprinzips dar.[583]

---

573 Vgl. *Oeter*, in: vM/K/S, GG, Art. 72 II, Rn. 106.
574 *Böttger*, Ansätze für eine ökonomische Analyse des Subsidiaritätsprinzips, S. 62, 65; *Janson*, Ökonomische Theorie im Recht, S. 57 ff.
575 Institutionen sind Systeme formgebundener (formaler) und formungebundener (informeller) Regeln, einschließlich der Vorkehrungen zu deren Durchsetzung.
576 Alle Güter, denen die Individuen einen Wert beimessen, sind begrenzt.
577 Individuen streben nach ihrem eigenen Vorteil; das egoistische, nutzenmaximierende Verhalten überwiegt.
578 Beschränktheit des menschlichen Wissens; Präferenzen der Entscheidungssubjekte sind unvollständig und veränderlich.
579 Alles Handeln ist individuelles Handeln.
580 *Böttger*, Ansätze für eine ökonomische Analyse des Subsidiaritätsprinzips, S. 66 ff. 77 ff.
581 Die Organisation von Property-Rights (Kompetenzen zur Veränderung, Nutzenaneignung, Veräußerung etc.) ist dann effizient, wenn sie die Summe aus Transaktionskosten (Kosten, die durch Herausbildung, Zuordnung, Übertragung und Durchsetzung der Property-Rights entstehen) und externen Effekten (Effekte bei Dritten) minimiert.
582 Die Transaktionskostentheorie will die Leistungsbeziehungen bei gegebener Verteilung von Property-Rights koordinieren, indem sie nach der Art der institutionellen Regelung zur effizienten Abwicklung einer arbeitsteiligen Leistungsbeziehung fragt. Faktor hierbei sind die Anbahnungs-, Vereinbarungs-, Abwicklungs-, Anpassungs- und Überwachungskosten einer Transaktion.
583 *Böttger*, Ansätze für eine ökonomische Analyse des Subsidiaritätsprinzips, S. 81 ff., 87 ff.

Böttger gelangt in seiner Arbeit zu einem ökonomisch orientierten Prüfungsmodell der Kompetenzausübung nach Art. 5 II EG: Zunächst soll eine Kompetenzausübung durch die höhere Ebene gerechtfertigt sein, wenn Kosten- und Effizienzvorteile erzielt werden können. Daneben müssen allerdings auch Wettbewerbs- und Kontrollaspekte einfließen. Dies konkretisierend stellt er folgende Prüfungskriterien auf: (1.) ein statischer *Kosten-* und *Effizienz*vergleich muss erfolgen[584], (2.) die Zukunftserwartungen im Hinblick auf einen Kostenvergleich unter *Wettbewerb*saspekten müssen beachtet werden[585], (3.) die Zukunftserwartungen bezüglich existierender Unterschiede bei den Möglichkeiten der *Kontrolle* der Bürger über die Akteure auf politischer und administrativer Ebene sind einzubeziehen.[586]

Die institutionenökonomische Konkretisierung des europarechtlichen Subsidiaritätsprinzips zeigt sicherlich wichtige Aspekte und einen theoretischen Rahmen, der die rechtswissenschaftliche Diskussion weiter befruchten kann. Wie aber etwa Wettbewerbsvorteile, Kontrollkosten etc. miteinander verrechnet oder abgewogen werden können, ist nicht präzise entwickelt und lässt sich nur in Detailstudien klären. Hieran fehlt es freilich noch; auch die von *Böttger* unternommene konkrete Umsetzung seines theoretischen Ansatzes bleibt letztlich wenig ergiebig.[587]

Alles in allem ist das Subsidiaritätsprinzip nach Art. 5 II EG damit immer noch hochgradig unbestimmt. Vor allem die europäischen Protokolle, interinstitutionellen Vereinbarungen, Gesamtkonzepte etc. leisten keinen weiterführenden Beitrag, da sie lediglich unbestimmte Begriffe durch andere unbestimmte Begriffe ersetzen[588] und sich damit im Kreise drehen. Die lediglich formellen Verfahrensanforderungen führen ebenfalls nicht weiter, da sie nur der Selbstkontrolle dienen können, aber für eine Kontrolle durch „Verfahrensfremde" keine klaren Maßstäbe liefern. Damit gelangt man zu einer wenig befriedigenden Antwort auf die eingangs gestellte Frage der Konkretisierung des Art. 72 II GG durch Übernahme der zu Art. 5 II EG entwickelten Kriterien. Es ist nahezu aussichtslos, konkrete Prüfungskriterien für die einzelnen Vorgaben der „Zieltrias" des Art. 72 II GG[589] aus dem Europarecht abzuleiten.

Dabei lässt sich nicht verkennen, dass seitens der Europäischen Union um die weitere Konkretisierung des in Art. 5 II EG geregelten Subsidiaritätsprinzips nach wie vor gerungen wird, so dass die entsprechenden rechts- und verfassungspolitischen Erwägungen noch heranzuziehen sind. Vergleichbar zu der Föderalismusde-

---

584 Derzeit praktisch allein maßgebliches Kriterium des Art. 5 II EG; hier fließen der Property-Rights-Ansatz und die Transaktionskostentheorie ein.
585 Ein Wettbewerb der Ebenen bietet Potential für Innovationen und Einsparungen, die letztlich dem Bürger förderlich sind.
586 Kostenvorteile einer Kompetenzausübung auf höherer Ebene müssen mit den zusätzlichen Kosten einer Kontrollmöglichkeit der höheren Ebene durch den Bürger verglichen werden; Prüfung bei der Frage, ob die Ziele „besser" i.S.d. Art. 5 II EG erreicht werden können; *Böttger*, Ansätze für eine ökonomische Analyse des Subsidiaritätsprinzips, S. 91 ff.
587 Vgl hierzu noch *3.Teil, B.I.2.e.bb*.
588 Vgl. einerseits in Art. 5 II EG: „nicht ausreichend" / „besser" sowie andererseits z.B. „erheblich beeinträchtigen" / „deutliche Vorteile".
589 Siehe hierzu *3. Teil, B*.

batte in Deutschland wird auf europäischer Ebene die zukünftige Verteilung der Kompetenzen zwischen den Beteiligten diskutiert. In der „Erklärung zur Zukunft der Union" in der Schlussakte des Vertrages von Nizza wurde gefordert, dass der Frage nachgegangen werden soll, wie eine genauere, dem Subsidiaritätsprinzip entsprechende Abgrenzung der Zuständigkeiten zwischen der Europäischen Union und den Mitgliedstaaten hergestellt und aufrecht erhalten werden kann.[590]

Diese Aufgabe sucht die neue Europäische Verfassung durch eine Verknüpfung von materiellen und Verfahrenskriterien zu lösen.[591]

Folgendes „politisches Frühwarnsystem" soll danach die nationalen Parlamente stärken: Nach dem „Protokoll über die Anwendung der Grundsätze der Subsidiarität und der Verhältnismäßigkeit" führt die Kommission umfangreiche Anhörungen durch, bevor sie einen Europäischen Gesetzgebungsakt vorschlägt. Dabei ist gegebenenfalls der regionalen und lokalen Dimension der in Betracht gezogenen Maßnahmen Rechnung zu tragen (Art. 2). Fernerhin leiten Kommission, Parlament und Rat ihre Gesetzgebungsvorschläge, Entwürfe, legislative Entschließungen bzw. Standpunkte den nationalen Parlamenten zu (Art. 3). Schließlich werden die Entwürfe von Europäischen Gesetzgebungsakten im Hinblick auf die Grundsätze der Subsidiarität und der Verhältnismäßigkeit detailliert begründet (Art. 4). Jedes nationale Parlament eines Mitgliedstaats oder jede Kammer eines dieser Parlamente können binnen sechs Wochen nach dem Zeitpunkt der Übermittlung eines Entwurfs eines Europäischen Gesetzgebungsakts in einer begründeten Stellungnahme an die Präsidenten des Europäischen Parlaments, des Rates und der Kommission darlegen, weshalb der Entwurf seines beziehungsweise ihres Erachtens nicht mit dem Subsidiaritätsprinzip vereinbar ist. Dabei obliegt es dem jeweiligen nationalen Parlament oder

---

590 EG ABl. 2001/C 80/85.
591 In der „Vorläufigen konsolidierten Fassung des Vertrags über eine Verfassung für Europa" (http://www.eu.int, Dok.-Nr. CIG 86/04) lautet Artikel I-9 (Grundprinzipien): (1) Für die Abgrenzung der Zuständigkeiten der Union gilt der Grundsatz der begrenzten Einzelermächtigung. Für die Ausübung der Zuständigkeiten der Union gelten die Grundsätze der Subsidiarität und der Verhältnismäßigkeit. (...) (3) Nach dem Subsidiaritätsprinzip wird die Union in den Bereichen, die nicht in ihre ausschließliche Zuständigkeit fallen, nur tätig, sofern und soweit die Ziele der in Betracht gezogenen Maßnahmen von den Mitgliedstaaten weder auf zentraler noch auf regionaler oder lokaler Ebene ausreichend erreicht werden können, sondern vielmehr wegen ihres Umfangs oder ihrer Wirkungen auf Unionsebene besser erreicht werden können. Die Organe der Union wenden das Subsidiaritätsprinzip nach dem Protokoll über die Anwendung der Grundsätze der Subsidiarität und der Verhältnismäßigkeit an. Die nationalen Parlamente achten auf die Einhaltung des Subsidiaritätsprinzips nach dem in diesem Protokoll vorgesehenen Verfahren. Weiterhin sieht Artikel I-17 eine „Flexibilitätsklausel" vor: (1) Erscheint ein Tätigwerden der Union im Rahmen der in Teil III festgelegten Politikbereiche erforderlich, um eines der Ziele der Verfassung zu verwirklichen, und sind in dieser Verfassung die hierfür erforderlichen Befugnisse nicht vorgesehen, so erlässt der Ministerrat einstimmig auf Vorschlag der Europäischen Kommission und nach Zustimmung des Europäischen Parlaments die geeigneten Maßnahmen. (2) Die Europäische Kommission macht die nationalen Parlamente der Mitgliedstaaten im Rahmen des Verfahrens zur Kontrolle der Einhaltung des Subsidiaritätsprinzips nach Artikel I-9 Absatz 3 auf die Vorschläge aufmerksam, die sich auf den vorliegenden Artikel stützen.

der jeweiligen Kammer eines nationalen Parlaments, gegebenenfalls die regionalen Parlamente mit Gesetzgebungsbefugnissen zu konsultieren (Art. 5). Art. 6 enthält eine Pflicht zur Berücksichtigung der begründeten Stellungnahmen. Will man trotz kritischer Stellungnahme an dem Gesetzgebungsakt festhalten, muss dieser Beschluss begründet werden. Art. 7 sieht schließlich auch ein Klagerecht des Ausschusses der Regionen bei Verstoß gegen das Subsidiaritätsprinzip vor. Nach Art. 8 muss die Kommission auch den nationalen Parlamenten und dem Ausschuss der Regionen jährlich einen Bericht über die Anwendung des Artikels I-9 der Verfassung vorlegen.[592]

Dieses verfahrensrechtliche Zusammenspiel zwischen europäischer Ebene und nationalen Parlamenten folgt einer besonderen Rationalität: Kann man rechtliche Vorgaben nicht hinreichend präzise fassen, so sind sie durch einen Diskurs zwischen den Verfahrensbeteiligten, hier zwischen Kommission und Parlamenten der Mitgliedstaaten zu konkretisieren. Der im Diskurs erreichte Konsens bzw. die sich im Diskurs durchsetzende „bessere" und akzeptanzfähigere Argumentation soll rechtliche Verbindlichkeit erlangen. Dies liegt auf der allgemeinen Linie, dass im Europarecht der Verfahrensgedanke eine weitaus größere Rolle als im deutschen Recht spielt, das nach wie vor dem Leitbild folgt, rechtliche Entscheidungen seien durch Auslegung von Rechtsnormen, nicht aber durch diskursive Verfahren zu legitimieren.

Für eine Präzisierung des Art. 72 II GG kann dieser verfahrensrechtliche Konkretisierungsansatz nicht herangezogen werden.[593] Ein derartiges Verfahren bedürfte einer Regelung der Bund-Länder-Beziehungen im Grundgesetz, an der es fehlt. Es ist aber auch verfassungspolitisch nicht wünschenswert. Denn es würden die politischen Verflechtungen nur noch verstärkt werden, wenn man im Rahmen der Erforderlichkeitsklausel mit einem derartigen „Frühwarnsystem" arbeiten würde. Für das deutsche Verfassungsrecht ist eine Einführung eines solchen Systems strikt abzulehnen.

d) Justitiabilität des Subsidiaritätsprinzips

Das Bundesverfassungsgericht setzte sich mit dem europäischen Subsidiaritätsprinzip in der „Maastricht"-Entscheidung auseinander. Es forderte, dass der EuGH die Einhaltung des Prinzips zu überwachen habe. Es hängt gerade auch vom EuGH ab, „inwieweit das Subsidiaritätsprinzip einer Erosion mitgliedstaatlicher Zuständigkeiten und damit einer Entleerung der Aufgaben und Befugnisse des Bundestages ent-

---

592 Vorläufige konsolidierte Fassung der Protokolle zum Vertrag über eine Verfassung für Europa und seiner Anhänge I und II, http://www.eu.int, Dok.-Nr. CIG 86/04, ADD 1, S. 15 ff.
593 A.A. *Benz*, Kommissionsdrucksache 71 –neu– c, S. 5; *Huber*, Klarere Verantwortungsteilung, S. 56 f. mit Hinweis auf das belgische Verfassungsrecht.

gegenwirkt"[594]. Das Bundesverfassungsgericht ging demnach zu einer Zeit, in der es eine Kontrolle der „Zieltrias" des Art. 72 II GG auf nationaler Ebene selber (noch) nicht ernst nahm, ausdrücklich von einer Überwachungsmöglichkeit und -pflicht des EuGH im Hinblick auf das europäische Pendant aus.

Die Auslegung der vertraglichen Rechtsgrundlagen und damit des europäischen Subsidiaritätsprinzips ist in letzter Instanz einzig und allein dem EuGH überantwortet.[595] Vergleichbar zu der Situation in Deutschland konnten auf europäischer Ebene bis jetzt keine allgemein anerkannten Kriterien für die Kompetenzaufteilung festgelegt werden. Dieser Streit um die Kriterien hat ebenfalls zu beträchtlichen Diskussionen über die Justitiabilität der europarechtlichen Regelung der Subsidiarität geführt.[596] Eine richterliche Präzisierung von Kriterien steht noch aus. Nur vereinzelt hatte der EuGH die Möglichkeit, sich zum Umfang der EG-Kompetenzen zu äußern. Regelmäßig prüfte der EuGH dann lediglich, ob überhaupt eine Kompetenz der Gemeinschaft ersichtlich sei, ob also die Voraussetzungen des Art. 5 I EG vorliegen.[597] So verwundert es nicht, dass bislang keine einzige Entscheidung erging, in der das Subsidiaritätsprinzip die ausschlaggebende Rolle spielte.[598]

Wenn der EuGH sich zu dem Subsidiaritätsprinzip äußerte, so hielt er sich stets zurück. Er vertrat die Auffassung, dass, sobald der Rat festgestellt habe, das bestehende Niveau in einem Bereich müsse verbessert und die dort bestehenden Bedingungen bei gleichzeitigem Fortschritt harmonisiert werden, die Erreichung dieses Ziels durch das Setzen von Mindestvorschriften unvermeidlich ein gemeinschaftsweites Vorgehen voraussetze.[599] Bedenklich erscheint an dieser Auslegung des Subsidiaritätsprinzips[600], dass es allein der Rat in der Hand habe, wann die Voraussetzungen des Prinzips vorliegen. *Calliess* bezeichnet dies zutreffend als „prozeduralen Zirkelschluss". Der Rat beschließt, dass harmonisiert werden muss und da eine solche Harmonisierung erfahrungsgemäß nur in der Gemeinschaft selbst durchgeführt werden kann, darf auch harmonisiert werden.[601] In einem weiteren Urteil verwies der EuGH in ähnlicher Weise floskelhaft darauf, dass das Ziel der einschlägigen Richtlinie, durch Angleichung der Rechtsvorschriften das Funktionieren des Binnenmarktes zu gewährleisten, nicht allein durch Maßnahmen auf Ebene der Mitgliedsstaaten hätte erreicht werden können. Da die Angleichungen unmittelbare Auswirkungen auf den innergemeinschaftlichen Handel hätten, sei es offensichtlich,

---

594 BVerfGE 89, 155 (211) – „Maastricht-Entscheidung", Urteil vom 12.10.1993.
595 Art. 220 I EG; vgl. auch Ziffer 13 des Amsterdamer Protokolls; *Vedder*, Kompetenzverteilung zwischen der EU und den Mitgliedstaaten, S. 9 ff., 11.
596 Vgl. zu dem Stand in der Literatur m.w.Nachw. *Böttger*, Ansätze für eine ökonomische Analyse des Subsidiaritätsprinzips, S. 38 ff.
597 *Calliess*, EuGRZ 2003, 181 ff., 186; vgl. EuGH, Urteil vom 5.10.2000 - Rs. C-376/98, Deutschland/Parlament und Rat, Slg. 2000, I-8419.
598 *Lienbacher*, in: Schwarze, EU-Kommentar, Art. 5, Rn. 29.
599 EuGH, Urteil vom 12.11.1996 - Rs. C-84/94, Vereinigtes Königreich Großbritannien und Nordirland/Rat, Slg. 1996, I-5755, Rn. 47.
600 EuGH, Urteil vom 12.11.1996 - Rs. C-84/94, Vereinigtes Königreich Großbritannien und Nordirland/Rat, Slg. 1996, I-5755, Rn. 55.
601 *Calliess*, EuGRZ 2003, 181 ff., 186.

dass das fragliche Ziel aufgrund des Umfangs und der Wirkung der in Betracht gezogenen Maßnahme besser auf Gemeinschaftsebene erreicht werden konnte.[602]

In einem anderen Verfahren wurde nur auf die Begründungspflicht hinsichtlich des Subsidiaritätsprinzips verwiesen, so dass der Gerichtshof nicht gezwungen war, inhaltlich konkretisierende Anforderungen zu entwickeln. Hier entschied der Gerichtshof, dass es in den Gesetzgebungsmaßnahmen nicht einmal eines ausdrücklichen Hinweises auf den Grundsatz der Subsidiarität bedürfe, wenn die Einhaltung dieses Grundsatzes stillschweigend, aber offenkundig aus anderen Begründungserwägungen hervorgehe.[603] Ferner muss eine selbständige Rüge des Verstoßes gegen das Subsidiaritätsprinzip in dem Verfahren vor dem EuGH vorgebracht werden, wenn darüber entschieden werden soll.[604] Eine substantielle Subsidiaritätskontrolle des EuGH ist danach nicht ersichtlich.[605]

Dieser Ansatz erinnert in bemerkenswerter Weise an die frühere Vorgehensweise des Bundesverfassungsgerichts. Wie dargestellt legte das Gericht seiner Entscheidung zugrunde, dass die Begriffe „Wahrung der Rechts- oder Wirtschaftseinheit" und „Wahrung der Einheitlichkeit der Lebensverhältnisse" nach Art. 72 II Nr. 3 GG a.F. als „Rechtsbegriffe" zu verstehen seien, die so unbestimmt seien, dass ihre Konkretisierung weitgehend darüber entscheide, ob zu ihrer Erreichung ein Bundesgesetz erforderlich sei. Der Bundesgesetzgeber treffe insbesondere im Hinblick auf Art. 72 II Nr. 3 GG a.F. eine politische Vorentscheidung, die das Bundesverfassungsgericht zu respektieren habe.[606] Wenn der Bundesgesetzgeber beschloss, dass die Rechts- oder Wirtschafteinheit bzw. die Einheitlichkeit der Lebensverhältnisse gewahrt werden müssen, dann bedurfte es eines Bundesgesetzes. Ebenso kann der Rat beschließen, dass eine europäische Harmonisierung erforderlich ist. Nach Ansicht des EuGH ist dann das Subsidiaritätsprinzip gewahrt. Auch die Kontrolle des EuGH im Rahmen der Verhältnismäßigkeitsprüfung weist beachtliche Parallelen zu dieser früheren verfassungsgerichtlichen Rechtsprechung auf. So formuliert der EuGH: „Was die richterliche Kontrolle dieser Voraussetzungen (des Verhältnismäßigkeitsprinzips) betrifft, so ist dem Rat ein weiter Ermessensspielraum zuzuerkennen, wenn es sich wie im vorliegenden Fall um ein Gebiet handelt, auf dem der Gesetzgeber sozialpolitische Entscheidungen zu treffen und komplexe Abwägungen zu tätigen hat. Die Ausübung einer solchen Befugnis kann daher gerichtlich nur daraufhin überprüft werden, ob ein offensichtlicher Irrtum oder ein Ermessensmiss-

---

602 EuGH, Urteil vom 9.10.2001 – Rs. C-377/98, Königreich der Niederlande/Parlament und Rat, Slg. 2001, I-7079, Rn. 32
603 EuGH, Urteil vom 13.5.1997- Rs. C-233/94, Deutschland/Parlament und Rat, Slg. 1997, I-2405, Rn. 28, vgl. auch EuGH, Urteil vom 9.10.2001 – Rs. C-377/98, Königreich der Niederlande/Parlament und Rat, Slg. 2001, I-7079, Rn. 33
604 EuGH, Urteil vom 12.11.1996 - Rs. C-84/94, Vereinigtes Königreich Großbritannien und Nordirland/Rat, Slg. 1996, I-5755, Rn. 46
605 *Folz*, Demokratie und Integration, S. 302; *Lienbacher*, in: Schwarze, EU-Kommentar, Art. 5, Rn. 29.
606 BVerfGE 26, 338 (382) – „Eisenbahnkreuzungsgesetz", Beschluss vom 15.7.1969; zuletzt BVerfGE 78, 249 (270) – „Fehlbelegungsabgabe", Beschluss vom 8.6.1988; siehe hierzu auch *2.Teil, I.1.*

brauch vorliegt oder ob das Organ die Grenzen seines Ermessens offenkundig überschritten hat"[607]. In einem anderen Fall erklärte der EuGH, dass er die Entscheidung des Gemeinschaftsgesetzgebers allenfalls dann als Kompetenzverstoß ansehen könne, wenn sich diese als offensichtlich fehlerhaft erwiese oder wenn die Nachteile, die sich aus ihr für bestimmte Wirtschaftsteilnehmer ergeben, zu den sonstigen mit ihr verbundenen Nachteilen völlig außer Verhältnis stünden.[608]

Zuletzt äußerte sich der EuGH in seinem Urteil vom 10. Dezember 2002 zu einem Verstoß gegen den Subsidiaritätsgrundsatz. Dem Vorabentscheidungsverfahren lag ein Ersuchen des High Court of Justice zugrunde, ob die Richtlinie 2001/37/EG vom 5. Juni 2001 zur Angleichung der Rechtsvorschriften der Mitgliedstaaten über die Herstellung, die Aufmachung und den Verkauf von Tabakerzeugnissen ungültig ist, weil unter anderem gegen den Subsidiaritätsgrundsatz verstoßen worden sei. Die Richtlinie verbot insbesondere, auf der Verpackung von Tabakerzeugnissen Begriffe, Namen, Marken und Zeichen zu verwenden, die den Eindruck erwecken, dass ein bestimmtes Tabakerzeugnis weniger schädlich als andere sei. Wie in der Altenpflegeentscheidung des Bundesverfassungsgerichts wird in dem EuGH-Urteil nicht hinreichend deutlich, ob lediglich die Voraussetzungen des Art. 5 II EG geprüft werden oder eine incidente Verhältnismäßigkeitsprüfung stattfindet. Der EuGH sprach aus, dass, um die Frage beantworten zu können, ob die Richtlinie im Einklang mit dem Subsidiaritätsprinzip erlassen worden sei, zunächst zu prüfen sei, ob das Ziel der in Betracht gezogenen Maßnahme auf Gemeinschaftsebene besser erreicht werden konnte. Zweck der Richtlinie sei die Beseitigung der Hemmnisse, die sich aus den Unterschieden ergeben, die noch zwischen den Vorschriften der Mitgliedstaaten über die Herstellung, die Aufmachung und den Verkauf von Tabakerzeugnissen fortbestehen. „Ein solches Ziel ließe sich durch eine Maßnahme allein auf der Ebene der Mitgliedstaaten nicht ausreichend erreichen; es verlangt eine Maßnahme auf Gemeinschaftsebene, wie die heterogene Entwicklung der nationalen Rechtsvorschriften im vorliegenden Fall zeigt. Daraus folgt, dass im Fall der Richtlinie das Ziel der in Betracht gezogenen Maßnahme auf der Ebene der Gemeinschaft besser erreicht werden konnte."[609] Die Begründung zu dem „Besserkriterium" fällt damit wiederum lediglich floskelhaft aus.[610] Daran anknüpfend formulierte das Gericht, dass bei der Regelungsdichte der von der Kommission getroffenen Maßnahme ebenfalls die Erfordernisse des Subsidiaritätsgrundsatzes eingehalten worden seien, da die Maßnahme, wie sich aus den Randnummern 122-141 des Urteil ergebe, nur

---

607 EuGH, Urteil vom 12.11.1996 - Rs. C-84/94, Vereinigtes Königreich Großbritannien und Nordirland/Rat, Slg. 1996, I-5755, Rn. 58.
608 EuGH, Urteil vom 13.5.1997- Rs. C-233/94, Deutschland/Parlament und Rat, Slg. 1997, I-2405, Rn. 56.
609 EuGH, Urteil vom 10.12.2002 – Rs. C-491/01, British American Tobacco und Imperial Tobacco, Slg. 2002, I-11453, Rn. 180 ff.
610 Der EuGH folgte in diesem Punkt dem Vorbringen des Generalanwalts *Geelhoed*, welcher die Bedeutung des Subsidiaritätsprinzips auf eine nichtjustitiable Legislativentscheidung mit bloßer Begründungspflicht reduzierte (EuGH, Schlussanträge vom 10.9.2002 – Rs. C-491/01, British American Tobacco und Imperial Tobacco, Slg. 2002, I-11453, Rn. 285).

soweit reiche, wie dies zur Verwirklichung des von ihr angestrebten Zieles erforderlich sei.[611] Die Randnummern 122-141 des Urteils enthalten Ausführungen zu dem Verstoß gegen den Verhältnismäßigkeitsgrundsatz, der im Ergebnis verneint wird. Die Grenzen zwischen der Prüfung des Subsidiaritätsprinzips und des Verhältnismäßigkeitsprinzips verschwimmen.

Der Gerichtshof räumt damit in ständiger Rechtsprechung dem Gemeinschaftsgesetzgeber ein weites politisches Ermessen ein und beschränkt sich auf eine Evidenzprüfung.[612] Diese gemeinschaftsfreundliche Entwicklung beruht nach *Vedder* auf dem „untrennbar verbundenen Auslegungstopoi der Einheitlichkeit und der Funktionsfähigkeit des Gemeinschaftsrechts". Zu Recht ist hierin die Parallelität zu der Auslegung der Einheitlichkeit der Lebensverhältnisse des Art. 72 II GG a.F. zu sehen.[613] Geschah dies damit in Anlehnung an die ältere Rechtsprechung des Bundesverfassungsgerichts, so kann sich der EuGH nach dem Urteil zum AltPflG nicht mehr darauf berufen, dass selbst in einem Rechtsstaat mit Vorbildfunktion, wie ihn Deutschland darstellt, eine Überwachung des Subsidiaritätsprinzips nicht erfolgt.[614] Vielmehr sollte der EuGH die neuere Rechtsprechung des Bundesverfassungsgerichts zum Anlass nehmen, dem Art. 5 II EG wie dem Art. 72 II GG durch eine Konkretisierung und Justitiabilität „Leben einzuhauchen".[615]

2. Art. 5 II EG und das Verständnis der Erforderlichkeit i.S.d. Art. 72 II GG

a) Korrespondenz zwischen Art. 72 II GG und Art. 5 II EV

Es stellt sich die Frage, ob ein Vergleich zwischen Art. 5 II EG und Art. 72 II GG grundsätzlich möglich ist, der Rückschlüsse auf die „Zieltrias" des Art. 72 II GG und die „Erforderlichkeit" einer bundeseinheitlichen Maßnahme zulässt. Dies ist anzunehmen, da beide Rechtsnormen im Grundsatz vergleichbar sind. Denn sie räumen jeweils der kleineren Einheit einen bevorzugten Rang ein. Sowohl in Deutschland als auch in der Europäischen Union sollen den Bundesländern bzw. den Mitgliedstaaten nach dem Wortlaut vorrangig die Gesetzgebungskompetenzen zustehen. Greift die übergeordnete Einheit ein, dann muss sie dies in qualifizierter Weise rechtfertigen. Somit gilt das Subsidiaritätsprinzip in beiden Rechtsordnungen „analog"[616]. Auch im Hinblick auf ihre Justitiabilität unterschieden sich die beiden

---

611 EuGH, Urteil vom 10.12.2002 – Rs. C-491/01, British American Tobacco und Imperial Tobacco, Slg. 2002, I-11453, Rn. 184.
612 *Streinz*, in: Streinz, EUV/EGV, Art. 5 EGV, Rn. 52.
613 *Vedder*, Kompetenzverteilung zwischen der EU und den Mitgliedstaaten, S. 9 ff., 12.
614 *Calliess*, EuGRZ 2003, 181 ff., 183, 196; nach *Kenntner*, DVBl. 2003, 259 ff., 259, 262, soll die Entscheidung des BVerfG eine „Leuchtspur" für den EuGH markieren.
615 Siehe hierzu den *Exkurs* nach *4.Teil, III*.
616 *Isensee*, FS 50 Jahre BVerfG II, S. 719 ff., 745; *ders.*, Rechtstheorie, Beiheft 20, 129 ff., 153.

Materien zunächst kaum. Der Prüfungsumfang war jeweils auf einen Ermessensmissbrauch beschränkt.[617] So wurde zu Recht frühzeitig geäußert, dass Art. 72 II GG der europäischen Regelung als „Pate"[618] zur Seite gestanden habe.

Ein wesentlicher Unterschied, der einen Vergleich ausschließen soll, wird indessen darin gesehen, dass die Europäische Union keinen Staat mit einheitlicher, unteilbarer, zentraler Staatsgewalt darstellt. Sie kann vielmehr nach dem „Prinzip der begrenzten Einzelermächtigung"[619] nur dann tätig werden, wenn ihr ausdrücklich eine Kompetenz im EG-Vertrag zugewiesen worden ist.[620] Ihr fehlt die „Kompetenz-Kompetenz", nach der sie selbst ihre Zuständigkeiten von sich aus ausdehnen könnte. Außerdem enthält der EG-Vertrag keine detaillierten Sachkompetenzkataloge der Gesetzgebungsmaterien, wie sie der deutschen Verfassung zugrunde liegen, sondern ist primär zielorientiert.[621] Die materiellen Voraussetzungen der Subsidiaritätskontrolle, die die „Zieltrias" des Art. 72 II GG zumindest theoretisch aufstellt, fehlen schließlich ebenfalls im Rahmen des Art. 5 II EG. In der Literatur wird daher zum Teil die Auffassung vertreten, es müsse in einem Bundesstaat ein Kompetenzkatalog vorliegen, wohingegen in der Europäischen Gemeinschaft ein solcher Katalog deren Sinn und Zweck widersprechen würde. Gerade die final bestimmten Aufgaben lassen einen Katalog beim gegenwärtigen Stand der Integration nicht zu. Eine Parallele zwischen Art. 72 GG und Art. 5 II EG könne folglich nicht bzw. nur beschränkt gezogen werden.[622] So sieht auch *Bross* grundlegende Unterschiede zwischen den beiden Regelungen, da Subsidiarität immer nur gegen eine zentrale Staatsgewalt wirken kann, die die Europäische Union gerade nicht besitzt. Nach seiner Auffassung muss eine Subsidiaritätskontrolle schon auf staatlicher Ebene vor Übertragung von Hoheitsrechten an die Gemeinschaft ansetzen, weil diese nur dann Sinn machen würde, wenn eine Regelung auf nationaler Ebene keinen Erfolg verspricht, sei es wegen objektiver Erfolglosigkeit aufgrund allgemeiner internationaler Einflüsse oder wegen subjektiver Erfolglosigkeit aufgrund mangelnder Fähigkeit zur Lösung politischer Probleme. Daher kann das Subsidiaritätsprinzip nicht dazu dienen, eine an die Europäische Union übertragene Kompetenz zurückzuholen.[623]

Dem ist entgegenzuhalten, dass selbst in der „Interinstitutionellen Vereinbarung zwischen dem Rat, der Kommission und dem Europäischen Parlament über das Verfahren zur Anwendung des Subsidiaritätsprinzips" und in dem „Protokoll über die Anwendung der Grundsätze der Subsidiarität und der Verhältnismäßigkeit" das

---

617 *von Borries*, EuR 1994, 263 ff., 294; *Kröger/Moos*, BayVBl. 1997, 705 ff., 710; *Vedder*, Kompetenzverteilung zwischen der EU und den Mitgliedstaaten, S. 9 ff., 15.
618 *Frowein*, FS Lerche, S. 401 ff., 406.
619 EuGH, Gutachten nach Artikel 228 VI EG-Vertrag, Slg. 1996, I-1759, Rn. 24; vgl. hierzu *Vedder*, Kompetenzverteilung zwischen der EU und den Mitgliedstaaten, S. 9 ff., 10 f.
620 Vgl. insbesondere Art. 5 I, 7 I, 249 I EG.
621 *Streinz*, Europarecht, Rn. 128; siehe zu der Zielorientiertheit der Gemeinschaftskompetenzen *Vedder*, Kompetenzverteilung zwischen der EU und den Mitgliedstaaten, S. 9 ff., 13 ff.
622 *von Borries*, EuR 1994, 263 ff., 295; *Kröger/Moos*, BayVBl. 1997, 705 ff., 711.
623 *Bross*, EuGRZ 2000, 574 ff., 576; so auch *Heintzen*, in: D/V/K, BK, Art. 70, Rn. 152.

Subsidiaritätsprinzip als Kompetenzausübungsschranke qualifiziert wird.[624] Es soll nicht dazu dienen, Kompetenzen zurückzuholen, sondern lediglich dazu, übertragene Kompetenzen nicht auszuüben. Wenn die Gemeinschaft ihre Kompetenzen nicht ausübt, bedeutet dies im Gegenzug, dass einer Kompetenzausübung durch die Mitgliedstaaten nicht der Anwendungsvorrang des Gemeinschaftsrechts entgegensteht. Zudem wird verkannt, dass es auf europäischer Ebene parallele Kompetenzen gibt, in denen sowohl die Gemeinschaft als auch die Mitgliedstaaten tätig werden können.[625] In diesen Bereichen ist eine Abgrenzung anhand des Subsidiaritätsprinzips zweifellos möglich und erforderlich.

Aus der unterschiedlichen Struktur der Europäischen Union als „nicht staatlich organisierter Einheit" und des Bundesstaates wird entwickelt, dass das Subsidiaritätsprinzip einerseits als Kompetenzschranke gegen eine generelle Zielvorstellung von der Rechtseinheit in Europa verwendet wird, andererseits aber auf bundesstaatlicher Ebene der Rechtseinheit ein relevanter Verfassungswert zukommt, so dass eine Vergleichbarkeit wegen des unterschiedlichen Bezugsrahmens ausscheide.[626] Diese Ansicht verkennt, dass die Europäische Gemeinschaft in den Teilbereichen, in welchen sie Gesetzgebungskompetenzen von den Mitgliedstaaten übertragen bekommen hat, diesen durchaus vergleichbar ist. Die Übertragung der Kompetenz geschieht zeitlich unbegrenzt und vorbehaltlos. Die Gemeinschaft besitzt damit „echte, aus der Beschränkung der Zuständigkeit der Mitgliedstaaten oder der Übertragung von Hoheitsrechten der Mitgliedstaaten auf die Gemeinschaft herrührende Hoheitsrechte".[627] In manchen existenziellen Belangen handelt die Europäische Union damit in politischer Letztverantwortung.[628] Im Rahmen der ihr übertragenen Hoheitsrechte und dem korrespondierend im Rahmen der Selbsteinschränkung der Mitgliedsaaten steht die Gemeinschaft einem Staat gleich. Und nur in diesem Rahmen werden die Fragen der Subsidiarität relevant, also nur in einem Bereich, in dem die Gemeinschaft durchaus mit einem Staat vergleichbar ist. Fernerhin kommt auch auf bundesstaatlicher Ebene der Rechtseinheit nicht mehr der Verfassungswert zu, den man ihr ehemals zuerkennen konnte. Auch im Bundesstaat gewinnen kompetitive Elemente zunehmend an Bedeutung.[629]

Im Ergebnis lässt sich eine Parallelität der Art. 5 II EG und Art. 72 II GG, die eine gleiche kompetenzbeschränkende Funktion erfüllen, durchaus annehmen.[630] Etwaige Unterschiede, die einen grundsätzlichen Vergleich jedoch nicht ausschließen, werden im Folgenden entwickelt. Dabei bestätigt sich wiederum die Vergleichbarkeit der beiden Normen.

---

624 *Streinz*, Europarecht, Rn. 145a.
625 *Streinz*, Europarecht, Rn. 128, 136 f.
626 *Degenhart*, in: Sachs, GG, Art. 72, Rn. 10; vgl. auch *Heintzen*, in: D/V/K, BK, Art. 70, Rn. 151 f.
627 EuGH, Urteil vom 15.7.1964 – Rs. 6/64, Costa/E.N.E.L., Slg. 1964, 1251, 1269.
628 *Calliess*, EuGRZ 2003, 181 ff., 183; vgl. auch *Doehring*, ZRP 1993, 98 ff., 98 f.
629 Vgl. hierzu *1.Teil, II*.
630 So im Ergebnis auch *Kaltenborn*, AöR 128 (2003), 412 ff., 455.

b) Anwendung auf die deutsche Rechtslage

Nachdem eine parallele Ausgangslage nachgewiesen wurde, sind hieraus die Konsequenzen zu ziehen. Reicht es nicht aus, dass eine Maßnahme auf Gemeinschaftsebene besser erreicht werden kann, sondern muss kumulativ hinzukommen, dass die Maßnahme auf Mitgliedstaatsebene nicht effizient verwirklicht werden kann, so könnte diese Verbindung von Effizienz- und Besserkriterium für das Verhältnis Bund – Länder ebenfalls fruchtbar gemacht werden. Es dürfte somit schlagwortartig zusammengefasst nicht allein ausschlaggebend sein, dass der Bund eine Angelegenheit besser regeln kann, vielmehr muss eine Regelung auch dahingehend durchleuchtet werden, ob sie auf Ebene der Bundesländer nicht effizient realisiert werden kann.

Die Rechtsprechung des Bundesverfassungsgerichts zu der „Zieltrias" des Art. 72 II GG n.F. lässt sich vergleichend dem Verständnis des Europäischen Subsidiaritätsprinzips gegenüberstellen, ansetzend zunächst an der „Rechtseinheit". Der Bund darf tätig werden, wenn und soweit die Wahrung der Rechtseinheit im gesamtstaatlichen Interesse eine bundesgesetzliche Regelung erfordert. Eine Gesetzesvielfalt auf Länderebene erfüllt nach der Rechtsprechung des Bundesverfassungsgericht die Voraussetzungen des Art. 72 II GG erst dann, „wenn sie eine Rechtszersplitterung mit problematischen Folgen darstellt, die im Interesse sowohl des Bundes als auch der Länder nicht hingenommen werden kann".[631] In dieser Rechtsprechung des Gerichts kommt zum Ausdruck, dass im nationalen Raum durch die Anknüpfung lediglich an die problematische Folge einer Länderregelung entscheidend auf das Effizienzkriterium abgestellt wird, währenddessen dem Erfordernis einer besseren Bundeslösung (Optimierungsgebot) augenscheinlich keine Bedeutung zugemessen wird.[632]

Bestätigt wird dieser Ansatz durch die Aussagen des Gerichts zu dem Erfordernis der „Herstellung gleichwertiger Lebensverhältnisse". Dieses ist bekanntlich nicht schon dann erfüllt, wenn es nur um das Inkraftsetzen bundeseinheitlicher Regelungen geht. Das bundesstaatliche Rechtsgut gleichwertiger Lebensverhältnisse ist vielmehr erst bedroht und der Bund erst zur Gesetzgebung ermächtigt, wenn sich die Lebensverhältnisse in den Ländern der Bundesrepublik in erheblicher, das bundesstaatliche Sozialgefüge beeinträchtigender Weise auseinander entwickelt haben oder sich eine derartige Entwicklung konkret abzeichnet. Erst bei eklatanten Fehlentwicklungen darf der Bund danach eingreifen, nicht schon um eine Angelegenheit besser zu regeln.[633] Dies gebiete auch der systematische Umkehrschluss zu Art. 91a I GG,

---

631 BVerfGE 106, 62 (145) – „Altenpflegegesetz", Urteil vom 24.10.2002.
632 Hierin liegt der entscheidende Unterschied zur alten Rechtslage und Rechtsprechung, welche darauf hinauslief, das Bedürfnis nach bundesgesetzlicher Regelung mit dem Bedürfnis nach bundeseinheitlicher Regelung gleichzusetzen, womit dem Bundesgesetzgeber die Option eröffnet wurde, auf das ihm erwünschte erscheinende (in seinen Augen *bessere*) Maß an Einheitlichkeit im Sozialleben hinzustreben; es wurde auf das Optimierungsgebot abgestellt.
633 Vgl. *Depenheuer*, ZG 2003, 177 ff., 183; konkret zum Hochschulrahmengesetz etwa *Isensee*, FS Badura, S. 689 ff., 723.

welcher explizit die Optimierung miteinbezieht.[634] Auch die „Wahrung der Wirtschaftseinheit" setzt nur an der Effizienz einer Länderregelung an: Der Erlass von Bundesgesetzen zur „Wahrung der Wirtschaftseinheit" steht nur dann im gesamtstaatlichen Interesse, wenn Landesregelungen oder das Untätigbleiben der Länder erhebliche Nachteile für die Gesamtwirtschaft mit sich bringen, was die Grundaussage wird abermals bekräftigt.[635] Noch deutlicher wird die Anknüpfung an das Effizienzkriterium in der Juniorprofessur-Entscheidung: „Erforderlich im Sinne des Art. 72 Abs. 2 GG ist insoweit ein Bundesgesetz dann, wenn gerade durch unterschiedliches Recht in den Ländern eine *Gefahrenlage*[636] entsteht."[637]

Festzuhalten bleibt, dass bei der Kompetenzausübungsfrage nach Art. 72 II GG dem Optimierungsgebot keine Bedeutung beigemessen wird. Es reicht weder das „Besserkriterium" alleine aus, ein bundeseinheitliches Gesetz zu erlassen, noch tritt es kumulativ zu dem Effizienzkriterium hinzu. Einzig und allein muss das Effizienzkriterium Grundlage einer Entscheidung des Bundes sein, ein Gesetz zu erlassen. Gerade hierin liegt der Unterschied zu der europarechtlichen Lösung.

Zurückführen lässt sich diese nicht übereinstimmende Konzeption auf folgenden grundlegenden Unterschied: Im Rahmen der Frage nach der Korrespondenz zwischen Art. 5 II EG einerseits sowie Art. 72 II GG andererseits wurde der Streit verdeutlicht, welcher sich aus den unterschiedlichen Staatsformen der Europäischen Gemeinschaft als Staatenverbund[638] einerseits sowie der Bundesrepublik Deutschland als Bundesstaat andererseits ergibt. Festgestellt wurde, dass dieser Unterschied gleichwohl einen grundsätzlichen Vergleich nicht ausschließt. Nunmehr lässt sich daran anknüpfend ein dennoch bemerkenswerter Unterschied im Rahmen der Kompetenzausübungsregeln darstellen.

Stellt die Europäische Gemeinschaft trotz dem vorbehaltlosen Transfer von Hoheitsrechten keinen Staat dar, so gelten im Rahmen des Subsidiaritätsprinzips für sie strengere Maßgaben, wonach die Gemeinschaft eine in Betracht gezogene Maßnahme neben einer unzureichenden Durchführung in den Mitgliedstaaten auch noch besser erfüllen muss. Hierin kommt einerseits materiell betrachtet die Souveränität

---

634 Art. 91a I GG: „Der Bund wirkt auf folgenden Gebieten bei der Erfüllung von Aufgaben der Länder mit, wenn diese Aufgaben für die Gesamtheit bedeutsam sind und die Mitwirkung des Bundes zur Verbesserung der Lebensverhältnisse erforderlich ist: (...)"; vgl. BVerfGE 106, 62 (136) – „Altenpflegegesetz", Urteil vom 24.10.2002.

635 Ausdrücklich formulierte das Bundesverfassungsgericht: „Weder die Zielvorgaben der Rechts- oder Wirtschaftseinheit noch das Tatbestandsmerkmal des gesamtstaatlichen Interesses geben dem Bundesgesetzgeber die Erlaubnis, ausschließlich zur Verfolgung von sonstigen Gemeinwohlinteressen oder auch nur mit dem allgemeinen Ziel einer Verbesserung der Lebensverhältnisse tätig zu werden.", BVerfGE 106, 62 (145) – „Altenpflegegesetz", Urteil vom 24.10.2002.

636 Hervorhebung nicht im Original.

637 BVerfG, 2 BvF 2/02, „Juniorprofessur" - Urteil vom 27.7.2004, Rn. 128.

638 Durch diese vom Bundesverfassungsgericht geschaffene Bezeichnung soll zum Ausdruck gebracht werden, dass die Mitgliedstaaten zwar enger zusammenarbeiten als in einem Staatenbund, sie jedoch im Gegensatz zu einem Bundesstaat ihre staatliche Souveränität behalten; vgl. hierzu BVerfGE 89, 155 (212) – „Maastricht-Entscheidung", Urteil vom 12.10.1993.

der Mitgliedstaaten zum Ausdruck. Ihnen muss (noch) ein anderes Gewicht zugemessen werden als den (bloßen) Bundesländern auf innerstaatlicher Seite. Andererseits trägt eine höhere Meßlatte für die Gemeinschaft der Tatsache Rechnung, dass die demokratische Legitimation auf europäischer Ebene ungleich schwächer ausgeprägt ist, so dass der rechtlichen Begrenzung der Kompetenzausübung ein höheres Gewicht beizumessen ist.[639] Die Handlungsvoraussetzungen für die höherrangige Ebene sind geringer, wenn lediglich die Erfüllung einer Voraussetzung erforderlich ist, statt dass zwei Voraussetzungen kumulativ erfüllt werden müssen. Eine nationale Maßnahme kann damit durchaus uneffizient und schlecht sein, kann die Gemeinschaft sie nicht besser regeln, so bleibt es bei dem bestehenden Missstand. Anders jedoch im bundesstaatlichen Bereich: Wenn hier ein Akt der Bundesländer uneffizient bleibt, dann impliziert dies zugleich eine Verantwortung der zentralen Ebene und damit eine Bundeszuständigkeit, auch wenn man unterstellen würde, der Bund könne ebenfalls nicht wirklich wirkungsvoll handeln. Die Souveränität der Bundesländer greift hier nicht in dem Maße durch. Damit schwächt das Bundesverfassungsgericht im Vergleich zu der Europäischen Union die Kompetenzausübungsregel zwar nicht unerheblich ab, das Postulat allein des Effizienzkriteriums bewirkt nichtsdestotrotz einen erheblichen Wandel im Vergleich zu der alten Rechtsprechung. In dieser divergierenden Beurteilung der beiden einschlägigen Verfassungsartikel liegt der bedeutende Unterschied der deutschen zu der europäischen Kompetenzausübungsregel, welcher einem grundsätzlichen Vergleich allerdings nicht entgegensteht.

Es lässt sich festhalten, dass der Bund zum einen tätig werden darf, wenn eine Regelung der Länder nicht effizient ist. Auf eine bessere Regelung durch ihn kommt es hingegen nicht an. Zum anderen bleibt es ihm jedoch versagt, schon dann tätig zu werden, wenn er allein eine bessere Regelung erreichen kann, soweit die Maßnahmen der Länder für die Wahrung eines Mindeststandards durchaus ausreichen.

In der Literatur wird in allerdings nicht überzeugender Weise versucht, das Kriterium der Optimierung neben dem Effizienzkriterium ins Spiel zu bringen. So soll nach *Rybak/Hofmann* auch dann eine bundesgesetzliche Regelung im gesamtstaatlichen Interesse liegen, „wenn es um Probleme und Verwerfungen geht, die im gesamten Bundesgebiet in gleicher oder ähnlicher Weise zu beobachten sind und deren Bewältigung durch eine bundesgesetzliche Regelung besser, wirkungsvoller und leichter zu erreichen ist. Demgegenüber ist ein gesamtstaatliches Interesse dann zu verneinen, wenn es bei dem Regelungsgegenstand um lokale oder regionale Probleme geht, die keine nachhaltigen Auswirkungen auf den Gesamtstaat haben."[640] Hier formulieren *Rybak* und *Hofmann* das Besserkriterium, das in der Rechtsprechung des Bundesverfassungsgerichts gerade keine Berücksichtigung gefunden hat. Lediglich erwähnt werden soll, dass nach Ansicht der Autoren die Kriterien alternativ vorliegen dürfen, nicht kumulativ wie im europäischen Rahmen, womit eine Bevor-

---

639 Diesen Ansatz verfolgt auch *Folz*, Demokratie und Integration, S. 296 f.
640 *Rybak/Hofmann*, NVwZ 1995, 230 ff., 232.

zugung der höheren Ebene noch deutlicher herausgestellt wird. Die Ansicht ist schon daher abzulehnen, weil sie dem ausdrücklichen Willen des verfassungsändernden Gesetzgebers widerspricht, die Länderkompetenzen zu stärken. Der Streit über eine kumulative oder alternative Anwendung der Komponenten muss hier nicht weiter diskutiert werden, denn das Bundesverfassungsgericht bezieht das Besserkriterium explizit nicht mit ein.

Es stellt sich allerdings eine grundlegende Frage: Ist eine Bundesregelung, welche aufgrund der fehlenden Effizienz der Länderregelungen getroffen werden darf, nicht automatisch die „bessere" Regelung? Denn wenn eine Bundesregelung auch nur eine gewisse Wirksamkeit aufweist, wäre sie immer „besser". Legt man ein solches Verständnis zugrunde, dann würden die Unterschiede zwischen der europäischen und der deutschen Regelung zugleich wieder ein Stück nivelliert, weil das Effizienzgebot zugleich auch mit Teilbereichen des Optimierungsgebots aufgeladen werden würde. Dies gilt allerdings zumindest dann nicht, wenn eine Regelung getroffen werden muss und wenn weder Bund noch Länder die Regelung effektiv treffen können. Es können auf Bundesebene *vergleichbare* oder *andere* Probleme entstehen, die eine „bessere" Bundesregelung verhindern. Schließlich muss das Besserkriterium so verstanden werden, dass nicht nur *geringfügig* oder *marginal* „bessere" Lösungen auf Bundesebene in Betracht zu ziehen wären, sondern „deutliche Vorteile" erzielt werden müssten[641], was ebenfalls für die Anwendung von Art. 72 II GG nicht erforderlich ist. Dem Optimierungsgebot kommt damit eine eigenständige Bedeutung gegenüber dem Effizienzkriterium zu, so dass Konsequenzen aus dem Unterschied zwischen der europäischen und der deutschen Systematik gezogen werden können.

c) Konsequenzen aus dem Unterschied zwischen Effizienzkriterium und Optimierungsgebot für das dogmatische Verständnis von „Erforderlichkeit" im Rahmen des Art. 72 II GG

Kommt im Rahmen der „Zieltrias" des Art. 72 II GG dem Besserkriterium und damit dem Optimierungsgebot keine Bedeutung zu, sondern stellt allein das Effizienzkriterium die Grundlage für die Inanspruchnahme der Gesetzgebungskompetenzen durch den Bund dar, so sollen daran anknüpfend weiterführende Konsequenzen hinsichtlich einer möglichen Anwendung des Verhältnismäßigkeitsprinzips im Rahmen des Art. 72 II GG gezogen werden. Unbestreitbar lässt sich in dem Effizienzgebot sowie dem Optimierungsgebot ein erster Prüfungsmaßstab sehen, der auf den ersten Blick dem des Verhältnismäßigkeitsprinzips gleicht. Daher sollen diese Maßstäbe einer grundlegenderen Prüfung unterzogen werden.

Die Effizienzprobe stellt ohne einen wertenden Vergleich auf die Maßnahme bzw. die unterlassenen Maßnahmen der Länder bzw. der Mitgliedstaaten ab (*singu-*

---

641 *Jarass*, Europäisches Energierecht, S. 79; *ders.*, Grundfragen, S. 19 f.

läre Betrachtungsweise). Es wird lediglich geprüft, ob der Zustand auf der Ebene der Länder bzw. Mitgliedstaaten im Hinblick auf einen bestimmten Politikbereich ausreichend erscheint. Ein Vergleich mit möglichen Maßnahmen des Bundes bzw. der Europäischen Gemeinschaft erfolgt nicht. Das Optimierungsgebot andererseits fordert eine Gegenüberstellung mehrerer Maßnahmen. Die Frage danach, ob sich eine Maßnahme auf der einen oder anderen Ebene „besser" erfüllen lässt, kann nur beantwortet werden, wenn man alle Optionen beider Ebenen vergleichend und wertend gegenüberstellt (*vergleichende* Betrachtungsweise).

Auf diesem Hintergrund kann nach Anwendung des Verhältnismäßigkeitsprinzips gefragt werden. Das Verhältnismäßigkeitsprinzip prüft zunächst auf der Stufe der Geeignetheit in singulärer Betrachtungsweise eine Maßnahme auf ihre grundsätzliche Geeignetheit. Insofern erscheint ein Vergleich mit dem Effizienzgebot durchaus nahe liegend. Eine vergleichende Betrachtungsweise, die mehrere Optionen wertend miteinbezieht, schließt sich erst auf der zweiten bzw. dritten Prüfungsstufe des Verhältnismäßigkeitsprinzips an. Die Erforderlichkeit verlangt die Suche nach einem milderen Mittel, vergleicht dementsprechend mehrere mögliche Maßnahmen miteinander. Der Anknüpfungspunkt ist im Verhältnis zum Optimierungsgebot freilich ein anderer. Die Erforderlichkeitsfrage bezeichnet die Stufe, die sich mit der Minimierung von Rechtsbeeinträchtigungen beschäftigt. Anknüpfungspunkt des organisationsrechtlichen Optimierungsgebots ist hingegen, eine Maßnahme zu wählen, die einen optimalen Erfolg bei politisch-rechtlicher Gestaltung verspricht. Die dritte Stufe der Verhältnismäßigkeitsprüfung, die Angemessenheitsprüfung, spielt hier ebenfalls keine Rolle. Denn im organisationsrechtlichen Bereich sind nicht, wie bei der Verhältnismäßigkeitsprüfung, Rechtsbeeinträchtigungen mit Zielen, die vom Gesetzgeber verfolgt werden, abzuwägen.[642]

Überträgt man dieses Ergebnis auf die Kompetenzausübungsregel des Art. 72 II GG, so wird deutlich, dass mit „Erforderlichkeit" im Sinne des genannten Verfassungsartikels lediglich eine singuläre Betrachtungsweise von Einzelmaßnahmen gemeint sein kann. Die Maßstäbe der Erforderlichkeitsprüfung aus dem Verhältnismäßigkeitsprinzip können hingegen entgegen vielfach geäußerter Ansicht auch nicht analog herangezogen werden. Sieht man als Anknüpfungspunkt und Ziel des Art. 72 II GG, dass der Bund immer dann zur Regelung befugt sein soll, wenn Regelungen der Länder defizitär bleiben, so scheidet eine Erforderlichkeitsprüfung eindeutig aus. Eine abwägende Prüfung von Rechtsverletzungen, an welche im Staat-Bürger-Verhältnis angeknüpft wird, muss ebenfalls denknotwendig im Bereich der „Zieltrias" des Art. 72 II GG ausscheiden. Mit Kompetenzausübungsregeln sagt die Verfassung vielmehr, wer und unter welchen Voraussetzungen Kompetenzen ausüben oder nicht ausüben kann. Wird die Kompetenz verfassungsgemäß nach den Voraussetzungen des Art. 72 II GG ausgeübt, so „will" die Verfassung diese Folge

---

642 Vgl. auch die Rechtsprechung des EuGH, Urteil vom 10.12.2002 – Rs. C-491/01, British American Tobacco und Imperial Tobacco, Slg. 2002, I-11453, Rn. 122 m.w.Nachw., der die dritte Stufe der Verhältnismäßigkeitsprüfung vernachlässigt.

immer. Erforderlich ist eine Maßnahme nach dem Wortsinn[643] nicht schon dann, wenn kein milderes Mittel vorliegt – so die juristisch gebräuchliche Definition –, sondern nach dem allgemeinen Sprachsinn und wie im Rahmen des Art. 72 II GG, wenn das Ziel unter keinen Umständen anders erreicht werden kann.[644]

Eine derartige Deutung benennt allein das Effizienzgebot als Kriterium der Ausübung von Bundeskompetenzen. Wenn eine Maßnahme der Länder nicht effizient ist, dann ist eine andere Maßnahme des Bundes erforderlich. In dem Erforderlichkeitskriterium des Art. 72 II GG kommt daher (lediglich) das Effizienzgebot zum Ausdruck, ein wertender Vergleich kann hier nicht erfolgen. Ein milderes Mittel, welches ebenso effektiv ist, ist im Bund-Länder-Verhältnis nicht denkbar. Ein milderes Mittel impliziert immer eine weniger vereinheitlichende Regelung des Bundesgesetzgebers. Die Effektivität im Bund-Länder-Verhältnis setzt jedoch, nimmt man die Wahrung der Rechtseinheit als Beispiel, an der Vereinheitlichung an, so dass ein milderes Mittel immer uneffektiv sein wird.

Das Bundesverfassungsgericht formulierte in seinem Altenpflegeurteil zunächst missverständlich, wenn es den Bundesgesetzgeber auf den „geringstmöglichen Eingriff" verweist, eine zugegebenermaßen aus der Erforderlichkeitsprüfung des Verhältnismäßigkeitsprinzips bekannte Terminologie. Im Folgesatz bekräftigt es hingegen die hier vertretene Ablehnung des Prinzips, indem es ausspricht, dass die Erforderlichkeit einer bundesgesetzlichen Regelung *danach* nur soweit vorliegt, „als ohne sie die vom Gesetzgeber für sein Tätigwerden im konkret zu regelnden Bereich in Anspruch genommene Zielvorgabe des Art. 72 II GG, also die Herstellung gleichwertiger Lebensverhältnisse oder die im gesamtstaatlichen Interesse stehende Wahrung der Rechts- oder Wirtschaftseinheit, nicht oder nicht hinlänglich erreicht werden kann. (...) Eine Bundeskompetenz besteht nicht, wenn landesrechtliche Regelungen zum Schutz der in Art. 72 II GG genannten gesamtstaatlichen Rechtsgüter ausreichen; (...)"[645]. Damit kann nicht der Ansicht gefolgt werden, die zunächst die fehlende Effektivität einer Maßnahme prüft und dann eine Verhältnismäßigkeitsprüfung anschließt und dabei eine zweistufige Prüfung nach Regelungsumfang (Subsidiaritätsprinzip) und Regelungsdichte (Verhältnismäßigkeitsprinzip) vornimmt.[646] Das Verhältnismäßigkeitsprinzip wird nach der hier vertretenen Auffassung nicht als notwendige Komplementärnorm zum Subsidiaritätsprinzip verstanden, wonach am Subsidiaritätsprinzip „die Ziele des staatlichen Handelns" als rechtmäßig bewertet

---

643 Synonyme für „erforderlich" sind etwa: „notwendig", „unerlässlich", unumgänglich" etc.; die juristische Vorprägung des Begriffs kann hier nicht maßgeblich sein.
644 *Rybak/Hoffmann*, NVwZ 1995, 230 ff., 232, deuten in ähnlicher Weise die Merkmale der Erforderlichkeit als „Geeignetheit" und *„Notwendigkeit"*.
645 BVerfGE 106, 62 (149 f.) – „Altenpflegegesetz", Urteil vom 24.10.2002.
646 So etwa *Calliess*, Subsidiaritäts- und Solidaritätsprinzip in der Europäischen Union, S. 271 ff., der ein Prüfraster für die Ausübung der Kompetenz in der EG entwickelt; auch *Moersch*, Leistungsfähigkeit und Grenzen des Subsidiaritätsprinzips, S. 354 ff., geht hinsichtlich der Prüfung des europarechtlichen Subsidiaritätsprinzips von einer „incidenten" Verhältnismäßigkeitsprüfung bereits im Rahmen der Subsidiarität aus. Dabei zieht *Moersch*, S. 356 f., als Begründung gerade auch das Optimierungsgebot heran, welches auf nationaler Ebene nicht zur Geltung gelangt.

werden und durch das Verhältnismäßigkeitsprinzip das „Maß der zulässigen Verwirklichung" bestimmt wird.[647]
Das Bundesverfassungsgericht nimmt zwar eine zweistufige Prüfung der Voraussetzungen des Art. 72 II GG vor.[648] Diese beiden Stufen gehen aber unbestreitbar ineinander auf. Ausreichend wäre gewesen, den Wortlaut auf „soweit" zu beschränken.[649] Der Bund ist lediglich berechtigt, ein Gesetz zu erlassen, welches einen mangelhaften Zustand auf Länderebene behebt. Damit werden zugleich Regelungsbereich und Regelungsdichte des Gesetzes vorgegeben, so dass sich die Frage nach einem milderen Mittel nicht stellen kann. Der Bund darf nur in dem Regelungsbereich tätig werden, in dem eine Maßnahme nur unzureichend auf Länderebene verwirklicht werden kann und nur in der Regelungsdichte, wie es die Kompensation der uneffektiven Zielerreichung auf Länderebene vorgibt, wie es also für die Herstellung des erforderlichen Zustandes *notwendig* ist. Die Frage ist damit nicht, welches die mildeste Inanspruchnahme der Kompetenz ist. Denn in der notwendigen Kompetenzausübung kann denknotwendig immer nur der geringste Eingriff liegen.

Ein milderes Mittel könnte nur dann zur Anwendung gelangen, wenn die Position der Länder bei der Beurteilung des „ob" und „wie" der Kompetenzausübung in einer Art Abwägung Berücksichtigung findet. Dies ist aber gerade nicht der Fall. Sobald ein defizitärer Zustand festgestellt worden ist, darf der Bund diesen beseitigen. Dies gibt die Verfassung vor. Ein wertendes concurrere um die beste Lösung und damit eine mögliche Anwendung des Verhältnismäßigkeitsprinzips muss nach der Rechtsprechung des Bundesverfassungsgerichts im Rahmen des Art. 72 II GG ausscheiden. Lediglich die Effizienz einer Regelungsoption erlangt Bedeutung. Entgegen der im Europarecht gebräuchlichen Terminologie (Effizienz- und Erforderlichkeitskriterium) zeigt sich, dass hier vorzugswürdig Effizienzgebot und Optimierungsgebot als Maximen verwendet werden sollten, um keine verwirrende Assoziation mit dem Verhältnismäßigkeitsprinzip durch die Verwendung des Terminus „Erforderlichkeitskriterium" nach sich zu ziehen. Festzuhalten bleibt, dass die Kompetenz so ausgeübt werden darf, wie es die fehlende Effektivität landesrechtlicher Regelungen hinsichtlich der qualifizierten Vorgaben des Art. 72 II GG im Einzelfall zulässt.

Auch die weitere Argumentation des Bundesverfassungsgerichts orientiert sich nicht am Verhältnismäßigkeitsprinzip: „Wenn er (der Bundesgesetzgeber) ein Konzept gewählt hat, das sowohl die Hürde des Art. 74 Abs. 1 GG genommen hat als auch zum Schutz der Rechtsgüter des Art. 72 Abs. 2 GG nach Ziel und Wirkung erforderlich ist, können Teile des Konzepts nur dann als zu regelungsintensiv herausgenommen werden, wenn das Gesamtkonzept, und damit die Wirkung des Gesetzes, ohne sie nicht gefährdet wird."[650] Diese Formulierung führt nicht zu einer am Verhältnismäßigkeitsprinzip orientierten Abwägung. Sie dient vielmehr einer klaren

---

647 *Isensee*, Subsidiaritätsprinzip und Verfassungsrecht (2001), S. 88 ff., 314.
648 1. Stufe: „wenn" eine Regelung erforderlich ist / 2. Stufe: „soweit" eine Regelung erforderlich ist.
649 Vgl. *Pestalozza*, in: vM/K/P, GG, Art. 72 Abs. 2, Rn. 348.
650 BVerfGE 106, 62 (149) – „Altenpflegegesetz", Urteil vom 24.10.2002.

Kompetenzabgrenzung. Ausgangspunkt ist zunächst: Wenn das Gesamtkonzept in allen seinen Teilen nach Art. 72 II GG erforderlich ist, dann hat der Bundesgesetzgeber die Kompetenz, das gesamte Konzept durchzusetzen. Das Bundesverfassungsgericht spricht hier aber auch solche Bundesgesetze an, bei denen nicht die ganze Regelung in allen ihren Teilen durch eine der Zielvorgaben des Art. 72 II GG gedeckt ist. Dabei entwickelt das Gericht eine spezielle Kompetenz kraft Sachzusammenhang für Art. 72 II GG, wenn es den „hinreichend zwingenden Zusammenhang" einfordert.[651] Danach kann der Bundesgesetzgeber ausnahmsweise auch die Teile mitregeln, die eigentlich nicht „erforderlich" i.S.d. Art. 72 II GG sind, die jedoch, würde man sie weglassen, eine sinnvolle Verwirklichung des „erforderlichen" Gesetzesteils ausschließen. Die Verhältnismäßigkeitsprüfung spielt dabei, wie auch bei der allgemeinen Ausübung der Bundeskompetenz kraft Sachzusammenhang, keine Rolle. Angelehnt an *Gruson*[652] kann beispielsweise ein Gesetz, welches die Altersgrenze („erforderlich"), die Altersversorgung („nicht erforderlich") und die Berufskleidung („nicht erforderlich") nur mit den ersten beiden Regelungen erlassen werden. Die Altersgrenze und die Altersversorgung stehen in einem sehr engen Sachzusammenhang, die Berufskleidung hingegen nicht.

Auf europäischer Ebene schreibt Art. 5 III EG eine Verhältnismäßigkeitsprüfung ausdrücklich vor. Diese Regelung will, wie bereits ausgeführt, die Souveränität der Mitgliedstaaten schützen. Das Bundesverfassungsgericht konnte demnach zu Recht in seinem „Maastricht-Urteil", den EuGH zu einer Einhaltung des Verhältnismäßigkeitsprinzips anhalten, ohne selbst innerstaatlich das Verhältnismäßigkeitsprinzip im Staatsorganisationsrecht anzuwenden. Willkür kann ihm nicht vorgeworfen werden.[653] Der EuGH muss diese Prüfung allerdings unabhängig von der Subsidiaritätsprüfung durchführen. Ferner muss der unterschiedlich weite Anwendungsbereich von Art. 5 EG sowie Art. 72 II GG beachtet werden. Art. 72 II GG findet ausschließlich auf Legislativmaßnahmen des Bundesgesetzgebers Anwendung, Art. 5 EG hingegen bezieht sich auf eine breite Palette von Aktionsmitteln. Neben gesetzgeberischen Maßnahmen sollen beispielshalber Empfehlungen, die finanzielle Unterstützung im Rahmen von Regionalentwicklungsprogrammen, die Förderung der Zusammenarbeit zwischen Mitgliedstaaten sowie der schlichte Anreiz zum Handeln oder Nichthandeln genannt werden. Die Kategorie des „mildesten Mittels" ist daher für Gemeinschaftsmaßnahmen durchaus passend. Somit sind ausgehend vom Souveränitätsschutz gewichtige Gründe ersichtlich, eine Verhältnismäßigkeitsabwägung im Bereich der Kompetenzabgrenzung zwischen EG und Mitgliedstaaten zu treffen.[654]

---

651 BVerfGE 106, 62 (164) – „Altenpflegegesetz", Urteil vom 24.10.2002; so schon *Gruson*, Inhalt und Justitiabilität des Art. 72 Abs. 2 des Grundgesetzes, S. 27, zu Art. 72 II GG a.F.
652 *Gruson*, Inhalt und Justitiabilität des Art. 72 Abs. 2 des Grundgesetzes, S. 27.
653 So aber *Calliess*, DÖV 1997, 889 ff., 896.
654 A.A. *Calliess*, EuGRZ 2003, 181 ff., 186: „Gilt das Verhältnismäßigkeitsprinzip dem BVerfG zufolge auch im Bereich der Kompetenzabgrenzung zwischen EG und Mitgliedstaaten, ist kein Grund ersichtlich, es in Abkehr von der bisherigen verfassungsgerichtlichen Rechtsprechung nicht auch im Bund-Länder-Verhältnis im Rahmen der Prüfung der „Erfor-

Im Ergebnis ähneln sich die Prüfungen der grundgesetzlichen und der europarechtlichen Kompetenzabgrenzungsklauseln jedoch so sehr, dass die Unterschiede sowohl dogmatisch als auch in der Rechtsprechung verschwimmen.[655] Man kann sich daher gewiss die Frage stellen, ob das Nebeneinander der beiden Prüfungsschritte im europäischen Raum überhaupt Sinn macht. Im Rahmen der „Zieltrias" des Art. 72 II GG bleibt hingegen festzuhalten, dass die „Erforderlichkeit" nicht den Grundsätzen der Verhältnismäßigkeit zuzuordnen ist. Sie stellt eine eigenständige Prüfung der Kompetenzausübungsregel des Art. 72 II GG dar, die nach der Effizienz einer Maßnahme gerichtet auf das Ziel der Erfüllung der qualifizierten Voraussetzungen des Art. 72 II GG fragt. Damit wird ohne eine dogmatisch nicht überzeugende Heranziehung des Verhältnismäßigkeitsprinzips die zweifellos unerlässliche Justitiabilität ermöglicht.

3. Art. 28 II 1 GG

a) Korrespondenz zwischen Art. 28 II 1 GG und Art. 72 II GG

Als weiterer Anknüpfungspunkt für eine Konkretisierung des Art. 72 II GG kann die Diskussion über die Anwendung des Verhältnismäßigkeitsprinzips im Rahmen des Art. 28 II 1 GG dienen. Nachdem im Hinblick auf das Subsidiaritätsprinzip in der Europäischen Gemeinschaft die Ebene „hochgezont" wurde, wird nun „heruntergestiegen" auf die Stufe der Gemeinden. Nach Art. 28 II 1 GG muss den Gemeinden das Recht gewährleistet sein, alle Angelegenheiten der örtlichen Gemeinschaft im Rahmen der Gesetze in eigener Verantwortung zu regeln. Diese Kompetenzverteilungsregel gilt ebenso für die Gemeindeverbände nach Art. 28 II 2 GG. Aufgabe des Art. 28 II GG ist es, die Zuständigkeiten der Gemeinden und Kreise untereinander und gegen höherstufige und gleichrangige Verbände abzugrenzen.[656]
Hierin kann man eine verwandte Konstellation zu dem Bund-Länder-Verhältnis erblicken. Die Kompetenzverteilungsregel des Art. 72 II GG[657] soll ähnlich wie die Kompetenzverteilungsregel des Art. 28 II 1 GG die Zuständigkeiten der Länder als kleinere Einheiten von den Zuständigkeiten des Bundes als der höherrangigen Einheit abgrenzen. Durch die kommunale Selbstverwaltungsgarantie wird ebenfalls das

---

derlichkeit" fruchtbar zu machen."
655 Vgl. EuGH, Urteil vom 10.12.2002 – Rs. C-491/01, British American Tobacco und Imperial Tobacco, Slg. 2002, I-11453, Rn. 126 ff., 184. Im Rahmen der Verhältnismäßigkeitsprüfung prüft der EuGH nicht einen milderen Eingriff in „subjektive Rechte" der Mitgliedstaaten, sondern lediglich die zielgerichtete Effizienz einer Maßnahme, also ob die Maßnahmen der Mitgliedstaaten hinsichtlich des Ziels ausreichend waren. Die Subsidiaritätsprüfung fällt dementsprechend äußerst knapp aus.
656 *Löwer*, in: von Münch/Kunig, GG, Art. 28, Rn. 40.
657 Diese Terminologie (Art. 72 II GG als „Kompetenzverteilungsregel") wählte das Bundesverfassungsgericht in der Altenpflegeentscheidung, BVerfGE 106, 62 (135).

Subsidiaritätsprinzip umgesetzt.[658] Schließlich lässt sich auf eine vergleichbare Gefährdungslage verweisen: Die Gemeinden klagen gleichfalls über eine fortschreitende Aushöhlung ihrer Selbstverwaltungskompetenzen, eine „Krise der kommunalen Selbstverwaltung" wird zunehmend beklagt.[659]

Ein grundlegender Unterschied zwischen den beiden Kompetenzverteilungsregeln besteht hingegen darin, dass sowohl den Ländern als auch dem Bund ursprüngliche Staatsgewalt durch die Verfassung verliehen wird. Sie sind zwei abgrenzbare Ebenen innerhalb des föderalen Staatsgefüges, ausgestattet mit eigener Hoheitsgewalt. Den Gemeinden sind lediglich Hoheitsrechte zur Selbstverwaltung übertragen. Sie weisen keine originäre Staatsqualität auf, sondern verwalten sich im Rahmen der Gesetze selbst, wie es ihr Name („Selbstverwaltungskörperschaften") zum Ausdruck bringt.[660] *Hendler* etwa definiert die Selbstverwaltungskörperschaften als „öffentlich-rechtliche Organisationseinheiten, die gegenüber dem staatsunmittelbaren Behördensystem institutionell verselbständigt, aber gleichwohl dem Staatsverband eingegliedert sind und sich dadurch auszeichnen, dass bestimmte öffentliche Angelegenheiten von den davon besonders berührten Personen, den Betroffenen eigenverantwortlich verwaltet werden"[661]. Gemeinden bilden damit keine dritte Ebene im Bundesstaat.[662] Sie haben keine ursprüngliche Gewalt[663], sondern sind lediglich eingegliedert in die Ebene der Länder.[664] Die Differenz liegt darin, dass im Verhältnis Bund-Länder die Kompetenzen durch die Verfassung als übergeordneter Norm aufgeteilt werden[665], im Verhältnis Land-Gemeinden geschieht die Kompetenzaufteilung durch einfaches Gesetzesrecht nach Art. 28 II 1 GG, welches sich allerdings an die Vorgaben aus der Verfassung halten muss. Die verfassungsrechtliche Position der Gemeinden ist im Verhältnis zu der der Länder als erheblich schwächer einzustufen. Anhand der Verfassung lässt sich die unterschiedliche Stellung zudem an Art. 79 III GG veranschaulichen. Im Gegensatz zu dem Verbot eines Einheitsstaates, also dem Verbot der Aufhebung der Länderstaatlichkeit, gehört Art. 28 II GG nicht zu der „Ewigkeitsgarantie" des Grundgesetzes, sondern unterliegt der Möglichkeit einer Verfassungsänderung.[666]

Dieser elementare Unterschied verhindert eine direkte Übernahme einzelner Konkretisierungsmerkmale der Kompetenzabgrenzung. Da jedoch ein allgemeiner, zumindest partiell gemeinsamer Grundgedanke existiert, können möglicherweise

---

658 *Merten*, Die Subsidiarität Europas, S. 77 ff., 93; *Isensee*, Rechtstheorie, Beiheft 20, 129 ff., 159 m.w.Nachw.; a.A. *Moersch*, Leistungsfähigkeit und Grenzen des Subsidiaritätsprinzips, S. 163 ff., 175, der das Institut der kommunalen Selbstverwaltung als eigenes Prinzip versteht, welches aufgrund seiner „langen und eigenständigen Tradition in Deutschland" nicht mit einem anderen Prinzip verknüpft werden sollte.
659 Vgl. nur *Dreier*, in: Dreier, GG, Art. 28, Rn. 90 f. m.w.Nachw.
660 *Püttner*, in: HStR IV, § 107, Rn. 2.
661 *Hendler*, in: HStR IV, § 106, Rn. 20.
662 *Nierhaus*, in: Sachs, GG, Art. 28, Rn. 31.
663 *Maunz*, in: M/D, GG, Art. 28, Rn. 50.
664 *Nierhaus*, in: Sachs, GG, Art. 28, Rn. 31.
665 „Unabgeleitete Hoheitsgewalt" der Länder; *Maunz*, in: HStR IV, § 94, Rn. 4.
666 *Maunz*, in: M/D, GG, Art. 28, Rn. 45.

Abgrenzungskriterien aus dem Bereich der kommunalen Selbstverwaltung für die vorliegende Arbeit weiterführend sein. Denn es ist ersichtlich, dass das Prinzip der Dezentralisation, welches durch die kommunale Selbstverwaltungsgarantie verwirklicht wird, sich mit dem Grundsatz der Subsidiarität, der auch dem Art. 72 II GG zugrunde liegt, deckt.[667] *Moersch* sieht zusätzlich in der Kommunalverfassungsbeschwerde nach Art. 93 I Nr. 4 b GG im Zusammenhang mit dem Bund-Länder-Streit nach Art. 93 I Nr. 3 GG ein Argument für die Vergleichbarkeit beider Sachverhalte. Denn die Kommunalverfassungsbeschwerde ist wie der Bund-Länder-Streit nicht als „Insichprozess" ausgestaltet, sondern als ein Verfahren, in dem unterschiedliche Rechtsträger eigene Rechte im eigenen Namen geltend machen.[668]

Dass das Subsidiaritätsprinzip das gemeinsame Band zwischen den Kompetenzverteilungsregeln des Art. 28 II 1 GG und Art. 72 II GG sei, ist allerdings umstritten. So folgert etwa *Zuck* aus der geschilderten Eingliederung der Gemeinden in die Länder, dass das Subsidiaritätsprinzip im Rahmen des Art. 28 II 1 GG keine Anwendung finden kann.[669] Nach dieser Ansicht würde das Subsidiaritätsprinzip als Bindeglied zwischen den beiden Kompetenzausübungsregeln ausscheiden. Die These von *Zuck*[670] erscheint allerdings nicht haltbar. Es steht den Kommunen mit ihrer Selbstverwaltungsgarantie ein wesentlicher Kern eigener Kompetenzen zu, innerhalb derer der Landesgesetzgeber nicht regelnd tätig werden darf. Der Kern eigener Kompetenz der Gemeinden teilt also die „Obergruppe Land" in zwei unabhängige „Untergruppen Land und Kommunen". Damit lässt sich das Subsidiaritätsprinzip auch dann anwenden, wenn innerhalb einer Obergruppe eine Unterteilung dergestalt möglich ist, dass zwei in Teilen verselbständigte und somit doch nicht gleichgeordnete Untergruppen hervortreten. Gerade dieses Innenverhältnis wird von Art. 28 II 1 GG kompetenzrechtlich zum Schutz dezentraler Aufgabenerfüllung abgegrenzt. Ein grundsätzlicher Vergleich mit Art. 72 II GG bleibt möglich.

Insgesamt lässt sich festhalten, dass zweifelsohne gewisse Gemeinsamkeiten hinter der politischen Idee der Bundesstaatlichkeit und der Selbstverwaltung bestehen. Schon früh erkannte man, dass die föderalistische Struktur im Bundesstaat und die Selbstverwaltungskörperschaften dem gleichen Grundgedanken folgen, nämlich der vertikalen Gewaltenteilung.[671] Auch aus diesen sehr allgemeinen Erwägungen er-

---

667 *Nierhaus*, in: Sachs, GG, Art. 28, Rn. 32; a.A. *Vietmeier*, DVBl. 1992, 413 ff., 417.
668 *Moersch*, Leistungsfähigkeit und Grenzen des Subsidiaritätsprinzips, S. 164 f.; dieses „Verfahrensargument" verwendet ebenfalls *Schmalenbach*, Föderalismus und Unitarismus in der BRD, S. 107. Ein Indiz für eine Vergleichbarkeit kann man ferner daraus entnehmen, dass es früher nicht unumstritten war, ob die Bundesländer unter den Selbstverwaltungsbegriff fallen, wenngleich sich diese Ansicht nie durchsetzen konnte, vgl. *Hendler*, in: HStR IV, § 106, Fn. 39 m. w. Nachw.
669 *Zuck*, Subsidiaritätsprinzip und Grundgesetz, S. 94 f. *Zuck* wendet auch im Bund-Länder-Verhältnis nicht ohne weiteres das Subsidiaritätsprinzip an: „Rechtlich und tatsächlich erlaubt das Bund-Länder-Verhältnis (...) Schlüsse auf das Subsidiaritätsprinzip, es erzwingt sie aber nicht.", *Zuck*, Subsidiaritätsprinzip und Grundgesetz, S. 102.
670 *Zuck*, Subsidiaritätsprinzip und Grundgesetz, S. 73.
671 *Salzwedel*, VVDStRL 22 (1965), 206 ff., 231 f.

scheint ein Vergleich der entsprechenden Kompetenzverteilungsregeln möglich und angebracht.[672]

b) Anwendung des Verhältnismäßigkeitsgrundsatzes im Bereich der kommunalen Selbstverwaltung

Die Gemeinden haben die Kompetenz, die Angelegenheiten der örtlichen Gemeinschaft in eigener Verantwortung zu regeln. Dies gilt nur im Rahmen der Gesetze. Die Gemeinden können mithin ihre Rechte aus Art. 28 II 1 GG entweder dadurch verlieren, dass eine Angelegenheit den örtlichen Charakter einbüßt oder der Gesetzgeber eingreift und die Rechte entzieht. Damit stellt sich die Frage, was zu den Angelegenheiten der örtlichen Gemeinschaft zählt sowie darüber hinaus und für vorliegende Arbeit weitaus wichtiger, wann der Gesetzgeber eingreifen und den Gemeinden Selbstverwaltungsrechte entziehen kann. Letzteres ist vergleichbar mit der Situation, in welcher der Bundesgesetzgeber den Ländern unter Verstoß gegen Art. 72 II GG die ihnen zustehenden Kompetenzen im Bereich der konkurrierenden und Rahmengesetzgebung entzieht.

Unter die Angelegenheiten der örtlichen Gemeinschaft fallen nach stetiger Rechtsprechung des Bundesverfassungsgerichts diejenigen Bedürfnisse und Interessen, „die in der örtlichen Gemeinschaft wurzeln oder auf die örtliche Gemeinschaft einen spezifischen Bezug haben und von dieser örtlichen Gemeinschaft eigenverantwortlich und selbständig bewältigt werden können"[673], „die also den Gemeindeeinwohnern gerade als solche gemeinsam sind, indem sie das Zusammenleben und – wohnen der Menschen in der (politischen) Gemeinde betreffen; auf die Verwaltungskraft der Gemeinde kommt es hierfür nicht an"[674]. Art. 28 II 1 GG sichert den Gemeinden grundsätzlich einen alle Angelegenheiten der örtlichen Gemeinschaft umfassenden Aufgabenbereich zu.[675] Aus dieser Allzuständigkeit der Gemeinde folgt weitergehend das verfassungsrechtlich garantierte Recht der Gemeinde, alle Angelegenheiten, die nicht bereits durch Gesetz einem anderen Verwaltungsträger zugeordnet sind, an sich zu ziehen, das so genannte Aufgabenerfindungsrecht als Kernbestandteil der Selbstverwaltungsbefugnis.[676]

Für die Gegenüberstellung zu Art. 72 II GG ist von besonderem Interesse, wann der Gesetzgeber Aufgaben entziehend und kommunale Eigenverantwortung begrenzend eingreifen kann. Aus dem Wortlaut der Verfassungsnorm des Art. 28 II 1 GG

---

672 So auch *Schmalenbach*, Föderalismus und Unitarismus in der BRD, S. 106 f.
673 BVerfGE 52, 95 (120) – „Amtsordnung für Schleswig-Holstein", Urteil vom 24.7.1979 unter Verweis auf BVerfGE 8, 122 (134) – „Volksbefragung Atomwaffen", Urteil vom 30.7.1958.
674 BVerfGE 79, 127 (151 f.) – „Rastede" - Beschluss vom 23.11.1988.
675 Vgl. zuletzt: BVerfGE 107, 1 (11) – „Zwangsverwaltungsgemeinschaft", Beschluss vom 19.11.2002 unter Verweis auf BVerfGE 21, 117 (128 f.); 23, 353 (365); BVerfGE 26, 228 (237 f.); BVerfGE 50, 195 (201); 56, 298 (312); 59, 216 (226); BVerfGE 79, 127 (143); BVerfGE 83, 363 (382); BVerfGE 91, 228 (236).
676 *Nierhaus*, in: Sachs, GG, Art. 28, Rn. 42.

lässt sich keine Antwort ableiten. Zweifellos darf der Gesetzgeber nicht beliebig den Inhalt der Selbstverwaltungsgarantie regulieren, da diese sonst zu einer leeren Hülse werden würde. So darf der Gesetzgeber nicht gegen „das aus dem Rechtsstaatsprinzip abzuleitende Willkürverbot" verstoßen, das für die Beurteilung von Eingriffen in die Selbstverwaltung heranzuziehen ist.[677] Wo ist allerdings die Schranke für den Gesetzgeber zu sehen, die sein Handeln klar begrenzt?

Man hat vielfach an dem Wesensgehalt der Selbstverwaltungsgarantie als Schranke angesetzt, der unangetastet bleiben müsse. Art. 19 II GG kann nicht unmittelbar herangezogen werden, da er sich schon seinem Wortlaut nach nur auf die Grundrechte bezieht.[678] Die Lehre vom Wesensgehalt kann allerdings analog herangezogen werden. Dieser Ansicht folgt auch das Bundesverfassungsgericht in stetiger Rechtsprechung, indem es fordert, dass „der Kernbereich der Selbstverwaltungsgarantie dem Gesetzgeber eine Grenze setzt; hiernach darf der Wesensgehalt der gemeindlichen Selbstverwaltung nicht ausgehöhlt werden".[679] Prekär gestaltet sich eine solche Annahme aber im Hinblick auf die Justitiabilität. Die Wesensgehaltsgarantie wäre erst angegriffen, wenn positiv festgestellt werden kann, dass man nach einem Prozess schleichender Aushöhlung nunmehr an die Schwelle zum Wesensgehalt gelangt. Diese Schwelle könnte demnach nur dann die Justitiabilität eröffnen, wenn sie erreicht ist. Missliche Folge wäre, dass von den Gemeinden allenfalls noch ein Minimalstandard verteidigt werden kann. Die Wesensgehaltsgarantie würde somit nur in krassen Verletzungsfällen ein wirksames Abwehrmittel der Gemeinden darstellen.[680] Konsequenz des bloßen Wesengehaltsansatzes ist, dass außerhalb des Wesensgehalts der Selbstverwaltung sich ein ungeschützter Raum für Angriffe des Gesetzgebers eröffnete. Ferner wurde der Lehre vom Wesensgehalt auch hier[681] die Unbestimmtheit dieses Konzepts entgegengehalten.[682]

Die Problemlage war durchaus vergleichbar zu Art. 72 II GG, bei dem ebenfalls klare Kompetenzverteilungsregeln und nicht bloße Minimumstandards zu entwickeln waren. Das Bundesverfassungsgericht stand vor der Aufgabe, die Einschränkungen der Selbstverwaltungsgarantie durch den Gesetzgeber wiederum einzu-

---

677 BVerfGE 56, 298 (313) – „Flughafen Memmingen" vom 7.10.1980.
678 *Maunz*, in: M/D, GG, Art. 28, Rn. 52.
679 BVerfGE 79, 127 (146) – „Rastede" - Beschluss vom 23.11.1988, m.w.Nachw.
680 *Nierhaus*, in: Sachs, GG, Art. 28, Rn. 50; auch das Bundesverfassungsgericht (BVerfGE 79, 127 (148) – „Rastede" - Beschluss vom 23.11.1988) erkennt diese Situation: „Auch der Gedanke, Art. 28 Abs. 2 Satz 1 GG verbiete es, die gemeindliche Selbstverwaltung als solche – sei es durch ihre Aufhebung, sei es durch schleichende Aushöhlung – zu beseitigen (...), greift erst, wenn sich positiv feststellen ließe, dass den Gemeinden nach einem Aufgabenentzug verbleibende Aufgabenbestand einer Betätigung ihrer Selbstverwaltung keinen hinreichenden Raum mehr beläßt. Dann aber wäre der Minimumstandard schon erreicht; er würde allenfalls verteidigt, aber nicht verhindert.".
681 Auch im Bereich der Grundrechtsdogmatik gestaltet sich die Suche nach dem „Wesensgehalt" (Art. 19 II GG) eines Grundrechts überaus problematisch; vgl. etwa *Denninger*, in: D/H-R/S/S, GG, Art. 19 II, Rn. 4 ff.
682 Vgl. *Tettinger*, in: vM/K/S, GG, Art. 28 II, Rn. 191; *Nierhaus*, in: Sachs, GG, Art. 28, Rn. 52; *Herzog*, Staat und Recht im Wandel, S. 114.

schränken. Dabei fehlten konkrete Ansätze. Den Freiraum versuchte man mittels des Verhältnismäßigkeitsgrundsatzes zu überbrücken. Denn der Bedeutung des Art. 28 II 1 GG im Verfassungsganzen würde es nicht gerecht werden, überließe man die Reichweite der verfassungsrechtlichen Garantien im Einzelfall jeder beliebigen Willensentscheidung des Gesetzgebers.[683] Nach Ansicht des Bundesverfassungsgerichts muss der Gesetzgeber den aus Art. 28 II GG folgenden Beschränkungen für staatliche Eingriffe unter dem Gesichtspunkt der Verhältnismäßigkeit Rechnung tragen.[684] Dabei formulierte es: „Vielmehr muss der Eingriff in die Planungshoheit der Gemeinde gerade angesichts der Bedeutung der kommunalen Selbstverwaltung verhältnismäßig sein. Die gemeindliche Selbstverwaltungsgarantie erlaubt mithin eine Einschränkung der Planungshoheit einzelner Gemeinden nur, wenn und soweit diese durch überörtliche Interessen von höherem Gewicht erfordert werden."[685] Dem folgte die Literatur nahezu ausnahmslos.[686]

aa) Der „Rastede"-Beschluss des Bundesverfassungsgerichts vom 23. November 1988

Eine Kehrtwende in der Rechtsprechung des Bundesverfassungsgerichts wurde durch den „Rastede"-Beschluss vom 23. November 1988 eingeleitet. Dessen Anknüpfungspunkt ist, dass die Gemeinden als Träger öffentlicher Gewalt selbst ein Stück Staat darstellen.[687] Art. 28 II 1 GG ist eine institutionelle Garantie kommunaler Selbstverwaltung, die vom Gesetzgeber näher auszugestalten ist: „Art. 28 Abs. 2 Satz 1 GG gewährleistet den Gemeinden das Recht, alle Angelegenheiten der örtlichen Gemeinschaft im Rahmen der Gesetze in eigener Verantwortung zu regeln. Die darin liegende Garantie der Einrichtung gemeindlicher Selbstverwaltung bedarf der gesetzlichen Ausgestaltung und Formung."[688] Sowohl das OVG Lüneburg[689] als

---

683 BVerfGE 56, 298 (313) – „Flughafen Memmingen", Beschluss vom 7.10.1980; vgl. *Blümel*, FG Unruh, S. 265 ff., 283 ff.
684 BVerfGE 56, 298 (313) – „Flughafen Memmingen", Beschluss vom 7.10.1980 unter Verweis auf BVerfGE 26, 228 (241) – „Schulzweckverband", Beschluss vom 24.6.1969.
685 BVerfGE 76, 107 (119 f.) – „LRP Niedersachsen", Beschluss vom 23.6.1987.
686 Umfassende Übersicht der damals einhelligen Ansicht in Rechtsprechung und Schrifttum: *Schoch*, VerwArch 81 (1990), 18 ff., 33, Fn. 92.
687 BVerfGE 73, 118 (191) – „Niedersächsisches Landesrundfunkgesetz", Urteil vom 4.11.1986.
688 BVerfGE 79, 127 (143) – „Rastede" - Beschluss vom 23.11.1988; vgl. auch *Dreier*, in: Dreier, GG, Art. 28, Rn. 79 ff.; *Rennert*, in: Umbach/Clemens, GG, Art. 28 II, Rn. 76; *Löwer*, in: von Münch/Kunig, GG, Art. 28, Rn. 41.
689 „Art. 28 Abs. 2 GG gebietet aber in Verbindung mit dem allgemeinen Verfassungsgrundsatz der Verhältnismäßigkeit (...), dass bei gesetzgeberischen Entscheidungen im Spannungsfeld zwischen dem Zwang zur wirtschaftlichen Konzentration der Kräfte und der Mittel einerseits und der Wahrung des Kernbereichs gemeindlicher Selbstverwaltung andererseits weitere Aufgabenbereiche aus den gemeindlichen Selbstverwaltungsaufgaben nur herausgelöst werden dürfen, wenn sich das als unerlässlich erweist.", OVG Lüneburg, Urteil vom 8.3.1979, DÖV 1980, 417 ff. (418).

Dritter Teil: Die rechtsdogmatische Funktion des Erforderlichkeitskriteriums

auch das Bundesverwaltungsgericht[690] gingen in den Verfahren betreffend der Verlagerung der Abfallbeseitigungspflicht von der kreisangehörigen Gemeinde Rastede auf die Landkreise von der Anwendung des Verhältnismäßigkeitsprinzips aus. Nach Ansicht des Bundesverfassungsgerichts ist es aber im Rahmen des Art. 28 II 1 GG verfehlt, den Verhältnismäßigkeitsgrundsatz anzuwenden. Denn wenn man Art. 28 II 1 GG als eine institutionelle Garantie auffasst, liegt bei deren näherer Ausgestaltung durch den Gesetzgeber kein Eingriff vor, der am Verhältnismäßigkeitsprinzip zu messen wäre, sondern eine Ausformung des Inhalts. Seit seinem „Rastede"-Beschluss verzichtete das Bundesverfassungsgericht gemäß diesem Ansatz auf Ausführungen zum Verhältnismäßigkeitsprinzip.[691] Seit dieser Entscheidung vermied es wie in der Altenpflegeentscheidung die Termini „Übermaßverbot" oder „Verhältnismäßigkeit" geradezu „peinlich genau"[692].

In dem „Rastede"-Beschluss des Bundesverfassungsgerichts wurde eine ähnliche Kehrtwende in der Rechtsprechung gesehen wie sie nunmehr in der Altenpflegeentscheidung erfolgt ist. In beiden Fällen waren die Verfahren in der Sache nicht von Erfolg gekrönt. In beiden Fällen wurde allerdings der Erfolg in der Stärkung der niederrangigen Ebene erkannt. Beispielsweise fasste *Schoch* dies so zusammen: „Die Kommunalverfassungsbeschwerde der Gemeinde Rastede ist im Ergebnis bekanntlich zurückgewiesen worden. Dennoch wird die Entscheidung des BVerfG als „großer Erfolg" für die Gemeinden gewertet, weil die Gefahr einer Aushöhlung der gemeindlichen Selbstverwaltung durch latenten Aufgabenentzug begegnet worden sei. Trotz des prozessualen Misserfolgs der Gemeinde Rastede habe die gemeindliche Selbstverwaltung im Ergebnis dennoch einen Sieg errungen (...). Und geradezu euphorisch wirkt die Aussage, das BVerfG habe zukunftsweisend in einer Jahrhundertentscheidung die Stellung der Gemeinden gestärkt."[693] Die Landesverfassungsgerichte stehen dieser Kehrtwende allerdings ablehnend gegenüber. Landesverfassungsgerichte wie der NWVerfGH[694] oder der NdsStGH[695] beanspruchen

---

690 „Die Garantie der kommunalen Selbstverwaltung in Art. 28 Abs. 2 Satz 1 GG gewährleistet den Gemeinden nicht nur einen Kernbereich hinreichend gewichtiger Selbstverwaltungsangelegenheiten, sondern schützt auch vor einem sachlich ungerechtfertigten Aufgabenentzug nach Maßgabe des Verhältnismäßigkeitsgrundsatzes.", BVerwGE 67, 321 (1. Leitsatz, 321) – „Rastede", Urteil vom 4.8.1983.
691 Vgl. BVerfGE 79, 127 (143 ff.) – „Rastede" - Beschluss vom 23.11.1988; BVerfGE 83, 363 (382 ff.) – „Krankenhausumlage", Beschluss vom 7.2.1991; BVerfGE 91, 228 (238 ff.) – „Gleichstellungsbeauftragte", Beschluss vom 26.10.1994.
692 *Schoch*, VerwArch 81 (1990), 18 ff., 33.
693 *Schoch*, VerwArch 81 (1990), 18 ff., 23.
694 NWVerfGH, „Automatisierte Datenverarbeitung", Urteil vom 9.2.1979, NJW 1979, 1201 f., 1201; NWVerfGH, Urteil vom 17.1.1995, DVBl. 1995, 465 (466) unter ausdrücklicher Bezugnahme (!) auf BVerfGE 79, 127 (143) – „Rastede" - Beschluss vom 23.11.1988.
695 „Insbesondere lassen sich aus der Unterscheidung zwischen einem „Kernbereich" kommunaler Selbstverwaltung und dessen zu sicherndem „Vorfeld" keine klaren Abgrenzungen gewinnen. Denn sowohl die verpflichtende Übertragung von Aufgaben zur eigenverantwortlichen Wahrnehmung auf die Kommunen als auch damit verknüpfte oder davon unabhängige Eingriffe in die Organisation der kommunalen Selbstverwaltung können mit der Gewährleistung des Art. 57 I NdsVerf. unvereinbar sein. Ob das der Fall ist, bestimmt sich bei Eingrif-

weiterhin das Verhältnismäßigkeitsprinzip bei der Frage, ob ein Eingriff in die Organisation der kommunalen Selbstverwaltung vorliegt.[696]
In dem „Rastede"-Beschluss hat das Bundesverfassungsgericht eine neue klare Formel aufgestellt, um die institutionelle Garantie zu konturieren. Neben dem Kernbereich schützt Art. 28 II 1 GG auch den Bereich jenseits dieses engsten Bereichs, den Randbereich.[697] Hier „darf der Gesetzgeber den Gemeinden eine Aufgabe mit relevantem örtlichem Charakter nur aus Gründen des Gemeininteresses, vor allem also etwa dann entziehen, wenn anders die ordnungsgemäße Aufgabenerfüllung nicht sicherzustellen wäre. Demgegenüber scheidet das bloße Ziel der Verwaltungsvereinfachung oder der Zuständigkeitskonzentration – etwa im Interesse der Übersichtlichkeit der öffentlichen Verwaltung – als Rechtfertigung eines Aufgabenentzugs aus; denn dies zielte ausschließlich auf die Beseitigung eines Umstandes, der gerade durch die vom Gesetzgeber gewollte dezentrale Aufgabenansiedlung bedingt wird."[698] „Inhaltliche Vorgaben bedürfen damit eines rechtfertigenden Grundes des gemeinen Wohls, insbesondere etwa um eine ordnungsgemäße Aufgabenwahrnehmung sicherzustellen."[699] Der Gesetzgeber hat damit von einer Allzuständigkeit der Gemeinde auszugehen. Den Gemeinden wird allerdings kein absoluter Schutz gewährt. Der Gesetzgeber kann eine Aufgabe entziehen, „wenn die den Aufgabenentzug tragenden Gründe gegenüber dem verfassungsrechtlichen Aufgabenverteilungsprinzip des Art. 28 Abs. 2 Satz 1 GG überwiegen"[700]. Das Bundesverfassungsgericht konzipierte folglich unter Abkehr von der Anwendung des Verhältnismäßigkeitsprinzips ein Regel-Ausnahme-Verhältnis, welches als Ausdruck des Subsidiaritätsprinzips angesehen und nicht landesverfassungsrechtlich umgangen werden kann.[701] Ein Eingriff kann nur bei Überwiegen der Gemeininteressen im Gegensatz zu dem verfassungsrechtlichen Aufgabenverteilungsprinzip des Art. 28 II 1 GG gerechtfertigt werden.

bb) Der Stand im Schrifttum

Dem Gericht ist es nicht gelungen, eine klar konturierte Schranke des Gesetzgebers, wie sie etwa das Verhältnismäßigkeitsprinzip in der Grundrechtsdogmatik darstellt, für Eingriffe in den Randbereich der kommunalen Selbstverwaltungsgarantie zu

fen in die Organisationshoheit danach, ob der Eingriff im Hinblick auf die Bedeutung und Eigenart der Aufgabe, deren Erfüllung er sicherstellen soll, geeignet, erforderlich und im engeren Sinne proportional zum angestrebten Zweck ist.", NdsStGH, „Kommunale Frauenbeauftragte", Urteil vom 13.3.1996, NJW 1997, 58 ff., 59.
696 Eine anschauliche Übersicht bietet *Heusch*, Der Grundsatz der Verhältnismäßigkeit im Staatsorganisationsrecht, S. 193 ff.
697 BVerfGE 79, 127 (147) – „Rastede" - Beschluss vom 23.11.1988.
698 BVerfGE 79, 127 (153) – „Rastede" - Beschluss vom 23.11.1988.
699 BVerfGE 83, 363 (382) – „Krankenhausumlage", Beschluss vom 7.2.1991.
700 BVerfGE 79, 127 (154) – „Rastede" - Beschluss vom 23.11.1988.
701 *Nierhaus*, in: Sachs, GG, Art. 28, Rn. 52.

errichten. In der Literatur gehen die Meinungen nach dem „Rastede"-Beschluss auseinander, ob das Verhältnismäßigkeitsprinzip zur Anwendung gelangen kann oder nicht.

So wird in der Rechtsprechung des Bundesverfassungsgerichts noch immer die Anwendung des Verhältnismäßigkeitsprinzips erkannt.[702] *Knemeyer* sah hierin sogar den „besonderen Verdienst des Bundesverfassungsgerichts", herausgestellt zu haben, dass das Verhältnismäßigkeitsprinzip Anwendung findet.[703] *Heusch* verortet ebenfalls die Kriterien des Verhältnismäßigkeitsprinzips in dem „Rastede"-Beschluss. Bei unbefangener Betrachtung enthalte der vom Bundesverfassungsgericht konzipierte Maßstab, an dem ein Aufgabenentzug zu messen sei, die Kriterien des Verhältnismäßigkeitsgrundsatzes: „Voraussetzung sei, dass mit dem Entzug ein verfassungslegitimer Zweck (Grund des Gemeininteresses) verfolgt werde. Die Forderung, dass dieser Zweck nicht anders erreichbar sein dürfe, entspricht dem Erforderlichkeitsgrundsatz, der als logische Prämisse immer auch den Grundsatz der Geeignetheit einschließt. Schließlich verlangt das Gericht vom Gesetzgeber eine Abwägung zwischen den, den Entzug tragenden Gründen und dem in Art. 28 Abs. 2 Satz 1 GG normierten Aufgabenverteilungsprinzip. In diesem Zusammenhang erwähnt das Gericht sogar ausdrücklich den Begriff der Unverhältnismäßigkeit."[704] Weiterhin geht *Heusch* dogmatisch von einer Anwendung des Verhältnismäßigkeitsprinzips aus, wobei er Art. 28 II 1 GG offenbar nicht allein als institutionelle Garantie betrachtet: Art. 28 II 1 GG enthalte vielmehr eine verfassungsrechtlich vorgegebene Grundentscheidung. Einer weiteren gesetzgeberischen Ausformung bedürfe es nicht, so dass ein Handeln des Gesetzgebers nur als ein Eingriff verstanden werden könne. Folglich findet seiner Meinung nach auch das Verhältnismäßigkeitsprinzip Anwendung. Nichtsdestotrotz könne in dem Handeln des Gesetzgebers auch nur eine Ausgestaltung des Aufgabenbereichs liegen.[705] *Heuschs* Abgrenzung, wann ein Eingriff und wann eine bloße Ausgestaltung vorliegen soll[706], wird nicht hinreichend deutlich. So ist es durchaus denkbar, dass gesetzgeberische Regeln, die die Handlungsfähigkeit von Gemeinden garantieren wollen, so rigide sind, dass sie ein Handeln in Eigenverantwortung einschränken.

Schink bezweifelt ebenfalls, dass das Gericht von der Verhältnismäßigkeitsprüfung Abstand genommen habe. Der Sache nach erfolge noch immer „eine an den

---

702 Vgl. *Brockmeyer*, in: Schmidt-Bleibtreu/Klein, GG, Art. 28, Rn. 13 b; *Ipsen*, ZG 1994, 194 ff., 210; *Vietmeier*, DVBl. 1992, 413 ff., 417 f.; *Manssen*, DV 24 (1991), 33 ff., 38.
703 So zumindest noch *Knemeyer*, Bayerisches Kommunalrecht (8. Aufl., 1994), Rn. 15; etwas zurückhaltender bringt *Knemeyer*, Bayerisches Kommunalrecht (10. Aufl., 2000), Rn. 26, nunmehr zum Ausdruck, dass in der Rechtsprechung „keine Verabschiedung des Übermaßverbotes" liegt.
704 *Heusch*, Der Grundsatz der Verhältnismäßigkeit im Staatsorganisationsrecht, S. 192.
705 *Heusch*, Der Grundsatz der Verhältnismäßigkeit im Staatsorganisationsrecht, S. 201 ff.
706 Gesetzliche Vorgaben, die der Herstellung und Wahrung der Entscheidungs- und Handlungsfähigkeit der Gemeinden dienen, stellen eine Ausgestaltung dar; gesetzliche Vorgaben, die nicht-gemeindliche Zwecke verfolgen und die Eigenverantwortung einschränken, stellen einen Eingriff dar; *Heusch*, Der Grundsatz der Verhältnismäßigkeit im Staatsorganisationsrecht, S. 207.

Kriterien des Übermaßverbotes orientierte Prüfung" wegen den grundrechtsähnlichen Zügen der Selbstverwaltungsgarantie. Dabei zieht er Art. 14 I 2 GG sowie Art. 12 GG vergleichend heran, die auch eine Ausgestaltungsbefugnis des Gesetzgebers enthalten. Danach soll aus dem Rechtsstaatsprinzip als übergreifender Leitregel die Anwendung des Verhältnismäßigkeitsprinzips folgen.[707] *Kenntner* schließlich wendet wie im Bund-Länder-Verhältnis auch im Rahmen der kommunalen Selbstverwaltung das Verhältnismäßigkeitsprinzip an, da den Gemeinden durch die Rechtsprechung des Bundesverfassungsgerichts ein subjektives Recht gewährleistet werde.[708] Allerdings vermittelt seine rhetorische Fragestellung „Wie anders als durch eine Kontrolle der gemeindlichen Beschränkung an Kategorien wie Geeignetheit, Erforderlichkeit und Angemessenheit soll diese Entscheidung getroffen werden?" den Eindruck, das Verhältnismäßigkeitsprinzip werde nur herangezogen, weil keine anderen Alternativen offen stehen.

Demgegenüber lehnt die überwiegende Ansicht in der Literatur eine Anwendung des Verhältnismäßigkeitsgrundsatzes bei der Kontrolle von kommunalen Aufgabenverlagerungen ab. Die Befürworter einer Anwendung des Verhältnismäßigkeitsprinzips müssen sich die Frage gefallen lassen, warum das Bundesverfassungsgericht das Prinzip nicht weiterhin explizit erwähnt. *Ossenbühl* etwa ist zu Recht der Auffassung, das Verhältnismäßigkeitsprinzip habe keinen Platz mehr im Bereich des Art. 28 II 1 GG: Sein Kontrollschema werde durch ein gestuftes Kriteriensystem ersetzt, das unmittelbar aus Art. 28 II GG abzuleiten und speziell auf diese Verfassungsvorschrift zugeschnitten sei.[709] Auch *Püttner* erkennt eine „neue, materiell ansetzende Theorie zum Schutz der Selbstverwaltung".[710] Zudem wird die Anwendung des Verhältnismäßigkeitsprinzips vielfach abgelehnt, da es bei der kommunalen Aufgabenzuordnung um Kompetenzverschiebungen und nicht um Freiheitsschutz geht.[711] Bei der Entwicklung dieses Arguments erkennt *Frenz* zwar viele Gemeinsamkeiten zwischen der Prüfung der Selbstverwaltungsgarantie und der Grundrechtsprüfung (insbesondere die strukturelle Gemeinsamkeit gemeindlicher

---

707 *Schink*, VerwArch 81 (1990), 385 ff., 401 f.; so auch *Ehlers*, DVBl. 2000, 1301 ff., 1307 f.; *Tettinger*, in: vM/K/S, GG, Art. 28 II, Rn. 194; *Faber*, in: D/H-R/S/S, GG, Art. 28 Abs. 1 II, Abs. 2, Rn. 41.
708 *Kenntner*, Justitiabler Föderalismus, S. 93 f.: „Fast mustergültig enthält diese Festschreibung („Der Gesetzgeber darf den Gemeinden eine Aufgabe mit relevantem örtlichem Charakter nur aus Gründen des Gemeininteresses, vor allem also etwa dann entziehen, wenn anders die ordnungsgemäße Aufgabenerfüllung nicht sicherzustellen wäre, und wenn die den Aufgabenentzug tragenden Gründe gegenüber dem verfassungsrechtlichen Aufgabenverteilungsprinzip des Art. 28 Abs. 2 S. 1 GG überwiegen.") die Grundsätze für die Beschränkung eines subjektiven Rechts.".
709 *Ossenbühl*, FS Lerche, S. 151 ff., 161.
710 *Püttner*, in: HStR IV, § 107, Rn. 22; „materielles Aufgabenverteilungsprinzip", vgl. auch *Schoch*, JURA 2001, 121 ff., 126.
711 Grundlegend *Schmidt-Aßmann*, FS Sendler, S. 121 ff., 135 ff.; vgl. auch *Löwer*, in: von Münch/Kunig, GG, Art. 28, Rn. 50; *Rennert*, in: Umbach/Clemens, GG, Art. 28 II, Rn. 76; *Clemens*, NVwZ 1990, 834 ff., 835.

Freiräume und individueller Freiheiten). Er geht jedoch auch von einem eigenständigen Kontrollschema aus.[712] Schließlich wird vielfach differenziert zwischen der aufgabenentziehenden Ausgestaltung der institutionellen Garantie, bei welcher der Anwendungsbereich des Verhältnismäßigkeitsprinzips nicht eröffnet ist, und dem konkreten Eingriff in die Position einer einzelnen Gemeinde. Für diesen letzteren Bereich wird das Verhältnismäßigkeitsprinzip nach wie vor herangezogen.[713] In der Tat wendet das Bundesverfassungsgericht bei einem gezielten Eingriff in einzelne „kommunale Hoheiten" weiterhin das Verhältnismäßigkeitsprinzip an.[714] Diese Fallgruppe ist allerdings für die vorliegende Untersuchung irrelevant. Die Unterschiede zwischen der legislativen Kompetenzverteilung im Bund-Länder-Verhältnis und dem der Kontrolle eines Eingriffs in die Rechtsposition einer bestimmten Gemeinde lassen keinen Vergleich zu.

c) Schlussfolgerungen

Kommt das Verhältnismäßigkeitsprinzip bei dem Aufgabenentzug gegenüber den Gemeinden nicht zur Anwendung, so bekräftigt dies die Auffassung, dass in dem vergleichbaren Bund-Länder-Verhältnis (Art. 72 II GG) ebenfalls nicht das Verhältnismäßigkeitsprinzip einschlägig ist. Die Befürworter einer Anwendung des Verhältnismäßigkeitsprinzips im Rahmen des Art. 28 II 1 GG verkennen, dass die mit dem Verhältnismäßigkeitsprinzip verbundene Erforderlichkeitsprüfung nicht schon dann einschlägig ist, wenn danach gefragt ist, ob eine Aufgabe von Gemeinden effizient gelöst werden kann. Auch eine der Angemessenheitsprüfung vergleichbare Abwägung findet nicht statt, da in dem verfassungsrechtlichen Aufgabenverteilungsprinzip des Art. 28 II 1 GG gerade das Regel-Ausnahme-Verhältnis zum Ausdruck kommt. Es geht damit nicht um das Erzielen einer optimalen Lösung. In dem „Zwangsverwaltungsgemeinschaft" – Beschluss vom 19. November 2002, der derzeit letzten Entscheidung zu Art. 28 II 1 GG, bestätigt das Gericht dieses Verständnis, indem es ausführt: „Inhaltliche Vorgaben müssen durch Gründe des gemeinen Wohls gerechtfertigt sein, *etwa durch das Ziel, eine ordnungsgemäße Aufgabenwahrnehmung sicherzustellen* (…). Sie sind auf dasjenige zu beschränken, was der

---

712 *Frenz*, DV 28 (1995), 33 ff., 47.
713 Grundlegend *Stern*, Staatsrecht I, § 12 II 4, S. 408 f.; vgl. auch *Clemens*, NVwZ 1990, 834 ff., 835; *Dreier*, in: Dreier, GG, Art. 28, Rn. 119 f.; *Nierhaus*, in: Sachs, GG, Art. 28, Rn. 56; *Schulze-Fielitz*, in: Dreier, GG, Art. 20, Rn. 176; *Knemeyer/Wehr*, VerwArch 92 (2001), 317 ff., 341.
714 Vgl. BVerfGE 95, 1 (27) – „Südumfahrung Stendal", Beschluss vom 17.7.1996; in BVerfG, „LNatSchG Schl.-H.", Beschluss vom 7.5.2001, DVBl. 2001, 1415 ff., 1421, differenziert das Gericht zwischen „für alle Gemeinden unmittelbar regelnden Vorgaben für die Art und Weise der Ausübung der Planungshoheit außerhalb eines geschützten Kernbereichs" (Anwendung des Verhältnismäßigkeitsprinzips) und dem „Falle der Aufgabenentziehung" (keine Anwendung des Verhältnismäßigkeitsprinzips).

Gesetzgeber zur Wahrung des jeweiligen Gemeinwohlbelangs für geboten halten darf."[715] Nach der Auffassung des Gerichts ist allein das Effizienzgebot entscheidend. Insofern ähneln sich durchaus die dogmatischen Ansätze, die ebenfalls zu Art. 72 II GG entwickelt worden sind: Sowohl bei Art. 28 II 1 GG wie bei Art. 72 II GG spielt das Effizienzkriterium die entscheidende Rolle. Denn auch bei Art. 28 II 1 GG ist lediglich die Effizienz einer Aufgabenwahrnehmung durch die Gemeinden von Bedeutung. Ein wertendes concurrere um die optimale Lösung wird nicht gefordert. In derartigen Formulierungen kann das Verhältnismäßigkeitsprinzip nicht hineininterpretiert werden, wenngleich ein „ähnlicher Weg"[716] vom Bundesverfassungsgericht gewählt wird.

V. Prinzip der zielgerichteten Effizienz

Die Ausführungen haben gezeigt, dass sich keine dogmatische Grundlage für die direkte Anwendung des Verhältnismäßigkeitsprinzips auf die Erforderlichkeitsklausel der „Zieltrias" des Art. 72 II GG begründen lässt. Es stellt sich nunmehr die Frage, welcher Abwägungsmodus sich stattdessen anbietet. Hier stellt das „Prinzip der zielgerichteten Effizienz" einen Lösungsansatz dar, welcher ermöglicht, ohne die dogmatisch verfehlte Heranziehung des Verhältnismäßigkeitsprinzips die zu Recht erwünschte Justitiabilität herzustellen.

Sowohl im Rahmen des Art. 72 II GG als auch der kommunalen Selbstverwaltungsgarantie wurde festgestellt, dass die Frage nach der optimalen Lösung als entscheidungsleitendes Kriterium zurücktreten muss. Lediglich die Effizienz von rechtlichen Regeln erlangt Bedeutung. Stellt man darauf ab, dass eine Aufgabe nur dann entzogen werden darf, wenn sie nicht effizient erfüllt werden kann, dann folgt daraus ein Regel-Ausnahme-Verhältnis. Ein solches postulierte das Bundesverfassungsgericht im Bereich der gemeindlichen Aufgabenentziehung. *Löwer* bezeichnet dieses gemeindebegünstigende Aufgabenverteilungsprinzip als „Vorrangprinzip".[717]

Unklar bleibt das Verhältnis zwischen der Regel und der Ausnahme. Es muss daher eine zweite Komponente einfließen, nämlich das grundsätzliche Ziel, welches durch das Prinzip des Regel-Ausnahme-Verhältnisses erreicht werden soll. Die Effizienz einer Maßnahme divergiert nach den vorgegebenen Zielen, die zu erreichen sind. Die fehlende Effizienz einer Maßnahme im Hinblick auf das Ziel, das erreicht werden soll, stellt die Schnittstelle dar, an welcher die Regel durch die Ausnahme überlagert wird. Durch die Modifikation des Ziels wird es möglich, das Regel-Ausnahme-Prinzip sowohl in die eine Richtung als auch in die andere Richtung

---

715 BVerfGE 107, 1 (14) – „Zwangsverwaltungsgemeinschaft", Beschluss vom 19.11.2002; a.A. *Heusch*, Der Grundsatz der Verhältnismäßigkeit im Staatsorganisationsrecht, S. 192, der in dem Wort „geboten" eine Anwendung des Verhältnismäßigkeitsprinzips erkennen will.
716 *Löwer*, in: von Münch/Kunig, GG, Art. 28, Rn. 50.
717 *Löwer*, in: von Münch/Kunig, GG, Art. 28, Rn. 50; vgl. auch *Schmidt-Aßmann*, FS Sendler, S. 121 ff., 135 ff.

abzuändern. Theoretisch ist es sogar möglich, durch die Zielvorgabe den Maßstab der Effizienz so hoch anzusetzen, dass sich die Regel zur Ausnahme verkehrt. Bevor man die Effizienz prüfen kann, muss demnach zunächst das (verfassungsrechtliche) Ziel herausgearbeitet werden.

Im Rahmen des Art. 72 II GG ist demzufolge in einem ersten Schritt die Zielrichtung mit folgenden Fragen zu prüfen: Kann die bundesgesetzliche Regelung das verfassungsrechtlich vorgegebene Ziel erreichen? Kann das Bundesgesetz somit entweder für die Herstellung gleichwertiger Lebensverhältnisse im Bundesgebiet oder zur Wahrung der Rechts- oder Wirtschaftseinheit im gesamtstaatlichen Interesse grundsätzlich erforderlich sein?[718] Auf dieser Ebene wird lediglich relevant, ob trotz bundesgesetzlicher Regelung keine Bundeseinheitlichkeit erreicht wird, sondern die bestehende Uneinheitlichkeit noch verstärkt wird, ob etwa die Lebensverhältnisse durch eine bundeseinheitliche Regelung noch weiter auseinanderdriften, das Recht bzw. die Wirtschaft noch uneinheitlicher werden. Nur selten sollte ein Bundesgesetz schon an dieser Hürde scheitern, ist doch die Unzulänglichkeit einer solchen Regelung stets offensichtlich. In seiner Rechtsprechung zu Art. 72 II GG a.F. prüfte das Bundesverfassungsgericht lediglich diesen Schritt. *Maunz* hob dies deutlich hervor: „Eine einheitliche Regelung im ganzen Bundesgebiet durch Bundesgesetz ist zulässig, wenn das Bundesgesetz der Einheitlichkeit der Rechtsordnung im Bundesgebiet dient." „Die Ziffer 3 ist so weit gefasst, dass praktisch jedes sachgerechte Bundesgesetz über die in Art. 74 aufgeführten Gegenstände darunter fällt, es sei denn, dass aus ihm selbst (aus seinem Inhalt und seiner Zweckrichtung) hervorgeht, dass es der Rechts- und Wirtschaftseinheit entweder nicht dienen will oder nicht dienen kann."[719] Das Bundesverfassungsgerichtsurteil zum Kampfhundegesetz hätte hinsichtlich der Kompetenz des Bundes zum Erlass des § 143 I StGB damit auch schon nach der alten Fassung in gleicher Weise gefällt werden müssen. Festzuhalten bleibt, dass zunächst geprüft werden muss, ob das Bundesgesetz überhaupt der Zielvorgabe dient.

Daran anschließend wird in einem zweiten Schritt die zielgerichtete Effizienz auf Länderebene untersucht. Nach dem Bundesverfassungsgericht erlaubt die Effizienz im Rahmen der „Zieltrias" des Art. 72 II GG dann eine Bundesregelung, wenn sich die Lebensverhältnisse in den Ländern der Bundesrepublik in erheblicher, das bundesstaatliche Sozialgefüge beeinträchtigender Weise auseinander entwickelt haben oder sich eine derartige Entwicklung konkret abzeichnet, wenn eine Gesetzesvielfalt auf Länderebene eine Rechtszersplitterung mit problematischen Folgen darstellt, die im Interesse sowohl des Bundes als auch der Länder nicht hingenommen werden kann oder schließlich, wenn es um die Erhaltung der Funktionsfähigkeit des Wirtschaftsraums der Bundesrepublik durch bundeseinheitliche Rechtssetzung geht und Landesregelungen oder das Untätigbleiben der Länder erhebliche Nachteile für die Gesamtwirtschaft mit sich bringen.

---

718 An diesem Punkt scheiterte beispielsweise schon § 143 I StGB; vgl. BVerfG, 1 BvR 1778/01, „Kampfhundegesetz" – Urteil vom 16.3.2004, Rn. 121.
719 *Maunz*, in: M/D, GG, Art. 72, Rn. 23.

Wenn die beiden Voraussetzungen der Zielerreichbarkeit durch ein Bundesgesetz und der fehlenden Effizienz von Landesregelungen im Hinblick auf die konkreten Ziele erfüllt sind, dann darf der Bundesgesetzgeber soweit tätig werden, wie es die Wahrung bzw. Herstellung der zielgerichteten Effizienz erfordert. Somit darf der Bund nur insoweit tätig werden, entweder um die Lebensverhältnisse in das bundesstaatliche Sozialgefüge zurückzuführen oder bei etwaigen Gefährdungen dort zu wahren, um die unzumutbare Rechtszersplitterung zu beseitigen, oder schließlich um die Funktionsfähigkeit des deutschen Wirtschaftsraums zu erhalten und erhebliche Nachteile für die Gesamtwirtschaft zu beseitigen.

Das „Prinzip der zielgerichteten Effizienz" kann ebenfalls herangezogen werden, um die Rechtmäßigkeit des Handelns des Bundes- oder Landesgesetzgebers bei der Ausgestaltung der gemeindlichen Selbstverwaltung zu überprüfen. Verfassungsrechtlich vorgegebenes Ziel einer Maßnahme des Bundes- oder Landesgesetzgebers im Rahmen des Art. 28 II 1 GG ist die gesetzliche Ausgestaltung und Formung der Garantie der kommunalen Selbstverwaltung. In einem ersten Schritt kann nachgeprüft werden, ob das Gesetz grundsätzlich zur Erreichung dieses Ziels dienen kann oder schlechthin unbrauchbar ist, die gemeindliche Selbstverwaltung auszuformen. Die zielgerichtete Effizienz gibt schließlich vor, dass der Gesetzgeber den Gemeinden eine Aufgabe mit relevantem örtlichem Charakter zur Ausgestaltung und Formung der Garantie der kommunalen Selbstverwaltung nur aus Gründen des Gemeininteresses entziehen darf, „wenn anders die ordnungsgemäße Aufgabenerfüllung nicht sicherzustellen wäre" und „wenn die den Aufgabenentzug tragenden Gründe gegenüber dem verfassungsrechtlichen Aufgabenverteilungsprinzip des Art. 28 Abs. 2 Satz 1 GG überwiegen". „Demgegenüber scheidet das bloße Ziel der Verwaltungsvereinfachung oder der Zuständigkeitskonzentration – etwa im Interesse der Übersichtlichkeit der öffentlichen Verwaltung – als Rechtfertigung eines Aufgabenentzugs aus; denn dies zielte ausschließlich auf die Beseitigung eines Umstandes, der gerade durch die vom Gesetzgeber gewollte dezentrale Aufgabenansiedlung bedingt wird. (…) Erst dann, wenn ein Belassen der Aufgabe bei den Gemeinden zu einem unverhältnismäßigen Kostenanstieg führen würde"[720], darf der Gesetzgeber handeln.

---

720 BVerfGE 79, 127 (153 f.) – „Rastede" - Beschluss vom 23.11.1988.

B. Konkrete Auslegungskriterien für Art. 72 II GG

In diesem Abschnitt sollen die Ausführungen des Bundesverfassungsgerichts zu den Tatbestandsmerkmalen des Art. 72 II GG weiter konkretisiert werden. Die Gründe des verfassungsändernden Gesetzgebers für diese Neuregelung der Kompetenzabgrenzung wurden einleitend dargestellt, worauf verwiesen werden kann.[721] Die Neufassung des Art. 72 II GG soll der in die Kritik geratenen Kompetenzverschiebung von den Ländern zum Bund nicht allein Einhalt gebieten, sondern auch eine Rückführung der Kompetenzen zu den Ländern gestatten. Daran anknüpfend wird entwickelt, dass die Gründe, die einst zu einer Verschiebung führten, nach dem neuen Verständnis des Art. 72 II GG nicht mehr greifen und reversibel sein müssen. Man kann zu Recht von einer „Kehrtwende" des Bundesverfassungsgerichts sprechen, das für die (Neu-)Verteilung der Gesetzgebungskompetenzen zwischen Bund und Ländern die maßgeblichen Grundsätze entwickelt hat. Aus dieser Entwicklung wird abschließend eine „Schutzpflicht" des Bund gegenüber den Ländern abgeleitet.

I. Konkretisierung der Auslegungskriterien des Art. 72 II GG

Der Aufbau des folgenden Abschnitts orientiert sich an dem Aufbau des wegweisenden Altenpflegeurteils. Danach werden zunächst das „Erfordernis der Herstellung gleichwertiger Lebensverhältnisse" und anschließend die „Wahrung der Rechts- oder Wirtschaftseinheit" untersucht, wobei wiederum getrennt wird zwischen dem Tatbestandsmerkmal der „Wahrung der Rechteinheit" und der „Wahrung der Wirtschaftseinheit".

1. Das „Erfordernis der Herstellung gleichwertiger Lebensverhältnisse im Bundesgebiet"

a) Wortlaut und Systematik

Ausgangspunkt aller Interpretation ist der Wortlaut der Verfassungsnorm. Die „Herstellung" beschreibt die Erzeugung eines neuen Zustandes. Dem Moment der Entstehung kommt besondere Bedeutung zu. Ein vorher noch nicht bestehender Zustand soll erzeugt werden. Nach *Pestalozza* reicht ein annähernder Schritt in die Richtung des neuen Zustandes schon aus.[722] Der Wortlaut kann damit als Prozess der Herstellung verstanden werden, so dass einzelne fördernde Teilschritte im Hinblick auf den gewünschten Erfolg schon genügen.

---

721 Siehe *1.Teil, I.,6*.
722 *Pestalozza*, in: vM/K/P, GG, Art. 72 Abs. 2, Rn. 354; *Sannwald*, in: Schmidt-Bleibtreu/Klein, GG, Art. 72, Rn. 50.

Fernerhin fallen nach dem Wortlautverständnis unter die „*Lebensverhältnisse*" die Lebensbedingungen der Bürger in einem umfassenden Sinn, also sowohl die individuellen Lebensbedingungen als auch die Lebensbedingungen im zwischenmenschlichen Bereich. Nach diesem weit gefassten und später noch zu konkretisierenden Begriff fallen bloß staatsorganisationsrechtliche Regelungen der Einrichtungen des Staates nicht hierunter,[723] obwohl eine rein organisatorische Regelung ohne jeglichen Bezug zu den Lebensverhältnissen der Bürger kaum denkbar ist. Mittelbar wird doch auch der Bürger etwa durch Regelungen der Verwaltungsorganisation in seinen Lebensverhältnissen betroffen. Die Weite der gesamten Lebensbedingungen[724] birgt einen hohen Grad an Unbestimmtheit, den es nachfolgend durch Verfassungsauslegung auszuräumen gilt.

Die Formulierung „*im Bundesgebiet*" beschreibt die räumlichen Grenzen der Bundesrepublik Deutschland. Damit wird festgestellt, dass keine auf das europäische Umfeld bezogene Vereinheitlichung der Lebensverhältnisse angestrebt werden soll. Dieses Verständnis gilt es zu beachten, wenn man versucht, Kriterien aus der europäischen Rechtsordnung zu übertragen.[725]

Schwer zu fassen bleibt schließlich das Adjektiv der „*gleichwertigen*" Lebensverhältnisse, auf welchem das ausschlaggebende Gewicht der ersten Tatbestandsvoraussetzung ruht. Vom Wortsinn her könnten hierunter gleiche bzw. äquivalente Lebensverhältnisse verstanden werden. Der Begriff der Gleichheit ist verfassungsrechtlich allerdings durch Art. 3 I GG besetzt.[726] Durch die abweichende Wortwahl in Art. 72 II GG ist damit eine Abgrenzung zu einem Terminus der „gleichen Lebensverhältnissen" gewollt. „Gleichwertigkeit" unterscheidet sich von der Einheitlichkeit oder Gleichheit in einzelnen sozialen oder rechtlichen Beziehungen. Dies verdeutlicht die terminologische Anknüpfung an die gesamten Lebensverhältnisse der Bürger. So verhindert etwa eine Ungleichheit in einzelnen Teilbereichen der Lebensverhältnisse die gewünschte Gleichwertigkeit der gesamten Lebensverhältnisse nicht. „Gleichwertigkeit" bedeutet damit nicht „Einheitlichkeit" und auch nicht Angleichung an einen Zustand der Gleichheit, sondern ermöglicht eine vergleichend abwägende Betrachtungsweise, bei der schlechtere Lebensbedingungen in einem Bereich mit besseren in einem anderen Bereich ausgeglichen werden können.

Bringt man die Begriffe in ein „Stufenverhältnis der höchsten Identität", so würde die „Einheitlichkeit" an erster Stelle stehen, die „Gleichheit" mit der Möglichkeit

---

723 Vgl. *Pestalozza*, in: vM/K/P, GG, Art. 72 Abs. 2, Rn. 350; kritisch hierzu *Oeter*, in: vM/K/S, GG, Art. 72 II, Rn. 92.

724 *Oeter* (in: vM/K/S, GG, Art. 72 II, Rn. 92) deutet die Lebensbedingungen etwa als „das gesamte soziale, wirtschaftliche und politische Umfeld, in dem die Bürger leben, das ihre Lebenswirklichkeit prägt".

725 Vgl. *3.Teil, B.I.1.e.bb.*

726 Das Grundgesetz stellt nicht nur eine „Freiheitsverfassung", sondern auch eine „*Gleichheitsverfassung*" dar. Dies kommt neben der „Gleichwertigkeit der Lebensverhältnisse" i.S.d. Art. 72 II GG insbesondere im allgemeinen Gleichheitssatz des Art. 3 I GG, im Diskriminierungsverbot nach Art. 3 III GG, dem Grundsatz der Gleichheit der Wahl als formaler Gleichheitsgrundsatz (Art. 38 I 1 GG), der Parität von Arbeit und Kapital (Art. 9 III GG) und der Parität der Religionsgesellschaften zum Ausdruck.

der Differenzierung nachfolgen und die „Gleichwertigkeit" auf der untersten Stufe zu finden sein. Festzuhalten bleibt nach der Wortlautauslegung, dass lediglich der Wert gleich sein muss, der letztendlich aus der Summe der einzelnen möglicherweise divergierenden Teilbereiche der Lebensverhältnisse erzielt wird.

b) Vergleich mit der alten Fassung und dem Willen des verfassungsändernden Gesetzgebers

Im Sinne der historischen Auslegung lässt sich die alte mit der neuen Fassung des Art. 72 II GG vergleichen und dabei auf den Willen des verfassungsändernden Gesetzgebers eingehen. Ein erster Unterschied liegt im territorialen Bezug. Der Bund kann nach neuer Rechtslage zur „Herstellung gleichwertiger Lebensverhältnisse im Bundesgebiet" tätig werden. Hierdurch wurde der Terminus der „Wahrung der Einheitlichkeit der Lebensverhältnisse über das Gebiet eines Landes hinaus" durch den Begriff des *Bundesgebietes* ersetzt. Daraus folgt, dass nunmehr das „ganze" Bundesgebiet als Anknüpfungspunkt gemeint ist, hätte man ansonsten die alte Formulierung beibehalten können.[727] Umso weiter man das Gebiet ausdehnt, in welchem „gleichwertige Lebensverhältnisse" hergestellt werden sollen, umso weiter reicht jedenfalls nunmehr territorial der Maßstab der Gleichwertigkeit der Lebensverhältnisse.

Ein wesentlicher Perspektivenwechsel liegt darin, dass die in der alten Fassung des Art. 72 II GG genannte „Einheitlichkeit" nunmehr in „gleichwertige Lebensverhältnisse" abgeschwächt wird. Hierin wurde mit Recht ein entscheidender Schritt in Richtung föderaler Vielfalt gesehen. Eine bundesgesetzliche Regelung soll damit nur noch in Ausnahmefällen erforderlich sein.[728] Nicht mehr Einheitlichkeit oder Gleichheit, sondern nur noch Gleichwertigkeit im Sinne einer vergleichenden Bilanzierung der Lebensverhältnisse darf Bezugspunkt der Kompetenzausübung des Bundes sein.

Allerdings stellt sich das Problem, die Gleichwertigkeit von Lebensverhältnissen zu bestimmen.[729] Der Begriff der „*gleichwertigen* Lebensverhältnisse" bleibt in den Motiven freilich unklar. Eine genaue Bestimmung erfolgte nicht.[730] Allerdings wurde dieser Begriff bereits von der Enquête-Kommission „Verfassungsreform" 1976 verwendet und damals aus dem Bundesraumordnungsprogramm übernommen.[731] Die Gemeinsame Verfassungskommission von Bundesrat und Bundestag übernahm

---

727 *Pestalozza*, in: vM/K/P, GG, Art. 72 Abs. 2, Rn. 351; *Sannwald*, in: Schmidt-Bleibtreu/Klein, GG, Art. 72, Rn. 49.
728 *Rohn/Sannwald*, ZRP 1994, 65 ff., 66, Fn. 50.
729 *Bothe*, in: D/H-R/S/S, GG, Art. 72, Rn. 14.
730 Ausführlich hierzu *Knorr*, Die Justitiabilität der Erforderlichkeitsklausel i.S.d. Art. 72 II GG, S. 173 ff.
731 *Aulehner*, DVBl. 1997, 982 ff., 986; vgl. Raumordnungsprogramm für die großräumige Entwicklung des Bundesgebietes (Bundesraumordnungsprogramm), BT-Drs. 7/3584, S. 4, 6 („gleichwertige Lebensbedingungen"), 37 („gleichwertige Lebensverhältnisse").

den Begriff wiederum von jener ersten Enquête-Kommission, deren Werk bekanntlich weitgehend folgenlos blieb.[732] Im Bereich der Raumordnung wurde der Terminus lediglich als ein Mindeststandard verstanden, nach dem ein bestimmtes Niveau im Hinblick auf eine menschenwürdige Umwelt und eine ausreichende Infrastruktur nicht unterschritten werden darf. Die Bundesregierung formulierte dies wie folgt: „Die Forderung nach gleichwertigen Lebensverhältnissen bedeutet für die Raumordnungspolitik, in allen Teilräumen neben gesunden Umweltbedingungen ein bestimmtes Mindestangebot an Arbeitsplätzen, Wohnungen, Versorgungs-, Bildungs-, Freizeit- und Kommunikationsmöglichkeiten zu errichten. (...) Das Unterschreiten von Mindestwerten in einem der Grundbereiche kann nicht durch überdurchschnittliche Ausstattungen in einem anderen ausgeglichen werden. (...) Gleichwertigkeit kann nicht als an allen Orten völlige Gleichheit des Angebots an Einrichtungen verstanden werden. Raumordnungspolitik hat weder Nivellierung noch Gleichmacherei zum Ziel."[733] Demzufolge wurde schon frühzeitig im Reformprozess festgelegt, dass es kein realistisches Ziel darstellt, einheitliche Lebensverhältnisse zu schaffen, was bei einer Gesamtsicht der Gesetzesmaterialien zur Folge hat, dass dieses Ziel auch nach der Neufassung des Art. 72 II GG nicht verfolgt werden darf.[734]

c) Das Verständnis in der Literatur

In der Literatur setzte man sich ebenfalls mit dieser Vorgabe des Art. 72 II GG auseinander. *Pestalozza* versteht etwa unter den „*Lebensverhältnissen*" insbesondere die wirtschaftlichen Lebensbedingungen.[735] *Oeter* deutet die „Lebensverhältnisse" als „das gesamte soziale, wirtschaftliche und politische Umfeld, in dem die Bürger leben, das ihre Lebenswirklichkeit prägt".[736] *Maunz* zählt die Chancen für das Arbeits- und Erwerbsleben, die Lebenshaltungskosten sowie den Aufbau des Schulunterrichts, der Schularten und der Schulfächer zu den Faktoren, welche die Lebensverhältnisse bestimmen.[737] Diese knappe Wiedergabe verdeutlicht, dass keine einheitliche Definition der „Lebensverhältnisse" existiert, diese jedoch denkbar weit zu fassen sind.

---

732 Vgl. den Vorschlag der Enquête-Kommission „Verfassungsreform": „Der Bund ist in diesem Bereich zur Gesetzgebung befugt, wenn und soweit die für die Herstellung gleichwertiger Lebensverhältnisse im Bundesgebiet erforderliche Rechtseinheit, die Wirtschaftseinheit oder die geordnete Entwicklung des Bundesgebietes nur durch eine bundesgesetzliche Regelung zu erreichen ist."; vgl. auch *Pestalozza*, in: vM/K/P, GG, Art. 72 Abs. 2, Rn. 352; *Müller*, Auswirkungen der Grundgesetzrevision, S. 54; siehe hierzu *2.Teil, II.1.a.aa*.
733 Raumordnungsbericht der Bundesregierung 1974, BT-Drs. 7/3582, S. 20.
734 Abschlussbericht der Enquête-Kommission „Verfassungsreform", BT-Drs. 7/5924, S. 131.
735 *Pestalozza*, in: vM/K/P, GG, Art. 72 Abs. 2, Rn. 350.
736 *Oeter*, in: vM/K/S, GG, Art. 72 II, Rn. 92.
737 *Maunz*, in: M/D, GG, Art. 72, Rn. 23.

Die neugefasste Voraussetzung der „*Herstellung* gleichwertiger Lebensverhältnisse" bestätigt nach *Oeter* die alte Rechtsprechung des Bundesverfassungsgerichts, die dem Bundesgesetzgeber schon immer erlaubte, auf das ihm erwünscht erscheinende Maß an Einheitlichkeit im Sozialleben hinzuwirken, so dass die Formulierung zunächst inhaltlich keine großen Unterschiede gegenüber der alten Fassung des Art. 72 II GG bewirkt. Allerdings wird nach seiner Ansicht durch den Wechsel zur „Herstellung" das prognostische Element verstärkt, da in dem Ziel der „Herstellung gleichwertiger Lebensverhältnisse" immer eine Gesetzesfolgenabschätzung enthalten sei, welche eine Prognoseentscheidung erforderlich mache.[738]

Eine andere Frage ist, ob die „Herstellung" auch die „Wahrung" mitumfasst. Die alte Rechtsprechung hatte unter „Wahrung" auch das Anstreben von etwas Neuem verstanden. Dann lässt sich aber umgekehrt argumentieren, dass auch der Begriff der „Herstellung" die „Wahrung gleichwertiger Lebensverhältnisse" umfasst.[739]

Schließlich ist auf das entscheidende Merkmal der „*Gleichwertigkeit*" genauer einzugehen, welches den entscheidenden Unterschied zu der alten Fassung des Art. 72 II GG darstellt. *Oeter* erkennt darin mit Recht „eine bewusste Abkehr vom Leitbild der allumfassenden Einheitlichkeit".[740] Ungleiche Zustände im Bundesgebiet werden nunmehr akzeptiert, was bereits die neue Terminologie zeigt. Lediglich in der Summe soll die Gleichwertigkeit hergestellt werden, nicht in allen Einzelaspekten.[741] Damit verbleibt ein „Raum für Diskriminierungen"[742] oder es wird positiv formuliert eine „Vielfalt in der Einheit"[743] ermöglicht. Nach *Oeter* verlangt „Gleichwertigkeit der Lebensverhältnisse" folglich, das Bestreben nach „Integration" und „Subsidiarität" stetig im Gleichgewicht auszutarieren. Die unterschiedlichen Lebensniveaus sollen angeglichen werden „bei möglichst weitgehender Aufrechterhaltung der für die „Identität" der einzelnen Gemeinwesen tragenden Eigenheiten im Rechts-, Wirtschafts- und Sozialleben."[744]

Aus ökonomischer Sicht wird darauf hingewiesen, dass die Herstellung einer Einheitlichkeit der Lebensverhältnisse im Bundesgebiet nicht nur ein aussichtsloses Unterfangen wäre, sondern schlichtweg gefährlich ist, verhindert sie doch wirtschaftsfördernde Mobilität. Die utopische Vorstellung, einheitliche Lebensverhältnisse herstellen zu können, rührt unter anderem daher, dass in die Lebensverhältnisse neben monetären Gütern, deren Wert in das Sozialprodukt eingeht, auch nicht wirtschaftlich berechenbare Güter einzubeziehen sind, wie etwa die Reinheit der

---

738 *Oeter*, in: vM/K/S, GG, Art. 72 II, Rn. 97; vgl. BVerfGE 13, 230 (233) – „Ladenschlussgesetz", Urteil vom 29.11.1961; vgl. weiterhin *Stettner*, in: Dreier, GG, Art. 72, Rn. 19.
739 *Umbach/Clemens*, in: Umbach/Clemens, GG, Art. 72, Rn. 30.
740 *Oeter*, in: vM/K/S, GG, Art. 72 II, Rn. 91.
741 *Leonardy*, ZParl 1999, 135 ff., 152.
742 *Pestalozza*, in: vM/K/P, GG, Art. 72 Abs. 2, Rn. 353.
743 *Oeter*, in: vM/K/S, GG, Art. 72 II, Rn. 94; vgl. auch *Kuttenkeuler*, Die Verankerung des Subsidiaritätsprinzips im GG, S. 204.
744 *Oeter*, in: vM/K/S, GG, Art. 72 II, Rn. 94; ausführlich zu einem Verfassungsauftrag zur Angleichung der Lebensverhältnisse nach Art. 72 II GG *Engels*, Chancengleichheit und Bundesstaatsprinzip, S. 94 ff.

Luft oder das Klima einer Umgebung. Letztere lassen sich nicht einmal annähernd durch rechtliche Vorgaben regulieren. Beispielsweise kann man eine Universität mit modernster Ausstattung aufbauen sowie die Bibliothek mustergültig ausstatten, das Lehrpersonal als wichtigster Faktor wird sich dessen ungeachtet aber auch an anderen Rahmenbedingungen orientieren, wie etwa dem Renommee der Hochschule oder der Umweltbedingungen, allesamt Größen, die nicht rechtlich beeinflussbar sind. Selbst ein monetärer Ausgleich für derartige Einbußen ist entweder gar nicht möglich oder nur durch überhöhte, nicht zu rechtfertigende Leistungen der öffentlichen Hand.[745]

Schließlich wird durch die neue Formulierung die Zuständigkeitsschranke für den Bund erhöht, da es den Ländern naturgemäß leichter fällt, „gleichwertige" anstelle „einheitlicher Lebensverhältnisse" zu schaffen.[746] Nicht jede „Ungleichwertigkeit", welche zwingend durch die Länder und ihre unterschiedliche Landespolitik hervorgerufen wird, muss bzw. darf durch ein Bundesgesetz kompensiert werden.[747] *Umbach* und *Clemens* relativieren diese Schranke allerdings, indem sie dem Bund gestatten, partikulares Bundesrecht zu schaffen, um gleichwertige Lebensverhältnisse herzustellen.[748] In der Tat macht ein bundeseinheitliches Gesetz dann keinen Sinn, wenn nur einige Länder in den Regelungsbereich eines Gesetzes fallen. Andererseits bleibt offen, warum der Bund gerade in dem von *Umbach* und *Clemens* genannten Beispiel der seerechtlichen Sonderregelungen für Küstenländer zuständig sein sollte. Vorzugswürdig wäre auch hier eine Zuständigkeit der betroffenen Länder, die die regionalen Gegebenheiten aufgrund der Sachnähe ohnehin besser regeln können.[749]

In der Literatur finden sich bemerkenswerterweise nur knappe Ausführungen zu der entscheidenden Frage, wo die Grenzlinie zwischen Gleichwertigkeit und Ungleichwertigkeit der Lebensverhältnisse verläuft. Allein die Feststellung, die Länder können nunmehr eher tätig werden, um „gleichwertige Lebensverhältnisse" zu schaffen, reicht nicht aus. Es stellt sich vielmehr die Frage, wann die Ungleichwertigkeiten nicht mehr akzeptiert werden können, wann der Raum für Diskriminierungen überschritten ist, wann die Vielfalt die Einheit in unzulässiger Weise überwölbt bzw. wann das Streben nach Integration die grundsätzliche Subsidiarität derart überwiegt, dass eine Balance nur noch durch ein einheitliches Bundesgesetz hergestellt werden kann. Diese Schwierigkeiten, die Gleichwertigkeit zu bestimmen, wurden zwar thematisiert. Dabei blieb es aber vielfach[750] oder die Konkretisierungsansätze lassen eine hinreichende Präzision vermissen. *Knorr* resignierte etwa bei der

---

745 Vgl. *Neumark*, Probleme des Finanzausgleichs I, S. 165 ff., 166 f.
746 Vgl. *Sannwald*, in: Schmidt-Bleibtreu/Klein, GG, Art. 72, Rn. 51 f.
747 *Stettner*, in: Dreier, GG, Art. 72, Rn. 19; a.A. *Vogel*, DVBl. 1994, 497 ff., 502, der keine Veränderung zu der alten Rechtlage erkannte.
748 *Umbach/Clemens*, in: Umbach/Clemens, GG, Art. 72, Rn. 31 ff.; so auch *Rybak/Hofmann*, NVwZ 1995, 230 ff., 233; *Sannwald*, in: Schmidt-Bleibtreu/Klein, GG, Art. 72, Rn. 66; *Stettner*, in: Dreier, GG, Art. 72, Rn. 19; vgl. hierzu auch *Knorr*, Die Justitiabilität der Erforderlichkeitsklausel i.S.d. Art. 72 II GG, S. 184 ff.
749 Vgl. hierzu *Kuttenkeuler*, Die Verankerung des Subsidiaritätsprinzips im GG, S. 204.
750 Vgl. *Bothe*, in: D/H-R/S/S, GG, Art. 72, Rn. 14.

Suche nach Auslegungskriterien: „Die gegenüber der ersten Tatbestandsalternative vorgebrachte Skepsis ist insofern angebracht, als der unbestimmte Rechtsbegriff der „Herstellung gleichwertiger Lebensverhältnisse" nur in sehr eingeschränktem Umfang konkretisierungsfähig ist. In der Tat fehlt es an objektivierbaren Kriterien, wann gleichwertige Lebensverhältnisse gegeben sind."[751] Selbst *Scholz*, der Vorsitzende der Gemeinsamen Verfassungskommission, kann zu keiner weiteren Präzisierung beitragen. Seiner Ansicht nach soll der Begriff der „Gleichwertigkeit" einem „allzu formal-unitaristischen Kompetenzverständnis vorbeugen, also der innerstaatlichen Vielfalt und auch der föderativen Wettbewerbsfähigkeit mehr Raum geben, als dies bisher der Fall war".[752] *Sannwald* betonte, dass „gleichwertige Lebensverhältnisse" es durchaus zuließen, „etwa beim Umwelt- oder Arbeitsschutz, bei der Berufsbildung oder dem Gewerberecht mit Rücksicht auf jeweilige Landesgegebenheiten unterschiedliche Mindest- oder Höchstwerte festzulegen, ohne dabei die Gleichwertigkeit der Lebensverhältnisse aufzugeben".[753]

Nach *Isensee* bezweckt die Formulierung, ein „erhebliches soziales Gefälle zwischen den Ländern zu verhindern oder ein solches abzubauen". Dabei nimmt er insbesondere Bezug auf die Unterschiede zwischen West- und Ostdeutschland und erkennt in der Auflösung des Ost/West–Konflikts das eigentliche Ziel der „Herstellung gleichwertiger Lebensverhältnisse im Bundesgebiet".[754] *Badura* sieht in der neuen Klausel ebenfalls einen konkludenten Verfassungsauftrag im Hinblick auf die neuen Bundesländer.[755] Für *Depenheuer* kann die Balance dann nicht mehr tariert werden, wenn solche Lebensverhältnisse eintreten, die eine „Binnenwanderung" hervorrufen oder „zur Gefährdung des sozialen Friedens"[756] beitragen, eine Reduzierung dieser Variante des Art. 72 II GG auf sehr gravierende Problemlagen.

d) Rechtsprechung des Bundesverfassungsgerichts

Das Bundesverfassungsgericht stellte wie die überwiegende Ansicht in der Literatur eine hohe Hürde für den Bundesgesetzgeber auf. Seiner Ansicht nach wird durch die Neufassung das Niveau der kompetenziell legitimierten Vereinheitlichung deutlich zurückgenommen. Der Bund darf weder dann schon tätig werden, wenn er eine bundeseinheitliche Regelung treffen will, noch wenn er lediglich die Lebensverhältnisse verbessern will. Letzteres folge aus dem Wortlaut, dem systematischen Vergleich zu Art. 91a I GG sowie dem Zweck der Verfassungsnorm, die Bundeskompetenzen einzuschränken. Daran anschließend stellte das Gericht heraus, dass das bundesstaatliche Rechtsgut gleichwertiger Lebensverhältnisse vielmehr erst dann

---

751 *Knorr*, Die Justitiabilität der Erforderlichkeitsklausel i.S.d. Art. 72 II GG, S. 183.
752 *Scholz*, ZG 1994, 1 ff., 12.
753 *Sannwald*, ZG 1994, 134 ff., 139; *Rohn/Sannwald*, ZRP 1994, 65 ff., 68, Fn. 50.
754 *Isensee*, FS Badura, S. 689 ff., 719.
755 *Badura*, Staatsrecht, F, Rn. 36.
756 *Depenheuer*, ZG 2003, 177 ff., 183.

bedroht und der Bund erst dann zum Eingreifen ermächtigt sei, wenn sich die Lebensverhältnisse in den Ländern der Bundesrepublik in erheblicher, das bundesstaatliche Sozialgefüge[757] beeinträchtigender Weise auseinander entwickelt haben oder sich eine derartige Entwicklung konkret abzeichnet.[758] Daraus folgt, dass die von den Länderregelungen betroffenen Bürger in einzelnen oder mehreren Ländern „deutlich schlechter" gestellt sein müssten, um eine Bundesregelung nach der ersten Zielvorgabe zu rechtfertigen. „Nachteilige Folgen" allein reichen nicht. Vielmehr muss konkret belegt werden, dass eine „besonders defizitäre" Situation eingetreten ist oder sich die Situation dahingehend entwickelt.[759]

e) Weitere Präzisierungen

Damit bleibt festzuhalten, dass das Erfordernis der „Herstellung gleichwertiger Lebensverhältnisse" dem Bundesgesetzgeber eine hohe Zuständigkeitsschranke auferlegt. Dies wurde in der Literatur ausnahmslos schon vor den ersten Urteilen des Bundesverfassungsgerichts zu der „Zieltrias" des Art. 72 II GG n.F. vertreten. Das Gericht bekräftigte die durch den verfassungsändernden Gesetzgeber gewollte enge Auffassung. Selbst bei ungleichen Regelungen kann immer noch die „Gleichwertigkeit im Ganzen" erreicht werden.[760]

Das grundsätzlich geforderte Ziel der Gleichwertigkeit im Bundesstaat kann auch durch „ungleichwertige" Lebensverhältnisse in Teilbereichen erreicht werden. Negative Abweichungen auf der einen Seite werden durch positive Abweichungen auf der anderen Seite kompensiert. In den Motiven des verfassungsändernden Gesetzgebers sowie in der Literatur vor dem Urteil ist allerdings die Frage weitgehend unbeantwortet geblieben, wann die Abweichungen nicht mehr kompensiert werden können. Ein objektiver Maßstab existiert bis dato nicht, welcher die „gleichwertigen Lebensverhältnisse" bestimmt.[761] Das Nichtbestehen eines objektiven Maßstabs

---

757 Schon zu der alten Fassung des Art. 72 II GG hat das Bundesverfassungsgericht die Lebensverhältnisse im Kontext mit dem „Sozialleben" (damals noch das Streben des Bundes nach „Einheitlichkeit im Sozialleben") gesehen. Vgl. BVerfGE 13, 230 (233) – „Ladenschlussgesetz", Urteil vom 29.11.1961.
758 BVerfGE 106, 62 (143 f.) – „Altenpflegegesetz", Urteil vom 24.10.2002; BVerfG, 2 BvF 2/02, „Juniorprofessur" - Urteil vom 27.7.2004, Rn. 98.
759 BVerfGE 106, 62 (154 f.) – „Altenpflegegesetz", Urteil vom 24.10.2002.
760 An einem trivialen Beispiel lässt sich dies veranschaulichen. Wenn bei einem Konzert die Zuschauer mitsingen, dann ist es für den objektiven Dritten (z.B. den Fernsehzuschauer) zunächst erstaunlich, dass die Interpretation des Songs durch die Zuschauer fehlerfrei klingt, wenngleich sich nur wenige unter den Besuchern finden, die für sich genommen eine solche Interpretation zustande gebracht hätten. Des Rätsels Lösung liegt auf der Hand: die Ungleichheiten der Masse gleichen sich gegenseitig so aus, dass sich schlussendlich für den Zuhörer eine homogene Interpretation des Songs darbietet. Die Fehler der zu hoch Singenden werden kompensiert durch die zu niedrig Singenden.
761 *Umbach/Clemens*, in: Umbach/Clemens, GG, Art. 72, Rn. 36; *Sannwald*, in: Schmidt-Bleibtreu/Klein, GG, Art. 72, Rn. 53.

schließt allerdings nicht aus, dass ein solcher nicht geschaffen werden kann.[762] Das Bundesverfassungsgericht stellte hierzu eine bedeutsame Vorgabe in den Raum: Eine Bundesregelung ist nur zulässig, wenn sich die Lebensverhältnisse in den Ländern der Bundesrepublik in erheblicher, das bundesstaatliche Sozialgefüge beeinträchtigender Weise auseinander entwickelt haben oder sich eine derartige Entwicklung konkret abzeichnet. Damit vollzog es einen ersten Schritt. Unklar bleibt aber immer noch, wann die Lebensverhältnisse derart weit auseinanderdriften, dass der Bund eingreifen darf. Die Einsicht, dass die von den Länderregelungen betroffenen Bürger in einzelnen oder mehreren Ländern „deutlich schlechter" gestellt sein müssten, eine „besonders defizitäre" Situation eingetreten ist bzw. „nachteilige Folgen" allein nicht ausreichen, führt in der Sache nicht wirklich weiter. Die weitere Konkretisierung des „Erfordernis der Herstellung gleichwertiger Lebensverhältnisse" verlangt vielmehr eine präzisere Vorgabe, um brauchbare Kriterien für den Einzelfall zu erhalten. Dabei bleibt zudem zu beachten, dass das vom Bundesverfassungsgericht benannte „Sozialgefüge" einen dynamischen Maßstab darstellt, welcher sich mit dem Wandel der Zeit ebenfalls wandelt, so dass es nicht möglich ist, einen konkreten, konstanten Wert zu bestimmen. In Krisenzeiten kann durchaus auch wie bei der Verwirklichung des Sozialstaatsprinzips[763] ein Rückschritt des bundeseinheitlichen Mindestniveaus des Sozialgefüges zulässig sein.[764]

Ein *Auseinanderentwickeln* der Lebensverhältnisse setzt denknotwendig einen oberen sowie einen unteren Ansatzpunkt, nach dem die Lebensverhältnisse beurteilt werden, voraus. Der untere Wert muss dabei ein Mindestmaß darstellen, welches es näher zu bestimmen gilt, will man ein Auseinanderentwickeln feststellen, das dem Bund die Inanspruchnahme seiner Gesetzgebungskompetenz erlaubt. Dieses Mindestmaß stellt wiederum immer nur einen dynamischen Wert dar, so dass es nicht das Ziel der vorliegenden Untersuchung sein kann, einen konstanten Wert zu entwickeln, wann das Mindestmaß unterschritten sein wird. Es können nur die Kriterien entwickeln werden, an welchen sich das Mindestmaß dynamisch bestimmen lässt. Fernerhin erschöpft sich die Festlegung des Mindestmasses nicht darin, extreme, regionale Notlagen abzuwenden. Es soll vielmehr ein für die gesamte Bundesrepublik dynamischer Standard geschaffen werden, der nicht unterschritten werden darf. Festhalten lässt sich damit, dass jedem Bundesbürger nur ein Mindestmaß an essentiellen Lebensverhältnissen gesichert werden kann.[765] Die Lebensverhältnisse in den Bundesländern haben sich folglich erst dann in erheblicher, das bundesstaatliche Sozialgefüge beeinträchtigender Weise auseinander entwickelt oder eine derartige

---

762 A.A. *Rybak/Hofmann*, NVwZ 1995, 230 ff., 231.
763 Zum Vorbehalt des Möglichen und damit finanzieller Leistungsfähigkeit des Staates und daher auch zu denkbaren Rückschritten bei der Verwirklichung des Sozialstaatsprinzips: *Leisner*, Die Leistungsfähigkeit des Staates, S. 150 ff. m.w.Nachw.
764 Vgl. hierzu auch das „Protokoll über die Anwendung der Grundsätze der Subsidiarität und der Verhältnismäßigkeit" (EG ABl. 1997/C 340/105; abgedruckt in: Sartorius II, Nr. 151, Protokoll Nr. 30), welches klarstellt, dass dem Subsidiaritätsprinzip des Art. 5 II EG ebenfalls ein dynamisches Konzept zugrunde liegt.
765 So schon *Neumark*, Probleme des Finanzausgleichs I, S. 165 ff., 169.

Entwicklung zeichnet sich ab, wenn ein Mindestmaß an essentiellen Lebensverhältnissen in einer Region nicht mehr gewährleistet wird oder die Gefahr droht, dass ein Unterschreiten der Lebensverhältnisgrenze bevorsteht und dieses Mindestmaß durch eine bundeseinheitliche Regelung wiederhergestellt oder gesichert werden soll.

aa) Die Grundbereiche der „Lebensverhältnisse"

In einem ersten Schritt sind die Grundbereiche festzulegen, in welchen das Mindestmaß garantiert werden muss. Zu der Frage, welche „Lebensverhältnisse" hier von Bedeutung sind, finden sich Ansätze in den Materialien des verfassungsändernden Gesetzgebers, der Literatur sowie der Rechtsprechung. Nach dem Raumordnungsbericht 1974 der Bundesregierung unterteilen sich die Grundbereiche in gesunde Umweltbedingungen, ein bestimmtes Mindestangebot an Arbeitsplätzen, Wohnungen, Versorgungs-, Bildungs-, Freizeit- sowie Kommunikationsmöglichkeiten. Das Bundesverfassungsgericht verdeutlicht jedenfalls, dass der soziale Aspekt im Vordergrund steht. Andere Themenbereiche kann der Bundesgesetzgeber damit nicht über die erste Voraussetzung des Art. 72 II GG regeln.[766] Aus den Gesetzgebungsmaterien der konkurrierenden Gesetzgebung, die für diese Bereiche relevant sind, nennt *Sannwald* etwa die Fragen der Gesundheitsvorsorge, der Altersversorgung, der Arbeitslosenversorgung sowie insgesamt der sozialen Vor- und Fürsorge.[767]

So kann das Personenstandswesen (Art. 74 I Nr. 2), welches zweifelsohne die Lebensverhältnisse mitbestimmt, nicht nach der ersten Zielvorgabe bundeseinheitlich bestimmt werden, da es in keinen der Grundbereiche fällt. Auch das Versammlungsrecht (Art. 74 I Nr. 3) entbehrt eines überwiegend sozialen Aspekts. Paradebeispiele unter den Gesetzgebungsmaterien, die nach Art. 72 II, 1. Var. GG bundeseinheitlich geregelt werden können, sind die Öffentliche Fürsorge, die Umweltschutzkompetenzen oder die Regelung der Ausbildungsbeihilfen.[768] Das Arbeits- und Sozialversicherungsrecht (Art. 74 I Nr. 12 GG) weist ebenfalls an vielen Stellen soziale Gesichtspunkte auf, beispielsweise beim Kündigungsschutz, der betrieblichen Altersversorgung oder der Arbeitslosenversicherung. Auch die dem Sozialstaatsprinzip verpflichteten Regelungen des BGB (Art. 74 I Nr. 1 GG) können unter der ersten Variante des Art. 72 II GG eingeordnet werden. Aus neuerer Zeit können der Mieterschutz und die Allgemeinen Geschäftsbedingungen genannt werden. Die vereinsrechtlichen Regelungen des BGB, um noch einen weiteren Bereich zu nennen, fallen beispielsweise unter die Freizeit- und Kommunikationsmöglichkeiten.

---

766 So fallen nach *Isensee*, FS Badura, S. 689 ff., 719 f., organisationsrechtliche Fragen der Forschung und Lehre aus dem Anwendungsbereich der „gleichwertigen Lebensverhältnisse". Lediglich Fragen der Berufsausbildung können im Bereich der Forschung und Lehre relevant werden.
767 *Sannwald*, in: Schmidt-Bleibtreu/Klein, GG, Art. 72, Rn. 54.
768 Art. 74 I Nr. 7 GG; Art. 74 I Nr. 24 GG; Art. 74 I Nr. 13 GG.

Dritter Teil: Konkrete Auslegungskriterien für Art. 72 II GG

bb) Das Mindestmaß der „Lebensverhältnisse"

Lassen sich die Bereiche benennen, in denen ein Mindestmaß an Gleichwertigkeit gewährleistet werden muss, so sind die konkreten Vorgaben zu entwickeln, an Hand derer das Mindestmaß an vergleichbaren Lebensbedingungen beurteilt werden kann.

aaa) Das Mindestmaß aus verfassungsrechtlicher Sicht

Die vom Bundesverfassungsgericht verwendete Begrifflichkeit („Sozialleben" zu Art. 72 II GG a.f. / „Sozialgefüge" zu Art. 72 II GG n.f.) legt nahe, als ersten Ansatzpunkt das Sozialstaatsprinzip (Art. 20 I GG) zu wählen, dessen Umsetzung als mitausschlaggebend für die Unitarisierung einleitend hervorgehoben wurde.[769] Unterschiedliche Lebensverhältnisse in den Ländern der Bundesrepublik sind jedoch unausbleiblich. Eine Herstellung allseits gleichwertiger oder, wie früher eingefordert, sogar einheitlicher Lebensverhältnisse kann demzufolge auch im Hinblick auf das Sozialstaatsprinzip nicht bedeuten, dass im gesamten Bundesgebiet ein einheitlicher Lebensstandard mit einem gleichen, hohen Niveau durch den Bundesgesetzgeber geschaffen werden soll. Dies mag man als unerfreulich ansehen, zumal das Ziel eines jeden sozialen Rechtsstaats sein sollte, gleichwertige hohe (Lebens-) Bedingungen für seine Bürger zu schaffen.[770] Dies ist zudem eine Forderung, die sich auch in dem Bewusstsein der Bürger verankert hat.[771] Selbst mit reichlich Idealismus ist es jedoch nicht vorstellbar, in der derzeitigen wirtschaftlichen Lage die gewünschte Situation herzustellen. Dies soll nicht als Kapitulation vor dem Ziel einer Angleichung der Lebensstandards in Gesamtdeutschland missverstanden werden, sondern als eine Chance im Wege des Wettbewerbs der Ebenen eine Angleichung zu erreichen.

Im Bereich der Sozialhilfe ist es dem einfachen Gesetzgeber gelungen, die Vorgaben der Verfassung umzusetzen. Die Sozialhilfe bzw. die neuen Basissicherungen, insbesondere die „Hilfe zum Lebensunterhalt", werden vom Sozialstaatsprinzip gefordert. Die Regelungen enthalten genaue Bestimmungen der Hilfsbedürftigkeit und der zu gewährenden Leistungen. Der Leistungsumfang wird von der Garantie eines menschenwürdigen Existenzminimums nach Art. 1 I GG i.V.m. dem Sozialstaatsprinzip[772] bestimmt, das sich allerdings mit den allgemeinen wirtschaftlichen

---

769 Siehe hierzu *1.Teil, I.5*.
770 So formulierte etwa die Begründung zum Entwurf des Finanzreformgesetz 1969, dass „kein moderner Bundesstaat, der ein sozialer Rechtsstaat ist, sich auf Dauer einer weitgehenden Angleichung der Lebensverhältnisse entziehen kann", BT-Drs. 5/2861, S. 11.
771 *Wendt*, in: HStR IV, § 104, Rn. 95.
772 So etwa: BVerfGE 40, 121 (133) – „Waisenrente", Beschluss vom 18.5.1975; BVerfGE 45, 187 (227 ff.) – „Lebenslange Freiheitsstrafe", 21.6.1977; vgl. allgemein *Waltermann*, Sozialrecht, Rn. 452 a ff.

Verhältnissen sowie mit der Ansicht der Rechtsgemeinschaft ändern kann[773]. Das Sozialstaatsprinzip in seinen konkretisierenden Ausformungen kann allerdings nicht ohne weiteres herangezogen werden, um das „regionale Mindestmaß"[774], auf welches die „Gleichwertigkeit der Lebensverhältnisse" nach Art. 72 II GG hinzielt, zu bestimmen, wurde es doch nahezu ausnahmslos subjektiv-individuell konkretisiert. Der *einzelne* Bürger soll vor einem menschenunwürdigen Dasein bewahrt werden. Der Ansatz, die Zielvorgabe der „Herstellung gleichwertiger Lebensverhältnisse im Bundesgebiet" durch das Sozialstaatsprinzip und seine Ausformungen zu konkretisieren, führt damit, wenn man bei der Sicherung des Existenzminimums ansetzt, nicht weiter.

Dient die Wendung von der „Gleichwertigkeit der Lebensverhältnisse" der Abgrenzung der Kompetenzen im Bundesstaat, so müssen regionale, überindividuelle, also objektiv-generelle Kriterien entwickelt werden, welche eine Unterschreitung des Mindestmasses anzeigen. Auf dieser Ebene kann es durchaus ein Indiz für eine Auseinanderentwicklung der Lebensverhältnisse in erheblicher, das bundesstaatliche Sozialgefüge beeinträchtigender Weise sein, wenn in bestimmten Regionen überproportional viele Bürger Sozialhilfe erhalten[775] oder andere Sicherungssysteme des Staates, die auf dem Sozialstaatsprinzip aufbauen, in Anspruch nehmen, z.B. die Arbeitslosenhilfe, SGB III, oder das Wohngeld, § 7 SGB I. Dann erlangen die subjektiv-individuellen Kriterien, auf Grund derer Hilfe zu gewähren ist, einen objektiven Bezugsrahmen, der eine Übertragung auf das staatsorganisationsrechtliche Kompetenzgefüge durchaus erlauben kann.

bbb) Das Mindestmaß aus europarechtlicher Sicht

Einen weiteren Anhaltpunkt können die regionalen Förderungsmaßstäbe der Europäischen Gemeinschaft bieten. Die Art. 158 ff. EG enthalten Bestimmungen für ein regionalpolitisches Handeln der Gemeinschaft, welches dem Zweck dienen soll, den Abstand zwischen einzelnen Regionen und den Rückstand weniger begünstigter Gebiete zu verringern (Art. 158 II EG). Dieses Ziel wird auch durch die erste Zielvorgabe des Art. 72 II GG verfolgt, nach der ebenfalls der Abstand der auseinander entwickelten Lebensverhältnisse in einzelnen Regionen in Deutschland reduziert werden soll. Die Gemeinschaft verfolgt dabei nicht nur eine Politik zur Stärkung des wirtschaftlichen, sondern auch des sozialen Zusammenhalts (Art. 158 I EG). Nach

---

773 BVerfGE 87, 153 (170) – „Grundfreibeträge", Beschluss vom 25.9.1992; vgl. auch *Leisner*, Die Leistungsfähigkeit des Staates, S. 150 ff.
774 Vgl. „Lebensverhältnisse *in den Ländern* der Bundesrepublik"; BVerfGE 106, 62 (144) – „Altenpflegegesetz", Urteil vom 24.10.2002.
775 So lag im Jahre 2002 die Sozialhilfequote in Deutschland bei 3,3, Bremen wies mit einer Quote von 8,9 die extremste Abweichung auf; Quelle: Statistisches Bundesamt (Hrsg.), Statistik der Sozialhilfe 2002, Fachserie 13, Reihe 2.1, Wiesbaden 2003, Abbildung III.E12; www.sozialpolitik-aktuell.de.

Art. 160 EG ist es Aufgabe des Europäischen Fonds für regionale Entwicklung (EFRE), durch Beteiligung an der Entwicklung und an der strukturellen Anpassung der rückständigen Gebiete sowie an der Restrukturierung der Industriegebiete mit rückläufiger Entwicklung zum Ausgleich der wichtigsten regionalen Ungleichgewichte in der Gemeinschaft beizutragen. Daneben existieren der Europäische Sozialfonds (ESF, Art. 146 ff. EG), der Europäische Ausrichtungs- und Garantiefonds für die Landwirtschaft (EAGFL) einschließlich des Finanzierungsinstruments für die Ausrichtung der Fischerei (FIAF, Art. 34 III EG) und der Kohäsionsfonds (Art. 161 EG).[776]

Die Verordnung (EG) Nr. 1260/1999 des Rates vom 21. Juni 1999 enthält die allgemeinen Bestimmungen zu den Strukturfonds. Danach erfolgt eine Festlegung als hilfsbedürftige Region regelmäßig anhand des Pro-Kopf-Bruttoinlandsprodukts, gemessen in Kaufkraftstandards, welches in den letzten drei Jahren mit dem 26. März 1999 als Stichtag unter 75 % des Gemeinschaftsdurchschnitts liegen muss (Ziel 1). Dieser Indikator für ein hilfsbedürftiges Gebiet entspricht dabei dem des Art. 87 III a EG (Beihilfen mit regionaler Zielsetzung), um eine effiziente Programmplanung zu gewährleisten. Daneben werden Regionen mit Strukturproblemen gefördert. Hierunter fallen Gebiete mit einem sozioökonomischen Wandel in den Sektoren Industrie und Dienstleistung, die ländlichen Gebiete mit rückläufiger Entwicklung und von der Fischerei abhängige Krisengebiete sowie Problemgebiete in den Städten (Ziel 2).[777]

"Regionen" werden durch die „NUTS-Systematik"[778] bestimmt. Danach wird die EU angelehnt an die in den Mitgliedstaaten bestehenden, normativen Verwaltungseinheiten in verschiedene Ebenen und Regionstypen eingeteilt. Die NUTS II-Ebene (Untergrenze 800.000, Obergrenze 3.000.000 Einwohner) ist für die unter Ziel 1 fallenden Regionen ausschlaggebend. Damit werden in Deutschland die Regierungsbezirke, in Ländern ohne Regierungsbezirke die Länder, verglichen. Somit entstehen 41 NUTS II-Ebenen in Deutschland. Für Ziel 2 sind regelmäßig die NUTS III-Ebenen einschlägig, in Deutschland die Kreise.[779]

---

776 Vgl. *Petzold*, in: vG/S, EUV/EGV, Art. 158 EG, Rn. 3.
777 VO (EG) Nr. 1260/1999 des Rates vom 21.6.1999 mit allgemeinen Bestimmungen über die Strukturfonds, EG ABl. 1999/L 161/2 f., 8; vgl. hierzu auch VO (EG) Nr. 1783/1999 des Europäischen Parlaments und des Rates vom 12.7.1999 über den Europäischen Fonds für regionale Entwicklung, EG ABl. 1999/L 213/1 sowie die Mitteilung der Kommission über die Strukturfonds und ihre Koordinierung mit dem Kohäsionsfonds, Leitlinien für die Programme des Zeitraums 2000-2006, EG ABl. 1999/C 267/2.
778 Nomenclature des Unités territoriales statistiques; Systematik der Gebietseinheiten für die Statistik.
779 VO (EG) Nr. 1260/1999 des Rates vom 21.6.1999 mit allgemeinen Bestimmungen über die Strukturfonds, EG ABl. 1999/L 161/2 f., 8; zu der „NUTS-Systematik" siehe VO (EG) Nr. 1059/2003 des Europäischen Parlaments und des Rates vom 26.5.2003 über die Schaffung einer gemeinsamen Klassifikation der Gebietseinheiten für die Statistik (NUTS). Danach sind in Deutschland derzeit die Regionen Brandenburg, Mecklenburg-Vorpommern, Chemnitz, Dresden, Leipzig, Dessau, Halle, Magdeburg und Thüringen förderbedürftig, vgl. KomE 1999/502/EG vom 1.7.1999 mit dem Verzeichnis der unter Ziel 1 der Strukturfonds fallenden Regionen für den Zeitraum 2000 bis 2006.

Durch die Aufteilung in die Regionen nach den NUTS II-Kriterien werden allerdings kleine Einheiten herausgebildet, was zu beachten ist, sollen die EG-Kriterien für Art. 72 II GG fruchtbar gemacht werden. In Anlehnung an die Fördervoraussetzungen der EU lässt sich entwickeln, unter welchen Voraussetzungen auch im Bundesgebiet „gleichwertige Lebensverhältnisse" durch Bundesgesetz hergestellt werden dürfen. Folgende Differenzierungen zum EG-Konzept können für die Auslegung des Art. 72 II GG zu brauchbaren Ergebnissen führen: Ein Abstellen auf die Bundesländer als Einheiten der statistischen Berechnung erschiene zwar möglich[780], wäre allerdings wegen der unterschiedlichen Größe nicht angemessen. Auch kann nicht schon das Unterschreiten der genannten Grenzwerte in einer Region ein bundesweites Einschreiten rechtfertigen. Jedenfalls dann erscheint ein Einschreiten jedoch gerechtfertigt, wenn in 25 % der Regionen, also in mindestens elf NUTS II-Ebenen, das Pro-Kopf-Bruttoinlandsprodukt unter 75 % des Bundesdurchschnitts sinkt.[781] Erst dann hätten sich die Lebensverhältnisse in den Ländern der Bundesrepublik in erheblicher, das bundesstaatliche Sozialgefüge beeinträchtigender Weise auseinander entwickelt.

Daneben darf der Bundesgesetzgeber in Ausnahmefällen auch partikulares Bundesrecht setzen, wenn nachhaltige Auseinanderentwicklungen in einzelnen Regionen festzustellen sind. Hierbei können die „Ziel 2-Kriterien", die Gebiete mit einem sozioökonomischen Wandel in den Sektoren Industrie und Dienstleistung, ländliche Gebiete mit rückläufiger Entwicklung und von der Fischerei abhängige Krisengebiete sowie Problemgebiete in den Städten, mitberücksichtigt werden.

Bei einem Rückgriff auf die europäischen Maßstäbe muss schließlich noch aus einem anderen Grund differenziert werden. Art. 72 II GG stellt auf die „Lebensverhältnisse im Bundesgebiet" ab, eine Angleichung an die Verhältnisse in Europa soll nicht erreicht werden, so dass die europäischen Kriterien nicht ohne weiteres als Ansatz dienen können.[782] Aufgrund des fortschreitenden Einflusses des europäischen auf das nationale Recht bietet sich aber dennoch eine Heranziehung an. Es ist davon auszugehen, dass in vielleicht nicht allzu ferner Zukunft auch die sozialen Maßstäbe überwiegend europarechtlichen Standards zu genügen haben, was wiederum auf die Anforderungen an die „Gleichwertigkeit der Lebensverhältnisse" in Deutschland Einfluss haben kann. Weiterhin können die europarechtspezifischen Kriterien entsprechend herangezogen werden, da sie durchaus auf den nationalen Vergleich der Regionen übertragbar sind. Als Vergleichsmaßstab darf dann jedoch nicht die EU gewählt werden, sondern die Bundesrepublik Deutschland.

---

780 Vgl. den Wortlaut des Bundesverfassungsgerichts „Lebensverhältnisse *in den Ländern* der Bundesrepublik"; BVerfGE 106, 62 (144) – „Altenpflegegesetz", Urteil vom 24.10.2002.
781 Dann müsste das Pro-Kopf-Bruttoinlandsprodukt zumindest in 75 % der Regionen 108,33 % des bundesweiten Bruttoinlandsprodukts ausmachen. Somit würde die Abweichung rechnerisch mindestens immer noch 33 % betragen, regelmäßig jedoch einen weitaus größeren Umfang annehmen, womit im Regelfall eine erhebliche Auseinanderentwicklung anzunehmen wäre.
782 Vgl. hierzu *3.Teil, B.I.1.a.*

Danach ergeben sich folgende Prüfungskriterien aus einem Vergleich mit den regionalen Förderungsmaßstäbe der Europäischen Gemeinschaft: Der Bundesgesetzgeber darf zur „Herstellung gleichwertiger Lebensverhältnisse im Bundesgebiet" nach Art. 72 II GG tätig werden, wenn in 25 % der Regionen das Pro-Kopf-Bruttoinlandsprodukt[783] unter 75 % des Bundesdurchschnitts sinkt und seine Regelung eine geeignete Strategie darstellt, gleichwertige Lebensverhältnisse aufrechtzuerhalten bzw. zu erreichen.[784]

ccc) Das Mindestmaß aus einfachgesetzlicher Sicht

Die europarechtlichen, regionalen Förderungsmaßstäbe lassen sich zumindest im Ansatz durch nationale Vorgaben bestätigen. Art. 91a I Nr. 2 GG legt als eine Gemeinschaftsaufgabe von Bund und Ländern die „Verbesserung der regionalen Wirtschaftsstruktur" fest. Das Gesetz über die Gemeinschaftsaufgabe „Verbesserung der regionalen Wirtschaftsstruktur" (GRWG)[785] enthält eine nähere Bestimmung der Fördervoraussetzungen. Nach § 1 II GRWG werden Förderungsmaßnahmen in Gebieten durchgeführt, (1.) deren Wirtschaftskraft erheblich unter dem Bundesdurchschnitt liegt oder erheblich darunter abzusinken droht oder (2.) in denen Wirtschaftszweige vorherrschen, die vom Strukturwandel in einer Weise betroffen oder bedroht sind, dass negative Rückwirkungen auf das Gebiet in erheblichem Umfang eingetreten oder absehbar sind. In einem Rahmenplan werden diese Gebiete näher festgelegt (§§ 4, 5 Nr. 1 GRWG). Danach zählen hierzu insbesondere Fördergebiete mit ausgeprägtem Entwicklungsrückstand sowie mit besonders schwerwiegenden Strukturproblemen nach Teil 2, I.1.1. des 33. Rahmenplans[786]. Da allerdings eine

---

783 Problematisch erscheint, dass der Länderfinanzausgleich die Abweichungen des Bruttoinlandsprodukts zum Teil einebnet, so dass ein erhebliches, das bundesstaatliche Sozialgefüge beeinträchtigende Auseinanderentwickeln durch das Kriterium des Bruttoinlandsprodukts in der Regel nicht festgestellt werden kann. Wenn der Finanzausgleich ebenfalls das Ziel erreichen will, annähernd „gleichwertige Lebensverhältnisse" zu schaffen (vgl. *Pieroth*, in: J/P, GG, Art. 107, Rn. 9), dann stellt sich ferner die Frage, ob damit nicht die Regelung des Art. 72 II, 1. Var. GG obsolet wird. Wenn der Finanzausgleich ohnehin bereits „gleichwertige Lebensverhältnisse" bewirkt, dann kann der Bundesgesetzgeber durch eine Bundesregelung nach Art. 72 II GG zumindest in Teilbereichen nicht mehr mit weiteren Regelungen tätig werden. Da der immer schon stark umstrittene Länderfinanzausgleich nicht ein Thema der vorliegenden Untersuchung darstellt, wird dieses Problem nur angesprochen.
784 Neben dem Pro-Kopf-Bruttoinlandsprodukt als Indikator bieten sich das Bruttoinlandsprodukt pro Kopf der Wirtschaftsbevölkerung oder das Pro-Kopf-Arbeitnehmereinkommen an. Das Pro-Kopf-Bruttoinlandsprodukt sagt mehr über die Wirtschaftskraft der Region aus, das Bruttoinlandsprodukt pro Kopf der Wirtschaftsbevölkerung kennzeichnet eher die Produktivität, das Pro-Kopf-Arbeitnehmereinkommen ist schließlich Ausdruck der Versorgungslage der Haushalte; vgl. *Stahl*, in: Handbuch der regionalen Wirtschafsförderung, A II, S. 12.
785 Gesetz über die Gemeinschaftsaufgabe „Verbesserung der regionalen Wirtschaftsstruktur" vom 6.10.1969, BGBl. I, S. 1861, zuletzt geändert durch VO vom 5.4.2002, BGBl. I, S. 1250.
786 33. Rahmenplan der Gemeinschaftsaufgabe „Verbesserung der regionalen Wirtschaftsstruk-

Genehmigung für eine Förderung nach Art. 87 III a EG gem. Teil 2, I.1.1. des 33. Rahmenplans erforderlich ist, ergeben sich keine Unterschiede bei der Bestimmung der zu fördernden Regionen, so dass nationale und europäische Regionalförderung harmonisieren. Damit lassen sich die auf nationaler und europäischer Ebene gleichen Förderkriterien als Auslegungskriterien für Art. 72 II GG fruchtbar machen.

Zur Identifizierung regionaler Entwicklungsunterschiede wird darüber hinaus ein Regionalindikatorenmodell herangezogen, in welches die durchschnittliche Unterbeschäftigungsquote (Gewichtung: 40 %), die Einkommen der sozialversicherungspflichtig Beschäftigten pro Kopf (40 %), der Infrastrukturindikator (10 %) und eine Erwerbstätigenprognose (10 %) einfließen nach Teil 1, I.5.1. des 33. Rahmenplans. Ein solches Indikatorenmodell kann ebenfalls zur Bestimmung einer Auseinanderentwicklung der Lebensverhältnisse in den Ländern der Bundesrepublik in erheblicher, das bundesstaatliche Sozialgefüge beeinträchtigender Weise übernommen werden.

Schließlich soll auf das Raumordnungsrecht eingegangen werden. Ein Vergleich bietet sich insbesondere an, da der Begriff der „*gleichwertigen* Lebensverhältnisse" von der Enquête-Kommission „Verfassungsreform" 1976 aus dem Bundesraumordnungsprogramm übernommen worden ist.[787] Das Raumordnungsgesetz (ROG)[788] bildet mit dem Baugesetzbuch (BauGB) das Raumplanungsrecht des Bundes. Das BauGB regelt die örtlichen Erfordernisse der Planung, das ROG die übergeordneten Anforderungen.[789] Daher erscheint es möglich, dem ROG die geforderten überörtlichen, überindividuellen und objektiv-generellen Kriterien zu entnehmen.

§ 1 II Nr. 6 ROG bestimmt eine nachhaltige Raumentwicklung als Leitvorstellung bei der Erfüllung der Aufgaben der Raumordnung. Die sozialen und wirtschaftlichen Ansprüche an den Raum sollen mit seiner ökologischen Funktion in Einklang gebracht werden. Ziel ist eine dauerhafte, großräumig ausgewogene Ordnung, wobei *gleichwertige Lebensverhältnisse* in allen Teilräumen herzustellen sind. Die Nähe zu Art. 72 II, 1. Var. GG wird insbesondere durch das ROG 1998 und seine Änderungen ersichtlich. § 1 I Nr. 4 ROG a.F. sah es als Aufgabe der Raumordnung an, die Struktur des Gesamtraums der Bundesrepublik Deutschland so zu entwickeln, dass sie *gleichwertige Lebensbedingungen* der Menschen in allen Teilräumen bietet oder zu solchen führt. Die Begründung des Gesetzesentwurfs zu § 1 II Nr. 6 ROG n.F. lautet: „Nummer 6 entspricht § 1 Abs. 1 Nr. 4 ROG, wobei hinsichtlich der gleichwertigen Lebensverhältnisse (bisher Lebensbedingungen) auf den Sprachgebrauch von Artikel 72 Abs. 2 GG abgestellt werden soll."[790] Sieht man den Gesetzgeber als

---

tur" für den Zeitraum 2004 bis 2007, BT-Drs. 15/2961.
787 Siehe hierzu *3.Teil, B.I.1.b.*
788 Raumordnungsgesetz vom 18.8.1997, BGBl. I, S. 2081, 2102; geändert durch Art. 3 des Gesetzes vom 15.12.1997, BGBl. I, S. 2902.
789 Vgl. BVerfGE 3, 407 (425) – „Baugesetz", Rechtsgutachten vom 16.6.1954, „Diese (Raumordnung, Anm. d. Verf.) ist zusammenfassende, übergeordnete Planung und Ordnung des Raumes."
790 Entwurf eines Gesetzes zur Änderung des BauGB und zur Neuregelung des Rechts der Raumordnung (Bau- und Raumordnungsgesetz 1998 – BauROG), BT-Drs. 13/6392, S. 79.

Erstinterpret der Verfassung an, was nicht bedeutet, dass die Verfassung nach dem einfachen Recht ausgelegt wird, kann das Verständnis zu § 1 II Nr. 6 ROG durchaus vergleichend herangezogen werden.

Zunächst sind die gleichwertigen Lebensverhältnisse nur in *Teilräumen* herzustellen, „d.h. nicht an jeder Stelle oder in jedem Bereich des Teilraums, sondern bezogen auf den Teilraum insgesamt". Teilräume sind die Länder, in Flächenländern die Verflechtungsbereiche von Zentralen Orten oberster Stufe (Oberzentren[791]).[792] Vergleichbar zu den NUTS II-Ebenen werden somit auch im nationalen Recht Regionen vorgegeben, in denen eine Beurteilung der gleichwertigen Lebensverhältnisse zu erfolgen hat. Eine derartige Abgrenzung der Vergleichsebenen ist notwendige Grundlage, um ein Auseinanderentwickeln der Lebensverhältnisse festzustellen.

Weiterhin sind die Lebensverhältnisse umfassend zu verstehen. Das Bundesraumordnungsprogramm, ein planerisches Großkonzept für die räumlich-strukturelle Gestaltung des staatlichen Gesamtraums[793], konkretisiert die Inhalte des § 1 I Nr. 4 ROG a.F. wie folgt: „Gleichwertige Lebensbedingungen im Sinne dieses Programms sind gegeben, wenn für die Bürger in allen Teilräumen des Bundesgebiets ein quantitativ und qualitativ angemessenes Angebot an Wohnungen, Erwerbsmöglichkeiten und öffentlichen Infrastruktureinrichtungen in zumutbarer Entfernung zur Verfügung steht und eine menschenwürdige Umwelt vorhanden ist; in keinem dieser Bereiche soll ein bestimmtes Niveau unterschritten werden."[794] Alle Lebensbereiche von Wohnen, Arbeiten, Bildung, Freizeit, Einkaufen, Erholung, soziale Leistungen etc. sind somit eingeschlossen. Dabei soll eine den Bedürfnissen der Bevölkerung entsprechende Siedlungs-, Freiraum- und Infrastruktur geschaffen werden. Hierbei sind die Grundsätze der Raumordnung (§ 2 II ROG) heranzuziehen.[795] So ist nach § 2 II Nr. 1 ROG im Gesamtraum der Bundesrepublik Deutschland eine ausgewogene Siedlungs- und Freiraumstruktur zu entwickeln. Die Funktionsfähigkeit des Naturhaushalts im besiedelten und unbesiedelten Bereich ist zu sichern. In den jeweiligen Teilräumen sind *ausgeglichene wirtschaftliche, infrastrukturelle, soziale, ökologische und kulturelle Verhältnisse* anzustreben. Ferner sind nach § 2 II Nr. 7 ROG in Räumen, in denen die Lebensbedingungen in ihrer Gesamtheit im Verhältnis zum Bundesdurchschnitt wesentlich zurückgeblieben sind oder ein solches Zurückbleiben zu befürchten ist (strukturschwache Räume), die Entwicklungsvoraussetzungen bevorzugt zu verbessern. Die Strukturschwäche beurteilt sich nach deren Wirtschaftskraft, die erheblich unter dem Bundesdurchschnitt liegt oder dorthin abzusin-

---

791 Vgl. hierzu Zentrale Orte und ihre Verflechtungsbereiche, Entschließung der Ministerpräsidentenkonferenz für Raumordnung, abgedruckt in: Raumordnungsbericht 1968 der Bundesregierung, BT-Drs. 5/3958, S. 149; vgl. weiterhin Leitlinien zur Anwendung des Zentralen-Orte-Konzepts als Instrument einer nachhaltigen Raumentwicklung v. 3.12.2001, abgedruckt in: B/R/S/R/S, Raumordnungs- und Landesplanungsrecht, B 320, S. 124 ff.
792 *Runkel,* in: B/R/S/R/S, Raumordnungs- und Landesplanungsrecht, § 1 ROG, Rn. 84.
793 Vgl. zu dem Bundesraumordnungspogamm *Koch/Hendler,* Baurecht, Raumordnungs- und Landesplanungsrecht, § 4, Rn. 2 ff. m.w.Nachw.
794 Bundesraumordnungsprogramm, BT-Drs. 7/3584, S. 6.
795 *Runkel,* in: B/R/S/R/S, Raumordnungs- und Landesplanungsrecht, § 1 ROG, Rn. 85.

Dritter Teil: Konkrete Auslegungskriterien für Art. 72 II GG

ken droht[796], vgl. § 1 II Gesetz über die Gemeinschaftsaufgabe „Verbesserung der regionalen Wirtschaftsstruktur". Man zieht demnach auch hier die Maßstäbe des GRWG heran. Somit findet ebenfalls das Regionalindikatorenmodell Anwendung. Als Teilindikatoren werden damit z.B. verwendet: der Bruttojahreslohn der sozialversicherungspflichtigen Beschäftigten, die durchschnittliche Arbeitslosenquote der vergangenen Jahre, ein komplexer Infrastrukturindikator (Verkehrs-, Energie-, Umwelt-, Ausbildungs- und Sozialinfrastruktur), ein Indikator zur Prognose der künftigen Arbeitsplatzentwicklung und die Entwicklung der Arbeitslosenquote in den zurückliegenden Jahren.[797] Nach *Peine* sind beispielsweise folgende Kriterien relevant: Wanderungssaldo, Bevölkerungsdichte, Zahl der Industriebeschäftigten, Realsteuerkraft und Bruttoinlandsprodukt.[798] Diesen gleichartigen Kriterien entsprechen weitgehend die nationalen und europarechtlichen Förderkriterien, was auf ihre systemübergreifende Allgemeingültigkeit schließen lässt. Die Praxistauglichkeit der Kriterien lässt sich etwa daran erkennen, dass sie in ähnlicher Weise bei den Benchmark-Studien der Bundesländer herangezogen werden.[799] Daher erscheint eine Konkretisierung der „gleichwertigen Lebensverhältnisse" i.S.d. Art. 72 II GG mit diesen allgemeingültigen Kriterien durchaus möglich.

Schließlich ist das raumordnungsrechtliche Verständnis des Begriffs der Gleichwertigkeit von besonderem Interesse. Dabei ist von einer *„komplexen Betrachtungsweise"* auszugehen. Es werden keine gleichartigen Lebensverhältnisse verlangt, sondern es wird die Verschiedenheit vorausgesetzt. „Die Lebensverhältnisse in einem verdichteten Raum sind regelmäßig andere als in einem ländlichen Raum, in einem wirtschaftlich prosperierenden Raum andere als in einem Teilraum mit hoher Arbeitslosigkeit und wirtschaftlichen Umbrüchen. Andererseits bedeutet Gleichwertigkeit *keine Beliebigkeit der Lebensverhältnisse* (Hervorhebung durch Verf.), der es an jeden Wertmaßstäben fehlt."[800] Individuelle Wertvorstellungen des Einzelnen sind nicht relevant. Die Gleichwertigkeit der Lebensverhältnisse stellt auf *gesellschaftliche Standards* ab, „die allgemein akzeptiert werden und zumeist einen Kompromiss zwischen den Bedürfnissen der Menschen und den finanziellen Möglichkeiten des Staates darstellen". Diese Kompromisse stellen Mindestwerte dar, die, wenn sie eingehalten werden, gleichwertige Lebensverhältnisse garantieren, wenn

---

796 *Runkel*, in: B/R/S/R/S, Raumordnungs- und Landesplanungsrecht, § 2 ROG, Rn. 85.
797 *Runkel*, in: B/R/S/R/S, Raumordnungs- und Landesplanungsrecht, § 2 ROG, Rn. 85; vgl. hierzu auch Bundesraumordnungsprogramm, BT-Drs. 7/3584, S. 38 f.; diese Indikatoren können dann durch weitere Teilindikatoren (z.B. der Arbeitsplatzindikator durch die Kriterien: Ausbildungsstellenrelation, Anteil der Beschäftigten im sekundären Sektor, Zinssteuerquote, Insolvenzhäufigkeit, Verfahrensdauer der Arbeitsgerichtsbarkeit, öffentliche Beschäftigung, Ausgaben für aktive Arbeitsmarktpolitik etc.) weiter konkretisiert werden, vgl. hierzu anschaulich *Berthold/Fricke/Drews/Vehrkamp*, Die Bundesländer im Standortwettbewerb 2003, S. 42 f.
798 *Peine*, Öffentliches Baurecht, Rn. 139.
799 S. hierzu *1. Teil, II.3*; vgl. *Berthold/Fricke/Drews/Vehrkamp*, Die Bundesländer im Standortwettbewerb 2003, S. 42 f.; *Blancke/Hedrich/Schmid*, WiP, Working Paper Nr. 26.
800 *Runkel*, in: B/R/S/R/S, Raumordnungs- und Landesplanungsrecht, § 1 ROG, Rn. 86.

sie in mehreren Indikatorbereichen unterschritten werden, gleichwertige Lebensverhältnisse verhindern.[801]

Hierin bestätigt sich das oben herausgearbeitete Ergebnis, dass Gleichwertigkeit im Bundesstaat auch durch ungleichwertige Lebensverhältnisse in Teilbereichen erreicht werden kann. Denn es ist eine komplexe, die Charakteristika der Regionen miteinbeziehende Betrachtungsweise notwendig. Weiterhin bleibt zu betonen, dass ein Auseinanderentwickeln ein Mindestmaß an zu gewährleistenden Standards voraussetzt. Schließlich zeigt sich auch hier, dass die finanziellen Möglichkeiten des Staates die Mindeststandards herabsetzen können, diese demnach einen dynamischen Wert[802] darstellen, der darüber hinaus auch von den Anschauungen in der Gesellschaft abhängig ist.

Zusammenfassend bleibt festzuhalten, dass nicht schon bei jeder Unebenheit der Strecke (der Lebensverhältnisse) die „Notbremse der Bundesgesetzgebung" gezogen werden darf. Aus den Ausführungen ergibt sich folgender Katalog von Topoi für das „Erfordernis der Herstellung gleichwertiger Lebensverhältnisse:

- Die Auseinanderentwicklung der Lebensverhältnisse in erheblicher, das bundesstaatliche Sozialgefüge beeinträchtigender Weise oder eine derartige Entwicklung setzen sachlich das Unterschreiten eines *Mindestmaßes* voraus, welches einen dynamischen Wert darstellt, der von der finanziellen Leistungsfähigkeit des Staates sowie dem gesellschaftlichen Verständnis abhängt.
- Das Mindestmaß muss in folgenden *Lebensverhältnissen bzw. Lebensbereichen* gewährleistet werden, die miteinander verschränkt sind: im Wohnungswesen, im Bereich der Daseinsvorsorge (hierunter fällt auch die soziale Vor- und Fürsorge), im Bildungswesen (z.B. Kindergärten, Schulen, Hochschulen) sowie im Bereich der Freizeit- und Kommunikationsmöglichkeiten. Die gesunden Umweltbedingungen zählen ebenfalls hierzu. Es sind ausgeglichene wirtschaftliche, infrastrukturelle, soziale, ökologische und kulturelle Verhältnisse anzustreben.
- Zum präzisen Nachweis des Auseinanderentwickelns bedarf es weiterhin einzelner Vergleichsebenen („regionales Auseinanderentwickeln"). Hierzu können die NUTS II-Ebenen dienen.
- Das Sozialstaatsprinzip i.V.m. grundrechtlichen Leistungsansprüchen kann in den Bereichen seines subjektiv-individuellen Bezugs nicht herangezogen werden, um die Abgrenzungskriterien für die Ausübung von Gesetzgebungskompetenzen im Bundesstaat zu bestimmen.
- Zur Abgrenzung müssen *regionale, überindividuelle, objektiv-generelle* Kriterien herangezogen werden. Eine Auseinanderentwicklung der Lebensverhältnis-

---

801 *Runkel,* in: B/R/S/R/S, Raumordnungs- und Landesplanungsrecht, § 1 ROG, Rn. 86.
802 So auch der vom Bundesministerium für Raumordnung, Bauwesen und Städtebau erarbeitete Raumordnungspolitische Orientierungsrahmen, abgedruckt in: B/R/S/R/S, Raumordnungs- und Landesplanungsrecht, B 420, S. 17 („Gleichwertigkeit der Lebens-, Arbeits- und Umweltbedingungen ist eine situationsabhängige, dynamische Zielrichtung, kein absoluter Maßstab.").

se wird indiziert durch: eine überproportionale Inanspruchnahme von sozialen Sicherungssystemen in Teilgebieten oder das Auseinanderentwickeln des Pro-Kopf-Bruttoinlandsprodukts. Als Teilindikatoren können dienen der Bruttojahreslohn der sozialversicherungspflichtigen Beschäftigten, die durchschnittliche Arbeitslosenquote der vergangenen Jahre, ein komplexer Infrastrukturindikator, ein Indikator zur Prognose der künftigen Arbeitsplatzentwicklung und die Entwicklung der Arbeitslosenquote in den zurückliegenden Jahren.

Nachdem dieser Katalog regionaler, überindividueller, damit objektiv-genereller Kriterien aufgestellt worden ist, stellt sich zwecks noch weiterer Konkretisierung und Präzisierung die Frage nach konkreten Prozentpunkten: Wieviel Prozentpunkte muss vom Bundesdurchschnitt abgewichen werden, um ein Auseinanderentwickeln der Vergleichsebenen herbeiführen, welches dem Bundesgesetzgeber eine Regelung nach Art. 72 II, 1. Var. GG erlaubt?

Diese Frage nach konkreten Prozentzahlen kann weder durch die vorliegende Arbeit noch durch das Bundesverfassungsgericht in völlig eindeutiger Weise beantwortet werden. Dies ergibt sich schon daraus, dass die Gleichwertigkeit der Lebensverhältnisse, wie gezeigt, ein dynamischer Maßstab ist, der u.a. auch von der Haushaltssituation und den gesellschaftlichen Anschauungen bestimmt wird. Muss damit eine an der konkreten Situation orientierte Maßstabsbildung erfolgen, so lässt sich doch versuchen, wenigstens einen allgemeinen Anhaltspunkt zu geben. Ein Auseinanderentwickeln des Pro-Kopf-Bruttoinlandsprodukts, welches eine Bundesregelung rechtfertigt, lässt sich, wie bereits entwickelt, bejahen, wenn in 25 % der Regionen das Pro-Kopf-Bruttoinlandsprodukt unter 75 % des Bundesdurchschnitts sinkt. Rechnerisch läge dann zumindest ein Auseinanderentwickeln in den Regionen insgesamt um 33 % vor. Regelmäßig kann jedoch von einem weit größeren Umfang ausgegangen werden, so dass die Prozentzahlen zwischen manchen Regionen viel stärker abweichen. Ob diese Zahlen übernommen werden, stellt eine aus der jeweiligen historischen Situation heraus zu begründende Entscheidung dar. Die restriktive Auslegung der „Herstellung gleichwertiger Lebensverhältnisse" durch das Bundesverfassungsgericht führt jedoch dazu, dass nur in Ausnahmefällen der Bundesgesetzgeber befugt ist, ein Gesetz zu erlassen, so dass die prozentuale Abweichung von den Bundesdurchschnittswerten einen erheblichen Umfang annehmen muss.

2. Die „Wahrung der Rechts- oder Wirtschaftseinheit im gesamtstaatlichen Interesse"

a) Wortlaut und Systematik

„*Wahrung*" bedeutet die Aufrechterhaltung, das Sichern bzw. das Festhalten an einem bestehenden Zustand und grundsätzlich nicht das Schaffen eines neuen Zustandes.

Damit erfolgt eine deutliche Abgrenzung zu der „Herstellung" nach Art. 72 II, 1. Var. GG. Diese offensichtliche Divergenz in der Terminologie deutet darauf hin, dass an den erreichten Stand der Rechts- und Wirtschaftseinheit anknüpft und dieser bewahrt werden, eine „Herstellung der Rechts- oder Wirtschaftseinheit" nach dem neuen Verständnis aber ausgeschlossen sein soll.

An dem Wortlaut ansetzend versteht man unter „*Rechtseinheit*" die einheitliche Geltung gleichen Rechts für die dem Recht Unterworfenen. Den Gegenbegriff bildet die „Rechtsvielfalt", wenn in einem bestimmten Gebiet ungleiches Recht für gleiche Sachverhalte gilt. „Rechtseinheit" bedeutet nach *Pestalozza* ferner nicht „Rechtsgleichheit", welche sich durch inhaltlich übereinstimmendes Recht mehrerer Gesetzgeber definiert. Damit kann seiner Meinung nach „Rechtseinheit" im Bundesgebiet nur der Bundesgesetzgeber stiften, die Länder können lediglich „Rechtsgleichheit" herbeiführen. Aus dieser noch zu verifizierenden Sicht folgt für die Kompetenzausübung des Bundesgesetzgebers, dass eine legislative Selbstkoordination der Länder nicht die „Erforderlichkeit" einer rechtseinheitlichen Bundesregelung verdrängen kann.[803]

Der Terminus der „*Wirtschaftseinheit*" ist wenig aussagekräftig. Man kann hierunter etwa einheitliche wirtschaftliche Rahmenbedingungen in einem bestimmten Gebiet verstehen. Wirtschaftliche Rahmenbedingungen werden allerdings regelmäßig durch rechtliche Vorgaben koordiniert, so dass die beiden Varianten einander nahe stehen.

Fernerhin folgt eine Alternativität der beiden Zielsetzungen aus dem Wort „*oder*". Die „Wahrung der Rechtseinheit" steht somit unabhängig neben der „Wahrung der Wirtschaftseinheit". Dies darf nicht darüber hinwegtäuschen, dass die „Wirtschaftseinheit" regelmäßig durch „Rechtseinheit" hergestellt wird. Damit bleiben nach *Pestalozza* für die Anwendung der „Wirtschaftseinheit" lediglich nicht bundesweit oder nicht bundeseinheitlich geltende Bundesgesetze. Diese führen zwar zu „Rechtsuneinheit", welche jedoch durch die „Wahrung der Wirtschaftseinheit" gerechtfertigt werden kann.[804]

Schließlich kann sich das „*gesamtstaatliche Interesse*" systematisch sowohl auf die „Herstellung der gleichwertigen Lebensverhältnisse" als auch auf die „Wahrung der Rechts- oder Wirtschaftseinheit" beziehen. Außerdem bezieht es sich dem Wortlaut gemäß auf die „Rechts- *und* die Wirtschaftseinheit", nicht lediglich auf die „Rechtseinheit". Dem Wortlaut zufolge darf die bundeseinheitliche Regelung nicht lediglich dem Interesse einzelner oder auch mehrerer Länder dienen, sondern muss im Interesse des gesamten Staates stehen.

---

803 *Pestalozza*, in: vM/K/P, GG, Art. 72 Abs. 2, Rn. 357; vgl. hierzu die Kritik unter *4.Teil, I.2.a*; a.A. *Kröger/Moos*, BayVBl. 1997, 705 ff., 709, wonach auch inhaltlich übereinstimmende Rechtsnormen unter die „Rechtseinheit" fallen.
804 *Pestalozza*, in: vM/K/P, GG, Art. 72 Abs. 2, Rn. 112, 360.

b) Vergleich mit der alten Fassung und der Wille des verfassungsändernden Gesetzgebers

Ein Vergleich mit Art. 72 II GG a.F., nach welcher „die Wahrung der Rechts- oder Wirtschaftseinheit, insbesondere die Wahrung der Einheitlichkeit der Lebensverhältnisse über das Gebiet eines Landes hinaus eine bundesgesetzliche Regelung erfordert", bringt zunächst eine gewisse Parallelität der beiden Fassungen zum Ausdruck. Der Begriff des „gesamtstaatlichen Interesses" kam neu hinzu, erinnert aber an die „Interessen (...) der Gesamtheit" nach Art. 72 II Nr. 2 a.F. Der verfassungsändernde Gesetzgeber wollte jedoch ein neues Verständnis der „Wahrung der Rechts- oder Wirtschaftseinheit" schaffen. Hierin kann nicht mehr deren Herstellung zu sehen sein. Der Bundesgesetzgeber sollte ausdrücklich auf eine bloß bewahrende Aktivität beschränkt werden.[805]

Konnten die vorangegangen Überlegungen noch keine hinreichende Antwort auf die systematische Stellung des *„gesamtstaatlichen Interesses"* geben, so verdeutlicht der Wille des verfassungsändernden Gesetzgebers, dass mit diesem Erfordernis lediglich auf die „Wahrung der Rechts- oder Wirtschaftseinheit" und nicht auf die „Herstellung gleichwertiger Lebensverhältnisse" Bezug genommen wird. Es sollte hierdurch erreicht werden, die weite Auslegung der Rechtseinheit, die de facto immer eine Bundeskompetenz begründen konnte, einzudämmen.[806] Den Materialien ist allerdings nicht zu entnehmen, wie diese Eindämmung in concreto erfolgen soll.

Die *„Wirtschaftseinheit"* wurde schließlich wegen dem Zusammenhang mit der beruflichen Bildung in den Verfassungstext aufgenommen. Der verfassungsändernde Gesetzgeber beabsichtigte, eine qualitativ hochstehende, durch bundeseinheitliche Vorgaben insbesondere für die Ausbildungsstrukturen, die Ausbildungsinhalte und das Prüfungswesen gesicherte berufliche Bildung zu erhalten; denn gerade diese stellt einen wichtigen Faktor der Leistungsfähigkeit der deutschen Wirtschaft dar.[807]

c) Das Verständnis in der Literatur

Die *„Wahrung* der Rechts- oder Wirtschaftseinheit" erfordert nach überwiegender Ansicht eine bestehende Lage, die, weil gefährdet, zu konservieren ist. Die Gefähr-

---

[805] Vgl. zu dem Willen des verfassungsändernden Gesetzgebers etwa *Oeter*, in: vM/K/S, GG, Art. 72 II, Rn. 100; *Stettner*, in: Dreier, GG, Art. 72, Rn. 20.
[806] Vgl. Abschlussbericht der GKV, BT-Drs. 12/6000, S.33; Gesetzesentwurf der Fraktionen der CDU/CSU, SPD und F.D.P., BT-Drs. 12/6633, S. 8; vgl. auch *Pestalozza*, in: vM/K/P, GG, Art. 72 Abs. 2, Rn. 361; *Oeter*, in: vM/K/S, GG, Art. 72 II, Rn. 104; *Degenhart*, in: Sachs, GG, Art. 72, Rn. 12; *Kunig*, in: von Münch/Kunig, GG, Art. 72, Rn. 27.
[807] Vgl. Beschlussempfehlung und Bericht des Rechtsauschusses, BT-Drs. 12/8165, S. 31 f.; ausführlich hierzu auch *Knorr*, Die Justitiabilität der Erforderlichkeitsklausel i.S.d. Art. 72 II GG, S. 190 ff.; kritisch allerdings *Pestalozza*, NJW 2004, 1840 ff., 1843, Fn. 36, der hervorhebt, dass die „Wirtschaftseinheit" lediglich „wiederbelebt" worden ist, um das Gesamtpaket der Reform nicht zu gefährden.

dung kann sich „aus dem Wandel der Verhältnisse (z.B. neue gesellschaftliche oder wirtschaftliche Entwicklungen, die vom geltenden Recht nicht oder unzulänglich erfasst werden) oder aus neuem Landesrecht (z.b. wenn Landesgesetzgeber freie Felder in der konkurrierenden Gesetzgebung besetzt haben oder dies planen)" ergeben.[808] *Oeter* sieht mit der überwiegenden Literaturmeinung keine Anknüpfung an die alte Rechtslage, so dass die „Wahrung" vom Wortlaut her nicht die „Herstellung" mitumfasst. Danach darf der Bund seiner Ansicht nach nur sichernd tätig werden. Gefährdungen können sich aus „faktischen Wandlungen der Sozial- und Wirtschaftsverhältnisse ergeben, die die Rechts- bzw. Wirtschaftseinheit zu erodieren drohen, können aber auch aus in anderen Bereichen ergriffenen gesetzgeberischen Maßnahmen der Länder resultieren".[809] Eine beachtliche Mindermeinung in der Literatur versteht die Neufassung hingegen nicht als eine Änderung gegenüber der früheren Rechtslage. Unter die Wahrung fällt danach auch die Herstellung bzw. das Schaffen von etwas Neuem.[810] Dies allerdings nur dann, wenn neue, nicht vorhergesehene Entwicklungen die Rechts- oder Wirtschaftseinheit bedrohen.[811] Die neue Formulierung soll nach *Degenhart* in erster Linie dem Umstand Rechnung tragen, dass eine Rechts- und Wirtschaftseinheit größtenteils schon besteht, also das hohe Niveau der überkommenen Einheitlichkeit sichern, sie soll hingegen nicht prinzipiell hindern, eine Rechts- bzw. Wirtschaftseinheit unter Umständen erst noch herzustellen.[812]

Der Begriff Rechtseinheit wird in der Literatur in unterschiedlicher, aber letztendlich doch vergleichbarer Weise definiert. *Stettner* deutet die „Rechtseinheit" als die „Geltung übereinstimmender rechtlicher Vorschriften"[813], *Bothe* als „Geltung eines einheitlichen Rechts"[814]. *Degenhart* erkennt darin „das Gelten gleichen Rechts für die gleiche Regelungsmaterie im Bundesgebiet".[815] Nach anderer Ansicht bedeutet sie hingegen lediglich „das Gelten gleicher Rechtsnormen für die gleiche Angelegenheit in mehreren oder möglichst allen Ländern".[816] Versteht man unter der „*Rechtseinheit*", dass für alle die gleichen Regeln gelten, so liegt nach *Oeter* darin ein Widerspruch zu Art. 72 III GG; denn seiner Ansicht nach ist kein Fall denkbar,

---

808 So *Pestalozza*, in: vM/K/P, GG, Art. 72 Abs. 2, Rn. 366.
809 *Oeter*, in: vM/K/S, GG, Art. 72 II, Rn. 100; so auch *Stettner*, in: Dreier, GG, Art. 72, Rn. 20; *Isensee*, FS Badura, S. 689 ff., 720.
810 *Umbach/Clemens*, in: Umbach/Clemens, GG, Art. 72, Rn. 37; *Rybak/Hofmann*, NVwZ 1995, 230 ff., 231; *Knorr*, Die Justiziabilität der Erforderlichkeitsklausel i.S.d. Art. 72 II GG, S. 194.
811 *Sannwald*, in: Schmidt-Bleibtreu/Klein, GG, Art. 72, Rn. 61.
812 *Degenhart*, in: Sachs, GG, Art. 72, Rn. 12; so auch *Kunig*, in: von Münch/Kunig, GG, Art. 72, Rn. 26.
813 *Stettner*, in: Dreier, GG, Art. 72, Rn. 21.
814 *Bothe*, in: D/H-R/S/S, GG, Art. 72, Rn. 15.
815 *Degenhart*, in: Sachs, GG, Art. 72, Rn. 15; vgl. auch *Sannwald*, in: Schmidt-Bleibtreu/Klein, GG, Art. 72, Rn. 56; ähnlich *Rybak/Hofmann*, NVwZ 1995, 230 ff., 231, die darin „das Gelten gleicher Rechtsnormen für die gleiche Angelegenheit im ganzen Bundesgebiet" sehen; so auch *Kuttenkeuler*, Die Verankerung des Subsidiaritätsprinzips im GG, S. 205.
816 *Umbach/Clemens*, in: Umbach/Clemens, GG, Art. 72, Rn. 37; *Kröger/Moos*, BayVBl. 1997, 705 ff., 709.

in dem es im Sinne der „Wahrung der Rechtseinheit" möglich sein soll, den Ländern bislang vom Bund ausgeübte Kompetenzen zu übertragen.[817]

Auch die Auslegung des Begriffs „*Wirtschaftseinheit*" ist in der Literatur nicht unumstritten. So sehen *Rybak/Hofmann* in der „Wirtschaftseinheit" die „Geltung einheitlicher rechtlicher Rahmenbedingungen für die wirtschaftliche Betätigung im ganzen Bundesgebiet"[818], *Kröger/Moos* die „gleichen Voraussetzungen und Bedingungen für die wirtschaftliche Betätigung im ganzen Bundesgebiet"[819]. Nach *Oeter* erweitert die Formulierung darüber hinaus den Tatbestand des Art. 72 II GG, da die einheitlichen wirtschaftlichen Rahmenbedingungen immer schon von der Rechtseinheit erfasst werden. Damit soll unter die Wirtschaftseinheit die „Wahrung eines einheitlichen Wirtschaftsgebietes" fallen, „also die Sicherung eines einmal erreichten Standes wirtschaftlicher Integration". Einem derart erweiterten Verständnis des Begriffs „Wirtschaftseinheit" kommt allerdings im Hinblick auf den europäisch geregelten Wirtschaftsraum nur geringe Bedeutung zu.[820] *Schmidt* geht sogar davon aus, dass die „Wirtschaftseinheit im gesamtstaatlichen Interesse" nicht bundesgesetzlich hergestellt werden kann, da die „Wahrung der Wirtschaftseinheit" lediglich Aufgabe der Europäischen Union gem. Art. 7 a II EGV a.F. (nunmehr: Art. 14 EG) sei. Damit sei die „Wirtschaftseinheit" in der Neufassung des Art. 72 II GG eine reine Leerformel und ein historisches Sprachrelikt oder Redaktionsversehen, das man bestenfalls als untauglichen Versuch eines Verfassungsverstoßes gegen das Verbot, Binnengrenzen zu errichten (vgl. Art. 14 EG) ansehen könne.[821] *Schmidt* fokussiert damit die „Wirtschaftseinheit" auf einen durch Binnengrenzen sowie außenwirtschaftlich geprägten Begriff. Bei seiner Argumentation trägt *Schmidt* wohl der allgemeinen Bedeutung des Wirtschaftsraums der Bundesrepublik Deutschland nicht hinreichend Rechnung; denn der deutsche Wirtschaftsraum kann auch durch „außereuropäische" Faktoren beeinträchtigt werden, wie etwa durch uneinheitliche berufliche Ausbildungsvorschriften, welche nicht in umfassender Weise durch die Europäische Union geregelt werden können.

Hauptaugenmerk wird in der Literatur auf das „*gesamtstaatliche Interesse*" gelegt, dient dieses doch wie die „Gleichwertigkeit" der ersten Variante des Art. 72 II GG als das Korrektiv gegenüber einem Automatismus der Inanspruchnahme bun-

---

817 *Oeter*, in: vM/K/S, GG, Art. 72 II, Rn. 102.
818 *Rybak/Hofmann*, NVwZ 1995, 230 ff., 231; so auch *Umbach/Clemens*, in: Umbach/Clemens, GG, Art. 72, Rn. 38; *Sannwald*, in: Schmidt-Bleibtreu/Klein, GG, Art. 72, Rn. 59; *Kuttenkeuler*, Die Verankerung des Subsidiaritätsprinzips im GG, S. 205; ähnlich *Degenhart*, in: Sachs, GG, Art. 72, Rn. 15, der darin „die Geltung gleicher rechtlicher Bedingungen für wirtschaftliche Betätigung" erkennt.
819 *Kröger/Moos*, BayVBl. 1997, 705 ff., 709.
820 *Oeter*, in: vM/K/S, GG, Art. 72 II, Rn. 103; vgl. weiter *Umbach/Clemens*, in: Umbach/Clemens, GG, Art. 72, Rn. 38; *Sannwald*, in: Schmidt-Bleibtreu/Klein, GG, Art. 72, Rn. 59.
821 *Schmidt*, DÖV 1995, 657 ff., 660; vgl. auch *Stettner*, in: Dreier, GG, Art. 72, Rn. 21; *Bothe*, in: D/H-R/S/S, GG, Art. 72, Rn. 14; kritisch hierzu *Umbach/Clemens*, in: Umbach/Clemens, GG, Art. 72, Rn. 38.

desrechtlicher Kompetenz.[822] Er scheint zunächst lediglich auf die „Wahrung der Rechtseinheit" und nicht auf die „Wirtschaftseinheit" Anwendung zu finden. Diente die Regelung dieser Voraussetzung doch lediglich dazu, die fast unumgrenzte Gestaltungsmacht im Hinblick auf die „Wahrung der Rechtseinheit", die durch nahezu jedes Bundesgesetz erreicht werden konnte, zu beseitigen. So lässt sich mit guten Gründen vertreten, sie mache auch nur hinsichtlich jener Sinn.[823]

Bisweilen wird freilich bezweifelt, dass das Erfordernis des „gesamtstaatlichen Interesses" einen normativen Mehrwert im Vergleich zur alten Rechtslage darstellt. *Pestalozza* verweist insofern auf die Formulierung „erfordert" des Art. 72 II Nr. 3 GG a.F. Schon nach alter Rechtslage konnte man so durch Auslegung der Norm erreichen, dass nicht jedes Bundesgesetz der Rechtseinheit diente, sondern weitere Voraussetzungen „erforderlich" gewesen wären. Die fast unbeschränkte Gestaltungsmacht des Bundesgesetzgebers bestand auch nach alter Rechtslage demzufolge nicht. Sie wurde lediglich durch eine wenig überzeugende und von der Literatur kritisierte Auslegung des Bundesverfassungsgerichts erreicht. Das „gesamtstaatliche Interesse" stelle aber nunmehr explizit eine solche weitergehende Voraussetzung auf.[824]

Der Zusatz des „gesamtstaatlichen Interesses" bezieht sich nach überwiegend vertretener Ansicht auf beide Legitimationsgründe. Dies folgt schon aus dem sprachlichen Verständnis.[825] *Kuttenkeuler* will das „gesamtstaatliche Interesse" sogar auf die erste Zielvorgabe der „Herstellung gleichwertiger Lebensverhältnisse" ausdehnen. Nur so könne die geforderte Verschärfung und Präzisierung der Voraussetzungen eines Tätigwerdens des Bundes erreicht werden.[826] Das Bundesverfassungsgericht lehnte allerdings – wie dargestellt – eine solche dem Willen des verfassungsändernden Gesetzgebers widersprechende Auffassung implizit ab, indem es lediglich die „Gleichwertigkeit der Lebensverhältnisse" diskutierte.

Eine andere Frage ist, wie man das „gesamtstaatliche Interesse" auszulegen hat. Der Begriff wurde in der Verfassungskommission nicht näher definiert, was in den Gesetzesberatungen heftige Kritik hervorrief.[827] Die Hauptaufgabe der Literatur muss demzufolge darin gesehen werden, das „gesamtstaatliche Interesse" zu präzisieren. Nach *Pestalozza* ist dieser Begriff keiner subjektiven Sichtweise des Bundes oder der Länder zugänglich. Es bedürfe vielmehr einer objektiven Würdigung aus der Gesamtschau beider.[828] Eine andere Ansicht in der Literatur geht von einer Beurteilungsprärogative des Bundes aus. Dies folge aus der zweigliedrigen Bundesstaats-

---

822 *Umbach/Clemens*, in: Umbach/Clemens, GG, Art. 72, Rn. 37.
823 So etwa *Umbach/Clemens*, in: Umbach/Clemens, GG, Art. 72, Rn. 39, unter Verweis auf die „Entstehungsgeschichte der Vorschrift"; *Rybak/Hofmann*, NVwZ 1995, 230 ff., 232; *Sannwald*, in: Schmidt-Bleibtreu/Klein, GG, Art. 72, Rn. 63.
824 *Pestalozza*, in: vM/K/P, GG, Art. 72 Abs. 2, Rn. 362.
825 *Bothe*, in: D/H-R/S/S, GG, Art. 72, Rn. 15; *Kröger/Moos*, BayVBl. 1997, 705 ff., 709.
826 *Kuttenkeuler*, Die Verankerung des Subsidiaritätsprinzips im GG, S. 206.
827 Vgl. die Stellungnahme der Bundesregierung, BT-Drs. 12/7109, S. 15; Beschlussempfehlung und Bericht des Rechtsausschusses BT-Drs. 12/8165, S. 31.
828 *Pestalozza*, in: vM/K/P, GG, Art. 72 Abs. 2, Rn. 363 f.

theorie, nach der sich die Bundesrepublik Deutschland in den Bund und die Länder aufteilt. Dem Bund als Vertreter des Gesamtstaates und nicht den Ländern, die lediglich partikuläre Interessen verfolgen, kommt danach das Recht zu, den Begriff des „gesamtstaatlichen Interesses" wertend auszufüllen.[829]

Auch wenn man mit guten Gründen von einer Beurteilungsprärogative des Bundes als Sachwalter des gesamtstaatlichen Interesses ausgeht, so muss man doch die Kriterien benennen, an denen der Bund seine Beurteilung zu orientieren hat. Nur so lässt sich überprüfen, ob der Beurteilungsspielraum sachgerecht ausgefüllt worden ist. In einem ersten Zugriff wird nach Interessen des gesamten Staates und einzelner Länder unterschieden. *Degenhart* etwa stellt darauf ab, ob die Bedeutung und Auswirkungen des Gesetzes nicht nur auf ein Land oder einzelne Länder beschränkt sind.[830] Auch für *Stettner* genügt nicht die Wahrung des Interesses einzelner Länder.[831] *Bothe* erkennt gleichsam ein Handlungsverbot gegenüber dem Bund, die Partikularinteressen einzelner Länder zu schützen.[832] Nach *Oeter* müssen ebenfalls Gemeinwohlbelange der Gesamtheit betroffen sein und nicht lediglich Interessen einzelner Körperschaften, wie beispielsweise einzelner Länder. Damit können nicht lediglich unterschiedliche landesrechtliche Regelungen allein schon ein gesamtstaatliches Interesse begründen. Es müssen vielmehr „nachhaltige störende Auswirkungen auf die Gesamtheit (von der/n landesrechtlichen Regelung/en) ausgehen" oder „erkennbare Disfunktionalitäten dezentraler Regulierung" vorliegen. Andernfalls spricht die Vermutung für eine Zuständigkeit der Länder, die „auf lokale und regionale Probleme im Zweifel angemessener reagieren" können.[833]

Während die Zielvorgabe der „gleichwertigen Lebensverhältnisse" bislang fast jeglicher Konkretisierung in der Literatur entbehrte, wird versucht, das „gesamtstaatliche Interesse" weiter zu konkretisieren. *Oeter* etwa zieht die klassischen Argumente der ökonomischen Föderalismustheorie heran und benennt drei Hauptgründe, die für eine Zuständigkeit des Bundesgesetzgebers sprechen: „Zentrale Regulierung ist demnach notwendig, wenn (1.) die (unterschiedliche) Regelung auf unterer Ebene erhebliche Effizienzverluste der Regulierung nach sich zieht, etwa Regelungsunterschiede zu tiefgreifenden sozialen Verwerfungen zu führen drohen, oder erhebliche Transaktionskosten für die Wirtschaftsteilnehmer hervorzurufen droht, die tendenziell zur Desintegration des einheitlichen Wirtschaftsraums führen könnten. Zentrale Regulierung ist diesem Ansatz nach weiterhin nötig, wenn (2.) negative Externalitäten sonst nicht zureichend den verantwortlichen Akteuren zugewiesen werden können, bzw. die Problematik positiver Externalitäten im Ergebnis – als

---

829 *Rybak/Hofmann*, NVwZ 1995, 230 ff., 232; *Umbach/Clemens*, in: Umbach/Clemens, GG, Art. 72, Rn. 39; *Kröger/Moos*, BayVBl. 1997, 705 ff., 709; *Kuttenkeuler*, Die Verankerung des Subsidiaritätsprinzips im GG, S. 206; vgl. hierzu auch *Knorr*, Die Justitiabilität der Erforderlichkeitsklausel i.S.d. Art. 72 II GG, S. 198 ff.
830 *Degenhart*, in: Sachs, GG, Art. 72, Rn. 15.
831 *Stettner*, in: Dreier, GG, Art. 72, Rn. 21.
832 *Bothe*, in: D/H-R/S/S, GG, Art. 72, Rn. 15.
833 *Oeter*, in: vM/K/S, GG, Art. 72 II, Rn. 105 f.; vgl. auch *Kröger/Moos*, BayVBl. 1997, 705 ff., 709.

Resultat des sogen. „Trittbrettfahrerphänomens" – zu einer Unterinvestition in wichtige öffentliche Leistungen führen wird. Zentrale Regulierung erweist sich schließlich auch als erforderlich, wenn (3.) bei dezentraler Regelung entstehende Regulierungskonkurrenz in ein destruktives Phänomen des „Wettbewerbs nach unten" zu münden droht."[834] Aber auch diese Kriterien bleiben noch sehr allgemein, so dass *Oeter* mit Recht auf die kaum aufzulösende Unbestimmtheit des Begriffs „gesamtstaatlichen Interesses" verweist, welches dem Bundesverfassungsgericht eine Konkretisierungsleistung erheblich erschwert. Es kommt darüber hinaus hinzu, dass dem Begriff ein „hohes Moment prognostischer Folgenabschätzung" zugrunde liegt, da regelmäßig die Folgen dezentraler Länderregelungen einerseits und der Bundesregelung andererseits vorhergesagt werden müssen.[835]

Lässt sich ein Begriff nicht in allgemeiner Weise definieren, liegt eine bereichsspezifische Konkretisierung nahe. In diesem Sinne möchte *Sannwald* das „gesamtstaatliche Interesse" durch Eingrenzung der Anwendungsbereiche konkretisieren, in welchen eine Rechtszersplitterung unzumutbaren Ausmaßes regelmäßig anzunehmen ist. Dabei nennt er die für den Bundesstaat wesentlichen Bereiche, insbesondere die Justizgesetze samt Verfahrensvorschriften, nämlich das BGB und das HGB, die ZPO, das StGB und das OWiG, die StPO sowie die VwGO.[836] Im Bereich der Wirtschaftseinheit kommen zur Erhaltung eines bundeseinheitlichen, überregionalen Marktes vor allem die „großen Wirtschaftsgesetze" hinzu. Darunter fallen etwa das AktG, das GmbHG, das GenG, das KWG, das GWB sowie das UWG. Der Bereich der Berufsbildung wird ebenfalls erfasst.[837] Dieser globalen Sichtweise ist ohne Zweifel zuzustimmen. *Sannwald* liefert aber keine Kriterien für die Beantwortung der Frage, unter welchen Voraussetzungen etwa die „Wahrung der Wirtschaftseinheit" gerade nicht im „gesamtstaatlichen Interesse" liegt. In diesem Zusammenhang wäre z.B. das Spannungsverhältnis von Wirtschaftseinheit und Wettbewerbsföderalismus zu diskutieren.

Ein wieder anderer Ansatz versucht, Art. 72 II GG in den Zusammenhang mit anderen zentralen Bestimmungen des Grundgesetzes zu bringen. So wollen *Rybak* und *Hofmann* Art. 72 II GG konkretisieren, indem sie die Strukturbestimmungen und Wertentscheidungen des Grundgesetzes in das „gesamtstaatliche Interesse" einfließen lassen. Hierunter fallen zunächst das Bundesstaatsprinzip (Art. 20 I GG), weiterhin das Gebot der Erhaltung der Handlungsfähigkeit des Gesamtstaates und schließlich das Rechtsstaatsgebot (Art. 20 III GG) in seiner Ausformung des Gebots der Erhaltung der Wirksamkeit des Rechts.[838] Das *Bundesstaatsprinzip* gebietet, „die Rechts- und Wirtschaftseinheit als das rechtlich und tatsächlich integrierende Band

---

834 Oeter, in: vM/K/S, GG, Art. 72 II, Rn. 106; zur Transaktionskostentheorie siehe auch *3.Teil, A.IV.1.*
835 Oeter, in: vM/K/S, GG, Art. 72 II, Rn. 107.
836 Sannwald, in: Schmidt-Bleibtreu/Klein, GG, Art. 72, Rn. 57.
837 Sannwald, in: Schmidt-Bleibtreu/Klein, GG, Art. 72, Rn. 60.
838 *Rybak/Hofmann*, NVwZ 1995, 230 ff., 232; so auch *Umbach/Clemens*, in: Umbach/Clemens, GG, Art. 72, Rn. 40; *Sannwald*, in: Schmidt-Bleibtreu/Klein, GG, Art. 72, Rn. 64; *Kuttenkeuler*, Die Verankerung des Subsidiaritätsprinzips im GG, S. 207 ff.

der Bundesstaatlichkeit zu wahren" sowie „die Eigenstaatlichkeit der Länder zu respektieren und ihnen eigene gesetzgeberische Gestaltungsmöglichkeiten zu bewahren". Das *Gebot der Erhaltung der Handlungsfähigkeit des Gesamtstaates* beeinflusst das „gesamtstaatliche Interesse" dahingehend, dass eine „aufgaben- und sachgerechte Funktionsverteilung zwischen Bund und Ländern auch im Bereich der Gesetzgebung" berücksichtigt werden muss. Daraus folgt für den Bund, dass dieser regelmäßig nur tätig werden darf, wenn Lebens- und Rechtsverhältnisse betroffen sind, die „über die Grenzen eines Bundeslandes hinausweisen und nicht primär von den örtlichen oder regionalen Besonderheiten eines Bundeslandes geprägt sind oder geprägt sein sollen". Im Hinblick auf die Wirtschaftseinheit soll eine bundesgesetzliche Regelung nur erfolgen, wenn ein „bundeseinheitlicher oder überregionaler Markt" reguliert werden soll.[839] Lokale und regionale Märkte, die weitgehend unabhängig und unverbunden nebeneinander existieren, lassen hingegen kein Bundesgesetz zu. Die Rechtseinheit muss unter diesem Aspekt insbesondere dann gewahrt werden, wenn wichtige Angelegenheiten des privaten oder gesellschaftlichen Lebens der Bundesbürger betroffen sind. Darunter zählen vor allem die Gewährleistung der innerstaatlichen Mobilität und die damit verbundenen Folgeprobleme. Das *Gebot der Erhaltung der Wirksamkeit des Rechts* ist schließlich dann ausschlaggebend, wenn es die Ordnungs-, Befriedungs- und Steuerungsfunktion des Rechts zu gewährleisten gilt. Dies ist der Fall, wenn es um „Probleme und Verwerfungen geht, die im gesamten Bundesgebiet in gleicher oder ähnlicher Weise zu beobachten sind und deren Bewältigung durch eine bundesgesetzliche Regelung besser, wirkungsvoller und leichter zu erreichen ist". Lokale und regionale Probleme sollen hingegen nur von den Landesgesetzgebern geregelt werden. Schließlich begründet eine Zersplitterung rechtlicher Regelungen, herbeigeführt durch unterschiedliche Landesgesetze, die „es dem Bürger erschweren, sich in zumutbarer Weise an dem jeweils zu beachtenden Recht zu orientieren" ebenfalls ein „gesamtstaatliches Interesse" an einer bundeseinheitlichen Regelung.[840]

Dieser beachtliche Ansatz entwickelt in überzeugender Weise die Argumentationsstruktur, die bei der Auslegung des Begriffs „gesamtstaatliches Interesse" zu beachten ist. Wie die jeweiligen Argumentationstopoi zu gewichten sind, bleibt allerdings auch hier noch weitgehend unbeantwortet. Eine „länderfreundliche" Gewichtung wird von *Knorr* entwickelt. Nach ihm reicht ein bloßes Benennen möglicher Abwägungsentscheidungen nicht aus, weil dies letzten Endes zu weitgehend dem Verständnis zu Art. 72 II GG a.F. gleichkommen würde. Seiner Ansicht nach muss die Verwirklichung von Grundrechten bei überregionalen Sachverhalten erschwert werden. Insbesondere darf nicht das Recht auf freie Wahl einer Ausbildungsstätte, eines Berufs, auf freie Wahl des Arbeitsplatzes sowie auf freie wirtschaftlich-unternehmerische Betätigung im gesamten Geltungsbereich des Grundge-

---

839 So auch *Knorr*, Die Justitiabilität der Erforderlichkeitsklausel i.S.d. Art. 72 II GG, S. 202 f.
840 *Rybak/Hofmann*, NVwZ 1995, 230 ff., 232; vgl. auch *Dellmann*, in: Seifert/Hömig, GG, Art. 72 Rn. 3.

setzes (Art. 12 GG) eingeschränkt werden.[841] Hierzu beruft *Knorr* sich auf die Begründung zu der Einführung der „Wirtschaftseinheit" in Art. 72 II GG. Die erschwerte Verwirklichung von Grundrechten bei überregionalen Sachverhalten wird auch von *Kuttenkeuler* aufgegriffen, aber wieder eingeschränkt, indem er auf die Europäische Union verweist. Hier muss nicht ein identischer Grundrechtsstandard gewährleistet werden. Es reicht ein gleicher Gesamtstandard aus. Damit spricht die Grundrechtsverwirklichung nur dann „zwingend für eine Regelung auf Bundesanstatt auf Landesebene, wenn dies der einzige Weg ist, um die gleichen Grundrechtsstandards im gesamten Bundesgebiet zu sichern".[842] In diesem Zusammenhang dienen die Grundrechte in ihrer objektiv-rechtlichen Dimension dazu, die Vorgaben des Art. 72 II GG näher zu präzisieren.

Schließlich ist auf die (wenigen) Literaturansichten zu verweisen, welche die „Wahrung der Wirtschaftseinheit im gesamtstaatlichen Interesse" wie das Bundesverfassungsgericht losgelöst von der Rechtseinheit separat betrachten. *Kröger* und *Moos* etwa versuchen eine präzisere Fassung dieser speziellen Voraussetzungen. Die Länder vermögen grundsätzlich wirtschaftliche Aspekte zu regeln. Die Länderregelungen können sich aber dann nachteilig auf die Gesamtwirtschaft auswirken, wenn sie unterschiedliche landesgesetzliche wirtschaftliche Schranken zwischen den Ländern errichten, ein Gefälle zwischen den Ländern schaffen oder zu einer ungleichen Verteilung des wirtschaftlichen Potentials führen. Die Wirtschaftseinheit soll damit nach Ansicht der Autoren dann im gesamtstaatlichen Interesse liegen, wenn Landesregelungen oder das Untätigbleiben der Länder sich nachteilig auf die Gesamtwirtschaft auswirken. Beziehen sich die Regelungen nicht auf einen überregionalen, bundeseinheitlichen Markt, sondern vielmehr auf lokale und regionale Märkte, die wenig oder keinen Einfluss aufeinander haben, so müsse ein Interesse an der wirtschaftlichen Handlungsfähigkeit des Gesamtstaates verneint werden.[843] Die Autoren nehmen bei ihrer Darstellung ausdrücklich Bezug auf *Gruson*, der eine ähnliche Präzisierung zu Art. 72 II GG a.F. entwickelte.[844]

Zusammenfassend bleibt festzuhalten, dass das Verständnis des „gesamtstaatlichen Interesses" im Hinblick auf die „Rechts- und Wirtschaftseinheit" in der Literatur äußerst kontrovers diskutiert wird, ohne dass sich ein Konsens abzeichnet.

---

841 *Knorr*, Die Justitiabilität der Erforderlichkeitsklausel i.S.d. Art. 72 II GG, S. 203 f.
842 *Kuttenkeuler*, Die Verankerung des Subsidiaritätsprinzips im GG, S. 208 f.
843 *Kröger/Moos*, BayVBl. 1997, 705 ff., 709.
844 Vgl. *Gruson*, Inhalt und Justitiabilität des Art. 72 Abs. 2 des Grundgesetzes, S. 59 f.

d) Die Rechtsprechung des Bundesverfassungsgerichts

aa) Die allgemeinen Ausführungen

Das Bundesverfassungsgericht hob in seinem Altenpflegeurteil zunächst heraus, dass die „Herstellung gleichwertiger Lebensverhältnisse" für die „Wahrung der Rechts- oder Wirtschaftseinheit" nicht von Bedeutung sei. Die Wahrung der Rechts- oder Wirtschaftseinheit gehöre zu den „unmittelbar institutionellen Voraussetzungen des Bundesstaates" und betreffe erst „mittelbar die Lebensverhältnisse der Bürger". Der Bund darf daher nicht lediglich allgemein zur Verbesserung der Lebensverhältnisse tätig werden.[845] Daran anschließend prüfte das Gericht die Tatbestandsmerkmale „Wahrung der Rechts- oder Wirtschaftseinheit" separat voneinander.[846]

Die *Wahrung der Rechtseinheit* kann den Bundesgesetzgeber nicht schon dann ermächtigen, wenn er bundeseinheitliches Recht setzen will. Denn unterschiedliche Rechtslagen sind notwendige Folge des bundesstaatlichen Aufbaus. Das Grundgesetz lässt unterschiedliche rechtliche Ordnungen in den Ländern zu und begrenzt insoweit eine Berufung auf Art. 3 I GG. Daher müssen weitere materielle Voraussetzungen erfüllt sein.[847] Ohne es ausdrücklich herauszustellen, prüfte das Gericht diese weiteren Voraussetzungen unter dem „gesamtstaatlichen Interesse". „Eine Gesetzesvielfalt auf Länderebene erfüllt die Voraussetzungen des Art. 72 II GG erst dann, wenn sie eine Rechtszersplitterung mit problematischen Folgen darstellt, die im Interesse sowohl des Bundes als auch der Länder nicht hingenommen werden kann." Dies wäre dann der Fall, wenn die „Erhaltung einer funktionsfähigen Rechtsgemeinschaft", die „Rechtssicherheit" oder der „länderübergreifende Rechtsverkehr" bzw. die „Freizügigkeit" bedroht wären. Somit liegt die „Wahrung der Rechtseinheit" im gesamtstaatlichen Interesse, „wenn die unterschiedliche rechtliche Behandlung desselben Lebenssachverhalts unter Umständen erhebliche Rechtsunsicherheiten und damit unzumutbare Behinderungen für den länderübergreifenden Rechtsverkehr erzeugen kann.[848] Die Bedeutung der „Freizügigkeit" hebt das Gericht schließlich in der Subsumtion hervor, indem es das AltPflG des Bundes unter dem Aspekt der „Wahrung der Rechtseinheit" unter anderem daran scheitern lässt, dass eine Rahmenvereinbarung zwischen den Ländern zu einer wechselseitigen Anerkennung der jeweiligen Ausbildung führt, die Freizügigkeit damit garantiert wird.[849] Als Beispiele einer möglichen Bedrohung nennt das Gericht einerseits „unterschiedliche

---

845 BVerfGE 106, 62 (145) – „Altenpflegegesetz", Urteil vom 24.10.2002.
846 Der Leitsatz 2.) b) bb) erscheint irreführend, in welchem das Gericht zunächst systematisch korrekt von der „Wahrung der Rechts- oder Wirtschaftseinheit" spricht und die allgemeinen Voraussetzungen hervorhebt, dann allerdings die speziellen Ausführungen zur „Wahrung der Rechtseinheit" anschließt, ohne dies explizit kenntlich zu machen. Vgl. BVerfGE 106, 62 (63, Leitsatz 2.) b) bb)) – „Altenpflegegesetz", Urteil vom 24.10.2002.
847 BVerfGE 106, 62 (145) – „Altenpflegegesetz", Urteil vom 24.10.2002; BVerfG, 2 BvF 2/02, „Juniorprofessur" - Urteil vom 27.7.2004, Rn. 99.
848 BVerfGE 106, 62 (145 f.) – „Altenpflegegesetz", Urteil vom 24.10.2002.
849 BVerfGE 106, 62 (156) – „Altenpflegegesetz", Urteil vom 24.10.2002.

Personenstandsregelungen in den Ländern", die dazu führen würden, dass die Eheschließung oder die Scheidung in der Bundesrepublik rechtlich unterschiedlich behandelt würden. Auch das Gerichtsverfassungsrecht dürfe nicht unterschiedlich geregelt werden, weil sonst die Effektivität der Rechtsschutzgarantie gefährdet würde.[850]

Die „Wahrung der Wirtschaftseinheit" liegt nach Ansicht des Bundesverfassungsgerichts „im gesamtstaatlichen Interesse, wenn es um die Erhaltung der Funktionsfähigkeit des Wirtschaftsraums der Bundesrepublik durch bundeseinheitliche Rechtssetzung geht." Das Gericht berücksichtigt dabei, dass sich Wirtschaftseinheit regelmäßig durch einheitliche rechtliche Regelungen herstellen lässt. Die erforderliche Abgrenzung erfolgt nach dem Schwerpunkt der Regelung. „Geht es in erster Linie um wirtschaftspolitisch bedrohliche oder unzumutbare Auswirkungen einer Rechtsvielfalt oder mangelnder länderrechtlicher Regelung", dann ist die „Wahrung der Wirtschaftseinheit" maßgeblich.[851] Damit betont das Gericht, dass die „Rechts- oder Wirtschaftseinheit" nicht kumulativ vorliegen müssen, sondern sie vielmehr in einer ausschließenden Alternativität stehen.

Im Prinzip ist es Aufgabe der Länder, wirtschaftliche Lagen zu regulieren. Eine Grenze muss jedoch nach Ansicht des Bundesverfassungsgerichts dann gezogen werden, wenn Landesregelungen oder das Untätigbleiben der Länder „erhebliche Nachteile für die Gesamtwirtschaft mit sich bringen". Dies ist dann der Fall, wenn „Schranken oder Hindernisse für den wirtschaftlichen Verkehr im Bundesgebiet" errichtet werden oder „die Verteilung des wirtschaftlichen (personellen und sachlichen) Potentials" durch Länderregelungen verzerrt wird. Unter Umständen können auch „tatsächliche Verschiedenheiten zwischen den Ländern" die Gesamtwirtschaft beeinträchtigen[852], was Kriterium einer bundesgesetzlichen Regelung sein kann.

Nach diesen allgemeinen Ausführungen stellt das Gericht fest, dass ein Gesetz zur „Wahrung der Wirtschaftseinheit" zumindest dann erforderlich ist, wenn es die Einheitlichkeit der beruflichen Ausbildung sicherstellt oder wenn es für gleiche Zugangsmöglichkeiten zu Berufen oder Gewerben in allen Ländern sorgen müsse. Auch eine perfekte Lösung eines Landes reicht in diesem Bereich nicht aus. „Unterschiedliche Ausbildungs- und Zulassungsvoraussetzungen können (…) im deutschen Wirtschaftsgebiet störende Grenzen aufrichten, sie können eine Ballung oder Ausdünnung des Nachwuchses in bestimmten Regionen bewirken, sie können das Niveau der Ausbildung beeinträchtigen und damit erhebliche Nachteile für die Chancen des Nachwuchses sowie für die Berufssituation im Gesamtstaat begründen." Dieses Postulat stützte das Gericht auf den Willen des verfassungsändernden Gesetzgebers, insbesondere auf die Erklärung der SPD-Fraktion zur beruflichen Bil-

---

850 BVerfGE 106, 62 (145 f.) – „Altenpflegegesetz", Urteil vom 24.10.2002.
851 BVerfGE 106, 62 (146) – „Altenpflegegesetz", Urteil vom 24.10.2002; BVerfG, 2 BvF 2/02, „Juniorprofessur" - Urteil vom 27.7.2004, Rn. 100.
852 BVerfGE 106, 62 (146 f.) – „Altenpflegegesetz", Urteil vom 24.10.2002; vgl. hierzu auch BVerfG, 2 BvF 2/02, „Juniorprofessur" - Urteil vom 27.7.2004, Rn. 130, wonach „erhebliche Wettbewerbsnachteile" eine Bundesregelung rechtfertigen können.

dung, welche es zitiert. Diese repräsentiere die Regelungsvorstellung des verfassungsändernden Gesetzgebers.[853]

Die auch in den Folgeurteilen zitierten, im Altenpflegeurteil erstmals aufgestellten maßstabsbildenden Voraussetzungen der Erforderlichkeit der „Wahrung der Wirtschaftseinheit", die nunmehr die wesentliche Grundlage jeder Prüfung des Art. 72 II GG darstellen, lehnt das Bundesverfassungsgericht nahezu wortwörtlich an *Gruson* und *Kröger/Moos* an, ohne diese zu zitieren (!) oder sonst explizit hervorzuheben.[854]

bb) Die Subsumtion des Gerichts

Nachdem vom Bundesverfassungsgericht, wie dargestellt, die Maßstäbe für eine Prüfung des Art. 72 II GG entwickelt wurden, fällt die anschließende Subsumtion unter die *„Wahrung der Rechtseinheit"* wenig überzeugend aus. Es stellt fest, dass zwar „Rechtseinheit" durch das AltPflG geschaffen werde. Diese liege aber nicht im „gesamtstaatlichen Interesse". Das Altenpflegegesetz strebe Rechtsvereinheitlichung nicht deshalb an, weil die Rechtswirkungen der unterschiedlichen Ausbildungsregelungen selbst und unmittelbar bundesstaatlichen Interessen entgegenstünden. Die Interessen der Nachbarländer oder des Bundes werden nicht dadurch berührt, dass unterschiedliche Länderregelungen beispielsweise die Ausbildung von Altenpflegern in dem einen Land nur als Umschüler und im anderen Land im Rahmen einer beruflichen Erstausbildung zulassen. Dies dürfe als Ausdruck föderaler Vielfalt gelten. Die 1984/85 zwischen den Ländern geschlossene Rahmenvereinbarung führe schließlich zu einer wechselseitigen Anerkennung der jeweiligen Ausbildungen.[855] Im Ergebnis wird hervorgehoben, dass eine Selbstkoordination der Länder zu einer Rechtslage führen kann, die die Freizügigkeit in der Bundesrepublik nicht gefährdet.

Hier argumentiert das Bundesverfassungsgericht auf der Ebene der aufgehobenen Voraussetzungen des Art. 72 II GG a.F. (vgl. Nr. 2: „die Regelung einer Angelegenheit durch ein Landesgesetz die Interessen anderer Länder oder der Gesamtheit beeinträchtigen könnte"). Vorzugswürdig wäre es gewesen, im Anschluss an die vorangegangenen Ausführungen herauszustellen, dass für die Regelung der Ausbildungsvorschriften primär die Zielvorgabe der „Wahrung der Wirtschaftseinheit" einschlägig ist, so dass nicht in erster Linie eine Bedrohung der Rechtssicherheit und Freizügigkeit geprüft werden musste.

---

853 BVerfGE 106, 62 (147 f.) – „Altenpflegegesetz", Urteil vom 24.10.2002; kritisch allerdings *Pestalozza*, NJW 2004, 1840 ff., 1843, Fn. 36, der hervorhebt, dass die „Wirtschaftseinheit" lediglich „wiederbelebt" worden ist, um das Gesamtpaket der Reform nicht zu gefährden.
854 Eine Gegenüberstellung der Ausführungen zeigt die Parallelität: Die Ausführungen in BVerfGE 106, 62 (146 f.) entsprechen weitestgehend der Gedankenführung von *Kröger/Moos*, BayVBl. 1997, 705 ff. (709) und *Gruson*, S. 59 f. Eine solche „Vereinnahmung" literarischer Stellungnahmen ist mehr als schlechter juristischer Stil.
855 BVerfGE 106, 62 (156) – „Altenpflegegesetz", Urteil vom 24.10.2002.

Wenn das Gericht im Rahmen seiner Ausführungen zur „*Wahrung der Wirtschaftseinheit*" zu erkennen gibt, dass dem Willen des verfassungsändernden Gesetzgebers auch bei der dritten Zielvorgabe gefolgt werden soll, so wäre ein Gesetz nicht „*jedenfalls* dann", sondern „*ausschließlich* dann" erforderlich, wenn es eine einheitliche berufliche Ausbildung reguliert. Denn dies war die klare und unzweideutige Begründung für die Aufnahme der „Wirtschaftseinheit" in den Art. 72 II GG. Dem Willen des verfassungsändernden Gesetzgebers nicht unbedingt folgend gibt es in seiner Subsumtion zu erkennen, dass unter Umständen sogar auch wirtschaftspolitische Ziele über eine Regelung der beruflichen Bildung hinaus eine Bundesregelung rechtfertigen können: „Ungeachtet weitreichender oder längerfristiger Ziele ist der Bundesgesetzgeber jedenfalls berechtigt, die Wirtschaftseinheit durch Vereinheitlichung der Berufsbildung zu wahren." Dieser Hinweis auf weitreichende oder längerfristige Ziele erscheint überflüssig, wenn man mit dem Willen des verfassungsändernden Gesetzgebers ausschließlich die einheitliche berufliche Ausbildung von dem Begriff der Wirtschaftseinheit umfasst sieht.

In der Sache wurde allerdings zutreffend entschieden. Ausschlaggebend für eine Kompetenzzuweisung an den Bund war, dass keine einheitlichen Standards und keine allgemein verbindlichen Qualifikationen in der Altenpflegeausbildung existieren, somit insgesamt kein einheitliches Berufsbild garantiert wird. Das Bundesgesetz hingegen dient der Personalgewinnung und der aufgabengerechten Personalentwicklung und kann demzufolge diese Defizite beheben.[856]

e) Weitere Präzisierungen

aa) Wahrung der Rechtseinheit

Für die materiellen Tatbestandsvoraussetzungen der „Wahrung der Rechtseinheit" bleibt festzuhalten, dass diese durch die „Wahrung der Rechtssicherheit und der Freizügigkeit" in gelungener Weise konkretisiert worden sind.[857] Nur in diesen Bereichen erscheinen Rechtszersplitterungen mit problematischen Folgen möglich. Eine weitere Konkretisierung ist allerdings dahingehend erforderlich, die Bereiche, in denen die Rechtssicherheit und Freizügigkeit in Gefahr geraten können, präziser herauszuarbeiten. Auch bei der Prüfung dieser Zielvorgabe bezieht sich das Bundesverfassungsgericht in weiten Teilen auf die Ausführungen *Grusons*, welche dieser zur „Erforderlichkeit der Rechtseinheit" nach Art. 72 II GG a.F. entwickelt hat. Er stellt darauf ab, dass „sich der Rechts- und Wirtschaftsverkehr und der persönliche Verkehr der Bundesbürger ungehindert und unbeschwert durch die Landesgrenzen im Bundesgebiet abspielen kann. Die unterschiedliche rechtliche Behandlung eines

---

856 BVerfGE 106, 62 (158, 160 ff.) – „Altenpflegegesetz", Urteil vom 24.10.2002.
857 *Kenntner*, DVBl. 2003, 259 ff., 261, fasst dies zusammen unter der „Bedrohung der funktionsfähigen Rechtsgemeinschaft".

Sachverhaltes in den verschiedenen Ländern erzeugt Rechtsunsicherheit und Behinderungen für den landesgrenzüberschreitenden Verkehr".[858] Es muss demnach herausgearbeitet werden, in welchen Bereichen eine Gesetzesvielfalt den Verkehr so behindert bzw. erschwert, dass eine bundeseinheitliche Regelung erforderlich ist, sowie unter welchen näheren Voraussetzungen eine rechtsunsichere Lage gegeben ist, welche dem Bundesgesetzgeber ein Einschreiten ermöglicht.

Fernerhin hat das Bundesverfassungsgericht eine klare Aufteilung der Zielvorgaben des Art. 72 II GG angenommen.[859] Nach der alten Rechtslage erlangten Art. 72 II Nr. 1 und 2 GG a.f. keine praktische Bedeutung. Das Verständnis des Art. 72 II Nr. 3 GG a.f. war unklar. Man konnte die Voraussetzung der „Wahrung der Einheitlichkeit der Lebensverhältnisse" entweder als spezielle Voraussetzung der „Wahrung der Rechts- oder Wirtschaftseinheit" oder als eine eigenständige Voraussetzung betrachten. Durch die Streichung der ehemaligen Ziffern 1 und 2 des Art. 72 II GG a.F. und die explizite Aufteilung in drei mögliche Varianten wird deutlich, dass nunmehr klare Abgrenzungen erfolgen sollen. Da die „Wahrung der Rechtseinheit" den weitesten Anwendungsbereich vermuten lässt, erscheint es bei dieser Zielvorgabe sinnvoll, den Anwendungsbereich *auch* negativ im Hinblick auf die anderen Vorgaben abzugrenzen.

Eine Unterteilung kann damit erfolgen nach:

- negativen Kriterien: Regelungen, die den Bürger primär weder sozial („Herstellung gleichwertiger Lebensverhältnisse") noch wirtschaftlich („Wahrung der Wirtschaftseinheit") betreffen[860] und
- positiven Kriterien: justitiellen Regelungen, die der Rechtssicherheit dienen, oder
- positiven Kriterien: allgemeinen Regelungen, die die Freizügigkeit und die Rechtssicherheit wahren.

aaa) Justitielle Regelungen

Zunächst sollen die *justitiellen Regelungen* präzisiert werden. Bei diesen besteht regelmäßig weder ein unmittelbarer Bezug zu sozialen Gesichtspunkten noch zu wirtschaftlichen Aspekten. Sie dienen primär der Rechtssicherheit, indem sie Rechtsschutz und die Feststellung dessen, was im Einzelfall rechtens ist, gewährleisten. Das Erfordernis einer bundeseinheitlichen Regelung besteht im Bereich der justitiellen Regelung relativ unproblematisch. Das Bundesverfassungsgericht erwähnt zunächst die grundlegenden Regelungen für das Gerichtsverfassungsrecht (Art. 74 I Nr. 1 GG). Es wäre in der Tat für die Rechtsverfolgung des einzelnen

---

858 *Gruson*, Inhalt und Justitiabilität des Art. 72 Abs. 2 des Grundgesetzes, S. 56.
859 Vgl. BVerfGE 106, 62 (146) – „Altenpflegegesetz", Urteil vom 24.10.2002; BVerfG, 2 BvF 2/02, „Juniorprofessur" - Urteil vom 27.7.2004, Rn. 100.
860 Siehe hierzu unter *3.Teil, B.I.1.e; 3.Teil, B.I.2.e.bb*.

Bürgers unzumutbar, z.b. die sachliche Zuständigkeit der Zivilgerichte von Bundesland zu Bundesland unterschiedlich zu regeln. Weiterhin nennt das Bundesverfassungsgericht die verfahrensrechtlichen Regelungen. Hierunter zählen insbesondere die ZPO, die StPO und die VwGO.[861] Sicherlich gibt es andere Bundesstaaten, in denen das Prozessrecht nicht vereinheitlicht ist. In Deutschland hat aber die Einheitlichkeit des Prozessrechts einen besonderen historischen Stellenwert und wird daher wohl auch im gesellschaftlichen Bewusstsein als schlechthin unverzichtbar angesehen. So war es historisch gesehen ein wesentlicher Schritt zur Rechtseinheit in Deutschland, als das GVG, die ZPO und StPO[862] als Reichsjustizgesetze 1877 einheitlich erlassen wurden. Grund für eine gesamtstaatliche Regelung der Gerichtsbarkeit war einerseits, dass sie ein Mittel nationaler Einigung darstellte: „Der Sinn der Rechtsprechung ist Schutz des Rechtsfriedens und der Rechtssicherheit in einer politisch geeinten Gemeinschaft. Eine im Einklang mit der Rechtsordnung und dem Rechtsbewusstsein der Nation ausgeübte Gerichtsgewalt gehört zu den stärksten Mitteln der politischen Einheitsbildung."[863] Wenngleich die Einheit heutzutage nicht mehr in dem Maße wie zu Zeiten der Reichsgründung zu verwirklichen ist, kann dieser Grund für eine bundeseinheitliche Regelung aber immer noch herangezogen werden. Daneben war entscheidend, dass „eine in großer industrieller, technischer, zivilisatorischer Entfaltung stehende Nation der gemeinsamen obersten Gerichtsgewalt auch und gerade bedurfte, um sich zu einem Wirtschafts- und Sozialstaat moderner Prägung zu entfalten".[864] Dieses Argument hat nichts an Aktualität eingebüsst. Die Gründe, die zur Rechtseinheit in Deutschland führten, können daher entsprechend herangezogen werden, um auch heute bundeseinheitliche, justitielle Regelungen zu rechtfertigen.

bbb) Freizügigkeit wahrende Regelungen

Weiterhin ist auf die *Regelungen, die den Bürger primär weder sozial noch wirtschaftlich betreffen und die Freizügigkeit wahren*, einzugehen. Unter Freizügigkeit versteht das Bundesverfassungsgericht grundsätzlich das Recht, „an jedem Ort des

---

861 Vgl. *Renesse*, NZS 2004, 452 ff., 452 ff., zu der i.S.d. Art. 72 II, 2. Var. GG erforderlichen bundeseinheitlichen Regelung des Rechtswegs zu den Sozialgerichten (noch: § 51 SGG) vor dem Hintergrund der Überlegungen der Bundesregierung, den Ländern die Möglichkeit zu eröffnen, die Sozialgerichtsbarkeit durch besondere Spruchkörper der Verwaltungsgerichte und der Oberverwaltungsgerichte auszuüben und damit wichtige Veränderungen in der Gerichtsorganisation den Ländern zu ermöglichen.
862 Gerichtsverfassungsgesetz vom 27.1.1877 (RGBl. S. 41); Zivilprozessordnung vom 30.1.1877 (RGBl. S. 83); Strafprozessordnung vom 1.2.1877 (RGBl. S. 253). Daneben wurden die Konkursordnung und einige Nebengesetze erlassen.
863 *Huber*, Deutsche Verfassungsgeschichte, Band III, S. 975; vgl. hierzu auch *Kissel*, NJW 2004, 2872 ff.
864 *Huber*, Deutsche Verfassungsgeschichte, Band III, S. 975.

Bundesgebietes Aufenthalt und Wohnsitz zu nehmen".[865] Gesetzliche Regelungen können auf vielerlei Weise Einfluss auf die Freizügigkeit nehmen. Beispielsweise wirken sich berufsrechtliche (Ausbildungs-)Regeln, Steuer- und Abgabenregelungen oder etwa baurechtliche Regelungen, die das Bauen beschränken, auf die Freizügigkeit aus. Im Rahmen der Erforderlichkeitsklausel des Art. 72 II GG müssen die negativen Auswirkungen auf die Freizügigkeit derart intensiv sein, dass das Interesse der Länder an eigenen Regelungen zurückzutreten hat. Dies erfordert eine restriktive Anwendung des Kriteriums der Freizügigkeit im Bereich der Verteilung der Gesetzgebungskompetenzen. Andernfalls würde man dem Bundesgesetzgeber Tür und Tor für eine Regelung weitreichender Materien der konkurrierenden Gesetzgebung öffnen. Die Regelungen der Länder müssen daher so weit differieren, dass tatsächlich die Gefahr droht, eine nicht unerhebliche Anzahl der jeweiligen Normadressaten werde abgehalten oder veranlasst, die Ländergrenzen dauerhaft zu überschreiten.

Dies kann nur für solche Gesetzgebungsmaterien gelten, die potentiell die Abwanderung der Bevölkerung oder der wirtschaftlichen Unternehmen aus dem jeweiligen Bundesland veranlassen bzw. hemmen können. Die „weniger mobilen Gesetzgebungskompetenzen" können den Ländern hingegen zur Regelung überlassen bleiben. Dabei bleibt zu beachten, dass eine Abwanderung der Bevölkerung vielfach aufgrund der besseren sozialen Lebensverhältnisse oder des wirtschaftlichen Bezugs erfolgt[866], die insoweit angesprochene Kompetenzausübungsfrage somit regelmäßig schon durch Art. 72 II 1. oder 3. Var. GG geregelt wird.

Zu den „mobilen Gesetzgebungskompetenzen", die ein Tätigwerden des Bundes erforderlich werden lassen, zählen jedenfalls im Kernbereich das Arbeitsschutzrecht (Art. 74 I Nr. 12 GG). Dem Arbeitsplatz kommt die elementare Bedeutung zu, eine Lebensgrundlage zu schaffen und zu wahren. Gerade die speziellen bundesgesetzlichen Schutzvorschriften des Arbeitsrechts, z.B. das Kündigungsschutzgesetz, das Arbeitszeitgesetz, das Bundesurlaubsgesetz, das Entgeltfortzahlungsgesetz oder das Mutterschutzgesetz, dienen auch dazu, die Freizügigkeit zu wahren. Unterschiedliche Landesregelungen können den Einzelnen unter Abwägung mit anderen Gesichtspunkten dazu veranlassen, einen Ortswechsel aufgrund der elementaren Bedeutung des Arbeitsplatzes als Lebensgrundlage vorzunehmen oder zu unterlassen. Ob solche Auswirkungen auf die Freizügigkeit allerdings immer derart *intensiv* sind, dass das Interesse der Länder an eigenen Regelungen, mit denen etwa das Arbeitsschutzrecht „entfeinert" wird, zurückzutreten hat, erscheint aber doch recht zweifelhaft. In anderen Rechtsmaterien ist die Wertung auch nicht immer eindeutiger. So beeinflussen der Grundstücksverkehr und das Bodenrecht (Art. 74 I Nr. 18 GG) maßgeblich die Mobilität im Bundesgebiet. Hier müssen jedenfalls die Regelungen bundeseinheitlich sein, von denen faktisch deutliche Auswirkungen auf die Mobilität ausgehen können. Eine andere Frage ist, ob, wenn zugelassen, Studiengebühren

---

865 BVerfGE 80, 137 (150) – „Reiten im Walde", Beschluss vom 6.6.1989 m.w.Nachw.
866 Vgl. *Hailbronner*, in: HStR VI, § 131, Rn. 37.

bundeseinheitlich geregelt werden können. Zum einen dient die Staffelung von Studiengebühren oder auch deren Nichteinführung in einzelnen Ländern oder von einzelnen Hochschulen der Verwirklichung von Wettbewerb zwischen den Hochschulen der Länder oder den Hochschulen selbst: Je besser die (Landes-)Hochschulen, desto größer die Bereitschaft zur Errichtung auch höherer Studiengebühren. Zum anderen würde eine unterschiedliche Regelung der Studiengebühren (Art. 75 I 1 Nr. 1a GG) zu einer nicht aus sachlichen, sondern nur aus ökonomischen Gründen und damit die Freizügigkeit beeinträchtigenden „Wanderung" von Studienanfängern führen, was aber wohl des Wettbewerbs zwischen den Hochschulen und damit deren internationaler Konkurrenzfähigkeit willens hinzunehmen ist.[867] Schließlich hat insbesondere das Steuerrecht (Art. 105 II GG) Auswirkungen auf die Freizügigkeit, worauf zurückzukommen ist.[868]

ccc) Rechtssicherheit wahrende Regelungen

Schließlich sollen die *Regelung, die den Bürger primär weder sozial noch wirtschaftlich betreffen und die Rechtssicherheit wahren*, betrachtet werden. Unter Rechtssicherheit versteht man grundsätzlich die Verlässlichkeit der Rechtsordnung.[869] Auch mit dem Begriff „Verlässlichkeit" wird nur ein weiterer denkbar offener Begriff für die Abgrenzung der Gesetzgebungskompetenzen angeboten. Im vorliegenden Zusammenhang soll dem Bund gerade nicht die Möglichkeit eröffnet werden, auf Grund von unpräzisen Maßstäben weitreichend tätig zu werden. Vielmehr muss von einem restriktiven Verständnis der Verlässlichkeit als Voraussetzung der Rechtssicherheit ausgegangen werden.

Im Rahmen des Art. 72 II GG ermöglicht die Rechtssicherheit dem Bundesgesetzgeber, tätig zu werden, wenn das Interesse an der Verlässlichkeit der Rechtsordnung das Interesse der Länder an divergierenden Regelungen überwiegt. Dem liegt der Gedanke eines wertenden Ausgleichs zwischen dem Bundes- und dem Rechtsstaatsprinzip zugrunde.

Das Vertrauen der Adressaten in die jeweiligen Normen erfordert jedenfalls in Teilbereichen eine einheitliche Regelung. Das Vertrauen in eine Rechtsnorm bedarf der *Dauerhaftigkeit* derselben. Rechtssicherheit und Verlässlichkeit des Rechts in der *Zeitdimension* erfordern, dass sich der Einzelne darauf verlassen kann, dass das Recht, das er seinen Entscheidungen zugrunde legt, nach Möglichkeit konstant bleibt. Eine einheitliche Bundesregelung kann ein solches Vertrauen herstellen.

---

867 Vgl. hierzu *Wrase*, NJ 2004, 156 ff., 157. Entgegen *Wrase* ist eine bundeseinheitliche Regelung der Studiengebühren zur „Herstellung gleichwertiger Lebensverhältnisse" (Art. 72 II, 1. Var. GG) unter keinen Umständen erforderlich; so nunmehr auch BVerfG, 2 BvF 1/03, „Studiengebühren" - Urteil vom 26.1.2005.
868 Siehe hierzu auch *4.Teil, VI.4*.
869 Vgl. *Herzog*, in: M/D, GG, Art. 20, VII, Rn. 57 ff.; *Schmidt-Aßmann*, in: HStR II 2004, § 26, Rn. 81; *Sachs*, in: Sachs, GG, Art. 20, Rn. 122 m.w.Nachw.

Grundsätzlich können auch unterschiedliche Landesregelungen durch ihre dauerhafte Geltung Vertrauen erzeugen. Jedoch ist bei unterschiedlichen Landesregelungen die Gefahr größer als bei einem Bundesgesetz, dass die eine oder die andere Landesregelung abgeändert wird. Der Rechtsunterworfene muss sich je nach Bedarf über das anwendbare Recht erkundigen. Somit ist das Vertrauen in eine Rechtsnorm grundsätzlich durch eine Bundesregelung eher gegeben als durch Landesregelungen, bei denen die Gefahr einer Änderung eines der einschlägigen Landesgesetze größer ist.

Im Rahmen der Rechtssicherheit kommt daran anknüpfend verstärkt der Grundrechtsbezug einer Materie zum Ausdruck. Vor allem dieser, wie die Vertrauensschutzdogmatik zeigt, kann eine dauerhafte Regelung erfordern. Das Bundesverfassungsgericht zeigt jedoch, dass es im Rahmen des Grundrechtsschutzes nicht von einem denkbar weiten Verständnis der Rechtssicherheit ausgeht, wenn es hervorhebt, dass die Berufung jedenfalls auf Art. 3 I GG im Bundesstaat begrenzt ist.[870] Daneben kann der Grundrechtsschutz das Erfordernis einer bundeseinheitlichen Regelung gerade auch verhindern, wenn etwa die Grundrechtsrechtsprechung des Bundesverfassungsgerichts ein Rechtssicherheit erzeugendes Mindestmaß an Grundrechtsschutz vorgibt, welches die Länder ohnehin nicht unterschreiten können. Dann können die Länder jenseits des Mindestmasses an Grundrechtsschutz eigenständige Regelungen erlassen, welche nicht die Rechtssicherheit und Verlässlichkeit tangieren.[871]

Im Strafrecht (Art. 74 I Nr. 1 GG) streiten besondere Gründe dafür, dass diese Materie eine Verlässlichkeit und Dauerhaftigkeit der Rechtsordnung erfordert. Die strafrechtlichen Normen tangieren den Bürger weder primär in seinen sozialen Verhältnissen noch in seinen wirtschaftlichen Belangen. Die Rechtssicherheit erfordert jedoch, dass die Strafbarkeit bestimmter Handlungen im ganzen Bundesgebiet einheitlich geregelt bleibt. Offensichtlich ist, dass der Straftatbestand des Diebstahls (§§ 242 ff. StGB) oder des Betruges (§§ 263 ff. StGB) nicht bundesweit divergieren darf, da das kollektive Vertrauen in den Schutz von Rechtsgütern durch diese Normen überwiegt. Im Bereich des Strafrechts kommt hinzu, dass diese Materie in ihrem moralisch-ethischem Kernbereich stark *bewußtseinsbildend* ist. Die Bewusstseinsbildung in der Bevölkerung erfordert eine Orientierung an einheitlichen Normen und damit eine einheitliche Regelung. Die Regelungen, deren moralischethische Anforderungen im Bewusstsein der Bevölkerung verankert sind[872], dürfen somit nicht den Landesgesetzgebern überantwortet werden.

Auch für das Bürgerliche Recht (Art. 74 I Nr. 1 GG) gilt, dass Rechtssicherheit und Vertrauen in die Verlässlichkeit seiner Regelungen eine bundeseinheitliche Gesetzgebung erfordern. Dies folgt zudem aus den Art. 123 I, 125 GG, welche die Fortgeltung alten Rechts als Bundesrecht im Bereich der konkurrierenden Gesetzge-

---

870 BVerfGE 106, 62 (145) – „Altenpflegegesetz", Urteil vom 24.10.2002.
871 Vgl. hierzu das Beispiel des Versammlungsgesetzes, *4.Teil, VI.6.a*.
872 Zur Bindung des moralisch-ethischen Bewusstseins durch das Strafrecht vgl. *Jescheck/Weigend*, Lehrbuch des Strafrechts, Allgemeiner Teil, S. 4 ff., 418 f.

bung regeln. Art. 72 II GG ist nach nahezu unbestrittener Auffassung nicht anwendbar. „Das Bedürfnis i.S.v. Art. 72 II GG a.f. galt vielmehr bereits durch die Fortgeltung nach Art. 125 als ein für allemal bejaht."[873] Dieser Ansicht folgt auch das Bundesverfassungsgericht in stetiger Rechtsprechung.[874] Für Art. 72 II GG n.F. kann selbstverständlich nichts anderes gelten. Es ist undenkbar, dass die Vorschriften des bürgerlichen Rechts zunächst in Bundesrecht übernommen, dann aber im Gegensatz hierzu durch eine Anwendung des Art. 72 II GG wieder in Frage gestellt werden könnten.[875] Für das bürgerliche Recht, das in anderen Kompetenztiteln geregelt ist[876] findet Art. 72 II GG n.f. hingegen regelmäßig Anwendung. In diesen Bereichen erfolgten überwiegend Neukodifikationen, so dass auch in diesem Bereich ein Vertrauen in die Verlässlichkeit dieser Rechtsnormen entstehen konnte.

Das Fortgelten alten Rechts kann dem Bundesgesetzgeber natürlich nicht verbieten, dem durch den Wandel der Zeit hervorgerufenen Änderungsbedarf des BGB (z.B. das Recht der allgemeinen Geschäftsbedingungen, das Haustürwiderrufsrecht, den sozialen Mieterschutz oder die durch den technischen Wandel hervorgerufenen neuen Vertragsarten, wie etwa den Fernabsatzvertrag) gerecht zu werden. Dann stellt sich indes die Frage, ob in solchen Fällen ebenfalls die Erforderlichkeit i.S.d. Art. 72 II GG jeweils zu klären ist. Unter der Geltung der alten Fassung des Art. 72 II GG spielte diese Frage keine Rolle und wurde daher auch nicht ausführlich in der Literatur diskutiert. Die Neuregelung des Art. 72 II GG erfordert eine genauere Betrachtung. Es stellt sich die Frage, was anzunehmen ist, wenn bei Änderungen von Recht, das nach Art. 125 GG fortgilt, die Erforderlichkeit i.S.d. Art. 72 II GG fortfallen sollte. Hier wird einerseits eine nicht einklagbare Pflicht des Bundes geltend gemacht, fortgeltendes Recht, für dessen Änderung die Voraussetzungen des Art. 72 II GG nicht mehr bestehen, durch einfaches Gesetz für den Landesgesetzgeber freizugeben.[877] Andererseits wird ein analoger Rückgriff auf die Freigabekompetenz des Art. 125a II GG angenommen. Danach kann durch Bundesgesetz bestimmt werden, dass das alte fortgeltende Recht durch Landesrecht gem. Art. 125a II GG analog ersetzt werden kann.[878] Trotz der abweichenden Begründungswege decken sich die Ergebnisse der Sache nach, so dass ein Streitentscheid dahinstehen kann.

In der Tat muss die Möglichkeit bestehen, auch bei Änderung fortgeltender Gesetze den Ländern unter Umständen die Regelungsmöglichkeit wieder einzuräumen. Die Situation ähnelt nach zutreffender Ansicht der Lage, die Art. 125a II GG regelt.

---

873 *Wolff*, in: vM/K/S, GG, Art. 125, Rn. 9 m.w.Nachw.
874 BVerfGE 1, 283 (293 ff.) – „Badisches / Bremisches Ladenschlussgesetz", Urteil vom 20.5.1952 (in diesem Zusammenhang betonte das Gericht bereits den Aspekt der „Rechtssicherheit"); BVerfGE 23, 113 (122) – „§ 367 I Nr. 15 StGB", Beschluss vom 22.2.1968 m.w.Nachw.
875 Vgl. zu Art. 72 II GG a.F. *Maunz*, in: M/D, GG, Art. 125, Rn. 3.
876 Vgl. beispielshalber das Personenstandswesen nach Art. 74 I Nr. 2 GG, das privatrechtliche Versicherungswesen nach Art. 74 I Nr. 11 GG oder das Individualarbeitsrecht nach Art. 74 I Nr. 12 GG.
877 *Wolff*, in: vM/K/S, GG, Art. 125, Rn. 9 unter Verweis auf die Ansicht zu Art. 72 II GG a.F.
878 *Kirn*, in: von Münch/Kunig, GG, Art. 125, Rn. 8.

Damit kann die neue Rechtsprechung des Bundesverfassungsgerichts zu dieser Vorschrift herangezogen werden. Auch in dem Bereich der Art. 123 I, 125 GG kann nicht davon ausgegangen werden, dass der verfassungsändernde Gesetzgeber eine Versteinerung herbeiführen wollte, welche dem Bund keinerlei Änderungen mehr erlaubt. Die Änderungskompetenz des Bundes ist allerdings auch hier bei Fehlen der Voraussetzungen des Art. 72 II GG eng auszulegen und „an die Beibehaltung der wesentlichen Elemente der in dem fortgeltenden Bundesgesetz enthaltenen Regelung geknüpft. Zu einer grundlegenden Neukonzeption wären dagegen nur die Länder befugt, allerdings erst nach einer Freigabe durch Bundesgesetz." In der Konsequenz dieser Argumentation liegt, das Ermessen des Bundesgesetzgebers beim Fehlen der Voraussetzungen des Art. 72 II GG durch den Grundsatz des bundes- und länderfreundlichen Verhaltens dahingehend zu reduzieren, dass er die Länder zur Neuregelung zu ermächtigen hat, wenn diese sachlich geboten oder politisch gewollt ist, der Bund sie aber aufgrund einer „grundlegenden Neukonzeption" nicht mehr vornehmen darf. Der Bund ist damit nicht in der Lage, eine an sich gebotene Neuregelung durch die Länder auf längere Sicht zu blockieren.[879]

Bei den zahlreichen Änderungen des BGB würde es jedenfalls im Prinzip ebenfalls auf die nebulös formulierte „grundlegende Neukonzeption" ankommen, die fortan bei Gesetzesänderungen immer zu prüfen wäre. Es kann dennoch dahingestellt bleiben, unter welchen konkreten Voraussetzungen der Bundesgesetzgeber den vorgefundenen bürgerlichrechtlichen Normenkomplex Materie grundlegend neu konzipiert.[880] Denn im Bereich des BGB ist bei Neuregelungen unter keinen Umständen von den erforderlichen tiefgehenden Veränderungen auszugehen. Das BGB folgt immer noch dem seit eh und je vorgegebenen „ethischen Personalismus" sowie in seinen Grundlagen dem Liberalismusmodell des 19. Jahrhunderts. Die Veränderungen in Teilbereichen, hervorgerufen durch sozialstaatliche Einflüsse, die Verstärkung kollektiver Einflüsse, den Wandel von dem patriarchalischen zu einem individualistischen Familienbild sowie durch technische Neuerungen haben zwar das Gesetzeswerk in Teilbereichen grundlegend geändert. Eine „grundlegende Neukonzeption" des gesamten Regelwerks ist allerdings – auch im Hinblick auf die europäische Rechtsharmonisierung – nicht zu erkennen.[881] Es stand dementsprechend zu keinem Zeitpunkt ernstlich zur Diskussion, ob etwa die neuen Formvorschriften des BGB für die elektronische Form mit elektronischer Signatur und für die Textform gem. §§ 126 a, b BGB durch die Länder geregelt werden können.

Diese allgemeinen Überlegungen lassen sich jedenfalls für die „klassischen" grossen Kodifikationen[882] zu einem Grundsatz der Nichtanwendung der Erforderlich-

---

879 BVerfG, 1 BvR 636/02, „Ladenschlussgesetz" – Urteil vom 9.6.2004, Rn. 111 f.
880 Siehe hierzu *4.Teil, V.*
881 Vgl. hierzu *Larenz/Wolf*, BGB AT, § 2, Rn. 2 ff. Eine „grundlegende Neukonzeption" des BGB würde zudem schon an der Kompetenzschwelle (Art. 74 I Nr. 1 GG) scheitern, da der „Begriffskern" des „bürgerlichen Recht" damit überspannt werden würde; vgl. zu dem „Begriffskern" unter den einleitenden Bemerkungen zu der Auslegung von Kompetenzbestimmungen, *1.Teil, III.*
882 Anderes mag jenseits dieses Rechtsbereichs für das weitere nach Art. 125 GG übergeleitete

Dritter Teil: Konkrete Auslegungskriterien für Art. 72 II GG

keitsklausel im Rahmen der Art. 123 I, 125 GG generalisieren. Zu den „großen Kodifikationen zählen die Gesetzeswerke in den *Hauptgebieten des Rechtslebens*. Neben dem Bürgerlichen Gesetzbuch[883] fallen u.a. das Strafgesetzbuch[884] sowie das Handelsgesetzbuch[885] unter die „großen Kodifikationen", welche divergente Landesregelungen nicht zulassen. Auch bei deren Änderungen ist ebenso wie im Bereich des BGB die „Wahrung der Rechtseinheit" nach Art. 72 II GG grundsätzlich und ausnahmslos impliziert.

Dies bedeutet also, dass die vorgefundenen, fortgeltenden und zusammenhängenden „großen Kodifikationen" von Verfassungs wegen nicht durch unterschiedliche Bundes- und Landesregelungen entzweit werden sollen. Der Landesgesetzgeber hat in diesen Bereichen nicht die Befugnis, weitere Regelungen zu erlassen, es sei denn, ausführliche Ermächtigungen liegen vor, wie etwa § 4 II EGStGB; hier ist die „Wahrung der Rechtseinheit" nicht automatisch vorgegeben. Andernfalls würde eine Rechtszersplitterung mit problematischen Folgen eintreten, die im Interesse sowohl des Bundes als auch der Länder nicht hingenommen werden können.

In Bezug auf die „vorgefundenen großen Kodifikationen" kann man weiterhin die Vorgaben für die Auslegung von Kompetenzbestimmungen heranziehen.[886] Hier unterscheidet das Bundesverfassungsgericht zwischen faktisch-deskriptiven sowie normativ-rezeptiven Kompetenzmaterien, welche sich durch die Aufnahme eines vorgefundenen Normbereichs als zu regelnde Materie in die Kompetenznorm auszeichnen.[887] Die normativ-rezeptive Ausformung einer Materie lässt die Vermutung zu, dass die Materie zur Wahrung der Rechtssicherheit bundeseinheitlich geregelt werden muss. Bezeichnet die Kompetenznorm ihren Gegenstand faktisch-deskriptiv, dann steht einer Regelung durch die Länder regelmäßig zumindest nicht die „Wahrung der Rechtseinheit" entgegen.[888] Allerdings muss bei den normativ-rezeptiv

Recht gelten. Hier könnte man zwar dem Art. 125 GG den Willen des Verfassungsgebers entnehmen, in diesen Bereichen einheitliches Bundesrecht zu schaffen. Dem würde freilich die Neuregelung der Art. 72 II und 125a II GG entgegenstehen, die die Gesetzgebungskompetenzen im Bereich der konkurrierenden Gesetzgebung neu ordnen möchten.

883 Bürgerliches Gesetzbuch vom 18.8.1896 (RGBl., S. 195) i.d.F. der Bekanntmachung vom 2.1.2002 (BGBl I, S. 42, ber. 2909 und BGBl. I, S. 738) zuletzt geändert durch das Gesetz zur Einordnung des Sozialhilferechts in das SGB vom 27.12.2003 (BGBl. I, S. 3022).
884 Strafgesetzbuch vom 15.5.1871 (RGBl. S. 127) i.d.F. der Bek. vom 13.11.1998 (BGBl. I, S. 3322); vgl. zu der dahingehenden Tendenz des Bundesverfassungsgerichts im Bereich des Strafrechts, *4.Teil, VI.3*.
885 Handelsgesetzbuch vom 10.5.1897 (RGBl. S. 219), zuletzt geändert durch das Gesetz zur Reform des Zulassungs- und Prüfungsverfahrens des Wirtschaftsprüfungsexamens vom 1.12.2003 (BGBl. I, S. 2446).
886 Vgl. zu der Tendenz des Bundesverfassungsgerichts, die Ausführungen zu Kompetenztitel und Kompetenzausübungsschranke zu vermischen, *4.Teil, VI.3*.
887 Vgl. hierzu *1.Teil, III*.
888 Zu den faktisch-deskriptiven Kompetenzmaterien zählen etwa die Kriegsschäden und die Wiedergutmachung (Art. 74 I Nr. 9 GG), die Erzeugung und Nutzung von Kernenergie (Art. 74 I Nr. 11a GG), die Abfallbeseitigung und Lärmbekämpfung (Art. 74 I Nr. 24 GG) oder das Recht der Wirtschaft (Art. 74 I Nr. 11 GG); zu den normativ-rezeptiven Kompetenzmaterien zählen das bürgerliche Recht und Strafrecht (Art. 74 I Nr. 1 GG) oder das Arbeitsrecht (Art. 74 I Nr. 12 GG); vgl. *Degenhart*, in: Sachs, GG, Art. 70, Rn. 45.

ausgeformten Materien ein weiteres Mal differenziert werden zwischen „traditionellen" Rechtsgebieten, wie z.b. dem BGB, sowie „dynamischen", entwicklungsoffenen Rechtsgebieten, wie z.b. dem Sozialversicherungsrecht.[889] Die Dynamik einer Rechtsmaterie kann also die Vermutung zugunsten eines Bundesgesetzes widerlegen und einer Regelung zur „Wahrung der Rechtseinheit" entgegenstehen, weil hier die Verlässlichkeit und das Vertrauen in eine gesetzliche Regelung nur eine relativ geringe Rolle spielen.

Schließlich können auch hier wie bei den Reichsjustizgesetzen die Gründe für die Verabschiedung eines einheitlichen BGB herangezogen werden, die nach wie vor aktuell sind. „Die Schaffung und Fortbildung einheitlicher Institutionen des Privatrechts (…) sind in einer modernen Nation nicht nur für die Beziehungen zwischen den Einzelnen, sondern auch für das *staatlich-gesellschaftliche Gesamtdasein von fundamentaler Relevanz*[890]."[891] Das staatlich-gesellschaftliche Gesamtdasein erfordert daher in den für das Miteinanderleben unerlässlichen Bereichen eine einheitliche Regelung. Hierzu zählen etwa das Personenstandswesen nach Art. 74 I Nr. 2 GG, das Sachgebiet „Maßnahmen gegen gemeingefährliche und übertragbare Krankheiten bei Menschen und Tieren" nach Art. 74 I Nr. 19 GG oder die „Verkehrsregeln" für den Straßenverkehr, Art. 74 I Nr. 22 GG.

Daraus folgt zusammenfassend auch für die Zielvorgabe der „Wahrung der Rechtseinheit im gesamtstaatlichen Interesse" ein Katalog von konkretisierenden Topoi:

- Die „Wahrung der Rechtseinheit" kann aus Gründen der *Freizügigkeit* und der *Rechtssicherheit* erforderlich sein.
- Eine bundeseinheitliche Regelung kann nach Art. 72 II, 2. Var. GG erforderlich sein für Regelungen, die den Bürger primär weder sozial noch wirtschaftlich betreffen (negative Abgrenzung). Die bundeseinheitliche Regelung muss eine (1.) justitielle Regelung darstellen, die der Rechtssicherheit dient, eine (2.) allgemein die Freizügigkeit wahrende Regelung oder eine (3.) allgemein die Rechtssicherheit wahrende Regelung (positive Abgrenzung).
- Die justitiellen Regelungen (GVG, ZPO, StPO, VwGO) müssen bundeseinheitlich erfolgen, um mit einheitlichen Rechtsschutzstandards die Sicherheit des Rechts und die Verlässlichkeit der Rechtsordnung zu garantieren und dabei auch den *Wirtschafts- und Sozialstaat* zu erhalten.
- Die Freizügigkeit erfordert eine Bundesregelung nur bei den *„mobilen Gesetzgebungskompetenzen"*, d.h. solchen, die nachweislich dazu geeignet sind, erhebliche Beeinträchtigungen der realen Voraussetzungen der Freizügigkeit zu verhindern, also den freien Zug der Bevölkerung oder der wirtschaftlichen Unternehmen zu hemmen.

---

889 *Degenhart*, in: Sachs, GG, Art. 70, Rn. 47.
890 Hervorhebung nicht im Original.
891 *Huber*, Deutsche Verfassungsgeschichte, Band IV, S. 273.

- Die Rechtssicherheit schützt das Vertrauen in die *Dauerhaftigkeit* der Rechtsordnung in Hauptgebieten des Rechtslebens. Die gilt in besonderem Maße in den *bewußtseinsbildenden* Rechtsmaterien.
- Der Bundesgesetzgeber darf dann tätig werden, wenn ein Normenkomplex *seit jeher als einheitliches Regelungswerk konzipiert ist, so vorgefunden und weitgehend übernommen* worden ist (dies ist zumeist in den *normativ-rezeptiv* ausgeformten, traditionellen Rechtsmaterien der Fall) oder für das *staatlich-gesellschaftliche Gesamtdasein* von fundamentaler Relevanz ist.

bb) Wahrung der Wirtschaftseinheit

aaa) Im Bereich der Berufsbildung

Die „Wirtschaftseinheit" wird immer dann gewahrt, wenn der Bundesgesetzgeber die Berufsbildung vereinheitlicht. Diese konkretisierende Voraussetzung ist bei der Gesetzgebung zur Berufsbildung immer erfüllt.[892] Dies eröffnet dem Bundesgesetzgeber einen weiten Handlungsspielraum. Die Auslegung folgt aber dem durch den Willen des verfassungsändernden Gesetzgebers vorgegebenen Ziel.

Die überwiegende Ansicht in der Literatur befürchtet, dass durch Auslegung der „Wahrung der Wirtschaftseinheit" die ersten beiden, eng gefassten Voraussetzungen relativiert werden.[893] Für *Isensee* kommt es in der Zukunft entscheidend auf die Auslegung des Begriffs „Wahrung der Wirtschaftseinheit" an, ist es doch wahrscheinlich, dass der Gesetzgeber sich zuvörderst auf dieses berufen wird.[894]

Der hier anklingenden Besorgnis, der Begriff „Wahrung der Wirtschaftseinheit" verleihe dem Bund möglicherweise eine umfassende Gesetzgebungskompetenz, ist allerdings entgegenzuhalten, dass das Bundesverfassungsgericht jedenfalls im Altenpflegeurteil lediglich dem Willen des verfassungsändernden Gesetzgebers folgte. Bei dem AltPflG strebte der Bundesgesetzgeber gerade die Vereinheitlichung der Berufsbildung des Altenpflegers an. Festzuhalten bleibt damit zunächst, dass der Bundesgesetzgeber immer berechtigt ist, die Wirtschaftseinheit durch Vereinheitlichung der Berufsbildung zu wahren. Dies gilt jedenfalls dann, wenn ein einheitliches Berufsbild durch die Länderregelungen nicht vorgegeben wird. Ausschlaggebend für diese Prüfung sind die Fragen nach einheitlichen Standards und allgemein verbindlichen Qualifikationen, die unerlässlich für ein einheitliches Berufsbild sind.

---

892 Vgl. *Hufen*, RdJB 2003, 58 ff., 61.
893 Vgl. *2.Teil, III.6.d.*
894 *Isensee*, FS Badura, S. 689 ff., 723.

bbb) Im Bereich des sonstigen Wirtschaftsrechts

Wie bereits ausgeführt wurde, entspricht es dem Willen des verfassungsändernden Gesetzgebers, das Kriterium der „Wahrung der Wirtschaftseinheit" allein für die Berufsbildung zu eröffnen. Ob dem vom Bundesverfassungsgericht in Zukunft gefolgt wird, wird allerdings in dem Altenpflegeurteil nicht klar.[895] Dies führt zu „Hilfsüberlegungen" zu der Frage, wie der Begriff der „Wahrung der Wirtschaftseinheit" jenseits des berufsbildenden Bereichs konkretisiert werden kann. Insbesondere die Beispiele, die *Gruson* in Anlehnung und Fortführung der früheren Rechtsprechung zu Art. 72 II GG a.F. aufzählt, können als Anhaltspunkte einer weiteren Konkretisierung dienen, da sich das Bundesverfassungsgericht über weite Strecken ohnehin dessen allgemeinen Ausführungen angeschlossen hat. Als Beispiele für unterschiedliche Zulassungsvoraussetzungen im wirtschaftlichen Bereich nennt *Gruson* u.a. unterschiedliche Altersgrenzen, unterschiedliche Voraussetzungen für die Eröffnung von Apotheken oder unterschiedliche Voraussetzungen für die Eröffnung von Einzelhandelsgeschäften. Sollten etwa (unterschiedliche) Altersgrenzen für die Ausübung freier Berufe festgesetzt werden, würde dies den beruflichen Nachwuchs ungleich behandeln, was zu erheblichen Nachteilen der Berufssituation im Gesamtstaat führen und die gesamtwirtschaftliche Situation beeinflussen würde. Für *Gruson* sind die Nachteile für die Gesamtwirtschaft allerdings erst dann erheblich, wenn sie *messbar* und *spürbar* sind. So hätte beispielshalber eine zusätzliche Altersversorgung für bestimmte Berufe durch die Länder keine spürbaren Auswirkungen auf den Nachwuchs oder die Gesamtwirtschaft. Schließlich sind insbesondere seine Ausführungen zu den Ladenschlusszeiten nach wie vor von besonderem Interesse: „Die unterschiedlichen Einnahmen durch unterschiedliche Öffnungszeiten bewirken kein wesentliches wirtschaftliches Gefälle zwischen den Ländern." In den Grenzgebieten sind die Verschiebungen für die Gesamtwirtschaft nicht spürbar.[896]

Die Kriterien „messbar" und „spürbar" bleiben allerdings noch zu vage, um eine Justitiabilität zu ermöglichen. Wann „erhebliche" Nachteile für die Gesamtwirtschaft vorliegen, bleibt so unbestimmt, dass an dieser Hürde höchstens unzweifelhafte Fälle scheitern.[897] Von größerer Bedeutung ist über diese offensichtlichen Fälle hinaus die Bestimmung der Schnittstelle der „Erheblichkeit" zu den gesamtwirtschaftlich unerheblichen Sachverhalten. Wenn das Bundesverfassungsgericht bei der Prüfung der „Wahrung der Wirtschaftseinheit" von „erheblichen Nachteilen für die Gesamtwirtschaft" spricht, die Landesregelungen oder deren Unterlassen mit sich bringen können[898], so argumentiert es in terminologischer Nähe zur „Störung des

---

895 Vgl. auch *3. Teil, B.I.2.d.bb*.
896 *Gruson*, Inhalt und Justitiabilität des Art. 72 Abs. 2 des Grundgesetzes, S. 60 ff.; vgl. zu dem Ladenschlussrecht auch *4. Teil, VII.2*.
897 *Gruson*, Inhalt und Justitiabilität des Art. 72 Abs. 2 des Grundgesetzes, S. 61 f., nennt etwa ein Bundesgesetz, welches einheitliche Kittel für Ladenverkäufer vorschreibt. Hier fehlt zweifelsohne der erhebliche Nachteil für die Gesamtwirtschaft, wenn ein Verkäufer bei einem Länderwechsel einen neuen Kittel kaufen müsste.
898 BVerfGE 106, 62 (147) – „Altenpflegegesetz", Urteil vom 24.10.2002.

gesamtwirtschaftlichen Gleichgewichts" im Sinne des Art. 104a IV 1 GG. Nach Art. 104a IV 1 GG kann der Bund den Ländern Finanzhilfen für besonders bedeutsame Investitionen der Länder und Gemeinden (Gemeindeverbände) gewähren, die zur Abwehr einer Störung des gesamtwirtschaftlichen Gleichgewichts oder zum Ausgleich unterschiedlicher Wirtschaftskraft im Bundesgebiet oder zur Förderung des wirtschaftlichen Wachstums erforderlich sind.[899]

Das Bundesverfassungsgericht geht von der Justitiabilität dieser finanzverfassungsrechtlichen Begriffe aus.[900] Es stellt aber auch fest, dass die Finanzverfassung vielfach unbestimmte Rechtsbegriffe aufweist, die nur hinsichtlich ihres „verbindlich gesetzten Rahmens"[901] überprüft werden können, ansonsten kommt dem (Haushalts-)Gesetzgeber ein Einschätzungs- und Beurteilungsspielraum zu. „Dem Bundesverfassungsgericht obliegt im Streitfall die Prüfung, ob die Beurteilung und Einschätzung des Gesetzgebers nachvollziehbar und vertretbar ist". Eine Willkürkontrolle allein reicht nicht aus.[902] Im Hinblick auf letztgenannten Prüfungsmaßstab aus einer Zeit, zu der noch die alte Rechtsprechung zu Art. 72 II a.F. GG galt, ist eine deutlich präzisere Vorgabe zu erkennen.[903]

Der Begriff des „gesamtwirtschaftlichen Gleichgewichts" stammt aus den Wirtschaftswissenschaften. Den Wirtschaftswissenschaften kommt es aber nicht zu, den Begriff mit rechtlicher Verbindlichkeit zu definieren. Denn primär handelt es sich um einen Verfassungsbegriff. Ausgangspunkt bleiben daher die Auslegungs- und Konkretisierungsmethoden der Verfassung, in deren Rahmen wirtschaftswissenschaftliche Theorieansätze eingebracht werden können.[904] Eine verfassungsrechtliche Konkretisierung des Begriffs wurde ausführlich diskutiert, letztendlich hat der Verfassungsgeber jedoch von einer Konkretisierung des Begriffs abgesehen. Denn es hätte nur eine wirtschaftswissenschaftliche Zeitanschauung normiert werden können. Folge wäre die verfassungsrechtliche Festschreibung der gerade herrschenden volkswirtschaftlichen Lehre gewesen; die Verfassung wäre nicht mehr offen gewesen für zeitbedingte Veränderungen sowie neue volkswirtschaftliche Erkenntnisse.[905] Demzufolge können die Wirtschaftswissenschaften den Begriff nicht

---

899 Für die Kreditlenkung- und Rücklagemaßnahmen nach Art. Art. 109 IV 1 GG einerseits, für die Vorschriften über die Kreditaufnahme durch den Bund nach Art. 115 I 2 GG andererseits wird der Begriff ebenfalls verwendet. Zugrunde gelegt wird er schließlich der staatlichen Konjunktursteuerung als allgemeine umfassende Verpflichtung nach Art. 109 II GG.
900 „Das Grundgesetz hat auch in diesem Bereich, der nicht das Verhältnis des Bürgers zum Staat, sondern das Verhältnis zwischen Bund und Ländern sowie der Ländern untereinander betrifft, rechtliche Positionen, Verfahrensregeln und Handlungsrahmen festgelegt, die Verbindlichkeit beanspruchen. Dadurch erhalten politische Kooperation und Auseinandersetzung der Glieder des föderativen Staatsverbandes Regeln und Form."; BVerfGE 72, 330 (389) – „Länderfinanzausgleich 1986", Urteil vom 24.6.1986.
901 BVerfGE 72, 330 (390) – „Länderfinanzausgleich 1986", Urteil vom 24.6.1986.
902 BVerfGE 79, 311 (343 f.) – „Bundeshaushaltsplan", Urteil vom 18.4.1989.
903 „Verbindlich gesetzter Rahmen" plus Kontrolle im Hinblick auf eine nachvollziehbare und vertretbare Entscheidung, gerade unter Abkehr von der bloßen Willkürprüfung.
904 *Vogel/Wiebel*, in: D/V/G, BK, Art. 109, Rn. 85.
905 *Möller*, StabG, Art. 109 II, Rn. 10.

bestimmen, sondern lediglich Hilfen beim „Übersetzen"[906] bzw. Konkretisieren anbieten.
Eine einfachgesetzliche Vorgabe findet sich in § 1 S. 2 des Stabilitätsgesetzes (StabG)[907], welche als Ansatzpunkt hilfreich ist. Nach Ansicht des Bundesverfassungsgerichts geht aus der Entstehungsgeschichte des Art. 109 II GG hervor, „dass der verfassungsändernde Gesetzgeber in der gleichzeitig entstandenen Vorschrift des § 1 Satz 2 StWG eine zutreffende Umschreibung des gesamtwirtschaftlichen Gleichgewichts sah, dass er aber die dortigen vier wirtschaftspolitischen Teilziele (...) nicht im Grundgesetz festschreiben wollte, um dieses für künftige Fortentwicklungen der wirtschaftswissenschaftlichen Erkenntnis offenzuhalten". Der Begriff des gesamtwirtschaftlichen Gleichgewichts stellt demnach einen unbestimmten Verfassungsbegriff dar, der einen in die Zeit hinein offenen Vorbehalt für die Aufnahme neuer, gesicherter Erkenntnisse der Wirtschaftswissenschaften als zuständiger Fachdisziplin enthalte.[908] Als Teilziele werden demzufolge die Stabilität des Preisniveaus[909], ein hoher Beschäftigungsgrad[910], ein außenwirtschaftliches Gleichgewicht[911] sowie ein stetiges und angemessenes Wirtschaftswachstum[912] angesehen.[913] Damit lässt sich der Begriff des gesamtwirtschaftlichen Gleichgewichts auf eine „übersehbare Zahl messbarer makroökonomischer Größen reduzieren"[914].

---

906 *Vogel/Wiebel*, in: D/V/G, BK, Art. 109, Rn. 109.
907 Gesetz zur Förderung der Stabilität und des Wachstums der Wirtschaft vom 8.6.1967, BGBl. I, S. 582; zuletzt geändert durch Artikel 101 der Achten Zuständigkeitsanpassungsverordnung vom 25. November 2003, BGBl. I, S. 2304.
908 BVerfGE 79, 311 (338) – „Bundeshaushaltsplan", Urteil vom 18.4.1989.
909 Ziel der Stabilität des Preisniveaus ist es, die Kaufkraft hoch zu halten. Das Bruttosozialprodukt kann grundsätzlich herangezogen werden, um das Preisniveau zu bestimmen, vgl. *Möller*, StabG, § 1, Rn. 9. Die monetäre Nachfrage ist zu dem *gesamten* potentiellen Angebot in Vergleich zu setzen. Deutlicher bestimmen lässt sich die Stabilität mittels des statistischen Preisindex für die Lebenshaltung, *Hillgruber*, in: vM/K/S, GG, Art. 109 II, Rn. 73. In dem Beachtungsgebot der Stabilität des Preisniveaus wird nicht die Pflicht gesehen, einen einmal bestehenden Zustand aufrecht zu erhalten. Vielmehr sollen die Lebenshaltungskosten, ihrer Natur nach verbunden mit dem Wirtschaftswachstum, gering gehalten werden; *Maunz*, in: M/D, GG, Art. 109, Rn. 29.
910 Inhaltlich identisch kann der wirtschaftswissenschaftliche Begriff der „Vollbeschäftigung" herangezogen werden. Gemeint ist damit nicht die vollkommene Beschäftigung aller, sondern ein optimaler Auslastungsgrad. Ein konkreter Beschäftigungsstand des „optimalen Auslastungsgrades" findet sich in den Wirtschaftswissenschaften nicht, *Möller*, StabG, § 1, Rn. 10. Die Arbeitslosenquote kann vor allem zur Bestimmung herangezogen werden.
911 Eingeschlossen werden in das außenwirtschaftliche Gleichgewicht sowohl der Saldo des Waren- und Dienstleistungsverkehrs, der unentgeltlichen Leistung sowie des langfristigen Kapitalverkehrs, *Möller*, StabG, § 1, Rn. 11. Import und Export dürfen nicht unverhältnismäßig divergieren.
912 Aus „stetigen" Wirtschaftswachstum folgt, dass eine positive Steigerung des Bruttosozialprodukts pro Kopf Voraussetzung ist, vgl. *Möller*, StabG, § 1, Rn. 12.
913 Vgl. jeweils m.w.Nachw. *Schmidt*, in: S/V, Kompendium Öffentliches Wirtschaftsrecht, § 4, Rn. 13 ff.; *Siekmann*, in: Sachs, GG, Art. 104a, Rn. 47 f.; *Heintzen*, in: von Münch/Kunig, GG, Art. 109, Rn. 12; *Hellermann*, in: vM/K/S, GG, Art. 104a, Rn. 114.
914 *Fischer-Menshausen*, Probleme des Finanzausgleichs I, S. 135 ff., 155.

Im Bereich der bundesstaatlichen Finanzverfassung gelang es, dem „gesamtwirtschaftlichen Gleichgewicht" klare Konturen zu geben, welche dem Bundesverfassungsgericht eine Kontrollmöglichkeit eröffnen. In den Jahren 1980/1981 hat das Gericht eine Störung des gesamtwirtschaftlichen Gleichgewichts angenommen, da das Leistungsbilanzdefizit sich auf 28 Mrd. DM verdreifachte, das Bruttosozialprodukt stagnierte, die Produktionskapazitäten im Vergleich zum Vorjahr um ca. 5 % geringer ausgelastet waren, die Arbeitslosenquote sich auf bis zu 4,7 % erhöhte und die Verbraucherpreise um 5,5 % anstiegen.[915] Orientiert hat sich das Gericht an der Vorgabe, dass das gesamtwirtschaftliche Gleichgewicht ernsthaft und nachhaltig gestört ist oder eine solche Störung unmittelbar droht. Von sekundärer Bedeutung sind die genannten Daten, relevant ist vielmehr primär die Entwicklungstendenz.[916] Die Voraussetzungen für eine Gefährdung des gesamtwirtschaftlichen Gleichgewichts – im konkreten Fall bedingt durch die Ölkrise – wurden demnach *außerordentlich eng* bemessen.

Fraglich bleibt allerdings, ob sich diese speziell für die Finanzverfassung entwickelten Werte auf den Begriff der „Wahrung der Wirtschaftseinheit" übertragen lassen, der im Rahmen des Art. 72 II GG die staatsorganisatorische Kompetenzfrage beantwortet. Auch im kompetenzrechtlichen Bereich lassen sich nicht ohne weiteres wirtschaftswissenschaftliche Modelle heranziehen. Der wirtschaftswissenschaftliche Ansatz kann jedoch durchaus als ein Konkretisierungsansatz dienen. Eine „interdisziplinäre Kooperation zwischen Rechtswissenschaft und Wirtschaftswissenschaften"[917] erscheint immer notwendiger, da die Ebenen der Staatsorganisation und der Privatwirtschaft sich im Zuge der Globalisierung zunehmend überschneiden, insbesondere bedingt durch die Herausbildung weltweit agierender, monopolartiger und staatenähnlicher „Superkonzerne". Eine vergleichende Übernahme ist daher durchaus zielführend. Die Konkretisierungen des „gesamtwirtschaftlichen Gleichgewichts" durch die Teilziele (das oben angesprochene „magische Viereck") können somit jeweils eine Bundesregelung nach Art. 72 II, 3. Var. GG rechtfertigen.

Daran anknüpfend rechtfertigt sich eine Konkretisierung im Wege einer ökonomischen Analyse, welche insbesondere *Böttger* zu dem Subsidiaritätsprinzip des Art. 5 II EG und *Oeter* zu Art. 72 II GG entwickelt haben.[918] Für die vorliegenden Überlegungen sind die aufgestellten Voraussetzungen allerdings nicht weiterführend, da sie ebenfalls nur allgemeine Aussagen treffen. Beispielshalber muss ein „Wettbewerb nach unten" (*Oeter*), also dass Standards oder Steuern aus Wettbewerbsgründen so abgebaut werden, dass dies zuletzt auch ökonomisch zu negativen Folgen führt, in der Tat verhindert werden. Unklar bleibt dabei, wie sich dies feststellen lässt. Hierzu sind weitere Konkretisierungen notwendig, etwa in Form der in Anlehnung an das „magische Viereck" entwickelten Kriterien.

---

915 BVerfGE 79, 311 (346 f.) – „Bundeshaushaltsplan", Urteil vom 18.4.1989.
916 BVerfGE 79, 311 (339) – „Bundeshaushaltsplan", Urteil vom 18.4.1989.
917 Vgl. *Böttger*, Ansätze für eine ökonomische Analyse des Subsidiaritätsprinzips, S. 80.
918 Vgl. hierzu unter *3.Teil, A.IV.1.c* und *3.Teil, B.I.2.c*.

Dritter Teil: Konkrete Auslegungskriterien für Art. 72 II GG

Auch das bereits oben angesprochene Kriterium der „erheblichen Transaktionskosten" (*Oeter*)[919] bleibt unbestimmt. So wird in den Wirtschaftswissenschaften dem Modell der Transaktionskosten mit Recht entgegengehalten, diese lassen sich schwierig bestimmen.[920] Das Potential für Innovationen und Einsparungen (*Böttger*) im Sinne eines kompetitiven Föderalismus sind zwar Grundgedanken der Föderalismusreform, zur Konkretisierung tragen sie jedoch ebenfalls nicht bei.

Damit soll eine Heranziehung wirtschaftswissenschaftlicher Theorien zur Analyse des Rechts aber nicht grundlegend verworfen werden. Die allgemeinen, wirtschaftswissenschaftlichen Modelle müssen wie auch die allgemeinen rechtswissenschaftlichen Modelle - Verhältnismäßigkeitsprinzip, Subsidiaritätsprinzip, Gebot der Bundestreue, Gebot der Widerspruchsfreiheit der Rechtsordnung, etc. - durch konkrete Vorgaben umgesetzt werden. Die vorliegende Arbeit hat versucht, das „Prinzip der zielgerichteten Effizienz" mit solchen Vorgaben auszufüllen, die eine Berechenbarkeit der „Zieltrias" des Art. 72 II GG im Einzelfall ermöglichen.

Zusammenfassend kann davon ausgegangen werden, dass „erhebliche Nachteile für die Gesamtwirtschaft" nur in Ausnahmefällen vorliegen. Dabei ist in unserem Zusammenhang zu problematisieren, dass Deutschland 2004 zum dritten Mal in Folge die Defizit-Obergrenze von drei Prozent des Bruttoinlandsprodukts überschreitet und damit den Europäischen Stabilitäts- und Wachstumspakt[921] verletzt. „Erhebliche Nachteile für die Gesamtwirtschaft" sind hierin jedenfalls aus nationaler Sicht wohl (noch) nicht zu erkennen, wenngleich Deutschland europarechtlich zu einer Rückführung seines Haushaltsdefizits verpflichtet ist. Die insoweit gebotenen und erforderlichen Maßnahmen sind aber nicht an Art. 72 II GG zu messen.

Die dritte Zielvorgabe muss aus dem Willen des verfassungsändernden Gesetzgebers heraus dahin verstanden werden, dass hierunter primär und nahezu ausschließlich die Ausbildungsregelungen zu subsumieren sind. Daneben erscheint es nur in besonders gravierenden Gefährdungslagen denkbar, dass die „Wahrung der Wirtschaftseinheit" eine darüber hinausgehende Rolle spielen kann. Mit diesem Verständnis achtet man den Willen des verfassungsändernden Gesetzgebers und beugt einer zu extensiven Subsumtion des Bundesgesetzgebers vor. Lediglich wenn erhebliche Wettbewerbsnachteile für den Wirtschaftsstandort Deutschland oder Gefährdungen einzelner Teilziele des gesamtwirtschaftlichen Gleichgewichts in einzelnen Bereichen zu befürchten sind, kann eine Materie über die beruflichen Ausbildungsregelungen hinaus ein Tätigwerden des Bundesgesetzgebers gestatten. Das Recht der Wirtschaft (Art. 74 I Nr. 11 GG) kann nur unter diesen engen Voraussetzungen eine

---

919 Vgl. *3.Teil, A.IV.1.c.*
920 *Söllner*, Die Geschichte des ökonomischen Denkens, S. 165.
921 Der Stabilitäts- und Wachstumspakt soll sicherstellen, dass in der Euro-Zone keine übermäßigen Haushaltdefizite auftreten. Zentraler Punkt ist die Verpflichtung der Staaten, mittelfristig einen ausgeglichenen Haushalt einzuhalten. Für Länder, deren Haushaltsdefizit über einen gewissen Zeitraum drei Prozent des BIP überschreitet, sind Bußgelder vorgesehen. Vgl. VO (EG) Nr. 1466/97 des Rates vom 7. Juli 1997 über den Ausbau der haushaltspolitischen Überwachung und der Überwachung und Koordinierung der Wirtschaftspolitiken, EG ABl. 1997/L 209.

bundeseinheitliche Regelung in Kernbereichen erfordern. Genannt seien u.a. Vorschriften über die Arbeitszeit (Teilziel „hoher Beschäftigungsgrad"), die Ausbildungsplatzförderung (Teilziel „hoher Beschäftigungsgrad"), die Preisbindung in einzelnen Bereichen (Teilziel: „Stabilität des Preisniveaus"), die ärztlichen oder rechtsanwaltlichen Gebührenordnungen (Teilziel: „Stabilität des Preisniveaus") etc. Auch im Bereich der Verhütung des Missbrauchs wirtschaftlicher Machtstellung (Art. 74 I Nr. 16 GG) erscheinen bundeseinheitliche Regelungen notwendig (Teilziel „Stabilität des Preisniveaus" und „stetiges und angemessenes Wirtschaftswachstum"). Regelungen der Produktionsbedingungen, der Zulassung zur Ausübung lokaler Gewerbe oder der Ladenöffnungszeiten erfordern hingegen nicht zwingend eine bundeseinheitliche Regelung. Eine durch Landesregelungen bewirkte freiere wirtschaftliche Konkurrenz dient mehr der Gesamtwirtschaft als sie zu gefährden.[922]

Für die Zielvorgabe der „Wahrung der Wirtschaftseinheit im gesamtstaatlichen Interesse" ergibt sich damit ebenfalls ein Katalog von Topoi:

- Der Bundesgesetzgeber kann zur „Wahrung der Wirtschaftseinheit" insbesondere tätig werden, um die Berufsausbildung durch *einheitliche Standards* und *allgemein verbindlichen Qualifikationen* zu vereinheitlichen, wenn keine einheitlichen Länderregelungen existieren. Darüber hinausgehend kann ein Bundesgesetz nur bei besonderen Gefährdungssituationen durch die dritte Zielvorgabe gerechtfertigt werden.
- Unbestimmte Kriterien wie *„messbare und spürbare"* Nachteile für die Gesamtwirtschaft führen nicht weiter. Sie können lediglich unzweifelhafte, offensichtliche Fälle ausschließen und würden dem Bundesgesetzgeber eine fast umfassende Gesetzgebungskompetenz zugestehen.
- Vielmehr können die Stabilität des Preisniveaus, ein hoher Beschäftigungsgrad, ein außenwirtschaftliches Gleichgewicht sowie ein stetiges und angemessenes Wirtschaftswachstum als Ansätze zur Bestimmung der „erheblichen Nachteile für die Gesamtwirtschaft" herangezogen werden, die allerdings nur bei nachweisbaren Gefährdungslagen eine Bundeskompetenz begründen können.

---

922 Vgl. hierzu *Scharpf*, Kommissionsdrucksache 0014, S. 3.

II. Schutzpflicht des Bundes

Politisches Ziel der jüngsten Reformen ist es, den ehemals hochgehaltenen kooperativen Föderalismus in Teilbereichen durch einen kompetitiven Föderalismus zu ersetzen. Der verfassungsändernde Gesetzgeber wollte auch unter dieser Prämisse eine „Kehrtwende" in der Rechtsprechung des Bundesverfassungsgerichts einleiten. Die Ansichten in der Literatur teilen weitgehend diese Forderung nach einem Paradigmenwechsel. Das erste Urteil des Bundesverfassungsgerichts zu dem neugefassten Art. 72 II GG kann man zu Recht als einen „Wendepunkt" ansehen. Zur Veranschaulichung dieses „U-Turns" soll abschließend gezeigt werden, dass sich aus der „Zieltrias" des Art. 72 II GG auch eine *Schutzpflicht* des Bundes herleiten lässt, nach der Materien, welche sich für eine Länderregelung eignen, den Ländern nach Art. 72 III, 125a II 2 GG wieder zu öffnen sind.

Als Ansatzpunkt kann das *Untermaßverbot* aus dem Staat-Bürger-Verhältnis dienen. Während das Übermaßverbot den Bürger vor einem übermäßigen Eingriff des Staates in seine Grundrechte schützt, bedeutet das Untermaßverbot, dass ein Mindestmaß an Grundrechtsschutz gewährleistet werden muss. Versteht man die Grundrechte nicht nur als Abwehrrechte, sondern auch als Schutzpflichten, so steht der Rechtsstaat von zwei Seiten unter Rechtfertigungszwang: „Beim ambivalenten Schutzeingriff gegen den Störer, der dessen Abwehrrecht zu wahren und das Schutzbedürfnis des Opfers zu erfüllen hat, sind die gegenläufigen Maximen zum Ausgleich zu bringen."[923] Das Bundesverfassungsgericht formulierte dies in seiner zweiten Abtreibungsentscheidung: „Die Vorkehrungen, die der Gesetzgeber trifft, müssen für einen angemessenen und wirksamen Schutz ausreichend sein".[924] Der gewaltunterworfene Bürger muss demnach vor einem nicht hinnehmbaren Zustand mangelnder Grundrechtsgewährleistung geschützt werden.

Die Länder müssen angelehnt an das Übermaßverbot ebenso sowohl vor einem übermäßigen gesetzgeberischen Tätigwerden des Bundes bewahrt werden als auch vor einem nicht hinnehmbaren Zustand mangelnder eigener Gesetzgebungskompetenzen geschützt werden (Verbot des Untermasses von Kompetenzen der Länder zu Gesetzgebung). Da die Kompetenztitel in den Katalogen der Art. 74, 75 GG jedoch keine subjektiven Rechte der Länder begründen und das Verhältnismäßigkeitsprinzip (Übermaßverbot) im Bund-Länder-Verhältnis keine Anwendung findet[925], muss der Ansatz spezifisch staatsorganisationsrechtlich modifiziert werden.

Die alte Fassung des Art. 72 II GG erwies sich als ein „Motor der Vereinheitlichung", um den Wandel zur egalitären Wohlstandsgesellschaft voranzutreiben. Die Staatspraxis erlaubte dem Bundesgesetzgeber, nach Belieben gesetzgeberisch tätig zu werden. Die Rechtsprechung zu Art. 72 II GG a.F. ließ damit jegliche Ansätze in

---

923 *Isensee*, in: HStR V, § 111, Rn. 165; das Bundesverfassungsgericht hat das Untermaßverbot ausdrücklich aufgegriffen in: BVerfGE 88, 203 (254) – „Schwangerschaftsabbruch II", Urteil vom 28.5.1993.
924 BVerfGE 88, 203 (254) – „Schwangerschaftsabbruch II", Urteil vom 28.5.1993.
925 Vgl. hierzu *3.Teil, A*.

Dritter Teil: Schutzpflicht des Bundes

der Literatur, dem Bundesgesetzgeber eine Grenze zu errichten und die Gesetzgebungskompetenzen der Länder zu schützen, im Sande versickern. Als (theoretische) Grenze des Tätigwerdens des Bundes konnte man lediglich Art. 79 III GG ansehen, welcher die Länder vor dem Verlust ihrer Eigenstaatlichkeit bewahren sollte. Folge hiervon war, dass der Bund in weiten Teilen der konkurrierenden wie der Rahmengesetzgebung gesetzgeberisch tätig geworden ist und den Ländern nur noch Randbereiche zur Regelung offen stehen.

Konträr hierzu muss Art. 72 II GG in seiner neuen Fassung verstanden werden. Die Vereinheitlichungstendenz muss einer neuen Vielfalt weichen, die regionale und lokale gesetzgeberische Maßnahmen bevorzugt und sich am Prinzip des Konkurrenzföderalismus orientiert. Die Entwicklung zu einer egalitären Wohlstandsgesellschaft kann in Zeiten finanzieller Not des Staates nicht mehr als Rechtfertigung einer Vereinheitlichung herangezogen werden. Dies erfordert allerdings auch, dass den Ländern Bereiche der Gesetzgebung wieder geöffnet werden. Das „Prinzip der zielgerichteten Effizienz", nach dem der Bund erst dann tätig werden darf, wenn die Länder aufgrund fehlender Effizienz in dem dargelegten Ausmaß selber keine Regelungen treffen können, hilft nur beschränkt weiter, da es die Länder nur vor einem weiteren Tätigwerden des Bundes schützt.

Sollen die Länder durch das „Prinzip der zielgerichteten Effizienz" vor einem übermäßigen gesetzgeberischen Tätigwerden des Bundes geschützt werden, trifft den Bund angelehnt an das Untermaßverbot im Staat-Bürger-Verhältnis verstärkt eine Pflicht, die Länder vor einer nicht hinnehmbaren Aushöhlung ihrer Gesetzgebungskompetenzen zu schützen. In diesem kompetenzrechtlichen Bereich mag man den Topos von der Schutzpflicht bemühen. Diese lässt sich in diesem organisationsrechtlichen Bereich aus dem Bundesstaatsprinzip in der Konkretisierung des Prinzips der Bundestreue ableiten. Aus der Schutzpflicht des Bundes folgt, dass der Bundesgesetzgeber Kompetenzbereiche, welche sich für eine Länderregelung eignen und die neu zu gestalten sind, nach Art. 72 III, 125a II 2 GG wieder für die Gesetzgebungskompetenz der Länder öffnet.[926] In welchen Bereichen dem Bund durch Art. 72 II GG die Inanspruchnahme der Gesetzgebungskompetenzen versagt ist und er zudem seiner Schutzpflicht gegenüber den Ländern nachkommen muss, zeigt der abschließende Teil der vorliegenden Untersuchung.

---

926 So tendenziell auch BVerfG, 1 BvR 636/02, „Ladenschlussgesetz" – Urteil vom 9.6.2004, Rn. 154 („Der Gesetzgeber wird in Zukunft daher auch zu prüfen haben, ob eine Freigabe an den Landesgesetzgeber im Sinne von Art. 125a Abs. 2 Satz 2 GG angezeigt ist."); *Poschmann*, NVwZ 2004, 1318 ff., 1321.

Vierter Teil

Die Auswirkungen des neuen Verständnisses des Art. 72 II GG auf eine Revitalisierung des Föderalismus

I. Effektive Selbstkoordination der Landesgesetzgeber als Kompetenzschranke

In der aktuellen Diskussion wird häufig vorgetragen, eine effektive Selbstkoordination der Landesgesetzgeber diene als Kompetenzschranke für ein Handeln des Bundesgesetzgebers.[927] Das Bundesverfassungsgericht äußerte sich hierzu im Altenpflegeurteil. Eine Bundeskompetenz bestehe danach nicht, wenn landesrechtliche Regelungen zum Schutze der in Art. 72 II GG genannten gesamtstaatlichen Rechtsgüter ausreichen. *Jede theoretische Handlungsmöglichkeit der Länder* genüge allerdings nicht. Die bloße Möglichkeit gleich lautender Ländergesetze schließe eine Bundeskompetenz nicht aus; denn Sinn des Art. 72 II GG ist es, den Ländern eigenständige Kompetenzräume für partikulardifferenzierte Regelungen zu eröffnen. Ferner bestehe die Gefahr, dass ein Landesgesetzgeber nach In-Kraft-Treten gleich lautender Gesetze aus dem eine Bundesregelung verhindernden Konsens ausschere.[928]

Das Gericht verneint jedenfalls eine Schranke für den Bund bei theoretischer Handlungsmöglichkeit der Länder. Unklar bleibt, ob eine durchgeführte bzw. eine begonnene, aber noch nicht vollendete Selbstkoordination der Länder ausreicht, die Bundeskompetenz zu verdrängen, obwohl ein Tätigwerden des Bundesgesetzgebers gem. der „Zieltrias" des Art. 72 II GG zulässig wäre. Das Gericht lässt diese Frage ausdrücklich offen: „Denn eine Beeinträchtigung des gesamtstaatlichen Interesses an der Wahrung der Wirtschaftseinheit hätte nur durch Lösungen seitens der Länder vermieden werden können, die dem Bund zuvorkommen; nur dies hätte eine bundesgesetzliche Regelung *unter Umständen*[929] entbehrlich gemacht."[930]

---

927 So schon *Vedder*, Intraföderale Staatsverträge, S. 103, Fn. 380, 136 ff.; vgl. weiter *Pieroth*, in: J/P, GG, Art. 72, Rn. 10; *Isensee*, FS Badura, S. 689 ff., 710; *Aulehner*, DVBl. 1997, 982 ff., 987; *Müller*, RdJB 1994, 467 ff., 486; *Depenheuer*, ZG 2003, 177 ff., 187; *Behmenburg*, Kompetenzverteilung bei der Berufsausbildung, S. 169; *Würtenberger*, Rechtstheorie, Beiheft 20, 199 ff., 210; zu Art. 72 II GG a.F. *Köttgen*, JöR 3 (1954), 67 ff., 143.
928 BVerfGE 106, 62 (150) – „Altenpflegegesetz", Urteil vom 24.10.2002; BVerfG, 2 BvF 2/02, „Juniorprofessur" - Urteil vom 27.7.2004, Rn. 101.
929 Hervorhebung nicht im Original.
930 BVerfGE 106, 62 (161) – „Altenpflegegesetz", Urteil vom 24.10.2002.

1. Grundsätzliche Zulässigkeit der Selbstkoordination

Die Selbstkoordination kann durch gleichlautende Ländergesetze, die z.B. Mustergesetzentwürfen folgen, sowie auf einer dritten Ebene der Staatlichkeit neben der Bundes- und Landesebene, der Landesminister- bzw. Ministerpräsidentenkonferenzen, erfolgen, hier vor allem durch das Instrument der Staatsverträge.[931] Das Bundesverfassungsgericht sprach sich frühzeitig für die Möglichkeit gleichlautender Ländergesetze aus.[932] Staatsverträge haben sich ebenfalls in bedeutenden Bereichen der Gesetzgebung herausgebildet und etabliert.[933] Zur Berücksichtigung Ländergrenzen überschreitender Sachverhalte werden regelmäßig bilaterale Staatsverträge der angrenzenden Länder abgeschlossen. Die Erledigung bundesweiter Aufgaben spielt ebenfalls eine entscheidende Rolle. Omnilaterale Verträge dienen dazu, zumeist geographische, technische sowie finanzielle bundesweite Probleme zu bewältigen.[934] Solchen Verträgen kommt dabei größtenteils rechtliche Geltungskraft zu. Nachdem das Institut der Staatsverträge auch verfassungsgerichtlich anerkannt ist[935], hat sich die Diskussion über die grundsätzliche Zulässigkeit im Laufe der Jahre zu einer Diskussion über deren rechtliche Grenzen gewandelt. Staatsverträge sind zumindest dann zulässig, wenn sie nicht gegen das Verbot staatenbündischer Elemente in Konkurrenz zum Bund und der Selbstpreisgabe der Länder verstoßen sowie die Grundsätze der Staatsordnungen der Länder gewahrt bleiben.[936] Zum anderen werden Staatsverträge jedoch für nicht unbedenklich gehalten, die vom Landesgesetzgeber durch gleichlautende Landesgesetze umzusetzen sind. Hier sieht man eine Entmachtung des Landesgesetzgebers und eine Bedrohung demokratischer Legitimation von Gesetzen, da diese Staatsverträge von den Landesexekutiven ausgehandelt werden und den Landesgesetzgeber in einen Zugzwang ohne eigene Gestaltungsmöglichkeit versetzen.[937] Hierauf ist im Folgenden noch zurückzukommen.

---

931 Nicht nur auf der Ebene der Gesetzgebung, sondern auch in anderen Bereichen ist eine Selbstkoordination möglich und wird praktiziert; einen umfassenden Überblick über die unterschiedlichen Kooperationsformen bietet *Vedder*, Intraföderale Staatsverträge, S. 52 ff.
932 BVerfGE 26, 246 (257) – „Berufsbezeichnung Ingenieur", Beschluss vom 25.6.1969: „Der Schutz der Berufsbezeichnung „Ingenieur" muss, soweit er notwendig ist, keineswegs durch Bundesgesetz erfolgen. Eine einheitliche Regelung durch inhaltlich übereinstimmende Ländergesetze ist durchaus denkbar und praktikabel."
933 Vgl. für eine Übersicht der Staatsverträge der Länder: *Vedder*, Intraföderale Staatsverträge, S. 397 ff. Staatsverträge betreffen nahezu alle landesrelevanten Bereiche, wie das Polizeiwesen oder das Finanzwesen, insbesondere aber das Rundfunk- und Bildungswesen sowie den Hochschulbereich.
934 *Vedder*, Intraföderale Staatsverträge, S. 52, 58 f., 88 ff.
935 Vgl. BVerwGE 22, 299 (307) – „Staatsvertrag ZDF", Urteil vom 5.11.1965, „In formaler Hinsicht steht das Grundgesetz Staatsverträgen der Länder nicht entgegen. Der Abschluss von Verträgen zwischen den Ländern ist vielmehr in der Übergangsvorschrift des Art. 135 und in Art. 118 Satz 1 GG vorausgesetzt und ergibt sich auch als Schluss a majore ad minus aus der Möglichkeit nach Art. 32 Abs. 3 GG, wobei für die Länder auch der Verzicht auf Hoheitsrechte entsprechend Art. 24 Abs. 1 GG möglich sein muss.".
936 Umfassend hierzu *Vedder*, Intraföderale Staatsverträge, S. 121 ff.
937 *Oeter*, Integration und Subsidiarität im deutschen Bundesstaatsrecht, S. 474 ff.

2. Selbstkoordination als Kompetenzschranke

a) Wortlautargument

„Rechtseinheit" bedeutet nach *Pestalozza*, wie oben bereits ausgeführt[938], nicht „Rechtsgleichheit", welche sich durch übereinstimmendes Recht mehrerer Gesetzgeber definiert. Damit kann nur der Bundesgesetzgeber „Rechtseinheit" im Bundesgebiet stiften, die Länder können nur „Rechtsgleichheit" herbeiführen. Hieraus ergibt sich für ihn, dass eine legislative Selbstkoordination der Länder zumindest im Bereich der „Wahrung der Rechtseinheit" nicht die „Erforderlichkeit" einer Bundesregelung verdrängen kann.[939]

Nach diesem Verständnis wäre es den Länder nie möglich, durch Selbstkoordination die „Rechtseinheit" zu wahren. Damit wäre allein der Bundesgesetzgeber zuständig zur „Wahrung der Rechtseinheit". Das zusätzliche Erfordernis des „gesamtstaatlichen Interesses" deutet aber entgegen *Pestalozza* darauf hin, dass es dem verfassungsändernden Gesetzgeber darauf ankam, die Wahrung einheitlichen Rechts aus dem übergeordneten Blickwinkel des Gemeinwohls zu garantieren. Eine solche „Rechtseinheit" kann auch durch gleichläufige Landesgesetzgebung hergestellt werden.

b) Verfahrenstechnische Bedenken

Gegen eine Selbstkoordination wird eingewendet, diese setze ein derart kompliziertes Koordinationsverfahren voraus, dass eine effektive Koordination nicht erreicht werden könne. Denn regelmäßig soll nur ein durch alle Länder ratifizierter Staatsvertrag eine Einheitlichkeit herstellen können. Die hierzu erforderliche Einigungsfähigkeit der Länder wird angezweifelt.[940]

Derartige Praktikabilitäts- und Effektivitätsargumente sind mit Vorsicht zu behandeln. Die Tendenz besteht, dass sie vorschnell dazu dienen, eine Kompetenz des Bundesgesetzgebers zu begründen und die verfassungsrechtlichen Vorgaben zu unterlaufen. Davon abgesehen ist diese Argumentation realitätsfern: In der Praxis hat sich die Möglichkeit der Staatsverträge als Handlungsform der Länder durchaus bewährt. Der Rundfunkstaatsvertrag[941] oder die Kultusministerkonferenz (KMK)[942] zeigen beispielsweise, dass die Länder sich einigen können und eine gesicherte

---

938 Vgl. *3.Teil, B.I.2.a.*
939 *Pestalozza*, in: vM/K/P, GG, Art. 72 Abs. 2, Rn. 357.
940 *Degenhart*, in: Sachs, GG, Art. 72, Rn. 15; *Bothe*, in: D/H-R/S/S, GG, Art. 72, Rn. 18; vgl. hierzu auch *Lenz*, DÖV 1977, 157 ff., 161 f.
941 Rundfunkstaatsvertrag (RStV) vom 31.8.1991 in der Fassung des 7. Rundfunkänderungsstaatsvertrags in Kraft getreten am 01.4.2004 (GBl. BW 2004, S. 104).
942 Vgl. hierzu *Behmenburg*, Kompetenzverteilung bei der Berufsausbildung, S. 169, der allerdings auch die lähmenden politischen Differenzen anführt.

Rechtseinheit im Wege der Selbstkoordination erreicht werden kann. Man kann daher nicht vorbehaltlos von einer fehlenden Praktikabilität und Effektivität ausgehen.

c) Verfassungsrechtliche Bedenken

Neben Effektivitätsargumenten werden verfassungsrechtliche Bedenken vorgetragen. Bundesweit gleichlautende Landesgesetze bzw. Staatsverträge bergen möglicherweise Unsicherheiten. Denn ein einziges Bundesland könnte sein Gesetz problemlos ändern bzw. den Staatsvertrag kündigen und so die Rechtseinheit zunichte machen.[943] Die Möglichkeit uneinheitlicher Auslegung durch die höchsten Landesgerichte entgegen der einheitlichen Auslegung eines Bundesgesetzes durch die obersten Bundesgerichte spricht ebenfalls gegen die Stiftung von Rechtseinheit durch gleichlautende Landesgesetze. Schließlich wird eingewandt, dass es nicht der Wille des verfassungsändernden Gesetzgebers gewesen sei, die „Erforderlichkeit" i.S.d. Art. 72 II GG durch eine Selbstkoordination zu umgehen. Den Ländern sollten vielmehr *eigene* Spielräume zuerkannt werden. Diese eigenen Spielräume würden jedoch durch Selbstkoordination nicht wirklich geschaffen werden. Es kommt hinzu, dass die Effizienzvorteile der Mehrheitsentscheidung, wie etwa Schnelligkeit oder klare politische Zielsetzung, im Gesetzgebungsverfahren auf Bundesebene dann nicht mehr vorliegen, wenn man eine Selbstkoordination der Länder für zulässig erachtet.[944] Der Wille des verfassungsändernden Gesetzgebers werde insbesondere dadurch ersichtlich, dass man sich nicht für eine „Bundesratslösung" entschieden habe, sondern für die „Bundesverfassungsgerichtslösung". Nach der „politischen" Bundesratslösung hätten die Länder die Möglichkeit gehabt, durch Zusammenspiel ihrer Vertreter im Bundesrat ein Bundesgesetz zu blockieren. Eine solche verfassungspolitisch nicht gewünschte Verdrängung des Bundesgesetzgebers aus der politischen Verantwortung bestehe allerdings auch, wenn man die Selbstkoordination der Länder anerkenne.[945]

Der Vergleich mit der Bundesratslösung „hinkt" allerdings aufgrund der unterschiedlichen Voraussetzungen. Nach der Bundesratslösung hätten die Länder nur ein Vetorecht gehabt, aber kein Initiativrecht, welches zu einer erfolgreichen Selbstkoordination führen muss, so dass ein Vergleich ausscheiden muss.

Weiterhin kommt den Ländern bei einer Selbstkoordination durchaus ein (geringer) eigenständiger Kompetenzspielraum zu. Differenziert man hier nach den Krite-

---

943 Diese Gefahr hebt das Bundesverfassungsgericht ausdrücklich hervor, BVerfGE 106, 62 (150) – „Altenpflegegesetz", Urteil vom 24.10.2002; so wohl auch *Degenhart*, in: Sachs, GG, Art. 72, Rn. 15; *Stehr*, Gesetzgebungskompetenzen im Bundesstaat, S. 70.
944 *Oeter*, in: vM/K/S, GG, Art. 72 II, Rn. 109.
945 *Kuttenkeuler*, Die Verankerung des Subsidiaritätsprinzips im GG, S. 209, Fn. 208; *Rybak/Hofmann*, NVwZ 1995, 230 ff., 232; vgl. weiterhin *Stehr*, Gesetzgebungskompetenzen im Bundesstaat, S. 71 f.

rien Fremdbestimmung und Selbstbestimmung, kommt den Ländern verhältnismässig weniger Spielraum zu, als bei dem selbständigen Erlass von Gesetzen. Dennoch ist der eigene Spielraum bei einer gemeinsamen Regelung, die nur im Einverständnis geschlossen werden kann und damit von der Zustimmung aller Länder abhängt, nicht zu unterschätzen.[946] In der Möglichkeit der Länder zur Selbstkoordination kommt gerade ihre Staatlichkeit, die geschützt werden soll, zum Ausdruck.[947] So stellte das Bundesverfassungsgericht früh fest, dass „es ein für den Bundesstaat entscheidender Unterschied ist, ob sich die Länder einigen, oder ob der Bund eine Angelegenheit auch gegen den Willen der Länder oder einzelner Länder gesetzgeberisch regeln und verwalten kann".[948] Im Gegensatz zu einer andernfalls erfolgenden Abwanderung der Gesetzgebung in Richtung Bund, wo keinerlei Spielraum der Landtage mehr besteht, stellen Staatsverträge damit das kleinere Übel dar.

Entgegen bisweilen geäußerter Bedenken haben die Landtage in diesem Bereich durchaus einige Möglichkeiten der Mitgestaltung.[949] Art. 72 II der Bayerischen Verfassung bestimmt etwa: „Staatsverträge werden vom Ministerpräsidenten nach vorheriger Zustimmung des Landtags abgeschlossen." Zudem lassen sich die Rechte der Landesparlamente, die nicht an den Vertragsverhandlungen mitwirken können, durch frühzeitige Informationsrechte stärken, die den Parlamenten eine Stellungnahme und damit verbunden eine Einwirkung auf die Landesregierung ermöglichen. Dies sieht etwa Abs. I S. 1 der „Empfehlungen der Konferenz der Präsidenten der deutschen Länderparlamente zur parlamentarischen Behandlung von Staatsverträgen und Verwaltungsabkommen"[950] vor, wonach die Landesregierung den Landtag von Verhandlungen über einen Staatsvertrag so frühzeitig in Kenntnis setzt, dass der Landtag Gelegenheit hat, zu den Staatsverträgen Stellung zu nehmen. Schließlich können die Länder die Einheit nur soweit sie von Nöten erscheint herstellen, womit Platz für eigene partikulardifferenzierte Teilregelungen bleibt. Letztgenannte Möglichkeit bleibt den Ländern im Falle einer Bundesregelung in der Staatspraxis regelmäßig versagt, da der Bund sich ungern mit bloßen Teilregelungen zufrieden gibt. Zudem haben die Länder bei einer koordinierten Gesetzgebung die Möglichkeit, Kompetenzen zurückzuholen und sind nicht auf das „Ermessen des Bundes" nach Art. 72 III, 125a II 2 GG angewiesen.[951]

Die vom Bundesverfassungsgericht hervorgehobene und in der Literatur ebenfalls betonte Gefahr einer rechtspolitischen Unsicherheit wegen der Möglichkeit der Änderung eines Landesgesetzes bzw. der Kündigung eines Staatsvertrages besteht in

---

946 So auch *Depenheuer*, ZG 2003, 177 ff., 187, „Während eine bundesrechtliche Regelung (den Ländern) alle Regelungsspielräume nimmt, bleiben sie bei einer koordinierten Landesgesetzgebung im Grundsatz erhalten"; im Ansatz auch *Schmehl*, DÖV 1996, 724 ff., 726; so auch schon *Vedder*, Intraföderale Staatsverträge, S. 138.
947 *Isensee*, FS 50 Jahre BVerfG II, S. 719 ff., 741.
948 BVerfGE 12, 205 (252) – „Deutschland Fernsehen GmbH", Urteil vom 28.2.1961.
949 Vgl. zu den Bedenken oben *4.Teil, I.1.*
950 Abgedruckt in: Zinn/Stein, Verfassung des Landes Hessen, Band 2, Art. 103, Rn. 23 ff.; kritisch hierzu *Lenz*, DÖV 1977, 157 ff.
951 *Depenheuer*, ZG 2003, 177 ff., 187.

der Praxis tatsächlich.⁹⁵² Allerdings gebietet der Grundsatz der Rücksichtnahme und des länderfreundlichen Verhaltens, dass die Länder aus einem einmal geschlossenen Konsens nicht ohne weiteres ausscheiden. Diese Problematik wird daher nur in Extremfällen relevant, die allein noch nicht zu einer Versagung der Selbstkoordination als Kompetenzausübungsschranke des Bundes führen darf.

In der Literatur wird überwiegend eine Selbstkoordination der Länder als Kompetenzschranke befürwortet.⁹⁵³ Dies soll nur dann nicht gelten, wenn eine Selbstkoordination zu viel Zeit kosten würde.⁹⁵⁴ Differenziert wird außerdem zwischen den verschiedenen Varianten des Art. 72 II GG. So sollen Länderabsprachen zu der Herstellung gleichwertiger Lebensverhältnisse eher möglich sein als zur Wahrung der Rechtseinheit.⁹⁵⁵ Auch das Bundesverfassungsgericht ging in seiner Entscheidung zur Rechtschreibreform von der Möglichkeit einer Einheitlichkeit erzeugenden Selbstkoordination der Länder aus.⁹⁵⁶ Es hat weiterhin hervorgehoben, dass Selbstkoordination nicht notwendig eine Übereinstimmung in allen Einzelheiten bedeute.⁹⁵⁷ Diese Entscheidung erging jedoch in einem Bereich der ausschließlichen Gesetzgebung der Länder, so dass sie nicht unmittelbar herangezogen werden kann.

d) Intergouvernementale Zusammenarbeit der EU-Mitgliedstaaten

Die Rechtslage in der Europäischen Union kann schließlich vergleichend herangezogen werden. Hier wird ebenfalls kontrovers diskutiert, ob Mitgliedstaaten durch intergouvernementale Zusammenarbeit das gesetzte Ziel erreichen und dadurch ein Tätigwerden der Gemeinschaft verhindern können. Einerseits wird angenommen, dass die Mitgliedstaaten das gesetzte Ziel durch gemeinsame intergouvernementale völkerrechtliche Abkommen erreichen können.⁹⁵⁸ *Lambers* vergleicht in diesem Zusammenhang den Wortlaut des Art. 130 r IV 1 EWG a.F. mit dem des Art. 5 II EG. Danach reicht nunmehr ein Handeln auf der Ebene der Mitgliedstaaten aus, wohingegen ehedem die einzelnen Mitgliedstaaten Bezugspunkt waren. Daraus zieht er den Schluss, dass nunmehr eine intergouvernementale Zusammenarbeit „auf der

---

952 Vgl. etwa den Streit um die Rechtschreibreform. Einzelne Bundesländer wollen aus dem Staatsvertrag ausscheiden, was zu einem „Chaos" führen würde; vgl. „Ein neuer Rat für Rechtschreibung", SZ v. 9.8.2004, S.1; „Gelegenheit nutzen, Reform zurücknehmen"; FAZ v. 9.8.2004, S. 1.
953 So schon *Vedder*, Intraföderale Staatsverträge, S. 103, Fn. 380, 136 ff., der die Staatsverträge abweichend von der h.M. als „dezentrales Bundesrecht" qualifiziert; vgl. weiterhin *Pieroth*, in: J/P, GG, Art. 72, Rn. 10; *Isensee*, FS Badura, S. 689 ff., 710; *Aulehner*, DVBl. 1997, 982 ff., 987; *Müller*, RdJB 1994, 467 ff., 486; zu Art. 72 II GG a.F. *Köttgen*, JöR 3 (1954), 67 ff., 143; *Würtenberger*, Jahrbuch zur Staats- und Verwaltungswissenschaft, Band 7 (1994), S. 65 ff., 70.
954 *Pieroth*, in: J/P, GG, Art. 72, Rn. 10; *Müller*, Auswirkungen der Grundgesetzrevision, S. 61.
955 *Schmehl*, DÖV 1996, 724 ff., 726.
956 BVerfGE 98, 218 (249) – „Rechtschreibereform", Urteil vom 14.7.1998.
957 BVerfGE 98, 218 (250) – „Rechtschreibereform", Urteil vom 14.7.1998.
958 *Streinz*, in: Streinz, EUV/EGV, Art. 5 EGV, Rn. 39.

Ebene der Mitgliedstaaten" zulässig sei.[959] Diesem auf den ersten Blick schlüssigen Argument darf jedoch keine ausschlaggebende Bedeutung zugemessen werden, da reine Wortlautargumente nicht vollends überzeugen können. Dies gilt insbesondere im Europarecht. Hier müssen die Textfassungen in allen Sprachen der Mitgliedstaaten verglichen werden, um brauchbare Ergebnisse erzielen zu können.[960]

Gegen eine intergouvernementale Zusammenarbeit wird überwiegend eingewandt, sie widerspreche der Struktur des Art. 5 II EG. Eine intergouvernementale Zusammenarbeit verlaufe *außerhalb* der Gemeinschaftszuständigkeiten und könne daher in der „Hierarchie der Mittel" nicht geltend gemacht werden.[961] Ferner liege ein Verstoß gegen das Subsidiaritätsprinzip vor, da die Bürgernähe verloren gehe. Die Gemeinschaft konkurriere schließlich nicht mit der Gesamtheit der Mitgliedstaaten, sondern mit jedem einzelnen Mitgliedstaat.[962] Weiterhin wird eingewendet, eine Zusammenarbeit stelle einen Antagonismus zu dem institutionellen System der Gemeinschaft dar, da Kompetenzen der Gemeinschaft nicht unterlaufen werden dürfen.[963]

So gesehen kann aus der sehr kontroversen und an anderen Bezugpunkten orientierten Diskussion der intergouvernementalen Zusammenarbeit der Mitgliedstaaten Weiterführendes für die Auslegung des Art. 72 II GG nicht hergeleitet werden.

3. Fazit

In der Einleitung wurden die Nachteile und Gefahren eines kooperativen Föderalismus, die es zu beseitigen gilt, charakterisiert. Eine Selbstkoordination der Länder dreht lediglich die Achse. Es entstehen gleichsam politische Verflechtungen auf horizontaler Ebene. Der Zusammenschluss der Länder in Form von Ministerpräsidentenkonferenzen, die eine Entparlamentarisierung der Landtage hervorrufen, stellt eine Gefahr dar. Die Länderparlamente können trotz der geschilderten Informationsrechte und Einflussmöglichkeiten im Vorfeld lediglich die Arbeit des Ministerpräsi-

---

959 *Lambers*, Subsidiarität in Europa, EuR 1993, 229 ff., 236.
960 Wobei die anderen Textfassungen des Art. 130 r IV 1 EWG a.F. allerdings die Ansicht *Lambers* bestärken: der griechische, englische und italienische Text ist entsprechend; der französische, portugiesische, spanische und niederländische Text lautet übersetzt „auf der Ebene der Mitgliedstaaten, die für sich isoliert betrachtet werden"; der dänische geht von einer „rein nationalen Ebene" aus; *Krämer*, in: vG/T/E, Kommentar zum EWG-Vertrag III (1991), Art. 130 r, Rn. 56.
961 Vgl. *Strohmeier*, BayVBl. 1993, 417 ff., 419; *Schmidhuber*, DVBl. 1993, 417 ff., 419; *ders./Hitzler*, NVwZ 1992, 720 ff., 723; *Kröger/Moos*, BayVBl. 1997, 705 ff., 711; kritisch *Böttger*, Ansätze für eine ökonomische Analyse des Subsidiaritätsprinzips, S. 93.
962 *Calliess*, in: Calliess/Ruffert, EUV/EGV, Art. 5, Rn. 41; vgl. auch *Schwartz*, AfP 1993, 409 ff., 412.
963 *Frowein*, FS Lerche, S. 401 ff., 408; so auch *Zuleeg*, in: vG/S, EUV/EGV, Art. 5 EG, Rn. 31 („Wesenselement der Gemeinschaft ... wäre auf diese Weise ausgehöhlt"); *von Bogdandy/Nettesheim*, in: G/H, EUV/EGV, Art. 3 b EGV, Rn. 37 („Struktur der Gemeinschaft als Integrationsverband würde ausgehöhlt"); ablehnend ebenfalls *Jarass*, Grundfragen, S. 19.

denten bzw. seiner Minister absegnen, ohne selber qualitative Vorschläge durchsetzen zu können. Durch Staatsverträge werden die Kompetenzen der Länderparlamente ebenfalls erheblich beschnitten, da ihnen auch hier kein Mitgestaltungsrecht eingeräumt wird. Die Gefahr eines Exekutivföderalismus besteht somit auch in diesem Fall. Die verfahrenstechnischen Probleme und rechtspolitischen Unsicherheiten sind fernerhin nicht von der Hand zu weisen. Man wird weiterhin dem Willen des verfassungsändernden Gesetzgebers, den Ländern eigenständige Spielräume zurückzugeben, durch die marginalen Zugewinne bei einer gemeinsamen Regelung nicht vollends gerecht.

Deutet sich in der eingangs zitierten Rechtsprechung die ablehnende Grundtendenz des Bundesverfassungsgerichts gegenüber einer Selbstkoordination an, so stellt eine umfängliche Selbstkoordination der Länder bezüglich einer Materie tatsächlich nicht die Ideallösung dar und sollte nur in Ausnahmefällen der Gesetzgebungskompetenz des Bundes entgegenstehen. Damit wird die Selbstkoordination nicht gänzlich ausgeschlossen. Gemeinsame Teilregelungen einer Materie, etwa die Anerkennung einer länderspezifischen Ausbildung, die Aufstellung einheitlicher, lediglich grundlegender Standards oder die Anerkennung des Kraftfahrzeugführerscheins eines Siebzehnjährigen lassen eine legislative Zusammenarbeit der Länder durchaus zu. Im Bereich der „Wahrung der Rechtseinheit" wird hingegen eine Selbstkoordination wohl meist ausscheiden. Dies gilt jedenfalls für den justitiellen Bereich; aber auch die Wahrung der Freizügigkeit und der Rechtssicherheit erfordern zumeist eine einheitliche Bundesregelung. Darüber hinaus sollte die vom Bundesverfassungsgericht eingeleitete und in der vorliegenden Arbeit näher präzisierte enge Auslegung der „Zieltrias" des Art. 72 II GG, die dem Bundesgesetzgeber wenig Spielraum lässt, nicht noch weiter zu Lasten des Bundes ausgedehnt werden. Daher ist eine Selbstkoordination als Kompetenzausübungsschranke des Bundes in aller Regel abzulehnen. Zur Klarstellung sei allerdings noch einmal hervorgehoben, dass in den weiten Bereichen der konkurrierenden Gesetzgebung, in denen nach dem neuen Verständnis des Art. 72 II GG die Gesetzgebungsbefugnis sowieso schon den Ländern zusteht, diesen dann auch freisteht, ihre Gesetzgebungsbefugnisse im Wege der Selbstkoordination auszuüben. Die hier diskutierte Frage, ob die Selbstkoordination als eine mögliche *zusätzliche* Schranke der Bundeskompetenz entgegensteht, stellt sich nur, wenn grundsätzlich der Bundesgesetzgeber nach einer der Varianten des Art. 72 II GG zuständig ist.

II. Länderkompetenz zur Umsetzung von EG-Richtlinien

Die Kompetenz der Länder zur Umsetzung von EG-Richtlinien steht ebenfalls zur Diskussion. Der europäische Gesetzgeber gibt mittels an die Mitgliedstaaten gerichteter Richtlinien, die immer dichtere Regelwerke enthalten, eine einheitliche Regelung derart vor, dass eine Bundeskompetenz im Bereich der konkurrierenden bzw. Rahmengesetzgebung zurücktreten könnte, weil die „erforderlichen", i.S.d.

Art. 72 II GG vereinheitlichenden Strukturen bei der Richtlinienumsetzung regelmäßig schon durch die Richtlinie selbst vorgegeben werden. In zentralen Bereichen der Gesetzgebung, etwa im bürgerlichen Recht, Handels-, Gesellschafts- und Arbeitsrecht, sowie im öffentlichen Wirtschafts- und Umweltrecht, tritt eine fortschreitende Europäisierung zu Tage.[964] Den an die Mitgliedstaaten gerichteten Richtlinien, die der Umsetzung in nationales Recht bedürfen, kommt eine wachsende Bedeutung zu. Sie dienen als Instrument der gewünschten Rechtsangleichung. „Sie schreiben vor, welche *einheitliche*[965] rechtliche Lage erreicht werden soll, und die Mitgliedstaaten passen daraufhin ihre Rechts- und Verwaltungsvorschriften in der innerstaatlich vorgesehenen und ausgewählten Form an. Damit wird erreicht, dass die Rechtslage überall *gleich* ist, die Rechtsgrundlagen und das Verfahren aber jeweils den nationalen Bedürfnissen angepasst sind und daher differieren können."[966] In der Praxis enthalten die meisten Richtlinien zunehmend konkrete Bestimmungen, die es den Mitgliedstaaten lediglich überlassen, eine nationale Nachformulierung durchzuführen.[967] Den Mitgliedstaaten bleibt nur ein geringer Gestaltungsspielraum. Zu Recht kann man die umsetzenden Gesetzgebungsorgane oft nur noch als bloße „Notare der Gemeinschaft"[968] ansehen. Die Mitgliedstaaten sind die Leittragenden, da sie Kompetenzverluste hinnehmen müssen. Allerdings wird ihnen auf diesem Wege bisweilen die Möglichkeit eröffnet, unpopuläre politische Entscheidungen auf den Gemeinschaftsgesetzgeber nach aussen hin „abzuwälzen".[969] Folge des rückgängigen Spielraums ist, dass es politisch immer bedeutungsloser wird, wer Richtlinien in der Praxis tatsächlich umsetzt.

1. Kompetenz zur Umsetzung von EG-Richtlinien

Unmittelbar geltendes Europäisches Gemeinschaftsrecht geht den Art. 70 ff. GG vor. Das Kompetenzgefüge bleibt unangetastet.[970] Es bleibt hingegen unklar, wem die Kompetenz zur Richtlinienumsetzung nach dem Grundgesetz zusteht. Die europäische Rechtsordnung enthält keine Vorgaben an die Mitgliedstaaten bezüglich der Umsetzungskompetenz. Die mitgliedstaatliche Staatsorganisation wird nicht von der

---

964 Eine Übersicht bietet *Götz*, Europäische Gesetzgebung durch Richtlinien, NJW 1992, 1849 ff. In der 13. Legislaturperiode (1994 – 1998) dienten 20,12 % aller nationalen Gesetze der Umsetzung Europarechts, in der 9. Legislaturperiode (1980 – 1983) belief sich die Zahl lediglich auf 9,41 %. Der fortschreitende Einzug des Europarechts in den nationalen Raum wird hierdurch ersichtlich. Eine abnehmende Tendenz ist nicht erkennbar; vgl. *Schuppert*, Staatswissenschaft, S. 855 unter Bezugnahme auf *Schulze-Fielitz*, Theorie und Praxis parlamentarischer Gesetzgebung, S. 84.
965 Hervorhebung nicht im Original.
966 *Schweitzer*, Staatsrecht III, Rn. 347.
967 Vgl. *Winkel*, ZG 1997, S. 113 ff., 119; *Vedder*, Kompetenzverteilung zwischen der EU und den Mitgliedstaaten, S. 9 ff., 22.
968 *Huber*, Recht der Europäischen Integration, § 8, Rn. 97.
969 *Kaltenborn*, AöR 128 (2003), 412 ff., 445.
970 *Umbach/Clemens*, in: Umbach/Clemens, GG, Art. 70, Rn. 11.

Vierter Teil: Die Auswirkungen des neuen Verständnisses des Art. 72 II GG

Europäischen Union tangiert. Dies entspricht dem allgemeinen völkerrechtlichen Grundsatz der Souveränität der Staaten.[971] Man spricht hier zu Recht von einer „Landesblindheit"[972] der Europäischen Union. Der EuGH folgt dem in ständiger Rechtsprechung.[973] In der Staatspraxis werden derzeit ca. 90 – 95% aller Richtlinien vom Bund umgesetzt.[974] Aus dieser jahrzehntelangen Staatspraxis folgt allerdings nicht auch die Verfassungsmäßigkeit der Umsetzungspraxis.

Für die ehemals vieldiskutierte Frage der Gesetzgebungskompetenz bei der Umsetzung von Richtlinien gelten nach nunmehr ganz herrschender Meinung die Art. 70 ff. GG. Die früher vertretenen Auffassungen einer ausschließlichen Bundeskompetenz aus Art. 24 I GG (heute entsprechend aus Art. 23 GG n.F.), aus der Pflege der Beziehungen zu auswärtigen Staaten gem. Art. 32 I GG, aus einer ungeschriebenen Bundeskompetenz oder aus dem EG-Recht selbst sollen nur angesprochen werden.[975]

Betrifft die Richtlinie eine ausschließliche Kompetenz des Bundes aus dem Katalog des Art. 73 GG, dann wird unstrittig ausschließlich der Bund tätig.[976] Anderes gilt für die konkurrierende und die Rahmengesetzgebung. Hier kann die „Zieltrias" des Art. 72 II GG die Gesetzgebungskompetenz des Bundes begrenzen. Es stellt sich die Frage, ob der europäische Richtliniengesetzgeber nicht bereits sehr umfänglich die Anforderungen an die Herstellung gleichwertiger Lebensverhältnisse bzw. die Rechts- und Wirtschaftseinheit durch die Richtlinienvorgaben definiert. Die Richtlinienumsetzung wäre dem Bundesgesetzgeber damit aufgrund fehlender Erforderlichkeit i.S.d. Art. 72 II GG zunehmend verwehrt. Die Länder würden in weiten Teilen der konkurrierenden bzw. Rahmengesetzgebung die Umsetzungskompetenz erhalten.

---

971 *Kössinger*, Die Durchführung des EG-Rechts im Bundesstaat, S. 31 ff.
972 *Isensee*, FS 50 Jahre BVerfG II, S. 719 ff., 753 f.
973 Vgl. etwa EuGH, Urteil vom 13.12.1991 – Rs. C-33/90, Kommission/Italienische Republik, Slg. 1991, I-5987, Rn. 24; EuGH, Urteil vom 9.8.1994 – Rs. C-359/92, Deutschland/Rat, Slg. 1994, I-3681, Rn. 38.
974 *Winkel*, ZG 1997, S. 113 ff., 116.
975 Vgl. ausführlich hierzu *Grabitz*, AöR 111 (1986), 1 ff.; aus jüngerer Zeit *Haslach*, Die Umsetzung von EG-Richtlinien durch die Länder, S. 46 ff.; *ders.*, DÖV 2004, 12 ff.; weiterhin *Pieroth*, in: J/P, GG, Art. 70, Rn. 1a; *Jarass*, in: J/P, GG, Art. 23, Rn. 45; *Umbach/Clemens*, in: Umbach/Clemens, GG, Art. 70, Rn. 11; *Streinz*, in: HStR VII, § 182, Rn. 53. Teilweise werden die Art. 70 ff. GG lediglich analog herangezogen, da es sich bei der Umsetzung von europäischem Gemeinschaftsrecht nicht um „originäre deutsche Gesetzgebung", sondern um die Umsetzung sekundären EG-Rechts handeln soll, vgl. *Ehlers*, JURA 2000, 323 ff., 325. Dieser Ansicht liegt ein Fehlschluss zugrunde: Es wird zwar Europarecht umgesetzt, dabei werden aber dennoch deutsche Gesetzgebungskompetenzen ausgeübt. Da die Verfassung die Kompetenzen abschließend und lückenlos regelt, fehlt es an den Voraussetzungen eines Analogieschlusses, der notwendig eine Regelungslücke erfordert. Letztendlich bleibt dieser Streit für vorliegende Untersuchung ohne Folgen, so dass er nicht entschieden werden muss.
976 *Schmidt*, DÖV 1995, 657 ff., 667. Hier sollen etwa Umsetzungsmaßnahmen im Rahmen der Europäischen Währungsunion genannt werden (Art. 73 Nr. 4 GG) oder der Waren- und Zahlungsverkehr (Art. 73 Nr. 5 GG); vgl. *Degenhart*, in: Sachs, GG, Art. 73, Rn. 18, 21.

a) Die Problematik der „doppelten Rahmenkonstellation" im Bereich der Rahmengesetzgebung

Den Ausgangspunkt unserer Überlegungen soll die Rahmengesetzgebung (Art. 75 GG) bilden. Im Hinblick auf die Richtlinienumsetzung spielt insbesondere das Umweltrecht eine tragende Rolle.[977] Nach Art. 75 I GG hat der Bund das Recht, Rahmenvorschriften für die Gesetzgebung der Länder zu erlassen. Diesen bleibt es überlassen, den Rahmen auszufüllen. Grundsätzlich ist es aufgrund der „Landesblindheit" der Union zulässig, dass die Umsetzung durch mehrere formal aufgeteilte Gesetze erfolgt. Prekär erscheint indessen, dass die Richtlinie schon ein „Ziel" festlegt und damit einen Rahmen vorgibt, der Bund jedoch einen weiteren Rahmen vorzugeben hätte („Verdoppelung der Rahmenkonstellation"), auf welchem erst die Länderregelungen aufbauen.[978]

Bekanntlich zeichnen sich die Realisierung von Gesetzesvorhaben und vor allem die Umsetzung von Richtlinien in Deutschland nicht durch eine zügige Geschwindigkeit aus. Zunächst muss der Entwurf dem Bundesrat zugeleitet werden, dieser kann Stellung nehmen, die Bundesregierung trifft eine Gegenäußerung, es folgen die Beratungen im Bundestag mit drei Lesungen sowie die Beratungen im Ausschuss und im Anschluss eine erneute Beratung des Bundesrates.[979] Der Bund schafft es vielfach nicht einmal, diesen Prozess fristgemäß über die Bühne zu bringen.[980] An diesen langwierigen Prozess soll sich sodann noch das Verfahren der Ländergesetzgebung anschließen. Auch einem Laien wird die unnötige Komplexität sofort deutlich. Kommen Streitigkeiten zwischen Bund und Ländern hinzu, wie dies teilweise der Fall war, wird eine fristgemäße Umsetzung aussichtslos. Das Erfordernis, innerhalb der vorgegebenen Frist zunächst die bundesgesetzliche Rahmenregelung und anschließend die ausfüllenden Länderregelungen zu erlassen, wird folgerichtig bereits aus diesen pragmatischen Gründen als problematisch angesehen.[981]

---

977 Vgl. die Vogelschutzrichtlinie (RL 79/409/EWG des Rates vom 2.4.1979 über die Erhaltung der wildlebenden Vogelarten, EG ABl. 1979 /L 103/1, zuletzt geändert durch RL 97/49/EG der Kommission vom 29.7.1997, EG ABl. 1997/L 223/9) oder die Flora-Fauna-Habitat-Richtlinie (RL 92/43/EWG des Rates vom 21.5.1992 zur Erhaltung der natürlichen Lebensräume sowie der wildlebenden Tiere und Pflanzen, EG ABl. 1992/L 206/7, geändert durch RL 97/62/EG des Rates vom 27.10.1997, EG ABl. 1997/L 305/42). In andere Bereiche der Rahmenkompetenz trifft eine Richtlinie dagegen nur selten Umsetzungsanordnungen, etwa im Bereich des Dienstrechts, Art. 75 I Nr. 1 GG, oder des Wasserhaushaltsrechts, Art. 75 I Nr. 4 GG, vgl. *Winkel*, ZG 1997, 113 ff., 116.
978 *Haslach*, Die Umsetzung von EG-Richtlinien durch die Länder, S. 50 ff.; *Rehbinder/Wahl*, NVwZ 2002, 21 ff.; vgl. auch das Positionspapier des Bundes „Modernisierung der bundesstaatlichen Ordnung", S. 2, www.bmj.bund.de/media/archive/251.pdf.
979 *Haslach*, DÖV 2004, 12 ff., 15.
980 Vgl. die „Hintergrundinformationen der rheinland-pfälzischen Landesregierung", Kommissionsdrucksache 0034, S. 5.
981 *Rehbinder/Wahl*, NVwZ 2002, 21 ff., 22; zwei Beispiele aus der frühen Praxis liefert *Riegel*, DVBl. 1979, 245 ff., 247 f.

Vierter Teil: Die Auswirkungen des neuen Verständnisses des Art. 72 II GG

Die nahe liegende Lösung wäre eine Aufteilung entweder auf den Bund oder die Länder. Die doppelte Rahmenkonstellation erscheint nämlich nicht nur hinderlich, sondern auch überflüssig. Der Bund muss zurückweichen, wenn schon ein Rahmen vorgegeben ist. Ansonsten besteht die Gefahr, dass die Länder nicht mehr wesentliche Inhalte selber regeln können. Dies gilt insbesondere im Hinblick darauf, dass die Richtlinien trotz ihres Rahmencharakters zum Teil ausführliche Einzelfallregelungen enthalten.[982] Wird dieser Gesichtspunkt wiederholt als Einwand gegen eine Länderzuständigkeit angeführt, so spricht er bei genauer Betrachtung gegen eine Zuständigkeit des Bundes nach der verfassungsrechtlichen Kompetenzverteilung. Denn bei detaillierten europarechtlichen Vorgaben kann der Bund den erforderlichen ausfüllungsfähigen Rahmen zwangsläufig nicht mehr schaffen.[983]

Gegen eine ausschließliche Zuständigkeit der Länder im Bereich der Rahmengesetzgebung wird eingewandt, diese würde zu Kollisionen mit bereits bestehenden Bundesgesetzen (vor allem im Bereich des Naturschutzes, Wasserhaushalts und der Raumordnung) führen. Denn die Länder wären aufgrund der Vorgaben in der Richtlinie oftmals genötigt, bestehende Normen abzuändern. Damit müsse eine Landeskompetenz in dieser Konstellation aus verfassungspolitischen Gründen ausscheiden.[984] Ausnahmsweise sollen bei einer solchen Sachlage zur Sicherung einer widerspruchsfreien und einheitlichen Rechtsordnung die Voraussetzungen der Art. 75 I 1 i.V.m. Art. 72 II GG vorliegen.[985] Diesem eher pragmatischen Argument muss jedoch die verfassungsrechtliche Kompetenzordnung entgegengehalten werden. Wenn die Umsetzung nach geltendem Verfassungsrecht in die Kompetenz der Länder fällt, dann muss der Bundesgesetzgeber zurücktreten. Darüber hinaus besteht die geschilderte Gefahr nicht, denn es sind die Art. 75 I 2 i.V.m. Art. 72 III GG bzw. Art. 75 I 1 i.V.m. Art. 125a II 2 GG zu berücksichtigen. Der Bund kann bestimmen, dass eine Rahmenvorschrift, die nicht mehr erforderlich ist, durch Landesrecht ersetzt werden kann. Dabei steht ihm grundsätzlich ein Ermessensspielraum zu. Eine sowohl europarechts- als auch länderfreundliche Auslegung kann den Ermessensspielraum des Bundesgesetzgebers bei der Rückholgesetzgebung jedenfalls in diesem Bereich auf Null schrumpfen lassen[986], so dass der Bund keine Einwände gegen den Eingriff der Länder in bestehende Bundesgesetze erheben kann, er vielmehr verpflichtet ist, von seiner Freigabebefugnis Gebrauch zu machen.[987]

---

982 *Rehbinder/Wahl*, NVwZ 2002, 21 ff., 23; die Dichte der gemeinschaftlichen Rechtsetzung wird allerdings von *Koch*, NuR 2004, 277 ff., 281, in Frage gestellt.
983 *Kössinger*, Die Durchführung des EG-Rechts im Bundesstaat, S. 51; ähnlich *Benz*, Kommissionsdrucksache 0017, S. 11; so auch unter Berücksichtigung des verfassungsändernden Gesetzgebers *Haslach*: Die Umsetzung von EG-Richtlinien durch die Länder, S. 54 ff.
984 *Rehbinder/Wahl*, NVwZ 2002, 21 ff., 26.
985 *Haslach*, DÖV 2004, 12 ff., 19.
986 Die Rechtsfigur der „Ermessensschrumpfung auf Null" kann nicht direkt herangezogen werden, da sie wie das Verhältnismäßigkeitsprinzip im grundrechtsbestimmten Staat-Bürger-Verhältnis entwickelt worden ist. Die Vergleichbarkeit der Ausgangslagen (vgl. hierzu etwa *3.Teil, A.II.2, A.III*) lässt jedoch eine ähnliche Rechtsfigur zu; vgl. *Oeter*, in: vM/K/S, GG, Art. 72 III, Rn. 121; *Kunig*, in: von Münch/Kunig, GG, Art. 72, Rn. 33.
987 So auch *Gramm*, AöR 124 (1999), 212 ff., 231, der einen Anspruch aus dem Gesichtspunkt

Grundsätzlich müssen zwar die Voraussetzungen einer „grundlegenden Neukonzeption" der bislang durch den Bundesgesetzgeber geregelten Materie vorliegen, die nur die Länder vornehmen können.[988] Andernfalls darf der Bundesgesetzgeber die Änderung durchführen. Die engen Voraussetzung, unter denen eine „grundlegende Neukonzeption" anzunehmen ist und damit den Länder ein Tätigwerden ermöglicht wird, sind im Bereich der Richtlinienumsetzung jedoch abzusenken. Grundlage für die Entwicklung des Konzepts der „grundlegenden Neukonzeption" durch das Bundesverfassungsgericht in der Ladenschluss-Entscheidung[989] war die Befürchtung einer Versteinerung der Rechtslage.[990] Zu verhindern war damit, dass der Bund selbst rechtliche Randkorrekturen unterlässt, um den Ländern nicht die Gesetzgebungskompetenz eröffnen zu müssen. Diese Angst erscheint bei der Richtlinienumsetzung unbegründet, da der Bundesgesetzgeber hier ein Tätigwerden aufgrund der Bindung an den Grundsatz der Gemeinschaftstreue (Art. 10 EG) nicht vermeiden kann, eine Versteinerung damit ausgeschlossen ist. Die Schwelle der „grundlegenden Neukonzeption" darf daher bei der Umsetzung von EG-Richtlinien nicht herangezogen werden.

Im Bereich der Rahmengesetzgebung fällt die Entscheidung damit grundsätzlich zugunsten der Länder aus. Die Richtlinie lässt sich strukturell mit den deutschen Rahmengesetzen verglichen.[991] Eine derartige Kongruenz erleichtert den Austausch der bundesrechtlichen Rahmenregelung durch die europäische Richtlinie und lässt die Erforderlichkeit eines Bundesgesetzes entfallen. Wie ein Bild, um an der Wand aufgehängt zu werden, keine zwei Rahmen benötigt, so bedarf auch ein Ländergesetz nicht zweier Rahmen. Dennoch muss abschließend betont werden, dass Richtlinien trotz ihrer strukturellen Verwandtschaft zu Rahmengesetzen nicht ohne weiteres vergleichbar sind.[992] Denn es wurde schon hervorgehoben, dass sie zum Teil inhaltliche Vollregelungen enthalten. Diese Praxis steht dem Bild der „doppelten Rahmenkonstellation" zwangsläufig entgegen.

b) Die Problematik der Umsetzung von EG-Richtlinien im Bereich der konkurrierenden Gesetzgebung

Ungleich problematischer gestaltet sich rechtlich wie tatsächlich die Lage im Bereich der konkurrierenden Gesetzgebung. Die Vergleichbarkeit der beiden Rechtsetzungsinstitute Richtlinie und konkurrierende Gesetzgebung und daran anknüpfend

---

der Bundestreue und dem Gedanken der Widerspruchsfreiheit der Rechtsordnung herleitet.
988 Siehe ausführlich hierzu *4.Teil, V.*
989 BVerfG, 1 BvR 636/02, „Ladenschlussgesetz" – Urteil vom 9.6.2004, Rn. 111.
990 Siehe ausführlich hierzu *2.Teil, III.3., 4.Teil, V.*
991 Auf der anderen Seite wird auch das deutsche Institut der Rahmengesetzgebung nach der Grundgesetzänderung zunehmend mit einer bloßen Richtlinienkompetenz verglichen, so etwa *Sannwald*, Die Neuordnung des Gesetzgebungskompetenzen und des Gesetzgebungsverfahrens, I. 3., Rn. 2; *Rybak/Hofmann*, NVwZ 1995, 230 ff., 234.
992 *Vedder*, Kompetenzverteilung zwischen der EU und den Mitgliedstaaten, S. 9 ff., 22.

die Überlagerung der bundesrechtlichen Norm durch die Richtlinie sticht nicht sogleich ins Auge. Daher muss weiteren Argumenten nachgegangen werden. Dabei ist zu beachten, dass die Richtlinien zumeist über ihren grundsätzlichen Anwendungsbereich hinausschießen, indem sie detaillierte Regelungen vorgeben sowie teilweise zumindest im Vertikalverhältnis zwischen Staat und Bürger unmittelbar anwendbar sein können. Damit nähern sie sich den Verordnungen an. Ein Vergleich zu den jeweiligen konkurrierenden Bundesgesetzen liegt nicht mehr fern. Ein Unterschied besteht letztlich nur darin, dass eine formale Umsetzung in nationales Recht erfolgen muss. Umso detaillierter die Richtlinie ausgestaltet ist, umso ähnlicher wird sie dem konkurrierenden Bundesgesetz.

aa) Bundeskompetenz aus dem Grundsatz der Gemeinschaftstreue (Art. 10 EG)

Nach dem Grundsatz der Gemeinschaftstreue treffen die Mitgliedstaaten alle geeigneten Maßnahmen zur Erfüllung der Verpflichtungen aus dem EG-Vertrag. Sie unterlassen alle Maßnahmen, welche die Verwirklichung der Ziele dieses Vertrages gefährden könnten (Art. 10 EG). Geltung erlangt der Grundsatz in zweierlei Richtungen. Er „verpflichtet nicht nur die Mitgliedstaaten, alle geeigneten Maßnahmen, (...), zu treffen, um die Wirksamkeit des Gemeinschaftsrechts zu gewährleisten (...), sondern er legt auch den Gemeinschaftsorganen entsprechende Pflichten zur loyalen Zusammenarbeit mit den Mitgliedstaaten auf".[993] Entnehmen lässt sich dem Grundsatz insbesondere die Pflicht der Mitgliedstaaten, Richtlinien effektiv und fristgemäß umzusetzen. Andernfalls würden die Rechtshandlungen der Europäischen Union weitestgehend wirkungslos bleiben.[994]

Daran anknüpfend wird argumentiert, eine europafreundliche Auslegung der grundgesetzlichen Kompetenznormen gebiete eine Verlagerung zugunsten des Bundes. Dies folge aus der Gemeinschaftstreuepflicht, welche eine einheitliche Wirksamkeit des Europarechts in den Mitgliedstaaten und damit eine einheitliche Umsetzung in nationales Recht verlange.[995] Demnach würden gleichsam die Kompetenznormen der Art. 70 ff. GG durch Art. 23 I GG überlagert.[996] Nach dieser Ansicht sind die Art. 70 ff. GG somit nicht anzuwenden. Die ausschließliche Bundeskompetenz zur Umsetzung folgt aus dem EG-Recht selbst. Das Argument einer gemein-

---

993 EuGH, Beschluss vom 13.7.1990, Rs. C-2/88, Zwartveld, I-3365, Rn. 17.
994 Vgl. EuGH, Urteil vom 26.2.1976 – Rs. 52/75, Kommission/Italienische Republik, Slg. 1976, S. 277, Rn. 10; EuGH, Urteil vom 19.11.1991 – Verb. Rs. C-6/90 u. C-9/90, Francovich, Slg. 1991, I-5357, Rn. 31 ff.
995 *Rengeling*, DVBl. 1998, 997 ff., 1001; auch die Bundesjustizministerin *Zypries* forderte in einem Zeitungsinterview eine ausschließliche Bundeskompetenz („Die Richtlinien der Europäischen Union soll der Bund umsetzen..."), FAZ v. 16.4.2003; zurückhaltender allerdings *dies.*, in: ZRP 2003, 265 ff., 267 („Eine Erweiterung oder Abrundung der Gesetzgebungskompetenzen des Bundes kann außerdem angezeigt sein, wenn dies ... für eine sachgerechte Umsetzung europarechtlicher Vorgaben erforderlich ist.").
996 *Rehbinder/Wahl*, NVwZ 2002, 21 ff., 28.

schaftstreuen Umsetzung fortführend wird die Gefahr von sechzehn zersplitterten Länderreglungen angeführt. So sieht etwa *Bothe* die Auffassung, Einheitlichkeit sei schon durch das Gemeinschaftsrecht vorgegeben, als problematisch an. Eine „zersplitterte Umsetzung" würde seiner Ansicht nach die ohnedies schon komplexe und diffizile Umsetzungspflicht erheblich erschweren.[997]

Aus der Verpflichtung einer durch Art. 23 GG vorgegebenen gemeinschaftstreuen und fristgemäßen Umsetzung entwickelt *Fassbender* einen ähnlichen Lösungsansatz. Er erkennt einerseits die durch eine Überlagerung hervorgerufenen, möglichen Kompetenzverluste der Länder, hebt dann allerdings hervor, dass sich durch zunehmende Detailregelungen der Europäischen Union auch im Bereich der Richtlinienumsetzung die maßgebliche rechtliche Bedeutung auf den europäischen Rechtsetzungsakt verlagert. Das Bundesverfassungsgericht habe schließlich darüber zu wachen, ob sich die „einzelnen Rechtsakte der Gemeinschaft auf eine hinreichende demokratische Legitimation in der Bundesrepublik Deutschland zurückführen lassen". Hieraus folge nicht nur die Kontrolle im Hinblick auf das Zustimmungsgesetz zum EG- bzw. Unions-Vertrag, „sondern auch im Hinblick auf das jeweilige Zustandekommen der aufgrund dieser übertragenen Hoheitsgewalt erlassenen Rechtsakte der Gemeinschaft". Diese „umgekehrte Kompetenzkontrolle" führe dazu, dass auch die im Bundesstaat zu wahrende innerstaatliche Kompetenzverteilung in erster Linie bereits auf der Stufe der *gemeinschaftlichen* Rechtsetzung Beachtung finden müsse. Verfassungsrechtlich abgesichert wird die Mitwirkung der Länder bei der gemeinschaftlichen Rechtsetzung durch Art. 23 GG. Werden die Kompetenzen der Bundesländer demzufolge schon auf der letztlich entscheidenden Ebene der gemeinschaftlichen Rechtsetzung gewahrt, so wird eine Kompetenzwahrung auf der nachgeschalteten Ebene der Umsetzung entbehrlich. Danach hat der Bund grundsätzlich die Kompetenz zur Umsetzung von Richtlinien. Er muss lediglich prüfen, ob aus *gemeinschaftsrechtlichen* Gründen, d.h. *nicht* aus den qualifizierten Gründen des Art. 72 II GG, eine bundeseinheitliche Umsetzung geboten ist. Im Umkehrschluss sind die Länder nur dann befugt, wenn ihnen eine ordnungsgemäße, den Gemeinschaftszielen entsprechende und fristgerechte Umsetzung möglich ist.[998] In concreto überlagert somit nach *Fassbender* der Art. 10 EG die qualifizierten Voraussetzungen des Art. 72 II GG.

Diese Ansichten zur Begründung einer Bundeskompetenz laufen allerdings der dargelegten „Blindheit" der Europäischen Union gegenüber der mitgliedstaatlichen Staatsorganisation zuwider, wonach dem europäischen Recht keinerlei Aussage über Anforderungen an das mitgliedstaatliche Staatsorganisationsrecht entnommen werden kann. Fernerhin leuchtet die Argumentation nicht ein, weil nicht nur der Bund, sondern auch die Länder an den Grundsatz der Gemeinschaftstreue gebunden sind. Der Bund konnte die Länder durch Abschluss des EG-Vertrages dergestalt ver-

---

997 *Bothe*, in: D/H-R/S/S, GG, Art. 72, Rn. 18; so im Ansatz auch *Schmidt*, DÖV 1995, 657 ff., 667.
998 *Fassbender*, Die Umsetzung von Umweltstandards der Europäischen Gemeinschaft, S. 195 ff.; *ders.*, JZ 2003, 338 f.

pflichten, dass nicht nur er an vorrangiges europäisches Recht gebunden wird, sondern ebenfalls die Länder.[999] Zunächst richtet sich die Beantwortung der Frage, ob der Transfer von Hoheitsrechten der Länder verfassungskonform wäre, nach Art. 23 I GG (vormals nach Art. 24 I GG). Danach kann der Bund durch Gesetz mit Zustimmung des Bundesrates Hoheitsrechte übertragen (Art. 23 I 2 GG). Sowohl nach dem Wortlaut als auch nach dem Telos der Verfassungsnorm, ein vereintes Europa zu verwirklichen, müssen zwangsläufig auch Länderkompetenzen übertragen werden. Die Grenze des Transfers bildet der Kernbereich der deutschen Bundesstaatlichkeit nach Art. 23 I 3 i.V.m. Art. 79 III GG. Dieser wurde nicht berührt. Mit der Übertragung der Rechte korrespondieren denknotwendig die Auferlegungen von Pflichten an den Übertragenden. Übertragen die Länder durch den Bund in gewisser Weise repräsentiert Rechte an die Gemeinschaft, so muss gleichwohl die ihnen vom Grundgesetz verliehene Kompetenz zur Gesetzgebung nach Möglichkeit gewahrt werden.

Eine Überlagerung des Art. 72 II GG durch Art. 10 EG kommt somit nicht in Betracht. Die föderalen Binnenbeziehungen und daran anknüpfend die Zielvorgaben des Art. 72 II GG werden durch das Europarecht nicht tangiert. *Isensee* hat dies in aller Klarheit auf den Begriff gebracht: Diese Verfassungsnorm „stellt allein auf das Verhältnis von Bund und Ländern ab. Sowohl aus gemeinschafts- als auch aus staatsrechtlicher Sicht sind die Länder nicht minder europapflichtig und nicht minder europatüchtig als es der Bund ist"[1000]. Neben der Gemeinschaftstreuepflicht sind die Länder zudem aus dem Grundsatz der Bundestreue heraus verpflichtet, Richtlinien ordnungsgemäß umzusetzen. Denn lediglich den Bund trifft die noch näher zu behandelnde Aussenverantwortung gegenüber der Gemeinschaft bei nicht umgesetzten Richtlinien.

Befolgen die Länder ihre Pflicht nicht, so verbleibt dem Bund das allerletzte Mittel des Bundeszwangs gem. Art. 37 I GG, wonach die Bundesregierung mit Zustimmung des Bundesrates die notwendigen Maßnahmen treffen kann, um das Land zur Erfüllung seiner Pflichten anzuhalten. Hiernach kann der Bund als ultima ratio eine Richtlinie selbst umsetzen, falls die Länder eigene gesetzgeberische Maßnahmen voll und ganz verweigern oder untätig bleiben; eine weitergehende Kompetenz folgt aus dieser „Notstandskompetenz" jedoch nicht.

Zudem kann gemäß dem Sprichwort „Wer im Glashaus sitzt, sollte nicht mit Steinen werfen" dem Bund ebenfalls in zahlreichen Fällen fehlende Effektivität bei der Richtlinienumsetzung, folglich ein Verstoß gegen Art. 10 EG, vorgeworfen werden. Im Vergleich der Mitgliedstaaten liegt Deutschland derzeit bei der Umsetzungsquote für Richtlinien auf den hintersten Plätzen.[1001] Der Bund versucht vergeb-

---

999 *Trüe*, EuR 1996, 179 ff., 191; *Kössinger*, Die Durchführung des EG-Rechts im Bundesstaat, S. 72 f.; *Isensee*, FS Badura, S. 689 ff., 711; a.A. *Haslach*, Die Umsetzung von EG-Richtlinien durch die Länder, S. 57 ff.
1000 *Isensee*, FS Badura, S. 689 ff., 710 f.
1001 So liegt beispielsweise die Quote für die Umsetzung der „Lissabon-Richtlinien" (im Rahmen der Lissabonner Strategie hat die Union über 70 Richtlinien erlassen, um Binnenmarkt,

lich, sich durch eine zögerliche Umsetzung verlorene Kompetenzen so lange wie möglich zu erhalten.[1002] Die Bundesregierung selbst gesteht ein, dass eine oftmals ebenfalls nicht fristgerechte Umsetzung von Richtlinien durch die Länder nur ein Grund unter vielen für diese bedenklich schlechte Umsetzungsquote ist. Das nicht konsensfähige „Draufsatteln" zusätzlicher Regelungstatbestände im Gesetzgebungsverfahren zur Richtlinienumsetzung, Unklarheiten bei der Auslegung der Richtlinien, die eingeschränkte Richtlinienumsetzung durch Rechtsverordnungen im Hinblick auf Art. 80 GG sowie das häufige Aufwerfen von Grundsatzfragen bei der Umsetzung, welche zunächst geklärt werden müssen, führen auf Seite des Bundesgesetzgebers zu ganz erheblichen Verzögerungen.[1003] Grund für eine Verzögerung kann durchaus zwar auch das ebenso komplizierte wie zeitaufwendige Gesetzgebungsverfahren im föderativen Staatsaufbau sein. Dem kann jedoch dadurch abgeholfen werden, dass lediglich die Länderparlamente ohne einen möglicherweise blockierenden Bundesrat tätig werden.

Schließlich kann von dem Erfordernis einer einheitlichen Wirksamkeit in den Mitgliedstaaten nicht auf eine Pflicht zu einheitlicher Umsetzung einer Richtlinie im Territorium eines Staates geschlossen werden. Auch die Mitgliedstaaten untereinander sind nicht verpflichtet, gleichlautendes Recht zu erlassen. Dennoch wird eine einheitliche Wirksamkeit von Richtlinien zweifelsohne hergestellt. Die unterschiedliche nationale Umsetzung entspricht demzufolge der unterschiedlichen Umsetzung durch die Mitgliedstaaten. Damit ist es nicht untersagt, die Umsetzung auf eine weitere aufgespaltete Ebene nach unten zu verlagern. Endlich kann die Richtlinienumsetzung in den Fällen, die unerlässlich eine bundeseinheitliche Umsetzung erfordern, durch eine Selbstkoordination der Länder erfolgen.[1004] Die Pflicht zur Gemeinschaftstreue erfordert damit keine bundeseinheitliche Richtlinienumsetzung und hat keine Auswirkungen auf die Kompetenzverteilung innerhalb Deutschlands.

Die Bestimmung des Art. 23 I GG ist aus Kompetenzgesichtspunkten ebenfalls neutral.[1005] Dies lässt sich daraus entnehmen, dass Art. 23 GG in seinen Absätzen 2 – 7 die bundesstaatliche Kompetenzordnung voraussetzt, sie aber nicht beeinflusst.[1006] Eine „europafreundliche", extensive Auslegung der Art. 70 ff. GG zuguns-

---

Wettbewerbsfähigkeit und Wachstumspotenzial der EU zu steigern) derzeit in Deutschland mit zwischen 42 und 35 % am niedrigsten; Die Lissabonner Strategie realisieren, Bericht der Kommission für die Frühjahrstagung 2004 des Europäischen Rates, KOM (2004) 29, S. 17; aktuell (21.1.2004) liegt Deutschland bei der gesamten Richtlinienumsetzung an drittletzter Stelle, vgl. die „Hintergrundinformationen der rheinland-pfälzischen Landesregierung", Kommissionsdrucksache 0034, S. 5.

1002 *Hilf*, EuR 1993, 1 ff., 3.
1003 Antwort der Bundesregierung auf die Kleine Anfrage „Verurteilung der Bundesregierung durch den EuGH wegen verspäteter Umsetzung der Pauschalreiserichtlinie der EG", BT-Drs. 13/6081, S. 7 f.; von derzeit 53 nicht umgesetzten Richtlinien ist der Bund in 51 Fällen allein verantwortlich und nicht der föderale Aufbau, vgl. die „Hintergrundinformationen der rheinland-pfälzischen Landesregierung", Kommissionsdrucksache 0034, S. 5.
1004 So im Ansatz schon *Vedder*, Intraföderale Staatsverträge, S. 395.
1005 *Gramm*, DÖV 1999, 540 ff., 545.
1006 Siehe hierzu *3.Teil, A.I.1*.

ten des Bundes kommt bei der Richtlinienumsetzung damit nicht in Betracht. Denn allein die Effektivität einer bundeseinheitlichen Gesetzgebung kann nicht die verfassungsrechtliche Kompetenzordnung tangieren.[1007]

Aus der Verpflichtung der Bundesrepublik, eine Richtlinie ordnungsgemäß umzusetzen, folgt nicht zugleich das Recht, diese umzusetzen, wenn die Verpflichtung zur effektiven Umsetzung zugleich auch nach der deutschen Verteilung der Gesetzgebungskompetenzen die Länder trifft. Man muss zwischen Außenverhältnis (EU / Mitgliedstaaten) und Innenverhältnis (innerstaatliche Staatsorganisation) unterscheiden. Im Verhältnis zur Europäischen Union ist der Bund zu einer ordnungsgemäßen Richtlinienumsetzung verpflichtet. Vorliegend korrespondiert damit jedoch im Innenverhältnis nicht zugleich ein Recht des Bundes gegenüber den Ländern, selbst durch Gesetzgebung tätig zu werden.

Weiterhin ist von Bedeutung, dass es allein Recht der Europäischen Gemeinschaft als Verpflichtende ist, die Effektivität einer ordnungsgemäßen Richtlinienumsetzung einzufordern. Diese Effektivität einer ordnungsgemäßen Umsetzung wird über das Vertragsverletzungsverfahren sowie unter Umständen über die Festsetzung von Zwangsgeld erreicht, wobei letztere Möglichkeit einen innerstaatlichen Konflikt bezüglich der Aussenverantwortung des Bundes hervorrufen kann.[1008] Die Europäische Gemeinschaft kann jedoch nicht eine bundeseinheitliche Umsetzung zu Lasten der Länder einfordern. Daneben wird die Effektivität trotz fehlender Umsetzung auch durch die unmittelbare Wirkung einzelner Richtlinienbestimmungen für (niemals gegen) den einzelnen Bürger nach Ablauf der Umsetzungsfrist erreicht, sofern die Bestimmungen unbedingt und hinreichend bestimmt sind.[1009] Da diese Rechtsfolge aber zwingend mit einer umfangreichen Konkretisierung der Richtlinie einhergeht, welche, wie gesehen, dem ursprünglichen Regelungszweck von Richtlinien im Grunde zuwiderläuft, werden andere Lösungswege gesucht, um den negativen Folgen einer verzögerten Umsetzung von Richtlinien zu begegnen. Zur Diskussion stehen beispielsweise eine „Musterregellösung", wonach bei unterlassener fristgemäßer Umsetzung automatisch ein Mustergesetz der Europäischen Gemeinschaft in Kraft tritt, oder der Gemeinschaftsgesetzgeber kann selbst umsetzend tätig werden und eine bis zur endgültigen nationalen Umsetzung unmittelbar in dem Mitgliedstaat geltende Regelung erlassen, was allerdings nach der Systemstruktur des europäi-

---

1007 *Rozek*, in: vM/K/S, GG, Art. 70 I, Rn. 9; *Degenhart*, in: Sachs, GG, Art. 70, Rn. 18.
1008 Siehe hierzu die folgenden Ausführungen unter *4.Teil, II.1.c.*
1009 Stetige Rechtsprechung seit EuGH 19.1.1982 – Rs. 8/81, Becker, Slg. 1982, S. 53 ff.; auch das Bundesverfassungsgericht folgt dieser Ansicht: „Er (der EuGH) hat dabei Richtlinien zwar nicht den Verordnungen förmlich gleichgestellt, wohl aber dem privaten Einzelnen die Möglichkeit zuerkannt, sich auf Bestimmungen von Richtlinien gegenüber den Mitgliedstaat, an den sie gerichtet sind – nicht auch gegenüber Dritten –, in gewissem Umfang zu seinen Gunsten zu „berufen". (...) Sowohl die kompetenz- und materiellrechtliche Rechtsauffassung des Gerichtshofs der Gemeinschaften zur Rechtsnatur von Richtlinien der in Rede stehenden Art als auch die Methode, mit der er diese Rechtsauffassung entwickelt hat, halten sich im Rahmen des durch das Zustimmungsgesetz zum EWG-Vertrag abgesteckten Integrationsprogramms (…).", BVerfGE 75, 223, 236 f., 240 – „Bindungswirkung von Vorabentscheidungen", Beschluss vom 8.4.1987.

schen Gemeinschaftsrechts nicht unbedenklich erscheint.[1010] *Wahl* wirft schließlich die Frage auf, warum die Kommission in den Richtlinienvorschlägen nicht selbst bestimmen kann, welche Folgen eine Nichtumsetzung nach sich zieht.[1011] Hierdurch soll der Anreiz der Mitgliedstaaten verstärkt werden, eine Richtlinie ordnungsgemäß umzusetzen.

In der Praxis können natürlich auch die Länder eine Richtlinie fristgemäß umsetzen. Dabei kann berücksichtigt werden, dass die Gemeinschaft eine Fristverlängerung gewähren darf. „Erweist sich die Frist, in der eine Richtlinie zu vollziehen ist, als zu kurz, so besteht für den betreffenden Mitgliedstaat nach dem Gemeinschaftsrecht (...) die Möglichkeit, die geeigneten Schritte auf Gemeinschaftsebene zu unternehmen, um das zuständige Gemeinschaftsorgan zu der notwendigen Verlängerung der Frist zu bewegen."[1012] In diesem Zusammenhang muss die Gemeinschaft, dem Grundsatz der loyalen Zusammenarbeit zufolge, auch die grundlegenden Verfassungsprinzipien berücksichtigen, zu denen der deutsche bundesstaatliche staatsorganisationsrechtliche Aufbau zählt, ebenso wie die Mitgliedstaaten die Belange der Gemeinschaft zu berücksichtigen haben.[1013] *Isensee* führt zwar einerseits an, dass Deutschland aus seiner föderalen Struktur keine Vorteile ziehen dürfe, sich danach „nicht leichter Dinge damit herausreden darf, dass die föderative Organisation daran hindere, die Gemeinschaftsaufgaben zu erfüllen", andererseits geht er jedoch davon aus, der Grundsatz der Gemeinschaftstreue gebiete, „dass die supranationalen Institutionen ihrerseits Rücksicht nehmen auf die föderative Binnenstruktur des Mitgliedstaates, die seine nationale Identität prägt".[1014] Die Interessen der Gemeinschaft an einer ordnungsgemäßen Umsetzung der Richtlinien sowie die Interessen Deutschlands, die staatsorganisationsrechtlichen Besonderheiten aufrecht zu erhalten, müssen infolgedessen in praktische Konkordanz[1015] zueinander gebracht werden, um so einen optimalen Ausgleich zwischen den divergierenden Interessen der Gemeinschaft an der Verwirklichung der europäischen Einheit einerseits und Deutschlands an der Bewahrung einer vitalen föderalen Struktur andererseits zu erreichen. In der Tat kann demzufolge ein Ausgleich nicht dazu führen, dass Deutschland Richtlinien mit erheblichen Verzögerungen umsetzen darf. Angenommen eine Richtlinie kann, bedingt durch eine sechzehnfache Umsetzung, keinesfalls fristgemäß in deutsches Recht umgesetzt werden, dann hat die Gemeinschaft die staatsorganisationsrechtlichen Besonderheiten zu berücksichtigen und eine Fristverlängerung zu erteilen.

1010 *Kaltenborn*, AöR 128 (2003), 412 ff., 453.
1011 *Wahl*, FS Blümel, S. 617 ff., 638.
1012 EuGH, Urteil vom 26.2.1976 – Rs. 52/75, Kommission/Italienische Republik, Slg. 1976, S. 277, Rn. 11/13.
1013 Vgl. m.w.Nachw. *Hailbronner*, JZ 1990, 149 ff., 152 f.; *Geiger*, EUV/EGV, Art. 10, Rn. 5.
1014 *Isensee*, FS 50 Jahre BVerfG II, S. 719 ff., 754.
1015 Nach *Hesse*, Grundzüge, § 10 II, Rn. 317 f., bedeutet praktische Konkordanz, dass zwei Rechtsgüter, hier zwei Interessen, so in Ausgleich gebracht werden müssen, dass beide zu *optimaler Wirksamkeit* gelangen.

bb) Die Aussenverantwortung des Bundes als Kompetenzquelle

Eine Haftung der Mitgliedstaaten für Verstöße gegen gemeinschaftliches Primärrecht durch den nationalen Gesetzgeber besteht seit der Entscheidung des EuGH in der Rechtssache „Brasserie du Pêcheur/Factortame" unter den Voraussetzungen, dass analog zu den gemeinschaftsrechtlichen Regelungen zur Amtshaftung der Gemeinschaft selbst, die Rechtsnorm, gegen die verstoßen worden ist, bezweckt, dem Einzelnen Rechte zu verleihen, der Verstoß hinreichend qualifiziert ist und zwischen dem Verstoß des Mitgliedstaates gegen die ihm auferlegte Pflicht und dem den geschädigten Personen entstandenen Schaden ein unmittelbarer Kausalzusammenhang besteht.[1016] Seit dem Urteil des EuGH in der Rechtssache „Francovich" besteht fernerhin zur Verwirklichung des Grundsatzes der effektiven Wirksamkeit der Bestimmungen des Gemeinschaftsrechts (Art. 10 EG) eine Schadensersatzpflicht der Mitgliedstaaten bei nicht erfolgter Umsetzung von Richtlinien. Die Voraussetzungen sind, dass es an einer fristgemäß erlassenen Durchführungsmaßnahme mangelt, das durch die Richtlinie vorgeschriebene Ziel die Verleihung von Rechten an einzelne beinhaltet, der Inhalt dieser Rechte auf der Grundlage der Richtlinie bestimmt werden kann sowie ein Kausalzusammenhang zwischen dem Verstoß gegen die dem Staat auferlegte Verpflichtung und dem den Geschädigten entstandenen Schaden besteht.[1017] Gleiches gilt schließlich für die Haftung bei nicht ordnungsgemäßer Umsetzung einer Richtlinie in innerstaatliches Recht.[1018]

Die mitgliedstaatliche Haftung wird als Argument für eine ausschließliche Bundeskompetenz bei der Richtlinienumsetzung herangezogen. Wegen der Landesblindheit der Europäischen Union trifft die Aussenverantwortung bei Vertragsverletzungen nur den Bund. Die Länder können nicht verurteilt werden.[1019] Diese treten der Europäischen Gemeinschaft nicht direkt gegenüber. Mitgliedstaat und Vertragspartner der völkerrechtlichen Verträge ist lediglich der Gesamtstaat. Gilt grundsätzlich das Völkerrecht im Verhältnis der Europäischen Gemeinschaft zu der Bundesrepublik, so trägt in einem Haftungsfall allein der Bund die finanzielle Last, da diesem nach außen die volle Verantwortung für das Verhalten des Gesamtstaates zufällt.[1020] Dementsprechend lautete die Begründung eines Gesetzesentwurf zur Änderung des Bundesnaturschutzgesetzes aufgrund einer Richtlinienumsetzung,

---

1016 EuGH, Urteil vom 5.3.1996, Verb. Rs. C-46/93 u. C-48/93, Brasserie du Pêcheur/Factortame, Slg. 1996, I-1029, Rn. 51.
1017 EuGH, Urteil vom 19.11.1991 – Verb. Rs. C-6/90 u. C-9/90, Francovich, Slg. 1991, I-5357, Rn. 27, 31 ff., 40.
1018 EuGH, Urteil vom 26.3.1996 – Rs. C-392/93, British Telecommunications, Slg. 1996, I-1631, Rn. 39 f., 42 ff.
1019 *Riegel*, NuR 1981, S. 90 ff. Beispielsweise ist der Bund bei einer umweltrechtlichen Richtlinie zum Gewässerschutz darauf verwiesen, dass alle Bundesländer die Richtlinie umgesetzt haben; vgl. *Hilf*, EuR 1993, 1 ff., 14.
1020 *Nopper*, Bund-Länder-Haftung, S. 28; vgl. auch EuGH, Urteil vom 13.12.1991 – Rs. C-33/90, Kommission/Italienische Republik, Slg. 1991, I-5987, Rn. 24; vgl. weiterhin zu der Zurechenbarkeit eines Verhaltens der Organe des Gliedstaates zu dem Gesamtstaat *Ipsen*, Völkerrecht, § 40, Rn. 8 f., S. 638 f.

dass „die Umsetzung durch den Bund zu erfolgen habe, weil im Verhältnis zu der EU der Bund völkerrechtlicher Vertragspartner ist".[1021]

In der Aussenverantwortung des Bundes und dem Recht der Länder zum innerstaatlichen Handeln liegt in der Tat ein Widerspruch, den es aufzulösen gilt. Die Aussenverantwortung des Bundes gilt allgemein für Handeln der Länder im europarechtlichen Rahmen, so etwa auch für ein übermäßiges Haushaltsdefizit eines Landes in Form der Hinterlegung einer unverzinslichen Einlage oder einer Geldbuße (Art. 104 XI EG), für die Verantwortung der gemeinschaftsrechtskonformen Nutzung von Finanzmitteln, die der Bundesrepublik zufließen, deren Vergabe aber auch durch die Länder erfolgen kann oder für Zwangsgelder nach Art. 228 II EG.[1022] Aus der Haftung des Bundes für ein Fehlverhalten der Länder kann daher nicht ohne weiteres ein Argument gewonnen werden. Denn dann dürften die Länder konsequenterweise bei europarechtlichem Bezug überhaupt nicht mehr handeln. Vielmehr obliegt es der Verfassung, einen Ausgleich dafür zu schaffen, dass der Bund europarechtlich für ein Handeln der Länder herangezogen worden ist. Dieser soll sich nach in der Literatur vertretener Ansicht aus einer direkten oder zumindest analogen Anwendung des Art. 104a V 1, Hs. 2 GG ergeben, wonach Bund und Länder für eine ordnungsgemäße Verwaltung haften. Die Norm gilt allerdings lediglich für den Verwaltungsvollzug und dabei direkt nur für eine ordnungsgemäße verwaltungsmässige Durchführung nationaler Rechtsvorschriften. Eine analoge Anwendung auf die fehlerhafte Richtlinienumsetzung einzelner Länder scheidet nach überwiegender Ansicht aus. Eine verfassungsrechtliche Rückgriffsnorm existiert also nicht.[1023] Hieraus folgt dennoch nicht zwingend die alleinige Kompetenz des Bundes. Primär müsste vielmehr eine Rechtsgrundlage für den föderalen Regressausgleich geschaffen werden. Weiterhin wäre es verfehlt, lediglich aus einem möglichen Fehlverhalten der Länder, welches die Ausnahme darstellt, eine weitgehende Kompetenz des Bundes zu begründen. „Eine kompetenzielle Qualifikation lediglich unter dem Aspekt von Missbrauchsmöglichkeiten würde anstatt des Normalfalles stets nur den Ausnahmefall regeln. Ob dies zu sachdienlichen Ergebnissen führt, unterliegt starken Zweifeln, da alle Missbrauchsmöglichkeiten allenfalls unter äußerst rigiden Kautelen auszuräumen wären."[1024]

1021 Begründung des Entwurfs eines Gesetzes zur Änderung des Bundesnaturschutzgesetzes hinsichtlich der Umsetzung der RL 92/43/EWG, BR-Drs. 118/96, S. 7.
1022 *Isensee*, FS 50 Jahre BVerfG II, S. 719 ff., 757 f. .
1023 Ausführlich hierzu m.w.Nachw. *Dederer*, NVwZ 2001, 258 ff., der neben Art. 104a V 1 Hs. 2 GG Ansprüche aus dem Grundsatz der Bundestreue, aus § 839 BGB, Art. 34 GG bzw. § 1 DDR-StHG, aus Drittschadensliquidation sowie aus einem allgemeinen öffentlich-rechtlichen Erstattungsanspruch prüft und ablehnt; vgl. auch *Koenig/Braun*, NJ 2004, 97 ff.; *Hölscheidt*, BayVBl. 1997, 459 ff., 463; BVerwGE 116, 234 (237 ff.) – „Erstattungspflicht", Beschluss vom 8.5.2002; a.A. *Isensee*, FS 50 Jahre BVerfG II, S. 719 ff., 762, der „nach geltendem Verfassungsrecht" auch ohne ausdrückliche Normierung einen Regressanspruch annimmt; vgl. weiterhin Unterrichtung durch die Bundesregierung, Bericht der Bundesregierung über die Kostentragungslast der Bundesländer bei Zwangsgeldforderungen der Europäischen Union, BT-Drs. 15/2805.
1024 *Kössinger*, Die Durchführung des EG-Rechts im Bundesstaat, S. 46.

Auch aus einem anderen Grunde erscheint es verfassungsrechtlich nicht zutreffend, mit dem Fehlen jeglicher Möglichkeit der Einflussnahme des Bundes auf die Länder zu argumentieren.[1025] Kommt eine mögliche Außenhaftung des Bundes in Betracht, so sind die Länder aus dem Grundsatz der Bundestreue gezwungen, pflichtgemäß zu handeln. Um bundestreues Verhalten zu erzwingen, stehen dem Bund durchaus adäquate Mittel zur Verfügung. Er kann einen Bund-Länder-Streit nach Art. 93 I Nr. 3 GG i.V.m. §§ 13 Nr. 7, 68 ff. BVerfGG führen oder das „letzte Mittel" des Bundeszwangs gem. Art. 37 I GG einsetzen.[1026] Die Möglichkeit verfassungsgerichtlicher Kontrolle steht unter dem Vorbehalt, dass das verfassungsrechtliche Gebot des bundesfreundlichen Verhaltens als solches kein materielles Verfassungsrechtsverhältnis zwischen Bund und Land schafft. Nur innerhalb eines anderweitig begründeten gesetzlichen oder vertraglichen Rechtsverhältnisses oder einer anderweitig rechtlich begründeten selbständigen Rechtspflicht kann die Regel vom bundesfreundlichen Verhalten Bedeutung gewinnen, indem sie diese anderen Rechte und Pflichten moderiert, variiert oder durch Nebenpflichten ergänzt. Das anderweitige Rechtsverhältnis muss schließlich verfassungsrechtlicher Natur sein, um einen Bund-Länder-Streit hervorzurufen.[1027] Derartige Prüfungsmaßstäbe sind regelmäßig die Kompetenzvorschriften des Grundgesetzes. Eine konkrete Norm des Grundgesetzes, die den Ländern vorschreibt, eine Richtlinie fristgemäß umzusetzen, existiert in dieser Form jedoch nicht. Andererseits sind auch die Länder durch Art. 23 I 1 GG verfassungsrechtlich verpflichtet, ein gemeinsames Europa zu verwirklichen. Dies folgt aus dem Wortlaut der Norm, der die Bundesrepublik Deutschland verpflichtet, somit auch die Länder. Systematisch bestätigt wird dies durch den Vergleich mit Art. 23 I 2 GG, welcher ausdrücklich lediglich den Bund erwähnt. Art. 23 I 1 GG begründet damit wohl auch die erforderliche Rechtspflicht, an welche der Grundsatz der Bundestreue anknüpfen kann.

Verneint man entgegen der hier entwickelten Auffassung eine auf die Umsetzung von Richtlinien bezogene Handlungsmöglichkeit des Bundes gegenüber den Ländern, so führt dies ebenfalls noch nicht zur Begründung einer alleinigen Kompetenz des Bundes. Es wäre vielmehr geboten, eine angemessene Handlungsmöglichkeit zu schaffen. Hier gibt es eine Reihe von beachtlichen Lösungsvorschlägen: *Benz* empfiehlt für den Fall einer unterlassenen Richtlinienumsetzung eines Landes, dass bei drohenden Sanktionen der EU der Bund ermächtigt wird, das Regelungsmodell eines anderen Landes durch Bundesgesetz in dem betreffenden Land in Kraft zu setzen. Damit wird die Letztverantwortung dem Bund übertragen, so dass keine Haftungsfragen entstehen.[1028] *Kirchhof* schlägt als Haftungsregelung die Einführung

---

1025 So etwa *Kössinger*, Die Durchführung des EG-Rechts im Bundesstaat, S. 37.
1026 A.A. *Huber*, Deutschland in der Föderalismusfalle?, S. 32, der wegen der Zustimmung des Bundesrates den Bundeszwang als ein „stumpfes Schwert" ansieht. Er plädiert daher für eine Änderung des Art. 73 GG, nach welcher der Bund ausschließlich seine europarechtlichen Verpflichtungen umsetzt.
1027 BVerfGE 103, 81, 88 – „Pofalla", Beschluss vom 24.1.2001.
1028 *Benz*, Kommissionsdrucksache 0043, S. 15.

eines Art. 104a Abs. 6 GG vor: „Für alle Ersatzansprüche und sonstige finanziellen Sanktionen der EU wegen Fehlverhaltens der Bundesrepublik Deutschland, die der Bund befriedigen muss und tatsächlich befriedigt hat, haften Bund und Länder im Verhältnis zueinander und die Länder untereinander, soweit sie den Schaden verursacht haben."[1029] *Kloepfer* empfiehlt eine „subsidiäre Umsetzungskompetenz", nach der eine Bundesregelung zur (vorläufigen) Vorabumsetzung dienen würde, von der die Länder im Rahmen ihrer Zuständigkeiten abweichen könnten.[1030]

c) Die Problematik der unterschiedlichen Zielrichtung

Die Annahme einer Länderkompetenz bei der Umsetzung von EG-Richtlinien baut, um es nochmals hervorzuheben, auf folgender Überlegung auf: Wenn der europäische Gesetzgeber mittels an die Mitgliedstaaten gerichteter Richtlinien bereits eine *einheitliche* Regelung vorgibt, kann eine Bundeskompetenz im Bereich der konkurrierenden Gesetzgebung zurücktreten, weil die „erforderlichen", i.S.d. Art. 72 II GG vereinheitlichenden Strukturen bei der Richtlinienumsetzung regelmäßig schon durch die Richtlinie selbst vorgegeben werden.

Wenn der Europäische Gesetzgeber eine Richtlinie erlässt, so darf deren Ziel nicht effizient auf mitgliedstaatlicher Ebene erreicht werden können.[1031] Wenn die Gemeinschaft daher tätig wird, impliziert dies, dass die von der Maßnahme verfolgten Ziele sowohl auf Bundes- als auch auf Landesebene nicht effektiv erreichbar waren. Der Europäische Gesetzgeber scheint für den Bundesgesetzgeber die fehlende Effektivität der Länderregelungen oder unterlassenen Länderregelungen zu beheben. Daher scheint eine europarechtliche Regelung die Bundeskompetenz zu *konsumieren*.

Dem Argument, das „Prinzip der zielgerichteten Effizienz" sei schon durch das Handeln der Gemeinschaft erfüllt, liegt jedoch ein Fehlschluss zugrunde: Die Zielrichtungen weichen voneinander ab. Die Gemeinschaft wird tätig, um ihre originären Ziele zu erreichen, insbesondere einen einheitlichen Wirtschaftsraum durch Errichtung eines Gemeinsamen Marktes und einer Wirtschafts- und Währungsunion zu verwirklichen (vgl. Art. 2, 3, 4 EG). Der Bund wird tätig, um gleichwertige Lebensverhältnisse im Bundesgebiet herzustellen oder die Rechts- oder Wirtschaftseinheit im gesamtstaatlichen Interesse zu wahren.[1032]

1029 *Kirchhof*, Kommissionsdrucksache 0052, S. 1 ff.
1030 *Kloepfer*, DÖV 2004, 566 ff., 569.
1031 Vgl. 3.Teil, A.IV.1.b.
1032 Nach dem Bundesverfassungsgericht erlaubt das Effizienzgebot im Rahmen des Art. 72 II GG dann eine Bundesregelung, wenn sich die Lebensverhältnisse in den Ländern der Bundesrepublik in erheblicher, das bundesstaatliche Sozialgefüge beeinträchtigender Weise auseinander entwickelt haben oder sich eine derartige Entwicklung konkret abzeichnet, wenn eine Gesetzesvielfalt auf Länderebene eine Rechtszersplitterung mit problematischen Folgen darstellt, die im Interesse sowohl des Bundes als auch der Länder nicht hingenommen werden kann oder wenn es um die Erhaltung der Funktionsfähigkeit des Wirtschaftsraums der

Vierter Teil: Die Auswirkungen des neuen Verständnisses des Art. 72 II GG

Die unterschiedlichen Zielvorstellungen der Gemeinschaft und des nationalen Gesetzgebers stehen damit der auf den ersten Blick schlüssig erscheinenden Argumentation einer verdrängenden Vorgabe durch die EU entgegen. Die Ziele sind so verschieden, dass sie einander nicht ausnahmslos ersetzen können. Daraus folgt jedoch nicht, dass der Bundesgesetzgeber ausnahmslos bzw. überwiegend zur Richtlinienumsetzung tätig werden darf. Die Voraussetzungen des Art. 72 II GG werden nicht verdrängt durch die europäischen Vorgaben. Sie sind ergänzend zu prüfen.

2. Umsetzungskompetenz unter den Voraussetzungen des Art. 72 II GG

Die Unsicherheiten bei der Richtlinienumsetzung hätten durch das Modell einer neuartigen Gesetzgebungskompetenz, der „Umsetzungsgesetzgebung", bewältigt werden können. Bedauerlicherweise wurden die Umsetzungskompetenzen im Rahmen der kurz hintereinander erfolgenden Verfassungsänderungen (Art. 23 GG geändert durch das 38. Änderungsgesetzes vom 21. Dezember 1992; Art. 70 ff. GG geändert durch das 42. Gesetz zur Änderung des Grundgesetzes vom 27. Oktober 1994) nicht mitgeregelt. Erkannt wurde aber immerhin, dass man im Bereich der europäischen Gesetzgebung den föderalen Strukturen der Bundesrepublik gerecht werden muss. Die Länder erhielten eine indirekte Mitwirkungsbefugnis beim Richtlinienerlass durch die Stärkung der Stellung des Bundesrates.[1033] Bei der nicht einmal zwei Jahre später folgenden Änderung insbesondere der Art. 72, 75 GG wurde die Frage der Umsetzung von EG-Recht nicht berücksichtigt. Zu Recht kann man hier von einer „Europablindheit"[1034] des verfassungsändernden Gesetzgebers sprechen, die durch Auslegung des Grundgesetzes behoben werden kann, aber auch muss. Angeprangert wird zu Recht eine „unzureichende Vorbereitung der deutschen föderalistischen Kompetenzabgrenzung für die Anforderungen an die Umsetzung von EG-Richtlinien".[1035]

a) Die Voraussetzungen des Art. 72 II GG

Die oben entwickelten Konkretisierungen der „Zieltrias" des Art. 72 II GG müssen bei der Richtlinienumsetzung angewandt werden. Ein derartiger Neuansatz lässt den vorstehend diskutierten Streit um die Gesetzgebungskompetenz des Bundes zur Umsetzung von EG-Richtlinien weitgehend bedeutungslos werden. Kann man nur durch Auslegung der geltenden föderalen Kompetenzregeln zum Ziel gelangen,

---

Bundesrepublik durch bundeseinheitliche Rechtsetzung geht und Landesregelungen oder das Untätigbleiben der Länder erhebliche Nachteile für die Gesamtwirtschaft mit sich bringen; vgl. oben *3. Teil, A.V.*
1033 Zu den Bedenken vgl. *1.Teil, I.6, II.*
1034 *Rehbinder/Wahl*, NVwZ 2002, 21 ff., 24.
1035 *Rehbinder/Wahl*, NVwZ 2002, 21 ff., 23.

muss dem Auslegungstopos der Schonung der Länderkompetenzen besonderes Gewicht zugemessen werden. Nur durch die Anwendung eines solchen Topos wird dem Willen des verfassungsändernden Gesetzgebers gefolgt und der Föderalismus gestärkt. Dabei darf auch nicht vor dem europäischen Rechtsraum haltgemacht werden. Gerade in einem Bereich, der sich mehr und mehr zu dem entscheidenden Spielfeld der politischen Gestaltung ebenso wie von politischer Macht entwickelt, muss die föderalistische Struktur der Bundesrepublik in der Form, in die sie durch die Verfassungsänderung gegossen worden ist, beachtet werden. Aus diesen Gründen müssen die Länder konsequent und nachdrücklich im Bereich der europäischen Politikgestaltung gestärkt werden. Erscheint dies direkt auf der Ebene der Europäischen Union nicht bzw. kaum möglich, so kann eine Stärkung durch eine aufgewertete Kompetenz zur Richtlinienumsetzung erfolgen.

Auf die Zielvorgabe der „Herstellung gleichwertiger Lebensverhältnisse im Bundesgebiet" kann sich der Bundesgesetzgeber bei der Frage der Richtlinienumsetzung in aller Regel nicht berufen. Hier geht es um Störungen des Sozialgefüges in der Bundesrepublik. Dies ist nicht primärer Bezugspunkt des europäischen Rechts. Überwiegend werden die Bereiche, die ein bundeseinheitliches Vorgehen nach Art. 72 II, 1. Var. GG erfordern könnten, beispielsweise der Bereich der Öffentlichen Fürsorge (Art. 74 I Nr. 7 GG), die Regelungen der Ausbildungsbeihilfen (Art. 74 I Nr. 13 GG) oder das Arbeits- und Sozialversicherungsrecht (Art. 74 I Nr. 12 GG), jedenfalls im Schwerpunkt noch immer durch den nationalen Gesetzgeber bestimmt. In anderen für die Herstellung gleichwertiger Lebensverhältnisse relevanten Teilbereichen, etwa der Umweltschutzkompetenzen (Art. 74 I Nr. 24 GG), gewinnt allerdings zunehmend auch der europäische Gesetzgeber Einfluss.

Rechtszersplitterung führt dann zu einem unerträglichen Zustand, wenn die Rechtssicherheit sowie die Freizügigkeit gefährdet werden. Die Wahrung der Rechtseinheit hindert damit die Ausübung der Umsetzungskompetenzen durch die Länder ebenfalls nicht grundsätzlich. Es ist nicht offensichtlich, dass die Länder bei der Umsetzung einer Richtlinie eine Rechtszersplitterung mit problematischen Folgen hervorrufen. Der Rahmen bzw. die Einheitlichkeit ist durch die Richtlinie bereits so weit konkretisiert bzw. so weit vorgegeben, dass eine Rechtszersplitterung schwer vorzustellen ist. Eine einschränkende Auslegung der Erforderlichkeit, die lediglich auf ein „vernünftiges Interesse an einer bundesstaatlichen Regelung"[1036] beschränkt ist, muss abgelehnt werden. Es zeigte sich in der Praxis, dass die Länder eine Richtlinie in zumutbarer Weise „zersplittert" umsetzen können.[1037] Bloße Effektivitätsargumente reichen nicht aus, dem Bund einen Vorrang zur Gesetzgebung zu verschaffen. Schließlich bleibt den Ländern der Rückgriff auf die Möglichkeit der Selbstkoordination, um eine rechtseinheitliche Lage zu wahren. Anderes gilt lediglich bei europarechtlichen Vorgaben für solches nationales Recht, welches eine abweichende Regelung, wie entwickelt[1038], nicht erlaubt. Insbesondere können das

---
1036 *Sannwald*, in: Schmidt-Bleibtreu/Klein, GG, Art. 72, Rn. 48.
1037 Vgl. die Beispiele bei *Haslach*, Die Umsetzung von EG-Richtlinien durch die Länder.
1038 Vgl. oben *3. Teil, B.I.2.e.aa.*

Zivilrecht, das Handels- und Gesellschaftsrecht, das Strafrecht – das Ordnungswidrigkeitenrecht erscheint schon problematisch –, das Prozessrecht sowie die Verfahrensvorschriften genannt werden.

Auch die „Wahrung der Wirtschaftseinheit im gesamtstaatlichen Interesse" erfordert im Prinzip keine einheitlichen Bundesgesetze zur Umsetzung von EG-Richtlinien. Die Tatsache, dass Maßnahmen gemeinschaftseinheitlich getroffen werden, führt nicht dazu, dass auch auf Bundesebene eine einheitliche Regelung erforderlich ist.[1039] So betont *Schmehl*, dass Art. 72 II GG keinen Auftrag und keine alleinige Grundlage für eine Bundeskompetenz zur Richtlinienumsetzung enthalte, sondern dass bei einer Umsetzung von EU-Richtlinien, auch wenn sie der Wirtschaftseinheit zu dienen geeignet seien, die *Erforderlichkeit* einer bundesgesetzlichen Regelung zu prüfen bleibe.[1040] In der Tat können die Länder eine Richtlinie europarechtskonform umsetzen. Nach Ansicht des Bundesverfassungsgerichts[1041] wäre das Kriterium der Wahrung der Wirtschaftseinheit erfüllt, wenn es um die Erhaltung der Funktionsfähigkeit des Wirtschaftsraums der Bundesrepublik geht und wenn Landesregelungen oder das Untätigbleiben der Länder erhebliche Nachteile für die Gesamtwirtschaft mit sich bringen. Es mag zutreffen, dass eine Richtlinienumsetzung jeweils durch die einzelnen Länder den deutschen Wirtschaftsraums vielfältiger und komplizierter werden lassen kann. Dennoch führen solche Unterschiede im Vergleich zu einer bundeseinheitlichen Umsetzung nicht regelmäßig zu einer Gefahr für die Gesamtwirtschaft. Im Bereich der Berufsbildung, in welchem das Erfordernis einer bundeseinheitlichen Regelung immer angenommen werden kann, finden sich bislang (noch) keine umfassenden Kompetenzen der Gemeinschaft.

b) Schlussfolgerungen

Im Ergebnis kann den Ländern damit in der Regel die Legislativkompetenz bei der Umsetzung von EG-Richtlinien im Bereich der konkurrierenden und der Rahmengesetzgebung zugesprochen werden. Dies führt zu deutlichen Kompetenzeinbußen auf Seiten des Bundes, die dieser in Anbetracht des immer schneller fortschreitenden europäischen Einigungsprozesses hinzunehmen hat. Zu Recht formuliert *Haltern* auch im Hinblick auf den hier erörterten Bereich, dass sich derzeit eine „kopernikanische Wende" vollziehe. Das Europarecht trage wohl die stärksten Zumutungen und Neuerungen an das nationale Rechtsdenken heran.[1042] Der Bund sollte sich nicht gegen den Prozess der Europäisierung wehren, den er selbst miteingeleitet hat und dessen Konsequenzen er in Form eines Machtverlustes tragen muss. Ein Machtverlust gegenüber den Bundesländern ist im Übrigen bei genauerem Hinsehen gar nicht

---

1039 *Kössinger*, Die Durchführung des EG-Rechts im Bundesstaat, S. 50 zu Art. 72 II GG a.F.
1040 *Schmehl*, DÖV 1996, 724 ff., 727, Fn. 33.
1041 BVerfGE 106, 62 (Leitsatz 2) b) cc) – „Altenpflegegesetz", Urteil vom 24.10.2002.
1042 *Haltern*, AöR 128 (2003), 511 ff., 514.

gegeben: Es erscheint sehr widersprüchlich, wenn der Bund bei der Umsetzung von EG-Richtlinien Gesetzgebungskompetenzen beansprucht, die ihm nach Art. 72 II GG, ginge es um Erlass deutschen Rechts nicht (mehr) zustehen. Durch die hier vertretene Lösung wird der Bund (wieder) nur auf das zurückgeführt, was ihm nach dem grundgesetzlichen Kompetenzverteilungsschema legitimerweise zusteht.

Die hier vorgeschlagene Auslegung der Kompetenzbestimmungen im Bereich der Gesetzgebung führt zudem zu einem Effizienzgewinn des demokratischen Prinzips. Der Europäischen Union wird seit eh und je ein erhebliches demokratisches Defizit vorgeworfen. Aus diesem Grunde schwindet zunehmend die Akzeptanz ihrer Politik und Rechtsetzung. Zurückgeführt wird dieser Missstand insbesondere auf dreierlei, „den Mangel einer präexistierenden kollektiven Identität, das Fehlen europaweiter politischer Diskurse und die Abwesenheit einer europaweiten institutionellen Infrastruktur politischer Parteien und gemeinsamer Medien, welche die politische Verantwortlichkeit von Amtsinhabern gegenüber einer europäischen Wählerschaft sicherstellen könnten".[1043] Das Demokratiedefizit führt weiterhin zu einem beunruhigenden Mangel bürgerschaftlichen Interesses an dem, was in den Institutionen der Europäischen Union geschieht. Bekannt ist die Tätigkeit der Kommission, des Rates und des Parlaments nur einem kleinen Teil der Bevölkerung. Das kollektive Desinteresse an Europa überwiegt.[1044] Diesem Akzeptanz- und Demokratiedefizit muss Einhalt geboten werden. Ohne einzelne Möglichkeiten der Abhilfe an dieser Stelle diskutieren zu können, liegt sicher eine Forderung nahe: In einer Verlagerung auf kleinere Einheiten, wie etwa der vorliegend diskutierten Verlagerung der Gesetzgebungsbefugnisse auf die Länder, ist eine Chance des Abbaus von Akzeptanz- und Demokratiedefiziten zu erkennen. Auf diesem Weg wird die Europäische Union näher an die Bürger herangeführt, regionale Identität gewahrt und wenigstens in diesen Teilbereichen das Demokratiedefizit ausgeglichen.[1045] Hat der Bund Hoheitsrechte an die Europäische Union übertragen, so folgt daraus, dass er diese auch nicht mehr ohne weiteres im Rahmen eines Kompetenzkonflikts gegenüber den Ländern geltend machen kann, soweit jene die Vorteile demokratischer Dezentralisation verwirklichend eine integrationsfördernde Umsetzung gewährleisten.

Zur weiteren Begründung lässt sich schließlich die Rechtsprechung des EuGH zum „effet utile" heranziehen. Hiernach sind die Mitgliedstaaten verpflichtet, innerhalb der ihnen nach Art. 249 I, III EG belassenen Entscheidungsfreiheit die Formen und Mittel zu wählen, die sich zur Gewährleistung der praktischen Wirksamkeit der Richtlinien unter Berücksichtigung des mit ihnen verfolgten Zwecks am besten eignen.[1046] Unter die „Formen und Mittel" fallen die Arten der Umsetzung, etwa durch Gesetz oder Verordnung.[1047] Dass sich auch die Unterschiede zwischen Bun-

---

1043 *Scharpf,* Regieren in Europa, S. 167; vgl. auch *Steinberg,* ZRP 1999, 365 ff., 367 ff.
1044 Vgl. *Roth/Kornelius,* Aus Politik und Zeitgeschichte B 17/2004, 46 ff.
1045 Im Ansatz auch *Oppermann,* Europarecht, § 6, Rn. 654.
1046 EuGH, Urteil vom 8.4.1976 – Rs. 48/75, Royer, Slg. 1976, 497, Rn. 69/73.
1047 Verwaltungspraktiken und Verwaltungsvorschriften hingegen sind grundsätzlich ungeeignet,

des- und Landesgesetzen unter diese „Formen und Mittel" der Umsetzung subsumieren lassen[1048], lässt sich schon aus dem Wortlaut des Art. 249 III EG ableiten. Folglich kann die „nützliche Wirkung", der „effet utile", die Mitgliedstaaten eventuell zu dem einen oder dem anderen Mittel verpflichten. Wenn man daran anknüpfend den Zweck der Richtlinienkompetenz dahingehend versteht, eine möglichst weitgehende Harmonisierung unter *Berücksichtigung der regionalen Strukturen* zu erreichen[1049], dann kann dieser Zweck vorwiegend durch eine Länderregelung erreicht werden. Der Grundsatz der praktischen Wirksamkeit erfordert bei einem solchen Regelungszweck von Richtlinien partiell ein Tätigwerden der Länder.

Gegen eine Bundeskompetenz lässt sich die Erwägung zum europarechtlichen „effet utile" sozusagen auf die nationale Ebene übertragend schließlich einwenden, dass eine „adäquate Gestaltung der Rahmenbedingungen und Standortfaktoren mit bundeseinheitlicher Gesetzgebung nicht zu erzielen ist". Daraus resultiert, dass die Länder für die Rechtsetzung zuständig sind, um die bei der Umsetzung von Gemeinschaftsrecht verbleibenden Spielräume sinnvoll auszunutzen.[1050] *Scharpf* erkannte im Ansatz schon frühzeitig, dass die Bundesländer mit „größerer Sachgerechtigkeit" als der Bund eine Richtlinie umsetzen können. „Wichtiger als die Einheitlichkeit der Regelung wird die Fähigkeit der Regionen und Kommunen, im größeren europäischen Markt ihre besonderen Standortprobleme zu lösen und ihre jeweils besonderen Standortvorteile zu entwickeln. Da aber das Ruhrgebiet vom europäischen Markt anders betroffen wird als das Saarland, Rheinland-Pfalz anders als die Küste und Niedersachsen anders als Bayern, gewinnen alle Länder ein objektiv gemeinsames Interesse an der Erweiterung ihrer autonomen politischen Handlungsspielräume."[1051] Zur weiteren Begründung verweist er auf die allgemeine politische Entwicklung in der Europäischen Union: Künftig werden die Wirtschaftseinheit durch den Europäischen Binnenmarkt und dabei auch die Rechtseinheit in zunehmendem Maße europäisch definiert. Dies führe dazu, dass das Kriterium der einheitlichen Lebensverhältnisse im Bundesgebiet seinen bisherigen Stellenwert nicht länger behaupten könne.[1052] Nichtsdestotrotz resignierte er in seinen abschließenden Worten, ein Umdenken in diese Richtung habe noch nicht einmal begonnen. Der Weg gehe in die

---

Richtlinien umzusetzen, da sie dem Bürger nicht hinreichend Rechtsschutz bieten, vgl. EuGH, Urteil vom 25.5.1982 – Rs. 96/81, „Vertragsverletzung – Badegewässer", Slg. 1982, 1791, Rn. 11 f.; EuGH, Urteil vom 30.5.1991 – Rs. C-361/88, „TA-Luft", Slg. 1991, I-2567, Rn. 17, 20 f.; ein weiteres Problem in diesem Zusammenhang stellen die richtlinienumsetzenden pauschalen Verordnungsermächtigungen dar, welche das föderale Kompetenzgefüge bedrohen, vgl. hierzu *Weihrauch*, NVwZ 2001, 265 ff.
1048 So wohl auch *Schroeder*, in: Streinz, EUV/EGV, Art. 249 EGV, Rn. 87, der die Wahl zwischen „Maßnahmen auf zentraler oder regionaler Ebene" hervorhebt; a.A. hingegen *Riegel*, DVBl. 1979, 245 ff., 248, für den es fraglich erscheint, ob sich der Terminus „Wahl und Form der Mittel" überhaupt darauf beziehe oder lediglich auf die gesetzestechnische Form im engeren Sinn.
1049 Vgl. „Regionalismus" als europarechtspolitischer Maxime *Häberle*, AöR 118 (1993), 1 ff.
1050 *Oeter*, Integration und Subsidiarität im deutschen Bundesstaatsrecht, S. 505 f.
1051 *Scharpf*, Ein Cappenberger Gespräch, S. 7 ff., 23, 28.
1052 *Scharpf*, Ein Cappenberger Gespräch, S. 7 ff., 28.

falsche Richtung einer Kompetenzverschiebung hin zum Bund. Mit dieser Prognose behielt er Recht. Die Länder haben zwar durch Art. 23 GG eine Mitwirkungsmöglichkeit an der Bundesgesetzgebung erhalten, die Länderparlamente werden aber durch eine nach wie vor betont zentralistische Bundesgesetzgebung in ihrem politischen Gestaltungsspielraum geschwächt.

c) Modell eines „Musterumsetzungsgesetz"

Nicht ohne Grund wird gegen die hier vorgeschlagene länderfreundliche Lösung eingewandt, eine Umsetzungskompetenz der Länder stoße zum Teil auf erhebliche praktische Probleme. So wären kleine Bundesländer, wie etwa die Stadtstaaten, mit der Auswertung und Umsetzung der „Richtlinienflut" der Europäischen Gemeinschaft hoffnungslos überfordert. Gleichwohl sind die Länder in der Lage, derartige praktische Probleme zu bewältigen. Es bedarf freilich besonderer organisatorischer Anstrengungen. Eine Lösung könnte in Anlehnung an die bekannten „Ministerkonferenzen" durch eine „Europaministerkonferenz" der Länder erreicht werden. Es wird ein ständiger Verwaltungsapparat gebildet, der die Richtlinien der Europäischen Gemeinschaft auswertet und die innerstaatliche Umsetzungskompetenz feststellt. Bei einer Umsetzungskompetenz der Länder werden die Richtlinien an die jeweiligen zuständigen Länderministerien geleitet, die innerhalb einer vorgegebenen Frist Umsetzungsvorschläge unterbreiten müssen, andernfalls werden ihre Vorschläge und Einwände bei der Umsetzung nicht berücksichtigt. Daran anschließend entwirft die „Europaministerkonferenz" aufbauend auf den Vorschlägen der Ministerien ein „Musterumsetzungsgesetz"[1053], welches bei Ablauf der Umsetzungsfrist in allen Bundesländern in Kraft gesetzt sein muss. Einzelne Länder können nach Belieben abweichende Regelungen vom „Musterumsetzungsgesetz" treffen, wenn eine europarechtskonforme, fristgemäße Umsetzung gewährleistet bleibt.

III. Art. 72 II GG und die Mitwirkung der Länder durch den Bundesrat in Angelegenheiten der Europäischen Union

An die Richtlinienumsetzung anknüpfend eröffnet sich im nationalen Recht ein weiteres Anwendungsfeld des Art. 72 II GG mit europäischem Bezug: die Art und Weise der Mitwirkung der Länder durch den Bundesrat in Angelegenheiten der Europäischen Union. Art. 23 V 1 GG bestimmt hierzu, dass „soweit in einem Be-

---

1053 In der Praxis wurde etwa schon eine „Musterverordnung über Anforderungen an Anlagen zum Lagern und Abfüllen von Jauche, Gülle, Festmist, Silagesickersäften (JGS-Anlagen)" zur Umsetzung der Nitratrichtlinie 91/676/EWG aufgestellt oder der Beschluss der Kultusministerkonferenz vom 14.9.1990 hat Grundsätze für die innerstaatliche Umsetzung der RL 89/48/EWG vorgegeben, vgl. *Haslach*, Die Umsetzung von EG-Richtlinien durch die Länder, S. 164 f., 223 f.

reich ausschließlicher Zuständigkeiten des Bundes Interessen der Länder berührt sind oder soweit im übrigen der Bund das Recht zur Gesetzgebung hat, die Bundesregierung die Stellungnahme des Bundesrates berücksichtigt".

Bislang ging die überwiegende Ansicht davon aus, der Bund habe „im übrigen das Recht zur Gesetzgebung", wenn er zwar im Bereich der konkurrierenden oder Rahmengesetzgebung noch keinen Gebrauch gemacht hat, aber im Hinblick auf die künftige europäische Regelung davon auszugehen ist, dass eine bundeseinheitliche Regelung i.S.d. Art. 72 II GG erforderlich wäre: sog. „hypothetische Kompetenzausübung".[1054] Bestätigt wird diese Ansicht durch § 5 II 1 EUZBLG, der kumulativ bestimmt, dass, „wenn bei einem Vorhaben im Schwerpunkt Gesetzgebungsbefugnisse der Länder betroffen sind und der Bund kein *Recht zur Gesetzgebung* hat (...), insoweit bei Festlegung der Verhandlungsposititon durch die Bundesregierung die Stellungnahme des Bundesrates maßgeblich zu berücksichtigen ist".[1055] Schon bei der „hypothetischen Kompetenzausübung" muss der „gestärkte" Art. 72 II GG nachdrücklich berücksichtigt werden.

Art. 72 II GG muss nunmehr in Fortführung des hier entwickelten Ansatzes in einem weiteren Umfang zugunsten der Länder geprüft werden: In den Fällen, in denen der Bund von seinem Gesetzgebungsrecht Gebrauch gemacht hat, ist von nun an zu klären ist, ob eine künftige europäische Regelung immer noch eine bundeseinheitliche Regelung erforderlich machen würde. Falls dies nicht der Fall sein sollte, findet Art. 23 V 1 GG keine Anwendung. Die Auffassung des Bundesrates ist nach Art. 23 V 2 GG[1056] maßgeblich zu berücksichtigen. Man kann somit von einer „*doppelten hypothetischen Kompetenzausübung*" sprechen. Dies gilt zumindest dann, wenn anzunehmen ist, dass durch die geplante europäische Regelung das nationale Recht inhaltlich geändert wird. Eine „grundlegende Neukonzeption" ist nicht erforderlich. Die Voraussetzungen der Art. 72 III, 125a II 1,2 GG sind im Bereich des Europarechts abgeschwächt.[1057]

IV. Exkurs: Auswirkungen auf die Rechtsprechung des EuGH

Eine mögliche Auswirkung der Rechtsprechung des Bundesverfassungsgerichts zu Art. 72 II GG auf die Rechtsprechung des EuGH zu dem europäischen Subsidiaritätsprinzip soll noch kurz angesprochen werden. Nach *Callies* kann die Rechtsprechung des Bundesverfassungsgerichts zu Art. 72 II GG dem EuGH nicht mehr als eine „Ausrede" für seine zurückhaltende Justitiabilität dienen; der EuGH sollte

---

1054 Vgl. *Magiera*, JURA 1994, 1 ff., 10; *Rojahn*, in: von Münch/Kunig, GG, Art. 23, Rn. 65; *Scholz*, in: M/D, GG, Art. 23, Rn. 126.
1055 *Heyde*, in: Umbach/Clemens, GG, Art. 23, Rn. 98.
1056 Für die Anwendung des Art. 23 V 2 GG in den Fällen der konkurrierenden Gesetzgebung, in denen dem Bund kein Bedürfnis nach Art. 72 II GG zukommt, *Scholz*, in: M/D, GG, Art. 23, Rn. 127.
1057 Siehe hierzu 4.Teil, II.1.a.

ebenso wie das Bundesverfassungsgericht eine inhaltliche Präzisierung des Art. 5 II EG anstreben. Dabei schlägt er zudem eine konkrete Neuformulierung des Art. 5 II EG vor: „In den Bereichen, die nicht in die ausschließliche Zuständigkeit fallen, darf die Gemeinschaft nach dem Subsidiaritätsprinzip nur tätig werden, wenn und soweit Maßnahmen im Anwendungsbereich der Ziele des Art. 2 EG erforderlich sind, um (1.) einer erheblichen Auseinanderentwicklung der sozialen, ökonomischen und ökologischen Lebensverhältnisse, (2.) einer spürbaren Behinderung des grenzüberschreitenden Rechtsverkehrs oder (3.) einer den Wettbewerb nachhaltig verzerrenden Störung der Funktionsfähigkeit des einheitlichen Wirtschaftsraums der EU zu begegnen."[1058] In ähnlicher Weise hebt *Kenntner* hervor, dass zu hoffen bleibt, dass auch der EuGH seine Rechtsprechung zu den Kompetenzen der Mitgliedstaaten überdenke und neu justiere. Die Struktur und der Schutzzweck des Art. 5 II EG ähnelte ohnehin der Erforderlichkeitsklausel des Art. 72 II GG. Da auch die Begründungserwägungen der Altenpflegeentscheidung weitgehend auf das Kompetenzverhältnis zwischen der Europäischen Union und ihren Mitgliedstaaten übertragen werden könne, solle die Entscheidung des Bundesverfassungsgerichts zu Art. 72 Abs. 2 GG eine „Leuchtspur für den EuGH" markieren.[1059]

In der Tat wird sich auch der EuGH in Zukunft nicht mehr vollständig aus der Überprüfung des Subsidiaritätsprinzips zurückziehen können. Aufgrund der durchaus nicht übertrieben zurückhaltenden Inanspruchnahme von Kontrollkompetenzen durch den EuGH in anderen, auch politischen Bereichen erschien die reservierte Rechtsprechung zu Art. 5 II EG ohnehin ungewöhnlich. Auch die neue Herausforderung durch die Ost-Erweiterung der EU kann wohl nur durch das vom EuGH geschaffene Richterrecht bewältigt werden, so dass eine ausdrückliche Kehrtwende des Gerichtshofes in Sachen „Verteilung von Rechtsetzungskompetenzen" in naher Zukunft zu erwarten ist bzw. zu wünschen wäre. Als Ansatz einer Konkretisierung der Vorgaben des Art. 5 II EG kann die Rechtsprechung des Bundesverfassungsgerichts sowie die detaillierte Auseinandersetzung mit Art. 72 II GG in der Literatur zweifellos hilfreich sein.

V. Auswirkungen auf die fakultative Zugriffsmöglichkeit nach Art. 87 III 1, 2 GG

Das neue Verständnis des Art. 72 II GG hat schließlich Auswirkungen auf die Ausführung der Bundesgesetze[1060]. Die Art. 83 ff. GG regeln die Verwaltungszuständigkeiten. Art. 83 GG enthält eine Zuständigkeitsvermutung zugunsten der Länder. Der Bund kann ebenso wie in dem Bereich der Legislativkompetenzen lediglich in enu-

---

1058 *Calliess*, EuGRZ 2003, 181 ff., 194 ff.
1059 *Kenntner*, DVBl. 2003, 259 ff., 259, 262; vgl. weiterhin zu dem „Einfluss auf den europäischen Föderalismus" des Urteils zur Juniorprofessur: „Den Ländern muss ein eigener Raum bleiben", FAZ v. 28.7.2004, S. 2, 3. Spalte.
1060 Landesgesetzen können in keinem Fall durch Bundesbehörden ausgeführt werden; so schon: BVerfGE 12, 205 (221) – „Deutschland Fernsehen GmbH", Urteil vom 28.2.1961.

merativ zugewiesenen Bereichen tätig werden. Bei den Verwaltungszuständigkeiten kann allerdings weitestgehend von einer „Inkongruenz"[1061] von Gesetzgebungskompetenzen und Verwaltungszuständigkeit des Bundes ausgegangen werden. Die Länder führen die eigenen Gesetze sowie nach den Vorgaben der Art. 84 und 85 GG größtenteils die des Bundes aus. Durch diesen oft beschriebenen Verwaltungsföderalismus entfalten die Länder einen Teil ihrer Eigenstaatlichkeit. Die Art. 84 und 85 GG bieten Mechanismen der Vereinheitlichung des Vollzugs von Bundesgesetzen. Nicht zuletzt wird gewährleistet, dass einander ergänzende Bundes- und Landesgesetze gleichförmig vollzogen werden können.[1062]

Fraglich bleibt, wann der Bund berechtigt ist, seine Gesetze selbst auszuführen. Diese Fragestellung ähnelt der in dieser Arbeit erörterten Problematik im Rahmen der Legislativzuständigkeiten. Art. 86 GG setzt die Verwaltungszuständigkeiten des Bundes voraus, welche daran anknüpfend vornehmlich in den Art. 87 ff. GG[1063] geregelt sind. Nach Art. 86, S. 1 GG stehen dem Bund die Varianten des Vollzugs durch bundeseigene Verwaltung oder durch bundesunmittelbare Körperschaften oder Anstalten des öffentlichen Rechts zu. Hier wird zwischen unmittelbarer (bundeseigener) und mittelbarer Bundesverwaltung durch bundesunmittelbare juristische Personen des öffentlichen Rechts getrennt.[1064] Die unmittelbare Bundesverwaltung unterteilt sich wiederum einerseits in die Bundesverwaltung mit eigenem Verwaltungsunterbau sowie andererseits in die Bundesverwaltung ohne eigenen Verwaltungsunterbau.[1065] Art. 87 I GG bestimmt des Weiteren die einzelnen Gegenstände der bundeseigenen (unmittelbaren) Verwaltung, einerseits obligatorisch sowie andererseits fakultativ.[1066] Art. 87 III GG enthält über Art. 87 I, II GG hinaus eine fakultative Zugriffsmöglichkeit des Bundes, Verwaltungszuständigkeiten in den

---

1061 *Klein*, AöR 88 (1963), 377 ff., 396.
1062 *Maurer*, Staatsrecht, § 18, Rn. 9.
1063 Vgl. für einen umfassenden Überblick der einzelnen Kompetenzzuweisungen *Sachs*, in: Sachs, GG, Art. 86, Rn. 6.
1064 *Hermes*, in: Dreier, GG, Art. 86, Rn. 23.
1065 Einerseits werden unter einem Bundesministerium bundeseigene Mittel- und Unterbehörden errichtet; andererseits fallen unter die Bundesverwaltung mit eigenem Verwaltungsunterbau die Zentralstellen und die selbstständigen, organisatorisch und funktional von der obersten Bundesbehörde getrennten Bundesoberbehörden.
1066 Vgl. einerseits „in bundeseigener Verwaltung mit eigenem Verwaltungsunterbau *werden geführt*", Art. 87 I 1 GG, sowie andererseits „durch Bundesgesetz *können* [...] *eingerichtet werden*", Art. 87 I 2 GG. Daneben enthält Art. 87 II 1 GG die Vorgabe, dass „als bundesunmittelbare Körperschaften des öffentlichen Rechts (mittelbare Bundesverwaltung) diejenigen sozialen Versicherungsträger geführt werden, deren Zuständigkeitsbereich sich über das Gebiet eines Landes hinaus erstreckt". Da nicht jede Grenzüberschreitung zwangsläufig eine Bundeszuständigkeit begründen kann, wurde diese reformbedürftige Vorschrift als einzige Änderung im Exekutivbereich ergänzt (vgl. das Gesetz zur Änderung des Grundgesetzes vom 27.10.1994, BGBl. I, S. 3146 ff.). Art. 87 II 2 GG bestimmt nunmehr, dass „soziale Versicherungsträger, deren Zuständigkeitsbereich sich über das Gebiet eines Landes, aber nicht über mehr als drei Länder hinaus erstreckt, abeichend von Satz 1 als landesunmittelbare Körperschaften des öffentlichen Rechtes geführt werden, wenn das aufsichtsführende Land durch die beteiligten Länder bestimmt ist"; vgl. hierzu *Asmussen/Eggeling*, VerwArch 84 (1993), 230 ff., 233 ff.

Bereichen der Gesetzgebung des Bundes an sich zu ziehen, vergleichbar mit der Zugriffsmöglichkeit des Bundes im Rahmen der konkurrierenden Gesetzgebung. Nach Art. 87 III GG „können für Angelegenheiten, für die dem Bunde die Gesetzgebung zusteht, selbständige Bundesoberbehörden und neue bundesunmittelbare Körperschaften und Anstalten des öffentlichen Rechtes durch Bundesgesetz errichtet werden. Erwachsen dem Bundes auf Gebieten, für die ihm die Gesetzgebung zusteht, neue Aufgaben, so können bei dringendem Bedarf bundeseigene Mittel- und Unterbehörden mit Zustimmung des Bundesrates und der Mehrheit der Mitglieder des Bundestages errichtet werden".

Von *Britz* ist mit Recht die Gefahr erkannt worden, dass Art. 87 III 1 GG zur Ausweitung der Verwaltungskompetenzen des Bundes genutzt und so die Strukturentscheidung des Grundgesetzes, den Vollzug der Bundesgesetze in der Regel den Ländern zu übertragen, unterlaufen wird.[1067] Diese weitgehenden Möglichkeiten des Bundes, immer dann den Vollzug von Verwaltungsaufgaben zu übernehmen, wenn er zur Gesetzgebung zuständig ist, macht es unumgänglich, eine organisationsrechtliche Grenzlinie zu ziehen. Selbständige Bundesoberbehörden sind jeweils für das ganze Bundesgebiet zuständig und dürfen lediglich zentrale Aufgaben wahrnehmen[1068], womit bereits eine deutliche Grenzlinie markiert ist. Aus dem Umkehrschluss zu Art. 87 III 2 GG folgt, dass ein administrativer Unterbau nicht zulässig ist.[1069] Zu dieser Schranke wird berechtigte Kritik geäußert, ist der Bund doch verfassungsrechtlich in der Lage, jedwede Verwaltungsaufgabe ohne Verwaltungsunterbau durch eine Bundesoberbehörde selbst auszuüben, auch wenn es hierfür eigentlich eines Unterbaus bedürfte[1070]; sogar die Errichtung von Außenstellen soll dem Bund möglich sein, was den Unterschied zum Verwaltungsunterbau vollends verwischt.[1071] So steht diese Schranke vielfach nur auf dem Papier. Errichten kann der Bund lediglich nach Satz 2 bundeseigene Mittel- und Unterbehörden. Diese sind aufgrund des nachhaltigeren Eingriffs in den Bereich der Länder nur unter rigiden Voraussetzungen verfassungsrechtlich zulässig.

Der Bund hat von seiner Ermächtigung nach Art. 87 III 1 GG weitreichend Gebrauch gemacht. Errichtet hat er beispielsweise als Bundesoberbehörden das Bundeskartellamt, das statistisches Bundesamt und die Bundesprüfstelle für jugendgefährdende Schriften sowie als bundesunmittelbare Anstalt des öffentlichen Rechts etwa die Kreditanstalt für Wiederaufbau.[1072] Kommt der Zugriffsmöglichkeit des Bundes erhebliche praktische Relevanz zu, so erscheint es umso erstaunlicher, dass die jüngere Literatur sich weitgehend aus der Diskussion ihrer verfassungsrechtlichen Grenzen zurückgezogen hat, muss man doch in Art. 87 III 1 GG eine bedrohli-

---

1067 *Britz*, DVBl. 1998, 1167 ff., 1168 f.
1068 *Sachs*, in: Sachs, GG, Art. 87, Rn. 64.
1069 *Burgi*, in: vM/K/S, GG, Art. 87 III, Rn. 123.
1070 *Rupp*, FS Dürig, S. 387 ff., 399.
1071 Vgl. hierzu *Lerche*, in: M/D, GG, Art. 87, Rn. 186.
1072 Eine Liste der nach Art. 87 III 1 GG errichteten Verwaltungsträger findet sich bei *Hermes*, in: Dreier, GG, Art. 87, Rn. 91 f.

che Einbruchstelle des Bundes in die Verwaltungskompetenzen der Länder erblicken.

Setzt Art. 87 III GG die Gesetzgebungskompetenz des Bundes voraus, so stellt sich die Frage, ob im Bereich der konkurrierenden Gesetzgebung[1073] der Bund nur dann die genannten Verwaltungseinheiten errichten kann, wenn diese selbst im Sinne des neu gefassten Art. 72 II GG erforderlich sind. Das Bundesverfassungsgericht hat sich in einer lang zurückliegenden Entscheidung näher mit Art. 87 III GG befasst. Hierin lehnte es eine Anwendung des Art. 72 II GG kategorisch ab, da Art. 87 III 1 GG eine ausschließliche Bundeskompetenz normiere. Nach Art. 83 GG führen die Länder die Bundesgesetze als eigene Angelegenheiten aus, soweit das Grundgesetz nichts anderes bestimmt oder zulässt. Dies gilt auch im Bereich der ausschließlichen und der konkurrierenden Gesetzgebung des Bundes. Die gesetzesakzessorische Verwaltung sei also zunächst immer Ländersache. Dieser zentrale Grundsatz für die Kompetenzabgrenzung zwischen Bund und Ländern auf dem Gebiet der Verwaltung zeige, dass das Grundgesetz die Verwaltungszuständigkeit von der Gesetzgebungszuständigkeit für die Sachregelung klar trenne. Daher sei auch die Zuständigkeit zur Errichtung einer Bundesoberbehörde durch Gesetz nach Art. 87 III 1 GG von der Zuständigkeit zur Sachregelung zu trennen. Dies gelte auch dann, wenn Sachregelung und Errichtung der Bundesoberbehörde durch ein und dasselbe Gesetz erfolgen. Wenn für die Errichtung einer Bundesoberbehörde für die Bereiche der ausschließlichen und konkurrierenden Gesetzgebung verschiedene Voraussetzungen hätten gelten sollen, so hätte dies in Art. 87 Abs. III 1 GG normiert werden müssen.[1074] Für die Errichtungsregeln bzw. für das Errichtungsgesetz bedarf es also nicht der Voraussetzungen des Art. 72 II GG.[1075]

Lässt sich festhalten, dass Art. 72 II GG aufgrund der verfassungsrechtlichen Systematik nicht als Kompetenzschranke für die Inanspruchnahme von Verwaltungskompetenzen durch den Bund dient, so stellt sich doch folgende Frage: Wie verhält es sich, wenn der Bund seine Gesetzgebungskompetenz noch nicht ausgeübt hat?

1073 Eine Kompetenz zur Rahmengesetzgebung dürfte jedenfalls nach dem neu gefassten Art. 75 GG nicht genügen. Denn eine Bundesbehörde wird sich in der Sache nicht auf eine bloße Rahmenverwaltung beschränken lassen können; vgl. zu der Diskussion *Pieroth*, in: J/P, GG, Art. 87, Rn. 13 m.w.Nachw.
1074 So zumindest für die alte Bedürfnisklausel nach Art. 72 II a.F.: „Für die Errichtung des Bundesaufsichtsamts im besonderen braucht aber daneben ein Bedürfnis nach bundesgesetzlicher Regelung nicht zu bestehen."; BVerfGE 14, 197 (213 f.) – „Kreditwesengesetz", Urteil vom 24.7.1962.
1075 „Das Kreditwesengesetz fällt unter Art. 74 Nr. 11 GG: Recht der Wirtschaft (...), für deren Ausübung durch den Bund die Voraussetzungen des Art. 72 Abs. 2 GG – Bedürfnis nach bundesgesetzlicher Regelung – vorliegen müssen. Für die Errichtung des Bundesaufsichtsamts im Besonderen braucht aber daneben ein Bedürfnis nach bundesgesetzlicher Regelung nicht zu bestehen."; BVerfGE 14, 197 (213) – „Kreditwesengesetz", Urteil vom 24.7.1962. So auch *Lerche*, in: M/D, GG, Art. 87, Rn. 178 f., sowie in Rn. 180, Fn. 59. Unzutreffend ist allerdings, dass *Lerche*, in: M/D, GG, Art. 87, Rn. 179, Fn. 53, auf eine andere Ansicht *Scheuners* verweist. Auch *Scheuner*, Staatstheorie und Staatsrecht, S. 617 f., bezieht sich lediglich auf die Erforderlichkeit des Bundesgesetzes und nicht auf die Erforderlichkeit der Zugriffsermächtigung nach Art. 87 III 1 GG.

Kann man dann etwa von den Voraussetzungen des Art. 72 II GG absehen? Die allgemeine Frage, ob der Bund seine Legislativkompetenz schon ausgeübt haben muss, ist umstritten. Nach dem Wortlaut (dem Bund muss die Gesetzgebung lediglich „zustehen") erscheint es zunächst unerheblich, ob er schon gesetzgeberisch tätig geworden ist. Teilweise wird es daher dahingestellt, ob der Bund seine Gesetzgebungskompetenz ausgenutzt hat oder nicht.[1076] Ausgangspunkt muss aber sein, dass eine Verwaltungsbehörde ohne die Aufgabe des Vollzugs bestimmter Rechtsvorschriften funktionell keinen Sinn macht. Bei der gesetzesabhängigen (gesetzesausführenden) Verwaltung wird verlangt, dass in oder zu dem Errichtungsgesetz nach Art. 87 III 1, 2 GG jedenfalls gleichzeitig auch die Sachfrage mitgeregelt wird, was darauf zurückzuführen ist, dass der Bund sinnvoll nur dann eine Bundesverwaltung ausüben kann, wenn deren Aufgabenbereich rechtlich geregelt ist.[1077]

Davon abgesehen fordert man zu Recht die Ausübung der Kompetenz zur Gesetzgebung durch den Bund jedenfalls im Bereich der konkurrierenden Gesetzgebung. Bestehe doch dort zunächst eine Kompetenz der Länder, welche erst bei einem Gebrauchmachen des Bundes nach Art. 72 I GG verdrängt wird, so dass es denkbar sei, dass die Länder hier noch Landesrecht vollziehen, wozu sie ausschließlich zuständig sind, dem Bund damit ein Handeln verwehrt werde. Noch deutlicher werde dies im Bereich des Rahmenrechts, in welchem Landesrecht sowohl vor als auch noch nach Erlass eines Bundesgesetzes fortbesteht.[1078]

Wenn der Bund also mit der herrschenden Meinung im Bereich der gesetzesabhängigen Verwaltung seine Sachkompetenz erst mitsamt dem Gesetz nach Art. 87 III 1, 2 GG ausüben darf, so kommt Art. 72 II GG als indirekte Schranke der administrativen Zugriffsermächtigung des Bundes in Betracht. Wird geprüft, ob dem Bund eine Verwaltungszuständigkeit zusteht, ist als Vorfrage die „Zieltrias" des Art. 72 II GG zu überprüfen, obgleich auch nur für das Sachgesetz und nicht für die Ausübung der Verwaltungskompetenz in diesem Bereich.

Daran anknüpfend muss in allen Fällen der schon ausgeübten Gesetzgebungskompetenz für die Inanspruchnahme von Verwaltungskompetenzen kontrolliert werden, ob ein Bundesgesetz *noch* erforderlich wäre. Hier hat eine inzidente Prüfung des Art. 72 II GG zu erfolgen. Eine immer wieder sich aktualisierende Prüfung erfordert schon die im Präsens gehaltene Formulierung des Art. 87 III 1, 2 GG. Danach kommt es darauf an, ob dem Bund die Gesetzgebung *zusteht* und nicht ob dem Bund die Gesetzgebung (zum Zeitpunkt der Sachkompetenzausübung) *zustand*.[1079]

1076 *Vogel*, HdbVerfR, § 22, Rn. 97; *Stern*, Staatsrecht II, § 41 VII 6, S. 827.
1077 Hierzu und zu den Voraussetzungen der Inanspruchnahme von Verwaltungskompetenzen im Bereich der sog. gesetzesfreien Verwaltung ausführlich: *Lerche*, in: M/D, GG, Art. 87, Rn. 182; *Stern*, Staatsrecht II, § 41 VII 6, S. 827; *Hermes*, in: Dreier, GG, Art. 87, Rn. 82 f.; *Pieroth*, in: J/P, GG, Art. 87, Rn. 13 m.w.Nachw.
1078 *Rupp*, FS Dürig, S. 387 ff., 395 f. Eine Kompetenz zur Rahmengesetzgebung dürfte allerdings nach dem neu gefassten Art. 75 GG nicht genügen. Denn eine Bundesbehörde wird sich in der Sache nicht auf eine bloße Rahmenverwaltung beschränken lassen können.
1079 So wohl auch *Jestaedt*, in: Umbach/Clemens, GG, Art. 87, Rn. 99, „Wenn Art. 87 III 1 auch nicht die Aktualisierung der Sachregelungszuständigkeit fordert, so müssen doch die Vor-

Vierter Teil: Die Auswirkungen des neuen Verständnisses des Art. 72 II GG

Letztendlich kommt dem Art. 72 II GG damit eine wirksame, wenngleich nur indirekte Schranke der Verwaltungskompetenz über die Erforderlichkeitsprüfung der jeweiligen sachlichen Bundesgesetzgebungskompetenz zu. Geht es um eine Neuerrichtung einer selbständigen Bundesoberbehörde nach Art. 87 III 1 GG, so kann dem Bund trotz schon erlassenem Bundesgesetz eine Verwaltungstätigkeit versagt werden, falls das Bundesgesetz nicht mehr den Voraussetzungen des Art. 72 II GG entspricht. Ähnliches gilt für eine Rückholkompetenz der Länder bei Bundesgesetzen, die nicht mehr den Voraussetzungen des Art. 72 II GG entsprechen. Auf diese Weise kommt dem Art. 72 II GG an unerwarteter Stelle erhebliche Bedeutung auch beim Schutz der Verwaltungskompetenz der Länder zu. Anzuraten wäre den Ländern, die Bundesverwaltungseinrichtungen wieder strenger, insbesondere auch verfassungsgerichtlich, zu hinterfragen, indem sie im Hinblick auf die ihnen zugrunde liegenden Gesetze auf ihre Rückholkompetenzen pochen.[1080] Die Regelung des Art. 72 II GG trägt im Bereich der bundeseigenen Verwaltung aus föderaler Sicht somit ebenfalls Früchte.

VI. Die Änderungskompetenz des Bundes (Art. 125a II GG)

Noch nicht abschließend geklärt ist die Frage, unter welchen Voraussetzungen der Bundesgesetzgeber ein bestehendes Gesetz, welches nach Art. 72 II n.F. nicht mehr erforderlich ist, noch ändern darf oder ob er bei Änderungsbedarf den Ländern die Gesetzgebungskompetenz zurück zu übertragen hat. In der Ladenschluss-Entscheidung knüpft das Bundesverfassungsgericht die Zulässigkeit von Änderungsgesetzen des Bundes daran, dass die wesentlichen Elemente der in dem fortgeltenden Bundesgesetz enthaltenen Regelung beibehalten werden. Offen bleibt, wann eine *„grundlegende Neukonzeption"* vorliegt, welche lediglich die Länder vornehmen können.[1081]

Das Ladenschlussgesetz wurde 1996 vom Bund dahingehend geändert, dass die allgemeinen Ladenschlusszeiten verlängert wurden und ein Einkaufen montags bis freitags von 6 Uhr bis 20 Uhr (vormals von 7 Uhr bis 18.30 Uhr) erlaubten.[1082] Das Bundesverfassungsgericht verneinte die Voraussetzungen einer „grundlegenden Neukonzeption" des Ladenschlussrechts. Das LadSchlG sei nicht durch eine neue Regelung ersetzt worden, sondern nur in Einzelheiten modifiziert worden. Die Neu-

---

aussetzungen ihrer Aktualisierung – d.h. bei konkurrierenden Gesetzgebungszuständigkeiten die Erfordernisse des Art. 72 II – vorliegen.".
1080 *Ipsen*, Staatsrecht I, Rn. 664, verweist darauf, dass die Länder nach mehreren Niederlagen vor dem Bundesverfassungsgericht bald aufgegeben haben, dem Bund im Verwaltungsbereich Widerstand zu leisten.
1081 Vgl. *2.Teil, III.3*. Die praktische Relevanz dieser Frage ist nicht unerheblich; vgl. *Gramm*, AöR 124 (1999), 212 ff., 230, der die praktische Bedeutung für ein Umweltgesetzbuch hervorhebt.
1082 Gesetz zur Änderung des Gesetzes über den Ladenschluss und zur Neuregelung der Arbeitszeit in Bäckereien und Konditoreien vom 30.7.1996, BGBl. I, S. 1186.

regelung hätte nur einzelne Regelungen verändert. Das gesetzgeberische Konzept, die gesetzgeberischen Ziele und die Art der Zielverwirklichung seien unberührt geblieben.[1083]

Damit gibt das Gericht kein weites Verständnis einer „grundlegenden Neukonzeption" vor, vielmehr klingt eine *grundlegende* Neukonzeption" nach einer eher eng gefassten Ausnahme.[1084] In der Tat erschiene es nicht angebracht, bereits geringfügige Änderungen des Bundesgesetzgebers als „grundlegend" anzusehen. Würde man die Schwelle so tief ansetzen, dann würde der Bund regelmäßig ein Tätigwerden „aus Angst" vor Kompetenzverlusten bzw. vor politisch nicht erwünschter Regelungsvielfalt in den Ländern gänzlich vermeiden. Diese Versteinerung ist nicht gewollt. Es muss ein Mittelweg gefunden werden, welcher dem Bund einerseits eine Änderungsgesetzgebung in Maßen erlaubt, andererseits die Kompetenzwahrnehmungsrechte der Länder hinreichend sichert.

Die Literatur setzte sich bislang nur fragmentarisch mit dieser Problematik auseinander. Nach einer Ansicht sind Gesetzesänderungen zulässig, „soweit durch sie nicht das Gewicht oder die Reichweite der bundesgesetzlichen Regelung im Verhältnis zum Landesrecht weiter erhöht würde".[1085] Dabei werden dem Bundesgesetzgeber zweifelsfrei zumindest „technische Folgeänderungen" zugestanden.[1086] Daran anknüpfend nimmt *Sommermann* einen Vergleich mit dem baurechtlichen Bestandsschutz vor, wonach „ursprünglich legal errichtete Bauwerke gegen spätere Änderungen der planungsrechtlichen Situation auch insoweit geschützt sind, als Folgeinvestitionen zur Erhaltung und zeitgemäßen Nutzung des Bauwerks zulässig bleiben, sofern dessen Identität nicht verändert wird".[1087] Diese Grenze *Sommermanns* erscheint *Stelkens* nicht weit genug: Art. 125a II 1 GG gestatte nicht ausdrücklich eine Änderung durch den Bundesgesetzgeber. Das Ziel des Gesetzgebers, die Länderkompetenzen zu stärken, müsse beachtet werden. Danach soll dem Bund nur dann die Gesetzgebungskompetenz für materielle Änderungen zustehen, „wenn die Voraussetzungen des Art. 72 Abs. 2 n.F. GG im Hinblick auf die beabsichtigte Änderung und damit auf das LadSchlG (*bzw. auf ein anderes konkret in Betracht kommende Gesetz, Anm. d. Verf.*) selbst vorliegen".[1088]

1083 BVerfG, 1 BvR 636/02, „Ladenschlussgesetz" – Urteil vom 9.6.2004, Rn. 113 f.
1084 Der 2. Senat des BVerfG gibt ebenfalls keine Definition, wann eine „grundlegende Neukonzeption" vorliegt, scheint aber von einem weiteren Verständnis auszugehen, wenn er die Regelungen der Juniorprofessur als eine solche ansieht, BVerfG, 2 BvF 2/02, „Juniorprofessur" - Urteil vom 27.7.2004, Rn. 138.
1085 *Sommermann*, JURA 1995, 393 ff., 396 („Bestandsgarantie der Gesetze in ihrer wesentlichen Substanz"); *Kirn*, in: von Münch/Kunig, GG, Art. 125, Rn. 8; *Wolff*, in: vM/K/S, GG, Art. 125a II („wenn die Änderung die gesamte Systematik des Gesetzes erfasst". „Die Reichweite der bundesgesetzlichen Vorgaben gegenüber dem Landesrecht darf durch die Aktualisierung aber nicht erweitert werden."); *Schmehl*, DÖV 1996, 724 ff., 726.
1086 Beispielsweise die „Euro-Umstellung" des § 24 II LadSchlG durch Art. 34 des 4. Euro-Einführungsgesetzes; *Wolff*, in: vM/K/S, GG, Art. 125a II, Rn. 19; so auch *Stelkens*, GewArch 2003, 187 ff., 189.
1087 *Sommermann*, JURA 1995, 393 ff., 396.
1088 *Stelkens*, GewArch 2003, 187 ff., 189.

Vierter Teil: Die Auswirkungen des neuen Verständnisses des Art. 72 II GG

Eine vergleichbare Konstellation gibt es bei Änderung eines zustimmungspflichtigen Bundesgesetzes. Nicht nur ein erstmaliges Bundesgesetz ist zustimmungsbedürftig, sondern auch ein nachfolgendes Änderungsgesetz. Dies gilt aber nur dann, wenn Vorschriften geändert werden, die die Zustimmungsbedürftigkeit ehemals ausgelöst haben sowie neue Vorschriften erlassen werden sollen, die schon für sich genommen die Zustimmungsbedürftigkeit auslösen. Wenn ein Änderungsgesetz für sich genommen keinen Zustimmungstatbestand verwirklicht, dann tritt die Zustimmungsbedürftigkeit weiterhin nur ein, wenn die Änderung materiell-rechtlicher Normen eine grundlegende Umgestaltung der Rechtsqualität des Gesetzes hervorruft und dadurch der geregelten Materie eine wesentlich andere Bedeutung und Tragweite verleiht, die von der früher erteilten Zustimmung ersichtlich nicht mehr umfasst wird. Ein Änderungsgesetz ist damit zustimmungspflichtig, wenn es eine „neuerliche Systemverschiebung im föderativen Gefüge" bewirkt.[1089] Damit soll erreicht werden, dass der Gesetzgeber dem Gesetz nicht ohne neuerliche Zustimmung des Bundesrates einen im Vergleich zu seiner Entstehung entgegengesetzten Sinn gibt.[1090] Nach anderer Ansicht reicht es aus, wenn der Eingriff in den Bereich der Länder erheblich intensiviert wird.[1091]

In dem letztgenannten Fall einer Zustimmungsbedürftigkeit ist eine Parallele der Rechtsprechung des Bundesverfassungsgerichts zu Art. 125a II 1 GG erkennbar. Einerseits spricht das Gericht von einer „grundlegend qualitativen Änderung", welche die Zustimmungsbedürftigkeit auslöst, andererseits von einer „grundlegenden Neukonzeption", welche den Ländern vorbehalten ist.[1092] Stellt man die Zustimmungsbedürftigkeit der Erforderlichkeit i.S.d. Art. 72 II GG vergleichend gegenüber, dann darf der Bundesgesetzgeber ein Gesetz nicht ändern, wenn er diesem in Verfolgung einer Neukonzeption einen *entgegengesetzten Sinn* gibt bzw. den *Eingriff in das föderative Gefüge, d.h. in den Bereich der Länder, erheblich intensiviert.*

Missverständlich bleibt die Aussage des Gerichts, dass Art. 125a II 1 GG keine Zuweisung einer weiteren Kompetenz an den Bund enthält.[1093] Damit folgt das Gericht in der Sache dem Verständnis der Literatur zu Art. 125 GG. Dieser ist seiner Stellung im Grundgesetz nach keine Zuständigkeitsvorschrift, die eine Kompetenz

---

1089 BVerfGE 48, 127 (180 f.) – „Kriegsdienstverweigerung", Urteil vom 13.4.1978; vgl. aber auch die erstmaligen kritischen Überlegungen zu der Zustimmungsbedürftigkeit eines Gesetzes in seinem gesamten Wortlaut in: BVerfGE 105, 313 (339) – „Lebenspartnerschaftsgesetz", Urteil vom 17.7.2002 („Denn das Erfordernis einer Zustimmung des Bundesrates erstreckt sich nach der Rechtsprechung des Bundesverfassungsgerichts auf das ganze Gesetz als gesetzgebungstechnische Einheit, also auch auf an sich nicht zustimmungsbedürftige Normen (...). Ob an dieser Rechtsprechung angesichts der Kritik im Schrifttum (...) festzuhalten ist, bedarf im vorliegenden Fall keiner Entscheidung, da der Gesetzgeber diesen Weg nicht gewählt hat."; diese Ausführungen traf das Gericht als obiter dictum, ohne hierzu der Sache nach veranlasst worden zu sein).
1090 *Ipsen*, Staatsrecht I, Rn. 366.
1091 *Degenhart*, Staatsrecht I, § 6 II 1 b, Rn. 516.
1092 BVerfGE 48, 127 (180 f.) – „Kriegsdienstverweigerung", Urteil vom 13.4.1978; BVerfG, 1 BvR 636/02, „Ladenschlussgesetz" – Urteil vom 9.6.2004, Rn. 111.
1093 BVerfG, 1 BvR 636/02, „Ladenschlussgesetz" – Urteil vom 9.6.2004, Rn. 112.

begründen würde, sondern ausschließlich eine Rangvorschrift. Aus dem Vergleich mit Art. 125 GG folgt, dass auch nach Art. 125a II 1 GG kein neues Bundesrecht ergehen kann. Nur solches Bundesrecht sei zulässig, welches das bisherige Recht aufhebt oder die betreffende Materie dem Landesgesetzgeber freigibt.[1094] Demzufolge wäre dem Bund jegliche Änderung in diesem Bereich versagt. Im Vergleich zu der Zustimmungspflichtigkeit von Bundesgesetzen entspricht diese Ansicht jener Mindermeinung[1095], die der „Theorie der Mitverantwortung" folgt, wonach jedes Änderungsgesetz zu einem zustimmungsbedürftigen Bundesgesetz für zustimmungsbedürftig erachtet wird. Damit wäre insbesondere Klarheit und Rechtssicherheit bei der Abgrenzung der Gesetzgebungskompetenzen geschaffen[1096], die im Rahmen des Art. 125a II 1 GG gleichfalls von besonderer Bedeutung sind. Den Ländern wäre jede Änderung vorbehalten, – eine Konsequenz, die vom Bundesverfassungsgericht nicht gezogen wird.

Im Ergebnis folgt das Bundesverfassungsgericht trotz dem Postulat einer „engen Auslegung" der Änderungsbefugnis der Ansicht, dass lediglich ein entgegengesetzter Sinn der Neuregelung bzw. eine erhebliche Intensivierung des Eingriffs in den Bereich der Länder diese – falls die Änderung nicht erforderlich ist nach Art. 72 II GG – zum Tätigwerden ermächtigt. Eine erhebliche Intensivierung des Eingriffs liegt jedenfalls dann vor, wenn der Bund ein Gesetz derart ändert, dass es nunmehr Regelungen enthält, die die Länder ehemals noch selber i.S.d. Art. 72 I GG treffen konnten, wenn also der bundesrechtliche Sperrbereich erweitert wird.[1097] Da der Bund die Materien der konkurrierenden Gesetzgebung nahezu lückenlos geregelt hat, bleibt die Grenze des erweiterten Sperrbereichs allerdings nahezu bedeutungslos. Von größerer Wichtigkeit ist damit das zweite Kriterium, das dem Bund eine Änderung versagt, die innerhalb einer schon die Sperrwirkung erzeugenden Regelung dieser einen entgegengesetzten Sinn gibt.

Im Bereich der Ladenöffnungszeiten sind die Länder etwa gänzlich „gesperrt", eine Regelung zu treffen, so dass der Bund grundsätzlich jedwede Änderung erlassen könnte, ohne den Eingriff in den Bereich der Länder erheblich zu intensivieren. Würde der Bund die restriktiven Ladenöffnungszeiten jedoch derart liberalisieren, dass ein Einkaufen wochentags rund um die Uhr zulässig wäre, dann würde er den ehemaligen Sinn und Zweck der Regelung (u.a. Arbeitszeitschutz und Sicherung der

---

1094 Vgl. zu Art. 125 GG: *Maunz*, in: M/D, GG, Art. 125, Rn. 4; zu Art. 125a II GG nunmehr auch *Poschmann*, NVwZ 2004, 1318 ff. (1320 f.).
1095 Vgl. *Masing*, in: vM/K/S, GG, Art. 77 GG, Rn. 54 m.w.Nachw.; *Weides*, JuS 1973, 337, 340 f.; *Ossenbühl*, AöR 99 (1974), 369, 403 ff.
1096 Vgl. *Ipsen*, Staatsrecht I, Rn. 364.
1097 So schon zu Art. 72 II GG a.F. *Grusons*, Inhalt und Justitiabilität des Art. 72 Abs. 2 des Grundgesetzes, S. 85. Vgl. hierzu BVerfG, 2 BvF 1/03, „Studiengebühren" - Urteil vom 26.1.2005, Rn. 84: „Das am 30. Januar 1976 in Kraft getretene Hochschulrahmengesetz enthielt bis zum Erlass des hier angegriffenen Sechsten Änderungsgesetz keine Regelung über Studiengebühren. Mit diesem ist daher der Bereich der Rahmengesetzgebung im Hochschulwesen in sachlicher Hinsicht erweitert worden. Dies wird von der durch Art. 125a II 1 GG vermittelten Befugnis zur Änderung bestehender Bundesgesetze nicht umfasst."

Wettbewerbsneutralität[1098]) in das Gegenteil verkehren. In diesen Fällen muss eine erneute Erforderlichkeitsprüfung durchgeführt werden. Unter diesen Voraussetzungen musste auch § 143 I StGB geprüft werden.[1099] Das StGB gilt nach Art. 125a II 1 GG als Bundesrecht fort, so dass bei einer Änderung, die einer Norm einen entgegengesetzten Sinn gibt bzw. einen erheblich intensiveren Eingriff in den Länderbereich herbeiführt, die „Zieltrias" des Art. 72 II GG geprüft werden muss. Das Bundesverfassungsgericht sprach aus, dass es sich bei § 143 I StGB inhaltlich um eine erstmals geschaffene bundesgesetzliche *Neuregelung* handele. „Jedenfalls bei derartigen Vorschriften ist Art. 72 Abs. 2 GG als Schranke für die Ausübung der Bundeskompetenz zu beachten."[1100] Das Gericht verweist dabei ausdrücklich auf die Ausführungen *Bothes*: „Soweit der Bundesgesetzgeber nicht von der Freigabekompetenz Gebrauch macht, muss ihm auch die Kompetenz zur Änderung des Bundesgesetzes verbleiben. Eine Neuregelung des Gegenstandes wäre dem Bund allerdings nur unter den Voraussetzungen der Art. 72 Abs. 2 bzw. Art. 75 Abs. 2 möglich."[1101]

Eine Neuregelung muss zweifelsohne den Überprüfungsspielraum des Art. 72 II GG eröffnen. Eine andere Auffassung ist nicht vertretbar. Allerdings bleibt offen, was unter einer *Neuregelung* zu verstehen ist. *Bothe* spricht von einer „Neuregelung des Gegenstandes", was freilich noch wenig aussagekräftig ist. In der Ladenschlussentscheidung geht das Bundesverfassungsgericht von einer „Neuregelung des gesamten Gesetzes" aus.[1102] In dem Urteil zum BgefHundG reicht hingegen die „Neuregelung einer einzelnen Norm". Die Neuregelung einzelner Normen eines Gesetzes eröffnet nur dann eine Überprüfungsmöglichkeit anhand Art. 72 II GG, wenn die neuen Normen nicht in einem systematischen Zusammenhang zu anderen Normen des Gesetzes stehen und nicht lediglich aufgrund des durch den Wandel der Zeit hervorgerufenen Änderungsbedarfs aufgenommen worden sind; die neue Norm muss damit einen neuen Regelungsgegenstand in dem einheitlichen Regelungswerk betreffen.

VII. Auswirkungen auf die Gesetzgebungskompetenzen

Abschließend werden einzelne konkurrierende Gesetzgebungskompetenzen untersucht, insbesondere solche aus der aktuellen Diskussion und der jüngsten Rechtsprechung, die den Ländern zustehen bzw. die zurückgeholt werden können, weil die

---

1098 Vgl. BVerfG, 1 BvR 636/02, „Ladenschlussgesetz" – Urteil vom 9.6.2004, Rn. 118 ff.
1099 Aufgrund § 4 II EGStGB, der das Strafrecht für landesrechtliche Regelungen öffnet, findet der oben entwickelte Ansatz, nach dem in den „großen" zusammenhängenden Normkomplexen das „einheitliche Regelungswerk" ein Auseinanderfallen verhindert, so dass die „Wahrung der Rechtseinheit" i.S.d. Art. 72 II GG erforderlich ist, für diesen besonderen landesrechtlichen Bereich keine Anwendung.
1100 BVerfG, 1 BvR 1778/01, „Kampfhundegesetz" – Urteil vom 16.3.2004, Rn. 116.
1101 *Bothe*, in: D/H-R/S/S, GG, Art. 125a, Rn. 4.
1102 BVerfG, 1 BvR 636/02, „Ladenschlussgesetz" – Urteil vom 9.6.2004, Rn. 113.

"Erforderlichkeit" im Sinne der Neufassung des Art. 72 II GG nie bestand oder im Nachhinein weggefallen ist. Diesen hier im Zusammenhang mit Art. 72 II GG erörterten Kompetenzen muss auch bei einer anstehenden Verfassungsreform erhebliche Bedeutung zukommen, da sie sich primär für eine Rückverlagerung auf die Länder anbieten.[1103] Eine umfassende Durchsicht der nach Art. 74 oder 75 GG erlassenen Gesetze auf ihre Vereinbarkeit mit Art. 72 II GG kann und soll in dieser Arbeit nicht geleistet werden. So wären für das Umwelt-, Immissionsschutz- oder Gewerberecht Detailanalysen erforderlich, die den Rahmen dieser Arbeit sprengen und sich auch von ihrer Zielsetzung, konkrete Kriterien für die Abgrenzung von Gesetzgebungskompetenzen zu entwickeln, entfernen würde.

1. Das Personenstandswesen (Art. 74 I Nr. 2 GG) nach dem Bundesverfassungsgerichtsurteil zum Lebenspartnerschaftsgesetz

Die jüngste Rechtsprechung des Bundesverfassungsgerichts zum Lebenspartnerschaftsgesetz gibt Anlass, die Erforderlichkeit eines bundeseinheitlichen Personenstandsrechts zu klären. Unter das Personenstandsrecht fallen die Beurkundung des Personenstandes und das Namensänderungsrecht, sowie Meldepflichten bei Geburt, Änderung des Familienstandes und Tod.[1104] Der Bund hat durch das auf der Grundlage des Art. 74 I Nr. 2 GG erlassene Personenstandsgesetz[1105] eine einheitliche Regelung geschaffen.

Ein bundeseinheitliches Personenstandsrecht gibt es aber nach Erlass des Lebenspartnerschaftsgesetzes nicht mehr. Das Gesetzesvorhaben wurde in zwei Teile unterteilt, das Gesetz zur Beendigung der Diskriminierung gleichgeschlechtlicher Gemeinschaften (LPartDisBG) sowie das Lebenspartnerschaftsergänzungsgesetz (LPartErgG), um damit zwischen einem zustimmungsfreien und einem zustimmungspflichtigen Teil zu trennen. Letzteres enthielt verfahrensrechtliche Ausführungsregelungen, insbesondere zur Frage, welche Behörde (Standesbeamter) die zur Begründung einer Lebenspartnerschaft erforderlichen Erklärungen entgegennimmt sowie das Verfahren der Abgabe jener Erklärungen.[1106] Dem LPartErgG wurde die Zustimmung im Bundesrat versagt, so dass es nicht in Kraft treten konnte.[1107]

Die antragstellenden Länder rügten die Kompetenzwidrigkeit des LPartDisBG auch im Hinblick auf Art. 72 II GG. Dabei beriefen sie sich auf das allseits anerkannte Erfordernis einer bundeseinheitlichen Regelung.[1108] Ihre Argumentationslinie

---
1103 So auch *Möstl*, ZG 2003, 297 ff., 305.
1104 *Degenhart*, in: Sachs, GG, Art. 74, Rn. 24.
1105 Personenstandsgesetz vom 3.11.1937, BGBl. I, S. 1146 ff.; i.d.F. der Bekanntmachung vom 8.8.1957, BGBl. I, S. 1125 ff.
1106 Vgl. hierzu die Änderungen des Personenstandsgesetzes durch Art. 2, § 3 LPartErgG; BR-Drs. 739/00, S. 5 ff.
1107 Vgl. BR-Drs. 838/00.
1108 BVerfGE 105, 313 (319) – "Lebenspartnerschaftsgesetz", Urteil vom 17.7.2002.

Vierter Teil: Die Auswirkungen des neuen Verständnisses des Art. 72 II GG

war, dass die personenstandsrechtlichen Ausführungsregelungen im Bereich von Lebenspartnerschaften aufgrund Art. 72 II GG nicht von den Ländern erlassen werden können, weil hier wie im Personenstandsrecht insgesamt nur eine bundeseinheitliche Regelung dem allgemeinen Interesse an einem Höchstmaß an Rechtssicherheit in diesem statusrechtlichen Bereich genügen könne, ihnen somit etwas Unmögliches aufgegeben werde.

Die Bundesregierung trat diesem Vortrag mit einer überraschenden Argumentation zur Vollziehbarkeit des Gesetzes entgegen: „Die Länder besäßen die erforderliche Kompetenz zur Regelung im Personenstandswesen und seien faktisch in der Lage, angemessene Verfahrensnormen zu schaffen, was die inzwischen vorliegenden Länderregelungen zeigten. Das LPartDisBG schaffe einen neuen, zuvor unbekannten Bereich des Personenstandswesens, für den der Bund noch keinen Gebrauch von seiner konkurrierenden Gesetzgebungskompetenz aus Art. 74 Abs. 1 Nr. 2 GG gemacht habe. *Art. 72 Abs. 2 GG enthalte keine Verpflichtung zum Erlass von Bundesrecht, sondern setze im Gegenteil eine Grenze hierfür.*"[1109]

Das Gericht befasst sich zwar nicht ausdrücklich mit Art. 72 II GG, ging aber in seiner Entscheidung von der Zulässigkeit von Länderregelungen des Personenstandes aus.[1110] Bei der Ablehnung des Erlasses einer einstweiligen Anordnung gegen das Inkrafttreten des Gesetzes kam diese Auffassung noch deutlicher zum Ausdruck. Das Gericht stellte fest, dass das LPartDisBG vollziehbar sei. Die Länder würden nicht daran gehindert, in eigener Kompetenz Ausführungsgesetze zu erlassen, solange und soweit der Bundesgesetzgeber nach Art. 72 I GG von seiner Gesetzgebungszuständigkeit noch nicht durch Gesetz Gebrauch gemacht hat. Ein problematischer Mangel an Transparenz im Personenstandswesen werde durch unterschiedliche Ausführungsgesetze der Länder nicht hervorgerufen. Schließlich sprach das Gericht aus, dass landesbezogene Unterschiede Ausdruck der grundgesetzlichen föderalen Kompetenzzuweisung seien und die schon vorliegenden Gesetze und Gesetzentwürfe der Länder zeigen, dass die Gefahr mangelnder Nachweisbarkeit des Personenstandes nicht bestehe. Im Übrigen liege es in der Entscheidungsgewalt der Antragstellerinnen selbst, in Abstimmung mit den anderen Ländern durch Erlass entsprechender Gesetze einer solchen Gefahr entgegenzuwirken und damit dem von ihnen befürchteten Nachteil abzuhelfen.[1111]

1109 BVerfGE 105, 313 (325) – „Lebenspartnerschaftsgesetz", Urteil vom 17.7.2002; Hervorhebung nicht im Original.
1110 „Die Länder haben ihren Spielraum genutzt und in den von ihnen erlassenen Ausführungsbestimmungen inzwischen unterschiedliche Zuständigkeiten von Landesbehörden begründet, die ihr Verwaltungshandeln bei der Eintragung von Lebenspartnerschaften nach den jeweiligen landesrechtlichen Vorschriften auszurichten haben.", BVerfGE 105, 313 (332) – „Lebenspartnerschaftsgesetz", Urteil vom 17.7.2002; „Die Länder erleiden, wie der vorliegende Fall zeigt, hierdurch (durch die Aufteilung in zwei Gesetze) keinen Kompetenzverlust. Sie haben inzwischen in eigener Zuständigkeit die für die Ausführung des LPartDisBG erforderlichen Verfahrensregelungen selbst getroffen.", BVerfGE 105, 313 (340) – „Lebenspartnerschaftsgesetz", Urteil vom 17.7.2002.
1111 BVerfG, 1 BvQ 23/01 vom 18.7.2001, Rn. 20 f.

Vierter Teil: Die Auswirkungen des neuen Verständnisses des Art. 72 II GG

Im Ergebnis bestätigt das Bundesverfassungsgericht die unterschiedlichen personenstandsrechtlichen Landesregelungen und wandte sich damit zugleich gegen das Erfordernis einer bundeseinheitlichen Regelung des Personenstandswesens nach Art. 72 II GG. Das Gericht sprach sich deutlich für die Möglichkeit einer effektiven Selbstkoordination der Landesgesetzgeber im Personenstandswesen als Kompetenzschranke für den Bund aus. In konsequenter Anwendung dieser Rechtsprechung muss das Bundesverfassungsgericht an sich alle weiteren Regelungen des Personenstandes nach Art. 74 I Nr. 2 GG unter diesem Gesichtspunkt beurteilen. Folgerichtig kann es nur sein, den neuen Entwurf eines Gesetzes zur Ergänzung des Lebenspartnerschaftsgesetzes der FDP[1112] wegen Verstoßes gegen Art. 72 II GG als verfassungswidrig[1113] zu bezeichnen.

Konträr zu der Entscheidung des ersten Senats des Bundesverfassungsgerichts zum Lebenspartnerschaftsgesetz geht die Entscheidung des zweiten Senats in Sachen Altenpflege davon aus, dass unterschiedliche Personenstandsregelungen in den Ländern verhindern, dass die Eheschließung oder die Scheidung überall in Deutschland gleichermaßen rechtlich anerkannt und behandelt werden, was andernfalls zu einer unzumutbaren Rechtszersplitterung und zu dem Erfordernis einer bundeseinheitlichen Regelung führen würde.[1114] Diesen Widerspruch zwischen den Senaten gilt es aufzuheben, spätestens dann, wenn ein neues Gesetz zur Ergänzung des Lebenspartnerschaftsgesetzes auf den juristischen Prüfstein gestellt wird.

2. Der Ladenschluss und das Recht der Wirtschaft (Art. 74 I Nr. 11 GG)

Im Bereich des Rechts der Wirtschaft (Art. 74 I Nr. 11 GG) steht insbesondere das Recht der Ladenöffnungszeiten zur Diskussion. In dem Urteil zum LadSchlG erklärte das Bundesverfassungsgericht, dass eine bundesrechtliche Regelung des Ladenschlusses für die Herstellung gleichwertiger Lebensverhältnisse im Bundesgebiet

---

1112 BT-Drs. 15/2477.
1113 Die Darlegung der lediglich praktischen Gründe für eine Änderung des Personenstandsgesetzes erscheint zu dürftig: „Eine bundeseinheitliche Regelung ist im Interesse der mit der Ausführung des LPartG befassten Dienststellen. Die Anwendung der bewährten personenstandsrechtlichen Vorschriften auf Lebenspartnerschaften verbessert das Verfahren und erhöht die Aussagekraft der auf Grundlage des Lebenspartnerschaftsbuches erstellten Urkunden. Der gegenwärtige Zustand führt zu praktischen Problemen, die sich aus den unterschiedlichen Regelungen für Ehen und Lebenspartnerschaften einerseits und den unterschiedlichen landesrechtlichen Regelungen in den Ausführungsgesetzen zum LPartG ergeben: Die einheitlich genutzte Software der Standesämter für Eheschließungen kann nicht einheitlich für Lebenspartnerschaften genutzt werden. Ähnliche praktische Schwierigkeiten haben sich im Formular- und Vordruckwesen eingestellt. Schließlich leidet die Zusammenarbeit der für die Begründung von Lebenspartnerschaften zuständigen Behörden unter den verschiedenen landesrechtlichen Regelungen." (BT-Drs. 15/2477, S. 18). Software- und Formularprobleme als Gründe für eine Regelungskompetenz nach Art. 72 II GG anzugeben, trägt die Verfassungswidrigkeit der Argumentation „auf der Stirne"!
1114 BVerfGE 106, 62 (145) – „Altenpflegegesetz", Urteil vom 24.10.2002.

oder für die Wahrung der Rechts- oder Wirtschaftseinheit im gesamtstaatlichen Interesse nicht erforderlich sei.[1115] Die Zielvorgabe der „Herstellung gleichwertiger Lebensverhältnisse" ist, soll ein einheitlicher Ladenschluss geregelt werden, nicht erfüllt. Die oben gewonnen Auslegungskriterien für die „Zieltrias" des Art. 72 II GG lassen sich der Argumentation des Bundesverfassungsgerichts zuordnen. Zwar tangieren die Ladenöffnungszeiten die „Lebensverhältnisse" der Bürger, da sie regeln, wann „Versorgungseinrichtungen" benutzt werden können. Eine „erhebliche" Auseinanderentwicklung wird aber nicht hervorgerufen, wenn die Öffnungszeiten von Bundesland zu Bundesland differieren. Anderes ergibt sich auch dann nicht, wenn man mit *Stelkens* auf das Ziel des Gesetzgebers abstellt, ein freies Wochenende für die Ladenangestellten zu gewährleisten, den Arbeitszeitschutz sowie die Nacht-, Sonn- und Feiertagsruhe zu sichern, die Verwaltungskontrolle zu erleichtern sowie die Wettbewerbsneutralität zu gewährleisten. Diese Ziele erfüllen nicht die Voraussetzungen der ersten Tatbestandsvariante des Art. 72 II GG. „Die Garantie eines zusammenhängenden Wochenendes gibt es nicht für alle Berufsgruppen, die Nacht- und Feiertagsruhe wird auch unabhängig vom LadSchlG geschützt und es besteht – jedenfalls außerhalb der (Landes-)Grenzgebiete – kaum Wettbewerb zwischen Ladengeschäften unterschiedlicher Großräume, weil der Verbraucher zumeist auf einen „Einkauf vor Ort" angewiesen ist. Ohne das LadSchlG wird es daher kaum zu einer erheblichen Auseinanderentwicklung der Lebensverhältnisse zwischen den einzelnen Ländern kommen, dass sie das bundesstaatliche Sozialgefüge insgesamt beeinträchtigt."[1116] Eine „erhebliche" Auseinanderentwicklung entsteht nicht dadurch, dass in einem Bundesland 12 Stunden am Tag eingekauft werden kann, in anderen Bundesländern 20 Stunden. Es müssen lediglich die Mindestvoraussetzungen garantiert werden. Wenn ein Bundesland Ladenöffnungszeiten von einer Stunde pro Tag vorsehen würde, wären sicherlich die Mindestvoraussetzungen unterschritten. Von einem solchen „Katastrophen-Szenario" ist aber nicht auszugehen. Unterschiedliche Länderregelungen können nach Art. 72 II, 1. Var. GG durchaus bestehen.

Die „Wahrung der Rechtseinheit" ist ebenfalls nicht betroffen.[1117] Schon heute existieren unterschiedliche Regelungen im Bundesgebiet. In kleineren Städten oder in ländlichen Gegenden findet man kein Geschäft, welches wochentags länger als 18.00 h bzw. samstagnachmittags geöffnet hat. Weder die Freizügigkeit noch die Rechtssicherheit werden hierdurch tangiert. Es sind nicht die unterschiedlichen Ladenöffnungszeiten, die den Bürger davon abhalten, den Wohnort im Bundesgebiet zu wechseln, bedenkt man, dass insbesondere Nahrungsmittel und anderer Grundlebensbedarf heute schon an anderen, rund um die Uhr geöffneten Verkaufsstellen, wie Tankstellen oder Bahnhöfen, zu erwerben sind. Das Kriterium der Dauerhaftigkeit der Rechtsordnung gebietet ebenfalls keine bundeseinheitliche Regelung, da das Ladenschlussrecht mehrmals modifiziert worden ist und in der öffentlichen Diskus-

---

1115 BVerfG, 1 BvR 636/02, „Ladenschlussgesetz" – Urteil vom 9.6.2004, Rn. 102.
1116 *Stelkens*, GewArch 2003, 187 ff., 190.
1117 So im Ergebnis auch *Stelkens*, GewArch 2003, 187 ff., 190.

sion steht, so dass mit einer Änderung gerechnet werden kann, der ein Großteil der Bevölkerung zumindest nicht ablehnend gegenübersteht.

Die „Wahrung der Wirtschaftseinheit" fordert ebenfalls keine bundeseinheitliche Regelung, da die berufliche Bildung nicht durch das Ladenschlussrecht berührt wird.[1118]

Nach *Stelkens* soll allerdings der Prognose- und Beurteilungsspielraum des Bundesgesetzgebers weiterhin bundesrechtliche Regelungen des Ladenschlusses erlauben. Da bisher lediglich der Bund die Ladenöffnungszeiten geregelt hat, existieren keine Erfahrungen über eine liberalisierende Länderregelung. „Fehlen jegliche tatsächliche Daten über die Auswirkungen des Fehlens einer bundesgesetzlichen Regelung, ohne dass auf der „Plausibilitätsebene" ausgeschlossen werden kann, dass das Fehlen einer bundeseinheitlichen Regelung negative Auswirkungen auf eine Zielvorgabe hat, muss dem Bundesgesetzgeber letztlich – trotz grundsätzlicher Justitiabilität des Art. 72 Abs. 2 n.F. GG – ein Einschätzungs- und Prognosespielraum zugestanden werden, der nur einer Plausibilitätskontrolle unterliegt und keiner Untermauerung durch tatsächliche Daten bedarf."[1119] Eine bloße Plausibilitätskontrolle erscheint in diesem Bereich jedoch nicht zielführend. In den meisten nach Art. 125a II 1 GG fortgeltenden Gesetzen und damit aufgrund der ausufernden Gesetzgebung des Bundes in den meisten Bereichen der konkurrierenden Gesetzgebungskompetenz können keine Erfahrungsdaten von Länderregelungen herangezogen werden. Würde man sich hier nur auf eine Plausibilitätskontrolle beschränken, so würden die Rechte der Länder erheblich beschnitten. Dies darf gerade nicht der Fall sein. Wenn die Zielvorgaben aller Voraussicht nach nicht mehr erfüllt sind, dann reicht dies aus, die „Erforderlichkeit" einer Bundesregelung zu verneinen. Durch die Neuregelung sollen gerade die Länderkompetenzen gestärkt werden. In diesem Zusammenhang müssen auch Experimente der Länder zulässig sein, so dass auch aus diesem Grund eine Plausibilitätskontrolle abzulehnen ist.

Über den Ladenschluss hinaus kann das Recht von Gewerbe und Wirtschaft bei einem lediglich regionalen Bezug der jeweiligen Materie von den Ländern geregelt werden. Die Vorgaben des Art. 72 II GG stehen dem regelmäßig nicht entgegen. In diesen Bereich fallen insbesondere Kompetenzen aus dem Recht der Industrie- und Handelskammern, des lokalen Gewerbes, wie etwa der Veranstaltung von Messen und Märkten, und der Gaststätten.[1120]

1118 So i.E. auch *Stelkens*, GewArch 2003, 187 ff., 190 f.; eine a.A. vertritt die Bundesregierung, vgl. BT-Drs. 15/396, S. 7 f.; BT-Drs. 15/521. Gerade die verschiedenen denkbaren Modelle einer Regelung des Ladenschlusses (Liberalisierungsmodell, Verlängerungsmodell, Differenzierungsmodell, etc., vgl. zur Übersicht *Stober*, Besonderes Wirtschaftsverwaltungsrecht, S. 159) lassen differenzierende Länderregelungen angebracht und förderlich erscheinen.
1119 *Stelkens*, GewArch 2003, 187 ff., 191.
1120 Vgl. hierzu „Föderalismusreform", Positionspapier der Ministerpräsidenten, Kommissionsdrucksache 0045, S. 7 f. Das Recht des Handwerks hingegen dient in zentralen Bereichen der beruflichen Bildung, so dass eine Bundesregelung nach Art. 72 II, 3. Var. GG erforderlich erscheint, vgl. BVerfGE 13, 97 (108 ff.) – „Handwerksordnung", Beschluss vom 17.7.1961. An dieser Grundkonzeption hält auch die Handwerksreform 2003 fest, vgl. *Stober*, Besonderes Wirtschaftsverwaltungsrecht, S. 105.

3. Strafrecht (Art. 74 I Nr. 1 GG)

Aus jüngster Rechtsprechung zu dem Bereich des Strafrechts soll auf die Urteile des Bundesverfassungsgerichts zur Sicherungsverwahrung eingegangen werden. Für die aus strafrechtlicher Hinsicht ebenfalls bedeutsame Entscheidung zu dem BgefHundG wird auf die oben erfolgten Ausführungen verwiesen.[1121] Kurz nacheinander hatte das Gericht sich mit der Verfassungsmäßigkeit der Sicherungsverwahrung sowie der nachträglichen Sicherungsverwahrung zu befassen. In letztgenannter Rechtssache stand zur Diskussion, ob das Bayerische Straftäterunterbringungsgesetz sowie das Unterbringungsgesetz des Landes Sachsen-Anhalt mit Art. 74 I Nr. 1 GG i.V.m. Art. 70 I und Art. 72 I GG vereinbar waren.

Zunächst hatte das Gericht zu prüfen, ob die nachträgliche Anordnung der Sicherungsverwahrung zum Strafrecht i.S.d. Art. 74 I Nr. 1 GG gehört. Dies bejahte das Gericht mit ausführlicher Begründung.[1122] Damit wären die Länder dann nicht mehr berechtigt, eine Regelung zu treffen, wenn der Bund abschließend von seiner Kompetenz gem. Art. 72 I GG Gebrauch gemacht hätte. Dies war nach Ansicht des Gerichts der Fall, da der Bundesgesetzgeber das Recht der Sicherungsverwahrung in den §§ 66 ff. StGB abschließend i.S. des Art. 72 I GG geregelt hat.[1123] Dabei hätte das Gericht allerdings auch das Vorliegen der Voraussetzungen des Art. 72 II GG hinsichtlich der §§ 66 ff. StGB überprüfen müssen. Denn nur ein i.S.d. Art. 72 II GG „erforderliches" Gesetz kann die bezeichnete Sperrwirkung entfalten. Die Ausführungen an dieser Stelle fielen mit folgender lapidaren Bewertung erdenklich knapp aus: „Hierzu war er auch im Rahmen des Art. 72 II GG befugt."[1124] Dieser knappe Verweis auf die Erforderlichkeitsklausel wird nur verständlich, wenn man die Ausführungen des Gericht zu der Auslegung des Kompetenztitels des Art. 74 I Nr. 1 GG berücksichtigt. Dem Bundesverfassungsgericht kommt es darauf an, die Einheit des strafrechtlichen Sanktionssystems zu wahren: „Die unterschiedlichen Reaktions- und Sanktionsmöglichkeiten des Strafrechts sind in vielfältiger Weise miteinander verzahnt. Ein Auseinanderfallen der Materie – etwa in ein dem Bundesgesetzgeber vorbehaltenes Schuldstrafrecht einerseits und eine dem Landesgesetzgeber zukommende Befugnis zur Regelung der an die Straftat anknüpfenden präventiven Maßnahmen andererseits – würden dem Sinn und Zweck des Art. 74 I Nr. 1 GG widersprechen, durch Verwendung eines vorgefundenen normativen Begriffs den gesamten, als einheitliches Regelungswerk konzipierten Normenkomplex in die Kompetenzvorschriften aufzunehmen."[1125] Diese Ausführungen erfolgten nicht im Rahmen der Prüfung des Art. 72 II GG, sondern bei der teleologischen Auslegung der Kom-

---

1121 Unter *2.Teil, III.6.f.*
1122 BVerfGE 109, 190 (211 ff.) – „Nachträgliche Sicherungsverwahrung", Urteil vom 10.2.2004.
1123 BVerfGE 109, 190 (229 ff.) – „Nachträgliche Sicherungsverwahrung", Urteil vom 10.2.2004.
1124 BVerfGE 109, 190 (229) – „Nachträgliche Sicherungsverwahrung", Urteil vom 10.2.2004.
1125 BVerfGE 109, 190 (218) – „Nachträgliche Sicherungsverwahrung", Urteil vom 10.2.2004; kritisch zu der Subsumtion des Gerichts *Pestalozza*, JZ 2004, 605 ff., 606 ff.

petenzbestimmung des Art. 74 I Nr. 1 GG. Damit ist eine Neigung des Gerichts unübersehbar, die Ausführungen zu Kompetenztitel und Kompetenzausübungsschranke nicht immer in gebotener Klarheit zu trennen. Das Urteil bekräftigt die oben entwickelte Ansicht, dass insbesondere im Strafrecht die Rechtssicherheit eine einheitliche Regelung gebietet.[1126] Die Tendenz, dass in den „großen" zusammenhängenden Normkomplexen das „einheitliche Regelungswerk" ein Auseinanderfallen verhindern soll, so dass die „Wahrung der Rechtseinheit" i.S.d. Art. 72 II GG in diesen Bereichen regelmäßig erfüllt ist, kommt deutlich zum Ausdruck.

4. Steuergesetzgebung (Art. 105 II GG)

Im Rahmen der Steuergesetzgebung kommt Art. 72 II GG ebenfalls zur Anwendung. Nach Art. 105 II GG hat der Bund die konkurrierende Gesetzgebung über die Steuern, wenn ihm das Aufkommen dieser Steuern ganz oder zum Teil zusteht oder die Voraussetzungen des Art. 72 II GG vorliegen. Art. 72 II GG ist damit nur für jene Steuern zu prüfen, deren Ertrag allein den Ländern zufließt. Für diese gelten die nunmehr verschärften Anforderungen des Art. 72 II GG.[1127]

Die faktischen Auswirkungen der Kompetenzstärkung durch Art. 72 II GG im Bereich der Steuergesetzgebung werden allerdings bezweifelt. Angeführt wird, die steuerspezifische Auslegung des Art. 72 I GG formuliere ein Gleichartigkeitsverbot. Dieses erlaube den Ländern im Verhältnis zum Bund nicht, dieselbe Quelle wirtschaftlicher Leistungsfähigkeit mit eigenen Landessteuern auszuschöpfen.[1128] In der Staatspraxis haben damit die Länder von den noch zu erörternden Art. 106 II sowie von Art. 105 IIa GG abgesehen fast keinen Raum zu eigenständiger Steuergesetzgebung. Viele wichtige Steuern sind bereits durch Reichsgesetze in der Weimarer und NS-Zeit gesetzlich festgeschrieben worden, gelten als Bundesrecht nach Art. 125 GG fort und sperren so gleichartige Ländersteuern.[1129] Ferner hatte Art. 72 II GG a.F. dem Bundesgesetzgeber keine Grenzen gesetzt. Die danach erlassenen Gesetze gelten nach Art. 125a II 1 GG fort. Somit sind alle wichtigen Steuern durch Bundesgesetz geregelt. Den Ländern ist ein umfassender Handlungsspielraum verschlossen.

Dennoch sollte die Ausgaben- und Einnahmenverantwortung, die durch bundesgesetzliche Regelungen weitgehend aufgespalten ist, in Teilbereichen zusammengeführt werden. Die Steuern, deren Aufkommen allein den Ländern zusteht (Art. 106 II GG), sollten von diesen geregelt werden, soweit nicht nach Art. 72 II GG eine Bundesregelung erforderlich ist. Hierzu kann der Bund den Ländern die Gesetzge-

---

1126 Siehe hierzu *3.Teil, B.I.2.e.aa.*
1127 BVerfG, 2 BvR 2185/04 Rn. 19 f. – „Gewerbesteuermindestsatz", Beschluss vom 25.1.2005, m.w.Nachw.; vgl. ferner *Siekmann*, in: Sachs, GG, Art. 105, Rn. 21.
1128 *Schuppert*, in: Umbach/Clemens, GG, Art. 105, Rn. 44 ff. s. zum Bergriff der „Gleichartigkeit" Rn. 46; vgl. auch BVerfGE 7, 244 (258 f.) – „Weinabgabe", Beschluss vom 4.2.1958.
1129 *Kruis*, DÖV 2003, 10 ff., 11.

bungskompetenz nach Art. 125a II 2 GG eröffnen, wenn die Erforderlichkeit gemäß Art. 72 II GG nicht mehr gegeben ist.

Nach bisweilen vertretener Ansicht soll jedoch die „Wahrung der Rechts- und Wirtschaftseinheit im gesamtstaatlichen Interesse" bei Steuern aufgrund der jahrzehntelangen weiten Auslegung der Vorgaben des Art. 72 II GG und wegen des bei der Besteuerung geltenden Prinzips der „Gleichmäßigkeit der Steuerbelastung" ausnahmslos eine bundesgesetzliche Regelung erforderlich machen.[1130] Erstgenanntes Argument ist zumindest durch die jüngste Rechtsprechung obsolet geworden. Auch das Prinzip der „Gleichmäßigkeit der Steuerbelastung" erfordert nicht in allen Bereichen eine einheitliche bundesgesetzliche Regelung. Es muss vielmehr eine differenzierte Prüfung der jeweiligen Besteuerungstatbestände anhand der Vorgaben des Art. 72 II GG erfolgen. Eine in allen Bundesländern dem Art. 3 I GG entsprechende *gleiche Steuerbelastung* ist nicht geboten und wird auch von dem neu gefassten Art. 72 II GG nicht gefordert. Außerdem kann das überkommene Dogma von der „Gleichmäßigkeit der Steuerbelastung" nicht mehr überzeugen. Denn dieses war eng verbunden mit der „Einheitlichkeit der Lebensverhältnisse" i.S.d. Art. 72 II GG a.F., es konnte als „dessen Ausfluss angesehen werden".[1131] Durch den Wechsel der Begrifflichkeit des Art. 72 II GG von „Einheitlichkeit" zu „Gleichwertigkeit" verliert das Dogma der „Gleichmäßigkeit der Steuerbelastung" an Bedeutung.[1132]

Eine Länderkompetenz zur Steuergesetzgebung verbessert zudem die demokratische Bilanz, was auf der Linie der von Art. 72 II GG verfolgten Zielsetzungen liegt. Durch ländereigene Steuerregelungen wird die Abhängigkeit der Landespolitik von dem Landesvolk verstärkt und damit die demokratische Selbstbestimmung verbessert. Die Steuergesetzgebung, die Steuern regelt, die den Ländern zufließen, ist im demokratischen Staat von jenem „Souverän" zu legitimieren, der dieser Steuermittel bedarf, um die Aufgaben des Landes zu erfüllen oder um das Land über die Steuergesetzgebung im ökonomischen Wettbewerb zu positionieren. Die Regierung und Opposition in den Ländern dürfen sich nicht hinter den Steuergesetzen des Bundes verstecken, sondern müssen selber Verantwortung für eigene Steuerkonzepte tragen. Daher könnte man sogar sagen, das Demokratieprinzip fordere mehr Steuerautonomie der Länder.[1133]

Dies kann allerdings nur für solche Steuern gelten, deren unterschiedliche Festsetzung nicht zu einer Abwanderung der Bevölkerung, der wirtschaftlichen Unternehmen oder der Kapitalanlagen aus einzelnen Bundesländern führt, die gesamtstaatlichen Interessen widerspricht. Dies bedeutet: Die Gefahr eines „Rutschbahneffekts", hervorgerufen durch „Dumping-Steuern" einiger Bundesländer, muss

---

1130 *Henneke*, Öffentliches Finanzwesen, Finanzverfassung, § 12, Rn. 661; vgl. auch – allerdings ohne nähere Begründung – *Arndt*, Steuerrecht, S. 26; *Heun*, in: Dreier, GG, Art. 105, Rn. 35.
1131 *Waldhoff*, Verfassungsrechtliche Vorgaben für die Steuergesetzgebung, S. 83.
1132 So auch *Siekmann*, in: Sachs, GG, Art. 105, Rn. 11: kein Dogma gleicher Steuerbelastung.
1133 *Kruis*, DÖV 2003, 10 ff., 15; *Scharpf*, Kommissionsdrucksache 0029, S. 13; *Schneider*, Kommissionsdrucksache 0032, S. 18; *Waldhoff*, Verfassungsrechtliche Vorgaben für die Steuergesetzgebung, S. 99 ff.

vermieden werden. Es bleibt allerdings festzuhalten, dass die (derzeit noch) sehr bescheidene Landeskompetenz im steuerlichen Bereich einen Steuerwettbewerb mit jenen möglicherweise negativen Folgen, wie sie aus dem internationalen Bereich bekannt sind[1134], keinesfalls gestattet. In unserem Bereich bleibt bekanntlich nur der schmale Bereich von Art. 106 II GG zu prüfen. Die dortigen Steuerquellen können den Ländern zur Regelung überlassen werden, ohne eine gegen gesamtstaatliche Interessen verstoßende Unterbietungskonkurrenz hervorzurufen.[1135]

Die Prüfung der konkurrierenden Gesetzgebungskompetenz im Bereich des Art. 106 II GG am Maßstab des Art. 72 II GG führt zu unterschiedlichen Ergebnissen: Die Kraftfahrzeugsteuer (Art. 106 II Nr. 3 GG) muss nach ausländischem Vorbild[1136] nicht bundeseinheitlich festgelegt werden. Divergierende Regelungen von Bundesland zu Bundesland erscheinen mit Blick auf Art. 72 II GG durchaus vorstellbar. Die Lebensverhältnisse werden im Hinblick auf die Lebenshaltungskosten nur am Rande tangiert. Eine Abwanderung aus einzelnen Bundesländern wäre nicht zu befürchten, die Freizügigkeit wäre nicht gefährdet. Die Rechtssicherheit erfordert keine einheitliche Geltung der Kraftfahrzeugsteuer, stellt diese doch kein Hauptgebiet des Rechtslebens dar. Erhebliche Nachteile für die Gesamtwirtschaft sind nicht ersichtlich.[1137] Entgegenstehen könnte der Lenkungszweck, den der Bund mit der Kraftfahrzeugsteuer verfolgt. Neben der Steuererzielungsabsicht verfolgt der Bund ökologische Ziele.[1138] Wenn die Länder divergierende Regelungen erlassen, wird unter Umständen der ökologische Lenkungszweck, der vom Bund für erforderlich gehalten wird, unterlaufen. Aber auch solche Lenkungszwecke müssen auf den Prüfstand des Art. 72 II GG gestellt werden. Wenn eine einheitliche Regelung des Bund für die mit dem Lenkungszweck verfolgte Sachmaterie i.S.d. Art. 72 II GG nicht erforderlich ist, wofür derzeit gute Gründe streiten, dann stünde den Ländern die Möglichkeit abweichender Steuerregelungen im Bereich der Kraftfahrzeugsteuer zu.

Nach *Tipke/Lang* erfordern weiterhin die Gewerbesteuer und die Grundsteuer, deren Aufkommen den Gemeinden zusteht (Art. 106 VI 1 GG) keine bundesgesetzliche Regelung. Schon das Hebesatzrecht (Art. 106 VI 2 GG) ermöglicht Differenzierungen, so dass eine einheitliche Regelung verfassungsrechtlich nicht erforderlich erscheint.[1139] Die Spielbankabgabe (Art. 106 II Nr. 6 GG) eignet sich durch ihren

---

1134 Zum „Steuer-Dumping" vgl. *Scharpf*, Kommissionsdrucksache 0029, S. 13 f.
1135 *Scharpf*, Kommissionsdrucksache 0029, S. 14; *Waldhoff*, Verfassungsrechtliche Vorgaben für die Steuergesetzgebung, S. 102, merkt hierzu allerdings an, dass die Mobilität der Bevölkerung überschätzt wird.
1136 Vgl. etwa die uneinheitlichen Kraftfahrzeugsteuern in der Schweiz.
1137 Vgl. etwa *Huber*, Kommissionsdrucksache 0031, S. 16 f.
1138 Lenkungszweck ist es, die Schadstoffbelastung und den vom Kraftstoffverbrauch abhängigen Kohlendioxidausstoß durch Kraftfahrzeuge zu verringern. Über die Kraftfahrzeugsteuer werden Anreize für die Herstellung und den Erwerb von PKW geschaffen, die Umwelt und Klima weniger belasten und außerdem dazu veranlassen, emissionsintensive PKW umzurüsten oder stillzulegen.
1139 *Tipke/Lang*, Steuerrecht, § 3, Rn. 30; a.A. *Huber*, Kommissionsdrucksache 0031, S. 16, der eine bundeseinheitliche Regelung aufgrund ihrer erheblichen Bedeutung für die Rechts- und Wirtschaftseinheit für erforderlich hält. Dem Bundesverfassungsgericht wurde diese Frage

Vierter Teil: Die Auswirkungen des neuen Verständnisses des Art. 72 II GG

örtlichen Bezug ebenfalls für eine Länderregelung. Die Erbschafts- und Schenkungssteuer (Art. 106 II Nr. 2 GG) hingegen gebieten eine bundeseinheitliche Regelung, weil unterschiedliche Steuersätze erhebliche Einflüsse auf die Freizügigkeit haben können, was von *Huber* in der Föderalismuskommission anschaulich geschildert wurde.[1140]

5. Ermächtigungen an die Bundesländer zur Schaffung von Ausnahmen

In dem Urteil zum Ladenschlussgesetz brachte das Bundesverfassungsgericht zum Ausdruck, dass der Bundesgesetzgeber, wenn er „weitreichende Ermächtigungen an die Bundesländer zur Schaffung von Ausnahmen" erteilt, bereits selbst von einer fehlenden Erforderlichkeit einer bundeseinheitlichen Regelung ausgeht.[1141] Führt man diese Rechtsprechung konsequent weiter, so kann die Erforderlichkeit nach Art. 72 II GG auch bei anderen Gesetzen, die auf die konkurrierende Gesetzgebung gestützt sind, verneint werden.

Für die Steuergesetzgebungskompetenz hinsichtlich der Gewerbesteuer sowie der Grundsteuer mit ihrem Hebesatzrecht (Art. 106 VI 2 GG) ist dies soeben entwickelt worden.[1142] Vergleichbares gilt in zahlreichen anderen Bereichen konkurrierender Gesetzgebung. Im Bereich der öffentlichen Fürsorge (Art. 74 I Nr. 7 GG) etwa sieht das Bundessozialhilfegesetz in § 22 II BSHG schon heute die Möglichkeit landesunterschiedlicher bzw. regionaler Regelsätze vor. In diesem Teilbereich scheint aufgrund der ungleichen Lebensunterhaltskosten in Deutschland eine bundeseinheitliche Regelung nicht notwendig.[1143] Ähnlich liegt es, wenn den Ländern in § 79 III BSHG eine Modifizierung der Einkommensgrenzen gestattet wird. Zudem ist es in den Bereichen, in denen der Bund durch Rechtsverordnung mit der Zustimmung des Bundesrates regeln darf (vgl. § 22 V BSHG), durchaus nahe liegend, den Ländern die Regelungskompetenz zu überlassen. Teilbereiche aus diesem Regelungsbereich könnten damit durchaus an die Länder übertragen werden. Auch im Gaststättenwe-

---

im Wege einer Kommunalverfassungsbeschwerde zur Entscheidung vorgelegt; vgl. hierzu die Ablehnung der einstweiligen Anordnung: BVerfG, 2 BvR 2185/04 Rn. 19 f. – „Gewerbesteuermindestsatz", Beschluss vom 25.1.2005.

1140 Vgl. *Huber* in der Föderalismuskommission, Stenografischer Bericht, S. 116, „Stellen Sie sich vor, Sie haben einen Familienangehörigen, der kurz vor seinem Ableben steht! Soll es wirklich so sein, dass der Wohnort oder das Altersheim nach dem Steuersatz ausgewählt wird und man den Angehörigen kurz über die Landesgrenze verbringt, damit die Erbschaftsteuer nicht ein unerwünschtes Niveau erreicht?"; kritisch dazu *Homburg*, Stenografischer Bericht, S. 119, der die schon bestehende Möglichkeit eines Abwanderns nach Österreich oder in die Schweiz hervorhebt.
1141 BVerfG, 1 BvR 636/02, „Ladenschlussgesetz" – Urteil vom 9.6.2004, Rn. 101 f.
1142 Vgl. *4.Teil, VI.4.*
1143 *Schwanengel*, DÖV 2004, S. 553 ff., 555; *Huber*, Kommissionsdrucksache 0008, S. 12; kritisch zu einer Länderkompetenz für die „subsidiären öffentlichen Lebensunterhaltleistungen" (Sozialhilfe und Arbeitslosenhilfe) allerdings *Scharpf*, Kommissionsdrucksache 0064, der auf das Risiko der Länder verweist.

sen (Art. 74 I Nr. 11 GG) sind schon heute weitreichende länderspezifische Regelungen vorgesehen, vgl. §§ 4 III, 14, 18, 21 II, 26 GastG[1144]. Das Notariatswesen (Art. 74 I Nr. 1 GG) erfordert keine bundeseinheitliche Regelung. Die Unbedenklichkeit divergenter Landesgesetze ergibt sich aus der Verfassung selbst. Art. 138 GG bestimmt, dass Änderungen der Einrichtungen des jetzt bestehenden Notariats in den Ländern Baden-Württemberg und Bayern der Zustimmung der Regierungen dieser Länder bedürfen. Die aus diesen Reservatrechten folgenden ungleichen Regelungen haben in der Praxis nicht zu bedenklichen Zuständen im Hinblick auf die Vorgaben des Art. 72 II GG geführt, so dass eine bundeseinheitliche Regelung nicht erforderlich erscheint.

6. Weitere Gesetzgebungskompetenzen

Abschließend wird exemplarisch auf weitere Gesetzgebungskompetenzen eingegangen, bei denen eine Öffnung durch den Bundesgesetzgeber nach Art. 125a II 2 GG diskutiert wird und auf die die hier entwickelten Kriterien Anwendung finden können.

a) Versammlungsgesetz (Art. 74 I Nr. 3 GG)

Das Grundrecht der Versammlungsfreiheit (Art. 8 GG) sowie die hierzu ergangene Rechtsprechung des Bundesverfassungsgerichts[1145] geben im Bereich des Versammlungswesens die erforderliche Einheit vor. Es ist nicht davon auszugehen, dass mögliche Regelungsspielräume ausschöpfende Landesgesetze zu einer erheblichen, das bundesstaatliche Sozialgefüge beeinträchtigenden Auseinanderentwicklung der Lebensverhältnisse führen würden. Auch die „Rechtseinheit" gebietet keine bundeseinheitliche Regelung. Die Freizügigkeit wird nicht eingeschränkt. Schließlich würde die Rechtssicherheit durch ein Zusammenführen der Landespolizeigesetze und des Versammlungswesens dahingehend erhöht, dass die Unsicherheiten hervorrufenden Überschneidungen zwischen den Polizeigesetzen und dem Versammlungsgesetz[1146] gemindert werden. Nicht unstrittig ist derzeit, ob die Polizeigesetze solche Maßnahmen erlauben, die nicht im VersG vorgesehen sind. Auch die Anwendbar-

---

1144 Gaststättengesetz v. 5.5.1970, BGBl. I, S. 465, 1298, zuletzt geändert durch Art. 112 V des Gesetzes v. 25.11.2003 (BGBl. I, S. 2304); vgl. hierzu auch *4.Teil, VII.2.*
1145 Vgl. grundlegend BVerfGE 69, 315 – „Brokdorf", Beschluss vom 14.5.1985 (z.B. 343: „Selbstbestimmungsrecht über Ort, Zeitpunkt, Art und Inhalt der Veranstaltung"; 349: Verbot der Behinderung von Anfahrten bzw. von Kontrollen, die den Zugang zu einer Versammlung unzumutbar erschweren).
1146 „Gesetz über Versammlungen und Aufzüge (Versammlungsgesetz)" in der Fassung der Bekanntmachung vom 15.11.1978 (BGBl. I, S. 1790), zuletzt geändert durch Art. 4 des Gesetzes zur Neuregelung des Schutzes von Verfassungsorganen des Bundes vom 11.8.1999 (BGBl. I, S. 1818).

keit der Polizeigesetze im Vorfeld oder nach Auflösung einer Versammlung wirft Fragen auf.[1147] Durch eine Eingliederung des Versammlungsrechts in die Landespolizeigesetze können diese Ungewissheiten reduziert werden. Die Rechtssicherheit streitet damit für eine Regelung nicht des Bundes, sondern der Länder. Das VersG sollte nach Art. 125a II 2 GG um einen § 33 VersG ergänzt werden, der den Ländern eigene Regelungen erlaubt.

b) Jagdwesen (Art. 75 I Nr. 3 GG)

Auch das Jagdwesen steht zur Disposition. Hierzu zählt der gesamte rechtliche Fragenkreis, der traditionell einen Bezug zur Jagd hat.[1148] Es ist nicht ersichtlich, weshalb diese Materie bundeseinheitlich geregelt werden sollte. Ein wirtschaftlicher Bezug i.S.d. Art. 75 I i.V.m. Art. 72 II, 3. Var. GG ist nicht ersichtlich. Die Rechtssicherheit (Art. 72 II, 2. Var. GG) muss im Jagdwesen nicht gewahrt werden. Ein Vertrauen in den Bestand des Jagdgesetzes ist nicht gegeben. Die Normadressaten werden auch nicht durch unterschiedliche Regelungen in ihrer Freizügigkeit betroffen. Allein die „Herstellung gleichwertiger Lebensverhältnisse" (Art. 72 II, 1. Var. GG) könnte eine Bundeskompetenz rechtfertigen. Hier fällt aber schon eine Subsumtion unter einen Lebensbereich schwer. Lediglich der Arbeits- bzw. Freizeitbereich erscheint einschlägig. Ein Auseinanderentwickeln der Lebensverhältnisse unter Bezugnahme auf die entwickelten Indikatoren kommt aber nicht in Betracht. Allein die Tatsache, dass Wild, dessen Bejagen geregelt werden soll, an den Ländergrenzen nicht halt macht, reicht nicht aus, eine Bundeskompetenz i.S.d. Art. 75 I i.V.m. 72 II GG zu rechtfertigen.[1149]

c) Kinder- und Jugendhilfe (Art. 74 I Nr. 7 GG)

Die Kinder- und Jugendhilfe als Teilbereich der öffentlichen Fürsorge (Art. 74 I Nr. 7 GG) steht ebenfalls zur Diskussion. Im Bereich der Kinder- und Jugendhilfe hat der Bund insbesondere durch das Gesetz zur Neuordnung des Kinder- und Jugendhilferechts (KJHG)[1150] bzw. das SGB VIII[1151] von seiner Gesetzgebungskompetenz Gebrauch gemacht. Das KJHG ist konflikträchtig, da der Bund

---

1147 Vgl. zum Verhältnis von VersG und allgemeinem Polizeirecht *Schenke*, Polizei- und Ordnungsrecht, Rn. 377 ff.
1148 Z.B. die jagdbaren Tierarten, die Einrichtung von Jagdbezirken, die Festlegung von Jagdbeschränkungen und den Erwerb des Jagdscheins; vgl. *Rozek*, in: vM/K/S, GG, Art. 75 I 1 Nr.3, Rn. 46.
1149 Vgl. *Kuttenkeuler*, Die Verankerung des Subsidiaritätsprinzips im GG, S. 74; *Kirchhof*, DVBl. 2004, 977, 979.
1150 Vom 26. Juni 1990 (BGBl. I, S. 1163).
1151 In der Fassung der Bekanntmachung vom 8. Dezember 1998 (BGBl. I, S. 3546).

darin die Länder, Kreise und Kommunen zur Finanzierung der vorgegebenen Konzepte verpflichtet. Wie bei der Steuergesetzgebung erscheint es daher förderlich, den Ländern die Kompetenz zur Kinder- und Jugendhilfe zu öffnen. Ferner sieht auch das KJHG die Möglichkeit weitreichender Ermächtigungen an die Bundesländer vor. Die Länder können danach in weiten Teilen schon heute Inhalt und Umfang der festgelegten Aufgaben und Leistungen nach den örtlichen und regionalen Besonderheiten unterschiedlich regeln.[1152]

Die „Wahrung der Freizügigkeit" (Art. 72 II, 2. Var. GG) könnte allerdings eine bundeseinheitliche Regelung erfordern. Immer mehr Familien sind darauf angewiesen, als Doppelverdiener berufstätig zu sein, so dass die Bedeutung der Kinder- und Jugendhilfe zunimmt. Divergierende Regelungen der Kinder- und Jugendhilfe könnten die Mobilität in der Bevölkerung erheblich einschränken. Allerdings zeigen die verschiedenen Schulgesetze und Schulsysteme der Länder, dass die Bürger in diesem vergleichbaren bildungspolitischen Bereich allenfalls unwesentlich in ihrer Mobilität tangiert werden. Das Schulsystem spielt regelmäßig keine oder nur eine untergeordnete Rolle bei der Frage, ob man sich für einen Ortswechsel entscheidet. Daher ist auch nicht davon auszugehen, dass unterschiedliche Kinder- und Jugendhilferegelungen die Freizügigkeit behindern.

Auch die „Wahrung der Wirtschaftseinheit" (Art. 72 II, 3. Var. GG) ist nicht einschlägig. Differenzen bei der Infrastruktur der Kinder- und Jugendhilfe wirken sich nicht negativ auf die Bereitschaft von Wirtschaftsbetrieben zur Ansiedlung aus[1153], hierfür sind andere Standortvorteile von ausschlaggebender Bedeutung. Auch wenn derartige Auswirkungen festgestellt werden könnten, erreichen diese nicht das für die dritte Zielvorgabe des Art. 72 II GG erforderliche, sehr hohe Ausmaß.

Schließlich können auch die im Hinblick auf die erste Zielvorgabe des Art. 72 II GG entwickelten, überörtlichen und überindividuellen Kriterien keine bundeseinheitliche Regelung rechtfertigen. Abweichende Landesgesetze können zwar zu einer Auseinanderentwicklung der Lebensverhältnisse führen, dies jedoch nur in sehr beschränktem Umfang. Das erforderliche Mindestmaß an Wahrung vergleichbarer Lebensverhältnisse wird nicht annähernd erreicht.

Damit kann die Kinder- und Jugendhilfe durchaus den Ländern überlassen werden. Dies hätte den Vorteil, dass die Bildungs- und Erziehungspolitik vom Kindergarten über die Schule bis zu der Hochschule in einer Hand liegen würde. Weiterhin würde der extrem weiten Rechtsprechung des Bundesverfassungsgerichts, welche die Grenzen zwischen einer abzulehnenden „allgemeinen Bildungskompetenz" des

---

1152 Vgl. etwa §§ 15, 16 III, 26 S.2, 39 V 3, 49, 54 IV, 59 III 2, 69 V 4, 90 I 2, 90 IV, 91 II 3 SGB VIII. Vgl. hierzu weiterhin Bayerisches Kinder- und Jugendhilfegesetzes (BayKJHG) vom 18. Juni 1993 (GVBl. S. 392); Kinder- und Jugendhilfegesetz für Baden-Württemberg (LKJHG) vom 19.April 1996 (GBl. S. 457); Niedersächsisches Gesetz zur Ausführung des Kinder- und Jugendhilfegesetzes (AG KJHG) vom 5.Februar 1993 (Nds. GVBl. S. 45). Vgl. allgemein zu den Ermächtigungen an die Bundesländer zur Schaffung von Ausnahmen oben *4.Teil, VII.5.*
1153 So argumentiert aber der Deutsche Bundesjugendring, www.dbjr.de.

Vierter Teil: Die Auswirkungen des neuen Verständnisses des Art. 72 II GG

Bundes und der (noch) unter Art. 74 I Nr. 7 GG fallenden „Jugendpflege" aufweicht[1154], entgegengewirkt.

d) Lärmbekämpfung (Art. 74 I Nr. 24 GG)

Die Lärmbekämpfung kann den Ländern zur Regelung überlassen werden. Erhebliche Nachteile für die Gesamtwirtschaft sind ebenso wie Gefahren für die Freizügigkeit oder Rechtssicherheit nicht zu befürchten. In dem Unterpunkt der gesunden Umweltbedingungen betrifft die Lärmbekämpfung zwar einen Teilbereich der „gleichwertigen Lebensverhältnisse". Das Sozialgefüge wird jedoch nicht aus den Angeln gehoben, wenn die Lärmobergrenzen in einzelnen Bundesländern abweichen. Im Bereich der regionalen Lärmbekämpfung erscheinen daher abweichende Länderregelungen durchaus möglich.

e) Weitere Gesetzgebungskompetenzen

Nach den für die Zielvorgaben des Art. 72 II GG entwickelten Kriterien erfordern schließlich Gesetzgebungsmaterien wie das Straßenverkehrswesen (Art. 74 I Nr. 22 GG)[1155] oder beispielsweise die künstliche Befruchtung beim Menschen, die Untersuchung und die künstliche Veränderung von Erbinformationen sowie Regelungen zur Transplantation von Organen und Geweben (Art. 74 I Nr. 26 GG) jedenfalls in Teilbereichen keine bundeseinheitliche Regelung.[1156] Die enge, den Föderalismus

---

1154 Vgl. hierzu *Oeter*, in: vM/K/S, GG, Art. 74 I Nr. 7, Rn. 75.
1155 Vgl. etwa den Modellversuch in Niedersachsen, welcher das Fahren eines Kraftfahrzeugs in elterlicher Begleitung mit siebzehn erlaubt. Der Modellversuch beruht auf § 10 I Nr. 3 i.V.m. § 74 I Nr. 1 der Verordnung über die Zulassung von Personen zum Straßenverkehr (Fahrerlaubnis-Verordnung/FeV) vom 18.8.1998 (BGBl. I, S. 2214) i.d.F. vom 01.04.2004 (BGBl. I, S. 123). Gem. § 74 I Nr. 1 FeV können „Ausnahmen genehmigen die zuständigen obersten Landesbehörden oder die von ihnen bestimmten oder nach Landesrecht zuständigen Stellen von allen Vorschriften dieser Verordnung in bestimmten Einzelfällen oder allgemein für bestimmte einzelne Antragsteller; es sei denn, dass die Auswirkungen sich nicht auf das Gebiet des Landes beschränken und eine einheitliche Entscheidung erforderlich ist". Damit beruht die Erteilung eines bundesweit geltenden Führerscheins mit 17 auf einer unsicheren Rechtsgrundlage. Hier wären Öffnungsklauseln für Länderregelungen wünschenswert; vgl. hierzu die Informationen unter: www.begleitetes-fahren.de. Als weiteres Beispiel im Straßenverkehrswesen könnte man den Ländern die Kompetenz öffnen, eine generelle Geschwindigkeitsbegrenzung auf Autobahnen einzuführen; vgl. hierzu auch *Schmidt/Müller*, Einführung in das Umweltrecht, S. 61.
1156 Andere konkurrierende Gesetzgebungskompetenzen wie das Waffen- und Sprengstoffrecht (Art. 74 I Nr. 4a GG), die Angelegenheiten der Flüchtlinge und Vertriebenen (Art. 74 I Nr. 6 GG) oder die Kriegsgräber und Gräber anderer Opfer des Krieges und Opfer von Gewaltherrschaft (Art. 74 I Nr. 10a GG) erfordern zwar nach den hier entwickelten Kriterien ebenfalls keine bundeseinheitliche Regelung, da sie weder etwas mit der „Herstellung gleichwertiger Lebensverhältnisse" noch mit der „Wahrung der Rechts- oder Wirtschaftseinheit" zu

stärkende Auslegung des Bundesverfassungsgerichts und die hier weiterentwickelte Konkretisierung eröffnet dem Bundesgesetzgeber vielmehr die Möglichkeit, weitreichende Materien der Gesetzgebung an die Länder zurückzuverlagern.

7. Schlussbemerkung

Damit lässt sich als Ergebnis festhalten, dass ein Umdenken möglich und angebracht erscheint. Die erhebliche „Sprengkraft" des Art. 72 II GG bewirkt, dass in weiten Teilen der konkurrierenden Gesetzgebung den Ländern Raum für eigene Regelungen geschaffen werden kann. Durch dieses im föderalen Kompetenzgefüge gewünschte neue Verständnis der „Zieltrias" des Art. 72 II GG kann der vom Grundgesetz verfasste Föderalismus seine Sinn- und Legitimationskrise überwinden. Die Grundsatzdebatte über die bundesrepublikanische föderale Staatsstruktur mag jedenfalls für die Verteilung der Gesetzgebungskompetenzen zwischen Bund und Ländern beendet werden können, da Art. 72 II GG eine Revitalisierung der Landeskompetenzen bewirkt.

tun haben. Es wäre jedoch vorzugswürdig, diese Materien in eine ausschließliche Gesetzgebungskompetenz des Bundes zu überführen. Eine Länderkompetenz würde in diesen Bereichen wenig Sinn machen. Vgl. etwa *Meyer*, Kommissionsdrucksache 0071 –neu– f, S. 6, 8.

Fünfter Teil

Zusammenfassung der Ergebnisse

I.

1. Die fast flächendeckende Erweiterung und Ausschöpfung des Kompetenzkatalogs der konkurrierenden Gesetzgebung, die extensive Auslegung der Rahmenkompetenz, eine fortschreitende Europäisierung sowie insbesondere das weite Verständnis der Kompetenzausübungsregel des Art. 72 II GG a.F. haben zu einer Kompetenzverlagerung hin zum Bundesgesetzgeber geführt. Die Gesetzgebungskompetenzen der Länder sind durch diese Entwicklung, die zudem durch die Rechtsprechung des Bundesverfassungsgerichts zu Art. 72 II GG a.f. keiner verfassungsrechtlichen Grenzziehung begegnete, bis in die Nähe des durch Art. 79 III GG garantierten Kernbereichs geschrumpft. Zudem sind die kooperativen Elemente im Bundesstaat kontinuierlich ausgebaut worden, was zu weitreichenden Verflechtungen der politischen Ebenen und dabei zu politischem Immobilismus und zu Reformunfähigkeit geführt hat.

2. Dieser Entwicklung sucht man seit längerer Zeit durch eine Reform des Föderalismus entgegenzusteuern. Ihre Eckpunkte sind u.a. klare Verantwortungsteilung zwischen Bund und Ländern, Verbesserung der demokratischen Bilanz durch demokratische Dezentralisation, Wettbewerb zwischen den regionalen Ebenen etc. Im Vordergrund steht vor allem: Nur durch stärkere Ausprägung des kompetitiven Gedankens kann die Zukunftsfähigkeit der Gesellschaft gestärkt werden.

3. Ein erster folgenreicher Reformschritt war die Neufassung des Art. 72 II GG. Dieser führt zu einer beachtlichen Stärkung der Länder, die sich über eine länderfreundliche Auslegung und Konkretisierung der „Zieltrias" des Art. 72 II GG erreichen lässt.

II.

Bei der Auslegung der Kompetenzausübungsregelung des Art. 72 II GG bedarf es wie bei der Auslegung der organisationsrechtlichen Vorschriften des Grundgesetzes insgesamt einer an Rechtssicherheit orientierten Interpretation. Dabei kommt der Entstehungsgeschichte der Kompetenzausübungsregeln ein besonderes Gewicht zu. Die historische Interpretation gewinnt auch deshalb besondere Bedeutung, weil die „Zieltrias" des Art. 72 II GG erst seit kurzer Zeit in Kraft ist.

Fünfter Teil: Zusammenfassung der Ergebnisse

III.

Die Entstehungsgeschichte der Neufassung des Art. 72 II GG belegt, dass eine Kehrtwende in der Judikatur des Bundesverfassungsgerichts herbeigeführt werden sollte, um die Gesetzgebungskompetenzen der Länder zu stärken und so den Föderalismus zu revitalisieren. Das Verständnis zu Art. 72 II GG a.F., welcher als nicht justitiabel angesehen worden ist, ist damit überholt. Die in der Literatur vertretene Ansicht, ein weiter gesetzgeberischer Beurteilungsspielraum bestehe auch nach der Neufassung fort und das Bundesverfassungsgericht müsse bei seiner Konzeption der Nichtjustitiabilität verbleiben, widersprach der Entstehungsgeschichte und war von Anbeginn verfehlt.

IV.

1. Die neuere Rechtsprechung des Bundesverfassungsgerichts orientiert sich an dem Willen des verfassungsändernden Gesetzgebers. Nach mehreren Urteilen zu Art. 72 II GG kann von einer gefestigten Rechtsprechung ausgegangen werden. Danach besteht kein von verfassungsgerichtlicher Kontrolle freier gesetzgeberischer Beurteilungsspielraum hinsichtlich der Zielvorgaben des Art. 72 II GG. Dieser „U-Turn" des Bundesverfassungsgerichts wird die Inanspruchnahme der konkurrierenden Gesetzgebung durch den Bund nachhaltig begrenzen.

2. Die geschaffene Rechtslage bleibt trotz der bahnbrechenden Urteile noch in der Schwebe. Es besteht die Gefahr, dass die insgesamt noch unbestimmt bleibenden Vorgaben des Gerichts zu einer Rechtsunsicherheit führen können, die im Staatsorganisationsrecht und vor allem bei der Verteilung von Gesetzgebungskompetenzen nicht hingenommen werden kann. Das Rechtsstaatsprinzip erfordert, dass die Gesetzgeber wissen, wann sie zur Gesetzgebung berufen sind. Ungewissheit und Streit um Gesetzgebungskompetenzen führen zudem zu politischer Immobilität und schwächen die Reformfähigkeit des politischen Systems. Die Ausführungen des Bundesverfassungsgerichts zu der „Zieltrias" des Art. 72 II GG bedürfen daher einer weiteren Konkretisierung des rechtsdogmatischen Verständnisses der „Erforderlichkeit" sowie der einzelnen Vorgaben.

V.

Weder das Subsidiaritätsprinzip noch das Verhältnismäßigkeitsprinzip können wegen ihrer Unbestimmtheit bzw. Nichtanwendbarkeit im Staatsorganisationsrecht das rechtsdogmatische Verständnis der *Erforderlichkeit* von bundeseinheitlichen Regelungen fördern.

1. Präzisierungen lassen sich erwarten, wenn man Lösungsansätze auf europäischer Ebene, die zu vergleichbaren Problemen entwickelt wurden, heranzieht. Denn

auch die Begrenzung der Rechtsetzungskompetenz gehört in der Europäischen Union wie im deutschen Bundesstaat zu den Zentralfragen politischer Ordnung. Im Vergleich zu der Subsidiaritätsprüfung nach Art. 5 II EG, die das Effizienzkriterium mit dem Optimierungsgebot verbindet, kommt bei der Kompetenzausübungsfrage nach Art. 72 II GG dem Optimierungsgebot keine Bedeutung zu. Lediglich das Effizienzkriterium ist entscheidend. Die Frage nach der optimalen Lösung wird nicht gestellt.

Daraus folgt, dass das Verhältnismäßigkeitsprinzip keine Anwendung finden kann, welches einen wertenden Vergleich voraussetzt. Ein milderes, ebenso effektives Mittel ist bei der Verteilung von Gesetzgebungskompetenzen im Bund-Länder-Verhältnis nicht denkbar. Sobald ein defizitärer Zustand festgestellt worden ist, darf der Bund diesen beseitigen. Regelungsumfang und Regelungsdichte des Gesetzes sind vorgegeben, so dass die Frage nach einem milderen Mittel gegenstandslos ist. Der Bund darf nur für den Fall tätig werden, dass eine Maßnahme lediglich unzureichend auf Länderebene verwirklicht werden kann und nur in dem Umfang, wie es die Kompensation der uneffektiven gesetzlichen Regelung auf Länderebene vorgibt, wie es also für die Herstellung des den drei Kriterien des Art. 72 II GG genügenden Zustandes erforderlich ist.

2. Statt des Verhältnismäßigkeitsprinzips gilt im Bereich der „Zieltrias" des Art. 72 II GG das „*Prinzip der zielgerichteten Effizienz*". Damit lässt sich ohne die dogmatisch nicht begründbare Heranziehung des Verhältnismäßigkeitsprinzips die gewünschte Justitiabilität herstellen. In einem ersten Schritt ist die Zielrichtung im Rahmen des Art. 72 II GG zu prüfen. Kann das Bundesgesetz entweder für die Herstellung gleichwertiger Lebensverhältnisse im Bundesgebiet oder zur Wahrung der Rechts- oder Wirtschaftseinheit im gesamtstaatlichen Interesse erforderlich sein? In einem zweiten Schritt wird die zielgerichtete Effizienz der Regelungen auf Länderebene untersucht. Nach den wegweisenden Urteilen des Bundesverfassungsgerichts erlaubt die Effizienz im Rahmen des Art. 72 II GG dann eine Bundesregelung, wenn sich die Lebensverhältnisse in den Ländern der Bundesrepublik in erheblicher, das bundesstaatliche Sozialgefüge beeinträchtigender Weise auseinander entwickelt haben oder sich eine derartige Entwicklung konkret abzeichnet, wenn eine Gesetzesvielfalt auf Länderebene eine Rechtszersplitterung mit problematischen Folgen darstellt, die im Interesse sowohl des Bundes als auch der Länder nicht hingenommen werden kann, oder schließlich, wenn es um die Erhaltung der Funktionsfähigkeit des Wirtschaftsraums der Bundesrepublik durch bundeseinheitliche Rechtsetzung geht und Landesregelungen oder das Untätigbleiben der Länder erhebliche Nachteile für die Gesamtwirtschaft mit sich bringen.

VI.

1. Das Erfordernis der „Herstellung gleichwertiger Lebensverhältnisse" setzt ein Auseinanderentwickeln der Lebensverhältnisse voraus. Somit muss ein unterer Wert bestimmt werden, von dem aus ein das bundesstaatliche Sozialgefüge beeinträchti-

gende Auseinanderentwickeln festzustellen ist. Der untere Wert gibt ein Mindestmaß vor, welches nicht unterschritten werden darf. Dieses Mindestmaß stellt einen dynamischen Wert dar, der von der Wirtschaftskraft des Staates sowie von der Auffassung der Gesellschaft, was gleichwertige Lebensverhältnisse erfordern, abhängt.

2. Das Mindestmaß muss im Wege einer komplexen Betrachtungsweise ermittelt werden. Alle Lebensbereiche von Wohnen, Arbeiten, Bildung, Freizeit, Einkaufen, Erholung, sozialen Leistungen, gesunden Umweltbedingungen etc. müssen miteinbezogen werden. Weiterhin müssen Vergleichsebenen gebildet werden. Die Regierungsbezirke sowie in Flächenländern die Verflechtungsbereiche von Zentralen Orten oberster Stufe (Oberzentren) bzw. in Ländern ohne Regierungsbezirke die Länder selbst können als Vergleichsebenen dienen.

3. Das Mindestmaß lässt sich schließlich nicht durch Rückgriff auf das Sozialstaatsprinzip oder auf verfassungsrechtliche Vorgaben der Sicherung des Existenzminimums ermitteln. Vielmehr müssen regionale, überindividuelle, objektiv-generelle Kriterien herangezogen werden. Eine Auseinanderentwicklung der Lebensverhältnisse wird indiziert durch: eine überproportionale Inanspruchnahme von sozialen Sicherungssystemen in Teilgebieten oder das Auseinanderentwickeln des Pro-Kopf-Bruttoinlandsprodukts. Als Teilindikatoren können dienen der Bruttojahreslohn der sozialversicherungspflichtigen Beschäftigten, die durchschnittliche Arbeitslosenquote der vergangenen Jahre, ein komplexer Infrastrukturindikator, ein Indikator zur Prognose der künftigen Arbeitsplatzentwicklung und die Entwicklung der Arbeitslosenquote in den zurückliegenden Jahren.

VII.

Die Tatbestandsvoraussetzungen der zweiten Zielvorgabe des Art. 72 II GG, der „Wahrung der Rechtseinheit im gesamtstaatlichen Interesse", werden in der Rechtsprechung des Bundesverfassungsgerichts durch die Wahrung der Rechtssicherheit und der Freizügigkeit konkretisiert.

1. Relativ unproblematisch besteht ein Erfordernis nach bundeseinheitlicher Regelung im Bereich der justitiellen Regelungen, da diese schlechthin die Voraussetzung eines Wirtschafts- und Sozialstaats moderner Prägung sind.

2. Die Freizügigkeit muss regelmäßig dann gewahrt werden, wenn durch unterschiedliche Ländergesetze die Gefahr besteht, dass eine nicht unerhebliche Anzahl der jeweiligen Normadressaten abgehalten oder ohne sachlich gerechtfertigten Grund veranlasst werden, die Ländergrenzen dauerhaft zu überschreiten. Damit kommen in diesem Bereich nur „mobile Gesetzgebungskompetenzen" als Regelungsgegenstand in Betracht.

3. Die Rechtssicherheit schützt das Vertrauen in die Dauerhaftigkeit der Rechtsordnung. Demzufolge darf der Bundesgesetzgeber dann tätig werden, wenn ein Normenkomplex seit jeher als einheitliches Regelungswerk konzipiert, so vorgefunden und weitgehend übernommen worden ist; dies ist regelmäßig in den normativ-rezeptiv ausgeformten, traditionellen Rechtsmaterien der Fall. Denn die lange Gel-

tung eines für die persönliche Entfaltung und für private wie wirtschaftliche Dispositionen geltenden Normkomplexes schafft Vertrauen in die Rechtsordnung. Vertrauen wird regelmäßig in den Hauptgebieten des Rechtslebens, die für das Zusammenleben der Bürger bzw. das staatlich-gesellschaftliche Gesamtdasein unerlässlich sind, aufgebaut. Darüber hinaus stellen die Hauptgebiete des Rechtslebens regelmässig bewusstseinsbildende Rechtsmaterien dar. Eine bewusstseinsbildende Rechtsmaterie streitet für das Erfordernis einer bundeseinheitlichen Regelung.

VIII.

1. Die „Wirtschaftseinheit" wird gewahrt, wenn der Bundesgesetzgeber die Berufsbildung durch einheitliche Standards und allgemein verbindliche Qualifikationen vereinheitlicht. Der hierdurch eröffnete weite Handlungsspielraum des Bundesgesetzgebers im Bereich der Berufsbildung wurde durch den verfassungsändernden Gesetzgeber vorgegeben.

2. Darüber hinaus erscheint eine Berufung auf die dritte Zielvorgabe nur in besonders gravierenden Gefährdungslagen denkbar. Nur in Ausnahmefällen kann sich der Bundesgesetzgeber auf die „Wahrung der Wirtschaftseinheit" berufen. Bei der Entwicklung von weiteren Prüfungskriterien zu der dritten Variante des Art. 72 II GG darf nicht der Fehler begangen werden, die noch nicht hinreichend bestimmten Kriterien des Bundesverfassungsgerichts („erhebliche Nachteile für die Gesamtwirtschaft") durch unbestimmte Kriterien wie *„messbare und spürbare"* Nachteile für die Gesamtwirtschaft zu ergänzen. Solche Kriterien würden aufgrund ihrer Unbestimmtheit dazu führen, lediglich in offensichtlichen, unzweifelhaften Bereichen eine Gesetzgebungskompetenz des Bundes auszuschließen. Sie würden dem Bundesgesetzgeber ein fast umfassendes Vorgehen zugestehen, welches nicht mehr dem Willen des verfassungsändernden Gesetzgebers gerecht werden würde. In Anlehnung an finanzverfassungsrechtliche Vorgaben können hingegen die Stabilität des Preisniveaus, ein hoher Beschäftigungsgrad, ein außenwirtschaftliches Gleichgewicht sowie ein stetiges und angemessenes Wirtschaftswachstum als Kriterien zur Bestimmung der „erheblichen Nachteile für die Gesamtwirtschaft" dienen.

IX.

1. Die Gründe, welche ehemals zu einem weiten Verständnis der Kompetenzausübungsschranke des Art. 72 II GG geführt haben, sind nach dessen Neufassung gegenstandslos geworden. Folge dieses weiten Verständnisses war jedoch, dass der Bund in weiten Teilen der konkurrierenden wie der Rahmengesetzgebung gesetzgeberisch tätig geworden ist. Es ist daher erforderlich, aus der „Zieltrias" des Art. 72 II GG eine besondere Art von *Schutzpflicht* des Bundes herzuleiten, die ihm vorgibt, Materien, welche sich für eine Länderregelung eignen, den Ländern wieder zu öff-

nen. Die Länder werden zwar durch das „Prinzip der zielgerichteten Effizienz" vor einem übermäßigen gesetzgeberischen Tätigwerden des Bundes geschützt; denn nach der „Zieltrias" des Art. 72 II GG darf der Bund nur gesetzgeberisch tätig werden, wenn die Länder aufgrund fehlender Effizienz in dem dargelegten Ausmaß selber keine Regelungen treffen können. Der Bund muss die Länder jedoch auch, was von großer Bedeutung für eine Revitalisierung des Föderalismus ist, vor einem nicht hinnehmbaren Zustand mangelnder eigener Gesetzgebungskompetenzen schützen.

2. Schutzpflichten verbinden sich in der Grundrechtsdogmatik mit der Kategorie des Untermaßverbots. Dieses lässt sich allerdings nicht ohne weiteres übernehmen, da die Länder nicht in subjektiven Rechten betroffen sind, die im Staatsorganisationsrecht nicht zur Geltung kommen. Angelehnt an die Kategorie des Untermaßverbotes, trifft den Bund jedoch auch im Rahmen der Kompetenzausübungsschranke des Art. 72 II GG eine Art von Schutzpflicht aus dem Bundesstaatsprinzip, die man dem Prinzip der Bundestreue zuordnen kann. Dieses gebietet dem Bund, die Länder vor einer nicht hinnehmbaren Aushöhlung ihrer Gesetzgebungskompetenzen zu schützen. Der Bundesgesetzgeber muss Materien, welche sich für eine Länderregelung eignen und die neu zu gestalten sind, nach Art. 72 III bzw. Art. 125a II 2 GG wieder für die Gesetzgebungskompetenz der Länder öffnen. Es bleibt abzuwarten, ob sich die Rechtsprechung des Bundesverfassungsgerichts in diese Richtung fortentwickelt.

X.

Die länderfreundliche Auslegung der Kompetenzausübungsschranke des Art. 72 II GG hat an unterschiedlichen Stellen Auswirkungen auf die staatsorganisationsrechtliche Kompetenzverteilung zwischen Bund und Ländern.

1. Die Möglichkeit einer Selbstkoordination der Länder als Kompetenzschranke des Bundes ist eher skeptisch zu sehen. Hierdurch würden neue und kontraproduktive politische Verflechtungen entstehen. Den Länderparlamenten kommt nur ein marginaler Kompetenzzuwachs zu und es treten verfahrenstechnische Probleme und nicht hinnehmbare Unsicherheiten im Hinblick auf die Sicherung einheitlichen Rechts auf.

2. Bei der Umsetzung von EG-Richtlinien kann dem Argument, dass die Gemeinschaft eine einheitliche Regelung derart vorgibt, dass eine einheitliche Bundesregelung nicht mehr erforderlich ist, ebenfalls nicht vorbehaltlos gefolgt werden. Denn es besteht eine unterschiedliche Zielrichtung der gemeinschaftsrechtlichen Rechtsetzung und des Bundesgesetzgebers. Lediglich im Bereich der Rahmengesetzgebung erscheint eine ausschließliche Richtlinienumsetzung der Länder aufgrund des Problems der doppelten Rahmenkonstellation bzw. einer nicht erforderlichen dreistufigen Gesetzgebung geboten. Bei der konkurrierenden Gesetzgebung muss die „Zieltrias" des Art. 72 II GG geprüft werden, dessen länderfreundliche Auslegung auch

hier zu einer zunehmenden Umsetzungskompetenz der Länder zu Lasten des Bundes führt.

3. Bei der Mitwirkung der Länder durch den Bundesrat in Angelegenheiten der Europäischen Union (Art. 23 IV – VI GG) muss Art. 72 II GG angewendet werden. Im Wege einer *doppelten hypothetischen Kompetenzausübung* muss Art. 72 II GG sowohl zugunsten des Bundes geprüft werden, wenn dieser von seiner Gesetzgebungskompetenz noch keinen Gebrauch gemacht hat, sowie zu seinen Lasten, wenn er von seiner Gesetzgebungskompetenz schon Gebrauch gemacht hat, aber die Erforderlichkeit nach Art. 72 II GG nicht mehr besteht. Wenn eine künftige europäische Regelung eine bundeseinheitliche Regelung nicht mehr erforderlich macht, ist die Auffassung des Bundesrates nach Art. 23 V 2 GG maßgeblich zu berücksichtigen.

4. Aus europarechtlicher Sicht kann die Änderung des Art. 72 II GG und die gewandelte Rechtsprechung des Bundesverfassungsgerichts möglicherweise zu einer Kehrtwende des EuGH in dessen Rechsprechung zu dem europäischen Subsidiaritätsprinzip nach Art. 5 II EG führen.

5. Die neue „Zieltrias" des Art. 72 II GG hat Auswirkungen auf die fakultative Zugriffsmöglichkeit des Bundes nach Art. 87 III 1, 2 GG. Die Vorgaben des Art. 72 II GG werden unmittelbar lediglich für das Sachgesetz und nicht für die Inanspruchnahme der Verwaltungskompetenz geprüft. Art. 72 II GG kommt allerdings eine erhebliche Bedeutung zu, wenn der Bund die Gesetzgebungskompetenz schon ausgeübt hat, die „Erforderlichkeit" i.S.d. Art. 72 II GG aber nicht mehr besteht. Art. 72 II GG dient in dieser Konstellation als *mittelbare Schranke* einer neu ausgeübten bzw. beabsichtigten administrativen Zugriffsermächtigung.

6. Nach Ansicht des Bundesverfassungsgerichts darf der Bund bei Änderung eines Gesetzes, dessen Erforderlichkeit nach Art. 72 II GG n.F. nicht mehr besteht oder später weggefallen ist, dieses nicht grundlegend neu konzipieren. Hierzu sind nur die Länder befugt. Nach Ansicht des Gerichts lässt sich aber von einer „grundlegenden Neukonzeption" nur in Ausnahmefällen sprechen. Andernfalls bestünde die Gefahr einer Versteinerung der Rechtslage, da der Bund aus der Befürchtung, Gesetzgebungskompetenzen zu verlieren, auch notwendige Änderungen nicht mehr durchführen würde.

Aus einem Vergleich mit dem Gesetzgebungsverfahren bei Änderung eines zustimmungspflichtigen Bundesgesetzes folgt, dass der Bundesgesetzgeber ein Gesetz auch in der vorliegenden Konstellation nicht ändern darf, wenn er diesem einen entgegengesetzten Sinn gibt bzw. den Eingriff in das föderative Gefüge, d.h. in den Bereich der Länder, erheblich intensiviert.

Schließlich eröffnet auch eine Neuregelung den Überprüfungsspielraum des Art. 72 II GG. Dies gilt für eine Neuregelung lediglich einzelner Normen nur dann, wenn die neuen Normen nicht in einem systematischen Zusammenhang zu anderen Normen des Gesetzes stehen und nicht lediglich aufgrund des durch den Wandel der Zeit hervorgerufenen Änderungsbedarfs aufgenommen worden sind; die neue Norm muss damit einen neuen Regelungsgegenstand in dem einheitlichen Regelungswerk betreffen.

7. Vor allem im Bereich der konkurrierenden sowie der Rahmengesetzgebung führt die länderfreundliche Justitiabilität des Art. 72 II GG zu nachhaltigen Veränderungen. Einige Materien des Kataloges der Art. 74 I, 75 I 1 GG bieten sich für Öffnungen für Länderregelungen an. Das Personenstandswesen (Art. 74 I Nr. 2 GG), Teilbereiche des Rechts der Wirtschaft (Art. 74 I Nr. 11 GG), Teilbereiche der öffentlichen Fürsorge (Art. 74 I Nr. 7 GG), das Notariatswesen (Art. 74 I Nr. 1 GG), das Versammlungsrecht (Art. 74 I Nr. 3 GG), die Lärmbekämpfung (Art. 74 I Nr. 24 GG) oder das Jagdwesen (Art. 75 I Nr. 3 GG) können genannt werden. Im Bereich des Steuerrechts eignen sich die Kraftfahrzeugsteuer (Art. 106 II Nr. 3 GG), die Spielbankabgabe (Art. 106 II Nr. 6 GG) oder die Gewerbe- und die Grundsteuer (Art. 106 VI GG) zur Rückübertragung an die Länder.

Literaturverzeichnis

Achterberg, Norbert, Die Entscheidung über das Bedürfnis für die Bundesgesetzgebung (Art. 72 Abs. 2 GG), DVBl. 1967, S. 213 ff.
ders., Bundesverfassungsgericht und Zurückhaltungsgebote, Judicial, political, processual, theoretical self-restraints, DÖV 1977, S. 649 ff.
Adamovich, Ludwig K. / *Funk*, Bernd-Christian / *Holzinger*, Gerhart, Österreichisches Staatsrecht, Band 1, Grundlagen, 1997, Springer Verlag, Wien
Anschütz, Gerhard, Die Verfassung des Deutschen Reichs vom 11. August 1919, Ein Kommentar für Wissenschaft und Praxis, 14. Auflage, 1. Teil, 1932, Verlag Georg Stilke, Berlin
Apolte, Thomas, Die ökonomische Konstitution eines föderalen Systems, Dezentrale Wirtschaftspolitik zwischen Kooperation und institutionellem Wettbewerb, 1999, Mohr Siebeck Verlag, Tübingen
Arndt, Hans-Wolfgang, Steuerrecht, 2. Auflage, 2001, C.F. Müller Verlag, Heidelberg
Arndt, Hans-Wolfgang / *Benda*, Ernst / *von Dohnanyi*, Klaus / *Schneider*, Hans-Peter / *Süssmuth*, Rita / *Weidenfeld*, Werner, Bertelsmann-Kommission „Verfassungspolitik & Regierungsfähigkeit", Entflechtung 2005, Zehn Vorschläge zur Optimierung der Regierungsfähigkeit im deutschen Föderalismus, 2000, Verlag Bertelsmann Stiftung, Gütersloh (zit.: Bertelsmann-Kommission „Verfassungspolitik & Regierungsfähigkeit")
Asmussen, Claus / *Eggeling*, Ulrich, Empfehlungen des Bundesrates zur Stärkung des Föderalismus in Deutschland und Europa, VerwArch 84 (1993), S. 230 ff.
Aulehner, Josef, Art. 93 I Nr. 2a GG – abstrakte Normenkontrolle oder föderative Streitigkeit?, DVBl. 1997, S. 982 ff.

Badura, Peter, Staatsrecht, Systematische Erläuterungen des Grundgesetzes für die Bundesrepublik Deutschland, 3. Auflage, 2003, C.H. Beck Verlag, München
Bauer, Angela / *Jestaedt*, Matthias, Das Grundgesetz im Wortlaut – Änderungsgesetze, Synopsen, Textstufen und Vokabular zum Grundgesetz, 1997, C.F. Müller Verlag, Heidelberg
Bauer, Hartmut, Bundesstaatstheorie und Grundgesetz, in: Blankenagel, Alexander / Pernice, Ingolf / Schulze-Fielitz, Helmuth in Verbindung mit Kotzur, Markus / Michael, Lothar / Morlok, Martin / Stettner, Rupert (Hrsg.), Verfassung im Diskurs der Welt, Liber Amicorum für Peter Häberle zum siebzigsten Geburtstag, 2004, Mohr Siebeck Verlag, Tübingen, S. 645 ff. (zit.: Bearbeiter, Liber Amicorum für P. Häberle)
Bauer, Hartmut / *Möllers*, Christoph, Die Rechtschreibreform vor dem Bundesverfassungsgericht, JZ 1999, S. 697 ff.

Beaucamp, Guy, Gesetzeskompetenzen im Hochschulbereich und die Erforderlichkeit von Bundesgesetzen (Art. 72 II GG), JA 1998, S. 53 ff.
Becker, Florian, Die uneinheitliche Stimmabgabe im Bundesrat - Zur Auslegung von Art. 51 III 2 GG, NVwZ 2002, S. 569 ff.
Behmenburg, Ben, Kompetenzverteilung bei der Berufsausbildung, 2003, Duncker & Humblot Verlag, Berlin
ders., Bleibt Schulwesen Ländersache?, Gesetzgebungskompetenzen bei der Definition nationaler Bildungsstandards und bei Schulleistungstests, RdJB 2003, S. 165 ff.
Benda, Ernst / *Maihofer*, Werner / *Vogel*, Hans-Jochen (Hrsg.), Handbuch des Verfassungsrechts der Bundesrepublik Deutschland, 2. Auflage, 1994, Verlag Walter de Gruyter, Berlin / New York (zit.: Bearbeiter, HdbVerfR)
Benz, Arthur, Zur Reform der Kompetenzverteilung im Bundesstaat, Kommission von Bundestag und Bundesrat zur Modernisierung der bundesstaatlichen Ordnung, Kommissionsdrucksache 0017
ders., Zur „Europafähigkeit" des deutschen Bundesstaats, Vorlage für die Kommission von Bundestag und Bundesrat zur Modernisierung der bundesstaatlichen Ordnung, Kommission von Bundestag und Bundesrat zur Modernisierung der bundesstaatlichen Ordnung, Kommissionsdrucksache 0043
ders., Antwort auf die Fragen von Volker Kröning, MdB, an die Sachverständigen in der Kommission von Bundestag und Bundesrat zur Modernisierung der bundesstaatlichen Ordnung im Hinblick auf eine Neuordnung der Gesetzgebungskompetenzen (vor dem Hintergrund der Entscheidung des Bundesverfassungsgerichts vom 27. Juli 2004) (Kommissionsdrucksache 0071 -neu-), Kommissionsdrucksache 0071 -neu- c
Berthold, Norbert / *Fricke*, Holger / *Drews*, Stefan / *Vehrkamp*, Robert, Die Bundesländer im Standortwettbewerb 2003, 2003, Verlag Bertelsmann Stiftung, Gütersloh
Bielenberg, Walter / *Runkel*, Peter / *Spannowsky*, Willy / *Reitzig*, Frank / *Schmitz*, Holger, Raumordnungs- und Landesplanungsrecht des Bundes und Länder, Ergänzbarer Kommentar und systematische Sammlung der Rechts- und Verwaltungsvorschriften, Band 1 / Band 2 (Stand: Juni 2004), Erich Schmidt Verlag, Berlin (zit.: Bearbeiter, in: B/R/S/R/S, Raumordnungs- und Landesplanungsrecht)
Blancke, Susanne / *Hedrich*, Horst / *Schmid*, Josef, Wer führt? Bundesländer-Benchmarking 2004, Wirtschaft und Politik (WiP), Working Paper Nr. 26, 2005
Blandinieres, Jean-Paul, The Economic Dimension Of Federalism And Regionalism, UEICLJ 2 (Winter 2001), S. 179 ff.
Bleckmann, Albert, Zum materiellrechtlichen Gehalt der Kompetenzbestimmungen des Grundgesetzes, DÖV 1983, S. 129 ff.
Blümel, Willi, Wesensgehalt und Schranken des kommunalen Selbstverwaltungsrechts, in: von Mutius, Albert (Hrsg.), Selbstverwaltung im Staat der Industriegesellschaft, Festgabe zum 70. Geburtstag von Georg Christoph von Unruh, R. v. Decker's Verlag, G. Schenck, Heidelberg, 1983, S. 265 ff. (zit.: FG Unruh)

Böckenförde, Ernst-Wolfgang, Die Überlastung des Bundesverfassungsgerichts, ZRP 1996, S. 281 ff.

Böttger, Ulrich, Ansätze für eine ökonomische Analyse des Subsidiaritätsprinzips des EG Art. 5 Abs. 2, 2004, Duncker & Humblot Verlag, Berlin

Borries, Reimer von, Das Subsidiaritätsprinzip im Recht der Europäischen Union, Deutscher Landesbericht für den XVI. FIDE-Kongreß 1994 in Rom, EuR 1994, S. 263 ff.

Brenner, Michael, Der unitarische Bundesstaat in der Europäischen Union, Zum Ausgleich unitarischer und föderativer Strukturen in der Bundesrepublik Deutschland vor dem Hinterrund eines vereinten Europa, DÖV 1992, S. 903 ff.

ders., Die Neuregelung der Altenpflege, JuS 2003, S. 852 ff.

Breuer, Rüdiger, Legislative und administrative Prognoseentscheidungen, Der Staat 16 (1977), S. 21 ff.

Britz, Gabriele, Bundeseigenverwaltung durch selbständige Bundesoberbehörden nach Art. 87 III 1 GG, DVBl. 1998, S. 1167 ff.

Bross, Siegfried, Überlegungen zum gegenwärtigen Stand des Europäischen Einigungsprozesses – Probleme, Risiken und Chancen –, EuGRZ 2000, S. 574 ff.

Brüning, Christoph, Widerspruchsfreiheit der Rechtsordnung – Ein Topos mit verfassungsrechtlichen Konsequenzen?, NVwZ 2002, S. 33 ff.

Bullinger, Martin, Die Zuständigkeit der Länder zur Gesetzgebung, DÖV 1970, S. 761 ff.

Calliess, Christian, Der Schlüsselbegriff der „ausschließlichen Zuständigkeit" im Subsidiaritätsprinzip des Art. 3 b II EGV, EuZW 1995, S. 693 ff.

ders., Subsidiaritäts- und Solidaritätsprinzip in der Europäischen Union, Vorgaben für die Anwendung von Art. 5 (ex-Art. 3 b) EGV nach dem Vertrag von Amsterdam, 2. Auflage, 1999, Nomos Verlag, Baden-Baden

ders., Rechtmäßigkeit der Arbeitszeit-Richtlinie, Anmerkung zum Urteil des EuGH vom 12.11.1996, Rs. C-84/94, EuZW 1996, S. 751 ff.

ders., Die Justitiabilität des Art. 72 Abs. 2 GG vor dem Hintergrund von kooperativem und kompetitivem Föderalismus, DÖV 1997, S. 889 ff.

ders., Kontrolle zentraler Kompetenzausübung in Deutschland und Europa: Ein Lehrstück für die Europäische Verfassung – Zugleich eine Besprechung des Altenpflegegesetz-Urteils des BVerfG, EuGRZ 2003, S. 181 ff.

Calliess, Christian / *Ruffert*, Matthias, Kommentar des Vertrages über die Europäische Union und des Vertrages zur Gründung der Europäischen Gemeinschaft – EUV/EGV –, 2. Auflage, 2002, Luchterhand Verlag, Neuwied / Kriftel (zit.: Bearbeiter, in: Calliess/Ruffert, EUV/EGV)

Clemens, Thomas, Kommunale Selbstverwaltung und institutionelle Garantie: Neue verfassungsrechtliche Vorgaben durch das BVerfG, NVwZ 1990, S. 834 ff.

Coelln, Christian von, Keine Bundeskompetenz für § 143 StGB, NJW 2001, S. 2834 ff.

Dederer, Hans-Georg, Regress des Bundes gegen ein Land bei Verletzung von EG-Recht, NVwZ 2001, S. 258 ff.
Degenhart, Christoph, Rechtseinheit und föderale Vielfalt im Verfassungsstaat, ZfA 1993, S. 409 ff.
ders., Staatsrecht, 19. Auflage, 2003, C.F. Müller Verlag, Heidelberg
Denninger, Erhard / *Hoffmann-Riem*, Wolfgang / *Schneider*, Hans-Peter / *Stein*, Ekkehart (Hrsg.), Kommentar zum Grundgesetz für die Bundesrepublik Deutschland, 3. Auflage, 2001, Luchterhand Verlag, Neuwied / Kriftel (zit.: Bearbeiter, in: D/H-R/S/S, GG)
Depenheuer, Otto, Vom „Bedürfnis" zur „Erforderlichkeit", Verfassungsgerichtliche Kompetenzbegradigungen im Bereich der Bundesgesetzgebung durch das Urteil des BVerfG zum Altenpflegegesetz, ZG 2003, S. 177 ff.
Deutsch, Erwin, Das Transplantationsgesetz vom 5.11.1997, NJW 1998, S. 777 ff.
Deutscher Bundestag (Hrsg.), Materialien zur Verfassungsdiskussion und zur Grundgesetzänderung in der Folge der deutschen Einheit, Zur Sache 2/96, Band 1, Bericht und Sitzungsprotokolle, 1996
Doehring, Karl, Staat und Verfassung in einem zusammenwachsenden Europa, ZRP 1993, S. 98 ff.
Dolzer, Rudolf / *Vogel*, Klaus / *Graßhof*, Karin (Hrsg.), Bonner Kommentar zum Grundgesetz, Gegründet 1950, Stand 109. Lieferung, Dezember 2003, C.F. Müller Verlag, Heidelberg (zit.: Bearbeiter, in: D/V/G, BK)
Dreier, Horst, Grundgesetz, Kommentar, Band II, Artikel 20 – 82, 1998, J.C.B. Mohr Siebeck Verlag, Tübingen (zit.: Bearbeiter, in: Dreier, GG)

Eberstein, Hans Herrmann / *Karl*, Helmut (Hrsg.), Handbuch der regionalen Wirtschaftsförderung, 3. Auflage, Band 1, Verlag Otto Schmidt, Köln
Ehlers, Dirk, Ungeschriebene Kompetenzen, JURA 2000, S. 323 ff.
ders., Die verfassungsrechtliche Garantie der kommunalen Selbstverwaltung, DVBl. 2000, S. 1301 ff.
Engels, Nicole, Chancengleichheit und Bundesstaatsprinzip, 2001, Duncker & Humblot Verlag, Berlin
Everling, Ulrich, Subsidiaritätsprinzip und „ausschließliches" Gemeinschaftsrecht – ein „faux problème" der Verfassungsauslegung, in: Burmeister, Joachim (Hrsg.), Verfassungsstaatlichkeit, Festschrift für Klaus Stern zum 65. Geburtstag, 1997, C.H. Beck Verlag, München, S. 1227 ff. (zit.: FS Stern)

Fassbender, Kurt, Die Umsetzung von Umweltstandards der Europäischen Gemeinschaft, 2001, Carl Heymanns Verlag, Köln u.a.
ders., Eine Absichtserklärung aus Karlsruhe zur legislativen Kompetenzverteilung im Bundesstaat, JZ 2003, S. 332 ff.
Fischer, Hans Georg, Europarecht, Grundlagen des Europäischen Gemeinschaftsrechts in Verbindung mit deutschem Staats- und Verwaltungsrecht, 3. Auflage, 2001, C.H. Beck Verlag, München

Fischer-Menshausen, Herbert, Unbestimmte Rechtsbegriffe in der bundesstaatlichen Finanzverfassung, in: Dreißig, Wilhelmine (Hrsg.), Probleme des Finanzausgleichs I, 1978, Duncker & Humblot Verlag, Berlin, S. 135 ff.

Folz, Hans-Peter, Demokratie und Integration, Der Konflikt zwischen Bundesverfassungsgericht und Europäischem Gerichtshof über die Kontrolle der Gemeinschaftskompetenzen, Zum Spannungsverhältnis zwischen demokratischer Legitimation und Autonomie supranationaler Rechtsordnung, 1999, Springer Verlag, Berlin u.a.

Frenz, Walter, Gemeindliche Selbstverwaltungsgarantie und Verhältnismäßigkeit, Die Verwaltung 28 (1995), S. 33 ff.

Frowein, Jochen Abr., Konkurrierende Zuständigkeit und Subsidiarität, Zur Kompetenzverteilung in bündischen Systemen, in: Badura, Peter / Scholz, Rupert (Hrsg.), Wege und Verfahren des Verfassungslebens, Festschrift für Peter Lerche zum 65. Geburtstag, 1993, C.H. Beck Verlag, München, S. 401 ff. (zit.: FS Lerche)

Geiger, Rudolf, EUV/EGV, Vertrag über die Europäische Union und Vertrag zur Gründung der Europäischen Gemeinschaft, Kommentar, 3. Auflage, 2000, C.H.Beck Verlag, München (zit.: EUV/EGV)

Götz, Volkmar, Europäische Gesetzgebung durch Richtlinien – Zusammenwirken von Gemeinschaft und Staat, NJW 1992, S. 1849 ff.

Grabitz, Eberhard, Der Grundsatz der Verhältnismäßigkeit in der Rechtsprechung des Bundesverfassungsgericht, AöR 98 (1973), S. 568 ff.

ders., Die Rechtsetzungsbefugnis von Bund und Ländern bei der Durchführung von Gemeinschaftsrecht, AöR 111 (1986), S. 1 ff.

Grabitz, Eberhard / *Hilf*, Meinhard, Das Recht der Europäischen Union, Altband I, EUV, Art. 1 – 136 a EGV (Maastrichter Fassung), Stand: 14. Ergänzungslieferung Oktober 1999, C.H. Beck Verlag, München (zit.: Bearbeiter, in: G/H, EUV/EGV)

Gramm, Christof, Zur Gesetzgebungskompetenz des Bundes für ein Umweltgesetzbuch, Zugleich ein Beitrag zur Auslegung von Art. 75 Abs. 2 GG, DÖV 1999, S. 540 ff.

ders., Gewaltenverschiebung im Bundesstaat, Zu Möglichkeiten und Grenzen der Verfassungsrechtsdogmatik, AöR 124 (1999), S. 212 ff.

Groeben, Hans von der / *Thiesing*, Jochen / *Ehlermann*, Claus-Dieter (Hrsg.), Kommentar zum EWG-Vertrag, Band 3, Artikel 110 – 188, 4. Auflage, 1991, Nomos Verlag Baden-Baden (zit.: Bearbeiter, in: vG/T/E, Kommentar zum EWG-Vertrag III)

Groeben, Hans von der / *Schwarze*, Jürgen (Hrsg.), Kommentar zum Vertrag über die Europäische Union und zur Gründung der Europäischen Gemeinschaft, Band 1, Art. 1 – 53 EUV, Art. 1 – 80 EGV, 6. Auflage, 2003, Nomos Verlag Baden-Baden (zit.: Bearbeiter, in: vG/S, EUV/EGV) *dies.*, Kommentar zum Vertrag über die Europäische Union und zur Gründung der Europäischen Gemeinschaft, Band 3, Art. 98 – 188 EGV, 6. Auflage, 2003, Nomos Verlag Baden-Baden (zit.: Bearbeiter, in: vG/S, EUV/EGV)

dies., Kommentar zum Vertrag über die Europäische Union und zur Gründung der Europäischen Gemeinschaft, Band 4, Art. 189 – 314 EGV, 6. Auflage, 2004, Nomos Verlag Baden-Baden (zit.: Bearbeiter, in: vG/S, EUV/EGV)

Gruson, Michael, Inhalt und Justitiabilität des Art. 72 Abs. 2 des Grundgesetzes, Teildruck der Inaugural-Dissertation zur Erlangung eines Doktors der Rechte bei der Juristischen Fakultät der Freien Universität Berlin, 1966

Häberle, Peter, Der Regionalismus als werdendes Strukturprinzip des Verfassungsstaates und als europarechtspolitische Maxime, AöR 118 (1993), S. 1 ff.

Hailbronner, Kay, Die deutschen Bundesländer in der EG, JZ 1990, S. 149 ff.

Haltern, Ulrich, Internationales Verfassungsrecht?, Anmerkungen zu einer kopernikanischen Wende, AöR 128 (2003), S. 511 ff.

Hanebeck, Alexander, Gestoppte Kompetenzerosion der Landesparlamente?, Neueste Rechtsprechung zum alten Thema der Gesetzgebungsverteilung im Bundesstaat: Das Urteil des Bundesverfassungsgerichts zum Altenpflegegesetz, ZParl 2003, S. 745 ff.

ders., Der demokratische Bundesstaat des Grundgesetzes, 2004, Duncker & Humblot Verlag, Berlin

Haslach, Christian, Die Umsetzung von EG-Richtlinien durch die Länder, 2001, Peter Lang Verlag, Frankfurt am Main

ders., Zuständigkeitskonflikte bei der Umsetzung von EG-Richtlinien?, DÖV 2004, S. 12 ff.

Haug, Volker, Die Föderalismusreform, Zum Ringen von Bund und Ländern um die Macht im Staat, DÖV 2004, S. 190 ff.

Heinsohn, Stephanie, Der öffentlichrechtliche Grundsatz der Verhältnismäßigkeit, Historische Ursprünge im deutschen Recht, Übernahme in das Recht der Europäischen Gemeinschaft sowie Entwicklung im französischen und im englischen Recht, 1997, Hamburg

Hendler, Reinhard, Finanzverfassungsreform und Steuergesetzgebungshoheit der Ländern, DÖV 1993, S. 292 ff.

Henneke, Hans-Günter, Öffentliches Finanzwesen, Finanzverfassung, Eine systematische Darstellung, 2. Auflage, 2000, C.F. Müller Verlag, Heidelberg

Herzog, Roman, Subsidiaritätsprinzip und Staatsverfassung, Der Staat 2 (1963), S. 399 ff.

ders., Allgemeine Staatslehre, 1971, Athenäum Verlag, Frankfurt a. M.

ders., Staat und Recht im Wandel, Einreden zur Verfassung und ihrer Wirklichkeit, 1993, Keip Verlag, Goldbach

Hesse, Konrad, Der unitarische Bundesstaat, 1962, C.F. Müller Verlag, Karlsruhe

ders., Bundesstaatsreform und Grenzen der Verfassungsänderung, AöR 98 (1973), S. 1 ff.

ders., Grundzüge des Verfassungsrechts der Bundesrepublik Deutschland, 20. Auflage, 1995, C.F. Müller Verlag, Heidelberg

Heitsch, Christian, Die Ausführung der Bundesgesetze durch die Länder, 2001, J.C.B. Mohr Siebeck Verlag, Tübingen.

Heusch, Andreas, Der Grundsatz der Verhältnismäßigkeit im Staatsorganisationsrecht, 2003, Duncker & Humblot Verlag, Berlin

Hilf, Meinhard, Die Richtlinie der EG – ohne Richtung, ohne Linie?, EuR 1993, S. 1 ff.

Hillgruber, Christian, Klarere Verantwortungsteilung von Bund, Ländern und Gemeinden?, JZ 2004, S. 837 ff.

Hillgruber, Christian / *Goos*, Christoph, Verfassungsprozeßrecht, 2004, C.F. Müller Verlag, Heidelberg

Höffe, Otfried, Subsidiarität als staatsphilosophisches Prinzip, in: Nörr, Knut Wolfgang / Oppermann, Thomas (Hrsg.), Subsidiarität: Idee und Wirklichkeit, Zur Reichweite eines Prinzips in Deutschland und Europa, 1997, J.C.B. Mohr Siebeck Verlag, Tübingen, S. 49 ff.

Hölscheidt, Sven, Zwangsgelder gegen die Bundesrepublik Deutschland wegen der Nichtbeachtung von Urteilen des Europäischen Gerichtshofs, BayVBl. 1997, S. 459 ff.

Hoffmann, Reinhard, Intraföderative Regionalkörperschaften, Eine verfassungsrechtliche Innovation, ZRP 2004, S. 20 ff.

Hrbek, Rudolf / *Eppler*, Annegret (Hrsg.), Deutschland vor der Föderalismus-Reform, Eine Dokumentation, Europäisches Zentrum für Föderalismus-Forschung, 2003

Huber, Ernst Rudolf, Deutsche Verfassungsgeschichte, Seit 1789, Band III, Bismarck und das Reich, 2. Auflage, 1963, Verlag W. Kohlhammer, Stuttgart / Berlin / Köln / Mainz

ders., Deutsche Verfassungsgeschichte, Seit 1789, Band IV, Struktur und Krisen des Kaiserreichs, 1969, Verlag W. Kohlhammer, Stuttgart / Berlin / Köln / Mainz

Huber, Peter M., Recht der Europäischen Integration, 2. Auflage, 2002, Verlag Franz Vahlen, München

ders., Deutschland in der Föderalismusfalle?, 2003, C.F. Müller Verlag, Heidelberg

ders., Klarere Verantwortungsteilung von Bund, Ländern und Kommunen?, Gutachten D für den 65. Deutschen Juristentag, 2004, C.H. Beck Verlag, München

ders., Zuordnung von Gesetzgebungszuständigkeiten auf Bund und Länder sowie Zuständigkeiten und Mitwirkungsrechte der Länder in der Bundesgesetzgebung, insbesondere vor dem Hintergrund der Weiterentwicklung der Europäischen Union, Kommission von Bundestag und Bundesrat zur Modernisierung der bundesstaatlichen Ordnung, Kommissionsdrucksache 0008

ders., Stellungnahme zur Anhörung Finanzbeziehungen am 11. März 2004, Kommission von Bundestag und Bundesrat zur Modernisierung der bundesstaatlichen Ordnung, Kommissionsdrucksache 0031

Hufen, Friedhelm, Der verfassungsrechtliche Rahmen des Berufsbildungsrechts nach dem Grundgesetz, RdJB 2003, S. 58 ff.

Ipsen, Jörn, Schutzbereich der Selbstverwaltungsgarantie und Einwirkungsmöglichkeiten des Gesetzgebers, ZG 1994, S. 194 ff.
ders., Völkerrecht, Ein Studienbuch, 5. Auflage, 2004, C.H. Beck Verlag, München
ders., Staatsrecht I (Staatsorganisationsrecht), 15. Auflage, 2003, Luchterhand Verlag, Neuwied / Kriftel
ders., Staatsrecht II (Grundrechte), 7. Auflage, 2004, Luchterhand Verlag, Neuwied / Kriftel
Isensee, Josef, Der Föderalismus und der Verfassungsstaat der Gegenwart, AöR 115 (1990) S. 248 ff.
ders., Subsidiaritätsprinzip und Verfassungsrecht, Eine Studie über das Regulativ des Verhältnisses von Staat und Gesellschaft, 2. Auflage mit Nachtrag: Die Zeitperspektive 2001, Subsidiarität – das Prinzip und seine Prämisse, 2001, Duncker & Humblot Verlag, Berlin
ders., Der Bundesstaat – Bestand und Entwicklung, in: Badura, Peter / Dreier, Horst (Hrsg.), Festschrift 50 Jahre Bundesverfassungsgericht, Zweiter Band: Klärung und Fortbildung des Verfassungsrechts, S. 719 ff., 2001, J.C.B. Mohr Siebeck Verlag, Tübingen (zit.: FS 50 Jahre BVerfG II)
ders., Subsidiarität – Das Prinzip und seine Prämissen, Rechtstheorie, Beiheft 20 (2002), Subsidiarität als rechtliches und politisches Ordnungsprinzip in Kirche, Staat und Gesellschaft, S. 129 ff.
ders., Die dreifache Hürde der Bundeskompetenz „Hochschulwesen", Zur normativen Stringenz der Kautelen einer Rahmengesetzgebung, in: Brenner, Michael / Huber, Peter M. / Möstl, Markus (Hrsg.), Der Staat des Grundgesetzes – Kontinuität und Wandel, Festschrift für Peter Badura zum siebzigsten Geburtstag, 2004, J.C.B. Mohr Siebeck Verlag, Tübingen (zit.: FS Badura)
Isensee, Josef / *Kirchhof*, Paul (Hrsg.), Handbuch des Staatsrechts der Bundesrepublik Deutschland, Band I, Historische Grundlagen, 3. Auflage, 2003, C.F. Müller Verlag, Heidelberg (zit.: HStR I 2003)
dies., Handbuch des Staatsrechts der Bundesrepublik Deutschland, Band II, Verfassungsstaat, 3. Auflage, 2004, C.F. Müller Verlag, Heidelberg (zit.: HStR II 2004)
dies., Handbuch des Staatsrechts der Bundesrepublik Deutschland, Band IV, Finanzverfassung – Bundesstaatliche Ordnung, 1990, C.F. Müller Verlag, Heidelberg (HStR IV)
dies., Handbuch des Staatsrechts der Bundesrepublik Deutschland, Band V, Allgemeine Grundrechtslehren, 1992, C.F. Müller Verlag, Heidelberg (zit.: HStR V)
dies., Handbuch des Staatsrechts der Bundesrepublik Deutschland, Band VI, Freiheitsrechte, 1989, C.F. Müller Verlag, Heidelberg (zit.: HStR VI)
dies., Handbuch des Staatsrechts der Bundesrepublik Deutschland, Band VII, Normativität und Schutz der Verfassung - Internationale Beziehungen, 1993, C.F. Müller Verlag, Heidelberg (zit.: HStR VII)

Janson, Gunnar, Ökonomische Theorie im Recht, Anwendbarkeit und Erkenntniswert im allgemeinen und am Beispiel des Arbeitsrechts, 2004, Duncker & Humblot Verlag, Berlin

Jarass, Hans D., Grundfragen der innerstaatlichen Bedeutung des EG-Rechts: Die Vorgaben des Rechts der Europäischen Gemeinschaft für die internationale Rechtsanwendung und die nationale Rechtsetzung nach Maastricht, 1994, Carl Heymanns Verlag, Köln u.a.

ders., Regelungsspielräume des Landesgesetzgebers im Bereich der konkurrierenden Gesetzgebung und in anderen Bereichen, NVwZ 1996, S. 1041 ff.

ders., Europäisches Energierecht: Bestand – Fortentwicklung – Umweltschutz, 1996, Duncker & Humblot Verlag, Berlin

Jarass, Hans D. / *Pieroth*, Bodo, Grundgesetz für die Bundesrepublik Deutschland, Kommentar, 7. Auflage, 2004, C.H. Beck Verlag, München (zit.: Bearbeiter, in: J/P, GG)

Jellinek, Georg, Allgemeine Staatslehre, 5. Neudruck der 3. Auflage (1914), 1929, Verlag von Julius Springer, Berlin

Jescheck, Hans-Heinrich / *Weigend*, Thomas, Lehrbuch des Strafrechts, Allgemeiner Teil, 5. Auflage, 1996, Duncker & Humblot, Berlin

Jochum, Heike, Ist die legislative Kompetenzordnung des Grundgesetzes reformbedürftig?: Eine kritische Betrachtung der Vorschläge zur Reform der konkurrierenden Gesetzgebung sowie der Rahmengesetzgebung des Bundes, ZRP 2002, S. 255 ff.

dies., Richtungsweisende Entscheidung des BVerfG zur legislativen Kompetenzordnung des Grundgesetzes, Besprechung von BVerfG, Urt. v. 24.10.2002, NJW 2003, S. 28 ff.

Kahl, Wolfgang, Möglichkeiten und Grenzen des Subsidiaritätsprinzips nach Art. 3 b EG-Vertrag, AöR 118 (1993), S. 414 ff.

Kaltenborn, Markus, Rahmengesetzgebung im Bundesstaat und im Staatenverbund, AöR 128 (2003), S. 412 ff.

Katzenstein, Dietrich, Rechtliche Erscheinungsformen der Machtverschiebung zwischen Bund und Ländern seit 1949, DÖV 1958, S. 593 ff.

Kenntner, Markus, Normgeberwille und Verfassungsinterpretation – zur „historischen" Auslegung von Art. 72 Abs. 2 GG n. F., VBlBW 1999, S. 289 ff.

ders., Justitiabler Föderalismus, Zur Konzeption föderaler Kompetenzzuweisungen als subjektive Rechtspositionen, 2000, Duncker & Humblot Verlag, Berlin

ders., Der Föderalismus ist (doch) justiziabel! - Anmerkungen zum „Altenpflegegesetz-Urteil" des BVerfG, NVwZ 2003, S. 821 ff.

ders., Zur Verfassungsmäßigkeit des AltPflG, Anmerkung zu BVerfG, Urteil des Zweiten Senats vom 24.10.2002 – 2 BvF 1/01, DVBl. 2003, S. 259 ff.

Kipp, Heinrich, Zum Problem der Förderung der Wissenschaften durch den Bund, DÖV 1956, S. 555 ff.

Kirchhof, Ferdinand, Vorschlag zur Haftung von Bund und Ländern für Fehlverhalten gegenüber der EU und zur binnenstaatlichen Aufteilung des EU-Kreditlimits, Kommission von Bundestag und Bundesrat zur Modernisierung der bundesstaatlichen Ordnung, Kommissionsdrucksache 0052

ders., Antwort auf die Fragen von Volker Kröning MdB zu einer Neuordnung der Gesetzgebungskompetenzen, Kommissionsdrucksache 0071 -neu- e
ders., Klarere Verantwortungsteilung von Bund, Ländern und Kommunen?, DVBl. 2004, S. 977 ff.
Kissel, Otto Rudolf, 125 Jahre Reichsjustizgesetze, NJW 2004, S. 2872 ff.
Klein, Friedrich, Das Verhältnis von Gesetzgebungszuständigkeiten und Verwaltungszuständigkeiten nach dem Grundgesetz, AöR 88 (1963), S. 377 ff.
Kloepfer, Michael, Bemerkungen zur Föderalismusreform, DÖV 2004, S. 566 ff.
Kloepfer, Michael / *Bröcker*, Klaus T., Das Gebot der widerspruchsfreien Normgebung als Schranke der Ausübung einer Steuergesetzgebungskompetenz nach Art. 105 GG, DÖV 2001, S. 1 ff.
Knemeyer, Franz-Ludwig, Subsidiarität – Föderalismus, Dezentralisation – Initiativen zu einem „Europa der Regionen, DVBl. 1990, S. 449 ff.
ders., Bayerisches Kommunalrecht, 8. Auflage, 1994 / 10. Auflage, 2000, Richard Boorberg Verlag, Stuttgart u.a.
Knemeyer, Franz-Ludwig / *Wehr*, Matthias, Die Garantie der kommunalen Selbstverwaltung nach Art. 28 Abs. 2 GG in der Rechtsprechung des Bundesverfassungsgerichts, VerwArch 92 (2001), S. 317 ff.
Knorr, Philipp, Die Justitiabilität der Erforderlichkeitsklausel i.S.d. Art. 72 II GG: Eine rechtsmethodische Kritik der Rechtsprechung des Bundesverfassungsgerichts, 1998, Peter Lang Verlag, Frankfurt am Main
Koch, Hans-Joachim, Naturschutz und Landschaftspflege in der Reform der bundesstaatlichen Ordnung, NuR 2004, S. 277 ff.
Koch, Hans-Joachim / *Hendler*, Reinhard, Baurecht, Raumordnungs- und Landesplanungsrecht, 3. Auflage, 2001, Richard Boorberg Verlag, Stuttgart u.a.
Koenig, Christian / *Haratsch*, Andreas, Europarecht, 3. Auflage, 2000, J.C.B. Mohr Siebeck Verlag, Tübingen
Koenig, Christian / *Lorz*, Alexander, Stärkung des Subsidiaritätsprinzips, JZ 2003, S. 167 ff.
Koenig, Christian / *Braun*, Jens-Daniel, Rückgriffsansprüche des Bundes bei einer Haftung für Verstöße der Bundesländer gegen Gemeinschaftsrecht, NJ 2004, S. 97 ff.
Kössinger, Winfried, Die Durchführung des Europäischen Gemeinschaftsrechts im Bundesstaat, Bund/Länder – Verhältnis und Europäisches Gemeinschaftsrecht, 1989, Duncker & Humblot Verlag, Berlin
Köttgen, Arnold, Der Einfluss des Bundes auf die deutsche Verwaltung und die Organisation der bundeseigenen Verwaltung, Jahrbuch des öffentlichen Rechts der Gegenwart, Neue Folge / Band 3 (1954), S. 67 ff.
Kröger, Detlef / *Moos*, Flemming, Die Erforderlichkeitsklausel gemäß Art. 72 Abs. 2 GG n.F. im Spannungsfeld des Bundesstaates, BayVBl. 1997, S. 705 ff.
Krüger, Hartmut, Zur Bedeutung des Art. 72 II GG für die Gesetzgebungskompetenz des Bundes, BayVBl. 1984, S. 545 ff.
Kruis, Konrad, Finanzautonomie und Demokratie im Bundesstaat, DÖV 2003, S. 10 ff.

Kube, Hanno, Zehn Thesen für Demokratie und Reformfähigkeit in Deutschland, ZRP 2004, S. 52 ff.

Kuttenkeuler, Benedikt P., Die Verankerung des Subsidiaritätsprinzips im Grundgesetz, Ein Beitrag zur Bedeutung des Subsidiaritätsprinzips für die Kompetenzabgrenzung im Bundesstaat, 1998, Peter Lang Verlag, Frankfurt am Main

Lambers, Hans-Jürgen, Subsidiarität in Europa – Allheilmittel oder juristisches Leerformel?, EuR 1993, S. 229 ff.

Larenz, Karl / *Wolf*, Manfred, Allgemeiner Teil des Bürgerlichen Rechts, 9. Auflage, 2004, C.H. Beck Verlag, München

Lege, Joachim, Kooperationsprinzip contra Müllvermeidung?, Anmerkung zu BVerfG, Urt. vom 7.5.1998 – 2 BvR 1991/95 u.a., JURA 1999, S. 125 ff.

Leisner, Anna, Die Leistungsfähigkeit des Staates, Verfassungsrechtliche Grenzen der Staatsleistungen?, 1998, Duncker & Humblot Verlag, Berlin

Lenz, Carl Otto / *Borchardt*, Klaus-Dieter, Kommentar zu dem Vertrag über die Europäische Union und zu dem Vertrag zur Gründung der Europäischen Gemeinschaft, jeweils in der durch den Vertrag von Nizza geänderten Fassung, 3. Auflage, 2003, Bundesanzeiger, Köln (zit.: Bearbeiter, in: L/B, EUV/EGV)

Lenz, Helmut, Die Landtage als staatsnotarielle Ratifikationsämter?, Eine Bestandsaufnahme föderalistischer Praxis am Maßstab der Hessischen Verfassung, DÖV 1977, S. 157 ff.

Leonardy, Uwe, Deutscher Föderalismus jenseits 2000: Reformiert oder deformiert?, ZParl 1999, 135 ff.

Lerche, Peter, Zum Apothekenurteil des Bundesverfassungsgerichts, BayVBl. 1958, S. 231 ff.

ders., Übermass und Verfassungsrecht, Zur Bindung des Gesetzgebers an die Grundsätze der Verhältnismäßigkeit und der Erforderlichkeit, 2. Auflage, 1999, Keip Verlag, Goldbach

ders., Stil und Methodik der verfassungsrechtlichen Entscheidungspraxis, in: Badura, Peter / Dreier, Horst (Hrsg.), Festschrift 50 Jahre Bundesverfassungsgericht, Erster Band: Verfassungsgerichtsbarkeit / Verfassungsprozess, S. 333 ff., 2001, J.C.B. Mohr Siebeck Verlag, Tübingen (zit.: FS 50 Jahre BVerfG I)

Magiera, Siegfried, Die Grundgesetzänderung von 1992 und die Europäische Union, JURA 1994, S. 1 ff.

Majer, Diemut, Ist die verfassungsgerichtliche Prüfung der Voraussetzungen der konkurrierenden Gesetzgebung des Bundes sinnvoll und möglich?, Ein Beitrag zu den Vorschlägen der Enquete-Kommission Verfassungsreform über die Erweiterung der Kompetenzen des Bundesverfassungsgerichts, Teil 1, EuGRZ 1980, S. 98 ff.; Teil 2, EuGRZ 1980, S. 158 ff.

Mangoldt, Hermann von / *Klein*, Friedrich / *Pestalozza*, Christian, Das Bonner Grundgesetz, Kommentar, Band 8: Artikel 70 bis 75, Die Gesetzgebungskompetenzen, 3. Auflage, 1996, Verlag Franz Vahlen, München (zit.: Bearbeiter, in: vM/K/P, GG)

Mangoldt, Hermann von / *Klein*, Friedrich / *Starck*, Christian, Das Bonner Grundgesetz, Kommentar, Band 2: Artikel 20 bis 78, 4. Auflage, 2000, Verlag Franz Vahlen, München (zit.: Bearbeiter, in: vM/K/S, GG)
dies., Das Bonner Grundgesetz, Kommentar, Band 3: Artikel 79 bis 146, 4. Auflage, 2001, Verlag Franz Vahlen, München (zit.: Bearbeiter, in: vM/K/S, GG)
Manssen, Gerrit, Regelung der Baugestaltung und gemeindliche Selbstverwaltung, Ein Beitrag zur legitimierenden Funktion des Art. 28 Abs. 2 S. 1 GG beim Erlass von örtlichen Bauvorschriften durch die Gemeinde, Die Verwaltung 24 (1991), S. 33 ff.
Marcic, Rene, Vom Gesetzesstaat zum Richterstaat, Recht als Maß der Macht / Gedanken über den demokratischen Rechts- und Sozialstaat, 1957, Springer Verlag, Wien
Maunz, Theodor, Deutsches Staatsrecht, Ein Studienbuch, 22. Auflage, 1978, C.H. Beck Verlag, München
Maunz, Theodor / *Zippelius*, Reinhold, Deutsches Staatsrecht, 30. Auflage, 1998, C.H. Beck Verlag, München
Maunz, Theodor / *Dürig*, Günter, Kommentar zum Grundgesetz, Stand: 42. Ergänzungslieferung, Februar 2003, C.H. Beck Verlag, München (zit.: Bearbeiter, in: M/D, GG)
Maurer, Hartmut, Staatsrecht, 3. Auflage, 2003, C.H. Beck Verlag, München
Mayntz, Renate, Föderalismus und die Gesellschaft der Gegenwart, AöR 115 (1990), S. 232 ff.
Meister, Hans-Peter, Diskursive Politikgestaltung: Von der „Beraterrepublik" zum organisierten Dialog, Aus Politik und Zeitgeschichte, B 14/2004, S. 31 ff.
Merten, Detlef, Subsidiarität als Verfassungsprinzip, in: ders. (Hrsg.), Die Subsidiarität Europas, 1993, Duncker & Humblot Verlag, Berlin, S. 77 ff.
Meyer, Hans, Neujustierung der Gesetzgebungskompetenzen und Neuordnung der Zustimmungsrechte des Bundesrates bei der Rechtsetzung, Kommission von Bundestag und Bundesrat zur Modernisierung der bundesstaatlichen Ordnung, Kommissionsdrucksache 0013
ders., Versuch einer Antwort auf die Fragen des Abgeordneten Kröning (Kommissionsdrucksache 0071 -neu-), Kommissionsdrucksache 0071 -neu- f
Möller, Alex, Gesetz zur Förderung der Stabilität und des Wachstums der Wirtschaft und Art. 109 Grundgesetz, Kommentar unter Berücksichtigung der Entstehungsgeschichte, 2. Auflage, 1969, Verlag für Literatur und Zeitgeschehen, Hannover (zit.: Möller, StabG)
Möstl, Markus, Neuordnung der Gesetzgebungskompetenzen von Bund und Ländern / Hintergrund, Stand und Bewertung der aktuellen Reformdiskussion, ZG 2003, S. 297 ff.
ders., Gefahr und Kompetenz, Polizeidogmatische und bundesstaatsrechtliche Konsequenzen der „Kampfhundeentscheidung" des BVerfG, JURA 2005, S. 48 ff.
Moersch, Wolfram, Leistungsfähigkeit und Grenzen des Subsidiaritätsprinzips, Eine rechtsdogmatische und rechtspolitische Studie, 1. Auflage 2001, Duncker & Humblot Verlag, Berlin

Müller, Dagmar, Die Gesetzgebungskompetenz im Berufsbildungsrecht, Analyse der Beratungen der Gemeinsamen Verfassungskommission zur Neufassung des Art. 72 GG, RdJB 1994, S. 467 ff.

ders., Auswirkungen der Grundgesetzrevision von 1994 auf die Verteilung der Gesetzgebungskompetenzen zwischen Bund und Ländern, 1996, Lit Verlag, Münster

Münch, Ingo von, Staatsrecht, Band I, 5. Auflage, 1993, Verlag W. Kohlhammer, Stuttgart / Berlin / Köln

Münch, Ingo von / *Kunig*, Philip, Grundgesetz – Kommentar, Band 2 (Art. 20 bis Art. 69), 4./5. Auflage, 2001, C.H. Beck Verlag, München (zit.: Bearbeiter, in: von Münch/Kunig, GG)

dies., Grundgesetz – Kommentar, Band 3 (Art. 70 bis Art. 146 und Gesamtregister), 4./5. Auflage, 2003, C.H. Beck Verlag, München (zit.: Bearbeiter, in: von Münch/Kunig, GG)

Münch, Ursula / *Zinterer*, Tanja, Reform der Aufgabenverteilung zwischen Bund und Ländern: Eine Synopse der verschiedenen Reformansätze zur Stärkung der Länder 1985 – 2000, ZParl 2000, S. 657 ff.

Neumark, Fritz, Bemerkungen zu einigen ökonomischen Aspekten der grundgesetzlichen Vorschriften über die Einheitlichkeit der Lebensverhältnisse in der Bundesrepublik Deutschland, in: Dreißig, Wilhelmine (Hrsg.), Probleme des Finanzausgleichs I, 1978, Duncker & Humblot Verlag, Berlin, S. 165 ff.

Neumeyer, Christoph, Geschichte eines Irrläufers – Anmerkungen zur Reform des Art. 72 Abs. 2 GG, in: Ziemske, Burkhardt / Langheid, Theo / Wilms, Heinrich / Haverkate, Görg (Hrsg.), Staatsphilosophie und Rechtspolitik, Festschrift für Martin Kriele zum 65. Geburtstag, 1997, C.H. Beck Verlag, München, S. 543 ff. (zit.: FS Kriele)

ders., Der Weg zur neuen Erforderlichkeitsklausel für die konkurrierende Gesetzgebung des Bundes (Art. 72 Abs. 2 GG), Renaissance alliierter Verfassungspolitik, Schriften zum Öffentlichen Recht, SÖR 789, 1999, Duncker & Humblot Verlag, Berlin

Nopper, Frank, Bund-Länder-Haftung beim fehlerhaften Verwaltungsvollzug von Gemeinschaftsrecht durch die deutschen Länder, 1998, Nomos Verlag, Baden-Baden

Oeter, Stefan, Integration und Subsidiarität im deutschen Bundesstaatsrecht, Untersuchungen zu Bundesstaatstheorie unter dem Grundgesetz, 1998, J.C.B. Mohr Siebeck Verlag, Tübingen

Oppermann, Thomas, Subsidiarität im Sinne des deutschen Grundgesetzes, Einige grundsätzliche Bemerkungen, in: Nörr, Knut Wolfgang / Oppermann, Thomas (Hrsg.), Subsidiarität: Idee und Wirklichkeit, Zur Reichweite eines Prinzips in Deutschland und Europa, 1997, J.C.B. Mohr Siebeck Verlag, Tübingen, S. 215 ff.

ders., Europarecht, Ein Studienbuch, 2. Auflage, 1999, C.H.Beck Verlag, München

Ossenbühl, Fritz, Die Zustimmung des Bundesrates beim Erlass von Bundesrecht, AöR 99 (1974), S. 369 ff.

ders., Die Kontrolle von Tatsachenfeststellungen und Prognoseentscheidungen durch das Bundesverfassungsgericht, in: Starck, Christian (Hrsg.), Bundesverfassungsgericht und Grundgesetz, Festgabe aus Anlass des 25jährigen Bestehens des Bundesverfassungsgerichts, Erster Band, Verfassungsgerichtsbarkeit, 1976, J.C.B. Mohr Siebeck Verlag, Tübingen, S. 458 ff. (zit.: Bundesverfassungsgericht und Grundgesetz I)

ders., Föderalismus nach 40 Jahren Grundgesetz, DVBl. 1989, S. 1230 ff.

ders., Maßhalten mit dem Übermaßverbot, in: Badura, Peter / Scholz, Rupert (Hrsg.), Wege und Verfahren des Verfassungslebens, Festschrift für Peter Lerche zum 65. Geburtstag, 1993, C.H. Beck Verlag, München, S. 151 ff. (zit.: FS Lerche)

ders., Bundesverfassungsgericht und Gesetzgebung, in: Badura, Peter / Dreier, Horst (Hrsg.), Festschrift 50 Jahre Bundesverfassungsgericht, Erster Band: Verfassungsgerichtsbarkeit / Verfassungsprozess, 2001, J.C.B. Mohr Siebeck Verlag, Tübingen, S. 33 ff. (zit.: FS 50 Jahre BVerfG I)

Papier, Hans-Jürgen, 50 Jahre Bundesstaatlichkeit nach dem Grundgesetz – Entwicklungslinien und Zukunftsperspektiven, in: Bundesrat (Hrsg.), 50 Jahre Herrenchiemseer Verfassungskonvent – Zur Struktur des deutschen Föderalismus, Tagungsband zum wissenschaftlichen Symposium vom 19. bis 21. August 1998 im Kloster Seeon, 1. Auflage 1999, S. 341 ff.

Pechstein, Matthias / *Koenig*, Christian, Die Europäische Union, 3. Auflage, 2000, J.C.B. Mohr Siebeck Verlag, Tübingen

Pechstein, Matthias / *Weber*, Anja, Gesetzgebungskompetenzen nach dem Grundgesetz, JURA 2003, S. 82 ff.

Peine, Franz-Joseph, Öffentliches Baurecht, Grundzüge des Bauplanungs- und Bauordnungsrechts unter Berücksichtigung des Raumordnungs- und des Fachplanungsrechts, 4. Auflage, 2003, J.C.B. Mohr Siebeck Verlag, Tübingen

Pestalozza, Christian, Die wider Willen sperrende Bundeslücke bei der Sicherungsverwahrung, JZ 2004, S. 605 ff.

ders., Hund und Bund im Visier des Bundesverfassungsgerichts, Besprechung von BVerfG, Urt. v. 16.3.2004 – 1 BvR 1778/01, NJW 2004, S. 1840 ff.

Peters, Anne, Elemente einer Theorie der Verfassung Europas, Veröffentlichung des Walther-Schücking-Instituts für Internationales Recht an der Universität Kiel, Band 137, 2001, Duncker & Humblot Verlag, Berlin

Pieper, Stefan Ulrich, Subsidiarität: Ein Beitrag zur Begrenzung der Gemeinschaftskompetenzen, 1994, Carl Heymanns Verlag, Köln u.a.

ders., Das Subsidiaritätsprinzip im Europäischen Gemeinschaftsrecht sowie in der politisch-rechtlichen Praxis der Union, Rechtstheorie, Beiheft 20 (2002), Subsidiarität als rechtliches und politisches Ordnungsprinzip in Kirche, Staat und Gesellschaft, S. 445 ff.

Poschmann, Thomas, Inanspruchnahme konkurrierender Kompetenzen des Bundes und Neuordnung der bundesstaatlichen Ordnung, NVwZ 2004, S. 1318 ff.

Rehbinder, Eckhard / *Wahl*, Rainer, Kompetenzprobleme bei der Umsetzung von europäischen Richtlinien, NVwZ 2002, S. 21 ff.

Reich, Dietmar O., Zum Einfluss des Europäischen Gemeinschaftsrechts auf die Kompetenzen der deutschen Bundesländer, EuGRZ 2001, S. 1 ff.

Reichert, Ronald, Verfassungsmäßigkeit der Novelle zum Wasserhaushaltsgesetz? – Grenzen der Rahmengesetzgebung, NVwZ 1998, S. 17 ff.

Renck, Ludwig, Der Charakter des Verfahrens nach Art. 93 I Nr. 2a GG, JuS 2004, S. 770 ff.

Renesse, Jan-Robert von, Ausübung der Sozialgerichtsbarkeit durch besondere Spruchkörper der Verwaltungsgerichte?, NZS 2004, S. 452 ff.

Rengeling, Hans-Werner, Rechtsetzung der Europäischen Gemeinschaft und Kommunen, ZG 1994, S. 277 ff.

ders., Die Bundeskompetenzen für das Umweltgesetzbuch I, DVBl. 1998, S. 997 ff.

Riegel, Reinhard, Gliedstaatenkompetenzen im Bundesstaat und Europäischen Gemeinschaftsrecht, DVBl. 1979, S. 245 ff.

ders., Notwendigkeiten und Probleme einer gemeinschaftsrechtlichen Integration des Umweltschutzrechts unter besonderer Berücksichtigung des Wasserrechts, NuR 1981, S. 90 ff.

Rinck, Hans-Justus, Zur Abgrenzung und Auslegung der Gesetzgebungskompetenzen, in: Ritterspach, Theo / Geiger, Willi (Hrsg.), Festschrift für Gebhard Müller, Zum 70. Geburtstag des Präsidenten des Bundesverfassungsgerichts, 1970, J.C.B. Mohr Siebeck Verlag, Tübingen, S. 289 ff. (zit.: FS Müller)

Rohn, Stephan / *Sannwald*, Rüdiger, Die Ergebnisse der Gemeinsamen Verfassungskommission, ZRP 1994, S. 65 ff.

Rosenbaum, Allan, Gouvernance et décentralisation — Leçons de l'expérience, Revue Française d'Administration Publique, Nr. 88 (1998), S. 507 ff.

Roth, Dieter / *Kornelius*, Bernhard, Europa und die Deutschen: Die untypische Wahl am 13. Juni 2004, Aus Politik und Zeitgeschichte B 17 / 2004, S. 46 ff.

Ruffert, Matthias, Entformalisierung und Entparlamentarisierung politischer Entscheidungen als Gefährdungen der Verfassung?, DVBl. 2002, S. 1145 ff.

Rupp, Hans Heinrich, Bemerkungen zur Bundeseigenverwaltung nach Art. 87 III 1 GG, in: Maurer, Hartmut (Hrsg.), Das akzeptierte Grundgesetz, Festschrift für Günter Dürig zum 70. Geburtstag, 1990, C.H. Beck Verlag, München, S. 387 ff. (zit.: FS Dürig)

Rybak, Hubertus / *Hofmann*, Hans, Verteilung der Gesetzgebungsrechte zwischen Bund und Ländern nach der Reform des Grundgesetzes, NVwZ 1995, S. 230 ff.

Sachs, Michael (Hrsg.), Grundgesetz, Kommentar, 2. Auflage, 1999, C.H. Beck Verlag, München

ders., Grundgesetz, Kommentar, 3. Auflage, 2003, C.H. Beck Verlag, München *ders.*, Neuregelung der Altenpflege, Besprechung des Bundesverfassungsgerichturteils vom 24.10.2002, JuS 2003, S. 394 ff.

Salzwedel, Jürgen, Staatsaufsicht in der Verwaltung, Veröffentlichungen der Vereinigung der Deutschen Staatsrechtslehrer, Bd. 22 (1965), Verlag Walter de Gruyter, Berlin, S. 206 ff.

Sannwald, Rüdiger, Die Reform der Gesetzgebungskompetenzen und des Gesetzgebungsverfahrens nach den Beschlüssen der Gemeinsamen Verfassungskommission von Bundestag und Bundesrat, ZG 1994, S. 134 ff.

ders., Die Reform des Grundgesetzes, NJW 1994, S. 3313 ff.

ders., Die Neuordnung des Gesetzgebungskompetenzen und des Gesetzgebungsverfahrens im Bundesstaat, Einführung – Erläuterungen – Materialien, Bundesanzeiger, Jahrgang 48, Nummer 11a, Ausgegeben am 17.1.1996

Sarcevic, Edin, Das Subsidiaritätsprinzip im positiven Verfassungsrecht und seine Relevanz für die Gesetzgebungspraxis im Bundesstaat, ZG 2000, S. 328 ff.

Scharpf, Fritz W., Regionalisierung des europäischen Raums – Die Zukunft der Bundesländer im Spannungsfeld zwischen EG, Bund und Kommunen, in: Regionalisierung des europäischen Raums – Die Zukunft der Bundesländer im Spannungsfeld zwischen EG, Bund und Kommunen, Ein Cappenberger Gespräch, 1989, Verlag W. Kohlhammer, Köln, S. 7 ff.

ders., Regieren in Europa, Effektiv und demokratisch?, 1999, Campus Verlag, Frankfurt / New York

ders., Zur Neujustierung der Gesetzgebungskompetenzen, Anmerkungen zu den „Überlegungen" des Kollegen Meyer und ein Gegenvorschlag, Kommission von Bundestag und Bundesrat zur Modernisierung der bundesstaatlichen Ordnung, Kommissionsdrucksache 0014

ders., Stellungnahme zur Reform der Finanzbeziehungen zwischen Bund und Ländern zur Vorlage für die Anhörung der Kommission am 11. März 2004, Kommission von Bundestag und Bundesrat zur Modernisierung der bundesstaatlichen Ordnung, Kommissionsdrucksache 0029

ders., Länderkompetenz für öffentliche Fürsorge, Kommission von Bundestag und Bundesrat zur Modernisierung der bundesstaatlichen Ordnung, Kommissionsdrucksache 0064

Schenke, Wolf-Rüdiger, Föderalismus als Form der Gewaltenteilung, JuS 1989, S. 698 ff.

ders., Die verfassungswidrige Bundesratsabstimmung, NJW 2002, S. 1318 ff.

ders., Polizei- und Ordnungsrecht, 3. Auflage, 2004, C.F. Müller Verlag, Heidelberg

Scheuner, Ulrich, Wandlungen im Föderalismus der Bundesrepublik, DÖV 1966, S. 513 ff.

ders., Staatstheorie und Staatsrecht, Gesammelte Schriften, 1978, Duncker & Humblot Verlag, Berlin

Schima, Bernhard, Das Subsidiaritätsprinzip im Europäischen Gemeinschaftsrecht, Österreichische Rechtswissenschaftliche Studien, Manzsche Verlags- und Universitätsbuchhandlung, Wien 1994

Schink, Alexander, Kommunale Selbstverwaltung im kreisangehörigen Raum – Verfassungsrechtliche Determinanten für die Zuständigkeitsdispositition zwischen Kreisen und kreisangehörigen Gemeinden –, VerwArch 81 (1990), S. 385 ff.

ders., Die europäische Regionalisierung, Erwartungen und deutsche Erfahrungen, DÖV 1992, S. 385 ff.

Schlaich, Klaus / *Korioth*, Stefan, Das Bundesverfassungsgericht – Stellung, Verfahren, Entscheidungen, 6. Auflage, 2004, C.H. Beck Verlag, München

Schmalenbach, Kirsten, Föderalismus und Unitarismus in der Bundesrepublik Deutschland, Die Reform des Grundgesetzes von 1994, Schriften des Landtages NRW, Band 10, 1998, Landtag Nordrhein-Westfalen, Düsseldorf

Schmehl, Arndt, Die erneuerte Erforderlichkeitsklausel in Art. 72 II GG, DÖV 1996, S. 724 ff.

Schmidhuber, Peter M., Das Subsidiaritätsprinzip im Vertrag von Maastricht, DVBl. 1993, S. 417 ff.

Schmidhuber, Peter M. / *Hitzler*, Gerhard, Die Verankerung des Subsidiaritätsprinzips im EWG-Vertrag – ein wichtiger Schritt auf dem Weg zu einer föderalen Verfassung der Europäischen Gemeinschaft, NVwZ 1992, S. 720 ff.

Schmidt, Gerold, Die neue Subsidiaritätsprinzipregelung des Art. 72 GG in der deutschen und europäischen Wirtschaftsverfassung, DÖV 1995, S. 657 ff.

Schmidt, Reiner / *Müller*, Helmut, Einführung in das Umweltrecht, 5. Auflage, 1999, C.H. Beck Verlag, München

Schmidt, Reiner / *Vollmöller,* Thomas (Hrsg.), Kompendium Öffentliches Wirtschaftsrecht, 2. Auflage, 2004, Springer Verlag, Berlin u.a. (zit.: Bearbeiter, in: S/V, Kompendium Öffentliches Wirtschaftsrecht)

Schmidt-Aßmann, Eberhard, Kommunale Selbstverwaltung „nach Rastede", Funktion und Dogmatik des Art. 28 Abs. 2 GG in der neueren Rechtsprechung, in: Franßen, Everhardt / Redeker, Konrad / Schlichter, Otto / Wilke, Dieter (Hrsg.), Bürger – Richter – Staat, Festschrift für Horst Sendler, 1991, C.H. Beck Verlag, München, S. 121 ff. (zit.: FS Sendler)

Schmidt-Bleibtreu, Bruno / *Klein*, Franz, Kommentar zum Grundgesetz, 9. Auflage, 1999, Luchterhand Verlag, Neuwied / Kriftel (zit.: Bearbeiter, in: Schmidt-Bleibtreu/Klein, GG)

Schmidt-Jortzig, Edzard, Herausforderungen für den Föderalismus in Deutschland, Plädoyer für einen neuen Wettbewerbsföderalismus, DÖV 1998, S. 746 ff.

Schmitt-Glaeser, Walter, Rechtspolitik unter dem Grundgesetz, Chancen – Versäumnisse – Forderungen, AöR 107 (1982), S. 337 ff.

Schnabel, Achim, Das Subsidiaritätsprinzip im Vertrag über die Europäische Union, BayVBl. 1993, S. 393 ff.

Schneider, Hans-Peter, Nehmen ist seliger als Geben. Oder: Wieviel „Föderalismus" verträgt der Bundesstaat?, NJW 1998, S. 3757 ff.

ders., Stellungnahme zur öffentlichen Anhörung der Kommission von Bundestag und Bundesrat zur Modernisierung der bundesstaatlichen Ordnung am 11. März

2004 in Berlin, Kommission von Bundestag und Bundesrat zur Modernisierung der bundesstaatlichen Ordnung, Kommissionsdrucksache 0032

Schoch, Friedrich, Zur Situation der kommunalen Selbstverwaltung nach der Rastede-Entscheidung des Bundesverfassungsgerichts, VerwArch 81 (1990), S. 18 ff.

ders., Der verfassungsrechtliche Schutz der kommunalen Selbstverwaltung, JURA 2001, S. 121 ff.

Scholz, Rupert, Das Wesen und die Entwicklung der gemeindlichen öffentlichen Einrichtungen, Zugleich ein Beitrag zur Lehre von der Garantie der kommunalen Selbstverwaltung (Art. 28 Abs. 2 GG), 1967, Duncker & Humblot Verlag, Berlin

ders., Ausschließliche und konkurrierende Gesetzgebungskompetenz von Bund und Ländern in der Rechtsprechung des Bundesverfassungsgerichts, in: Starck, Christian (Hrsg.), Bundesverfassungsgericht und Grundgesetz, Festgabe aus Anlass des 25jährigen Bestehens des Bundesverfassungsgerichts, Zweiter Band, Verfassungsauslegung, 1976, S. 252 ff. (zit.: Bundesverfassungsgericht und Grundgesetz II)

ders., Die Gemeinsame Verfassungskommission von Bundestag und Bundesrat – Auftrag, Verfahrensgang und Ergebnisse, ZG 1994, S. 1 ff.

ders., Zehn Jahre Verfassungseinheit – Nachlese und Ausblick, DVBl. 2000, S. 1377 ff.

ders., Schriftliche Stellungnahme zur Vorbereitung der Sachverständigenanhörung am 12.12.2003, Kommission von Bundestag und Bundesrat zur Modernisierung der bundesstaatlichen Ordnung, Kommissionsdrucksache 0008

Schulze-Fielitz, Helmuth, Theorie und Praxis parlamentarischer Gesetzgebung – besonders des 9. Deutschen Bundestages (1980 – 1983), 1988, Duncker & Humblot Verlag, Berlin

Schuppert, Gunnar Folke, Staatswissenschaft, 2003, Nomos Verlag, Baden-Baden

Schwanengel, Wito, Die Malaise des deutschen Bundesstaates, Zu Möglichkeiten und Grenzen der Föderalismusreform, DÖV 2004, S. 553 ff.

Schwartz, Ivo E., Subsidiarität und EG-Kompetenzen, Der neue Titel „Kultur", Medienvielfalt und Binnenmarkt, AfP 1993, S. 409 ff.

Schwarze, Jürgen, Der Beitrag des Europäischen Gerichtshofs zur Europäisierung des Verwaltungsrechts, EuR 1997, S. 419 ff.

ders., EU-Kommentar, 2000, Nomos Verlag, Baden-Baden

Schweitzer, Michael, Staatsrecht III, Staatsrecht, Völkerrecht, Europarecht, 8. Auflage, 2004, C.F. Müller Verlag, Heidelberg

Seeger, Julius, Finanzierung von Länderaufgaben durch den Bund, DÖV 1968, S. 781 ff.

Selmer, Peter, Bund-Länder-Streit, in: Badura, Peter / Dreier, Horst (Hrsg.), Festschrift 50 Jahre Bundesverfassungsgericht, Erster Band: Verfassungsgerichtsbarkeit / Verfassungsprozess, S. 563 ff., 2001, J.C.B. Mohr Siebeck Verlag, Tübingen (zit.: FS 50 Jahre BVerfG I)

Seifert, Karl-Heinz / *Hömig*, Dieter, Grundgesetz für die Bundesrepublik Deutschland, Taschenkommentar, 6. Auflage, 1999, Nomos Verlag, Baden-Baden (zit.: Bearbeiter, in: Seifert/Hömig, GG)

Söllner, Fritz, Die Geschichte des ökonomischen Denkens, 1999, Springer Verlag, Berlin u.a.

Sommermann, Karl-Peter, Die Stärkung der Gesetzgebungskompetenzen der Länder durch die Grundgesetzreform von 1994, JURA 1995, S. 393 ff.

Spreen, Holger, Wachsende Zuständigkeiten von Bund und EU, Sind die Bundesländer noch zu retten?, ZRP 2004, S. 47 ff.

Starck, Christian, Das Grundgesetz nach fünfzig Jahren: bewährt und herausgefordert, JZ 1999, 473 ff.

Stehr, Michael, Gesetzgebungskompetenzen im Bundesstaat, Ein Beitrag zur Reform des Föderalismus und zur Stärkung der Landesparlamente, Dissertation (Hannover), 2001

Steinberg, Rudolf, Grundgesetz und Europäische Verfassung, ZRP 1999, S. 365 ff.

Steinberger, Helmut, Der Verfassungsstaat als Glied einer europäischen Gemeinschaft, Veröffentlichungen der Vereinigung der Deutschen Staatsrechtslehrer, Bd. 50 (1990), Verlag Walter de Gruyter, Berlin, S. 9 ff.

Stelkens, Ulrich, Die Auswirkungen der „Altenpflege-Entscheidung" des BVerfG auf das Ladenschlussgesetz, GewArch 2003, S. 187 ff.

Stern, Klaus, Das Staatsrecht der Bundesrepublik Deutschland, Band I, Grundbegriffe und Grundlagen des Staatsrechts, Strukturprinzipien der Verfassung, 2. Auflage, 1984, C.H. Beck Verlag, München

ders., Das Staatsrecht der Bundesrepublik Deutschland, Band II, Organe, Funktionen, Finanz- und Haushaltsverfassung, Notstandsverfassung, 1980, C.H. Beck Verlag, München

ders., Das Staatsrecht der Bundesrepublik Deutschland, Band III, Allgemeine Lehren der Grundrechte, 2. Halbband, Grundrechtstatbestand, Grundrechtsbeeinträchtigungen und Grundrechtsbegrenzungen, Grundrechtsverluste und Grundpflichten, Schutz der Grundrechte, Grundrechtskonkurrenzen, Grundrechtssystem, 1994, C.H. Beck Verlag, München

ders., Außenpolitischer Gestaltungsspielraum und verfassungsgerichtliche Kontrolle – Das Bundesverfassungsgericht im Spannungsfeld zwischen Judicial Activism und Judicial Restraint, NWVBl. 1994, S. 241 ff.

Stober, Rolf, Allgemeines Wirtschaftsverwaltungsrecht, Grundlagen und Prinzipien, Wirtschaftsverfassungsrecht, 13. Auflage, 2002, Verlag W. Kohlhammer, Stuttgart

ders., Besonderes Wirtschaftsverwaltungsrecht, Gewerbe- und Medienwirtschaftsrecht, Stoffwirtschafts- und Subventionsrecht, 13. Auflage, 2004, Verlag W. Kohlhammer, Stuttgart

Streinz, Rudolf, Europarecht, 6. Auflage, 2003, C.F. Müller Verlag, Heidelberg

ders., Kommentar zum Vertrag über die Europäische Union und Vertrag zur Gründung der Europäischen Gemeinschaft, 2003, C.H.Beck, München (Bearbeiter, in: Streinz, EUV/EGV)

Strohmeier, Rudolf W., Die Auswirkungen des Maastrichter Vertrages auf die Regionen, BayVBl. 1993, S. 417 ff.

Tettinger, Peter J., Überlegungen zu einem administrativen „Prognosespielraum", DVBl. 1982, 421 ff.
Tipke, Klaus / *Lang*, Joachim, Steuerrecht, 17. Auflage, 2002, Verlag Otto Schmidt, Köln
Tröndle, Herbert / *Fischer*, Thomas, Strafgesetzbuch und Nebengesetze, 52. Auflage, 2004, C.H. Beck Verlag, München
Trüe, Christiane, Auswirkungen der Bundesstaatlichkeit Deutschlands auf die Umsetzung von EG-Richtlinien und ihren Vollzug, EuR 1996, S. 179 ff.

Umbach, Dieter C. / *Clemens*, Thomas, Bundesverfassungsgerichtsgesetz, Mitarbeiterkommentar und Handbuch, 1992, C.F. Müller Verlag, Heidelberg (zit.: Bearbeiter, in: Umbach/Clemens, BVerfGG)
dies., Grundgesetz, Mitarbeiterkommentar und Handbuch, Band I, Art. 1 – 37 GG, 2002, C.F. Müller Verlag, Heidelberg (zit.: Bearbeiter, in: Umbach/Clemens, GG)
dies., Grundgesetz, Mitarbeiterkommentar und Handbuch, Band II, Art. 38 – 146 GG, 2002, C.F. Müller Verlag, Heidelberg (zit.: Bearbeiter, in: Umbach/Clemens, GG)

Vedder, Christoph, Intraföderale Staatsverträge, Instrumente der Rechtsetzung im Bundesstaat, 1996, Nomos Verlag, Baden-Baden
ders., Das System der Kompetenzen in der EU unter dem Blickwinkel einer Reform, in: Götz, Volkmar / José Martinéz Soria (Hrsg.), Kompetenzverteilung zwischen der Europäischen Union und den Mitgliedstaaten, 2002, Nomos Verlag, Baden-Baden, S. 9 ff.
Vietmeier, Hans, Die Rechtsnatur der Pflichtaufgaben zur Erfüllung nach Weisung in Nordrhein-Westfalen, DVBl. 1992, S. 413 ff.
Vogel, Hans-Jochen, Die Reform des Grundgesetzes nach der deutschen Einheit – Eine Zwischenbilanz, DVBl. 1994, S. 497 ff.

Wahl, Rainer, Europäisches Planungsrecht – Europäisierung des deutschen Planungsrechts, Das Planungsrecht in Europa, in: Grupp, Klaus / Ronellenfitsch, Michael (Hrsg.), Planung – Recht – Rechtsschutz, Festschrift für Willi Blümel zum 70. Geburtstag am 6. Januar 1999, 1999, Duncker & Humblot Verlag, Berlin, S. 617 ff. (zit.: FS Blümel)
Waldhoff, Christian, Verfassungsrechtliche Vorgaben für die Steuergesetzgebung im Vergleich Deutschland – Schweiz, 1997, C.H. Beck Verlag, München
Waltermann, Raimund, Sozialrecht, 4. Auflage, 2004, C.F. Müller Verlag, Heidelberg
Weides, Peter, Mitwirkung des Bundesrates bei der Änderung eines zustimmungspflichtigen Bundesgesetzes, JuS 1973, S. 337 ff.
Weihrauch, Sebastian, Pauschale Verordnungsermächtigungen zur Umsetzung von EG-Recht, NVwZ 2001, S. 265 ff.

Weiß, Wolfgang, Über Maßstäbegesetze als neue Kategorie der Gesetzgebung, ZG 2001, S. 210 ff.

Winkel, Klaus, Die Umsetzung von EG-Richtlinien in deutsches Recht unter besonderer Berücksichtigung der Erfahrungen in der Praxis, ZG 1997, S. 113 ff.

Winkler, Markus, „Erforderlichkeit" i.S.v. Art. 72 II GG n.F., JA 2003, S. 284 ff.

ders., Das Altenpflegegesetz, JA 2004, S. 631 ff.

Wolff, Hans J. / *Bachof*, Otto / *Stober*, Rolf, Verwaltungsrecht, Band 3, Ein Studienbuch, 5. Auflage, 2004, C.H. Beck Verlag, München

Wrase, Michael, Das Verbot von Studiengebühren im Hochschulrahmengesetz, NJ 2004, S. 156 ff.

Würtenberger, Thomas, The Principle of Subsidiarity as a Constitutional Principle, Jahrbuch zur Staats- und Verwaltungswissenschaft, Band 7 (1994), S. 65 ff.

ders., Zur Legitimation des Föderalismus, Rechtstheorie, Beiheft 16 (1997), Konsens und Konsoziation in der politischen Theorie des frühen Föderalismus, S. 355 ff.

ders., Subsidiarität als verfassungsrechtliches Auslegungsprinzip, Rechtstheorie, Beiheft 20 (2002), Subsidiarität als rechtliches und politisches Ordnungsprinzip in Kirche, Staat und Gesellschaft, S. 199 ff.

Zinn, Georg August, Der Bund und die Länder, AöR 75 (1949), S. 291 ff.

Zinn, Georg August / *Stein*, Erwin, Verfassung des Landes Hessen, Kommentar, Band 2, Stand: 16. Ergänzungslieferung, Juni 1999, Nomos Verlag Baden-Baden

Zippelius, Reinhold, Allgemeine Staatslehre, Politikwissenschaft, Ein Studienbuch, 14. Auflage, 2003, C.H. Beck Verlag, München

Zuck, Rüdiger, Subsidiaritätsprinzip und Grundgesetz, 1968, C.H. Beck Verlag, München

Zypries, Brigitte, Reform der bundesstaatlichen Ordnung im Bereich der Gesetzgebung, ZRP 2003, S. 265 ff.

Augsburger Rechtsstudien

Die Billigkeit im Schadensrecht aus erfahrungswissenschaftlicher Sicht

Von Leonie Lochstampfer

2005, Band 43, 362 S., geb., 98,– €, ISBN 3-8329-1466-8

Der nicht (ausdrücklich) geregelte gewillkürte Parteiwechsel im Zivilprozess

Von Notarass. Dr. Roland Nagel

2005, Band 42, 280 S., geb., 76,– €, ISBN 3-8329-1431-5

Rechtsschutz gegen grenzüberschreitende Umweltbeeinträchtigungen

Von RAin Ria Grohmann

2005, Band 41, 255 S., geb., 69,– €, ISBN 3-8329-1424-2

Nachhaltigkeit als Prinzip der Rechtsentwicklung?

Beitrag zu einer praktischen Gesetzgebungslehre

Von Eike Michael Frenzel

2005, Band 40, 243 S., geb., 65,– €, ISBN 3-8329-1192-8

Straßenplanung und Umweltvorsorge

Die Bewältigung von Umweltauswirkungen nach dem UVPG in der Praxis der Bundesstraßenplanung

Von RegRat Uli Fiedler, Landratsamt Günzburg

2004, Band 39, 229 S., geb., 61,– €, ISBN 3-8329-0810-2

Die Strafbarkeit der Kunstfälschung

Von Dr. Melanie Sandmann, StAin

2004, Band 38, 197 S., geb., 54,– €, ISBN 3-8329-0664-9

Das Präventionsprinzip im Recht des Schadensersatzes

Von Dr. Klaus Schlobach

2004, Band 37, 538 S., geb., 149,– €, ISBN 3-8329-0565-0

Informieren Sie sich im Internet unter www.nomos.de über die früher erschienenen und noch verfügbaren Bände dieser Schriftenreihe.